Los Goytisolo

Miguel Dalmau

Los Goytisolo

EDITORIAL ANAGRAMA
BARCELONA

Ilustración: «Los Goytisolo», collage de Antonio Gálvez

Primera edición: mayo 1999
Segunda edición: mayo 1999
Tercera edición: junio 2017

Diseño de la colección: Julio Vivas y Estudio A

© Miguel Dalmau, 1999

© EDITORIAL ANAGRAMA, S.A., 1999
Pedró de la Creu, 58
08034 Barcelona

ISBN: 978-84-339-0581-9
Depósito Legal: B. 22547-1999

Printed in Spain

Liberdúplex, S. L. U., ctra. BV 2249, km 7,4 - Polígono Torrentfondo
08791 Sant Llorenç d'Hortons

El día 8 de abril de 1999, el jurado compuesto por Salvador Clotas, Román Gubern, Xavier Rubert de Ventós, Fernando Savater, Vicente Verdú y el editor Jorge Herralde, concedió, por mayoría, el XXVII Premio Anagrama de Ensayo a *El animal público*, de Manuel Delgado.

Resultó finalista *Los Goytisolo*, de Miguel Dalmau.

Para Eva Acosta, en el imborrable recuerdo de El Coyote

Sé que he perdido tantas cosas que no podría contarlas y que esas perdiciones, ahora, son lo que es mío. Sé que he perdido el amarillo y el negro y pienso en esos imposibles colores como no piensan los que ven. Mi padre ha muerto y está siempre a mi lado. Cuando quiero escandir versos de Swinburne, lo hago, me dicen, con su voz. Sólo el que ha muerto es nuestro, sólo es nuestro lo que perdimos. Ilión fue, pero Ilión perdura en el hexámetro que la plañe. Israel fue cuando era una antigua nostalgia. Todo poema, con el tiempo, es una elegía. Nuestras son las mujeres que nos dejaron, ya no sujetos a la víspera, que es zozobra, y a las alarmas y terrores de la esperanza. No hay otros paraísos que los paraísos perdidos.

JORGE LUIS BORGES

PRÓLOGO

No recuerdo exactamente cuándo oí hablar de los Goytisolo por primera vez. Pero de algo estoy seguro: fue en casa de mi abuelo hacia mediados de los años sesenta. Aquel viejo editor republicano disfrutaba evocando la Barcelona de su juventud, donde un grupo de familias relacionadas con la Banca, las empresas textiles o el comercio de ultramar marcaron toda una época. Pero lo llamativo era la conducta de los miembros más jóvenes de aquellas familias pudientes, un grupo de *nens dolents de casa bona* [niños malos de casa bien] que habían elegido la senda del arte o de la militancia política para luchar contra la dictadura de Franco. Los hermanos Goytisolo pertenecían a esa *thin red line*, así como Barral o Gil de Biedma, a quienes pregunté más tarde sobre dicho fenómeno y también sobre otro más extraordinario: la floración de varios escritores en una misma familia barcelonesa. Al hablar de ello acudían a la charla antepasados ilustres como las Brontë, los Machado o los Mann.

De un modo u otro, los Goytisolo acompañaron mi infancia –el mismo barrio, los mismos colegios–, y en aquel país de libros prohibidos alguna de sus obras fue llegando a la biblioteca familiar gracias a las ediciones de la Librería Española de la Rue de Seine. Los Goytisolo se convirtieron así en una suerte de los tíos lejanos, aventureros con *glamour*, que enviaban cartas de México a París en forma de novela. No podía sospechar aún que mi curiosidad hacia ellos iba a ser compartida por muchos otros miembros de mi generación. Aquellos niños que nos iniciamos en la hermandad de *Tintín* nos descubrimos luego soñando amores en Cadaqués o Formentera, y seguramente nos llevó hasta allí un volumen de *Señas de identidad, Recuento* o *Bajo tolerancia*. Eran libros leídos con emoción reverencial, capítulos de nuestra novela privada, cuyo feliz protagonista apenas reconocemos hoy en ese tipo cuarentón y algo perplejo, que ahora va por la vida con nuestro nombre y apellidos.

Los Goytisolo fueron, pues, figuras inseparables de nuestra educación sentimental. Allí estaban, junto a las manchas de café que dejamos en los cuentos de Cortázar, las risas mentoladas de los primeros films de Woody Allen, los abrazos que nunca pudimos darle ni a Carly Simon ni a Carole King, el calor paleocristiano de los cines de arte y ensayo o el huracán verbal de aquellos «A fondo» televisivos, devorados por cuatro amigos al borde del trance... Y no hablemos ya de nuestros besos a la lona por culpa de crochets como *El túnel, Trópico de cáncer, El maestro y Margarita, Blow up, La naranja mecánica* o *El último tango en París*. En aquellos ferrys durrellianos que navegaban hacia islas de libertad hubo casi siempre un goytisolo en nuestro equipaje, flotando entre bañadores y toallas, junto a una botella de whisky expoliada del mueble-bar paterno, una cassette de King Crimson o el *Saravá* litúrgico de Vinicius de Moraes.

Antes de que sea tarde, quería hablar sobre los Goytisolo y su mundo, quizá porque encendieron el dorado contraluz de aquellas sagradas horas. Y quería hacerlo en estos tiempos de Gran Mentira en que algunos se empeñan en decirnos que el desastre del 98 fue una bendición del cielo, o que una infame dictadura de cuarenta años sólo fue un ligero *minuetto* que hizo posible la España moderna. Pero que nadie se llame a engaño. Bailemos o no la canción oficial, los niños de la «generación del Turmix» también hemos descubierto que la verdad desagradable asoma. Cuánta razón tenía el poeta al decir que la vida iba en serio. Porque, según sentencia del tiempo, envejecer y morir son en efecto el único argumento de la obra.

M. D.

VIAJE AL ORIGEN (1812-1918)

LUGAR Y NOMBRE

Hasta hace poco la casa solariega de los Goytisolo era un caserío desierto situado a las afueras de Arteaga, en lo más profundo del golfo de Vizcaya. Fue arduo dar con él, porque en esa zona de pequeños valles y verdes colinas hay otros caseríos que los lugareños asocian al apellido Goytisolo, engañados por el rumor confuso de los años; tampoco yo llevaba indicaciones muy precisas, salvo algunos topónimos vascos y una imagen de la casa, aún con vida, tal como la fotografió don José María Goytisolo Taltavull, padre de los escritores, en el segundo decenio de nuestro siglo. Pero aquella imagen resultó más fiable que un plano o una brújula y acabó conduciéndome ante un edificio vetusto cuyos muros habían sido gastados por el tiempo. Viendo que las líneas maestras coincidían con las de la foto y que el nombre familiar figuraba inscrito en la fachada de piedra, supe que tras ella se escondía el origen de esta historia.

Los Goytisolo habían surgido aquí, en un lugar velado por la lluvia, donde se me hizo obvio el significado del apellido en euskera. En realidad el nombre Goytisolo es de origen locativo: se basó al formarse en una característica topográfica natural o artificial, cerca de la cual vivía o era dueño de tierras el fundador del linaje. Dado que el apellido se deriva del vocablo vasco *goi* que significa «parte superior», el sufijo locativo *ti* y el vocablo *solo* con la acepción de «campo, heredad», deduzco que el portador inicial del apellido fue persona que fijó su residencia en algún terreno elevado. Desde el siglo XII, fecha de sus primeras huellas en Arteaga, los descendientes pudieron comprobar que el nombre era cierto: una vista panorámica sobre la ría de Guernica, el brillo lejano del mar y el sosiego del paraje de Urdaibai, un humedal extraordinario donde las aves migratorias –espátulas, garzas reales y cormoranes– se detenían antes de proseguir su vuelo hacia las ardientes llanuras de África. Goytisolo equivale así a «campo de arriba». Parte del aura goytisoliana, me dije, se debe precisamente a esta eufonía... Goytisolo es palabra sonora, extraña, magnética, que prende con facilidad y raramente se olvida. Pese a que los escritores no conocen este enclave vizcaíno, subsiste en ellos un poso de afecto, un íntimo orgullo hacia lo que José Agustín, el poeta, llama «mi hermosísimo apellido vasco».

Las primeras huellas de la familia permanecen, pues, en un caserón que lo domina todo: ríos, bosques, mares. Pero en fecha imprecisa una rama de los Goytisolo pasó a la vecina Lequeitio, donde a principios del XIX comenzó la leyenda. Ya entonces Lequeitio era una antigua villa marinera famosa por sus capturas pesqueras y por la bravura de sus mujeres y hombres de mar; algunos jóvenes, sin embargo, renunciaron a quemar sus vidas en el Cantábrico y partieron hacia América. El primer Goytisolo de la saga –Agustín Goytisolo Lizarzaburu– fue uno de esos mocetones intrépidos que logró escapar a la tradición de sus antepasados. Había nacido en 1812 y era el primogénito de don Agustín Goytisolo y doña María Magdalena Lizarzaburu, de quienes nada sabemos.

El joven Agustín abandonaba un país pobre y agrícola, rumbo a una América azotada por los vientos independentistas que significaron la ruptura con la metrópoli. En estas circunstancias se abre el primer enigma: por qué decidió viajar al Nuevo Mundo, tan agitado en su época como la España borbónica. Si atendemos al testimonio de uno de sus nietos, don Leopoldo Goytisolo Taltavull, el motivo de su viaje fue dejar atrás una tierra hostil, el pueblo de Lequeitio, que le recordaba con excesiva frecuencia su posible procedencia bastarda. Pero creo que la hipótesis de tío Leopoldo, según la cual pudo haber algún estigma en el fundador de la dinastía, era en el fondo un argumento desmitificador destinado a neutralizar cierta propensión al mito de su hermano José María, quien proclamaba a los cuatro vientos los orígenes nobiliarios del apellido familiar. Según él, los Goytisolo fueron nobles vizcaínos: hablaba incluso de un Goytisolo miembro del consejo de ancianos que se reunía en asamblea bajo el majestuoso roble de Guernica. Y, en un arrebato de grandeza muy suyo, trazó un escudo en un pergamino –un haz de trigo de oro sobre el verde del sinople–, le puso marco y lo colgó pomposamente en la galería de la gran casa de Torrentbó.

Noble para unos, bastardo para otros, Agustín Goytisolo Lizarzaburu no poseyó título alguno, aunque según la heráldica el suyo es «un antiguo y noble linaje». En el supuesto de que el bisabuelo Agustín tuviera la condición de «hidalgo» tampoco eso era excepcional, ya que desde Felipe II cualquier vizcaíno o guipuzcoano gozaba de los privilegios de hidalguía en cualquier punto del imperio colonial ultramarino español. ¿Por qué abandonó las Vascongadas? Quizá fue uno de tantos perseguidos, pobres o descontentos que zarparon en el primer barco, protagonizando la gran corriente migratoria vasca de la época. Otra posibilidad es que huyera impulsado por el clima de guerra civil larvada que habría de culminar con la primera sublevación carlista, o bien por algún problema familiar de naturaleza oscura y que jamás conoceremos. Sea como fuere, la España que dejaba atrás malvivía bajo el yugo de Fernando VII: un rey mediocre, débil y cruel. Aunque el mozo Agustín Goytisolo creció bajo su reinado absolutista, no debieron de seducirle tampoco las aspiraciones del hermano del monarca, el infante don Carlos, que con ayuda de los vascos se alzó en armas para arrebatarle la corona. Aquel levantamiento, el carlismo, iba a marcar la vida española del siglo XIX. Pero apenas rozó al antepasado de los escritores, quien decidió seguir su camino, acatando una estrella que señalaba el rumbo del sol.

Aún hoy, el motivo exacto de su viaje sigue sin respuesta. Nada. En todo caso hay algo simbólico en el hecho de que el misterio rodee este episodio fundacional goytisoliano, pues un halo novelesco envuelve desde el origen a un apellido que acabará siendo literario. Más allá de esas brumas, una luz se intuye cierta: el bisabuelo Agustín fue un tipo rebelde, alguien capaz de romper con su familia y su patria no sólo para hacer fortuna sino para huir del ambiente enrarecido que reinaba en ellas. Tales rasgos resurgirán en distinta proporción entre sus descendientes, alcanzando en alguno una inusual dimensión novelística.

LA GRAN BONANZA DE LAS ANTILLAS

Aquel lejano Goytisolo cruzó el océano para «hacer las Américas», pero le acompañaba el recuerdo de su Lequeitio natal: las callejuelas empedradas, las casas de vivos colores, el muelle gris o la silueta maciza y elegante de la iglesia gótica de Santa María. Como otros aventureros, renunció a ir a las antiguas colonias continentales y decidió instalarse en Cuba, tierra a la que debió de llegar alrededor de 1830. Libre aún de las fiebres independentistas, la isla se había convertido en el mayor productor de azúcar del mundo gracias al auge del negocio azucarero, que se remontaba a finales del siglo XVIII. Agustín Goytisolo llegó así a un lugar en plena bonanza y cuyo desarrollo industrial era superior al de la Península, debido a las modernas técnicas de explotación procedentes de las Sugar Islands inglesas y las colonias del Caribe francés. De hecho, a finales del XVIII había ya máquinas de vapor cerca de La Habana, que fueron también las primeras del Imperio español. Otro tanto iba a ocurrir con los ferrocarriles, tan necesarios en el transporte del azúcar como en los futuros negocios del señor Goytisolo. Es lógico que cuando éste llegó a La Habana quedara deslumbrado por una ciudad sumida en una grandiosa orgía millonaria... Un mundo donde las esperanzas eran realidades, una tierra bendita, donde además de maquinaria ultramoderna y revolucionarios métodos de transporte existían un sistema de enseñanza avanzado y un fomento de la cultura casi ejemplar.

En aquel escenario, el viajero halló rápido acomodo y comenzó a enriquecerse gracias a su empeño y a la prosperidad general de la colonia. Pero también en este punto la oscuridad impone su ley. Sólo sabemos que Goytisolo amasó una considerable fortuna, si bien el origen de ésta da pie a nuevas especulaciones. ¿Cómo pudo aquel joven abrirse paso en una economía totalmente establecida, dominada por la aristocracia criolla, hasta convertirse en magnate de la industria azucarera? Algo debió de influir la llegada del nuevo gobernador Tacón, que apoyó abiertamente los intereses de los españoles en detrimento de la sociedad local. Pero no es un factor definitivo. Por ello, uno de los escritores tiende a cuestionar el mito, añadiendo un nuevo estigma sobre el gran antepasado. Según Juan, el bisabuelo Agustín habría amasado un capital inmenso gracias a su despiadada explotación de los esclavos, en aquel tiempo una mano de obra abundante y barata. Esta versión difiere radicalmente de la paterna, la «oficial», magnificada y embellecida por un hombre que siempre vio en el abuelo vasco a un negociante ambicioso de excepcionales cualidades. ¿Cuál es la verdad? Creo que pudo haber un poco de todo: don Agustín no fue un ángel, ya que los ángeles no alzan de la nada imperios comerciales, aunque quizá tampoco fue el negrero que aparece satirizado en diferentes obras de Juan Goytisolo. Cierto que se valió de esclavos, aprovechando un sistema secular que los secuestraba en el corazón de África y los vendía luego en el Nuevo Mundo. Pero ésa era la norma, no la excepción, en aquella Cuba donde el *boom* del azúcar reclamaba un flujo perpetuo de africanos.

A principios del siglo XIX los principales países decidieron abolir la trata pero, debido a las exigencias de la vertiginosa expansión azucarera, los esclavos siguieron cruzando el Atlántico de forma ilegal. El comercio de esclavos y de azúcar fue, por tanto, una realidad inseparable en las Antillas entre finales del XVIII y bien entrado el nuevo siglo. Difícilmente un hombre recio y emprendedor como Agustín podía darle la espalda: jamás se habría hecho rico sin tenerla en consideración. Luego hay otro punto: el joven vasco mantuvo tratos con los catalanes y menorquines de la isla, sobre quienes recaería más tarde el dudoso honor de ser los últimos en comerciar con esclavos, burlando los cercos internacionales. ¿Pudo él colaborar con ellos? Es una hipótesis razonable si pensamos que don Agustín tenía un barco de su propiedad llamado *Flora*, nombre muy común entre los navíos negreros. Ahora bien, el *Flora* no era un bergantín ni una cañonera como los utilizados por los traficantes: era un paquebote, más apto para el transporte de mercancías. Además, Flora era también el nombre de la mayor de sus hijas, de modo que ignoro si bautizó el barco en honor a ella o quiso evocar en ella el recuerdo de un navío al que acaso debía su fortuna. Parece claro, eso sí, que los esclavos contribuyeron a su espectacular enriquecimiento, y que su explotación –despiadada y a menudo violenta– habría de inspirar silencios familiares impenetrables.

Quizá los Goytisolo actuales no sepan con exactitud por qué el bisabuelo se estableció en el término municipal de Cruces, cerca de Cienfuegos, en la costa occidental de la isla. Pienso que Agustín debió de ver a tiempo que no era fácil enriquecerse en La Habana, ni siquiera con la coyuntura favorable impuesta por el gobernador. Pero Cienfuegos era otro asunto: un territorio abierto a los audaces. ¿Qué encontró allí? La amplia y hermosa bahía, el puerto de Jagua, una pequeña ciudad fundada en 1819, con calles anchas –trazadas dentro de la más pura tradición romana y tomista–, y con una colonia blanca llena de apellidos franceses procedentes de la Luisiana y de emigrantes catalanes. El joven Goytisolo intuyó pronto sus inmensas posibilidades, con un puerto ideal para el comercio o el contrabando de esclavos y una tierra fértil en bosques, ríos y sabanas que no tardaría en convertirse en importante zona azucarera. Toda la región respiraba ahora desarrollo, como prueba que en el llamado Censo de O'Donnell de 1846 la entonces denominada Fernandina de Jagua

–futura villa de Cienfuegos– contaba ya en su área con noventa y siete «hacendados» blancos. El bisabuelo, pues, llegó al lugar adecuado en el momento oportuno y a los pocos años poseía ya dos ingenios. En el censo azucarero de 1860 aparece su nombre en la jurisdicción de Cienfuegos, asociado al apellido Montalvo, de antigua presencia en la isla. De los ingenios goytisolianos, el principal era el San Agustín: una moderna refinería donde se trataba la caña de azúcar procedente de las plantaciones del señor Goytisolo, que cultivaban numerosos esclavos también de su propiedad. El amo hizo construir además una línea de ferrocarril de vía estrecha por la que circulaba el tren cañero de la plantación. Como hoy, aquel tren humeante se perdía entre los cañaverales, serpeando su hilera de jaulas y bateas listas para la zafra. Luego la mercancía se transportaba desde el ingenio hasta el cercano puerto de Cienfuegos, donde cargaban el azúcar en su barco.

Aún se conserva una vieja fotografía del tren, con el apellido Goytisolo y el de su socio Montalvo escritos en la moderna locomotora, traída expresamente de Inglaterra. No es la única imagen romántica de esa época: existe una breve colección de fotos desvaídas y amarillentas que aporta valiosa noticia sobre la experiencia familiar cubana... Borrosas postales de Cienfuegos, con sus plazas desiertas, iglesias blancas y palmas reales; una estación de ferrocarril con un grupo de guajiros apostados en el andén; o una escena del batey, con las calderas, trapiche, barracones y almacenes propios de los ingenios antillanos. También hay otra imagen tomada en el palacete de Cienfuegos, situado en la calle Santa Elena, que fue residencia familiar durante más de medio siglo. Es una toma exterior, que se completa con otra del interior: un salón criollo con mecedoras, columnillas, espejos, tiestos de arecas y sofás de caoba. Reinando sobre este imperio, un hombre... Don Agustín Goytisolo... «astuto traficante, especulador y negrero, de mirada cruel y altiva, delgados labios y torcido bigote en forma de manubrio», tal como Juan lo describirá, en clave novelesca, en *Señas de identidad*. Otros pasajes del libro nos lo muestran un poco a distancia, con sombrero de paja y bastón, contemplando la torre del ingenio, los tachos y las pailas. Un último dato: en la zona de Cienfuegos todavía circula un tren al que algunos llaman «el goytisolo».

En la hora de estas fotografías don Agustín llevaba ya varios años casado con doña Estanisláa Digat e Irarramendi, oriunda de Trinidad y de posible origen vascofrancés. En el Libro Primero de Matrimonios Blancos del archivo parroquial de Cienfuegos existe una partida de casamiento que certifica dicha unión, celebrada el 23 de febrero de 1844 en la iglesia de la Purísima Concepción de la villa. Fruto del matrimonio nacieron, además de Flora, otros muchos hijos: de algunos no queda memoria, pero otros –como Agustín Fabián, Antonio y «la niña Trina»– serán personajes de esta crónica. Según la leyenda, don Agustín tuvo más vástagos fuera del lazo conyugal: un hijo blanco en La Habana y docenas de mulatos repartidos por tierras cienfuegueras, que nacieron de la unión con las esclavas negras de las plantaciones. El uso de ese derecho de pernada debió de afectar bastante a su esposa doña Estanisláa. No debe extrañar que Juan Goytisolo trace el retrato de una bisabuela vestida de negro, «esposa desengañada e infeliz –suplantada en el lecho por las esclavas negras–, sin más refugio que la práctica de una religión consoladora y el cuidado de unos hijos educados conforme a las normas y preceptos de una moral tiránica».

Entretanto, el marido extendió el marco de sus relaciones comerciales a países de Sudamérica, Estados Unidos y Europa. Ello le reportó cuantiosos beneficios, y en la segunda mitad del siglo XIX se había vuelto un hombre inmensamente rico. Otro de sus bisnietos, el novelista Luis, apunta que la carrera del gran antepasado tuvo mucho de fuga hacia adelante, es decir, que reinvertía en el negocio emprendido antes que consolidar su fortuna «sobre la base de la diversificación y el reparto de riesgos». Actitud un tanto insólita, que permite suponer que el dinero, en el fondo, no le interesaba como fenómeno acumulativo. Pero, aun así, don Agustín fue un personaje relevante en la región de Cienfuegos, y el poderoso latido de sus días quedó reflejado en el primer capítulo de *Juan sin Tierra*, donde Juan Goytisolo evoca con tintes paródicos el ambiente de la hacienda familiar. De sus páginas surge el bisabuelo imponente, la mujer resignada y altiva, los hijos, sorprendidos todos en la portentosa hora en que unos técnicos ingleses instalan para ellos el primer *water-closet* de la comarca. Reunida en el patio la negrada, a pleno sol, asiste al prodigio de la defecación pulcra de sus amos; luego, a los discursos feroces del padre Vosk, el capellán, y a las admoniciones del mayoral, que les conducirá de nuevo a las duras faenas del día. Al caer la noche el amo Goytisolo –en la novela, Mendiola– asoma al pórtico de la mansión y dirige sus gemelos de teatro a los almacenes del batey. En apariencia todo está en calma, las luces vencidas; sin embargo, en el interior de los barracones los esclavos se entregan a orgías y aquelarres. El capellán conoce bien el secreto de aquella diabólica oscuridad, pero también Dios: el Amo del Ingenio de Arriba, y también el Hijo Mayoral, que vigila y anota en el Libro todas sus faltas. El padre Vosk, a quien supongo devoto lector de la *Explicación de la Doctrina Cristiana acomodada a la capacidad de los negros bozales* (1797), dice a los esclavos:

> ... aunque la noche es prieta, no conseguís fundiros del todo con ella : el sudor, los gemidos y ese olorcillo agrio que despedís os delatan : qué mordiscos, qué jadeos, qué abrazos, qué apreturas, qué resuellos! : ni las fieras ni animales del monte son tan desenfrenados : ellos, a lo menos, no pecan : son brutos del todo, carecen de alma : vosotros tenéis una : flaca, abatida y enferma pero, a fin de cuentas, regenerable : y por eso trabajáis de sol a sol : para salvarla.

En la novela, los sufridos negros del ingenio San Agustín, propiedad del vasco Goytisolo, se transforman en bestias lujuriosas del ingenio Lequeitio, propiedad del asturiano Mendiola. Más allá de estas licencias, el capítulo reconstruye al detalle un cuadro colonial y nos habla del influjo de la aventura cubana sobre el inconsciente familiar.

Esta aventura, no obstante, estaba acercándose a su fin. La Cuba de 1860 ya no es el próspero y tranquilo escenario de años anteriores. Hasta entonces había sido una colonia *sui generis* donde el grupo de presión criollo impuso las reglas del juego y, en muchos aspectos, ejerció de forma efectiva el gobierno de la isla. Pero esta autonomía gobernante no había resuelto el problema de la independencia, porque en el fondo las reivindicaciones de la sacarocracia local no pasaban por el independentismo. Seguros de sus privilegios, los hacendados autóctonos no querían la emancipación de la colonia a cualquier precio, ya que era sinónimo de guerra con España, ruina y la probable extinción de su clase. Ahora, en cambio, una nueva generación enarbolaba la bandera de la libertad. Debemos recordar aquí que fueron ellos quienes adquirieron súbita conciencia de su cubanidad y lucharon con fervor por la independencia. Cuando Céspedes lanzó desde su ingenio el célebre «Grito de Yara», la llamada a la libertad se hizo símbolo incluso para los esclavos, quienes comenzaron a sentirse cubanos. Aquel 10 de octubre de 1868 supuso el principio de la guerra de los Diez Años contra el Imperio español.

Previamente, don Agustín Goytisolo había realizado gestiones para proteger los intereses de la familia. Testigo de alguna revuelta sangrienta, albergó la idea de volver a España e inmediatamente orientó sus energías hacia la metrópoli. En primer lugar, adquirió propiedades en Cataluña, que ampliaron de forma considerable su patrimonio: varios inmuebles en el Paseo de Gracia barcelonés, algunos edificios de la calle Pelayo, así como en la cercana calle Gravina, que era suya en su totalidad. El motivo real por el que Barcelona fue el centro de sus inversiones también ha sido fuente de conjeturas. Es cierto que el bisabuelo tuvo relación con catalanes, muy numerosos en Cuba, y es cierto también que la ciudad condal inició en la segunda mitad del siglo XIX uno de esos raros momentos de esplendor que la redimen ocasionalmente de tantísimos períodos letárgicos. Pero ¿fue ésa la única razón? ¿O pesaba sobre su ánimo el recuerdo de algo deshonroso que le impedía regresar al País Vasco? En todo caso siempre será un misterio por qué evitó volver a su patria chica, donde habría completado el típico ciclo indiano, envejeciendo rico, ocioso y filantrópico junto a las aguas del Cantábrico. También en esto fue un aventurero poco convencional: no hubo en él ni la nostalgia de volver a Vizcaya ni el prurito revanchista de exhibir la fortuna ante los paisanos. No: don Agustín Goytisolo Lizarzaburu no iba a construir una fabulosa mansión en Lequeitio, ni reformaría el caserío familiar de la ría de Guernica. Pero ello no significa la ruptura completa con las raíces, como escribe Juan en *Coto vedado*, pues ayudó económicamente a sus hermanastros, tal como refleja su correspondencia.

Sea como fuere, don Agustín conoció Barcelona en un viaje a la Península y sintió algo semejante a lo que había percibido en Cienfuegos: FUTURO. Aunque la ciudad conservaba en muchos aspectos un velo provinciano, estaba transformándose a fondo. El inminente derribo de las murallas medievales, su reordenación urbanística –gracias al visionario Plan Cerdà– y el asentamiento de grandes industrias en los alrededores la habían convertido justamente en la más moderna de España. Barcelona iba a ser el escenario donde el indiano hallaría reposo en la vejez; pero antes mandó allí a sus hijos varones –Agustín Fabián y Antonio– con el propósito de que ampliaran estudios. En una primera fase, pues, la ciudad condal quedó limitada a mero lugar de formación académica, un sitio totalmente secundario respecto a Cienfuegos, hasta que con el tiempo doña Estanisláa se trasladó a

Cataluña con el encargo o el pretexto de velar por los hijos. ¿Qué supuso este cambio para la bisabuela? Criada en el ambiente de la colonia, debió de sentir cierta nostalgia, ya que el soleado palacete de Cienfuegos era mucho más cálido que el domicilio barcelonés de la plaza de Cataluña: un ancho solar en vías de urbanización; pero con los meses, doña Estanisláa acabó viviendo aquella mudanza como una experiencia liberadora. Durante años había soportado que su marido antepusiera el lecho de las esclavas a las frías sábanas del hilo conyugal. Así que residir en Barcelona le permitió abandonar un mundo donde su corazón había sido desdichado y entrar en otro en el que las reglas sociales se ajustaban mejor a sus principios.

La familia Goytisolo Digat quedó separada temporalmente por el océano. Cuando los hijos concluyeron los estudios, el primogénito volvió a Cuba y don Agustín optó por marchar definitivamente a España. El país al que regresa ha sufrido durante su ausencia varios períodos turbulentos; pero ni el cambio de reyes, ni las guerras carlistas, ni los pronunciamientos militares han resuelto los males endémicos de la nación. El indiano vasco retorna a un país políticamente inestable y dividido, donde germinan ya los primeros partidos democráticos. Enseguida puede comprobar que el poder se desgasta y que la reina Isabel es considerada «insoportable» por el pueblo. En tales circunstancias, no le sorprenderá La Gloriosa: un nuevo levantamiento que en septiembre de 1868 proclama las libertades fundamentales y obliga a la reina a refugiarse en Francia. Pero ¿es aquí donde don Agustín espera envejecer en paz?

En sus últimos años, el bisabuelo vivió en un señorial inmueble del 21 de la plaza de Cataluña, que había hecho edificar en la parte sur de la plaza en 1873. Atrás quedaba la isla, el negocio azucarero, el palacete antillano; también una estela de siervos negros, quienes tras la abolición de la esclavitud adoptaron su apellido convirtiéndolo en «Goytizolo», «Guaytisolo» y otras formas pintorescas, que aparecen aún en la guía telefónica de Cienfuegos. Instalado en Barcelona con su esposa Estanisláa, su hijo Antonio y sus hijas Trina y Fermina, sabía que su carrera había llegado al ocaso; pero es difícil que renunciara a intervenir en cónclaves o deliberaciones relacionadas con el inmenso patrimonio que había acumulado en los años de plenitud. Gracias a él pudo saborear los néctares de la mejor burguesía decimonónica, pues don Agustín Goytisolo fue, como dice Luis, «alguien importante relacionado con gente importante». En efecto. Sólo así se entiende el significado de hacerse construir una casa en la plaza de

Cataluña: un signo de poder burgués, cuya carga simbólica habría de prolongarse durante dos generaciones y que movió al padre de los escritores a recordarles con frecuencia que los Goytisolo eran «una excelente familia conocida en toda Barcelona». El otro signo de poder, en cambio, era ajeno al bisabuelo, ya que el grandioso panteón de Montjuïc al que aluden todos fue en realidad iniciativa de la esposa, doña Estanisláa Digat.

A partir del archivo documental de la familia –cartas personales, facturas, letras de cambio, libros de correspondencia comercial, resguardos y fotografías– los hermanos Goytisolo han podido conocer los entresijos del mundo de la gran empresa azucarera, así como el impacto que tuvieron sobre el núcleo familiar las vicisitudes de la colonia. Alguna de las cartas transmite la inquietud del bisabuelo por la situación política cubana, lo cual nos lleva a meditar sobre cierta fatalidad histórica que pesa sobre su figura. ¿Qué vemos? A un hombre que huye del País Vasco en vísperas del primer levantamiento carlista, que abandona Cuba y regresa a España a las puertas de una guerra colonial cruenta, y en España presencia el derrocamiento y exilio de la reina. La historia parece dirigir secretamente sus pasos, no la pasión ni las ideas, tampoco la cultura. Si había soñado un retiro apacible en la ciudad condal, le persiguen hasta allí nuevos avatares históricos. Porque este escenario donde realiza sus mayores inversiones es también un lugar inestable en el que los brotes de descontento evidencian la realidad miserable del proletariado. Resuenan en el aire las nuevas ideas socialistas y anarquistas procedentes de Europa, las tesis de Bakunin, que inspirarán pronto la violencia ácrata. Comenzará entonces uno de los períodos más convulsos y sangrientos de la historia barcelonesa. «La ciudad de los prodigios» es además «la ciudad de las bombas».

La muerte evitó al bisabuelo presenciar mayores desastres, tanto en Cuba como en España. Don Agustín Goytisolo murió el 20 de marzo de 1886, víctima de un derrame cerebral. La lectura del testamento, a cargo del notario Vives –en el que ruega a los albaceas un entierro sin pompa y ostentación y deja una suma cuantiosa a establecimientos de beneficencia–, deparó algunas curiosidades: su confianza absoluta en doña Estanisláa Digat, una clara preferencia afectiva por su hijo Agustín Fabián, el deseo de ser ecuánime con las hijas –Fermina, Trinidad, María Luisa y María Josefa– y la prohibición tajante de que los hijos diriman eventuales disputas por la herencia fuera del seno de la familia. Pero, sobre todo, tiene interés la misteriosa cláusula vigésima primera: «Quiero que se cumpla y ejecute puntualmente, como si formara parte de este testamento, la memoria o documento que dejare escrito, aunque sea de mano ajena y no esté firmada por mí, con tal que se encuentre consignada en ella la palabra Jaungoicua.» ¿Qué significaba JAUNGOICUA? No era una palabra castellana, desde luego, tampoco catalana o francesa: era en realidad el nombre vasco de Dios. Dado que el idioma euskera siempre encierra algo críptico, *jaungoikua* significa en sentido literal «el señor de arriba». Podría, por tanto, referirse al Altísimo o bien a un hombre que vivía o estaba en lo alto. Sorprendentemente, *goico* o *goicua* equivalen a *goiti*: ambas palabras designan algo elevado, sugieren altura y, de algún modo, superioridad. Esta anécdota olvidada durante decenios aviva las sombras que pesaron sobre la figura de don Agustín. ¿Pertenecía acaso a una sociedad secreta, a una suerte de masonería? ¿O había suscrito un pacto con alguna persona «superior» que le ayudó en algún momento crucial de su vida? Es un misterio. Pero su estrella, que había surgido de la bruma, se extinguió dejando vía libre al enigma. Sabemos que nadie se presentó en el despacho de Vives esgrimiendo de viva voz o por escrito la palabra clave JAUNGOICUA... Y el indiano vasco, que había nacido cerca del mar, fue enterrado en la montaña de Montjuïc, curiosamente un enclave alto, elevado, que domina también el mar.

Desde su muerte, don Agustín Goytisolo Lizarzaburu iba a ser la gran referencia familiar. De él recibieron los Goytisolo poder económico, prestigio social, presencia ciudadana; pero también rasgos físicos, actitudes psicológicas o, si se prefiere, predisposiciones o aficiones que heredaron sus hijos, nietos y bisnietos. Al menos en cada nueva generación ha aparecido un miembro de la familia que ha sentido la irrefrenable necesidad de escapar del medio, víctima de un extraño desasosiego que le impedía ser feliz en la tierra propia. Los tres escritores coinciden algo en este punto, un rasgo goytisoliano que adquiere en cada caso perfiles particulares.

¿Qué queda decir del bisabuelo? Que fue un hombre de empuje, duro, autoritario, de vigoroso temperamento; hombre asimismo de evidentes cualidades, inseparable de su época, y que según las reglas de esa época debe ser juzgado. ¿Fue en verdad el inflexible negrero que insinúa Juan? Probablemente, como muchos otros de la Cuba decimonónica; pero debió de serlo muy al principio, cuando Cienfuegos ni tenía tal nombre. ¿Fue un explotador, un terrateniente que ejercía el derecho de pernada? Seguro, como lo fueron tantos hacendados desde Rusia hasta la Luisiana. Sin embargo, no debemos atribuirle otros pecados: no hay pruebas. Con su muerte empezó la verdadera leyenda. Y aunque quizá no haya que glorificarle en exceso como hace José Agustín, que lo presenta como un precursor del abolicionismo a lo Tolstói, ni hacerle objeto de corrosiva ironía, como hace Juan, bueno es recordar la idea de Luis, el menor, con la que coinciden todos: «Los principales elementos que suele requerir la formación de un mito están presentes en la figura del bisabuelo Agustín.» Cerremos por ahora la sólida puerta de su panteón.

LAS DOS ORILLAS

El indiano dejó al morir numerosas propiedades tanto en Cuba como en el principado de Cataluña. Con gran acierto, confió los intereses isleños al hijo mayor, más hábil e inquieto en los negocios, mientras Antonio –abuelo de los escritores– se encargaba de los bienes familiares de Barcelona. Sobre Agustín Fabián cayó entonces la gran responsabilidad de velar por la empresa azucarera, y también aquí existe un equívoco. Durante años la familia creyó que el tío abuelo había recibido un negocio muy próspero, pero amenazado de muerte por la guerra de los Diez Años. Tal idea es inexacta, porque, lejos de volverse improductivo, el negocio de la zafra conoció un súbito auge durante la contienda. Cuando en 1874 los rebeldes de Oriente y Camagüey alcanzaron Cienfuegos se produjo una extraordinaria concentración de tropas en la zona, que ocuparon las plantaciones. Al repletar los ingenios de soldados, en frase de Martí, el Estado Mayor del ejército y las autoridades municipales garantizaban la protección militar del azúcar. Con el tiempo la naturaleza intermitente de la guerra hizo que los soldados pudiesen alternar las labores de defensa con el trabajo en los ingenios, por el que recibían una paga suplementaria. Si durante los últimos años los propietarios como el bisabuelo Goytisolo habían clamado por sustituir la dotación de negros –cada vez más numerosos, exhaustos y descontentos–, la guerra trajo una inesperada solución a sus demandas. Fue precisamente en el área de Cienfuegos donde se dio este hecho insólito en la historia azucarera cubana: los terratenientes pudieron al fin disponer de una masa trabajadora blanca, libre, a cambio de un salario modesto pero que era superior al de un obrero medio español y que además libraba a la tropa de ir al frente. Es comprensible el entusiasmo con el que los soldados españoles se incorporaron al trabajo, en especial porque se les reservó el sector industrial de la producción, dejando a la negrada el sector agrícola, donde continuaron con la dura tarea de cortar caña. Con un ojo siempre en el frente, este nuevo trabajador blanco se reveló mucho más productivo, y el «blanquear» el ingenio trajo como consecuencia las mejores zafras que Cienfuegos había conocido. A partir de 1880 se convirtió en una de las zonas más rentables del mundo. Allí heredó el ingenio don Agustín Fabián Goytisolo Digat.

Su padre no pudo presenciar ese inaudito giro de la historia, que engrandeció temporalmente el patrimonio familiar; pero sí los hijos de Barcelona, como Antonio, adaptados de lleno a la vida catalana. Mientras sus hermanas heredaban inmuebles en la calle Pelayo o el Paseo de Gracia, él permaneció en la gran casa paterna –un bloque compacto con balcones de hierro colado– de la plaza de Cataluña. ¿Cómo era este nuevo Goytisolo? Parece que carecía del espíritu combativo del padre y de su fino instinto para los negocios, de manera que mientras su hermano seguía en Cuba, él disfrutaba de una muy elevada posición en la sociedad barcelonesa. En cierto modo su vida fue el reverso de la del progenitor, más móvil e intrépido, más vasco, en suma, que este hijo Antonio, a quien el sedentarismo catalán le cuadraba a la perfección. Si don Agustín había lucido un bigote recio y autoritario, él adoptó una barba sobria de patricio, barba que pronto sería blanca, tal como aparece en los retratos familiares. Uno lo intuye atento a sus bienes, sujeto más bien a la conservación de un notable patrimonio antes que a emprender acciones especulativas. Pese a ello, iba a dejar dos obras de gran trascendencia para los suyos: el chalet árabe de la Vía Layetana y la finca de Torrentbó en la comarca del Maresme.

INDIANOS EN BARCELONA

En algún texto Juan Goytisolo hace referencia al chalet morisco edificado por el bisabuelo en el Ensanche barcelonés, y otros miembros de la familia atribuyen tal edificación a su hijo Antonio. Hoy puede afirmarse que ambas versiones son erróneas, según se desprende de la licencia de construcción municipal y del catálogo de edificios valiosos del Quadrat d'Or de la ciudad. Ningún Goytisolo construyó el mítico chalet árabe de la Vía Layetana, aunque durante años fue conocido en medios familiares como «el palacete del abuelo». Sin duda era de su propiedad, pero lo había adquirido a los Taltavull, quienes lo construyeron inspirándose lejanamente en el modelo de la Alhambra de Granada. Aunque los escritores le dedican calificativos diversos –suntuoso, importante, anacrónico–, lo cierto es que seguía la línea arabizante tan de moda en la época. Se encontraba ubicado en la Vía Layetana –hoy, Pau Claris–, esquina con la calle Mallorca, e imagino que abarcó dos o tres bloques de los actuales, si contamos el gran jardín. Debió de ser una de las construcciones privadas más llamativas de Barcelona: las escasas fotografías lo muestran con cedros majestuosos y otros árboles muy crecidos, un espacio algo «bassaniano», donde corretearon en su niñez José María Goytisolo y los otros hermanos a finales del siglo pasado.

Pero ¿quiénes eran esos Taltavull, primitivos dueños del chalet? Una rica familia de indianos, de origen menorquín, que poseía grandes negocios en la zona de Santiago de Cuba. Como otros propietarios españoles, los Taltavull estaban liquidando el patrimonio antillano ante el empuje de los mambises, pero simultáneamente edificaban propiedades en la metrópoli para asegurarse el futuro. Uno de ellos, José Taltavull, había sido amigo y antiguo socio del bisabuelo Agustín en el comercio colonial, por lo cual deduzco que bien pudo ser él quien le convenciera de las bondades de residir e invertir en Cataluña. Incluso una de sus hijas –Catalina Taltavull Victory– iba a compartir ese futuro con Antonio, el hijo del señor Goytisolo. El abuelo Antonio casó, pues, con la joven Catalina y más tarde compró a su suegro el palacete morisco de Vía Layetana.

En cuanto a la abuela paterna de los escritores, éstos coinciden en rodear su figura con un velo de ternura. Juan habla de esa «dulce, clara, lejana Catalina Taltavull Victory, cuyo retrato adolescente presagia su melancólica resignación al destino». Luis, a su vez, dirá que «parece salida de una ilustración inglesa decimonónica». Es cierto. Porque si por parte de padre Catalina pertenecía a una antigua familia de Mahón, la rama materna era de origen inglés, el clásico matrimonio mixto habitual durante el período de presencia británica en la isla. De hecho, los palacios de una y otra familia se hallaban casi frente por frente en la parte antigua de la capital menorquina. Además poseían una importante finca cerca de Alayor, lo que, unido a las propiedades de Cuba y Cataluña, completaba el cuadro de una poderosa saga de indianos.

A los Taltavull se remite también el otro gran símbolo goytisoliano: la finca de Torrentbó. Según parece, ésta formaba parte de la dote de Catalina, y el abuelo Antonio se limitó a ampliarla y mejorarla a partir de 1878. Inicialmente fueron esos menorquines quienes descubrieron a la familia Goytisolo la zona del Maresme. Cuentan que en una ocasión Juan Taltavull, hermano de Catalina, llegó a reservar un tren especial para conducir a sus invitados desde Barcelona a su gran mansión de Caldetas. Esta vida ociosa, con raptos frecuentes de megalomanía, topaba por principio con la existencia regular y austera del clan Goytisolo: en particular de Antonio, el paterfamilias, sobre quien había recaído el papel de velar por el patrimonio y que censuraba la conducta del cuñado en relación con el suyo. Antonio Goytisolo Digat se movía siempre en términos de lo estrictamente necesario. Claro que para alguien de su posición «lo necesario» era un palacete morisco, y, si nos remitimos al retrato del abuelo del protagonista de la novela *Señas de identidad*, tampoco faltaba en su vida «chófer y jardinero, torre de verano y coche de caballos». Como buen patricio, residía parte del año en su mansión del Ensanche, pero pasaba largas temporadas en Torrentbó. Allí nació su primogénito, José María, el 8 de septiembre de 1886... Un falso primogénito, en verdad, ya que anteriormente había nacido otro varón al que pusieron Antonio y que murió siendo niño. Para nuestra crónica es interesante el esquema Antonio-Primogénito-Muerte, que arrojó un manto de maldición sobre la familia.

PRIMERA VISITA A TORRENTBÓ

Don José María Goytisolo Taltavull nació en Torrentbó debido a que el parto se adelantó varias semanas. Para entonces la finca evidenciaba ya las transformaciones introducidas por su nuevo dueño, que quería aunar en ella el aspecto residencial y el de propiedad agrícola. Aquello no era frecuente, pues los burgueses de la época solían edificar villas de recreo en poblaciones cercanas a Barcelona, pero rara vez con el propósito de explotar las tierras del contorno. Antonio Goytisolo, en cambio, había nacido en Cuba, conocía el funcionamiento de un ingenio y, a su manera, quiso trasladar el modelo de explotación antillana a tierras del Maresme. Ello explica por qué el *mas* de Torrentbó estaba formado por la Masía Gualba –una villa de solera destinada al descanso familiar–, rodeada por plantaciones de cítricos, viñedos, lagares e incluso bosques de alcornoques que garantizaban una notable producción de corcho. Cultivo y ocio, trabajo y solaz se alternaban allí bajo la mirada rectora del abuelo, que acabó haciendo de Torrentbó una posesión más propia de un *gentleman farmer* que de un *senyor de Barcelona*. Quizá sabía que una finca rústica era entonces el bien raíz por excelencia y, aparte otras consideraciones, representaba un distintivo social. Su nieto Luis, en la novela *Las afueras*, convierte esa finca en «La Mata», una propiedad en la que antiguamente trabajaron hasta veinte jornaleros y cuya importancia no se ha borrado en la memoria de los lugareños: «... la gente continuaba utilizándola como término de comparación siempre que se quería expresar la magnitud de alguna cosa: "Es casi tan grande como La Mata", decían y se consideraban afectados por cuanto en ella ocurriese». No es el único pasaje en el que el *mas* de Torrentbó aparece en la obra goytisoliana. Con diferentes aspectos la encontramos también en el ciclo *Antagonía* del propio Luis bajo el nombre de «Vallfosca», en varios poemas de José Agustín, así como en numerosas ficciones de Juan, desde *Duelo en El Paraíso* a *Fin de fiesta* y, sobre todo, *Señas de identidad*.

¿Cómo era esa finca que tanto habría de influir en la vida y obra de los hermanos Goytisolo? En tiempos del abuelo Antonio se llegaba a ella en tren por la línea costera del Maresme. Había que bajar en la estación de Caldetas y tomar una tartana en dirección a Torrentbó. El camino habitual era remontar el cauce seco de la riera, una rambla de dos o tres kilómetros flanqueada por un cortejo de cañas y álamos que conducía hasta la ermita de Santa Cecilia. Ignoro si a finales del siglo pasado ya existía alrededor de la iglesia lo que hubo después: un caserío de un centenar y pico de habitantes, una veintena de masías, media docena de torres residenciales, una diminuta escuela y la gran Masía Gualba de los Goytisolo. Pero Torrentbó era ya un valle pequeño y delicioso —con sus huertos, colinas, viñedos, bosques de pinos y alcornoques— abierto al mar..., el mar de Caldetas, el Mediterráneo de Arenys: la inmortal «Sinera» de Espriu.

Este escenario se mantuvo prácticamente intacto en la infancia y adolescencia de los escritores, virgen hasta los primeros años cincuenta. También ellos debían de llegar al pueblo en tren, y desde allí seguir hasta Torrentbó a pie o en tartana. Como en los tiempos del abuelo, el vehículo remontaba perezosamente el trazo de la rambla, adentrándose entre las cañas altas, cada vez más densas. En alguna curva del camino, separado ya de la riera, la casa se hacía visible, materializada de pronto en forma de tejado o torre que surgía sobre los árboles del jardín. Luego el camino doblaba en ángulo recto y aparecía el edificio entero, levantado a media colina, destacándose por encima de las dependencias de los establos y con sus ventanas abiertas a la era, abiertas también a los bancales que escalonaban la pendiente hasta el cauce hondo de la vaguada. Desde aquellas ventanas se divisaba un «paisaje extraordinario», tal como lo describió la novelista francesa Monique Lange... El valle generoso, las colinas que descendían suaves hacia la costa donde el tren se alejaba con un silbido y una densa nube de humo blanco que permanecía flotando sobre el azul del mar.

En cuanto a la casa, se rehízo sobre los cimientos de una antigua masía y, vista a distancia, su aire era un tanto conventual. En *Las afueras* Luis Goytisolo la define como «una construcción ochocentista, mezcla de masía y villa de recreo». En obras posteriores como *Recuento* esa misma casa ha perdido su aspecto campestre y se asemeja «a un edificio industrial o a una pequeña estación de principios de siglo». Si esta Vallfosca de la novela se inspira en Torrentbó, estamos entonces ante una descripción muy detallada de la Masía Gualba familiar: un edificio de tres plantas, con una capilla adosada a un costado; una pequeña torre con cuatro ventanas, excelente mirador; una galería bajo el tejado cuyos ventanucos dan a las ramas de los árboles, y un desván o buhardilla lleno de trastos, al que los Goytisolo dedicarán páginas con escenas de aislamiento, soledad o memoria del ayer.

En cuanto al jardín Luis habla de un arbolado espeso y oscuro, con tilos, cedros, tejos, cipreses, palmeras enanas, pinos, y «las ramas cerrándose, apretándose contra la casa apenas visible, envolviéndola como un nido enmarañado». La expresión «nido enmarañado», ¿encierra acaso un contenido metafórico? Es una posibilidad. De momento nos basta con el escenario: un fondo al que hay que añadir un amplio estanque de piedra donde los hermanos se bañaban durante la canícula, y las dependencias agrícolas situadas a los lados del cuerpo central del edificio. Una breve incursión en estas dependencias incluye la vaquería, las pocilgas, los establos, lagares, bodegas, cobertizos y un almacén espacioso para guardar el grano. Así pues, los Goytisolo no veraneaban solamente en una villa de recreo burguesa: vivían en un medio rural, en contacto diario con los ciclos naturales, las familias campesinas, las cosechas. Era un ámbito opuesto a la ciudad, y cuyo pulso humano –rudo, cálido y primitivo– recuerda al de la hacienda que aparece en la película *Novecento* de Bertolucci. La experiencia veraniega de los Goytisolo no fue viscontiniana: se parecía más bien a la de los personajes del gran cineasta de Parma. Dicho esto, concluimos nuestra primera visita a Torrentbó.

BREVE APUNTE DE UNA GRAN FIESTA

El padre de los escritores contaba tres años de edad cuando tuvo lugar en Barcelona la Exposición Universal de 1888. A un siglo de distancia se la considera como el bautizo de la Barcelona moderna, pues la ciudad vivió durante varios meses profundas transformaciones humanas y urbanísticas a inspiración de las grandes capitales extranjeras. Para ubicar los pabellones, se adquirieron al ejército los terrenos del complejo militar de La Ciudadela, donde una siniestra fortaleza se erigía aún en símbolo de una ciudad a menudo sojuzgada por la capital de reino. Fue precisamente esa zona el centro teórico de la Exposición, que se iniciaba en el Arco de Triunfo –creado para el evento– y finalizaba en el mar. El Ayuntamiento se embarcó en este magno proyecto movido por varias razones: remontar una crisis económica, promover la figura del alcalde Rius i Taulet y, sobre todo, promocionar el papel de Cataluña –en especial de Barcelona– como «la fábrica de España». Con esta idea se pretendía mostrar al mundo el lado comercial de la ciudad, una Barcelona con ansias de renovación, que deseaba además cambiar su cara provinciana por un rostro cosmopolita. Acierta Eduardo Mendoza al decir: «El Romanticismo había puesto de moda una España insólita, poblada de bandoleros libérrimos, toreros dispuestos a empuñar alternativamente los trastos de matar, la navaja o la guitarra según la ocasión lo requiriese, mujeres pasionales, bravías y peligrosísimas, y reyes y reinas de baraja.» Esta imagen, nacida de la guerra contra Napoleón, no cuadraba con la de Cataluña, «que se sentía del todo ajena a aquel mundo de manolas, flamencos y chorizos». Era imprescindible obtener una imagen particular.

De este modo se iniciaron las obras, alguna tan majestuosa como la del Gran Hotel Internacional, alzado en cincuenta días por centenares de hombres que trabajaron incluso de noche ante el asombro de los barceloneses, atraídos hasta allí por el milagro de la luz eléctrica. Como es habitual, las obras se extendieron al marco de la ciudad entera, que bajo la tutela de su tenaz alcalde se benefició de la urbanización de la Gran Vía, el trazado de la Rambla de Cataluña o de las plazas Letamendi o Tetuán; también se le debe la urbanización de la montaña de Montjuïc. Aunque los barceloneses no siempre apoyaron de buen grado aquellas iniciativas, fueron resignándose al calvario de calles levantadas, alumbrado provisional, la remodelación o construcción de nuevos edificios y alineación de árboles. No es extraño que publicaciones como *La Renaixença* hablen de Barcelona en términos de «ciudad de locos». Pero valió la pena. Cuenta Vázquez Montalbán que, una vez inaugurada la Exposición, el 20 de mayo de 1888: «Los barceloneses se extasiaron ante los prodigios de la naturaleza en cadena, metida en un museo al aire libre: una cascada, una reproducción de las montañas de Montserrat, estanques casi lagos, recorridos fluviales para patos y barcas, grutas wagnerianas». Dicho escenario se corresponde bastante con el Parque de la Ciudadela, donde aún subsisten algunos edificios erigidos entonces, que anuncian ya el Modernismo (estilo por el que la ciudad obtuvo al fin ese rostro distintivo tan necesario como deseado).

En lo estadístico la Exposición Universal de 1888 albergó a veinticinco países, con más de doce mil expositores nacionales y extranjeros, y fue visitada por más de dos millones de personas: cifra considerable si recordamos que Barcelona contaba apenas con trescientos mil habitantes. Pese a que quizá no estuvo a la altura de las grandes exposiciones de París o Londres, la feria cumplió sus objetivos: despertar en el barcelonés conciencia de su ciudad, darle a ésta una imagen de urbe alternativa en el seno del Estado y proyectarla internacionalmente como metrópoli moderna y a la vez con identidad cultural propia. Nunca hasta entonces Barcelona había vivido un acontecimiento semejante, de modo que quedó justamente como el gran hito finisecular. El novelista Pérez Galdós habla de ella como «maravilla», y evoca así el ambiente de gran fiesta:

> En aquellos alegres días todas las naciones del mundo estaban representadas en el puerto de Barcelona con lo mejor de sus escuadras. Cuando la Reina salía de paseo en la lancha real, mandada por el general Antequera, estallaba el cañoneo de las salvas. El estruendo formidable, el humo, el griterío de los hurras de la marinería, daban la sensación de una colosal batalla entre los cielos y la tierra. Quien tal presenció nunca podrá olvidarlo.

¿QUÉ PASA EN CUBA?

No creo que Antonio Goytisolo Digat se sumara de corazón a la cita, como haría luego su nieto José Agustín en los Juegos Olímpicos de 1992. En el fondo, era un barcelonés adoptivo, un indiano vascocubano, cuya vinculación con la sociedad catalana arrastraba algunas limitaciones. La dimensión «nacionalista» del evento, por ejemplo, o el ajetreo de políticos y financieros debieron de provocar su desconcierto. Quién sabe si era de los que opinaba que el alcalde Rius i Taulet se había metido en otra empresa disparatada y ruinosa, una fiesta de derroche colectivo que, a buen seguro, iba a hacer las delicias de su cuñado, el calavera Juan Taltavull. Sin embargo, los tiempos no estaban para grandes excesos, ¿o no lo veían? Bastaba prestar atención a los asuntos de Cuba. Allí el Imperio vivía bajo una nueva amenaza. Aunque la paz de Zanjón de 1878 había puesto fin a la guerra de los Diez Años, no había logrado acabar con las partidas insurrectas ni la lucha armada; las ansias independentistas permanecían intactas e incluso fortalecidas. En breve, las noticias de la isla volvieron a ser alarmantes: hablaban de un incremento de actividades subversivas que, si bien no alteraron el *tempo* pausado de la colonia, contribuyeron a enrarecer su atmósfera. La correspondencia familiar refleja puntualmente esa peligrosa transformación del escenario cubano. Inquieto, Antonio Goytisolo se preguntaba cuánto tardarían los acontecimientos en repercutir sobre los negocios familiares que defendía su hermano mayor.

Fue sólo cuestión de tiempo. En 1892 un tal José Martí redactó las Bases del Partido Revolucionario Cubano, y en enero de 1895 firmó la Orden de Alzamiento para Cuba. Motivos no le faltaban al dignísimo poeta, que escribió por aquellas fechas: «Justo es que España pague sus pecados coloniales con la independencia de mi país que no supo administrar ni hacer más feliz, que ha devastado y ensangrentado sin piedad y sin compasión en la guerra.»

Pero el abuelo Antonio no podía estar de acuerdo: detestaba la insurrección y que cabalgase de nuevo en la isla el temible Jinete de la Guerra. Al principio el gobierno de Cánovas recurrió al general Martínez Campos con la orden de sofocar la rebelión, pero ésta fue extendiéndose a todo el territorio de la mano de líderes mambises como Máximo Gómez o Antonio Maceo. El gobierno de Madrid decidió entonces incrementar el contingente de tropas como refuerzo del ejército colonial. Durante varios meses los expedicionarios partieron de los principales puertos de la Península –Cádiz, Barcelona, Alicante, La Coruña– y fueron despedidos con lágrimas de emoción, tristeza y rabia. El pueblo aborrecía aquella campaña, porque los jóvenes eran reclutados por la fuerza, aprovechando que la falta de recursos económicos les impedía pagar las dos mil pesetas de la llamada «redención en metálico» que les habría librado de ir al frente. Así les describe Juan Goytisolo en *Pueblo en marcha*:

... si me inclinaba sobre la «Ilustración Española y Americana» y examinaba el rostro de los hombres sacrificados de nuestro pueblo mientras los embarcaban a luchar contra sus hermanos mambises, no advertía en ellos ningún trazo de orgullo o sed de aventuras, sino la triste resignación de unos obreros y campesinos arrancados de su tierra para defender intereses extraños.

En todo el país se alzaron voces antibelicistas, pero la terquedad del gobierno se impuso, arrastrando a Cuba «hasta el último hombre y la última peseta». De este formidable despliegue militar dan idea las cifras: en pocos meses cruzaron el océano más de doscientos mil soldados españoles, contingente sólo superado medio siglo después cuando el ejército de Estados Unidos atravesó el Atlántico en la Segunda Guerra Mundial. Al mando de este ejército se encontraba el general Weyler, un temible y valeroso mallorquín que llegó a La Habana en febrero de 1896 como gobernador general y capitán general de Cuba. Su actuación allí aún inspira encendidas controversias. Desde un punto de vista estratégico, consiguió pacificar en poco tiempo la mayor parte de la isla, pero sus métodos fueron de una contundencia feroz. Es cierto que los rebeldes mambises sabotearon líneas férreas, atentaron contra personas e intereses españoles y prendieron fuego a las plantaciones de caña. Pero Weyler respondía con puño de hierro, sembrando el terror entre los campesinos. A él se deben los campos de «reconcentración», territorios alambrados donde confinaba a la población isleña, que moría en gran número y en condiciones infrahumanas. En 1979 el novelista Alejo Carpentier me comentó en París que el español Weyler había inventado los primeros campos de concentración de la historia; pero cuando le recordé que Weyler era un español de origen alemán, se quedó pensativo. En realidad los dos nos equivocábamos: los campos de concentración habían sido inventados en los Estados Unidos durante la guerra de Secesión norteamericana.

Desde el principio, los golpes de mano y escaramuzas de los insurrectos fueron neutralizados con los métodos de lo que hoy llamamos «contraguerrilla»: batidas de castigo de las tropas gubernamentales, que se emplearon duramente sobre la población civil tal como documentan viejas fotografías de guajiros, que parecen haber huido de Auschwitz para buscar refugio bajo las palmeras. Por ello el general Weyler se ganó a pulso el apodo de «El tigre de la manigua», y todo apunta a que habría conseguido la pacificación absoluta del territorio de no mediar una campaña de prensa yanqui que acabó socavando su reputación. Tampoco le favoreció el asesinato de Cánovas, su valedor, en verano de 1897 porque, con los liberales en el poder, el relevo de Weyler se hará efectivo en poco tiempo. Al partir, deja en Cuba una estela de sangre, también de orden: los trenes circulan de nuevo, las plantaciones reviven, los españoles de la isla le despiden con incertidumbre y reverencia. Pero los temores que despierta su marcha no tardan en confirmarse: la llama independentista brota con más fuerza que nunca, abatiéndose sobre un ejército colonial agotado por el clima y las enfermedades tropicales. La situación se agrava cuando la insurrección aparece también en Filipinas. La suerte del Imperio está echada.

El tiro de gracia vino de los Estados Unidos. La política del presidente republicano MacKinley, el misterioso hundimiento del crucero norteamericano *Maine* fondeado en La Habana y la campaña belicista desatada por Randolph Hearst —el magnate de *Ciudadano Kane*— condujeron a la guerra. El primero de mayo de 1898 la flota americana venció a la española en Manila, y a principios de julio la escuadra del almirante Cervera fue destruida en aguas de Santiago de Cuba. El gobierno de Sagasta solicitó el armisticio y acabó firmando el Tratado de París, por el que declaraba la independencia de Cuba y renunciaba a Filipinas y Puerto Rico en favor de los yanquis. El gran Imperio español entregaba así sus despojos a una nación joven y ambiciosa, un país que en los magnos días de Felipe II era un territorio salvaje sin el menor porvenir.

DE TRAGEDIAS NACIONALES

¿Qué sintió don Antonio Goytisolo? Consciente de que el Tratado de París sepultaba la imagen de España como potencia, debió sufrir un *shock* similar al de la mayoría de sus compatriotas, ciudadanos de una nación en plena crisis económica y con un sistema político inservible. Ni siquiera el gran momento que vivía Barcelona borró aquel sentimiento de desencanto y amargura colectiva. El viejo modelo imperial era caduco, las ideas y los valores nacionales habían conducido a la catástrofe. Pero no era sensato aniquilar el sistema de la Restauración, como clamaban algunos: seguramente bastaría con una reforma. El adiós al sueño colonial iba a inaugurar así un período de reflexión apasionado y fructífero en el que estuvo en juego el futuro de España.

Partiendo del hecho político, el 98 desencadenó pronto un debate ideológico. Pero los asuntos del intelecto suelen tomar entre nosotros las formas del sentimentalismo estéril, la crítica despiadada o un tibio nihilismo. Tales características fueron marca de la época, tanto en los discursos de los políticos como en los textos de los periodistas, escritores e intelectuales. En aquella hora difícil, el papel de éstos fue bastante contradictorio: se propusieron salvar al país del abismo, cuando en realidad ellos, con su análisis, habían puesto ese abismo ante los ojos de la opinión. Aún más discutibles se nos antojan hoy sus soluciones al problema de España. La España nueva que reclamaban no iba a ser, paradójicamente, moderna en el sentido europeo, sino nacionalista, una epidemia, por lo visto, muy *fin de siècle*. A excepción de Valle-Inclán, la mayoría de autores se lanzaron entonces a una asombrosa interpretación de la historia y cultura hispanas. El mismísimo Unamuno hablará del *Quijote* como «Biblia nacional de la religión patriótica de España». En esa España ideal Castilla representará de nuevo la esencia de lo español; sus mitos serán también los mitos de los escritores del 98, quienes legaron a la posteridad una larga estela de herederos espirituales. Cuando, medio siglo después, José Agustín Goytisolo surja como «poeta industrial» reclamando un territorio y una estética propias, lo hará para enterrar de una vez esa herencia noventayochista que significó el secuestro de la poesía española por parte de una Castilla omnipresente en todos los versos.

Igualmente crítica será la posición de su hermano Juan, harto del culto obsesivo a los autores del 98 y a ese castellanismo paralizante que redujo el mundo a las murallas de Ávila o la sierra de Gredos. En varias ocasiones se referirá al «prisma mezquino y reductor del 98», emitiendo ácidos reproches hacia unos hombres que, partiendo del lícito dolor de España, acabaron proclamando «que inventen ellos» como mejor remedio a los males de una patria vencida. Y es que más allá de los buenos propósitos de aquella generación, su legado fue espiritualmente dudoso, casi nocivo. Lo que en ellos era exaltación metafísica o adhesión a una supuesta identidad nacional se transformó a partir de 1936 en una reafirmación agresiva de la «nueva» pero viejísima España. Claro que entonces no podían saberlo, como tampoco que Hitler y los suyos manejarían a su antojo los textos de Nietzsche y Schopenhauer. Pero en este sentido la herencia del 98 fue nefasta. Por eso, a las puertas del centenario, Juan Goytisolo recuerda que la reacción de los autores del 98 –rechazo a lo europeo, exaltación de la patria eterna, lectura errada del *Quijote*– fue en última instancia una actitud reaccionaria, «embebida de anhelos trascendentes y aferrada a unos valores castizos que serían después los de una España que se alzó en armas contra las iniciativas e innovaciones tardías de la Segunda República». En otro pasaje, esta vez de la novela *Reivindicación del conde don Julián*, traza un apunte feroz sobre la fauna literaria del 98: «floresta de esclarecidos andariegos de llanuras, de cumbres y de valles : carpetovetónicamente opuestos al time is money, al sentido común, a la apestosa lógica : enemigos viscerales del Baedecker y el sleeping-car, de la almohada y el baño : del ferrocarril, del watercló-set, del teléfono : enrolados bajo el lema aristócrata de fidelidad a las élites», y más adelante, «puñado de taumaturgos impregnados de fina sensibilidad artística y hondo absolutismo conceptual : de un entrañable recelo platónico frente a las ideas de la democracia».

REZOS PRIVADOS

Imagino cómo vivió el abuelo Antonio aquel debate nacional. Instalado en su palacete árabe del Ensanche, debió de seguirlo por periódicos y revistas del momento, donde la derrota era tema omnipresente. Además, en la calle había mítines, se repartían folletos y manifiestos, se publicaban libros sobre el dolor de España, creando una atmósfera que reflejó el poeta Juan Ramón Jiménez al decir que el 98 había sido, ante todo, «una época». Pero, pese a la conciencia viva del desastre, el señor Goytisolo tenía su propia fuente de pesadumbre. Había perdido a Antonio, el primogénito, y aún perdería dos hijas más: Mercedes y María. Con todo, aún le aguardaba el golpe más duro: tras el nacimiento de un nuevo hijo —el futuro tío Ignacio— su esposa murió a causa de fiebres puerperales. Otro hijo, Leopoldo, se refería a menudo a seis hermanos muertos, lo que eleva a dieciséis el número de partos de su madre. Con ternura hacia ella, con cierta dureza hacia los hombres, Juan Goytisolo completa el retrato de esa dama anglomenorquina a la que no llegó a conocer: «una adolescente delicada y suave, condenada por el código patriarcal de la sociedad en que vivía a un borroso papel de consorte fiel y sacrificada, víctima de una implacable sucesión de maternidades que segaría prematuramente su vida». La abuela Catalina Taltavull murió a los treinta y ocho años, dejando a su marido diez herederos: cinco hembras y cinco varones. Poco puedo añadir, salvo que era una dibujante de trazo fino, que acaso legó un primer gen pictórico a la familia, como prueba el talento de su bisnieto Gonzalo, uno de los jóvenes puntales del Nuevo Realismo. En cualquier caso, la abuela Catalina inició en la saga una línea femenina marcada por la tragedia.

Como apuntan los escritores, la viudez temprana del abuelo le consagró con cristiana resignación a la prudente gestión de sus bienes y estricta educación de los hijos. Juan recalca que don Antonio respondía al tipo de indiano conservador, rígido y piadoso, y dio a sus vástagos una férrea educación religiosa. Pero no debemos olvidar que tales atributos eran entonces burguesas virtudes, de modo que resulta normal que enviara a los chicos a estudiar a los jesuitas y a las chicas al Sagrado Corazón. En aquel tiempo los hijos de las familias principales iban a los nuevos colegios de la parte alta de Barcelona, un área comprendida entre la plaza de la Bonanova y el pequeño pueblo de Sarrià. Lejos del Ensanche, los alumnos recibían educación bajo cielos abiertos, aunque eso sí, en severo régimen de internado. Difícilmente los Goytisolo Taltavull disfrutaron con aquella iniciativa paterna, pero tampoco hubieran podido oponerse, porque los niños burgueses tenían escasa relación con sus padres y el amor hacia ellos estaba marcado por un respeto absoluto, rayano en el *metus reverentialis*. En este aspecto resulta un tanto conmovedora la correspondencia en francés escrita por alguna de las niñas Goytisolo, con la inconfundible letra picuda de las alumnas del Sagrado Corazón... Postales en las que se informa al cabeza de familia de las actividades religiosas del internado, con fiestas y procesiones a María en los fríos patios de aquel centro erigido en la falda montañosa del Tibidabo.

Muerta Catalina, el abuelo Antonio no volvió a casarse, reservando sus afectos a los hijos y a sus propias hermanas, especialmente la «niña Trina». Ésta había dejado de ser la pequeña reina del palacete de Cienfuegos para auparse a un nuevo trono en el inmueble del Paseo de Gracia. Allí vio llegar el nuevo siglo, rica y célibe, convertida de por vida en monja laica, según el patrón de algunas mujeres del área católica. Su devoción, próxima al fanatismo, halló reflejo en el hermano viudo, y ambos pasaron los últimos años dedicados a una continua práctica religiosa, para expiar quién sabe qué pecados reales o imaginarios. Esta beatería de doña Trinidad provocaría más tarde las burlas inclementes de su sobrino, el tío Leopoldo. Gracias a su testimonio los hermanos Goytisolo supieron de aquella tía abuela que inmortalizaron luego en varios libros. En palabras de Juan, «era una imponente solterona bigotuda y católica que tenía la pinta de un granadero, vivió rodeada de una pequeña corte de vicarios y canónigos, compadres de su vida regalada y beneficiarios de sus generosas limosnas. En su decorativo papel de perritos falderos, asistían a sus reuniones mundanas, le daban el brazo al cruzar la calle, sostenían con obsequiosidad su sombrilla: así, al fallecer ella, heredaron todos sus bienes». Debo añadir que este fenómeno no era, ni mucho menos, aislado o único. Al contrario. Como si desearan preservar la tradición del clásico *captator* latino, algunos religiosos revoloteaban alrededor de los grandes propietarios, prometiéndoles recompensa celestial a cambio de sus bienes terrenales. Lo asombroso es que esta práctica se prolongó en España hasta la muerte de Franco, como pude comprobar por mí mismo ante una artera maniobra de depredación clerical que impidió a la familia de mi padre recibir parte de un sustancioso legado.

Atento al porvenir de los hijos, no creo en cambio que el abuelo Goytisolo se dejara absorber el patrimonio por una bandada de buitres; pero su catolicismo tuvo también un precio. Al igual que su hermana Trina, se relacionó con importantes miembros de la Iglesia con el propósito de ganarse la salvación eterna. En pago a sus fieles servicios a la causa eclesiástica, el pontífice León XIII se dignó conceder una indulgencia plenaria *in articulo mortis* para él, sus colaterales y descendientes hasta la tercera generación, tal como rezaba el diploma que, con fotografía, sello y firma papales lucía pomposamente enmarcado en la casa de Torrentbó. Aquella absolución de largo alcance debió de costarle en su día «los ojos de la cara», según expresión de tío Leopoldo. Pero era una inversión sumamente rentable, porque reservaba a los Goytisolo un apacible rincón en el Más Allá.

VERANO SANGRIENTO

Para un hombre de orden como el abuelo las convulsiones que alteraban periódicamente la vida barcelonesa fueron motivo de inquietud. Desde su llegada a la ciudad ésta había vivido un importante progreso industrial y económico, erigiéndose a cambio en escenario habitual de la lucha de clases. No hay lugar aquí para evocar la historia del asociacionismo obrero catalán: sus reivindicaciones, algaradas y protestas, los atentados anarquistas, la reacción gubernativa, los juicios y ejecuciones que marcaron el cambio de siglo barcelonés. Pero sí debemos señalar la postura de don Antonio Goytisolo, quien apoyó con entusiasmo de plutócrata la política represiva del gobierno. Existe una carta de don Antonio Maura, presidente del Consejo de Ministros, agradeciéndole una felicitación que le había enviado el indiano por sus ímprobos esfuerzos por garantizar el orden. Escribe Maura: «... veo con gusto que la opinión sana del país se va exteriorizando y esto me alienta a proseguir la obra comenzada». Pero fue precisamente una decisión de Maura lo que produjo el estallido de la Semana Trágica en Barcelona, hecho luctuoso de gran trascendencia.

Recapitulemos. Desde hacía siglos, España ostentaba la soberanía de Ceuta y Melilla, pero a raíz de la Conferencia Internacional de Algeciras de 1906 se extendió su área de «protección» a otras zonas del norte de Marruecos. El ejército español tuvo que repeler a menudo los ataques de patrullas rifeñas y, ante el desarrollo de los acontecimientos, el presidente Maura decidió llamar a filas a cuarenta mil reservistas. Vivo aún el recuerdo del 98, el reclutamiento forzoso para una nueva guerra colonial acabó desatando la ira popular. Aunque hubo en ella cierto apoyo político de sectores contrarios al gobierno, fue el pueblo quien levantó barricadas. Y es que, como bien expuso Ossorio y Gallardo, gobernador de la ciudad: «En Barcelona, la revolución no se prepara, por la sencilla razón de que está preparada siempre. Asoma a la calle todos los días; si no hay ambiente para su desarrollo retrocede; si hay ambiente, cuaja.» La campaña del Rif iba a dar a la revolución el soplo que inicia el fuego.

Hubo una huelga general el 26 de julio que obtuvo gran respaldo popular y se amplió a núcleos industriales próximos a Barcelona; pero a los dos días la huelga se había transformado en revuelta. Los huelguistas entonces reclaman armas, asaltan armerías, erigen barricadas, la comisión de huelga pierde totalmente el control e irrumpe el caos. Como en otras ocasiones, los insurgentes descargan su ira sobre el clero, protagonizando rabiosos actos vandálicos: se profanan tumbas de monjas, se procede a la quema de iglesias y conventos y se elimina a varios sacerdotes. Ante aquella escalada, el gobierno de Madrid envía a Barcelona un ejército dispuesto a aplastar la rebelión, cuyos ecos llegan ya al extranjero. Dado lo avanzado del verano, es probable que los Goytisolo estuvieran ya en Torrentbó. Pero supongo que el abuelo aplaudió aquella nueva medida de Maura, porque la idea de una treintena de edificios religiosos en llamas enrojeciendo la noche oscura de la ciudad era más de lo que podía soportar. En este sentido, debió de alarmarse más que otros burgueses, pues, como escribe el periodista «Gaziel» en sus memorias: «La burguesía de Barcelona, encerrada en casa sin saber las razones ni cómo, escuchaba los truenos con cierta sorpresa pero poca inquietud. "¿Qué hacen las autoridades? ¿Por qué no salen las tropas?", se preguntaban los fabricantes ociosos mientras iban y venían por la casa con pijama o batín de hilo.»

Hasta que por fin las tropas llegaron y cumplieron la misión de pacificar a cualquier precio. Cuentan que emplearon artillería en el Poble Nou y en el Paralelo, lo que acabó descorazonando a los agitadores y forzó su rendición. La revuelta, espontánea, sin control, no había conseguido prender en el resto del país, como pretendían, debido a que el gobierno recurrió a la estratagema de atribuirla al anarco-separatismo catalán. Luego, el gobierno se encargó de extender el cerco sobre los responsables, quienes fueron víctimas de una durísima represión. Se practicaron detenciones, hubo juicios y hasta fusilamientos, como el del pedagogo libertario Ferrer Guardia, considerado el principal instigador. Su ejecución en otoño de 1909 desataría protestas nacionales y extranjeras contra el régimen de Alfonso XIII. A las pocas semanas de concluir el veraneo en Torrentbó, Antonio Goytisolo leyó la noticia de que su querido presidente Maura había renunciado al cargo.

EL INDIANO VA A MORIR

Según los nietos, los últimos años del abuelo se pierden en el reino de la conjetura e información dudosa. Ello se debe a que hay una lenta disminución de la correspondencia con Cuba a partir del nuevo siglo, cuando ya se había consumado la división patrimonial entre los hermanos. No obstante, los asuntos isleños siguieron interesándole en todo momento. Supo así que Agustín Fabián había liquidado finalmente el central azucarero de Cruces, pero no tenía previsto volver a la Península... Demasiados años en Cuba y una posible afinidad con la causa independentista —como sugiere Luis— le llevaron a permanecer en la isla aprovechando sus amplias relaciones y el clima inusualmente favorable a los intereses españoles. En una carta del abogado familiar de Cuba, éste informa al abuelo de la situación tras el armisticio:

... aun cuando la reconstrucción del país se va haciendo lentamente, porque hay todavía mucho majadero que habla de machete y de tiros, con lo cual sólo consigue amedrentar a los niños, lo positivo es que va adelante. Grandes empresas cambian de mano todos los días y el dinero del extranjero hará renacer la vida y el bienestar en estos campos de Cuba regados con tantas lágrimas y sangre.

En este contexto la llegada del capital americano iba a relanzar la economía isleña. Entonces, ¿por qué había de instalarse Agustín en una Barcelona cada vez más inestable? Era absurdo.

Quizá fue esa misma inestabilidad social lo que multiplicó el temor de su hermano Antonio, exacerbando su profundo sentido del ahorro. En *Coto vedado* Juan Goytisolo habla abiertamente de la mezquindad del abuelo, su racanería, rasgo del que supo por boca de uno de sus hijos, el tío Leopoldo. Con su proverbial humor, éste solía comentar en Torrentbó que era preferible «patearse los cuartos en fiestas y fulanas como el tío Juan Taltavull a arruinarse como "otros" por mor de la Iglesia». Ese «otros» apuntaba como un dardo a su propio padre y a la tía Trina. Ahora bien: más que mezquindad de don Antonio, el comentario parece hablarnos del desencanto de un hijo que quizá no recibió en su juventud todo el dinero que deseaba, así como de sus simpatías por el tío pródigo y vividor en detrimento de un padre inflexible. Es seguro que los comentarios del tío Leopoldo y de algún otro testigo desarrollaron en Juan la idea de ser nieto de un hombre hosco y avaro. Pero ¿fue en realidad así?

Esta idea juvenil reclama hoy luces más benignas. Las fotografías del abuelo Antonio muestran efectivamente a un burgués impenetrable, solemne, pero hay alguna otra foto que sugiere un carácter más alegre. ¿De dónde procedía, si no, el humor de tío Leopoldo? ¿Del calavera tío Taltavull o de su propio padre, con el que además guardaba un asombroso parecido físico? A diferencia de las cartas que conserva Juan, las que guarda Luis nos descubren a un abuelo menos rígido y egoísta, más humano: un hombre que solucionó no pocos contenciosos y fricciones, y al que se recurría a menudo como mediador en los asuntos de familia, aunque fuese en grado menor. No era, por tanto, insensible o sordo a las necesidades ajenas: cooperaba con el «cubano» Agustín, velaba por los intereses de sus hermanas, alimentaba y financiaba a sus hijos, siguiendo, claro es, esa fórmula catalana restrictiva que excluye por definición las demandas del manirroto o del sablista. Después de todo, había heredado un importante patrimonio que iba menguando. Ni siquiera su posición de abogado ni el hecho de ser uno de los creadores del Banco Vitalicio garantizaban *in aeternum* el bienestar familiar. Estos datos de tipo profesional, unidos a su papel de gran interlocutor goytisoliano, amplían el retrato que aparece en *Coto vedado* y cuestionan esa sentencia del autor según la cual el abuelo acabó llevando «una existencia vacua y decorativa».

Sí coincido, en cambio, en dos puntos esenciales: Antonio Goytisolo pasó de ser un prócer acomodado a convertirse en un rentista, no sé si avaricioso, pero sí muy precavido; sus últimos años no fueron fáciles, ya que fue testigo del clásico ciclo de ascensión y esplendor de las familias burguesas, al que sólo faltaba la caída. Recluido en su palacete del Ensanche, el abuelo presenciaría el crecimiento de los hijos: licenciaturas universitarias de ellos, noviazgos de ellas. Pero esta normalidad feliz se le antojaba ilusoria, pues sabía que su cuantiosa fortuna iba a ser repartida entre diez herederos y que, en el caso de los varones, la falta de ambición de éstos, así como su renuncia a entrar en el mundo de la banca o la empresa, presagiaba un futuro problemático. ¿Por qué esa obsesión por estudiar, cuando la mayoría de hijos burgueses se dedicaban a los negocios? Aun suponiendo que una licenciatura universitaria les mantuviera en la élite, esa élite iba a ejercer la profesión en una época caracterizada, como escribe Juan, «por su movilidad social y sobresaltos políticos». Todo ello debió de colmar su vejez de ansiedad y amargura.

Don Antonio Goytisolo Digat murió antes de acabar la Primera Guerra Mundial y fue enterrado junto a sus padres en el gran panteón de Montjuïc. En *Teoría del conocimiento* un personaje de Luis recuerda:

> De niño, también el abuelo me parecía viejo, pero supongo que eso era debido a que en el retrato figuraba con barba, y entonces sólo los viejos llevaban barba. De él siempre había oído contar que murió diciendo ¡Qué error! ¡Qué tremendo error! Y cuando alguien de la familia lo contaba por enésima vez, todos los presentes se miraban como a la espera de que finalmente surgiese una explicacion válida acerca de lo que había querido decir.

Los familiares coinciden en señalar que don Antonio fue una figura menos carismática que don Agustín, y su presencia en la obra goytisoliana es bastante menor. Pero fue él quien propició el definitivo asentamiento de la familia en Barcelona y legó a los suyos la espléndida finca de Torrentbó. A partir del abuelo los Goytisolo serán barceloneses. Cuba será sólo un recuerdo.

Muerto don Antonio, la suerte del palacete árabe era incierta. Pese a haber heredado una fortuna considerable, ninguno de sus hijos se atrevía a adquirirlo a título individual compensando económicamente a los otros hermanos. Quizá lo juzgaban un dispendio excesivo, o se les hacía duro vivir a solas en un lugar donde habían residido juntos desde la infancia. Parece obvio que, sin el padre, los vínculos domésticos perdieron su razón de ser: cada heredero tenía sus propios planes, y el mantenimiento del chalet fue haciéndose más inútil y gravoso. ¿Qué iba a ser de él? Rodeado por nuevos inmuebles, sus horas estaban contadas, de modo que tras algunas deliberaciones los hermanos resolvieron venderlo. Pero esta decisión sería discutida después a causa de los escasos beneficios obtenidos. En su novela *Recuento* Luis Goytisolo recrea varias escenas donde la lejana venta de un palacete árabe centra conversaciones familiares presididas por el típico sentimiento elegíaco-monetario, que inspira frases como éstas: «La millonada que valdría ahora si no se hubiera vendido y derribado para edificar una casa de pisos», y más adelante: «... uno de los mejores palacetes de su época. Ahora valdría una millonada. Y se vendió, qué se yo, por una cantidad ridícula». Personalmente, no creo que fuera así, pero la fiebre especulativa que se declaró a partir de los años veinte les hizo ver que podían haber ganado bastante más con aquella venta, idea que gravitó con fuerza sobre el núcleo familiar. Al fin, el palacete del abuelo desapareció bajo la piqueta, instrumento demoledor que en palabras de su nieto Juan «alteraría para siempre aquellos años la fisonomía agradable y romántica de la ciudad».

Redundando en ello, Luis habla en otro pasaje de *Recuento* de «la ya clásica costumbre barcelonesa de ir derribando con la máxima periodicidad posible los edificios para sustituirlos por otros invariablemente más feos, práctica que si por los provechos que aporta en su aspecto especulativo puede considerarse consustancial a toda burguesía, en el caso concreto de Barcelona no hace sino añadir la vulgaridad, el mal gusto y el recato aberrante a la frustración de lo que fue grandioso proyecto decimonónico».

Lejos del palacete árabe, los hermanos Goytisolo volaron en solitario: la mayoría de mujeres contrajeron matrimonio, mientras los hombres compraron un piso moderno en el Ensanche para iniciar una cómoda vida de soltero. Sólo el mayor, José María, mantenía relaciones con una bellísima joven barcelonesa, pero la celebración de la boda había quedado aplazada a raíz de la muerte de don Antonio. ¿Quiénes eran los otros hermanos, esa larga lista de tíos que con rasgos algo novelescos aparecen en la obra goytisoliana? Aparte del mayor había cuatro varones: Leopoldo, Luis, Joaquín e Ignacio, y cinco hembras: Catalina, Rosario, María, Magdalena y Montserrat. Aunque no todos tuvieron igual importancia en la vida de sus sobrinos, merecen un breve retrato:

– tía Catalina (n. 1883): simpática, hipocondríaca, egoísta y archicatólica. Casada con el ingeniero Enrique Heriz.

– tío Leopoldo (n. 1889): médico soltero, excéntrico, mordaz, iconoclasta, viajero mental y anglófilo.

– tía María (n. 1890): muy bella, bondadosa, servicial, casada con José María Vallet.

– tío Luis (n. 1891): abogado soltero, carácter retraído, amante de la naturaleza, lector impenitente y anglófilo.

– tío Joaquín (n. 1894): médico, jugador, espíritu inquieto, gran sentido práctico y «oveja negra» de la familia. Casado con María Esteban.

– tía Rosario (n. 1895): inteligente, animosa, gran fortaleza de carácter. Casada con el abogado Ramón García de Haro.

– tía Magdalena (n. 1898): soltera, enferma, neurótica, morfinómana.

– tía Montserrat (n. 1899), también llamada «tía Rata»: alegre, desinhibida, fumadora, bebedora y pionera del charlestón. Casada con Federico Esteve.

– tío Ignacio (n.1901): ingeniero industrial, hombre de orden, seco, distante, germanófilo. Casado con Remedios Coll.

Una lectura sensacionalista de este *dramatis personae* arroja el balance de una drogadicta, una frívola, una enferma imaginaria, un tahúr y un fabulador desmesurado. Pero otra lectura más ecuánime nos habla de unas damas de misa y comunión diarias, así como de varios jóvenes con carrera universitaria –dos médicos, un químico, un ingeniero industrial y un abogado–: fenómeno bastante insólito, dado el muy escaso entusiasmo que las familias burguesas catalanas mostraban entonces por la universidad. Algo sugiere que el grupo de hembras era más frágil, como si la temprana muerte de la madre, Catalina Taltavull, les hubiera afectado de un modo muy profundo. Con el tiempo los escritores recibirían su influencia, tanto si ésta era grata y directa, como en el caso de tío Leopoldo, o si les llegaba a través de un recuerdo triste y opaco, como ocurrió con la tía Magdalena, de cuya vida no se hablaba jamás. Todos estos tíos carnales aparecerán en las primeras obras de Juan Goytisolo y posteriormente en las páginas de *Coto vedado* y *Señas de identidad*, también en el ciclo *Antagonía* o en *Estatua con palomas* de su hermano Luis, y hasta en algún poema de José Agustín. Les dejaremos de momento en el palacete árabe de Vía Layetana, vestidos de negro, tras volver del cementerio de Montjuïc donde acaban de enterrar a su padre.

LA DESCONOCIDA ENTRA EN ESCENA

Circulan al menos dos versiones sobre el primer encuentro de los padres Goytisolo. De creer a su hijo José Agustín, don José María habría descubierto desde la ventana de su cuarto a una muchacha muy guapa, que habitaba en el inmueble contiguo a su casa, en la parte sur de la plaza de Cataluña; luego, en un gesto galante, cruzó el pequeño pasaje que los separaba y subió al domicilio de ella para pedir su mano. Pero algunos hechos se imponen: su padre no pudo ver a aquella muchacha desde la ventana de la antigua casa familiar, porque los Goytisolo ya no vivían en la plaza de Cataluña sino en el palacete morisco del Ensanche. Más verosímil parece la versión de su hermana Marta, quien recuerda haber oído de niña que sus padres se habían conocido en una sala de conciertos, quizá el Gran Teatro del Liceo. Nada tiene de extraño. Y me inclino por lo último pues, como escribe Eduardo Mendoza, la sociedad barcelonesa de la época había creado –a falta de una corte– un lugar «cuya estructura reflejara la compleja gradación social de sus asistentes y en cuyo ámbito pudieran entablarse amistades, celebrarse negocios, concertarse matrimonios y fraguarse intrigas en una atmósfera propicia, a la vez pública y secreta». Sin ser un melómano, don José María Goytisolo acudía en ocasiones a la ópera como parte de ese extendido rito social. En la novela *Recuento* el padre del protagonista parece defender esta tesis al decir sobre el Liceo: «Yo había ido mucho de joven. Sobre todo, antes de casarme. Allí vi por primera vez a Eulalia y no paré hasta hacérmela presentar.» Del pasaje entero se deduce que el joven Goytisolo iba al teatro con una hermana, y desde el palco vio a una joven muy atractiva que capturó su corazón.

Como en la novela, desde aquella noche hizo lo posible por conocer su identidad. Pero le fue difícil aceptarla: alguien le había dicho que era la hija de los dueños de La Maison Dorée, el local más lujoso de la Barcelona modernista; y aunque don José María apreciaba aquel café-restaurante-salón, donde la aristocracia y burguesía catalanas emulaban a la francesa, su amor por la hija del dueño iba a ser fuente de complicaciones. ¿Qué iba a decir su padre, el acaudalado patricio, de su noviazgo con la hija de unos hosteleros? No era ciertamente un romance entre iguales: sería la comidilla de toda la ciudad. Por temor a ello, aquel joven espigado de perfil aguileño, con vago aire intelectual a causa de sus anteojos de montura metálica, debió de pasar algunas horas amargas. Felizmente para él la información sobre la desconocida era inexacta. Es cierto que la muchacha vivía en un inmueble de la plaza de Cataluña, cuyos bajos ocupaba La Maison Dorée, pero no era hija de los propietarios del negocio —la familia Pompidor—, sino de los dueños de la finca. Casualmente, ésta se alzaba junto a la antigua casa de don Agustín Goytisolo, el bisabuelo, y en ella tenía además el bufete el señor Vives: notario, como sabemos, del indiano vasco. La familia de la misteriosa muchacha había sido, pues, vecina de los Goytisolo, y ambas habían tenido tratos jurídicos y profesionales en el pasado. Sólo nos falta saber quiénes eran los padres de esa bellísima joven, cuyos ojos centelleaban como el zafiro en la dorada oscuridad del Liceo.

LOS GAY

Hasta hace poco existían abundantes lagunas sobre el otro gran tronco familiar. La causa hay que buscarla en la discreción del abuelo Ricardo, en una sucesión de muertes desdichadas y sobre todo en el silencio impuesto por el padre de los Goytisolo en lo tocante a la familia de su esposa. Sin embargo, muchos de los rasgos que hoy consideramos goytisolianos —temperamento artístico, vulnerabilidad psíquica, sensibilidad exacerbada e instinto literario— proceden inequívocamente del lado materno. En sus memorias *Coto vedado,* Juan Goytisolo apenas informa de que los Gay eran oriundos del Ampurdán, y que tuvieron entre sus miembros al célebre abogado Gay de Montellá, autor de importantes textos jurídicos. En *Estatua con palomas* su hermano Luis afirma que los Gay eran de origen francés, fruto de la emigración hacia España que se produjo en Francia durante los siglos XVI, XVII y XVIII. También el crítico Masoliver habla de «las dos picazas de las armas de los Gay de Àger», idea que comparte el poeta José Agustín. Admitiendo el origen francés del apellido, cree-

47

mos que los Gay llegaron a Cataluña en una oleada *gabacha* muy temprana. Hay documentos que atestiguan que ya a mediados del siglo XVI los Gay se habían trasladado a Figueras, procedentes de un pueblecito llamado Orfans, cerca de Bañolas. Es ahí, entre las aguas tenebrosas del lago, donde perdemos el rastro.

Según Luis, el primer Gay del que se tiene noticia fue un cabecilla guerrillero antinapoleónico que operaba en el Alto Ampurdán. El dato es relevante, porque si nuestro primer Goytisolo abandonó Vascongadas en vísperas de una guerra, anteriormente el primer Gay se había quedado en Cataluña para combatir en otra. Sobre este guerrillero añadiré que se llamaba Narcís Gay i Vinyes, y la *Enciclopèdia Catalana* le dedica una entrada:

> **Narcís Gay** *(Figueres, Alt Empordà, segle XVIII?-segle XIX). Guerriller. Era secretari del jutjat de primera instància de Figueres. Durant la Guerre del Francès fou secretari de la junta de defensa de Figueres i comandà l'anomenada companya d'Almogàvers, creada el 1810 per la Junta Superior del Principat, i més tard, el regiment d'infanteria dels Lleials Manresans.*

Otras fuentes hablan de que fue notario en Figueras, plaza que más tarde ocuparía el padre de Salvador Dalí. Aunque civil, luchó, en efecto, contra los franceses como comandante del cuerpo de los Almogàvers Catalans, en cuya fundación intervino activamente. Con dichas tropas participaría en campañas, batallas y escaramuzas; y, pese a ser un militar de circunstancias, fue apreciado en la época por sus dotes de mando, pero también discutido, como prueba un documento en el que se elevan protestas por dictar una orden de movilización sobre los mayores de cuarenta años. Este Narcís Gay –rara mezcla de abogado y guerrillero– fue el bisabuelo del abuelo Ricardo.

Además, la *Enciclopèdia Catalana* habla de un Narcís Gay i Beyà (Figueres, Alt Empordá, 1819-Barcelona, 1872), abogado, ensayista y frenólogo, profesor de la Asociació Obrera de Barcelona y colaborador de Mariano Cubí. Fue autor de varios libros osados, como *Veladas del obrero* (1857), *La mujer: su pasado, su presente y su porvenir* (1857) o *Estudios sobre las clases proletarias* (1864). Durante un tiempo creí que este Gay era hijo del anterior y, en consecuencia, tatarabuelo de los escritores; pero me inclino a pensar hoy que probablemente era un sobrino del notario guerrillero. El verdadero hijo de éste fue don Ramón Gay i Muns –militar ocasional como su padre–, que intervino en una guerra carlista en el bando liberal. Afincado en Barcelona, donde era secretario del Colegio de Procuradores, hizo fortuna hasta formar parte de la burguesía emergente. Sobre su filiación liberal nos habla un libro de Borja de Riquer dedicado a la correspondencia del político Duran i Bas: en ella se menciona a Gay como uno de los más firmes partidarios de Isabel II en la ciudad condal. Es de señalar que en todas las guerras carlistas los Gay militaron en el bando isabelino. Don Ramón Gay i Muns murió relativamente joven dejando dos hijos:

– Ramón Manuel Gay i Thomas, padre del abuelo Ricardo.
– José María Gay i Thomas, antepasado de los Gay de Montellá.

Al principio, el apellido materno Thomas me hizo pensar en un rastro de sangre inglesa o judía en la familia, pero seguramente Thomas se escribía entonces con «th» a la manera latina. Ramón Manuel Gay i Thomas estudió Leyes, casó con una joven de la acaudalada familia Llopart y tuvo tres hijos varones:

– Víctor, el primogénito.
– Ricardo, abuelo de los escritores.
– Laureano, abuelo del jurista Eugenio Gay Montalvo.

La familia fue a vivir a la parte sur de la plaza de Cataluña, en un inmueble construido en el mismo año (1873) y en el mismo tramo de calle que el de los Goytisolo. Cabe suponer que el bisabuelo Agustín conoció a sus vecinos catalanes y debió coincidir a menudo no sólo con el notario Vives sino con los Gay Llopart. Es lástima que el abuelo Ricardo no hablara demasiado de su infancia en aquella Barcelona alumbrada aún por luces de gas: podía haberles contado a sus nietos que en esa época, debido a las epidemias que azotaban la ciudad, era enviado al campo con su ama de cría, o que en una ocasión se encaramó peligrosamente a una cornisa de su casa y cruzó por ella hasta el inmueble de los Goytisolo. Claro que la mejor escena tenía lugar puertas adentro, cuando su madre, la futura «Yayá», recibía cada mañana a un camarero de La Maison Dorée, que portaba en su bandeja un desayuno exquisito y un duro de plata: el alquiler diario del local, abierto en los bajos de aquel edificio de su propiedad.

Cuando en *Coto vedado* Juan Goytisolo asegura que la identidad de la familia Gay Llopart es un recuerdo que el abuelo Ricardo «se llevó con él al sepulcro» acierta en lo tocante al ámbito de los Goytisolo, no así en el de los Gay, donde el abuelo era mucho más expresivo y abierto. Por desgracia, el silencio que hubo en la casa de los escritores en los años cuarenta impidió a éstos conocer de primera mano la historia de los Gay: una saga más antigua en documentos que la de los Goytisolo, formada por franco-ampurdaneses que lucharon contra Napoleón y ejercieron la abogacía en Barcelona, donde llegarían a ser burgueses notables. Su historia, presente incluso en enciclopedias, mereció mejor fortuna en la obra goytisoliana. Y sin duda la habría tenido en un contexto familiar más propicio, menos lleno de silencios, tristezas y opacidades. Como lector, me pregunto si obras como *Recuento*, *Señas de identidad* o *Juan sin Tierra* serían hoy las mismas, es decir, si a la leyenda familiar del indiano vasco se hubiera añadido la de estos antepasados catalanes, defensores acérrimos de la libertad.

EL JOVEN RICARDO

El abuelo Ricardo Gay nació en 1868, el mismo año en que La Gloriosa mandó al exilio a Isabel II en un ambiente festivo marcado por el respeto al sufragio universal. En su juventud estudió Derecho y practicó la esgrima, y en alguna ocasión llegó a enseñar a sus nietos algunos pasos en el jardín de la casa de Tres Torres. Pero como don Ricardo no era allí muy hablador, poco más se conoce de sus primeros años, salvo que trabajó brevemente como pasante de notario antes de entrar en la Diputación. A finales del XIX casó con Marta Vives Pastor, hija del notario Vives, cuyo despacho ocupaba una planta en el 22 de la plaza de Cataluña, el inmueble de los Gay Llopart. Durante un tiempo, pues, los Vives, los Goytisolo y los Gay coincidieron en la misma plaza, sin sospechar que algunos de sus hijos y nietos iban a unirse en matrimonio. Esta coincidencia topográfica habla de una pertenencia común a la clase acomodada, toda vez que los matrimonios de sus miembros dicen mucho sobre la endogamia burguesa y las leyes no escritas de una época marcada por profundas diferencias sociales. Tales diferencias comenzaban por el propio domicilio, el hogar burgués, que Eduardo Mendoza describe con estas evocadoras palabras:

> La vivienda familiar no era, como hoy, el santuario de la intimidad, sino el escenario en que se desarrollaba buena parte de la vida práctica de una familia barcelonesa de cierta alcurnia. Allí se celebraban reuniones de negocios y allí acudían a todas horas vendedores, sastres, modistas, costureras, peluqueros, profesores de música y de

canto, maestros de baile o de dibujo, médicos, curas, abogados y notarios, sin contar con las visitas numerosas y frecuentes de cortesía o de placer. El servicio doméstico, por su parte, constituía un mundo dentro de otro mundo. Puesto que no costaba mucho de mantener y el salario que percibía era ridículo, su nómina podía ser cuantiosa. Así lo exigía, además, el buen funcionamiento del hogar, puesto que había que mantener limpio y ordenado un espacio enorme, abarrotado de muebles, alfombras, cortinajes, cuadros, estatuas, macetas, porcelanas y otros adornos, alimentar una familia compuesta de muchos miembros, de los cuales no cabía esperar otra intervención en las tareas domésticas que la supervisión y la crítica, lavar, planchar, almidonar, encañonar, coser y zurcir la ropa, criar y atender a los niños, mantener en buen estado los carruajes y conducirlos, cuidar las bestias de tiro y las caballerizas y cocheras, etcétera.

Los bisabuelos vivieron así. Pertenecieron a un mundo que conocerían también sus hijos, y que los nietos escritores vislumbraron entre brumas legendarias.

OTRO ENIGMA DE SANGRE

Respecto a la familia de la abuela materna –los Vives– Luis Goytisolo habla de «gran claroscuro». Procedamos ahora a disiparlo. Según la heráldica, el apellido nos remite al ave fénix abrasándose que bajo el lema «Moriendo Vives» trae por cimera el escudo del Vives de Perpiñán. Quizá estos Vives también llegaron de Francia, o tal vez del vecino Reino de Valencia, donde el apellido tiene sólido arraigo. Pero, en cualquier caso, el primer Vives –el otro tatarabuelo materno de los escritores– fue magistrado de la Audiencia de Manila a principios del siglo XIX. En fecha que ignoro casó con doña María Mendoza, nacida en un pequeño pueblo de la sierra de Málaga llamado Ardales. Dado que Ardales era una estación balnearia, todo hace pensar que María nació allí mientras su familia había ido a tomar las aguas. Con el tiempo esta joven vivirá en Filipinas con su esposo y, posteriormente, escribirá algunos poemas y una novela titulada *Las barras de plata*, a la sombra romántica de Walter Scott. El dato es esencial, porque bajo su apariencia majestuosa aquella dama decimonónica estaba tocada, como dice uno de sus descendientes, «por la gracia o insania de la escritura». Los Goytisolo recuerdan haber visto en casa un ejemplar del libro de la tatarabuela, encuadernado en rojo, pero por entonces no pensaban en ella como lejana transmisora genética de su vocación. No obstante, sería absurdo rechazar tal posibilidad, pues a partir de doña María Mendoza cada generación de su descendencia dio por lo menos una personalidad literaria.

A mediados del XIX la familia Vives Mendoza abandonó Filipinas para instalarse en Cataluña. Allí crecieron los hijos: Marta, la soltera; María, que casó con Mañé y Flaquer, director del *Diario de Barcelona*; José María, notario, y Montserrat, mujer del general Banús, autor de un libro sobre las expediciones catalanas a Oriente y de un tomo titulado *Historia de la guerra de 1914*, que leí de niño en casa de mi abuelo. Para la crónica, interesa saber que José María –el notario Vives– contrajo matrimonio con una joven de la familia Pastor, oriunda al parecer de Castellón. Tuvieron tres hijos: Ramón, el bohemio; Eugenia, esposa de Domingo Calsamiglia, y Marta, que casó con Ricardo Gay, y abuela, por tanto, de los escritores. Aunque la familia Vives tenía el domicilio en el centro de Barcelona, los hijos pasaron buena parte de su infancia en una villa de Pedralbes. El padre la había construido en la calle Panamá y era magnífica: una casa con mirador, jardín, huerto, campo de tenis y un bosque de pinos que dominaba toda la ciudad. Fue un delicioso lugar de reposo para la familia del señor Vives, al que muchos consideraban ya como el notario más prestigioso de aquella Barcelona fin de siglo. En cierto modo, lo que Torrentbó o el palacete árabe significaron para los Goytisolo, la villa de Pedralbes lo fue para los Vives y, con el tiempo, para algunas mujeres Gay.

En ella la abuela Marta pasó una infancia y adolescencia feliz. Nada hacía presagiar el trágico destino que tuvo después, ya que los días se le iban en juegos con sus hermanos o paseos con las ayas en el jardín. También tenían por costumbre visitar el cercano cuartel del Bruch, donde la llegada de la familia era recibida, según contaba, con toque de corneta y formación de la guardia. Imagino que era en honor de su tío, el general Carlos Banús; pero como la abuela hizo referencia a menudo a los episodios militares y hoja de servicios de sus mayores, intuyo que pudo haber otra presencia castrense por parte de la rama Pastor. Es llamativo que tanto ella como su marido, don Ricardo, procedieran de familias de tradición jurídico-militar.

EL PRIMER POETA

La cercana huella del ejército pudo forjar por reacción la personalidad de Ramón Vives, hermano de la abuela Marta. Fue éste un personaje memorable, a quien correspondió el papel de escritor familiar en su generación. El novelista Juan Goytisolo habla en *Coto vedado* del carácter rebelde y catalanista del tío abuelo, quien llevó en su juventud «una existencia bohemia, entregada a la literatura, el dandismo y la disipación». Ignoro el grado de esa disipación, pero las inquietudes literarias, el gesto dandy y el catalanismo de don Ramón parecen cosa segura. Además, debió de inspirar la suficiente confianza en el gran poeta Maragall como para que éste prologara su versión al catalán de las míticas *Estancias* de Omar Jayyam. Resulta elocuente la dedicatoria del traductor Vives, dirigida a su amante irlandesa, una tal Bertha Saint George, *«filla tristoia y dolça d'aquella verda Erin, esclava, com ma terra, d'una llei opressora»*. ¿Soñaba el tío abuelo con una Cataluña y una Irlanda definitivamente libres?

En otro libro suyo, hallado en fecha reciente, Ramón Vives parece anticipar los rasgos que su sobrino nieto, Juan, incorporó al personaje de «tío Néstor» de *Señas de identidad*. Se trata de *Notes poètiques*, publicado en Barcelona en 1906. La lectura de sus setenta poemas ofrece un muy valioso retrato de ese tío-abuelo, y anuncia a su vez algunas actitudes literarias de los hermanos Goytisolo. El prólogo, por ejemplo, explica los propósitos de un hombre que abomina de las *«capelletes»*, esos grupitos literarios que tanto criticarían ellos después; las intenciones de la obra se centran además en la escritura de una lengua asequible, un catalán vivo, como el *«que tothom enraona»*, propuesta estética similar a la que otro sobrino nieto, José Agustín, defendió en la poesía castellana medio siglo más tarde; por último, en el primer poema hay una declaración de principios que todos los hermanos suscribieron de un modo u otro, aún sin conocerla: *«¡Regles! No mai. Vull ser lliure; / vull cantar la veritat: / em vull dels burgesos riure, / i, enfront del meu llibre, escriure: / "Poesía és Llibertat".»* Curioso antepasado éste, que odia la cultura oficial, defiende la libertad poética y detesta la clase burguesa a la que pertenece. ¿No hay en él un gen insumiso de incalculable valor? Como dijimos, algo genuinamente goytisoliano procede de la rama materna.

Notes poètiques fue escrito en Suiza, país al que don Ramón Vives había acudido para tomar las aguas o restablecerse de una enfermedad pulmonar. Allí encontró el sosiego necesario, y en un rapto de

53

inspiración compuso poemas a su querida Barcelona, a sus barrios, a sus gentes; también a ciudades francesas o suizas, a los paisajes de montaña, a los lagos. Dos de esos poemas están dedicados a sus cuñados, Ricardo Gay y Domingo Calsamiglia, e informan sutilmente de los destinatarios: a Calsamiglia le reserva el poema «Fotógrafos», una divertida escena familiar en la que se celebra con júbilo la reciente adquisición de una cámara fotográfica. A Ricardo Gay, el abuelo, dedica a su vez *«Chillon de nit»*, una melancólica estampa sobre el castillo junto al lago dormido. ¿Detalle hacia un hombre al que consideraba distinto, casi hermético, guardián de algún secreto en el fondo de su lago personal? Es lo de menos. Los poemas corresponden a un autor refinado, cosmopolita, un gran *connaisseur* de ambientes y figuras mundanas y un más que seguro Don Juan, como revela la serie de poemas inspirados en mujeres de varias nacionalidades. Alguno de ellos constituye un modelo de observación e ironía, como el titulado *«L'inglesa»*, cuya imagen arquetípica precede a la de tantísimos personajes femeninos que luego poblarán las novelas británicas de nuestro siglo:

> *És seca, desgarbada, punxaguda;*
> *té idees acabades sobre l món;*
> *llegeix noveles tontes; és mig muda;*
> *aima an els reis amb un amor profon.*
> *Beu wisky, té l nas roig; és mólt calmuda,*
> *excepte quan hi hà joves, perquè s fon;*
> *de dia sembla un home: al vespre s muda;*
> *va amb vestits virolats, i es diu Miss Thone.*
> *Sembla un misto am cap roig: fa riure i pena.*
> *¿És vella? ¿És una dona? ¿És una nena?*
> *L'esplendor i beltat li són negats.*
> *Ella faria de son cos l'ofrena:*
> *desitja l matrimoni i sa cadena...*
> *I farà un sanatori pera ls gats!*

Es fácil ver aquí el preludio de algunos versos irónicos de José Agustín, algunos retratos femeninos de Luis, o las mordaces descripciones de turistas de Juan. Y, no obstante, ninguno de ellos conoció estas páginas.

Por otro lado, Juan Goytisolo comenta que la actitud anticonformista del tío abuelo debió de causar escándalo incluso en el medio culto y liberal en que había crecido, y más adelante lo define como un «rebelde nacido a deshora en una sociedad proverbialmente dura con los disidentes». Lo creo. Pero no hay noticia de que escándalo o disidencia le apartaran de los suyos. Antes bien, fue un elemento inscrito en el círculo familiar, alguien atípico, sí, pero lo suficientemente *charmant* y socarrón como para granjearse los mejores afectos. Su hermana Marta, la abuela, hablaba con frecuencia de él: recordaba las bromas infantiles, los juegos, sus estancias en Suiza, donde padeció las manías higiénicas –siempre iniciáticas para el latino– del pueblo helvético. Quemó su juventud viajando por Europa, amando, escribiendo, enfermando y reponiéndose en sanatorios de novela alemana.

De vuelta en Barcelona, la presencia de Ramón Vives será importante en la vida de Pedralbes, donde aquel solterón impenitente solía rodearse de los suyos. Su padre, el notario Vives, había muerto en 1910, pero la villa seguía llena de vida: la madre, las hermanas, los cuñados y los sobrinos, tanto por parte Calsamiglia como de los Gay. Aunque Ramón Vives fuese un burgués poco común, tampoco era ajeno a aquel orden donde las niñas eran educadas en el ajedrez, la lectura, la poesía o la música. Incluso pudo ser él quien les inculcara el amor por las artes, lo que también dice en favor de unos padres que se lo permitieron. O quizá no. A lo mejor era el sello de una época exquisita en que la literatura y la música eran admitidas como parte de la formación de las hijas. ¿Acaso no eran ellas las encargadas de interpretar en familia –al piano, al arpa o violín– las obras clásicas de los maestros y las novedades musicales extranjeras? En ese mundo ya demasiado lejano, Ramón Vives Pastor fue un personaje aparte, más próximo a aquellos tipos geniales de la estirpe de Santiago Rusiñol. No es extraño que Juan Goytisolo –hijo de una de esas señoritas– hable del tío bohemio como «uno de los raros antecesores que intuyo próximos y con quienes siento una afinidad moral más allá de los impuestos y aleatorios lazos de sangre».

RETRATO DE BODA

Los abuelos Ricardo Gay y Marta Vives tuvieron dos hijas: Julia y Consuelo. La primera nació el 15 de agosto de 1899 bajo el signo de Leo; la segunda, a principios del siglo XX, en fecha y signo que no he logrado precisar. La foto más antigua que conozco de Julia, la mayor, fue tomada el día de su Primera Comunión, antes de la Semana Trágica de 1909. Es la imagen de una niña rica de aspecto saludable, ataviada de blanco, en cuyo rostro destacan unos asombrosos ojos claros. Otra fotografía suya me acompaña mientras escribo: fue hecha en el jardín de la villa de Pedralbes, en vísperas de la Primera Guerra Mundial. Bajo el sol de mediodía dos figuras juegan al ajedrez sentadas ante una mesa de mármol: el hombre, el tío Calsamiglia, es un burgués grueso, atildado, con mostacho de morsa; la muchacha, su sobrina Julia, es una joven de rasgos finos que observa la suerte de su dama negra con aire dulce y pensativo. La simetría del encuadre, la plasticidad de la escena, hacen pensar que los jugadores han posado para la foto; en cambio, el fragor de la partida, los peones y alfiles sacrificados junto al tablero sugieren que el cuadro es habitual, y que el fotógrafo –seguramente el bohemio tío Vives– la ha tomado un poco *à la manière de* Jacques Henri Lartigue, para captar una escena familiar que respira *pax* burguesa por los cuatro costados. La tercera foto de Julia corresponde a los días previos a su noviazgo con José María Goytisolo. Viéndola, es fácil entender por qué el padre de los escritores se enamoró de ella: una joven de belleza y expresión serenas, con algo de misterio, elegante, distinguida, envuelta en un aura viscontiniana que va más allá de la atmósfera lánguida de la época.

Hermosa como la hija de un zar, esta muchacha había cautivado para entonces a numerosos jóvenes de la alta burguesía barcelonesa. Años después alguno de ellos evocaba con emoción su belleza impresionante: el azul de sus ojos, su finura de cutis y el tono de miel de sus cabellos. Bajo las facciones agraciadas se ocultaba además una mujer de fuerte temperamento, un carácter solar cuyo humor y don de gentes llegarían a ser igualmente proverbiales. Ahora bien, esta naturaleza comunicativa no le impidió dedicarse a aficiones tan íntimas como el ajedrez o la lectura, y en su biblioteca juvenil había libros de poesía francesa, obras de teatro y novelas de misterio, por las que sentía verdadera pasión. Ella será la novia del retrato.

En cuanto al novio, don José María, no podemos concebir personalidad más opuesta. Nacido bajo el signo de Virgo, había concluido brillantemente la carrera de Química, ampliado estudios en Alemania y viajado por Europa. Su devoción por la ciencia contrastaba con su indiferencia absoluta hacia la literatura o las artes. Delgado, fibroso, atlético, tenía también un fuerte carácter, aunque quizá menor temperamento. Era un buen deportista y acudía cada mañana al barrio marítimo de la Barceloneta para nadar en las playas o en la piscina del Club Natación Barcelona. Fuera del club o de alguna velada musical, la vida social tenía para él escasos alicientes. Estaba casi siempre en su mundo: un orbe de fórmulas químicas y enigmas matemáticos, que habrían sido quizá los de un genio de haber nacido en un país con tradición empírica, moderno y civilizado. Es inexacto que fundara, como se ha dicho, el prestigioso Instituto Químico de Sarrià, pero sí fundó o estuvo muy próximo al Instituto Biológico de Sarrià, ya desaparecido. En todo caso, la ciencia de este Goytisolo era lengua sánscrita para la novia. Él tenía treinta años, ella dieciocho. Y se amaban.

Julia Gay vivía entonces en la última casa del Paseo de Gracia, el número 132, un señorial inmueble Modern Style, más propio de Viena, Varsovia o Budapest. Siguiendo la tradición, los novios decidieron casarse en el templo más cercano –la iglesia de Jesús de Gracia–, en la calle Minerva. Algunos testigos recordaban que fue una ceremonia íntima, familiar, pues el luto de la época era muy estricto y aún estaba reciente la muerte de don Antonio Goytisolo. Sin embargo, el retrato de boda es majestuoso: dos figuras elegantes, multiplicadas como en un juego velazqueño por el espejo del gran armario del salón. Ante esta fotografía de los padres, su hijo Juan escribirá en *Coto vedado:* «Él de pie, vestido de chaqué, delgado, con bigote, increíblemente joven: ningún parecido con el viejo consumido y enfermo que luego conocerías. Ella, sentada en un sofá, con toca y traje perfectamente blancos, inmovilizada en el fervor de su belleza inmarchita.» Es un apunte de boda. Pero para que los hermanos Goytisolo pudieran tomar la pluma en el futuro había sido necesario un ancho espacio y un largo tiempo, hombres y mujeres de todo mar y toda tierra, que confluían allí, en aquel salón, dejando su rastro en esta pareja que posa ahora ante la cámara como si fueran eternos.

EL REINO AFORTUNADO (1918-1939)

¿FELICES VEINTE?

El matrimonio Goytisolo Gay residió inicialmente en aquel edificio modernista de Domènech i Montaner donde años más tarde tuve ocasión de conocer a Salvador Espriu. Pese a sus diferencias de carácter, los jóvenes esposos se adoraban, y algunos testigos aseguran que en los primeros años vivieron horas de dicha y felicidad. Uno de sus mejores momentos fue el viaje a Vascongadas, que don José María concibió como una peregrinación ritual: Arteaga, la ría, el caserón, Lequeitio, antiguos escenarios familiares que acentuaron su afinidad profunda con todo lo vasco. Luis habla «del orgullo de sentirse vasco que le dominaba» y añade: «Para él, ser vasco era sinónimo de honestidad, carácter fuerte y alteza de miras.» La llegada del primer hijo, Antonio, fue recibida así como el nacimiento de un príncipe. El padre había previsto un gran reino para el heredero: en su orgullo goytisoliano, intuía que aquel primogénito estaba llamado a las más altas empresas.

Pero los tiempos seguían siendo revueltos. Es cierto que la Primera Guerra Mundial había favorecido los intereses económicos españoles hasta límites increíbles, como apunta el poeta Hans Magnus Enzesberger, quien recoge en su *Durruti* el testimonio de un revolucionario que vivió aquellos días:

Barcelona estaba de fiesta, las Ramblas eran un mar de luz por la noche. Durante el día las bañaba un sol espléndido y las poblaban pájaros y mujeres. Por aquí también fluía el torrente de oro producido por el lucro de la guerra. Las fábricas trabajaban a toda máquina. Las empresas amontonaban oro. La alegría de vivir brillaba en todos los ros-

59

tros. En los escaparates, en los bancos y en los bolsillos. Era para volverse loco.

Pero el armisticio de 1918 trajo la recuperación a las naciones en guerra, y el panorama cambió de raíz. La euforia capitalista se transformó en sonrisa de hielo. Europa ya no necesitaba armas, hierro, carbón o acero español, de modo que nuestras fábricas se enfriaron, los salarios empalidecieron y muchos obreros fueron despedidos. En este contexto las semillas de la revolución rusa de 1917 hallaron un campo muy fértil. Ya aquel mismo año hubo una huelga general revolucionaria que mostró claramente la debilidad del gobierno y la agonía de las estructuras políticas de la vieja Restauración del XIX. Aunque España no había combatido en la Gran Guerra, su neutralidad no la había librado de graves problemas internos, que al calor del nuevo ideario soviético inflamaban conciencias proletarias y la ira del campesinado. En algunos puntos se produjeron verdaderas batallas, hasta que el gobierno impuso el orden por la fuerza. Era, sin embargo, un espejismo, porque, consumada la crisis de posguerra, la confusión social se agravó en todo el país. En 1919 los sindicatos obtuvieron espectaculares movilizaciones como la célebre huelga de la Canadiense —la empresa eléctrica catalana—, que duró más de cuarenta días y consiguió paralizar el setenta por ciento de las industrias.

Ya nada volverá a ser lo mismo: el gobierno admite la jornada laboral de ocho horas y se reconoce legalmente la CNT. Los empresarios, por su parte, se resisten a perder su viejo *status:* la Federación Patronal de Barcelona, por ejemplo, reacciona lanzando el *lock-out*, una medida drástica y en muchos aspectos provocadora, pues supone el cierre de las empresas. En realidad, el enfrentamiento entre patronos y obreros, o si se prefiere, entre burguesía y anarquismo, venía de antiguo, de la época en que don Agustín Goytisolo Digat compró el palacete árabe, donde tuvo noticia de la sangrienta oleada de atentados ácratas, como el de la bomba del Liceo, en 1893. A raíz de ésta se promulgó una ley que sometía a la jurisdicción militar cualquier delito con explosivos, y paralelamente los patronos organizaron sus propias bandas armadas para librarse de sus adversarios. Tales medidas no podían sino irritar aún más el ánimo de un proletariado que en las primeras décadas del siglo XX estaba obteniendo la mayoría de edad sindical. Entre 1910 y 1923 se declararon en Barcelona ochocientas huelgas, lo que supone más de sesenta paros anuales, tan justos en sus objetivos como perjudiciales para la economía de la nación.

Cuando Antonio Goytisolo Gay viene al mundo la ciudad atraviesa un quinquenio (1917-1922) especialmente virulento, en el cual los enfrentamientos de patronos y obreros alcanzan proporciones aterradoras. Recuerdo las historias que contaba mi abuelo, sucesos de aquella Barcelona de su juventud, escenario de huelgas, amenazas, atentados, explosiones, cargas policiales y ley de fugas. Aunque aborrezco lo estadístico, diré que sólo en la capital catalana se registraron en esa época 1.656 atentados, con 255 muertos y 753 heridos, un promedio de un atentado social cada treinta y dos horas, cifra más próxima a la del Chicago años veinte que al terror etarra de nuestros días. Pese a que estos sucesos tenían lugar lejos del mundo de los Goytisolo, el eco de explosiones y pistolas debió de sobresaltarles a menudo en aquellos primeros años de vida familiar. Para un burgués como don José María, los obreros en general y los anarquistas en particular se confundían en un solo personaje que a sus ojos era, como escribe Eduardo Mendoza, «íncubo de Satanás, torvo, fétido y barbado, siempre al acecho, dispuesto en todo momento a llevar a cabo sus siniestros propósitos, esto es, inducir a sus hijas a la práctica del amor libre y a sus obreros a la de la huelga, incendiar su fábrica y degollarle a él». Caricatura exacta, porque en aquella Barcelona los anarquistas eran carne de patíbulo, mientras todos los burgueses merecían el paredón. Qué importa que el padre de los Goytisolo no tuviera aún ni hija ni fábrica. Desde hacía tiempo acariciaba la idea de tenerlas.

En cuanto al pequeño Antonio, había empezado a colmar sus expectativas. Matriculado en el colegio San Luis, en la cercana calle Buenavista, dio pronto tantas muestras de inteligencia que el padre decidió enseñarle fórmulas de química. Cuentan que Antoñito las repetía luego en familia como signo precoz de su talento. Era por tanto un pequeño genio mozartiano que interpretaba la partitura paterna de una ciencia que aún no comprendía, pero a la que habría de consagrar a buen seguro toda su vida. Debió de ser un niño inteligente y despierto, pues aún se habla en círculos familiares de su notable capacidad intelectual. Pero aparte de las exhibiciones circenses para gozo del señor Goytisolo, los retratos lo muestran como cualquier otro hijo de familia acomodada: vestido con su traje blanquiazul de marinero, o junto a esos aros y bicicletas que fueron los juguetes favoritos de nuestros mayores. Tengo ante mí una foto hecha en la villa de Pedralbes, probablemente el día de su Primera Comunión. Antonio posa junto a la madre y, en palabras de su hermano Juan, aparece «un tantico presumido y ufano y, a distancia, frágil, premioso, irreal». ¿Cómo era su vida? Además del colegio o la casa, sabemos que pasaba temporadas en la villa de Pedralbes, jugando con las ayas, mientras tía Consuelito deleitaba en el salón a los mayores con la música de su violín. Otras veces iba con sus padres a la Masía Gualba de Torrentbó, donde correteaba entre los eucaliptus, o se entretenía junto al estanque contemplando ensimismado el agua que brotaba de la boca de dos grandes ranas de cerámica. En la ciudad, por el contrario, no había la misma paz. Las calles barcelonesas estaban presenciando nuevos tiroteos entre los pistoleros al servicio de la patronal y los terroristas de los sindicatos obreros, CNT y UGT. Posteriormente, el conflicto se extendió a Madrid, donde el presidente del Consejo de Ministros, Eduardo Dato, fue asesinado por los anarquistas. De poco sirvieron, pues, los métodos del gobernador Martínez Anido, que recurrió a la guerra sucia contra miembros del movimiento obrero. Porque a la larga el quinquenio violento enrareció no sólo la vida pública barcelonesa sino la de todo el país.

Entretanto, una nueva guerra colonial en Marruecos había desatado las protestas populares por enésima vez. Muchos proclamaban que el gobierno estaba loco. ¿Cómo se atrevía a enviar a jóvenes humildes a una muerte segura? Voces airadas y cargadas de razón, ya que en Annual las tribus rifeñas dirigidas por Abd-el Krim causaron doce mil bajas en el ejército español. Se repetía así el descalabro del Barranco del Lobo, cuyos ecos tanto influyeron en el estallido de la Semana Trágica de 1909, con los resultados conocidos. Este nuevo desastre militar conmovió profundamente a la sociedad española: mientras las fuerzas democráticas –el PSOE, la CNT y el pequeño Partido Comunista– acentuaban la presión popular contra la guerra, un núcleo de jefes y oficiales encabezado por Franco y Millán Astray impusieron la intensificación de la lucha.

No voy a hablar ahora de Abd-el Krim, el diablo moro de mis profesores de historia, cuyo recuerdo pesaba sobre sus memorias y conciencias franquistas tanto como el drama del 98. Sí debo hacerlo, en cambio, de sus enemigos, aquellos heroicos militares españoles de nuestros libros de texto: Franco, Mola, Sanjurjo, Yagüe, Millán Astray o Muñoz Grandes. Porque, como escribe Juan Goytisolo en *De la Ceca a la Meca*, todos ellos forjaron, precisamente en Marruecos, «el funesto plan de salvación de España que debía arruinar nuestras instituciones democráticas, tras extender a la totalidad de la Península los mismos métodos represivos experimentados con éxito en el Rif». Uno de ellos será además personaje crucial en este libro: Francisco Franco Bahamonde.

Pero antes de este salvador de la patria, hubo otro más humano: el general Primo de Rivera, quien proclamó desde Cataluña el estado de guerra en septiembre de 1923. España estaba cansada. La violencia callejera en Barcelona, el asesinato de Dato, el desastre de Annual y las continuas huelgas y protestas eran una carga excesiva para la monarquía, y para aligerarla el general decidió tomar las riendas proclamándose dictador. Buen amigo de la burguesía industrial catalana, militar más moderado que sus compañeros y contrario a la aventura colonial en África, podía ser el hombre fuerte que España iba necesitando desde finales del siglo XIX. Pero para edificar un régimen estable, su directorio militar, dio el tiro de gracia a la Constitución de 1876. La destrucción del sistema de monarquía constitucional no era un buen augurio, como tampoco lo fue para el rey ir concediendo el beneplácito a todas las decisiones de aquel andaluz campechano y vividor. Pero, a cambio, Primo de Rivera prometía restablecer el orden, encauzar el conflicto de Marruecos, oír las demandas de los desheredados, sin traicionar por ello los intereses de empresarios ni terratenientes. Con este reto titánico supo ganarse el apoyo expectante de la mayoría.

Para entonces los Goytisolo se habían trasladado al 47 del Paseo de Gracia, en el cruce con Aragón, a un inmueble de varios pisos propiedad del abuelo Ricardo Gay. Allí nació el segundo hijo del matrimonio, una niña llamada Marta, en otoño de 1925. En esa época el padre tenía ya cuarenta años y se dedicaba a diversas ocupaciones. Vinculado más que nunca al Instituto Biológico de Sarrià, colaboraba esporádicamente en la *Revista Ibérica* difundiendo sus amplios conocimientos de química orgánica y biología. Hombre tan infatigable como metódico, mantenía la costumbre de acudir cada mañana al Club Natación Barcelona, donde, además de ganar cinco veces la Copa de Invierno, que acreditaba su regularidad, obtuvo en dos ocasiones una medalla por su destacada participación en la popular Copa de la Travesía del Puerto. Al margen de tales aficiones, don José María reservaba sus mayores empeños a una empresa que había fundado en el vecino pueblo de Hospitalet y de la que era gerente y accionista mayoritario. Esta empresa dedicada a productos orgánicos constituyó durante años el centro de sus actividades profesionales así como la principal fuente de ingresos familiar. Tiempo después su hijo Luis escribirá en *Estatua con palomas* una impresión bastante apocalíptica sobre sus visitas infantiles a la empresa paterna:

... era un lugar nauseabundo además de aterrador, como corresponde a una factoría en la que eran procesados los cadáveres de diversos animales, principalmente vacunos y equinos, a fin de transformarlos en abonos orgánicos y piensos compuestos. El hedor que desprendían los cuerpos de las reses a la espera de entrar en la cadena, los rugientes hornos enrojecidos, las grandes calderas y, sobre todo, el humo de las altas chimeneas, empezaba a resultar inaguantable ya en las proximidades del recinto de la fábrica.

Don José María Goytisolo repartía la jornada entre esa fábrica de Hospitalet y el despacho de la empresa, situado en la planta principal de su casa de Barcelona. Ello le permitía trabajar cerca de Julia y de los niños, o realizar gestiones en el centro de la ciudad. Fiel a la tradición, le gustaba ir con su familia a la villa de Pedralbes, donde primos, tíos y sobrinos de la rama materna se reunían en torno a la anciana abuela Pastor. Desconozco en qué empleaba el tiempo don José María, pero su esposa solía jugar al tenis, como atestigua una foto encantadora. Sea como fuere, llevaban una plácida vida burguesa, que en condiciones normales se habría prolongado hasta la guerra civil del 36. Sin embargo, en una de aquellas visitas a Pedralbes sobrevino la catástrofe. Inesperadamente, el pequeño Antonio enfermó de gravedad: los médicos que acudieron desde Barcelona sólo pudieron diagnosticar una meningitis tuberculosa y, ante aquel panorama sombrío, aconsejaron mantenerlo en la villa al cuidado de las enfermeras. Durante varios días Antoñito permaneció allí, rodeado de los suyos, debatiéndose entre la vida y la muerte, hasta que expiró sin que la ciencia ni el amor pudieran evitarlo. Corrían los primeros meses de 1927.

EL MALOGRADO

La repentina muerte del hijo sumió a la familia en un desasosiego absoluto. De un lado, la dejó sin heredero, sin aquel pequeño príncipe que debía recoger el cetro del padre; del otro, arrojó a éste a un pozo de tristeza más profundo que el de la misma madre. El «hijo de mis entrañas», por usar expresión paterna, depositario de los mejores sueños y esperanzas, había partido. Pero su muerte tuvo además la particularidad de instalar en el ánimo de José María Goytisolo la impresión de destino funesto. ¿Acaso su hermano mayor, Antonio, no había muerto también a edad muy temprana? ¿O el primogénito de su hermana Catalina, de nombre Antonio? De nuevo la ecuación Antonio-Primogénito-Muerte reaparecía con toda su crudeza. Sólo en el caso de su propio padre, el indiano Antonio Goytisolo Digat, la Parca había sido clemente; pero, a diferencia de ellos, el indiano no fue el primogénito. Más que aciaga coincidencia cabía pensar en una maldición, idea que pesó largo tiempo sobre el clan Goytisolo, donde el nombre Antonio fue tabú a la hora de bautizar nuevos vástagos hasta la llegada del último de los Vallet.

La muerte del niño planteó enseguida algunas incógnitas. ¿Quién le había contagiado? Todo había sido tan misterioso, tan fulminante... Pero el hecho de visitar con frecuencia la villa de Pedralbes hizo recaer las sospechas sobre Ramón Vives, el tío bohemio de Julia. Era obvio. ¿Acaso no estuvo enfermo varios años? ¿No se arrastró por los sanatorios suizos para salvar sus pulmones devorados por la tisis? Sí, pensó el señor Goytisolo, él había sido el responsable directo del contagio y, en consecuencia, culpable de la tragedia. Semanas atrás lo había visto jugar una tarde con el niño en el salón. ¡Insensato! No tenía suficiente con ser un calavera, era también un temerario que guardaba en el pecho una bomba cargada con el germen de la muerte. Sólo que ya nada podía recriminarle, porque la tuberculosis acababa de llevárselo también a la tumba.

Ahora bien, aunque el poeta pudo transmitir a Antonio el bacilo de Koch, don José María no estaba tranquilo: desde hacía días le atormentaba un argumento oscuro. En relación con ello, su hijo José Agustín sostiene que algunos miembros de la familia reprocharon a su padre haber estimulado en exceso la inteligencia del hijo, en la creencia de que en ese estímulo desmesurado anidaba la causa de la enfermedad y del desastre. Palabras, leyendas, interpretaciones un tanto arcaicas o supersticiosas; pero algo de ello debió de pesar en su ánimo, sometiéndole a continuos interrogantes que le plantearon su papel en la enfermedad del hijo y en qué medida podía haberla evitado. Aunque no cabe hablar abiertamente de sentimiento de culpa, algunas primeras reacciones de don José María resultan ilustrativas. Tras la muerte de Antonio fue muy reacio a volver a la villa de Pedralbes, un modo muy goytisoliano de borrar escenarios de dolor. Pero sobre todo se guardó mucho de imponer a sus nuevos hijos cualquier tipo de ejercicio mental que no fuera acorde con su edad y temperamento. En adelante ya no habría príncipes ni genios en la familia: ninguno de ellos recitaría en público, como un loro, asombrosas fórmulas de química o matemáticas.

No obstante, la figura de Antonio se mantuvo viva en la casa. Pese a que ninguno de los escritores guarda memoria del hermano muerto, todos crecieron bajo su presencia fantasmal y su vivísimo recuerdo, un eco que forzosamente tuvo que pesar mucho en los primeros años. Los hermanos novelistas se fijarían más tarde en aquella figura marchita. En sus respectivos textos de memorias Juan y Luis nos devuelven a un Antonio lleno de vida pero también velado por pinceladas de tristeza. Ante sus ojos claros y brillantes de inteligencia Luis reconoce un sentimiento único, escueto, que le lleva a lamentar el «no haber tenido ocasión de conocerle»; Juan, por su parte, compone una imagen aureolada de patetismo, imprescindible para resaltar la idea de malogrado, es decir, condenado a desaparecer antes de tiempo.

En otros pasajes Juan habla de «trío súbitamente incompleto» o «efímera trinidad familiar» para describir ese núcleo formado por el padre, la madre y el pequeño Antonio, que se quebró con la muerte. Pero ¿en qué medida era así? Sabemos ahora que esa trinidad familiar sólo corresponde a las fotografías, pero no a la configuración exacta de la familia, porque ya entonces, en 1927, los Goytisolo no eran tres sino cuatro. Y aunque el nuevo elemento, Marta, no aparezca aún en los retratos, era una niña de dos años, cuyos dulces rasgos recordaban a la lejana abuela Catalina Taltavull. Tampoco Luis destaca la presencia de la hermana en esos primeros años, como si su papel en relación a Antonio fuera irrelevante. Algo normal, pues en aquella época la llegada de un varón era más celebrada que la de las hembras, y la muerte de un hijo sólo podía ser borrada en parte con la llegada de otro. La «efímera trinidad familiar», por tanto, no es sólo un concepto inexacto sino transitorio, pues Julia Gay llevaba además otro niño en el vientre.

El nuevo hijo nació el 13 de abril de 1928, bajo el signo de Aries. La familia ya no vivía en el Paseo de Gracia sino en una casa del barrio de la Bonanova, en el número 13 de la calle Raset. Todavía hoy queda algo del barrio donde José Agustín vino al mundo. Pero si queremos percibir la atmósfera de su niñez hay que pasear una mañana de finales de agosto, tras la primera tormenta, aprovechando que los habitantes de la zona alta siguen de vacaciones. Lejos de cualquier foco turístico, el barrio permanece tranquilo, desierto, sin un solo automóvil ni una mota de *smog*. Es entonces cuando el paseante puede centrarse en el sector donde transcurrió la primera infancia goytisoliana: una pequeña colina situada entre las calles Muntaner y Ganduxer, por encima de la Vía Augusta, hasta la actual avenida del General Mitre. Quitando algunos bloques de pisos, el lugar es rico en vegetación. Pinos, olmos, cipreses, magnolios y abetos sobreviven en el jardín de algunas mansiones, las palmeras esparcen sus dátiles sobre escaleras de piedra, los setos ocultan el fulgor azulado de las piscinas, las buganvillas absorben el color ocre o rojizo de las casas, y las enredaderas trepan por las columnas o se derraman sobre las balaustradas de los muros que dan a la calle. Aunque el domicilio de los Goytisolo en Raset ya no existe, la colina conserva trazas de su antigua fisonomía, despide un aroma similar al que sus habitantes conocieron a principios de los años treinta.

En aquel tiempo el lugar no estaba integrado aún en la actual metrópoli: era un barrio delicioso, cuyas gentes compraban en el mercado de la antigua villa de Gracia e iban a misa al convento de las Josefinas. Para comunicarse con el centro utilizaban el tren de Sarrià: una línea que unía la plaza de Cataluña con los barrios periféricos más próximos al Tibidabo, como Muntaner, Bonanova o Tres Torres. Al igual que hoy, la línea serpeaba por la Vía Augusta, pero era descubierta desde Plaza Molina hasta la falda de la montaña. Buena parte de la actividad de esos barrios dependía, pues, del ferrocarril que puntualmente pasaba por la Vía Augusta, llamada por los vecinos «la vía del carril». A la altura de Ganduxer, un paso a nivel con barreras cerraba el tránsito a los pocos automóviles y peatones. Cuentan que el silbido de los convoyes era audible por los Goytisolo, cuya casa se hallaba en la vecina calle Raset y en la que el jardín caía suavemente hasta el muro de protección del talud que daba a la vía. De haber podido subir entonces a la azotea del caserón, habríamos visto un panorama magnífico: al norte quedaba la montaña del Tibidabo; al este, la cúpula de algún edificio de las calles Santaló o Muntaner; al oeste, el viejo campanario de la iglesia de Sarrià; y al sur, el jardín y el barranco ruidoso de los trenes; luego, los tejados en declive y la lejana silueta de Montjuïc, sobre el telón deslumbrante del mar.

SEGUNDA GRAN CITA

En aquella Barcelona, aún azul y romántica, tuvo lugar en 1929 una nueva Exposición Universal. Si como dice Vázquez Montalbán la dictadura de Primo de Rivera fue «el limbo de la historia donde se había refugiado una clase dirigente asustada», esa misma clase celebraba ahora que la gestión del dictador era un éxito: había puesto coto a los desórdenes sociales, resuelto la candente «cuestión marroquí», reemplazado el directorio militar por otro civil, e incluso construido miles de kilómetros de carreteras, vías férreas y embalses. Esta nueva España parecía al fin remontar el vuelo. Pero para los escépticos la modernización del país era relativa, limitada además en lo político, y algunos grandes temas quedaban pendientes. Como hombre con estrella, Primo de Rivera supo aprovecharse de una prosperidad mundial insólita y atribuirse los méritos de la reforma; pero este clima de bonanza comenzaba a verse amenazado. Por ello, las exposiciones Universal de Barcelona e Iberoamericana de Sevilla fueron en el fondo una fiesta tan efímera como la alegre década de los veinte.

Aunque José Agustín Goytisolo no guarda memoria de ella, reconoce que la Expo del 29 alteró la fisonomía de la ciudad decimonónica, configurando el escenario que iba a recorrer en su infancia y primera juventud. Su hermana Marta, en cambio, sí vivió aquel momento de euforia durante los paseos con su padre hasta la montaña de Montjuïc, lugar donde se alzaban los pabellones monumentales. Recuerda la emoción al descubrir los pilares luminosos de la avenida de María Cristina, o el espectáculo de la fuente mágica de Carles Buigas; recuerda también que, al caer la noche, subía sigilosamente hasta la azotea de su casa para contemplar la montaña iluminada, la imponente silueta del Palacio de Congresos, aureolado por un haz de grandes luces multicolores que se proyectaban en el cielo negro de la ciudad. Estaba fascinada ante los rayos azules, verdes, lilas, amarillos, pequeña heroína feliz de un cuento tan maravilloso como los que le contaba su madre.

Aquel palacio era el símbolo de una Barcelona que había hecho un nuevo esfuerzo para instalarse en el siglo XX, empeño recibido con agrado por el padre de los Goytisolo, gran amante de los avances técnicos y científicos. ¡Qué prodigio de ingeniería alemana ese Graff Zeppelin, que sobrevolaba mansamente la ciudad! Era el futuro. Pero bajo los palacios, las fuentes, las luces y artefactos voladores había un rostro menos amable: el de miles de emigrantes de Murcia, Andalucía y Galicia que abandonaron sus zonas misérrimas en busca de trabajo en el puerto mediterráneo. A partir de ellos nace una Barcelona multitudinaria, en la que nadie conoce a nadie, «como si los hombres fueran hormigas», dirá Sagarra, insectos gregarios que «llegaban en trenes abarrotados a los andenes de la Estación de Francia», dirá Mendoza, y que iba a trabajar en Cataluña a cambio de «jornales claramente bajos, pero bastante mejores que los de su país de procedencia», dirá Josep Pla. A Josep Maria de Sagarra debemos otro párrafo muy vivo sobre aquel período que alteró las reglas sociales y culturales de la ciudad: «Los murcianos, negrísimos, sudaban la médula y no tenían tiempo para pensar en huelgas; los dirigentes sindicales que habían escapado a las balas de Martínez Anido estaban fuera del país; los que dejaban pacer por aquí se dedicaban a contemplar los muslos del Paralelo y a tomar agua con anís que les regalaba el jefe de Policía.» Gentes nuevas, que construyeron líneas de metro o los pabellones de la nueva Exposición.

Años después el poeta Gil de Biedma paseará por Montjuïc: una montaña reducida ya a despedazado anfiteatro de las nostalgias burguesas. La visita le inspiró un inolvidable poema largo, del que elijo estos versos:

> Algo de aquel momento queda en estos palacios
> y en estas perspectivas desiertas bajo el sol,
> cuyo destino ya nadie recuerda.
> Todo fue una ilusión, envejecida
> como la maquinaria de sus fábricas,
> o como la casa en Sitges, o en Caldetas,
> heredada también por el hijo mayor.

ENTRE DOS PRÍNCIPES

No había primogénito en la familia Goytisolo, pero su recuerdo siguió flotando en el domicilio de la calle Raset. Ni siquiera el nacimiento de José Agustín, Pepito, pudo borrar a Antonio de la memoria familiar. Su hermano Luis insiste en esta idea al escribir, refiriéndose al poeta, que «no iba a ser él, con su llegada, quien hiciera olvidar a mis padres al hijo muerto». En efecto, no fue él. Además, ¿de dónde había salido aquel crío? Un bebé moreno, de ojos oscuros, tristón, en quien el padre no supo reconocerse en absoluto; la madre, por el contrario, lo sentía profundamente suyo y le dedicaba todos sus desvelos, convencida de que la ternura era el mejor antídoto contra los males venideros.

¡Qué distinta la actitud del padre! Desde el principio se mantuvo lejos del pequeño. Aquel hijo nunca iba a sustituir al otro, al queridísimo Antonio. No. Era imposible. Pero bajo ese rechazo a un vástago que él juzgaba enigmáticamente poco goytisoliano quizá hubo algo más: un terrible recelo a reconocer que aquel niño era tan Goytisolo como el malogrado Antoñito. Basta ver las fotos: la misma textura del cabello, la configuración de la cabeza, los rasgos de la cara. Por eso se resistía a vincularse emocionalmente a él. ¿Y si le perdía? ¿Y si la muerte le causaba un nuevo desgarro? Peligros, desde luego, no faltaban. Muerto el tío bohemio, la tuberculosis planeaba aún sobre la familia por parte de tía Consuelo, su cuñada, una romántica incurable que había cometido la estupidez de casarse con un tísico. Por su culpa, el riesgo seguía siendo elevado: el mundo entero era una trampa. Sí. Seguramente fue el miedo lo que produjo en el padre una indiferencia inicial hacia Pepito. Pero su desinterés fue haciéndose crónico. Y, dado que esta actitud no persistió con los otros hermanos, cabe preguntarse si el poeta no fue el gran sacrificado, el hijo que unió la muerte y la vida contribuyendo a que el padre asumiera de nuevo su condición de tal.

Alarmada por la actitud fría del marido, Julia Gay multiplicó sus cuidados para repartir ese calor que don José María seguía negando al niño. Aún hoy José Agustín recuerda con pesar que su padre se desentendió de él, pero brinda una explicación opuesta a la que manejamos: «Mi padre, involuntariamente, creyó que yo venía a sustituir a su príncipe. Yo era el intruso.» Años después le hablará así a ese príncipe en unos versos del libro *Claridad*:

> Sólo te vi en fotografías
> pues tu abandono ocurrió antes
> de que llegara yo a este mundo.
>
> Sí: fui un proscrito desgraciado
> y parecía que tu puesto
> iba a ocuparlo yo. Maldigo
>
> tu muerte aún. Porque no pude
> luchar contra un fantasma ausente
> que fue en todo mejor que yo.
>
> Le daba vueltas a tu sombra.
> Mi padre casi me ignoraba
> y busqué amparo en otros brazos.
>
> Y no era yo el que molestaba
> sino tu huida. Sin saberlo
> me convertiste en un intruso.

Usurpador para el padre, víctima para la madre, Pepito era un «pobre crío», un «patito feo» en comparación a Antonio, y con esta marca sobre su espalda se movió en el escenario de Raset. Allí Julia será su principal valedora, creando para ambos un espacio privado a salvo de los vientos. En aquel reino no había intrusos y las leyes estaban escritas en mil gestos de cariño. Más tarde, el poeta los evocará en versos como «Yo recuerdo tus manos –hace frío / arropándome al lecho como copos / de nieve enamorada».

Es el frío de la casa de Raset, también el hielo de un padre indiferente, distante, inaccesible. Sólo Julia era capaz de convertir aquel hielo en amor. Sin embargo, esta alianza entre madre e hijo quedó alterada de raíz con el nacimiento de un nuevo hermano, la noche de Reyes de 1931. Con el tiempo Luis Goytisolo hará un resumen bastante certero del nuevo cuadro familiar: «Si José Agustín nació al poco de morir Antonio y la tristeza producida por esa muerte gravitó sin duda sobre su primera infancia, Juan, nacido tres años después, dicharachero, divertido y de ojos que a mi padre le hacían pensar en los de mi madre, se convirtió en el preferido de ambos.» Nacer en la noche de Reyes le otorgó asimismo un aura de singularidad, no sólo a los ojos de la familia –que además de Juan le puso los nombres de Ramón y Melchor–, sino posiblemente ante los suyos propios. En los primeros años, por tanto, distinguimos ya algunos elementos que definirán la existencia de los escritores. La tristeza será algo consustancial a José Agustín, mientras que la alegría y, sobre todo, la singularidad pertenecen a Juan.

La llegada de éste tuvo para el matrimonio Goytisolo algo de redentor, pues devolvió al padre la ilusión perdida e hizo a la madre doblemente dichosa: esta vez la leche no se había retirado de sus pechos –como ocurrió con Marta y Pepito, que necesitaron ama de cría–, y pudo amamantarlo. ¿No era otro signo de su diferencia? Todo ello contribuyó a hacer de él el hijo predilecto. Lo interesante es la influencia que tales signos tuvieron sobre Juan y especialmente sobre José Agustín. Como dice el poeta, aquello «me dejó en *off-side*, porque Juan se convirtió inmediatamente en el nuevo príncipe, en el favorito, en el rey de la casa». Enseguida pudo percibir la disminución de calor materno y el súbito afecto del padre hacia ese nuevo hijo que era tratado con un amor para él desconocido. Cada una de las sonrisas hacia el otro era una puñalada a traición. Nunca había tenido un trono: Antonio primero y luego Juan lo habían ocupado. En este contexto la tristeza del niño suele convivir con su odio hacia el príncipe, pero también con el deseo de reclamar a toda costa la atención perdida de los padres. El propio José Agustín recuerda haber sentido «celos terribles» de su hermano Juan: unos celos que habrían de marcar la infancia de ambos e incluso extenderse más allá de la adolescencia.

TODO ERA FIESTA

A los tres meses del nacimiento de Juan se proclamó la Segunda República Española. En la rama materna de mi familia se aludía a ella como un período anticlerical y siniestro que había hecho inevitable la Guerra Civil. En la rama paterna, en cambio, se veía como una etapa desdichadamente inconclusa por culpa del general Franco, que se alzó en armas contra el gobierno legítimo. Vayamos, pues, al principio. En abril de 1931 los resultados electorales forzaron al rey a abandonar España, tras un reinado que había perdido completamente su crédito. A la larga, ni siquiera la alianza de circunstancias con Primo de Rivera trajo la ansiada reforma, porque la crisis mundial del 29, la falta de apoyo de los financieros, el descontento de los militares y la propia fatiga del dictador obligaron a éste a presentar la dimisión. Los historiadores sostienen que no fue el «cirujano de hierro» que, en boca de Joaquín Costa, el país necesitaba desde el 98; pero, como reconocería el socialista Indalecio Prieto, «no hizo matar a ningún adversario político», dato que en el futuro cobraría todo su valor. Sin Primo de Rivera, el rey Alfonso XIII desaprovechó entonces una ocasión de oro para reconciliarse con el pueblo. Contrario a iniciar la reforma constitucional, sus dudas no hicieron más que engrosar las filas del descontento, hasta que las elecciones municipales de 1931 dieron vía libre a la República.

En casa de los Goytisolo aquellos resultados y el posterior exilio del rey fueron vistos con honda preocupación, especialmente cuando en la mañana del 14 de abril, en medio del clamor popular, en una plaza de San Jaime donde también vitoreaba mi abuelo, otro abuelo, el *avi* Francesc Macià, proclamó la República en Cataluña. Puedo imaginar la desazón de don José María en esas horas en que la euforia colectiva contrastaba con la cautela de las clases pudientes. Pero aunque el pueblo había llegado al poder, en el hogar de Raset siguió reinando un orden distinto, una paz familiar caracterizada por la nueva presencia de Juan y el comportamiento de su hermano mayor, que combatía la tristeza con intervenciones cada vez más bulliciosas.

A esa época corresponden los primeros recuerdos del poeta, que en otoño de aquel mismo año tuvo su primera experiencia escolar. Tal experiencia fue bastante traumática, ya que cuando su madre le acompañó al cercano colegio de las teresianas, en la calle Ganduxer, Pepito quedó desagradablemente impresionado por la aparición de dos monjas. Aquellas «madres», con sus hábitos marrón oscuro y sus tocas gigantescas y rizadas, le produjeron horror. Convencido de que Julia le abandonaba, el pequeño formó una pataleta tremenda hasta que, según él, «aquellas brujas sulfúricas se me llevaron literalmente a rastras». Pero bajo la rabieta infantil anidaba un terror muy intenso. Su madre, la querida Julia, le recluía ahora en aquella cárcel monstruosa para dedicarse en cuerpo y alma al Otro. Una nueva traición. Paradójicamente, la primera experiencia allí de ese «otro» sería luego muy distinta; enseguida Juanito se ganó el afecto de la madre Delfina, una monja de unos veinte años «muy guapa y cariñosa» que siempre le abrazaba y le daba caramelos. Según recuerda Juan, esa muchacha le quería mucho e hizo muy agradable su vida escolar. ¿No es una prueba más de que era el mimado de los dioses?

En ambos casos, los hermanos quedaron fascinados por el edificio del colegio. La fantástica arquitectura de Gaudí —mitad castillo, mitad convento— se manifestaba en los altísimos pasillos de bóvedas a cordel, en las aulas compactas como cofres y en las estrechas y altas ventanas, todo en ladrillo visto. Pepito empezó entonces a sentir la contradicción de hallarse en un lugar fabuloso, a cargo de «unas mujeronas parientes de Satanás». Esa temprana intuición de las diferencias entre lugar y ambiente quizá despertó en él su amor por la arquitectura. También Juan Goytisolo quedó atrapado por aquellas formas. Y la figura del genial arquitecto habrá de inspirarle en 1990 el texto *Aproximaciones a Gaudí en Capadocia*, donde cree ver la mano del artista en las prodigiosas formaciones naturales de la abrupta meseta turca: «columnas tocadas con gorros o cucuruchos, alineadas como lápices emblemáticos, alfabetizadores; bosques de conos, agujas, flechas, obeliscos...». La expresión «alineadas como lápices emblemáticos», ¿no desprende cierto aroma escolar, un juego del inconsciente que asocia aún la arquitectura de Gaudí a las primeras experiencias en las teresianas?

Incapaz de adaptarse, su hermano Pepito adquirió con el tiempo la costumbre de escapar del colegio burlando la tutela de las monjas. Por lo visto, abandonaba el edificio de Gaudí y cruzaba corriendo los huertos de la calle Ganduxer hasta llegar al paso a nivel de la estación de la Bonanova, próxima a su casa. Allí, el espectáculo era portentoso: las barreras bajaban; el empleado aparecía con su quepis rojo, el silbato plateado y la bandera; los trenes llegaban resoplando y el niño veía descender a los pasajeros, mayormente señoras que volvían del mercado acompañadas por criadas de uniforme. El «tren de Sarrià» fue por tanto un elemento muy vivo en la infancia de José Agustín Goytisolo, ya que además de ser el monstruo raudo y humeante que se deslizaba frente a la puerta de su casa, era el principal medio para ir a la ciudad.

Acostumbrado a la calma de la calle Raset, las visitas a Barcelona, en compañía de su madre y su hermana Martita, le marcaron para siempre. ¡Cuántas tardes recorrieron aquel mundo! Julia los llevaba al cine, les hacía algún regalo y luego iban a merendar tazones de chocolate caliente. Fueron horas de infancia feliz. A raíz de aquellos paseos, prendió en el futuro poeta una idea bellísima, repetida en tantas oportunidades: «Barcelona era mi madre.» El pequeño desarrolló así un nexo afectivo entre Barcelona y Julia Gay, o más bien entre «madre» y «ciudad», que habría de inspirar alguno de sus versos:

> Conocí esta ciudad me habitué a ella
> paseando contigo. Me gustaba
> la escalera mecánica del metro
> y también recorrer
> sus tiendas y almacenes.
>
> Era un mundo de luz
> lleno de escaparates y puestos de periódicos
> horchaterías taxis amarillos
> avenidas que nunca terminaban
> gente con prisa y niños
> mayores como yo. El mar
> quedaba lejos entre pájaros.
>
> Un día
> —aún recuerdo el aroma—
> todo era fiesta y te compré una flor.

La ciudad era belleza, novedad, iluminación, y todo eso tan hermoso surgía de la mano mágica de Julia. Pero luego Barcelona se quedaba atrás y había que volver a una casa fría donde reinaba el Otro.

A ese reino de Juan, el Intruso, no tardaba en llegar el padre. José Agustín aún conserva un recuerdo muy vivo de su dinámica figura al cruzar la puerta. Quién sabe si cada tarde soñaba que aquel hombre le quería más que a nadie en el mundo; porque a veces eran felices, muy felices, como cuando paseaban en tartana por la parte alta de la ciudad. Dado que los Goytisolo no disponían aún de automóvil, don José María seguía recurriendo a los servicios de un empleado, el Çiscu, para que le acompañara en ella a todas partes. Cada día, a las seis de la mañana, el padre montaba en aquella *charrette* cubierta y descendía hasta el barrio marinero de La Barceloneta. Allí nadaba en el club y después se dirigía hacia Hospitalet, para trabajar en la ABDECA, la Anónima Barcelonesa de Colas y Abonos. En su empresa trabajaba hasta la hora de comer; y luego, por la tarde, el tartanero le conducía a su despacho del Paseo de Gracia y, finalmente, de vuelta a la calle Raset.

Aunque Marta no recuerda haber visto la tartana en Barcelona, sino en Torrentbó, lo cierto es que tanto Juan como José Agustín asocian tempranos recuerdos a este arcaico medio de transporte. Claro que en la Barcelona de los treinta no era una rareza, llena como estaba de establos y vaquerías, y donde los rebaños circulaban alegremente por algunas calles. Pero es curioso, eso sí, que recurriera a él un hombre de la posición de José María Goytisolo. Quizá el motivo hay que buscarlo en la sensibilidad de éste, más próxima al campo y a la naturaleza que al suelo adoquinado de la ciudad. Porque su verdadero mundo era Torrentbó, la gran finca del Maresme, a la que siempre suspiraba por volver. Lástima que su esposa no se sintiera a gusto en la Masía Gualba, llena de cuñados y sobrinos del lado goytisoliano.

Fue entonces cuando don José María decidió construirle un chalet en la comarca de la Cerdaña. Con esa idea iba con frecuencia a Puigcerdà a supervisar las obras y, de regreso, traía a los suyos un cargamento de las deliciosas frutas de la zona. Marta habla aún de la dorada alfombra de peras que su padre había dispuesto sobre un lecho de paja en una habitación contigua a la azotea. Recuerda asimismo los frutales del jardín de Raset o la sensatez dietética del padre, que, sin ser vegetariano, seguía *avant la lettre* una muy estricta dieta mediterránea a base de aceite de oliva, ensalada, pescado, legumbres y verduras. Es lógico que para un hombre así la tartana fuera un vehículo sentimental. La tartana le servía también para visitar en familia las colinas de los alrededores: José Agustín cuenta que solía ir con su padre, el Çiscu y sus hermanos hasta el Parque Güell, donde llenaban garrafas de agua –muy apreciada por sus virtudes salutíferas– en la fuente de Gaudí. Era ésta un enorme dragón de cerámica, cuya piel de mil colores despertó en los niños ensoñaciones prodigiosas. Junto al colegio de Ganduxer, pues, la tartana y el dragón fueron las primeras piezas de una memoria que creció, insisto, entre formas gaudinianas.

Pero la mayoría de recuerdos nos remiten al entorno más inmediato: Marta evoca los paseos por la colina del barrio, la preciosa mansión de los Bertrand, o la clínica del doctor Soler Roig. Otros recuerdos se centran en la casa –el *heimlich* freudiano, ámbito familiar, hogareño, doméstico– y singularmente en el largo jardín que descendía en gradas hasta la Vía Augusta. Los hermanos Goytisolo jugaron allí varios años, y el lugar habría de marcarles como el gran escenario donde se fijaron las primeras sensaciones perdurables. Había en él una gruta: un corredor abovedado que se ensanchaba hacia el fondo y donde almacenaban el agua y algunos alimentos para su conservación. A menudo los niños se escondían en aquella umbría fresquera, o bien se apostaban frente al gallinero que había instalado su padre para asegurarse el abastecimiento de huevos frescos. Esta vida bucólica para una ciudad tenía, no obstante, algunos resquicios. Según parece, la casa no era lo suficientemente *heimlich* para ser cómoda: era fría, muy fría, y sólo la gran salamandra del comedor calentaba la planta principal. Marta recuerda la estufa de petróleo del primer piso, aquel olor desagradable que odiaba tanto y que su padre trataba de paliar colocando un recipiente con agua caliente y hojas de eucaliptus. Era, en cambio, una casa grande, luminosa, bonita, de planta cuadrangular y sin pasillos, abierta a los cuatro vientos.

Tiempo después, en la posguerra, Juan Goytisolo pasaría ante ella camino del domicilio de un compañero de colegio. Verá entonces un edificio vetusto, que no duda en calificar de «feo y destartalado», impresión casi siniestra inspirada por el tono gris, angustiante y, por tanto, *unheimlich* de aquellos años. Luis Goytisolo, por su parte, se referirá a la casa en *Estatua con palomas* para indicar que sus padres la abandonaron por una razón de orden emocional, el recuerdo perenne de Antoñito, «al que nuestros padres tal vez aún veían jugando en el otro jardín». Pero tal interpretación es discutible, pues Antonio jamás estuvo en la calle Raset. Antes bien, cabe pensar que el cambio de domicilio obedeció a una cuestión de mera comodidad: una casa en exceso fría, con un sistema de calefacción precario y con demasiadas escaleras, dato crucial desde que Julia Gay enfermara de flebitis a raíz del nacimiento de Juan, y sobre todo desde que cayó por ellas mientras llevaba un café a su cuñado Luis y se fracturó una pierna. Este percance, que produjo horror en la pequeña Marta, pudo influir a la larga en el traslado a otro lugar, pese a que el padre se sentía muy a gusto en el caserón de Raset.

En cualquier caso, éste no desapareció nunca de la memoria de los niños Martita y Pepito, y cobraría un inesperado protagonismo en el poemario de José Agustín *La noche le es propicia*. En 1992 el frío paterno parece olvidado, y sólo sobreviven los recuerdos más bellos. Aunque la voz poética de la obra es femenina, creo vislumbrar algunas tempranas sensaciones del poeta en estos versos:

> Hoy la anarquía de las sábanas
> y el revuelo de sus cabellos
> la devuelven a la alegría
> de una infancia entre los olores
> de un jardín que nunca olvidó
> desde el que oía oscuros trenes
> que escapaban hacia la noche.

ADIÓS A LA CALZADA ROMANA

Hacia 1932 los Goytisolo abandonaron definitivamente aquel caserón de la Vía Augusta para instalarse en el 39-41 de la calle Jaume Piquet, en el cercano barrio de Tres Torres. A decir verdad, el paisaje humano seguía siendo el mismo: apenas quince minutos de paseo separaban las dos residencias, y los Goytisolo continuaron yendo al colegio de las teresianas, que quedaba aproximadamente a mitad de camino. Pero esta nueva zona carecía de un rostro homogéneo: las villas o «torres», según expresión barcelonesa, alternaban con huertos y descampados; los solares de construcciones futuras eran aún polvorientos campos de fútbol *amateur*, y el dibujo de las calles solía interrumpirse por barrancos y terraplenes que obligaban a incómodos rodeos. El barrio de Tres Torres carecía, pues, de una fisonomía unitaria. Pero debió de tener un sabor característico, situado en plena ladera de la montaña, con sus calles empinadas, sus villas con jardín y aquel silencio casi perpetuo, apenas roto por algún automóvil solitario o el allí lejano silbido del tren.

A caballo entre Barcelona y el antiguo pueblo de Sarrià, Tres Torres respiraba aún el optimismo de la burguesía barcelonesa de los años veinte, una clase que, pese a la proclamación de la República, mantenía vivo el recuerdo de la Exposición de 1929. En cuanto al nuevo domicilio familiar, las fotografías lo presentan como una especie de palacete de inspiración francesa, con techos revestidos de pizarra. Su planteamiento arquitectónico, un cruce entre el chalet y una pequeña casa de pisos, permitía agrupar tres apartamentos en una sola construcción, cada uno con su respectiva parcela de jardín. Según Luis Goytisolo, el edificio constaba de dos plantas y una buhardilla: en la primera planta vivía la propietaria, la señorita Ester, mientras que ellos se acomodaron en uno de los dos pisos de la planta baja, el correspondiente a la letra A, que tenía garaje, un terrado y un cuarto trastero al fondo del jardín.

En esta vivienda los padres acabaron superando el trauma de la muerte de Antonio y conocieron, a principios de los treinta, una existencia agradable y serena. Don José María seguía el mismo estricto plan cotidiano: baños en La Barceloneta, mañana en la fábrica, tarde en el despacho..., aunque ya no iba en la tartana del Çiscu, sino en una DKW color gris que acababa de comprar y con la que aprendió a conducir en las tranquilas calles de Tres Torres. Gracias a este primer automóvil la familia pudo ir con mayor comodidad a la finca de Torrentbó, al igual que al nuevo chalet de la Cerdaña. Sobre este chalet el poeta Goytisolo cuenta lo siguiente: un día sus padres paseaban por el distinguido barrio del Golf, en Puigcerdà, y Julia se detuvo ante una preciosa casa que llamó poderosamente su atención. Deslumbrada, comentó con su marido lo bonita que era; y éste, que la había construido en secreto para ella, le dijo: «¿Te gusta? Es tuya.» Tratándose de José Agustín, la historia puede ser verídica o una hermosa leyenda filial. No importa. Porque, quince años después de la boda, aquel regalo era el indicio de un amor duradero.

NUEVOS DATOS SOBRE LA DESCONOCIDA

En todo ese tiempo Julia Gay se había adaptado plenamente al papel de señora de Goytisolo, una madre de familia burguesa con tres hijos. A los treinta años conservaba intacto su *glamour*, y en los círculos se la consideraba una dama muy sociable, inteligente y llena de encanto. Ya no era la joven del Liceo, pero había ganado en solidez:

la belleza segura y reposada de algunas madres latinas. No debe extrañar que siguiera teniendo una corte de admiradores, tanto en Barcelona como en la Cerdaña y la Costa Brava. Felizmente, el cuidado de los hijos no la había alejado por completo de sus aficiones, salvo el tenis, que tuvo que dejar por problemas en las piernas. En sus ratos libres aún practicaba el ajedrez, escuchaba música, tocaba el piano o leía. Cuentan que solía hacerlo indistintamente en varios idiomas, y era uno de esos raros espíritus que adoran leer teatro, obras que poseía en gran número y compraba con regularidad. Su afición juvenil por las novelas de misterio había hallado además una verdadera mina en Agatha Christie, nueva escritora inglesa cuyos libros eran lo suficientemente amenos como para que Julia se refugiara entre sus páginas.

Pero esta mujer era también todo un carácter, dueña de un temperamento muy vivo que no aparece en los viejos retratos, donde su expresión resulta casi siempre plácida o contemplativa. En este punto, Marta asegura que su madre «podía ser tremenda», muy capaz de raptos de genio o reacciones impulsivas e inesperadas. Recuerda, por ejemplo, una tarde en que ellas dos tomaron el tren de Sarrià en dirección a Sant Cugat, con el ama seca y el pequeño Juan. Al observar que nadie le cedía el asiento, Julia Gay decidió sentarse en el suelo del vagón, provocando que diez caballeros se pusieran en pie automáticamente pidiendo disculpas y dejándole sitio. Aunque no podía permanecer mucho en pie por su flebitis, difícilmente otra señora de su posición hubiera reaccionado de forma tan expeditiva. En otra ocasión, saliendo del dentista con Martita, Julia tropezó y cayó en pleno Paseo de Gracia. El percance no le produjo dolor sino rabia: se sintió súbitamente humillada, y cuando algunos viandantes se acercaron para ayudarla, se libró de ellos repitiendo: «¡Que nadie me toque, me quiero quedar en el suelo! ¡Dejadme! ¡Me he sentado aquí y aquí me quedo!» Y allí se quedó hasta que marcharon.

La hija rememora otra de sus reacciones, esta vez frente al colegio de las teresianas de Ganduxer. Cruzaban la calle cuando una avispa rozó a su madre en los cabellos. De inmediato le soltó la mano, arrojó el *boa* de pieles que llevaba al cuello y huyó corriendo dejando a la niña en mitad de la calle. Es la reacción propia de una persona que, como dice Marta, sentía intensa fobia a los insectos; no lo es tanto que dejara sola a su hija lejos de la acera, pese a que el tránsito en aquella zona era bastante escaso. Luis Goytisolo, por su parte, recoge otra anécdota materna ocurrida en Torrentbó. En lugar de ir a la tienda del pueblo con las restantes cuñadas, su madre delegaba en la doncella, entregándole la lista de la compra. Una de las cuñadas le advertía siempre: «Mira que si no compras personalmente, te engañarán con el cambio», a lo que Julia contestaba: «... eso es precisamente lo que quiero: que me engañen». Salidas, como escribe Luis, que más allá de la inteligencia o belleza de los retratos, «denotan genio o, si se prefiere, temple decidido».

VERANO AÑIL

El Llançà que conozco es muy distinto al lugar idílico donde los Goytisolo veranearon a principios de los años treinta. El Port de Llançà era entonces un pequeño puerto pesquero cercano a la frontera francesa, con unas pocas casas blancas, un litoral breve, un merendero de playa y un puesto de la Guardia Civil. Cada verano la familia alquilaba allí una casa junto al mar, donde pasaban el mes de agosto. Marta recuerda aquellas casitas de alquiler, frescas, alegres, unidas como piezas de artefacto y con una puerta que daba al jardín del propietario, el señor Bonati. Cada tarde los veraneantes se reunían en él para tomar café o limonada y jugar a las damas o el ajedrez. El jardín era lo suficientemente grande –Marta habla de su avenida de adelfas– como para que los niños corretearan sin descanso o se entretuvieran mirando los caracoles del criadero de Bonati, unos grandes y orondos *escargots* traídos de Francia. Pero ante todo permitía a los adultos llevar una placentera vida social, donde Julia Gay se sentía a sus anchas conversando con otros miembros de la colonia. Marta Goytisolo habla con afecto de ellos: los Isern, los Maisterra, los Xirau, y el propio señor Bonati, cuya esposa –doña Francisqueta– era una dama corpulenta, de muy generoso busto, que solía llevar al hombro un gracioso tití. Tanto Martita como Pepito estaban fascinados con el pequeño mono: se acercaban a él con pipas de girasol o cacahuetes, lo acariciaban y no perdían la esperanza de que algún día el animal acabara orinándose en el grandioso escote de la Bonati.

Marta no recuerda, en cambio, al padre en aquellas tertulias vespertinas. Quizá andaba de paseo por las ariscas montañas de la comarca o comprando uvas moscatel que daba luego a sus hijos. Años después, la Carmeta –guardesa de Bonati– recordó que el señor Goytisolo solía ir a la subasta de pescado en busca de salmonetes frescos. Todo indica que también en verano sus aficiones eran distintas de las de su esposa, y sin embargo no sólo no había desavenencias entre ellos sino que se habían acostumbrado a ser felices cada uno en su mundo, pese a las diferencias caracterológicas detectadas por cuantos les conocieron. Otro tanto sucedía por las mañanas, en la playa, ya que mientras Julia leía cerca de la orilla y las criadas vigilaban el baño de los niños, don José María nadaba vigorosamente hasta «la Isleta», un islote desnudo y azotado por la tramontana. La imagen del padre perdiéndose en el agua fue quizá el primer recuerdo veraniego de Juan Goytisolo, el niño que aparece en una fotografía observando sus piececillos bajo el agua transparente, mientras sus hermanos mayores miran a la cámara, muy serios y firmes, en la orilla de grava. La foto corresponde al verano de 1934, cuando los chiquillos se divertían alzando flanes y castillos de arena o nadando con ayuda de unos cinturones con tablillas de corcho. Época «de la pérgola y el tenis», dirá Gil de Biedma; también de los salvavidas de corcho –«Niños, poneos los corchos», repetía Julia–, tan lejos de las calabazas finiseculares de mis abuelos como de los flotadores neumáticos de mi niñez.

En aquellas semanas junto al mar, Pepito Goytisolo solía ser el centro de atención infantil. Estimulado por los cuentos que le leía su madre y por su propia fantasía, había forjado un personaje, «Pepito Temperamento», con el que se identificaba y se enfrentaba al mundo. Seguramente este personaje –creado a la sombra de «Pistol Pete Rice»– le ayudaba a superar el trauma íntimo: la tragedia de no llamarse Juan, de no ser nadie comparado con Antonio. Gracias a la máscara dejó atrás al niño melancólico, tristón, ensimismado, para convertirse en un renacuajo bullanguero cuyo espíritu transgresor podía perpetrar cien diabluras bajo las facciones de Pepito Temperamento. Aún se habla en familia de la vez en que, junto a Pascualín Maisterra, se encaramó en una de las casetas de baño –esas casetas blancas y verdes de las postales antiguas– y volcaron un cubo lleno de desechos marinos sobre la cabeza de la suegra del abogado Isern: una anciana cascarrabias que pasaba las horas regañándoles sin apartar por ello la vista de sus labores de ganchillo.

Pero más allá de estas travesuras, nos interesa el disfraz que Pepito Goytisolo había creado para justificarlas ante sí mismo o reclamar todo el interés sobre su persona. En varias ocasiones el poeta me refirió un sueño de esos años, que prueba la fuerza de su identificación con aquel *alter ego* imaginario. Siempre era lo mismo: Pepito Temperamento iba por la calle polvorienta, con dos pistolas al cinto; entraba en el *saloon*, apartando las puertas de vaivén; se hacía el silencio y él miraba desafiante a los parroquianos, y luego a las mujeres –siempre rubias– que le sonreían desde los taburetes. De pronto, las medias oscuras se rasgaban, dejando a la vista una carne muy blanca; entonces Pepito pasaba de largo e iba derecho a la barra, donde el encargado le preguntaba: «¿Qué le sirvo?» «Lo de siempre, pero doble.» Y el hombre, tembloroso, le ponía un gran vaso de leche con cacao, que él apuraba de un solo trago. Una escena rica en contenido analítico, que recuerda curiosamente al sueño del alcalde Pepe Isbert en el film *Bienvenido, Mr. Marshall.*

Pistolero solitario en el sueño, inmune a cantos de rubia sirena, Pepito Goytisolo era en cambio extremadamente afectuoso a la luz del día. Sabemos que fue el preferido de las damas más cariñosas de la colonia, como aquella Petiteta, morena preciosa que le cogía en brazos y le trataba con muchísima dulzura. Bien pudo ser ella quien despertó en el niño una emoción cercana al amor de los mayores, la que siempre creyó que él era el Príncipe. ¿Cómo no sentirse feliz en verano? Claro que en Llançà todos lo fueron: la familia, los amigos, los Bonati... Y sobre todo Julia Gay, la madre. Sesenta años después José Agustín Goytisolo lo evocará en un poema:

> Verano añil. La bicicleta
> y la casa frente a la playa.
> Hendías olas. La barquilla
> era tu nave de pirata
> y la isla estaba muy cerca.
> En el pósito subastaban
> el pescado en cajas con hielo
> entre gritos incomprensibles.
> Oscurecía: olor a sal
> y a carburo para las lámparas
> de los que salen al candil.
> Ya en la cama el mismo deseo:
> ¡verano añil no acabes nunca!

PROBLEMAS PARA EL ELEGIDO

A mediados de marzo de 1935 el pequeño Juan Goytisolo recibe la noticia de la llegada de un hermanito. Aunque previamente había almacenado algunos recuerdos, el nacimiento de Luis contribuye a avivar su memoria y fijarla con cierta exactitud. Un día se acerca a la cama del bebé y le pellizca con fuerza para comprobar «si es de carne», gesto que denota curiosidad pero también el primer fuego de los celos. Desde el principio, la llegada de Luisito le desplaza a un segundo plano, y tal impresión coincide con su primer percance de importancia, acaecido cuando la familia viajaba de vacaciones a Torrentbó. Al doblar una cuesta cerca de Sant Vicenç de Montalt, el padre se distrajo y perdió el control de la DKW hasta topar con un árbol. Juanito iba en el asiento delantero, sobre las rodillas de Julia, y se golpeó violentamente contra el parabrisas. El episodio es reseñable no sólo como primera gran conciencia del dolor sino porque el niño sufrió heridas en el cráneo, la frente y la nariz, cuyas cicatrices son visibles de cerca todavía hoy. Primeras impresiones de sufrimiento: el llanto materno, la cara ensangrentada, el regreso a Barcelona con un aparatoso vendaje en la cabeza, pero colmado de obsequios y atenciones. Como escribirá después, «sentado en el suelo, entre tus regalos, tienes la dulce impresión de ser el rey del mundo». De volver a serlo, diríamos nosotros, de recobrar por unos días el cetro perdido, el protagonismo total de la escena, en poder ya del nuevo hermano. En este contexto puede explicarse que a los pocos meses el pequeño Luis tuviera que ser vendado en una pierna a consecuencia de una torcedura producida mientras jugaba en el jardín con Juanito. La discreción del ama de cría, una leonesa del Bierzo, no aclaró lo obvio: que Juan era muy probablemente el responsable de ello.

A diferencia de Pepito, que recibió la aparición del intruso con tristeza y sólo manifestaría celos tiempo después, Juan expresó muy pronto su disgusto hacia el bebé con pulsiones de tipo agresivo que descargaba con relativa periodicidad. Pese al riesgo de incurrir en interpretaciones reduccionistas, intuyo nuevos rasgos de carácter frente a los hechos adversos: tristeza resignada en el caso de José Agustín –que compensaría luego con espectaculares o fantasiosas actuaciones–, y rabia en el caso de Juan, sentimiento que habría de forjarle como escritor, nutriendo de lava su pluma insumisa.

Por aquellas mismas fechas Juanito Goytisolo despierta al sexo. Al igual que Pepito en Llançà con la Petiteta, muestra predilección por mujeres mayores. Tal es el caso de Paquita Marín, una muchacha muy bella de los últimos cursos del colegio de las teresianas, que se pinta los labios y flirtea con varios chicos del barrio. No importa la edad: el pequeño Juan manifiesta a las criadas que le llevan a la escuela su deseo de convertirse en novio de la guapa Marín. Este orgullo de sexo, este temprano sentimiento viril, lo encontramos en los tres hermanos, dato algo raro no tanto por lo precoz sino por el hecho de manifestarlo sin pudor ante los adultos. En el caso de Juan, además, su despertar levemente erótico rebasa lo contemplativo, pues casi al mismo tiempo aprende a «tocarse», deslizando sus dedos por la ingle hasta llegar al pene. En una ocasión será sorprendido por la madre, quien le aparta la mano con suavidad y le recomienda que no vuelva a hacerlo. La ternura comprensiva de Julia –altamente pedagógica– contrasta con la reacción del padre cuando en otra ocasión Juanito entró vestido de niña en el comedor de la casa de Jaume Piquet. Según él, José María Goytisolo le arrancó la falda y luego dio un par de bofetadas a Martita y a Pepito, que en broma le habían disfrazado.

Los otros hermanos aseguran que a aquel hombre apenas se le escapó un bofetón en toda su vida. Pero sí parece cierto que el episodio tuvo un angustiante epílogo, ya que algún adulto le comentó a Juan que podía haber muerto asfixiado por la ropa de niña. Aterrado, el pequeño respiró con fuerza durante algunos minutos sin dejar de pensar en su hermano Antonio, y aquella misma noche estuvo rezando entre jadeos al ángel de la guarda. Al margen de otras consideraciones, sorprende que incluso Juanito percibiera tan viva la trágica presencia del primogénito, prueba de que éste se había trasladado también al nuevo hogar de los Goytisolo. Pero era inevitable si tenemos en cuenta que el padre no perdía oportunidad para hablar de él. Luis explica así las consecuencias que tanto la muerte del mayor como las remembranzas paternas tuvieron sobre los otros:

... estoy convencido de que para mis hermanos fue un hecho crucial que les marcó profundamente. Hasta el sentimiento de culpa común a ellos tres, aunque diverso en su manifestación, podría tener ese origen: la respuesta interior de cada uno de ellos –diversa también según la edad– cada vez que escuchaban en boca de los padres el elogio de un primogénito elevado ya irremediablemente a la categoría inalcanzable de un príncipe.

Según esto, Martita, Pepito y Juanito alimentaron sentimientos inconscientes de aversión hacia el difunto, que no se atrevieron a expresar; también de rechazo momentáneo a unos padres que, involuntariamente, les hacían sentir inferiores al único Ídolo. El descubrimiento de esos sentimientos negativos hacia los mayores pudo ser, en efecto, la principal fuente de su culpa. Si Luis quedó libre de ella fue porque su infancia tuvo lugar en un contexto marcado por nuevas desgracias.

LA OCASIÓN PERDIDA O BREVE «FLASH» REPUBLICANO

Según los historiadores, la Dictadura había gobernado sin transformar; la República, por el contrario, quiso transformar y gobernó difícilmente. No podía ser de otra manera, pues las Cortes Constituyentes de junio de 1931 trataron de abordar a fondo los antiguos problemas sociales y políticos del país. El reto era colosal: la nueva Constitución, el voto para la mujer, la ley del divorcio, las reformas militares de un ejército monárquico potencialmente golpista, la separación de la Iglesia y del Estado, el Estatuto de Cataluña, una legislación laboral que atendiera las peticiones de la clase obrera y una profunda reforma agraria. Durante dos años un grupo de brillantes intelectuales, juristas y políticos quiso alcanzar tales objetivos. Pero ya dijo Gil de Biedma que de todas las historias de la Historia sin duda la más triste es la de España, porque termina mal.

Tres semanas después de la marcha del rey Alfonso XIII ardieron algunas iglesias y conventos, confirmando los temores de gentes de orden como los Goytisolo que veían en la República el preludio del caos. No les faltaba razón, porque el matrimonio conservaba muy vivas las imágenes de la Semana Trágica de 1909, sólo que ahora la multitud asistía al espectáculo con una indiferencia descorazonadora. Era un mal augurio, por supuesto, como también lo era que el gobierno hubiera aplicado leyes especiales a los jesuitas. ¿Qué se proponían, poner cerco a la Iglesia? Eso por no hablar de Cataluña, que demasiado pronto había conseguido el *Estatut:* los catalanes tenían ahora su propio parlamento, su administración, su justicia, sus presupuestos y cultura. Que estuvieran ampliamente preparados para ello era lo de menos, ya que según el señor Goytisolo las reivindicaciones nacionalistas acababan siempre de la misma forma: separatismo, guerra, muerte. ¿No había ocurrido en el caso de Cuba? Pues era prácticamente lo mismo. Por fortuna, «el bienio reformador» (1931-1933) concluyó como el rosario de la aurora. Él lo había previsto desde el principio, y el máximo responsable de ello era Azaña: aquel presidente blando y gordinflón que se jactaba de vivir en un país anticlerical y ateo. Don José María veía claras las razones del descalabro político: huelgas salvajes reprimidas con violencia, agitaciones campesinas en las tierras del sur y, como colofón, el episodio de Casas Viejas, donde la Guardia de Asalto creada por el gobierno sofocó una revuelta anarquista dejando veintiún muertos. Ironías del destino: aquello manchó el nombre de Azaña, hirió a la República y desprestigió a los partidos de izquierda. Hubo que celebrar elecciones en las que la CEDA –partido de derecha– obtuvo la mayoría.

Sí, la república reformista y jacobina había fracasado. Sin embargo, hay algo que añadir: el gobierno Azaña tuvo que enfrentarse muy pronto a conspiraciones militares, alguna de ellas de envergadura, como la protagonizada por Sanjurjo en 1932; pero además tuvo que lidiar con la derecha, que se adaptaba de muy mala gana a las reglas del juego parlamentario. Siempre con el «no» en la boca, siempre contra la Constitución, contra la enseñanza laica, contra las innovaciones imprescindibles. Y ahora sus terratenientes, grandes propietarios y banqueros sustituían a los intelectuales, profesores o licenciados al frente del país. Paradójicamente, los Goytisolo tampoco iban a respirar tranquilos. Sabían que la derecha tenía mayoría en las Cortes, pero como el presidente de la República, Alcalá Zamora, dudaba del republicanismo de su líder, Gil Robles, pidió a Lerroux –del centrista Partido Radical– que ocupara la presidencia del gobierno. Escorándose a la derecha, Lerroux trató de consolidar la República, defendiendo una política moderada y conciliadora. Todo inútil, pues la derecha quería algo más que la suavización del primer trienio republicano. Y en abril de 1934 Lerroux se vio obligado a abandonar el cargo.

Lo recobraría luego, en octubre de aquel mismo año, a instancias del propio Alcalá Zamora, quien le obligó esta vez a incluir en el gobierno de centro a tres ministros de la CEDA. ¿Qué pensó entonces don José María Goytisolo? Que el panorama era harto confuso o peor aún, que los elementos de la vida política española orbitaban enloquecidos como las partículas microscópicas que los físicos extranjeros hallaban en los átomos. Enseguida, las izquierdas reaccionaron violentamente, denunciando con razón que Alcalá Zamora había dejado la República en manos de sus enemigos. El problema era muy grave, ya que se estaba alcanzando un punto sin retorno en el que la mitad del país temía la horda roja de inspiración soviética, y la otra, el fascismo europeo. La izquierda llamó a la huelga general, que fue reprimida en Madrid y Barcelona. En cambio, el llamamiento prendió con fuerza en Asturias, donde la revolución se hizo fuerte; partiendo de la cuenca de Mieres, mineros y trabajadores armados llegaron a tomar Oviedo. El resto es cosa sabida: el gobierno declaró el estado de guerra y recurrió al ejército colonial, cuyas tropas cruzaron el estrecho de Gibraltar y se dirigieron al norte a sofocar la revuelta. Tras dos semanas de durísimos combates, la Legión Extranjera y las tropas moras de Regulares reinstauraron el orden dejando un espantoso balance de cuatro mil muertos y el recuerdo de sangrientas atrocidades. Es preciso señalar que el general Franco tuvo en ello especial protagonismo: él y los suyos acababan de sustituir al enemigo rifeño de las campañas coloniales por campesinos y mineros españoles. Era sólo el principio.

La revolución de Asturias del 34 tuvo paradójicas consecuencias políticas: hubo una crisis de gobierno que condujo a la formación de un nuevo gabinete en 1935, con mayor presencia de la derecha; pero el anterior gobierno y la propia derecha salieron malparados ante la opinión pública a causa de la brutal represión sobre los asturianos. Ello fortaleció moralmente a la izquierda, cuyos militantes vieron cómo los protagonistas de la revuelta se hallaban en prisión en número cercano a los cuarenta mil, mientras sus políticos eran neutralizados: Indalecio Prieto en el exilio, Largo Caballero y Companys en la cárcel... Así las cosas, los cinco miembros de la CEDA del nuevo gobierno se encargaron de obstaculizar los avances del período reformador. Se inició entonces una verdadera contrarreforma legislativa que paralizó la reforma agraria, frenó el programa de construcción de escuelas o las peticiones nacionalistas, pese a que eran constitucionales. La derecha contaba cada vez con mayor peso. Ahora podía hacer y deshacer a su antojo, permitiendo otro tipo de represalias sobre los campesinos y el proletariado: despidos, disminución de salarios, indemnizaciones astronómicas a los terratenientes. Ante aquella situación, la izquierda decidió unir sus fuerzas el año 1935 constituyendo *in extremis* un Frente Popular.

ALGO EN EL AIRE

Si hasta entonces la memoria de los hermanos Goytisolo era un territorio brumoso iluminado por episodios intermitentes, a partir de aquel verano adquiere cierto dramatismo a causa del clima social. No es casual que uno de ellos se remita a este período para iniciar sus memorias. Juan recuerda en *Coto vedado* las tranquilas semanas en la

Cerdeña, correteando por los prados llenos de vacas, o los saltos sobre riachuelos, así como juegos interminables alrededor del chalet de montaña, construido con piedra de río, madera y pizarra. Pero esta vida bucólica se ve ensombrecida de pronto con la llegada del tío Ignacio, quien trae noticias preocupantes sobre los *rabassaires*, los jornaleros del campo catalán. Algo no marcha. Por primera vez los niños oyen las siglas de la FAI, que en labios de su tío adquieren un timbre siniestro.

La sensación de que algo exterior, invisible, fatídico –un elemento *unheimlich*– planeaba sobre el mundo familiar se acentuó meses después. A principios de 1936 Pepito Goytisolo salía del colegio cuando vio pasar un camión repleto de milicianos subiendo por la calle Ganduxer. Aquellos hombres cantaban una canción vibrante y misteriosa, que con el tiempo supo que era *La Internacional*. Asombrado, permaneció observando la escena hasta que los milicianos dirigieron voces amenazadoras al recinto e insultaron a las monjas. Aunque ignoraba el motivo, intuyó claramente «que pasaba algo», pues a partir de entonces aquellos hombres de mono azul se acercaron a menudo a los barrios altos para injuriar a las familias burguesas que entraban en las iglesias. Pocos días más tarde, a la salida de misa en el convento de las Josefinas, los señores Goytisolo acudieron al colegio electoral del barrio para votar. A la entrada un hombre les ofreció propaganda de Esquerra Republicana, pero Julia Gay la rechazó con ademán enérgico. De vuelta a casa, en la DKW, los padres comentaron el gesto de ella y la cara de chasco del individuo. Pese a que José Agustín niega este hecho, su hermano Juan lo reprodujo no sólo en *Coto vedado* sino en una escena de *Señas de identidad*, donde escribe: «En la puerta un hombre tiende unas papeletas a tu padre. La tía Mercedes se santigua y dice muy alto: "¿Por ustedes? ¡Jamás!" La historia era, sin duda, cierta, pero no podías garantizar tu calidad de testigo.» ¿Presenció Juan la escena tal como la describe, o fue un fruto posterior de su imaginación sobre la base de una anécdota repetida en familia? En todo caso, ni aquel gesto de rechazo materno ni los miles de votos de las derechas impidieron el triunfo del Frente Popular en febrero de 1936.

En algún libro Juan Goytisolo define ese triunfo como «agorero» o «sonado»; Luis habla de «repentino» o «inesperado», e incluso algunos historiadores emplean la expresión «sorpresa brutal». Son formas de describir el impacto ante los resultados de una consulta electoral que desplazó el péndulo hacia la izquierda. Sorprendente victoria en verdad, si tenemos en cuenta que los militantes de izquierda estaban en la cárcel desde 1934, sus ayuntamientos suspendidos, y su campaña electoral había sido casi inexistente. Tras aquellos comicios la consternación fue tan grande que a las veinticuatro horas se cedió el poder a Azaña. Puedo imaginar que todo eso sacudió con fuerza la rutina de la villa familiar de la calle Jaume Piquet. Si creemos a Juan Goytisolo, su padre había votado por el bloque de derechas de la CEDA casi «como un mal menor», no en vano era, socialmente hablando, un honesto patrón de sólidas convicciones derechistas. Este perfil no se ajusta, en cambio, al que traza José Agustín, que insiste en presentarlo como un hombre de tendencias liberales, hasta algo de izquierdas, extremo que su hermano Luis considera a su vez de muy escaso o nulo fundamento. Fuera lo que fuese, la crisis económica mundial del 1929 y la posterior inestabilidad republicana estaban causándole los primeros quebraderos de cabeza. Si sus primeras iniciativas empresariales resultaron un éxito, ahora debía enfrentarse a un panorama bien distinto.

Para alguien como él, el Frente Popular se reveló enseguida un ente tan vago como peligroso y abyecto. ¿Cómo describir si no una coalición que, una vez en el poder, había amnistiado a los presos políticos del 34, decretado el regreso a sus puestos de trabajo de los alborotadores, devuelto al loco de Companys a la presidencia de la Generalitat, o reincorporado al ejército a los más conspicuos oficiales republicanos? Por si fuera poco, se habían excedido también en el reparto de tierras a los antiguos arrendatarios agrícolas en perjuicio de los terratenientes. ¡Cuánta razón tenía la derecha al esgrimir durante la campaña electoral el lema «CONTRA LA REVOLUCIÓN»! Porque eso era precisamente: una revolución. Se repetían los atropellos de 1931, los asaltos a iglesias y conventos, los desmanes. Que en puridad el nuevo gobierno Azaña fuera moderado era lo de menos: bajo la sombra aciaga de Casas Viejas, no se atrevía a frenar la creciente oleada de desorden público.

Sin embargo, en el fondo de su corazón, don José María Goytisolo no se llamaba a engaño: los sabotajes, incendios, atentados y asesinatos eran cosa de ambos bandos. Por ahora, Barcelona permanecía como un oasis de tranquilidad. Pero ¿y Madrid? Falangistas e izquierdistas iban a la greña, recurriendo a menudo a las pistolas, especialmente los primeros. Mal asunto: el país estaba radicalizándose, escindiéndose aún más. El centro político se había disuelto y las dos Españas estaban tomando posiciones para arrojarse una contra otra, pese a voces aisladas que trataban de impedirlo. Rotos los puentes de concordia, en la calle y el parlamento seguían dominando las costumbres del XIX, y según el historiador Pierre Vilar «Madrid da pruebas de una sensibilidad primitiva, digna de 1835».

EL TEMPORAL SE ACERCA

Los hermanos no recuerdan otras anécdotas de aquellos meses tensos y agitados. No obstante, Juan Goytisolo recurre a ese preludio en alguna novela, como en *Señas de identidad.* Allí se recrea un episodio sangriento ocurrido en Yeste (Albacete) en mayo del 36, cuando un nuevo tiroteo entre los campesinos y la Guardia Civil se saldó con dieciocho muertos. El pasaje refleja con crudeza algo desdichadamente habitual en el campo español, incluso bajo el Frente Popular. Percibimos en él una espiral violenta donde los sucesos se encabalgan, sepultando a la vez anteriores afrentas y creando otras nuevas. ¡Qué amargo destino! En nuestro suelo español –recocido y avaro– la lluvia parece borrar las manchas de sangre, abonando la tierra para mayores carnicerías. Elijo un párrafo brutal, con los campesinos ya en desbandada tras el enfrentamiento con las fuerzas del orden:

Las detonaciones se suceden como el crepitar de una traca. Tres paisanos se refugian en una atarjea por la que apenas cabe el cuerpo de un hombre y los guardias bajan hasta la boca, matan a dos y hieren gravemente al tercero. En otra alcantarilla descubren a un campesino herido de dos balazos. A voces, el hombre suplica que le rematen. Uno de los civiles le dispara dos veces, en el brazo y en la pierna. «¡Toma, toma!», grita. «Así durarás más tiempo.»

Entretanto los hermanos Goytisolo seguían llevando una vida apacible: colegio, juegos, lecturas, paseos por Barcelona... En otro pasaje de *Señas* Juan Goytisolo refleja ese clima, cuando el protagonista contempla una foto de su niñez: los campesinos mueren en Yeste, pero el niño aparece junto a la señorita de compañía, retratados en un parque infantil con nodrizas y críos, «provectos caballeros e imperturbables damas». Imperturbable, ésa es la idea. Ni los vientos amenazadores de aquella primavera alteraron la paz infantil, aunque el temor adulto era cada vez más patente en los hogares burgueses. Marta recuerda misteriosos comentarios, noticias procedentes del resto del mundo: huelgas, enfrentamientos, tiroteos. Pese a que la vida pública era sumamente inestable, próxima al caos, la familia Goytisolo acudió como cada año a Puigcerdà para pasar las primeras semanas del verano. Allí habría de sorprenderles el 18 de julio del 36, envuelto en noticias cada vez más alarmantes. El ejército de África se había alzado en armas contra la República, y en pocas horas el golpe se extendió a las principales ciudades del país.

Para cualquier demócrata, «el Glorioso Alzamiento Nacional» no fue más que un complot cuartelero de un puñado de generales ambiciosos, que contaron con el apoyo de lo que mi abuelo llamaba *els de sempre*: Iglesia, banca, empresarios, nobleza, terratenientes, etc. Pero en los libros de texto de mi padre se explicaba así: «España había perdido sus esencias raciales, sus seculares virtudes. Por eso, los que tenían noción exacta de su tremenda responsabilidad ante la Historia se lanzaron valientemente en un grito desesperado de ingente rebeldía... Entonces toda España ardió en un volcán de dignidad y grandeza.» El golpe fracasó en Cataluña, lo que propició que buena parte de la burguesía local emprendiera aquel verano el camino del exilio. Cuenta Juan Goytisolo que su padre consideró la posibilidad de enviarles a Francia y volver solo a Barcelona para seguir al frente de la fábrica, iniciativa que no prosperó. Tiempo después habría de lamentar amargamente su decisión, tomada desde la idea de que «aquello no podía durar» y las cosas acabarían por arreglarse. La familia volvió así a la boca del lobo: esa Barcelona de pólvora y sangre entregada ya a la defensa heroica de unos ideales, pero también a los excesos de la causa revolucionaria. En *Señas de identidad* el autor habla del insólito aspecto de las calles en agosto del 36:

... la ciudad desertada de aristócratas y empresarios, curas y señoritos, damas y petimetres, a la vez que multitud de enterrados vivos invadían el centro como un ejército aguerrido y hosco, milagrosamente brotado del subsuelo de algún cementerio de la barriada. Las casas parecían sucias y andrajosas, con banderas y consignas en los balcones y los muros y, entre el angustioso clamor de las sirenas que horadaban el aire húmedo y caliente, grupos de curiosos examinaban los impactos de las balas y observaban, burlones, el cárdeno esplendor de los incendios.

Fracasado el alzamiento militar, el pueblo de Barcelona había tomado las armas: estaba alzando barricadas en las calles, imponiendo controles en los caminos, velando su recobrada dignidad, puño en alto. Eran gentes sencillas, francas, rudas, que aparecen en las imágenes de la época siempre en blanco y negro, pese al azul de sus monos de trabajo, la claridad de las camisas o el rojo de los pañuelos al cuello. Milicianos, obreros, campesinos, *rabassaires*... Testigo excepcional fue la autora Simone Weil, quien escribió: «Hay que acostumbrarse a la idea de que aquí se ha producido una auténtica revolución y que se vive realmente en uno de esos periodos históricos sobre los cuales se ha leído en los libros y se sueña en la niñez; 1792, 1871, 1917. ¡Ojalá los resultados sean más felices!» Y más adelante:

> Nada ha cambiado, en efecto, con una excepción: el poder pertenece al pueblo. Los hombres de mono azul han asumido el mando. Ha comenzado una época extraordinaria, una de esas épocas que no han durado mucho hasta ahora, en las cuales los que siempre han obedecido toman todo a su cargo. Es evidente que esto no ocurre sin dificultades. Cuando se ponen fusiles cargados en las manos de chicos de diecisiete años en medio de una población desarmada...

También ella intuía los peligros. Porque si bien es verdad que el proletariado anarquista fue esencial para vencer la insurrección fascista en las calles de Barcelona, seguidamente se lanzó a la despiadada persecución de la burguesía. Durante varios meses pistoleros de la FAI sembraron la zona republicana de inseguridad y terror, cebándose incluso en gentes de clase media y burgueses catalanistas afines al gobierno legítimo. En *Las virtudes del pájaro solitario* Juan Goytisolo reflejará a través de un personaje femenino alguno de sus atropellos:

> ... las turbas prendían fuego a las iglesias, santas imágenes eran destrozadas, cadáveres de sacerdotes fusilados yacían en las aceras, la atmósfera estaba llena de humo, el aire se había vuelto irrespirable, escondíamos en casa a dos monjitas de clausura y llevaba en el bolso, apretándola contra el pecho, una cajita de obleas consagradas que un alma piadosa había conseguido salvar del tabernáculo antes de que la chusma irrumpiera en la parroquia, arrojara la santa custodia al suelo y la pisoteara con saña, el barrio ofrecía un aspecto hostil y fantasmagórico, un olor áspero, pegajoso, tenaz a pesticida o carne quemada flotaba alrededor de capillas y templos, los milicianos habían establecido puestos de control y sometían a la población decorosa a

un rudo y humillante cacheo, el descubrimiento de un devocionario o misal, de un rosario o estampa religiosa podía ser causa de una condena brutal e inapelable.

Estos crímenes llegaron pronto a oídos de los Goytisolo, que ahora se hallaban en la finca de Torrentbó, confiando capear la tormenta a prudente distancia de la ciudad. En la Masía Gualba se refugió también el tío Ignacio junto a su esposa e hijos, y varias mujeres del servicio; pero los primeros desaparecieron misteriosamente a los pocos días, tras haber escondido en un seto de hiedra los objetos sagrados más valiosos de la capilla familiar. Sabían ya que la furia anticlerical estaba cayendo sobre la Iglesia, sus símbolos, representantes y hasta feligreses; por eso los adultos temblaban, sin dar crédito a la espantosa persecución. Por el contrario, nada había cambiado para los pequeños: jugaban en el jardín como siempre, leían *Mickey* –cuyo número de verano salió pintarrajeado con los colores rojo y negro de la FAI–, paseaban por el bosque o rezaban sus oraciones. Sólo los cuchicheos temerosos de la vieja señorita de compañía, María Bohí, o las conversaciones *sotto voce* de los padres despertaban en ellos cierto recelo. Era una situación extraña, anómala. ¿Lograrían mantenerse a salvo?

A partir de agosto los acontecimientos se agravaron. Un día el capellán de Torrentbó apareció por la Masía Gualba vestido de paisano. El mosén era hombre de trato cordial y visitaba a la familia alguna tarde, permaneciendo largo rato en la galería mientras charlaba con Julia; pero aquella aparición inesperada, con boina y traje de calle, despertó la curiosidad de los niños, que oyeron decir que el capellán había venido a despedirse porque marchaba de viaje. Cuentan que Julia Gay le entregó algún dinero y provisiones para el camino; luego, el mosén se despidió y tomó rápidamente el sendero del bosque. Los hermanos aseguran que la señorita de compañía estaba llorando: a las pocas horas el cura cayó víctima de la furia de los milicianos.

Todos los temores de María Bohí se fueron cumpliendo: el cerco se cerraba, y las iglesias ardían una tras otra como en la época del Imperio romano. Una mañana los Goytisolo observaron desde el cenador del jardín una columna de humo que se alzaba sobre la silueta blanca de la cercana iglesia de Santa Cecilia. Vieron entonces el camión de milicianos junto al edificio y se percataron de que «los rojos» señalaban directamente hacia la capilla privada de su casa. El aspecto conventual del edificio era sin duda un reclamo poderoso. Lo que sucedió después fue inevitable: el camión llegó a la era de la masía, los milicianos obligaron a los masoveros a abrir la puerta de la capilla, y Julia Gay fue conminada, a punta de pistola, a encerrarse en la galería con sus hijos. Se oyeron voces, golpes y gritos, mientras la madre tranquilizaba a los niños y la señorita murmuraba algún rezo final. En aquellos instantes de terror lamentaban que el padre estuviera en Barcelona, siempre en la fábrica, pues en Torrentbó no había nadie de su sangre para protegerlos. Finalmente, cuando los intrusos dejaron el lugar, las dos mujeres y los niños abandonaron el refugio y salieron a la era. Allí algunos objetos litúrgicos se consumían en una pira humeante, y la estatua de mármol de la Virgen –obra de Mariano Benlliure– yacía en tierra con la cabeza partida a golpes de maza.

Decenios después, yo mismo hube de convivir una temporada con algunos restos de barbarie miliciana: cabezas de Cristos quebradas a culatazos, bibliotecas saqueadas, o documentos chamuscados y añejos, que se guardan aún en las masías principales del campo catalán. Actualmente son recuerdo lejano del verano del 36, apenas un símbolo ominoso del pasado. Pero ese día los Goytisolo lo vivieron en propia carne, mientras aguardaban el regreso del padre llenos de ansiedad y nerviosismo. Aquella misma noche don José María volvió al fin de Barcelona acompañado por dos individuos armados que pertenecían a la FAI. Julia se temió lo peor. Pero su marido le dijo que aquellos hombres eran milicianos de Caldetas, que iban a protegerles en lo sucesivo a cambio de dinero. A partir de entonces los dos hombres –el Jaume y el Clariana– durmieron en Torrentbó, y cada mañana acompañaban al padre a la fábrica de Hospitalet en calidad de guardaespaldas.

Esta relación con miembros de la FAI fue mucho más placentera de lo previsto, y los niños se sintieron al instante atraídos por ellos, en especial por el Jaume. El novelista Juan Goytisolo lo describe como un hombre joven, agraciado, moreno, «cuya simpatía natural y carácter abierto ganaron inmediatamente mi corazón». El Jaume era respetuoso con los mayores, comprensivo con los niños e incluso les acompañaba a las cercanas fuentes de Lourdes y Santa Catalina para merendar como uno más de la familia. Los hermanos recuerdan que en aquellos paseos el Jaume solía mostrarles su impresionante revólver, o que en una ocasión descubrió entre los setos la caja donde el tío Ignacio había guardado el cáliz y la patena de oro. Olvidando sus principios, el miliciano informó a Julia Gay del hallazgo, aconsejándole que buscara un escondrijo más seguro. Esta figura del anarquista noble y bondadoso, sencillo, solidario, no fue ciertamente única en nuestra guerra civil, lo que acaso explique los tonos románticos que algunos utopistas libertarios como Noam Chomsky emplean aún para exaltar el sueño ácrata de Cataluña. Pero, por desgracia, esos Jaumes no fueron suficientes para controlar los excesos de la explosión anarco-sindicalista que siguió al golpe militar y que acabó con la vida, en toda España, de más de cincuenta mil personas. Sea como fuere, recobramos aquí la figura del Jaume por otro motivo, porque despertó en el pequeño Juan, por primera vez, «una pasión que no sería exagerado calificar de amorosa hacia alguien ajeno del todo a mi familia». Este sentimiento por un individuo del mismo sexo ¿fue un impulso pasajero en aquellos primeros años de indefinición sexual o algo más profundo que habría de marcarle a fuego?

CAMBIO DE AIRES

En octubre de 1936 los Goytisolo abandonaron Torrentbó y encontraron acomodo en la cercana villa costera de Caldetas. No creo que les movieran motivos de seguridad sino más bien la reticencia de Julia a seguir en una mansión grande, fría y llena de habitaciones desiertas. La Masía Gualba era un mundo delicioso durante las últimas semanas de verano, tiempo de vendimias y ocasos dorados, pero era duro pasar allí un invierno de guerra. Otra hipótesis es que la casa fuera requisada a fin de acomodar en ella a los refugiados del País Vasco. Según testimonio del hijo de los masoveros, el *lehendakari* Aguirre llegó a residir allí con los suyos una breve temporada. La familia Goytisolo se instaló entonces en una vivienda más modesta en la calle La Santema, frente a un balneario situado en la riera del pueblo. El nuevo domicilio tenía un jardín en la parte trasera, con unas terrazas que trepaban la pendiente de la montaña hasta la ruinosa Torre dels Encantats. Enseguida los niños lo eligieron como su lugar de juegos, refugio de indios o piratas, felices de vivir ahora junto al mar. Los efectos de la guerra no se dejaban sentir aún en la casa, donde se mantenía el clásico servicio de dos asistentas y seguían comiendo lo habitual. Con todo, debieron de intuir con mayor fuerza la inquietud y el temor de los mayores, pese a que éstos hacían lo posible por ocultarlos. ¿Cuántos miles de niños españoles no vivieron algo parecido?

Aparentemente se abría para ellos un largo período vacacional, que celebraron como una hermosa fiesta. Pero sólo el tiempo sabía el precio que iban a pagar, ya que tras esa fiesta zumbaba un bajo continuo de rumores al acecho, un cambio de costumbres total y absoluto, que a la larga supondría la quiebra de su pequeño reino afortunado.

Lejos del colegio, todo era felicidad. Pero Julia Gay incluyó ciertas tareas en el orden cotidiano: José Agustín recuerda que su madre tenía la costumbre de leerles cuentos, poemas y canciones; Juan asegura que Julia le enseñó a leer por esas fechas, y él recorría en su presencia los libros de geografía. Ignoro si es verídica la siguiente anécdota de *Coto vedado*: Juanito y mamá miran el mapa de Europa, ella le pregunta qué país le gusta más; él apunta con el dedo a la Unión Soviética y ella le dice secamente: «No, éste no.» Pero su gesto digno, enérgico, ¿no es idéntico al de rechazo a la papeleta de izquierdas en el colegio electoral de la Vía Augusta? De no ser así, es una anécdota *ben trovata*, porque cualquier niño se habría visto atraído por aquel territorio enorme, vasto, alargado, de color rosa, y cualquier madre de clase acomodada habría expresado su recelo o desprecio hacia la Rusia bolchevique.

En los últimos meses ese recelo fue transformándose en miedo e incluso terror. Aún viva la tragedia del mosén de Torrentbó, un nuevo crimen sacudió la relativa calma de Caldetas. Esta vez la víctima fue el señor Borrell, farmacéutico, hombre muy apreciado por toda la comunidad. Dicen que cayó bajo el odio ciego e irracional de los incontrolados, y su muerte produjo doble conmoción entre los Goytisolo, pues era hermano de Eusebio Borrell y, por tanto, cuñado de tía Consuelito Gay. En este drama bélico los milicianos eran heraldos de muerte para unos, o bien portadores del desorden para otros, sin duda con mejor fortuna. Según parece, aquel otoño el comité de gestión de la empresa familiar se presentó en la casa de Caldetas para hablar con el padre. Aunque tuvieron el gesto de besar torpemente la mano «a la señora», se encerraron luego en el despacho y bebieron sin moderación. A la salida Julia descubrió que uno de ellos iba borracho y que había dejado el retrete salpicado de vómitos. Mientras el marido se justificaba ante la esposa, ella se mostraba indignada por el incidente. Marta afirma que los oyó discutir en voz alta. Es la prueba de que la guerra estaba entrando ya en la casa, pues no hay constancia de que el matrimonio hubiera discutido en tales términos antes del 36.

Sin embargo, los niños aún contemplaban la vida a través de un velo femenino. Además de la madre, pasaban buena parte del tiempo con las asistentas –María y Conchita– y también con la vieja señorita de compañía. Alguna de ellas aparece en la obra goytisoliana. En su reciente *Las horas quemadas* José Agustín alude a ello en el poema «Conchita era su nombre», texto de iniciación en el que una criada asturiana permite a un niño –Pepito Goytisolo o quizá Pepito Temperamento– besarle los pechos. ¿Estamos ante algo real o una fabulación retrospectiva? Con un halo romántico, el poema nos habla de una muchacha bonita que siente temor de los hombres, y en sus versos resurgen aquellos juegos vagamente eróticos cuya emoción dominante era una mezcla de gusto y de miedo.

Para Juan Goytisolo, en cambio, esas mujeres no cumplieron función erótica alguna. De hecho, sólo recurrirá literariamente a la tercera –María Bohí–, dominada por una exaltación religiosa que les puso en serio peligro en aquellos días de furiosa ira anticlerical. A juicio de Julia Gay, la señorita de compañía era una inconsciente, una irresponsable que ya había dado muestras de su temeridad cuando los milicianos irrumpieron en Torrentbó y comenzó a santiguarse e implorar al cielo. La madre comprendía ahora el riesgo de tener bajo su techo a una beata empeñada en arrastrar a toda la familia a un glorioso martirio colectivo. Quién sabe si Juan se recrea en ello porque la vieja María le había contagiado de fervor leyéndole su manual de piedad compuesto por biografías de niños santos, y se imaginaba como uno de ellos. Sí, un santo con sus bucles rubios como Inés y Tarsicio, su vestido níveo y una corona ingrávida sobre la cabeza. Al menos, en *Señas de identidad* hay un pasaje hilarante que lo sugiere. En él Alvarito Mendiola y la señorita Lourdes se acercan exaltados a las iglesias en llamas de Sarrià, anhelando el sublime martirio: con ropa de domingo, muy burgueses, él soñando con su corona, ella leyendo en voz alta las oraciones en un devocionario..., hasta que «un hombre malo, barbudo, mal vestido» les cierra el paso y llama a otros milicianos:

—Mira quin parell –dijo uno.
—Sagrado Corazón de Jesús en Vos confío –lograste articular tú.
—¿Qué dices, chaval?
—Deixa'ls. Estan torrats.
—Cúmplase la voluntad de Dios.
—Hale, circulen –dijo el primer hombre.
—La Iglesia es la Casa de Jesús. Él nos acogerá entre sus brazos.
—No se excite usté, buena señora. La capilla está ardiendo. Tenemos órdenes de no dejar pasar a nadie.
—Adelante –dijo la señorita Lourdes.

—¿No t'he dit que son dos boigs?
—Cálmese usté.

Inútil afán de dar la vida por Cristo: Alvarito y la señorita Lourdes regresan al nido escoltados por dos pistoleros de la FAI. El final del pasaje novelístico coincide con la realidad: tanto la señorita Lourdes como la señorita María Bohí se esfumaron un día de la casa, y la madre se limitó a abrir de par en par la ventana de su cuarto, comentando que la habitación olía mal. Julia Gay había crecido en un mundo donde eso era motivo suficiente para justificar la expulsión de cualquier miembro del servicio, pero también para explicarla a otros ocultando la causa verdadera. Dadas las circunstancias, lo que «olía mal» a Julia era el tufillo a incienso y gloria de la Bohí, una señal de humo que atraía el mal sobre los suyos tanto como el campanario de una iglesia.

«ELS FETS DE MAIG»

A principios de 1937 los Goytisolo regresaron a Barcelona. Durante su ausencia algunos miembros de las Brigadas Internacionales habían ocupado el piso superior de la torre de Jaume Piquet. Pese a que la ciudad recobraba lentamente la calma, la familia tuvo noticia de los excesos que la revolución había cometido en el barrio el verano anterior: los Mallol, un matrimonio de Sarrià, habían sido capturados por miembros de la FAI, quienes les condenaron al «paseíllo», temible ejecución nocturna que dejó una estela de cadáveres en tantísimas cunetas y tapias de cementerios españoles. Marta recuerda haber oído hablar de otros crímenes, una dolorosa nómina de vecinos o conocidos que sucumbieron en las primeras semanas de orgía revolucionaria. Bastaba un comentario malévolo, un soplo, para enviar gente a la cárcel o al paredón. Por fortuna, los Goytisolo se habían librado, pero dos de ellos —el tío Leopoldo y el tío Luis— se encontraban presos en el castillo de Montjuïc. Durante varios meses los dos tíos permanecieron en las frías celdas del castillo, recibiendo la visita de su hermana María, viuda con siete hijos, quien se desplazaba a diario desde la Bonanova para llevarles comida y sosiego. Por precaución, el padre de los escritores decidió pernoctar entonces en casa de los suegros, en la vecina calle Doctor Roux. Pero fue inútil. Enterado de que habían ido a buscarle en plena noche, optó por entregarse él mismo a las autoridades legales. Los hijos recuerdan haber oído entre susurros la noticia de su detención, las palabras angustiosas de Julia. Lo encerraron en la comisaría de Vía Layetana, donde estuvo en unos calabozos en los que, según dijo después, «el frío era espantoso». Allí contrajo una pulmonía. Conservemos para el futuro el esquema Cárcel-Enfermedad pulmonar. Don José María Goytisolo fue internado en la clínica del doctor Corachán, en la carretera de Sarrià. A lo largo de un semestre Julia Gay estuvo al lado del enfermo, que era visitado a diario por los hijos. José Agustín comenta haber jugado horas en el frondoso jardín de la clínica mientras su padre era atendido en una sala. La gravedad de la dolencia —una neumonía que derivó en pleuresía— obligó a los médicos a extirparle un pulmón e implantarle en el costado una cánula por la que drenaban las excreciones de la pleura. Fue el principio de una penosa convalecencia, en la que el enfermo estuvo en cama o semiinmovilizado durante varios años. Los hermanos hablan indistintamente de «una horrible cánula», «tubo desagradable», «sistema de tubos y botellas de apariencia similar al gota a gota» incrustado en su pecho. Pero sólo Juan concede a esa imagen un poder devastador. Porque, a partir de ella, la idea de un padre maduro y activo fue reemplazada, e incluso anulada, por otra: la de una figura abatida, yacente, unida hipostáticamente al tarro de vidrio donde se vertían sus humores. Eso comenzó a inspirar en el niño «una injusta, pero real repugnancia». La imagen ideal del padre, forjada en la primerísima infancia, estaba sufriendo un daño irreparable.

Paralelamente, Barcelona vivió en aquella primavera un hecho que tuvo gran eco internacional: las luchas intestinas de la izquierda, que la historia conoce como *Els fets de maig* o *Maig del 37*. Sólo Marta recuerda algo de esos tormentosos días, la imagen de unas barricadas en la carretera de Sarrià cerca de la clínica y la sensación de que «pasaba algo» caótico más abajo de la Diagonal. Para ellos la ciudad seguía quedando lejos: los paseos por el centro eran cosa del pasado, y la familia sólo pensaba en la suerte del padre. No podían saber aún que aquellos enfrentamientos entre comunistas y anarquistas habrían de marcar el curso de la guerra y, en cierto modo, el destino de sus propias vidas. Porque es evidente que los comunistas habían revelado al fin sus intenciones: frenar la revolución ácrata y mantener el poder a cualquier precio. Era falso que hubieran aplazado la revolución a la espera de ganar primero la guerra, ya que, siguiendo consignas de Moscú, su plan consistía en impedir que la revolución llegara a proclamarse nunca. Con los comunistas en el gobierno republicano, creció el recelo hacia todas las milicias armadas no comunistas. El escritor George Orwell escribe que «las armas eran retenidas deliberadamente para evitar que cayeran en exceso en manos de los anarquistas, los cuales las utilizarían después con finalidades revolucionarias; por eso, la gran ofensiva de Aragón que habría obligado a Franco a retirarse de Bilbao y posiblemente de Madrid, no llegó a producirse».

De regreso del frente aragonés, Orwell encuentra en primavera de 1937 una Barcelona donde las milicias heroicas de principios de la guerra han sido sustituidas por el Ejército del Pueblo. En medio año el viejo idealismo agoniza. Pero los anarquistas y los trotskistas del POUM se resisten a aceptar las medidas del gobierno republicano, que suponen para ellos una provocación: fortalecimiento de la Guardia Civil, creación de una gendarmería «no política» que excluye a los obreros, exhibiciones de firmeza militar a la manera soviética; órdenes tajantes de entrega de armas y ataques a centros anarquistas. Demasiadas afrentas hacia unas fuerzas que se habían alzado como un solo hombre contra el fascismo en verano del 36. Ahora, en cambio, esas milicias eran denigradas y provocadas por sistema, especialmente cuando en mayo del 37 comunistas armados asaltan la central telefónica, que se halla en manos de la CNT. Acto seguido, como escribe Hans Magnus Enzensberger,

... los obreros de Barcelona declaran la huelga general. Se levantan barricadas, y los puntos más importantes de la ciudad son ocupados por los trabajadores. La dirección de la CNT claudica. El gobierno central envía cinco mil miembros de la Guardia de Asalto, que entran en Barcelona el 7 de mayo. Es sofocado el último movimiento revolucionario de la clase obrera española: sigue siendo el último hasta el presente; hay más de quinientos muertos.

Los comunistas inician entonces una era de purgas estalinianas: el POUM y los anarquistas son suprimidos, la unidad obrera queda rota y la cacería política se pone en marcha, activada por siniestros agentes al servicio o procedentes de Moscú. Valerosos antifascistas acabaron así en las cárceles o desaparecieron sin dejar rastro, quebrándose a la postre la espina dorsal del anarquismo español. Debido a la postura contrarrevolucionaria de los comunistas del gobierno, la unidad republicana se resquebrajó por completo. Abierta una brecha tan profunda, el sueño del pueblo unido despertó a la amarga realidad. Fue en Barcelona. Ya nada volvería a ser igual en la izquierda de todo el mundo.

Pese a su trascendencia histórica, *els fets de maig* produjeron en los Goytisolo escasa preocupación. Al fin y al cabo, era cosa de la izquierda, un asunto entre rojos, y si éstos peleaban entre sí a lo mejor la guerra acabaría de una vez. La salud del padre, además, seguía siendo tema principal: don José María iba recuperándose, y a mediados de junio estuvo en condiciones de abandonar la clínica. El doctor Corachán le aconsejó seguir la convalecencia lejos de Barcelona, en algún lugar montañoso de aire más saludable para sus pulmones. El enfermo aprobó la idea por otros motivos: los alimentos comenzaban a escasear, los grupos rivales de izquierda se enfrentaban aún en las calles, y la sombra de la aviación franquista planeaba sobre la ciudad. ¡Aviones! ¿Acaso los aliados nazis de Franco no habían reducido a escombros el pueblo de Guernica, cercano al caserío de la ría donde los Goytisolo vieron la luz? Las guerras eran crueles: mejor acabarlas pronto. Pero no a cualquier precio. Interiormente don José María no podía aplaudir aquellos bombardeos sobre población civil que habían sembrado el terror entre sus parientes vascos. Quizá no tardarían en atacar otras poblaciones republicanas, pensó. Mejor marcharse.

Los Goytisolo Gay llegaron a Viladrau en junio de 1937. El pueblo era un tranquilo lugar de menestrales y veraneantes, situado en la zona del Montseny: un macizo montañoso cuyo paisaje de colinas boscosas, prados y arroyos frescos era muy apreciado por los enfermos del pulmón. Al principio la familia se instaló en una villa algo húmeda y sombría, pero a las pocas semanas pudo trasladarse al piso superior de una casa que formaba parte de un grupo de cuatro viviendas orientadas a poniente. Además, no estaban solos, pues la tía Rosario llevaba en el pueblo desde el principio de la guerra, viviendo en una casa junto a la iglesia de la plaza donde veraneaba con los suyos todos los años. Según Marta, la tía era una mujer inteligente, animosa, muy dispuesta. Fue ella quien les introdujo en la colonia, presentándoles a varias familias barcelonesas que, como ellos, se habían refugiado allí para vivir la guerra sin mayores sobresaltos. Debo añadir que Julia Gay contaba en Viladrau con otros apoyos. Aunque la Conchita del poema de José Agustín ya se había ido, una sirvienta gallega —María Cortizo— se encargaba ahora de guisar y cumplir con las tareas domésticas. Eso permitía a la madre cuidar de los hijos y, sobre todo, atender al marido, que seguía en cama con un pulmón inservible.

Los niños recordarán siempre esta escena: subir la escalera, cruzar el distribuidor, llegar al comedor y mirar hacia la izquierda, hacia el dormitorio del padre. Conozco bien esa habitación que da a la galería. Desde el interior se contempla el jardín, una suave pendiente de prados y a lo lejos las montañas abiertas al crepúsculo. Aparentemente no es un mal lugar para recobrar la salud, pero debió de resultar melancólico para el enfermo e imponente para unos niños que veían al padre postrado y condenado a vivir junto al terrible frasco de pus. Conocemos ya la repugnancia que eso inspiraba en uno de ellos, Juan, pero hubo algo más que probablemente influyó en todos. Como escribe el novelista: «Aquel hombre mísero, recluido entre algodones, medicinas, vendas, deyecciones, drenajes en una habitación que olía a hospital no se conformaba en absoluto a mi expectativa del papel que correspondía a un padre ni a su supuesto valor de refugio.» En efecto. A menos de veinte años de distancia, ¡qué lejos quedaba el caballero altivo del retrato de boda! Incluso la estampa del vigoroso nadador de *crawl* parecía de otra vida. Pero, en el fondo, ¿no era así? Los sucesos anteriores al 36 pertenecían ya a otra existencia, momentos de un mundo antiguo más feliz, herido de muerte. En lo privado, la cúpula familiar protectora estaba resquebrajándose. Y Julia Gay debía emplearse a diario para evitar que se derrumbase sobre ellos.

Ajenos a esta amenaza, los hermanos convirtieron Viladrau en su nuevo reino. Cada mañana iban a casa de tía Rosario, en la plaza, o merodeaban por las grandes villas vecinas protegidas por altos muros de piedra. Como alguna estaba deshabitada, aprendieron a entrar a hurtadillas para jugar en el parque durante el verano. Habrían querido hacerlo también en su jardín predilecto, el de la mansión de los Balcells, que servía de refugio provisional al Archivo de la Corona de Aragón y que quedaba frente a su casa. Lamentablemente, estaba siempre cerrado y los niños se preguntaban qué misterios se esconderían más allá de la altísima verja. En las primeras semanas se prolongó, pues, el largo interludio impuesto por la guerra, un interregno de felicidad, lejos del colegio, sólo roto por las clases que un profesor particular les daba un par de veces por semana. Cree José Agustín que aquel maestro quizá era un cura de incógnito vestido de paisano, a salvo en aquellos montes de los pistoleros de la FAI.

Con las primeras hojas del otoño de 1937 el crecimiento de la colonia y el curso mismo de la guerra acentuaron la escasez de alimentos. Como el dinero iba perdiendo su valor, reapareció en Viladrau la antiquísima economía de trueque; ahora, los veraneantes entregaban algunos objetos a los payeses –éstos ya no querían dinero republicano– a cambio de productos de primera necesidad. A principios de 1938 era frecuente ver a Julia Gay recorriendo las masías cercanas en busca de comida, si bien la situación aún no era desesperada. De hecho, los Goytisolo empezaron a recibir paquetes enviados por los parientes de Francia y Argentina. De Francia los Gil Moreno de Mora mandaban latas de mantequilla, así como pastas de sopa, bloques de *foie-gras*, el delicioso chocolate Méliès y otras cosas «riquísimas», en palabras de Marta; de Argentina, alimentos indispensables para los niños: latas de carne, leche en polvo o harina de maíz, ingrediente esencial de las *farinetes*, una crema de la que mi padre me habló siempre con verdadera repugnancia. Marta recuerda asimismo el excelente café del tío Joaquín, cuyo aroma remontaba la escalera como en un verso de Saint-John Perse o una canción de Prévert.

¿Qué tío Joaquín? ¿Joaquín Goytisolo? Exacto. El hermano pequeño del padre: un bala que había salido del país por la puerta falsa, quince años antes, tras «liarse» con una de las criadas del palacete árabe. En aquella ocasión don José María había sido implacable con su hermano, pese a que Joaquín –o quizá por eso– la había convertido finalmente en su esposa. ¡Qué insensatez! Pero el tío Joaquín era todo un Goytisolo, nadie podía negarlo. Había emigrado a la Argentina con su título de médico bajo el brazo. Allí pasó años difíciles viviendo en la Patagonia, donde ejerció la profesión, y luego obtuvo una concesión de tierras aptas para la cría de ganado lanar. Con energía insospechada se consagró a una vasta explotación ganadera hasta obtener cuantiosos beneficios, hasta que en los años treinta su posición económica era muy superior a la de los otros hermanos. La Guerra Civil y la carestía de la zona republicana le procuraron así la dulce ocasión de lavar «la presunta mancha» socorriendo con vituallas a sus detractores. En su lecho de enfermo, don José María tuvo que reconocer que aquel irresponsable –cuyo matrimonio con María Esteban fue severamente condenado por toda la familia– era un digno émulo del bisabuelo, alguien nacido para la aventura y la gloria. Su peripecia era la mejor prueba de que si algunas maldiciones –muerte del primogénito Antonio– resurgían en la familia, también podían repetirse las hazañas. Un siglo después del indiano de Lequeitio otro Goytisolo había recogido su antorcha. Aquellos paquetes providenciales con membrete argentino eran la rúbrica del nuevo mito familiar.

Dicen que en Viladrau había un estuche de violín. Durante un tiempo Marta Goytisolo tomó lecciones, pero luego el instrumento quedó olvidado en algún rincón, como el arpa de Bécquer. Los niños sabían que el violín pertenecía a tía Consuelo, hermana de la madre, y ese violín era la única señal tangible de su existencia. Sólo Martita recordaba haberla visto un par de veces en los años previos a la guerra, antes de que la propietaria desapareciera sin dejar rastro. ¿Quién fue?, ¿qué pasó con tía Consuelo? El tiempo ha disuelto la bruma de misterio que ocultaba en parte a esta figura desdichada. En fecha reciente he visto varias fotografías de ella, tomadas en los años veinte, donde aparece en todo su esplendor. Aunque no era tan hermosa como su hermana Julia, hoy la consideraríamos «mona», más acorde con la estética contemporánea: pelo corto, delgada, facciones finas y un físico discretísimamente andrógino. Pese a no haberla conocido sino en foto, su sobrino Juan habla de su luminosa belleza, la expresión de un rostro «dulce y recatado», bajo el que apenas se escondía su fragilidad e indefensión. Veredicto cierto. Porque si Julia era una fuerza femenina de primera magnitud, Consuelo Gay exhalaba la idea de lo vulnerable: manos delicadas, cintura breve, hombros escuetos... Parecía a punto de quebrarse como una figura de cristal o ser barrida por el viento.

En *Estatua con palomas* Luis Goytisolo escribe que su tía tenía un carácter más débil que Julia, y sujeto a frecuentes depresiones. Marta habla de su alma de artista. En todo caso, sabemos que en su niñez había aprendido a tocar el violín hasta manejarlo con maestría. En Viladrau se guardaba una colección de partituras de Paganini y un álbum de discos con las versiones, hoy legendarias, de Kreisler. A la música debía también otra de sus aficiones, la poesía, e incluso llegó a escribir varios poemas en francés, castellano y catalán, uno de ellos inspirado en la figura de Ravel. Solía firmar con el seudónimo «Malabar» —quién sabe si en recuerdo de la lejana costa de la India—, y sus escritos aparecieron en prestigiosas revistas de la época como *D'ací o d'allà* y *Mirador*. Como en el caso del bohemio tío Vives, ella fue la escritora familiar de su generación. Cantó a las calles vacías, las noches estrelladas, los jardines desiertos; también a la alegre vida parisién, la soledad o la ausencia. Elijo este poema suyo, sin título:

Breve momento olvidado
para siempre,
con hilo azul suspendido en el aire.
Indiferencia.
Vidas rotas y perfumes que se mezclan,
que marean y embriagan
con su esencia.
Más vidas, más paisajes,
llegaremos, dónde?
Más paisajes, nuevas vidas.
Misterio,
y a lo lejos el Hastío
interrumpido por el ruido violento del mar.

Siendo aún una muchacha, Consuelo Gay se enamoró de Eusebio Borrell, joven abogado hijo de un importante juez de Barcelona. Desde el principio los padres se opusieron, porque circulaban alarmantes rumores de que aquel joven estaba enfermo de tuberculosis. En vano trataron de disuadirla recordándole que la enfermedad era contagiosa y mortal: ella estaba rendidamente enamorada. Viendo una fotografía de la pareja, ese amor sorprende un poco, ya que, como escribe Juan, el novio aparece allí como «uno de esos individuos de facciones huidizas y fofas que, por una razón que ignoro, abundan tanto en las filas de la pequeña burguesía de la ciudad». Pero ese individuo un poco malcarado, con sombrero y traje riguroso, la quería mucho y, según algún testimonio, compartía los gustos de ella y también cultivaba la poesía. Era, por tanto, una historia de novela romántica, irracional, de sentimientos absolutos. Su sobrino Luis escribe que tía Consuelito se casó con Eusebio Borrell «perfectamente a sabiendas de que estaba tuberculoso, prescindiendo por completo de las objeciones de la familia, que se cumplieron al pie de la letra».

Amor aparte, quizá movió a la novia ese sentimiento zweigiano de *La piedad peligrosa*. Es una posibilidad. Guardo una foto melancólica de la joven, tomada en el estudio fotográfico G. Vignes, de Roma. Con vestido negro y tocada con mantilla, Consuelito luce una rosa madura sobre el corazón y sostiene delicadamente un abanico. ¿Algún viaje de soltera a Italia, en el que aprovechó quizá para ver al Papa? Nunca lo sabremos. Hay algo piadoso en ella, como también hubo algo mundano. En otro poema llamado «Temporada de París» habla del dulce éxtasis romántico y de «sportsmen de mandíbulas sublimes», una expresión que habría suscrito Zelda Fitzgerald y que no fue inspirada precisamente por la mandíbula de Eusebio Borrell. Lo único cierto es que heroica o absurdamente unió su destino al de un condenado. Medio siglo después, su prima Eugenia Calsamiglia recordaba una historia estremecedora. La misma noche de bodas el novio de Consuelo Gay sufrió un violento ataque hemoptísico, fruto probable de la emoción o el nerviosismo; la única huella de aquella noche de amor fue, pues, la de su sangriento vómito pulmonar, erróneo signo nupcial que les marcó para siempre. Eusebio Borrell debía de hallarse ya gravemente enfermo, ya que murió apenas un año después. Dado su estado de salud y la falta de descendencia, me pregunto si el matrimonio llegó a consumarse en términos satisfactorios. Sea como fuere, la muerte del marido trastornó a la joven esposa. En círculos familiares se habla de que tía Consuelito «perdió la cabeza», «se volvió loca», y otras expresiones que sugieren que perdió gradualmente el juicio. Toda la fragilidad larvada, inmersa bajo los felices días del amor, salió a flote, terrorífica, y acabó devorándola. Sus padres, apesadumbrados, decidieron internarla en un sanatorio de Sant Feliu de Llobregat, al cuidado de unas monjas. Allí habría de pasar el final de los años veinte, hasta el estallido de la Guerra Civil.

En verano de 1936 los Gay sacaron a su hija del sanatorio y la recogieron en su domicilio, un piso contiguo al de los Goytisolo, en el 41 de Jaume Piquet. Cuando posteriormente los milicianos requisaron la torre, los abuelos se vieron obligados a trasladarse a otro piso de la calle Provenza, esquina a Diagonal. Debieron de ser tiempos muy duros, cuidando a todas horas de una hija anulada y prisioneros del amargo contexto de la guerra. Si al menos Julia estuviera con ellos, pensaban, pero bastante tenía con el pobre José María, enfermo, y con *els nens*, que crecían a sus anchas en el pueblo de Viladrau. La familia Gay, sin embargo, seguía comunicándose por carta y, sobre todo, gracias a las visitas que Julia efectuaba con asiduidad. Los padres la necesitaban ahora más que nunca, especialmente desde que Consuelito –víctima también de tuberculosis renal– ya no salía de la casa. ¡Qué cruel era todo! Por suerte, la enferma parecía no darse cuenta. Dicen que a principios de la guerra aún pudo ver fugazmente a sus sobrinos en Jaume Piquet, donde conoció al pequeño Luis. Según el ama de cría de éste, la tía le pedía con insistencia permiso para coger al bebé... Pero la guerra acabó arrebatándole también ese último sueño: creer que era suyo el ángel que acunaba entre sus brazos.

Incluso en el pacífico Montseny, los niños Goytisolo eran cada vez más conscientes de lo que ocurría detrás de las montañas. De vez en cuando llegaban a la casa gentes que habían logrado huir de otras zonas del país, y allí, al calor del fuego de invierno, susurraban a Julia Gay espantosos sucedidos: crímenes al alba, asesinatos, bombardeos, cuyos bárbaros pormenores los hermanos escuchaban furtivamente en la oscuridad. Entre los fugitivos se encontraba Lolita Soler, una soltera muy simpática de la edad de Julia, que había vivido en Madrid y, tras ser evacuada a Cataluña, acabó varando en aquel rincón de montaña. Lolita aportaba relatos espeluznantes, también noticias alentadoras sobre el avance de la guerra, que ella captaba secretamente con una radio de galena sintonizada con las emisiones facciosas de Burgos: Lolita fue para ellos una valiosa fuente de información. Otras veces, en cambio, era el silencio lo que colmaba el aire de elocuencia y sentido. Como escribirá Juan Goytisolo en *Duelo en El Paraíso*: «La guerra le había enseñado el significado de los silencios: los había acechantes, tensos, como los que preceden al estallar de las granadas; otros, hechos de espera, jalonados de mil pausas y rumores; algunos, en fin, apaciguantes, reparadores como el sueño.» Todo este clima afectaba en particular a la madre, dividida en dos focos de preocupación que la reclamaban por igual en Viladrau y Barcelona.

En el primero, seguía pendiente del marido, si bien acababa de contratar una enfermera en la ciudad para que practicara las curas. Los niños recuerdan haber visto llegar a una comadrona algo desagradable, que se acomodó con sus maletas y enseres en una espaciosa habitación de la fachada delantera de la casa. Entretanto, ellos iban creciendo y pasaban cada vez más tiempo jugando en el amplio jardín de la villa de los Biosca. En alguna ocasión Julia les acompañó a aquella casa para asistir a un pase de películas de Charlot, que surgía a la luz de un ruidoso proyector Pathé-Baby. Los hermanos recuerdan asimismo una velada de cine y poesía, en la que un rapsoda aficionado recitó poemas de Bécquer con mucho sentimiento. Quizá estas reuniones evocaron en Julia los felices días en Llançà, en el jardín de Bonati, o las ya remotas tardes de adolescencia cuando escuchaba las sonatas de violín de su hermana Consuelo o aprendía ajedrez en la villa de Pedralbes. También ella sentía ahora el impulso de enseñar nuevas cosas a sus hijos, la urgencia de que aprendieran lecciones de provecho. Sabemos que en esos meses dio a Juan cuentos ilustrados, y a raíz de ello éste comenzó a dibujar y a escribir versos en un cuaderno. Aquél fue el principio de su «carrera» de escritor, e incluso se dedicó a enseñar sus poemas ilustrados —«con precoz cosquilleo de envanecimiento»– a las visitas que iban a la casa. Si Juanito dibujaba y escribía, Pepito se esforzaba en las matemáticas y Martita reemprendió brevemente los estudios de violín. Julia estaba contenta con ellos. Algún día la guerra acabaría, y entonces volverían juntos a Barcelona, despertando de aquel mal sueño.

Porque Julia comenzaba a acusar el esfuerzo. Aunque eliminaba con paciencia los alfileres del ovillo cotidiano, no siempre su ánimo era óptimo. Marta recuerda haberla oído discutir de nuevo con el padre, tras lo cual la vio enjugarse la nariz con un pañuelo; en otra ocasión, sintiéndose desplazado por el enfermo, Juanito le dijo a su madre: «Me gustaría estar enfermo para que me cuidaras tanto como a papá», a lo que ella no respondió con la merecida bofetada que el novelista evoca en *Coto vedado*, sino directamente con un cepillo que le arrojó en un rapto de cólera propio de su signo zodiacal. Ambos detalles denotan irritabilidad, el lógico nerviosismo de una mujer abrumada por la carga de cuatro hijos y un marido sin horizonte cercano de curación. Mucho después, el señor Goytisolo confesó a su hija que Julia le dijo por aquellas fechas: «Si yo me muriera y te quedaras viudo, no se te ocurra volver a casarte. Porque volvería y te arañaría.» ¿Qué extraños temores circulaban por su cabeza?

Esa inquietud se hizo extensiva a Barcelona, donde los Gay seguían recluidos en la Diagonal en una situación de desamparo cada vez mayor. Los bombardeos fascistas sobre la ciudad habían aumentado desde enero de 1938, dejando una importante estela de víctimas, como las de la iglesia de San Felipe Neri. ¡Heroica cruzada aquélla, en la que los ejércitos católicos se dedicaban a atacar sus propios templos, con la esperanza de que Dios acabaría reconociendo a los suyos entre los escombros! Claro que originariamente el principal objetivo había sido el puerto, así como edificios militares e instalaciones de interés estratégico. Pero el bombardeo no tardó en hacerse sistemático e indiscriminado, especialmente a raíz de que el gobierno republicano se trasladara a la capital catalana: entonces los buques facciosos primero, y la aviación italiana después, extendieron su mortífero brazo sobre las calles de la ciudad. Poco podían hacer las defensas antiaéreas rusas del castillo de Montjuïc o del Carmelo, y menos los cazas republicanos —los «chatos»–, muy inferiores a los aparatos de la aviación italiana, que era una de las más modernas del mundo.

Como escribe Orwell: «Las alarmas de ataques aéreos y por mar menudeaban; la mayor parte de las veces se trataba de falsas alarmas, pero cada vez que sonaban las sirenas en toda la ciudad se apagaban las luces y se hacía la oscuridad horas enteras, mientras la gente temerosa se refugiaba en los sótanos.» Con frecuencia la muerte llegaba desde el aire, y los barceloneses se vieron obligados a construir refugios o bajar a las galerías del metro para protegerse. Los abuelos, sin embargo, rara vez recurrieron a los improvisados sistemas de defensa civil. Encerrados en el piso de Diagonal, la proverbial pasividad de don Ricardo le mantenía inmóvil como un quelonio junto a la abuela Marta y la pobre Consuelito. Esperar, rezar, sobrevivir. ¿Qué más podían hacer dos viejos y una hija medio loca? Sólo las visitas de algún familiar –los Gay o los Calsamiglia– y las apariciones quincenales de Julia les procuraban algo de sosiego. Aun así, el lapso era a veces angustioso, se hacía eterno. Marta habla de que, tras un ataque aéreo, su madre escribió una carta a los abuelos expresándoles sus temores por la falta de noticias. Indudablemente, tal inquietud existía, pero la carta era también tranquilizadora: en ella Julia desangustiaba a su padre, escindido entre el deseo de verla cuanto antes pero cada vez más preocupado por sus frecuentes visitas a la ciudad. Don Ricardo pensaba con razón que ellos, al menos, quedaban algo lejos de los objetivos facciosos, pero ella corría riesgos: se movía por el centro, entraba en tiendas y almacenes y luego iba al piso de la Diagonal para comer y pasar la tarde. En dicha carta, hallada muchos años después, Julia Gay escribió a su padre que no había motivos de alarma. Con aquel humor tan suyo, le dijo que «los bombardeos son como la lotería, que nunca te toca», y siguió bajando a visitarles.

A finales de invierno de 1938 las noticias que llegan del frente son alarmantes: las tropas franquistas han roto las líneas republicanas a lo largo de todo el frente de Aragón, lanzándose después a una arrolladora ofensiva. Su objetivo es atacar Barcelona, donde sigue refugiado el legítimo gobierno de la República. El día 16 de marzo, una manifestación multitudinaria encabezada por Dolores Ibárruri recorre la avenida del 14 de Abril –la Diagonal– exigiendo la continuación de la lucha hasta el aplastamiento definitivo de Franco. Aquella misma noche tiene lugar un nuevo bombardeo fascista, que la prensa local resumiría así a la mañana siguiente: «Entre diez y diez y media de la noche se realizaron contra Barcelona dos agresiones aéreas, cayendo algunas bombas en puntos céntricos de la ciudad.» Pese a que los noticiarios radiofónicos difundieron inmediatamente la noticia, los Goytisolo no pudieron oírla. A las once de la noche la familia dormía plácidamente en el lejano pueblo de Viladrau.

Mucho después Juan Goytisolo creerá haber sido testigo de esta escena: la mañana del 17 de marzo de 1938 su madre salió de casa muy temprano para efectuar la visita habitual a los abuelos. Alertado por los pasos o el ruido de la puerta, el niño se asomó a la ventana del cuarto y vio a su madre –con abrigo, sombrero y bolso– perderse entre las pálidas luces del alba. Como de costumbre, Julia fue a la plaza y allí cogió el autocar con destino a la estación de ferrocarril de Balenyà. Luego tomó el tren en dirección a Barcelona.

BREVE ENCUENTRO DE LA DAMA Y EL SOLDADO

Ese mismo 17 de marzo de 1938 el soldado Juan P. se encontraba en el cuartel de Lepanto. Desde hacía días la ciudad vivía en la incertidumbre ante el avance implacable del enemigo, y había llegado la hora de la verdad. «*Ara és l'hora, catalans*», rezaba un *eslogan* republicano, pero no era fácil resistir. La noche anterior Barcelona había sufrido un ataque aéreo, y las sirenas estaban sonando de nuevo. Sin embargo, el soldado Juan no sentía miedo por él sino por los suyos. Pese a hallarse en un importante objetivo militar, sabía que su cuartel difícilmente sería atacado por los aviones: las baterías antiaéreas de Montjuïc se alzaban demasiado próximas. La guerra le había enseñado mucho, detalles de supervivencia como ése, y especialmente que la vida humana carece de todo valor. La locura miliciana del 36 se había llevado a varios de sus amigos –jóvenes risueños como él–, cuyo único delito era pertenecer a la Fundació dels Joves Cristians. Pero Juan tuvo más suerte: no lo encontraron... Y al movilizar su quinta meses después, ofreció sus servicios al capitán Isern de la Compañía de Automovilismo, afecta a Ingenieros. De algo le había servido a Juan sacarse el carnet de conducir, tener un Renault, salir en auto con la *colla* en los días anteriores a la guerra, porque ahora los chóferes iban muy buscados y Juan era de los mejores. Al principio de la guerra estuvo en el frente: allí condujo un tanque durante dos días, luego fue chófer de un coronel y, por último, transportó un tanque de agua en un convoy de aprovisionamiento de la primera línea. En los últimos meses, en cambio, ya sólo se movía en Barcelona, realizando servicios como trasladar tropas a distintas guarniciones, recoger y llevar obreros a las fábricas o transportar armas, municiones y explosivos.

Aquella mañana, tras el primer bombardeo, el capitán le llamó al despacho para comunicarle que debía realizar un servicio urgente. Los nacionales habían roto numerosos nudos de comunicación, y el alto mando republicano quería replicar cuanto antes volando puentes y líneas ferroviarias. Pero para ello necesitaban explosivos, concretamente melinita, una dinamita de gran potencia. El capitán dio la orden a Juan y a otro chófer con experiencia: coger los camiones, subir a Montjuïc a cargar las cajas e ir inmediatamente a la estación de la Sagrera –en el norte de la ciudad–, donde aguardaba ya una locomotora con dos vagones lista para salir hacia el frente. El soldado Juan P., recuerda bien lo que sucedió después. Primero habló con su ayudante, un miliciano de mediana edad que le acompañaba como su propia sombra; luego fue a buscar a un grupo de soldados y salieron todos al patio del cuartel. Mientras Juan se dirigía con ellos a su camión –un Chevrolet mediano de color verde oliva– las alarmas sonaron por segunda vez. Se fijó en el grupo que corría: eran soldados algo mayores, una pandilla de ventajistas a los que se había eximido de ir al frente y realizaban a cambio algunas tareas en la retaguardia. Eran las diez y veinte de la mañana.

A esa misma hora Julia Gay estaba ya en Barcelona. Por primera vez le había sorprendido un bombardeo, pero había logrado ponerse a salvo en la estación subterránea de la plaza de Cataluña. Era, sin duda, el mejor refugio –como se confirmó en Londres después–, y muchos barceloneses aún mantenían allí sus colchones, que habían bajado al metro durante el ataque de la noche anterior. A lo largo de unos minutos angustiosos Julia oyó el ulular de las sirenas, el rumor de los aeroplanos, el mortífero silbido y las detonaciones cercanas que hicieron retumbar la tierra. Luego el peligro desapareció. De inmediato empezaron a sonar otras sirenas, las de las ambulancias y coches de bomberos que corrían a rescatar a las víctimas de entre los escombros. Durante un rato permaneció en aquella galería, oculta y apretujada entre cientos de personas: una humanidad anónima que ahora sollozaba o sonreía con alivio. ¿Cuánto estuvo allí? El infinito tiempo del miedo; pero paulatinamente esa humanidad se puso en movimiento como un solo animal acorralado. Julia se dejó transportar, olvidando su disgusto ante las aglomeraciones, su rechazo instintivo ante el roce de extraños. Porque la guerra era así: todos éramos hombres, víctimas, nada. Ahora se movía como uno más entre la gente, agolpada en los pasillos subterráneos y las escaleras que conducían a la luz. Hasta que por fin logró salir a la plaza.

Sólo entonces reparó en que el día era gris, nublado, sin sol, y que aún faltaba mucho para el verano, su estación favorita. No obstante, ese pensamiento no la entristeció. Esa mañana estaba contenta: iba a ver a sus padres, a su pobre hermana, pero antes debía efectuar algunas compras en el centro. Marzo era un mes señalado en casa Goytisolo. Aquel día –jueves 17 de marzo–, su hijo menor, Luisito, cumplía tres años de edad; y el sábado 19 celebraban el santo de su marido, José María, y de uno de sus hijos, Pepito. Durante el viaje en tren ella había pensado en los regalos, pero la última decisión la tomaba siempre en la tienda, donde solía demorarse en íntimas deliberaciones, como si en la elección de un regalo para los suyos le fuera la vida.

Julia se entretuvo alrededor de dos horas en las tiendas cercanas a la plaza. Pese a los rigores de la guerra, aún quedaban algunas cosas para hacer felices a sus hijos, de modo que recorrió los grandes almacenes de la calle Pelayo, como El Siglo, donde tenía abierta una cuenta. Conocía bien a los niños: la fiesta de uno debía ser la fiesta de todos, así que compró una novela rosa para Marta, que era ya una mujercita de doce años; obras de Doc Savage y La Sombra para José Agustín; unos cuentos ilustrados de El Pollito Pito para Juan y unos muñecos de madera para el pequeño Luis. Ya sólo faltaba su marido. Pero ¿qué podía querer aquel hombre enfermo salvo la salud? ¿Acaso no soñaba volver con ella a la vida de siempre? Ninguna otra cosa iba a hacerle feliz salvo recobrar los días dichosos del pasado. Mientras pensaba en ello, Julia abandonó la plaza Universidad y se detuvo a tomar un café en la Gran Vía. Sus piernas lo agradecieron. Miró el reloj: era la una en punto de la tarde.

A esa hora el soldado Juan P. llevaba un buen rato en Montjuïc. Tras los bombardeos de las diez y veinte, la calma había vuelto al cuartel, y siguieron con el plan: a las once llegaron al castillo, donde se demoraron en exceso por culpa del papeleo y el posterior traslado de explosivos hasta los camiones aparcados junto al polvorín. El soldado Juan contemplaba ahora la maniobra de carga con impaciencia. El grupo de soldados iba a su aire. ¿Dónde habían hecho el período de instrucción? Con gente así, pensó, la República jamás ganaría la guerra: eran lentos y cargaban explosivos como si fueran sacos de patatas. Por suerte, no corrían peligro, ya que la melinita sólo explosionaba tras activarse. Pero instintivamente el corazón le daba un vuelco cada vez que subían una caja y la arrojaban al interior del camión. Esa mañana cargaron en total diez toneladas de explosivos: tres en su

Chevrolet y siete en el gran camión del otro chófer. Poco antes de subir, invitó a alguno de los seis soldados a ir con él, pero ellos prefirieron quedarse con el otro, porque su vehículo era más espacioso y podían ir todos juntos. Bajando ya de la montaña, Juan P. miró fugazmente hacia el puerto: el mar se extendía a sus pies como un enorme escudo de plomo. Era la una y media de la tarde.

En aquel instante Montserrat Goytisolo, la «tía Rata», observaba la bahía de Palma de Mallorca desde su chalet del barrio de Son Armadans. El rumor de los aviones la había sobresaltado por tercera vez aquella mañana, y miraba desde su balcón el cielo gris, con el corazón en un puño. Una vez más los aviones acababan de despegar del aeródromo fascista y ahora sobrevolaban la bahía en dirección a la Península. Eran italianos, modernos Savoia S-79 y Savoia S-81, que en ordenada escuadrilla cruzaban el mar con su carga de muerte. Afortunadamente, las familias de José María y Rosario estaban en Viladrau, y Leopoldo se había refugiado en el pueblo costero de Torredembarra donde ejercía de médico. Pero aún le quedaban otros hermanos en Barcelona: María, viuda de Vallet, con problemas de salud; Luis, cada vez más sordo, o la pobre Magdalena, destruida por la morfina e internada en un sanatorio. ¡Si al menos tuviera un teléfono para llamarles! Pero era imposible: no lo había, y ella observó aquellos pajarracos de metal que la dejaron sujeta por el miedo a la balaustrada. Además, los pilotos eran sumamente astutos: sobrevolaban el mar hasta Sitges, ascendían por la línea de la costa y a la altura de Castelldefels escoraban hacia la sierra de Collserola para evitar las baterías rusas de Montjuïc; luego, descrestaban el Tibidabo y caían sobre Barcelona, seguros de que los antiaéreos republicanos no podían abrir fuego mientras se mantuvieran en el cielo de la ciudad. Era una táctica nueva, infame, más propia de buitres carroñeros que de los ases románticos de la Primera Guerra Mundial. Pero esa táctica, que asolaría luego a los ciudadanos de media Europa, agradaba a los aliados de Franco —como el Duce—, orgulloso de *terrorizzare la reravia*, o sea, desmoralizar al enemigo sembrando el terror entre la población civil.

Mientras la escuadrilla de bombarderos italianos sobrevolaba Castelldefels, el soldado Juan P. llegó a la plaza de España. Poco después, cerca de la calle Urgel, oyó las alarmas aéreas e inmediatamente pisó el acelerador. Su ayudante habló de detenerse, pero él tenía órdenes e iba a cumplirlas. El miliciano le dijo entonces algo que no olvidaría nunca: «Juan, si nos cae una bomba encima, toda Barcelona vuela.» En respuesta, Juan P. le ordenó que saliera al estribo e hiciese señales con una banderola y un silbato. Ahora el Chevrolet atravesaba velozmente la Gran Vía, abriéndose paso entre la gente que huía hacia los refugios. Rebasado el cruce con Rambla de Cataluña, Juan vio una dama elegante que se disponía a cruzar la calle. Tocó el claxon y ella echó a correr. Logró esquivarla de milagro, pero el sombrero de la dama salió volando hacia el camión, rozó fugazmente el parabrisas y luego se perdió como un ave hacia el sur.

Julia Gay dio por perdido el sombrero: bastante tenía con ponerse a cubierto. Las alarmas le habían sorprendido en la Gran Vía, pero comprendió de inmediato que sus piernas no le permitirían alcanzar los refugios de la plaza de Cataluña. Si corría en exceso, estaba perdida: debía correr lo justo, o de lo contrario, acabaría como siempre en el suelo. Todo se concentraba en sus piernas, gastadas por la flebitis y por el cansancio de otra mañana de compras en la ciudad. Quizá pensó en quitarse los zapatos, como en alguna película romántica, o en desabrocharse los botones inferiores de la falda para evitar un tropiezo fatal. Pero no lo hizo. Hostigada por las sirenas y los abejorros metálicos, pensó en tirar los regalos como aquel día que arrojó las pieles y dejó a Martita en mitad de la calle Ganduxer. Ahora, en cambio, estaba sola. Oyó con claridad las primeras detonaciones: no había tiempo para pensar. Instintivamente, agarró los regalos con fuerza, porque era lo único que le quedaba. Con el abrazo sintió que aquellos juguetes ya no eran objetos sino más bien los hijos mismos: sus propios hijos a los que debía sacar de aquel infierno.

A la altura del hotel Ritz, el soldado Juan P. oyó una atronadora explosión a su espalda. Miró por el retrovisor y pudo ver una gigantesca nube de humo ante el cine Coliseum. En un segundo, todo aquel tramo de la Gran Vía —desde la calle Balmes hasta el Paseo de Gracia— fue borrado del mapa. La onda expansiva arrojó a Julia Gay varios metros a la derecha, y cayó frente al actual cine Comedia. Aún tuvo tiempo de ponerse en pie y caminar con la mente en blanco hacia una Diagonal demasiado lejana, donde la esperaban sus padres. Tras recorrer apenas veinte pasos, entró tambaleándose en el portal del 17 de Paseo de Gracia. Años después, la portera recordaba la escena: la horrenda explosión que hizo saltar todos los cristales y la aparición de una señora que se refugió en el portal. Al acercarse en su ayuda le pareció que no estaba herida. Pero la señora se apoyó en la pared sin decir palabra, comenzó a llorar y fue resbalando lentamente hasta quedar sentada en el suelo. El reloj de la cercana Unión Suiza Relojera se detuvo a las dos menos cinco de la tarde.

A las dos y diez el soldado Juan P. entró en la estación de La Sagrera al volante del Chevrolet cargado de explosivos. Aún vibraba en su cabeza la bárbara explosión del Coliseum cuando el oficial le preguntó por el otro camión del pequeño convoy. Sólo entonces Juan comprendió que aquel camión jamás llegaría. Una de las bombas enemigas había caído sobre el vehículo y lo había volatilizado. A esa hora todos estaban muertos: el chófer, su ayudante y aquel grupito de seis soldados que habían decidido su suerte al renunciar a subir al primer Chevrolet. Los terrores del miliciano —«Juan, si nos cae una bomba encima, toda Barcelona vuela»— se cumplieron. Aquel día un proyectil italiano de doscientos cincuenta kilos activó un cargamento de siete toneladas de melinita. Fatalidad, no hay otra palabra, destino. Pero la deflagración fue tan devastadora que muy pronto Barcelona se pobló de rumores acerca de que los italianos habían empleado un nuevo explosivo —se habló de una poderosísima bomba «de aire líquido»— de un poder destructor muy superior al conocido. Sólo el soldado Juan y una docena de militares sabían la verdad, que fue silenciada por motivos bélicos. Hasta que el propio Juan P. me contó la historia medio siglo después.

Desde el primer momento la ciudad tuvo noticia de las espantosas escenas vividas ante el cine Coliseum: un tío del mismo soldado Juan se esfumó literalmente junto a un grupo de ciudadanos que aguardaban en la parada del tranvía; los clientes de la popular terraza del café El Oro del Rhin desaparecieron; los pasajeros de un tranvía murieron carbonizados sin que nadie pudiera auxiliarles; las bocinas de los coches se desataron en cien aullidos, e incluso un hombre, decapitado por la explosión, dio varios pasos completamente erguido y sin cabeza. Las fotografías, tomadas a los pocos minutos, son aterradoras, dantescas y, como en el caso de Guernica, anticipan el holocausto de Hiroshima. Los documentales son asimismo escalofriantes y muestran docenas de cadáveres dispuestos en el suelo de los depósitos. Dado que el Hospital Clínico ya estaba lleno a causa de los bombardeos anteriores, los muertos y heridos del bombardeo de la Gran Vía tuvieron que enviarse a otros centros. Durante años la bomba del Coliseum fue para los barceloneses el cenit del horror.

Aquella tarde del 17 de marzo la madre de los Goytisolo no volvió a casa. La amiga de Viladrau con la que había hecho el viaje de ida informó a la familia de que Julia no había tomado el autocar de vuelta. Fue el principio de la pesadilla. Aislados en aquel rincón perdido de montaña, los Goytisolo vivieron dos días marcados por la espera frustrada de un regreso: la creciente ansiedad del padre, horas de tensión y angustia premonitoria, silencio insoportable. Juan recordaba las idas y venidas a casa de los tíos García de Haro o a la parada de autocar en busca de noticias que nunca llegaron; Marta, sus visitas con tía Rosario a la centralita de teléfonos cercana a la plaza, para llamar a Barcelona: «Siempre estaba llena de gente, bloqueada. Allí oímos decir que el padre de unas niñas que jugaban con nosotros había muerto»; José Agustín, por su parte, no recuerda absolutamente nada, pese a tener entonces diez años de edad.

Entretanto, los abuelos Gay conocían el rostro más cruel de la tragedia: acompañados por el hermano de su yerno –el tío Luis Goytisolo–, recorrieron los hospitales y casas de socorro de toda la ciudad. Lo peor era la operación de retirar las sábanas, el pánico a encontrar a su hija muerta, lo cual les movía a rezar por seguir viendo cadáveres anónimos. ¿Qué había sido de Julia? Al segundo día de búsqueda, en el depósito del Hospital de San Pablo, alzaron la sábana imposible: debajo, una señora aún joven, elegante, con abrigo, yacía en el suelo aferrada al bolso colocado sobre su regazo. No les fue difícil reconocerla, porque la muerte la había respetado a su manera: no estaba destrozada como muchos, apenas algún rastro de metralla y un reguero de sangre seca en la mejilla. Nadie reparó en que le faltaba el sombrero.

El sábado 19 de marzo de 1938, día de su onomástica, don José María Goytisolo supo por boca de su hermana Rosario que su esposa había muerto. No hay testigos presenciales de su primera reacción, ya que los niños fueron llevados al jardín mientras tía Rosario se encerraba en el dormitorio del padre. Pero Marta recuerda que oyó claramente «al pobre papá» emitir un grito, «como un aullido», que no se ha borrado aún de su memoria. Lo que sucedió después fue descrito con sobria minuciosidad por su hermano Juan en *Coto vedado*, donde se evoca aquella triste festividad de San José, en la que tía Rosario junto a Lolita Soler, la vecina,

> ... nos habló del bombardeo, sus víctimas, ella, sorprendida también, heridas seguramente graves, conduciéndonos poco a poco, como a ese toro recién estoqueado por el diestro al que la cuadrilla empuja hábilmente a arrodillarse para que aquél culmine su faena con un limpio y eficaz remate, al momento en que, con voz ahogada por las

lágrimas, sin hacer caso de las protestas piadosas de la otra, soltó la inconcebible palabra, dejándonos aturdidos menos a causa de un dolor exteriorizado inmediatamente en llanto y pucheros que por la incapacidad de asumir brutalmente la verdad, ajenos aún al significado escueto del hecho y, sobre todo, su carácter definitivo e irrevocable.

HONOR A LOS MÁRTIRES

Según algunos expertos, Barcelona sufrió los peores bombardeos de toda la Guerra Civil. Nunca una gran ciudad había sido bombardeada con tanta violencia, y sólo en aquella semana los italianos efectuaron trece *raids* aéreos que produjeron más de mil muertos, centenares de heridos y abundantes destrozos en el centro urbano, donde, como se leía en *La Vanguardia* de la época, «ni remotamente podía haber un objetivo militar». Esos ataques provocaron las enérgicas protestas –un tanto farisaicas, por cierto– de la opinión pública mundial, pero quedaron también en la historia universal de la infamia, como demuestra el hecho de que el *Premier* británico Winston Churchill se refiriera a ellos años después, cuando Londres sufría los ataques de la aviación nazi: «No quiero sobrevalorar la severidad del castigo que cae sobre nosotros, pero confío en que nuestros ciudadanos serán capaces de resistir como lo hizo el valiente pueblo de Barcelona.» Bueno es recordarlo ahora, cuando la historia ha olvidado aquellos días, reservando para Guernica y Madrid el aciago honor de haber sufrido «en exclusiva» los salvajes bombardeos fascistas.

Las bombas de los Savoia-Marchetti segaron muchas vidas en Cataluña; pero la de Julia Gay tuvo un significado especial, por ser figura muy conocida y apreciada en la sociedad barcelonesa de su tiempo. Acierta Vázquez Montalbán al escribir: «Así como los millares de muertos de la guerra civil española han tenido en el brutal asesinato de Federico García Lorca un muerto simbólico y acusador del franquismo a lo largo de sus cuarenta años de vigencia, los bombardeos de Barcelona crearían años después la silueta vacía de una mártir sin voluntad de serlo.» Se refiere, obviamente, a la madre de los Goytisolo, cuya muerte habría de inspirar no sólo los comentarios apesadumbrados de la alta burguesía local sino alguna de las páginas más sentidas de sus hijos. Un recuento a vista de pájaro nos descubre numerosas escenas donde se hace referencia a la muerte por bombardeo. A veces la víctima es la propia madre del narrador, como en los textos memorialistas de Juan –*Coto vedado* (1985)– o Luis –*Estatua con palomas* (1992)–; en otras ocasiones son los personajes de las novelas de Juan quienes padecen un ataque aéreo. Elijo éstas:

• En *Duelo en El Paraíso* (1955) el camión en que viajaba Dora, la maestra, es alcanzado por una bomba cerca de Palamós.

• En *Fiestas* (1958), doña Cecilia sufre un trastorno a causa de la enfermedad del hijo y de los bombardeos; la niña Pira ve destruida su casa por los aviones nacionales, y la mujer del profesor Rafael Ortega –antigua enfermera en el frente rojo– muere en un bombardeo.

La presencia de *raids* aéreos es claramente superior en las obras de Juan, donde incluso ganará protagonismo con el tiempo. Desde las referencias ya citadas de sus primeros textos hasta escenas completas en novelas como *La cuarentena* (1991), se traza un largo camino en que el autor parece enfrentarse gradualmente al gran hecho trágico de su vida.

Aunque sin nombrarla, su hermano José Agustín abordó muy pronto la muerte de la madre –*El retorno* (1955)– incluyendo detalles del bombardeo –alguno inexacto– en un poema que ya no figura en la edición definitiva de *Elegías a Julia Gay* (1993):

Dónde tú no estarías
si una hermosa mañana en Barcelona
en Barcelona mía
llena de pájaros y flores y muchachas
pero rota de pronto
por el estruendo de los bombarderos
pilotados por hombres
que reían hablaban y cantaban
en idioma alemán mientras ametrallaban
porque creían todos todos
–aunque ahora lo nieguen–
ser de una raza superior a los demás
cuando en realidad eran sólo
la peor raza que nunca hubo en la tierra
peor aún que hienas del desierto que pudren lo que tocan,
peor aún que zopilotes que viven de la muerte
aquí digo
dónde tú no estarías
si esa hermosa mañana
los dioses no te hubieran olvidado.

Por su parte, Luis Goytisolo concede muy escaso protagonismo literario al hecho. Sólo es destacable en *Estatua con palomas*, donde aparece pocas veces y desde una óptica peculiar. En la primera se recurre al bombardeo para explicar el silencio que pesaba en su infancia sobre el apellido materno:

> Si en casa se eludía en lo posible toda referencia al apellido Gay era por no remover una herida que permanecía viva por encima de los años transcurridos: la muerte en un bombardeo de mi madre, Julia Gay, un rechazo similar, aunque con papeles trocados, al que sin duda perdura en la mente de los familiares de las víctimas de Hiroshima, ante el nombre de Enola Gay, es decir, el nombre con el que había sido bautizado el avión que dejó caer la primera carga nuclear.

Dramática coincidencia ésta –Gay & bomba– que Luis expone aquí para resaltar las amargas ironías del destino. En otro pasaje, el novelista opta por entretejer este episodio de muerte en un amplio fondo histórico: «... lejos de constituir un caso poco menos que único, millares de contemporáneos nuestros, judíos, rusos, polacos, alemanes, ciudadanos del país que sea, han sufrido pérdidas similares cuando no peores». Aunque sea cierto, ¿no es llamativo ese empequeñecimiento del drama familiar, ese reducirlo a una cruz más en el inmenso camposanto del siglo XX? Pero no nos engañemos: no hay afasia de Luis hacia el dolor de los suegros ni monstruosa indiferencia. Al contrario. La lectura atenta del vasto ciclo *Antagonía* descubre a un narrador que teje un amplio dispositivo de protección para silenciar toda referencia a la madre muerta. Cuando al fin acometa el hecho, adoptará la máscara de un personaje femenino, huérfano de padre. Escribe Luis: «... ese objeto llamado papá que, contra toda norma, desaparece (...). No se trata de que vaya a volver cuando se le antoja; se trata de que no volverá». De ahí la punzante sensación «de haber sido abandonada, traicionada, olvidada, víctima de una agresión incalificable. ¿Por qué? ¿Por quién? No lo recuerda».

Y, por último, este párrafo iluminador que despeja cualquier duda:

> Pues así como el hombre cuya madre murió cuando era niño fijará la imagen que de ella tenga en ese período que no recuerda del que sólo quedan fotografías, la imagen de una mujer eternamente joven y bella, mientras que el padre, para quien el tiempo siguió co-

rriendo, será para siempre el viejo extravagante que fue en sus últimos años, anulados los recuerdos anteriores por los finales, el de una bella joven casada con un viejo, así las reconstrucciones de la memoria, sus tretas y sus trampas.

HACIA LAS SOMBRAS

Una fría mañana de marzo, Julia Gay fue enterrada en el panteón de los Goytisolo en el cementerio de Montjuïc. Su cuñado Luis, con la ayuda del primo Josep Calsamiglia, se hizo cargo de todo: recogida del cadáver, trámites del entierro y un sencillo y solitario funeral, al que no asistieron el marido y los hijos, que la lloraban en Viladrau. Días después, vestidos ya de riguroso luto, los niños recibieron solemnemente de tía Rosario los regalos que la madre llevaba en el bolso. Dice Juan que los muñecos de madera de Luis acabaron en el desván sin que su hermano los tocara. Dice también que aquel bolso negro vacío fue todo lo que les quedó de ella, transformada ya para siempre en la desconocida.

La muerte de Julia supuso el tiro de gracia para el padre. Marta lo recuerda destrozado; José Agustín hundido, incluso habla abiertamente de depresión. No podía ser de otro modo para alguien que había perdido a su amor, «a su niña», según frase del poeta. Don José María se enfrentaba así a la muerte más temida. De la trinidad familiar de principios de los veinte ya no le quedaba nada: ni siquiera él, que apenas se movía de la cama, falto ahora de toda ilusión para vivir. Juan Goytisolo recuerda que una tarde se asomó al cuarto del enfermo y vio a su padre llorando ante una fotografía de la muerta. Cerró la puerta inmediatamente y escapó escaleras abajo. En realidad, el niño no huía sólo del dolor paterno sino de la evidencia, ya que aquel rapto de llanto le confirmaba que la pesadilla era un hecho irrefutable. Ningún hermano recuerda más de aquellas primeras semanas, salvo las visitas de los vecinos y amigos para expresar su condolencia. Todo era muy abstracto, nebuloso, irreal. Pero al mismo tiempo Marta asegura que volvieron a jugar enseguida, y que al principio ella se preguntaba: «¿Cómo podemos estar jugando si mamá ha muerto?»

La ausencia de la madre tuvo además consecuencias de tipo práctico, pues el timón de la casa quedó en manos de un hombre viudo de cincuenta y cuatro años, postrado en la cama. Diariamente, era visitado por su hermana Rosario, la vecina Lolita Soler y otros miembros de la colonia que intentaban disimular su preocupación y levantarle el ánimo. Pero era inútil. Los escritores sostienen que el padre permanecía recluido en su cuarto mientras las visitas se turnaban a la cabecera del lecho predicando cristiana resignación. Consternación, inquietud o compasión fueron, pues, sentimientos comunes entre los visitantes, aunque también hubo otros. El poeta José Agustín habla de que el marido de tía Rosario, el abogado García de Haro, atribuía la tragedia familiar a un castigo divino. Hombre de derechas, «facha redomado» según su sobrino, el tío Ramón había descubierto a su manera la causa de la muerte de Julia. Al fin y al cabo, ¿qué eran los Gay sino peligrosos catalanistas? El Señor Dios era justo: esa gente hablaba en otra lengua, algunos hasta eran tuberculosos o se mezclaban con ellos; eso por no hablar de sus veleidades artísticas –bohemia, farándula, basura– o de su fragilidad mental, que era prueba de un espíritu enfermo. En la nueva España no cabían gentes así: almas débiles e impuras, sujetas a vicios y ocupaciones estériles como leer y escribir poesías.

Y no es que no apreciara a su concuñada, no, era toda una señora; pero don Ramón bullía en cábalas y conjeturas: ¿qué se le había perdido en Barcelona? ¿Por qué bajaba regularmente allí dejando solos a los hijos? ¿Sus ancianos padres? De acuerdo, era la versión oficial. Pero a veces García de Haro se entregaba a hipótesis dudosas, innombrables, inspiradas a buen seguro porque un caballero de Viladrau había muerto también en el bombardeo. Aquella mujer había olvidado algo esencial: que lo importante era el marido, máxime si ese marido era un hombre serio, honesto, trabajador, como los vascos de ley. De gentes así iba a ser la España nueva, la de Franco. Y aunque Julia Gay no iba a conocerla, su esposo sería más afortunado. Estaba seguro de ello. Algún día sanaría y podría volver a casarse con una recia dama castellana o aragonesa.

LA NUEVA MADRE

Durante la primavera de 1938 los hermanos Goytisolo estuvieron marcados por el signo sagrado del luto. Como escribe Juan: «Las ropas teñidas de negro interponían al principio una distancia entre nosotros y los demás compañeros de juego. Algunos chicuelos del pueblo nos señalaban con el dedo y hacían burla de nuestro disfraz. Mi posible tentativa de presentarme bajo el aspecto de víctima y despertar la conmiseración ajena fracasó así de modo lamentable.» Y es que las dificultades de vivir en guerra seguían un curso paralelo al drama familiar. ¿Qué importaba un muerto más en una carnicería como aquélla? Por otro lado, la atmósfera de la casa era de una tristeza descorazonadora, enrarecida a menudo por la conducta de las mujeres de servicio. Tanto la sirvienta María Cortizo como la enfermera, Josefina Clavaguera, se revelaron conflictivas; la segunda, además, habría de ser protagonista de una historia algo sórdida que duró varios meses. Cuentan que al poco tiempo de morir Julia, aquella mujerona gruesa y de facciones bastas comenzó a desarrollar un plan para hacerse dueña de la casa. Todos los testigos coinciden en este punto, como también en su aspecto desagradable, que inspiró comentarios del tipo «era feísima», «asquerosa», «parecía una cerda», o epítetos más severos. En esta repulsa infantil subyace, claro es, el rechazo de unos hijos que detestaban ver la casa en manos de otra mujer que no fuese su madre. Pero existen serios motivos para pensar que la enfermera había resuelto suplantarla. Juan Goytisolo habla de «estrategia de dominio fundada en la simulación de afectos maternos, astucia e intimidación». Marta lo da por cierto. Porque viendo que la simpática Lolita Soler frecuentaba el cuarto del viudo, Josefina provocó un altercado con ella para borrarla del horizonte: de hecho, le arrojó una silla por la cabeza.

Con la escena libre, la enfermera adoptó con los niños un rol materno destinado no sólo a ganar su afecto sino a mostrar al padre la conveniencia de buscar otra esposa. Juan recuerda que, en el comedor, ella solía sentarle en su regazo para abrazarle y besuquearle delante del enfermo; también lo intentó con Luis, cuya indiferencia a sus untuosos arrumacos la sacaba de quicio. Marta asegura, por su parte, que la antigua comadrona se apropió también de la cocina, ejerciendo un férreo control sobre los escasos alimentos, no para administrarlos sino para disponer de ellos a su antojo. Pese a su volumen, concluirá José Agustín, «aquella tía se quejaba siempre de debilidad y no paraba de comer». Al principio don José María Goytisolo no detectó las arteras maniobras de la enfermera. Aún convaleciente, ella se le había hecho poco menos que indispensable, en especial porque parecía sentir mucho cariño por los niños. Además era sumamente piadosa: durante el rosario de la tarde, era Josefina quien con mayor fervor rezaba por el alma de la difunta señora Julia, detalle que, si bien conmovía al desconsolado viudo, despertó pronto el recelo de los hijos mayores.

Es difícil saber cuánto habría tardado aquella araña en tejer su tela para atraparlos; pero ocurrió algo grave que arruinaría de golpe sus planes. Algún hijo declara abiertamente que Josefina Clavaguera, cada vez más crecida en su papel, esbozó un torpe acercamiento sexual al padre. Tenemos motivos para creerlo. Tiempo después don José María le habló a Marta del invencible asco que le provocaba la intrusa. Le dijo: «cada vez que me tocaba» o «cada vez que se acercaba para curarme», expresiones de un hombre cuya salud estaba en manos ajenas pero que acabó reconociendo en el temblor de esas manos un mensaje oculto que no podía soportar. Pero sospecho que aunque Josefina sólo se hubiera excedido en insinuaciones verbales, aquella idea habría bastado para despertar la repugnancia inmediata del enfermo. En todo caso, poco pudo hacer esa mujer de modales rudos y físico grosero ante un hombre que vivía obsesionado por la memoria de su esposa. Sacando fuerzas de flaqueza, el viudo se sobrepuso a su abatimiento y tomó la resolución de echarla de casa. Los hermanos recuerdan los sollozos de Josefina Clavaguera, los vanos intentos por ganarles a su causa ante el brusco despertar de su sueño matrimonial. Pero fue en vano: el padre les prohibió acercarse a ella, pese a que siguió viviendo en el pueblo. Recientemente, José Agustín me hizo reparar en una curiosa pirueta semántica: *claveguera* en catalán significa cloaca.

MANUAL DE SUPERVIVENCIA

Sin la enfermera los Goytisolo tuvieron que adaptarse rápidamente a la nueva situación, y en este punto Martita interpretó un papel providencial. Con apenas trece años se encontró en lugar de la madre, velando por el funcionamiento de la casa y, sobre todo, haciéndose cargo de las laboriosas curas del enfermo. Los hermanos reconocen la «paciencia y dedicación» de Marta, y José Agustín lo expresó años después en estos sencillos versos: «Chica: fuiste la hermana sufrida en la desgracia. / Te tocó un papel feo en aquel infortunio.»

Casi siempre estaba allí, junto a papá, alumbrando su triste convalecencia con una sonrisa dulce, los ojos vivos y su dorada cabellera Taltavull. ¿Qué pensó aquel hombre –huérfano de madre a los catorce años, viudo ahora– de aquella muchacha que apenas se movía de la habitación? No lo sabemos... Pero debió de agradecerlo al cielo. En el extremo opuesto, otros hijos como Juanito hacían lo posible por mantenerse alejados. Según insiste en *Coto vedado:* «El olor acre de la pieza, la cánula y algodones manchados, la escupidera, el orinal, el tarro de pus creaban en cambio para mí alrededor del enfermo un círculo difícil de franquear. Al acostarme, rozaba furtivamente con los labios la mano flaca que me tendía y, en la medida de lo posible, procuraba evitar sus efusiones y abrazos.» La brecha, por tanto, iba abriéndose cada día más. Rituales cotidianos como el rezo del rosario eran para los niños un momento particularmente tedioso, molesto. Una noche, mientras su padre les leía los Evangelios, éste les expulsó de la habitación por haberse reído de un pasaje en el que aparecía la palabra «pollino». A raíz de aquel episodio Juan Goytisolo formuló por primera vez sus sentimientos filiales en términos de desafecto. Sólo con el tiempo comprendería que el enfermo había sido sometido a unas pruebas durísimas que sobrepasaban el límite de sus fuerzas. En este sentido, su hermano Luis puso en boca de un viudo este amargo soliloquio en la obra *Recuento*:

> Se diría que Dios ha querido ponernos a prueba. Por mi parte, siempre lo he aceptado todo con resignación, pero a veces pienso por qué, Dios mío, por qué. Lo de Eulalia representó para mí un golpe terrible, no puedes figurarte. Ni sé cómo no perdí el oremus. De no tener fe, de no tener religión, creo que hubiera hecho un disparate. Suerte también de mis hijos, que me obligaron a reaccionar, a seguir luchando para sacarlos adelante. Fuera de ellos, ya no tenía ilusiones, había perdido las ganas de luchar, todo.

Pero entonces Juanito sólo percibía una enorme decepción, basada en que «el personaje omnipotente y magnífico levantado en mi conciencia infantil hasta los cuernos de la luna no era sólo un ser de carne y hueso como los demás sino por colmo un hombre senil, desvalido». ¿Qué hubo en el hijo? Desengaño primero, cierto rencor después, frialdad y, por último, desapego. Un magma de emociones más propias de la adolescencia, que propiciaron sus primeras pulsiones de huida. Durante aquellos meses la idea de escapar a la Patagonia a casa de tío Joaquín estuvo en su horizonte. Según el escritor: «Nuestro acomodo con cualquier miembro de la familia me parecía más deseable que vivir con aquel hombre triste y amargado, cuyo dolor y frustración no compartía.» Así pues, para Juan el reino familiar de lo *heimlich* comenzaba a ser ásperamente *unheimlich* —siniestro, irreconocible—, y de él había que huir a toda costa. Porque en lugar de protegerles de lo extraño, la casa de Viladrau se había convertido en el reino de lo extraño. Sus ansias de huida son comprensibles: anuncian ya una naturaleza centrífuga —heredada del bisabuelo Agustín y acentuada con la muerte de la madre— que será consustancial a su trayectoria. En sus primeras novelas algunos personajes se mueven por el mismo sentimiento. La niña Pira de *Fiestas*, por ejemplo, no se adapta a la vida y sólo sueña con escapar a Italia, donde su padre, oficial del ejército republicano, vive en un castillo. En este caso, ¿no son el uniforme y las altas torres de piedra símbolos de la autoridad-seguridad paterna que Juan no tiene? En *Juegos de manos*, el personaje de David, un niño rico, declara: «Había adivinado muy temprano que el mundo no concluía entre las cuatro paredes de una casa.» En *Duelo en El Paraíso*, la necesidad de huida es también la fuerza dominante de Abel, el adolescente protagonista, así como en Dora, la maestra, que confiesa: «Desde niña había comprendido cuán horrible sería vivir en ese círculo, desarrollarse y morir en él.» Esta conducta de huida o evitación, por lo demás tan infantil, será recurrente y llegarán a compartirla también los otros hermanos. Pero ni siquiera esos niños de la guerra, que crecían demasiado aprisa, iban a ser libres antes de tiempo.

A falta de mejores horizontes, escapaban de casa e iban con un grupo de amigos a corretear por el pueblo. El principal objetivo no era tanto divertirse como conseguir algo extra que llevarse a la boca. En la primavera de 1938 los alimentos se hicieron cada vez más escasos y, debido a la irregularidad del correo, los paquetes de Francia y Argentina o llegaban con mucho retraso o se perdían enigmáticamente por el camino. Los Goytisolo recuerdan que los colmados y tiendas de Viladrau carecían de lo indispensable; cada mañana se detenían ante escaparates vacíos, mostradores desolados, donde los únicos productos, por lo general útiles de limpieza, no servían para calmar los estómagos. Los métodos de abastecimiento seguían siendo la compra directa a los payeses, la cría de animales —en la buhardilla de la casa criaban conejos y una docena de gallinas— o algunas *razzias* por los campos de los alrededores. José Agustín recuerda también las visitas de un cazador que les vendía algunas piezas cobradas en el bosque: liebres, perdices, ardillas, o el día en que apareció con un animal despellejado que resultó ser una zorra. A esas alturas de la guerra ya no les quedaban joyas que cambiar, de modo que el trueque con los payeses se hizo odisea innecesaria. María Cortizo, la sirvienta, apenas conseguía nabos o acelgas, últimos manjares que quedaban en el mercado. En *Duelo en El Paraíso* Juan escribe:

> El espectro del hambre gravitaba sobre sus cabezas. Para combatirlo, Águeda vendía, en secreto, los cubiertos de plata y regresaba del pueblo con un saco de alubias, de maíz o de harina; pero, de ordinario, la despensa estaba vacía y Abel acompañaba a las mujeres en sus diarias incursiones por el campo; a medio kilómetro de la casa había un castañar abandonado; Abel trepaba a los árboles armado de una caña y las mujeres recogían la fruta en el serillo.

Con estas castañas preparó durante meses la comida, repitiendo *ad nauseam* una dieta de la que sólo se libraban cuando algún paquete llegaba milagrosamente del extranjero. Entonces volvía la felicidad, la emoción por las cosas buenas: latas doradas en la mesa de la cocina, platos humeantes y sustanciosos en el comedor. Lástima que sólo fuera un espejismo. Durante el largo desierto Pepito Goytisolo solía preguntarle a Martita: «¿Te acuerdas de aquellos plátanos que tiraba detrás del piano de casa porque no me gustaban? ¡Lo que daría por comerme alguno!» Los alimentos aborrecidos en Barcelona se convirtieron así en manjares exquisitos, aguijones crueles de la nostalgia.

Es natural que los hermanos comenzaran a buscar alimentos por su cuenta en los huertos y castañares de la zona. Según parece, Marta dirigía aquellas rápidas escaramuzas junto a los chicos, que les proporcionaban berros, tallos de calabaza y castañas. Fue algo emocionante, correrías alegres donde sintieron la emoción de los juegos furtivos o el miedo a la ira de los payeses. En otras ocasiones, Pepito y Juanito se internaban en las villas desiertas y cogían cualquier objeto que juzgaran canjeable. La habilidad del primero para irrumpir en lugares prohibidos y sus gritos de júbilo al obtener el más modesto tesoro le valieron el apodo de «El Coyote», nombre por el que aún le recuerdan algunas antiguas compañeras de la colonia. La guerra, pues, había transformado a Pepito Temperamento en El Coyote, otro *alter ego* que pronto aprendió a desmontar las cañerías de plomo de las casas allanadas para obtener comida después. Quién sabe si este bribonzuelo inspiró lejanamente a Juan el personaje de Pablo de *Duelo en El Paraíso*, un muchacho ingenioso, fértil en toda clase de recursos. Se dice allí que Pablo sabía trepar por los árboles como un mico, o que derribaba los nidos de gorriones con el tirachinas y era un experto lanzador de cuchillos. Existiera o no esta relación Pepito-Pablo, parece claro que Viladrau fue el escenario donde los dos hermanos estuvieron más próximos, viviendo horas felices pese a la desgracia.

En aquella guerra los niños iban creciendo a grandes zancadas en otros aspectos. Juan recuerda que, pese a ser absolutamente inocente en materia sexual, solía jugar con Pepito y sus amigos a enseñarse los genitales. Reunidos en algún jardín solitario o en el claro del bosque, bailaban una especie de conga con el pene al aire, al grito de: «Nenas, *voleu cardar?*», que él no comprendía. A diferencia de sus compañeros, Juanito Goytisolo siguió creyendo a pies juntillas en las historias mágicas de los mayores. El parto de una cabra o de una vaca obedecían a algo asombroso, como los cuentos que le contó Julia. En su candidez, el niño vigilaba las bruscas acometidas del gallo a las gallinas de la buhardilla y, «armado de una vara justiciera, perseguía al supuesto culpable de tales afrentas». Pero es obvio que lo sexual flotaba en el ambiente: su hermano Pepito incluso se jactaba en la banda de haberse dejado acariciar por la sirvienta, María Cortizo, que solía pasear con un miliciano.

En otro momento José Agustín mostró una micción descomunal del miliciano en una pared del pueblo, y los chicos trataron de emularlo de manera salvaje. Se supo después que uno de ellos había cogido al niño de los vecinos –anormal e hidrocéfalo– para orinarse sobre su cabeza. La noticia llenó a Juanito de tanta excitación que bajó al jardín, ansioso por repetir la hazaña. Al no dar con el crío, confiesa que «escupí y me meé en la puerta de su casa, presa de un frenesí cuyas motivaciones oscuras aflorarían en mi escritura mucho más tarde». Sin entrar en ellas, es evidente que la guerra empezaba a dejar secuelas, aunque ninguno de esos actos contra propiedades o personas generara en los niños el menor sentimiento de culpa. En la novela *Duelo en El Paraíso* podemos establecer un inventario de las acciones de los chicos de la banda protagonista, aunque no hay pruebas que permitan asociarlas a «las fechorías» que los hermanos Goytisolo pudieron cometer en Viladrau. Veamos: perseguir y molestar mendigos, arrojar piedras, romper cristales, hinchar sapos y ranas, desventrar lagartijas, robar cintas y coronas de los cementerios, hurtar frutos y objetos de las casas, arrancar botones y gemelos de los soldados muertos, robar carabinas y municiones...

Ambientada en un pueblo de montaña, esta novela expresa con crudeza la rutina de los niños durante el conflicto. Sorprende la aberrante naturalidad con la que se adaptan a él, su indiferencia infinita ante la barbarie. Aunque el mensaje de fondo es claro –los niños son las principales víctimas de la guerra–, los personajes adultos no parecen compartir tal idea. El profesor Quintana dice a un tal Elósegui: «Desde la muerte de Dora han perdido toda la vergüenza y se dedican a correr por ahí, como bandidos, ingeniando Dios sabe qué maldades.» Dado que Dora era la maestra y murió en un bombardeo, no es difícil establecer un nexo con Julia Gay, quien además de mantener el orden familiar era la «maestra» de sus hijos y les enseñaba «cosas». El propio Quintana resume así la situación: «Hace más de tres años que se han acostumbrado a oír estadísticas de muertos, de asesinatos, de casas destruidas y ciudades bombardeadas. La metralla y las balas han sido sus juguetes. Aquí, en la escuela, han creado un verdadero reino de terror, con sus jefes, lugartenientes, espías y soplones.» Es la muerte de Dora lo que ha abierto la caja de los truenos, reduciendo los últimos residuos de temor infantil y liberando sus más primitivos instintos. El maestro se lamenta también de que los niños hayan perdido el sentido del decoro, que empleen un lenguaje sucio y abyecto –¿quizá «nenas, *voleu cardar?*»?–, o que se entreguen a agresiones y actos vandálicos. Rompen, destrozan, se orinan, juegan a los naipes, llevan navaja e imponen la obediencia a los más pequeños quemándoles los brazos o cosiéndoles a pinchazos de alfiler. Se han contagiado, en suma, de la atmósfera envenenada, del odio que flota en todo el país.

Pero ¿podía ser de otro modo? Algunos niños respiraban odio desde el principio, antes incluso del 36, aunque no lo supieran; luego, el desorden y la anarquía reinantes en el bando republicano había llegado a su corazón a través de la propaganda retransmitida por la radio. Machaconamente, la locutora advertía en el libro: «Vigilad; formad vosotros mismos vuestra policía: aprended a delatar a los traidores; si vuestros compañeros son facciosos, descubridlos.» Aunque se trate abiertamente de una novelización *a posteriori*, era un juego apasionante, que la historia les regalaba justo cuando la infancia empezaba a quedar atrás. Como escribe Juan Goytisolo: «Los niños sabían leer entre líneas: en cualquier recorte de periódico arrinconado en el lavabo descubrían lo mágico, lo inesperado, lo milagroso; subían al dormitorio pensando en ejecuciones, atentados y golpes de mano y, durante el día, eludiendo la vigilancia del maestro, se entregaban a lo sangriento de sus juegos.»

Aquellos niños españoles nunca fueron verdaderos niños porque la guerra les robó la infancia. Durante tres años vivieron demasiado aprisa para su edad. Cambiaron. Sin embargo, no todos los padres lo comprendieron a tiempo. Hubo rupturas muy profundas, daños afectivos irreparables. Esta idea de que la guerra abre entre padres e hijos un abismo difícil de colmar está muy presente en *Duelo en El Paraíso*. Seguramente responde a una creencia extendida, pero también a una constatación familiar: don José María ya no es el mismo, los hijos tampoco. ¿Quién tendrá el valor de reconstruir el puente?

EL FRENTE SE ACERCA

En los últimos meses el panorama de Viladrau cambió. Los hermanos recuerdan que una tarde apareció por la casa un sacerdote vestido de paisano para oficiar una misa en el más absoluto secreto. Aunque era la primera vez que los chicos presenciaban de forma consciente la ceremonia, no quedaron particularmente impresionados. El recogimiento de los comulgantes –el padre, los tíos, Martita o Lolita Soler–, los latines del cura, las genuflexiones o los golpes contritos en el pecho eran parte de un ritual cuyo significado se les escapaba por completo. ¿Tan pronto habían olvidado a la señorita Bohí? Sí les sorprendió, en cambio, el silencio impuesto por los mayores, la advertencia del padre de que no dijeran ni una palabra a la criada. Para él, María Cortizo era una «roja» anticlerical. ¿Acaso no salía los sábados y domingos a bailar con milicianos? Cierto. Desde el principio se hizo con el enemigo, había ganado en una tómbola una insignia del PSUC, y solía repetir a los niños: «Muerto Durruti, guerra perdida», consigna fatalista de honda raíz libertaria. Pero pese a que los nacionales habían entrado ya en Cataluña, don José María no estaba del todo tranquilo. Había que ser prudentes: ni una palabra, pues, sobre la misa.

A partir de las navidades de 1938 el pesimismo de la criada se acentuó. Como escribe Juan: «Mientras mi padre, Lolita Soler y los tíos disfrazaban apenas su júbilo, ella, la mujer analfabeta y pobre, que había creído en la causa de la República y ofrecía generosamente su cuerpo a los soldados, barruntaba, con razón, la llegada de tiempos difíciles para ella y repetía, obsesionada, las leyendas relativas a los moros.» De este pasaje deseo destacar lo último, ya que el término «moro» supuso para aquella generación sinónimo de violencia y terror. Los niños ya no eran tan niños, de modo que las imágenes de la Cortizo calaron muy hondo en su ánimo: violaciones, rapiña, degüellos y orgías sangrientas. Según ella, los moros de Franco seccionaban las orejas, o llevaban en sus mochilas las cabezas cortadas de los enemigos para guardar sus dientes de oro. Leyendas que acaso eran fruto de la propaganda antifascista pero que, a tenor de los excesos de las tropas moras durante la revuelta de Asturias del 34, hay que dar muy probablemente como ciertas. Todo aquello debió de intimidar mucho a los hermanos. En *Duelo en El Paraíso* el miedo a las tropas africanas es el único elemento capaz de contener a la banda. El personaje de «el Arquero» les dice: «Y no imaginéis que por ser niños saldréis mejor librados. Los moros se encargan de ese asunto y no suelen tener muchos escrúpulos.» Y añade:

En Oquendo, donde yo vivía, ejecutaban diariamente en la plaza. Primero ahorcaban a las mujeres, luego a los hombres y por fin a los niños. Los llevaban a todos en una carreta, atados de pies y manos; delante, un oficial tocaba el tambor, para que todo el mundo acudiese. Entonces los bajaban de la carreta y empezaban a colgarlos de los árboles; a los mayores, las ramas gruesas, y a los niños de las más delgadas.

Si los milicianos se excedieron en el verano del 36, las tropas moras de Franco alimentaron las peores pesadillas de mujeres y niños de la zona republicana. Aquellas huestes moras ya no eran un resto del pasado fantasmal de la Reconquista. Avanzaban imparables, en corceles de crueldad infinita. ¿Cuánto tardarían en llegar al pueblo?

ÉXODO

A finales de 1938 el frente se fue acercando y las carreteras del Montseny trajeron los primeros soldados fugitivos que marchaban a Francia. Desde la ventana los hermanos Goytisolo contemplaban el paso de algún convoy republicano con una mezcla de emoción y curiosidad desconocidas. A partir de enero del 39, la carretera se llenó de militares a pie y a caballo, vehículos, sidecares y camiones de Intendencia. Obsesionado por los caballos, Pepito Goytisolo se acercaba a aquellos jinetes de uniforme o charlaba con algún soldado cansado y andrajoso. En pocos días las escenas de huida se multiplicaron: el aire hervía de presagios. Juan dejó testimonio de ello en *Coto vedado*:

El lugar ofrecía diariamente escenas de pánico y desbandada. Automóviles atestados de fugitivos, camiones repletos de soldados atravesaban el pueblo hacia el norte seguidos de centenares de peatones sucios y astrosos, combatientes, civiles, mujeres, chiquillos, viejos, cargados todos de maletas y bultos, trastos absurdos, cacerolas, muebles, una estrafalaria y absurda máquina de coser, diáspora insectil consecutiva a la muerte de la reina o cierre inesperado del hormiguero. Había heridos transportados en parihuelas, cojos con muletas, brazos en cabestrillo. Los nacionales acababan de cortar la línea del ferrocarril y José Agustín afirmaba haber visto a un muerto.

Es fácil suponer que los niños permanecieron horas ante el espectáculo de aquella comitiva que se perdía tristemente hacia la frontera francesa. Curiosos, veían pasar ante su casa un tramo de la historia. La guerra con la que soñaban en sus juegos —la de los combates heroicos, las victorias y las condecoraciones doradas— nunca llamó a su puerta; pero conocieron su rostro más amargo, el de la muerte, la derrota, el exilio. Ajenos aún a su significado, todo aquello no era más que una nueva forma de matar el tiempo. Con todo, percibieron nítidamente la gravedad de la situación. En *Duelo en El Paraíso* Juan noveliza: «Después, a medida que el tráfico se hacía más intenso y mayor era el número de objetos abandonados, los chiquillos habían corrido por el bosque provistos de ruedas de automóvil, neumáticos, volantes y bocinas. Los despojos cubrían las orillas de la carretera, como arrojados allí por una subida de las aguas, y el paisaje entero parecía atestiguar una fabulosa catástrofe.»

¿Quiénes son las víctimas? Gentes que han abandonado sus pisos o villas de Barcelona, confiando la salvación al automóvil, vehículo que invariablemente habrán de dejar luego junto a la frontera, para seguir el camino con su bolsita de joyas cosida a algún pliegue de la ropa. En las horas de éxodo hay que salvarse a cualquier precio. En *Duelo en El Paraíso* se lee: «Un saco de monedas por un lugar en la barca. Una mujer honesta entregándose a los conductores con tal que la llevaran. Todo era sorprendente y, al mismo tiempo, mágico. Los símbolos perdían su valor y no quedaba más que eso: el hombre, reducido a sus huesos y a su piel, sin nada extraño que lo valorizara.» Los documentales de la época recogen con extremo patetismo el calvario de los vencidos. En aquellas semanas medio millón de españoles abandonaron el país.

Poco después, las avanzadillas de los nacionales alcanzaron Viladrau. José Agustín recuerda que aquella mañana se oyeron a lo lejos los primeros disparos, cuyo eco intermitente se confundía con el motor de los aviones franquistas. Aunque su padre les había prohibido que abandonaran la casa, los niños se deslizaron al jardín, donde una vecina les informó de que el pueblo ya era «de los nuestros». La entrada de los nacionales inspiró obviamente numerosas escenas de la obra goytisoliana. Escojo, por su significación, un breve fragmento que aparece al inicio del ciclo *Antagonía*, de Luis:

Cuando salieron a la calle todavía sonaba algún cañonazo lejano, algún disparo perdido. Habían abierto las ventanas de par en par, riendo y llorando, abrazándose, y en la calle gritaban y cantaban y todo el mundo levantaba el brazo, corría y se empujaba, seguía a los soldados hacia la plaza. Los soldados eran altos y caminaban muy deprisa, con mantas en bandolera y alpargatas y cacharros colgando del correaje, una riada de fusiles, de codos balanceándose acompasadamente.

Ambiente de victoria, horas inolvidables por su novedad y también por el descubrimiento de que su padre —por primera vez en aquellos meses terribles— expresaba una emoción cercana a la esperanza. En otro pasaje, Luis Goytisolo describe nuevos aspectos de la «liberación» de la colonia: «Se celebró una misa en la plaza, al sol rosa de epifanía. Muchos llevaban boinas rojas y camisas azules; charlaban en grupos, entonaban coplas a coro, serenatas, el Carrasclás. Cantaban cara al sol, formando corrillos, celebrando. La victoria fue tuya porque así lo esperaba cuando, muerta de pena, a la virgen rezaba tu novia morena. ¡Tu novia morena! ¡Tu novia morena!» En la novela *Las virtudes del pájaro solitario* su hermano Juan habla de «la marea encrespada de la plaza, bajo el balcón de los tíos, brazos en alto, discursos, himnos, sesiones públicas de purificación y exorcismo, lividez y olor acre de incendio, manuscritos corruptos arrojados al fuego, ideas nocivas, utopías perversas». Ignoro si eso ocurrió en Viladrau, pero sabemos que hubo quemas ejemplares de obras «malsanas» en otras partes de España, destrucción de escritos contaminadores de judíos, marxistas, francmasones, ateos, republicanos, páginas y páginas chamuscadas al viento como en plena Inquisición, azuzadas por la intransigencia de los patriotas católicos.

Pero para los niños la agitación de los adultos no era tan excitante como el sentimiento de absoluta novedad. En esas primeras semanas todo era desconocido: moneda, uniformes, discursos e himnos militares difundidos por los altavoces de la plaza Mayor. Vestidos con camisa azul y boina roja, los Goytisolo hicieron cola durante horas frente a los locales de Auxilio Social, donde los vencedores repartían gratuitamente gaseosa y bocadillos de tortilla. Juan recuerda que una tarde entró con una vecina en la mansión de los Balcells, sede provisional del Archivo de la Corona de Aragón, ocupada ahora por soldados de Intendencia. Aprovechando un descuido, se acercaron a los sacos de azúcar y alubias y llenaron dos cacerolas «con su precioso contenido». Su hermano Luis matizará esta anécdota: Juanito no fue con la vecina sino con él, y se llevaron el azúcar «en un cazo esmaltado de color rojo inglés». Más importante parece otra anécdota sucedida en la misma mansión, cuando Juanito se acercó a un misterioso objeto semienterrado a los pies de un árbol, convencido de que era un teléfono. Recordando que su padre les había prohibido que cogieran nada sospechoso, Luisito le aconsejó que lo dejara inmediatamente. Comenta: «... tal vez salvé la vida de Juan y la mía propia al decirle que no recogiera un extraño catalejo que encontramos bajo un cedro, ya que bien pudiera tratarse de una bomba de mano». Aunque por edad el papel de Luis era secundario, percibimos ya algunos rasgos de carácter: respeto total a sus mayores, sentido de la responsabilidad prematuro e instinto de protección hacia sus hermanos. Con el tiempo, el pequeño salvador de Juan iba a interpretar con frecuencia el papel de «el salvador» en el ámbito familiar.

Desde la llegada de los nacionales don José María Goytisolo se aventuraba a dar algunos paseos fuera de la casa, siempre con el sombrero puesto, protegiéndose el cuello con las solapas del abrigo alzadas. En aquellas primeras caminatas al sol le acompañaba Luisito, lo que estableció entre ambos un vínculo muy estrecho. Según él, en años posteriores su padre «evocó frecuentemente esa época con nostalgia y hasta con un tanto de autocompasión, cuando, como él decía, yo era su lazarillo». En una de sus salidas el señor Goytisolo trabó amistad con un par de suboficiales, uno de ellos italiano, el señor Lupiani, al que los niños bautizaron pronto como «el sargento gordito». Escribe Juan que mientras ellos jugaban con casquillos de bala, su padre les hablaba de su enfermedad, su viudez, la dura existencia en la zona roja, dejando entrever convicciones católicas y nacionalistas. Juan no sabía, en cambio, que el padre olvidaba deliberadamente algo esencial: que aquellos dos militares pertenecían al mismo ejército que había matado a su esposa. Esta omisión voluntaria, este falseamiento de la realidad fue a partir de entonces uno de los más sorprendentes rasgos del viudo, quien empezó a decir a los hijos que los «rojos» habían asesinado a su madre. ¿Qué debemos pensar de esa monstruosa ceguera, de esa mentira absoluta que se repitió a sí mismo y repitió a los suyos en los primeros años? Quizá fue un modo de zanjar un amargo dilema interior, o reprimir por prudencia cualquier instinto de odio hacia unos vencedores con los que en el fondo estaba de acuerdo. Otra hipótesis es que quería que los niños olvidaran cualquier responsabilidad de los franquistas ante la tragedia familiar, cargando todo el horror en el bando de los vencidos. Probablemente evitaría así que pudiera crecer en sus corazones el germen de la venganza hacia quienes eran ya los dueños del futuro. Pero no debió de serle fácil aceptar esa nueva ironía del destino por la cual –pese a todas las barbaridades milicianas– la bomba siniestra había brotado de los aviones de su propio bando.

En cualquier caso, la amistad con esos suboficiales supuso una buena distracción para don José María en aquel invierno del 39, que acabó volviéndose inesperadamente trágico para el clan. Con pocas semanas de diferencia murieron dos hermanas Goytisolo: María, viuda de Vallet, que falleció de cáncer de matriz antes de los cincuenta años, y la desdichada Magdalena, morfinómana, quien murió en el Instituto Frenopático lejos de los suyos y, según contaba tío Leopoldo, literalmente de hambre. Como dice Luis: «¿Quién se preocupaba de dar de comer a los locos en plena guerra civil?» El señor Goytisolo, pues, encontró apoyo en los militares italianos durante aquellas nuevas jornadas de luto. Pese a las estrecheces, llegó incluso a invitarles a comer a su casa, en un ambiente de pausada camaradería. Los hermanos recuerdan ese día porque al concluir el almuerzo se produjo el despido fulminante de la sirvienta María Cortizo. Según Juan, su padre se atrevió a despedirla envalentonado por la «bizarra y aguerrida presencia» de los militares, y más adelante se extiende en este episodio:

> La sirvienta roja, barragana de comunistas y milicianos, acató la sentencia del tribunal sin decir palabra. Cabizbaja, sonrojada, fue a la habitación a recoger sus pobres enseres y cargarlos en un saco sin que ninguno de nosotros, sentados aún alrededor de los platos que un rato antes había guisado y servido, se levantara a despedirse de

ella o darle alguna muestra de compasión. Con el saco a la espalda, resignada a su suerte, desapareció para siempre de nuestra vista.

El escritor muestra aquí su solidaridad poética con la mujer defenestrada, con la «vencida»; pero los otros hermanos no comparten tal sentimiento. Ninguno de ellos tenía especial aprecio a la Cortizo, de la que aún hablan en términos desfavorables. Luis Goytisolo, por ejemplo, afirma que aquella sirvienta «era una especie de bruja que aprovechaba la imposibilidad legal de despido, vigente por aquel entonces, para no dar golpe». Marta me dijo, a su vez, que era sucia, «muy sucia en todos los aspectos», frase que induce a pensar también en una *inmundicia* de tipo sexual de la que acaso se aprovechó José Agustín. No obstante, hay una reflexión de Juan que no quiero pasar por alto:

¿Qué fue de ella en aquellos tiempos de control y represión inflexibles, en los que las detenciones arbitrarias y denuncias estaban a la orden del día? ¿Intentó buscar un difícil empleo en Barcelona, careciendo, como carecía, del aval o recomendación de una familia «intachable»? ¿Regresó a padecer miseria y hambre a su pueblo? ¿Fue represaliada como tantas otras y hubo de soportar la humillación de los tribunales depuradores, la cucharada de aceite de ricino y el siniestro corte de pelo?

Es una inquietud legítima porque, lo mereciera o no, el despido de la Cortizo la arrojó a una selva fascista donde cualquiera podía devorarla. El padre fue inflexible con esa novia de milicianos; quién sabe si ella pudo servir de chivo expiatorio a los sufrimientos de su corazón. Parece claro, eso sí, que aquello repercutió en el hijo, tal como prueban estas palabras: «De todos los episodios desagradables y tristes de la guerra, éste es sin duda uno de los más duros de digerir.» De acuerdo. Pero bajo esa vergüenza retrospectiva de Juan no arde solamente la llama de la solidaridad o la comprensión. Es el deseo de saldar una deuda, un antiguo débito con la sirvienta, que fue la primera en hablarle de «los moros». Para alguien que, con los años, iba a establecer una fecunda relación con el islam, María Cortizo fue algo así como el ángel de la Anunciación, portadora de una nueva –en este caso terrible y sangrienta– sin duda iniciática. Juan Goytisolo lo expresa claramente al decir: «A veces, en mis nomadeos por el ámbito islámico, he pensado con remordimiento y cariño en esa humilde

135

mujer de Carballino cuyas fantasías ancestrales se anclarían en mi subconciente y, exorcizadas doblemente en la escritura y la vida, serían el venero que alimentaría más tarde la inspiración mudéjar de mis obras.» Tiene, por tanto, motivos para recordarla con afecto, razones que no comparten los otros hermanos.

ADIÓS AL MONTSENY

La familia Goytisolo se dedicó a buscar nueva asistenta. Tras algunas gestiones recuperaron a una antigua criada de la tía María, que llevaba un par de años viviendo en una masía a las afueras del pueblo. No sabían entonces que Julia Santolaria iba a tener un papel central en sus vidas; porque, ya desde el principio, aquella mujer simpatizó con los niños y llegó a un rápido acuerdo con el padre, aunque éste impuso como condición que se cambiara el nombre. Ella lo entendió y lo aceptó sin reservas: la sola mención de la palabra «Julia» hundía al viudo en un pozo de amargura, así que la Julia pasó a llamarse Eulalia. De haberle hecho una fotografía en invierno de 1939 habría aparecido como una mujer de unos cuarenta años, piel lisa y blanca, el pelo rojizo y rizado. José Agustín la describe cariñosamente como «una muñeca, una pepona». Pero esa «pepona» arrastraba una historia triste, que luego descubrieron, y su personalidad era bastante compleja. La familia a cuyo servicio entraba iba a reclamar enseguida su máxima dedicación: las crueles heridas de guerra eran visibles, formaban parte del elenco, compuesto, como escribe Juan, por «un viudo enfermo, suspicaz, aprensivo, cuya salud, aún en vías de recuperación, imponía penosos cuidados; una muchacha de catorce años y tres niños criados de forma un tanto agreste, sin rigor educativo alguno». Sí: Eulalia iba a necesitar todas sus virtudes para devolverles la armonía perdida. Prudente, generosa, intuitiva, sólo ella era capaz de hacerlo. Además, José Agustín reconoce que Eulalia tenía una virtud excepcional: la caridad... «Si le hubiéramos dicho que no le podíamos pagar, también se habría quedado con nosotros.»

Los Goytisolo reviven otras anécdotas de la primavera del 39. El señor Lupiani fundó por aquellas fechas una centuria infantil de Falange, y enseñó a los niños del pueblo a cuadrarse, saludar y marcar el paso. Dice Juan que seguían como un solo hombre al «sargento gordito» quien, abombando gloriosamente el pecho, impartía órdenes o entonaba las vibrantes estrofas del *Cara al sol*. José Agustín, en cambio, apenas concede valor al hecho, y asegura que, más que centuria, «éramos cuatro gatos que le seguíamos el juego». Mayor coincidencia existe en el tema religioso: los sacerdotes habían vuelto en traje talar, se celebraban oficios en la parroquia del pueblo, y mosén Rovira daba clase de catecismo a los niños con vistas a la Primera Comunión. Juan no guarda memoria de ella, acaso porque desde marzo de 1938 nada podía tener ya un carácter festivo. Su hermano José Agustín, por el contrario, sí recuerda su Comunión por haberla recibido dos veces, algo común en aquella época donde los vencedores invalidaron tantísimos lazos jurídicos, maritales y religiosos del periodo republicano.

Sea como fuere, las actividades religiosas formaban parte del orden del día, y los niños iban los domingos con sus tíos García de Haro a la iglesia parroquial. En una ocasión, Juanito Goytisolo descubrió a una mujer arrodillada en uno de los primeros bancos. Aunque la mujer estaba de espaldas, no le fue difícil reconocer en aquel cabello de color miel, en la figura elegante, el abrigo, la amada silueta de su madre. El corazón le dio un vuelco y se quedó paralizado en mitad del templo. ¿Qué debía hacer?, ¿avanzar y presentarse ante ella? Las dudas le atormentaban: ¿y si no le reconocía al cabo del tiempo? ¿De qué iban a hablar? Cuando la mujer se incorporó para recibir la comunión, el hechizo se desvaneció: era otra. Tiempo después, escribió: «Yo me sentía casi aliviado de mis temores a este encuentro imprevisto y creo que desde entonces no volví a soñar con ella jamás.»

En otra oportunidad, los niños oyeron un gran repique de campanas sobrevolando los tejados del pueblo. Hubo abrazos, júbilo y la solemne homilía de acción de gracias. El comunicado triunfal del cuartel general de Burgos corría en boca de todos: «En el día de hoy, cautivo y desarmado el ejército rojo, han alcanzado las tropas nacionales sus últimos objetivos militares. La guerra ha terminado.» Era una nota breve, seca, firmada el primero de abril de 1939, que a partir de entonces fue «el Año de la Victoria». Su tono castrense y su frialdad inhumana contrastan con el discurso que, pocos meses antes, había pronunciado Azaña en Barcelona, del que incluyo este párrafo:

> No voy a aplicar a este drama español la simplísima doctrina del adagio, de que «no hay mal que por bien no venga». No es verdad, no es verdad. Pero es obligación moral, sobre todo de los que padecen la guerra, cuando se acabe como nosotros queremos que acabe, sacar de la lección y de la musa del escarmiento el mayor bien posi-

ble, y cuando la antorcha pase a otras manos, a otros hombres, a otras generaciones, que se acordaran si alguna vez sienten que les hierve la sangre iracunda y otra vez el genio español vuelve a enfurecerse con la intolerancia y con el odio y con el apetito de destrucción, que piensen en los muertos y que escuchen su lección: la de estos hombres, que han caído embravecidos en la batalla luchando magnánimamente por un ideal grandioso y que ahora, abrigados en la tierra materna, ya no tienen odio, ya no tienen rencor, y nos envían, con los destellos de su luz, tranquila y remota como la de una estrella, el mensaje de la patria eterna que dice a todos sus hijos: Paz, piedad y perdón.

En la novela *Señas de identidad*, Juan Goytisolo pone en boca de Álvaro Mendiola su visión global de la guerra:

Por espacio de tres años un vendaval de locura había soplado sobre la piel del toro —así llaman algunos al solar yermo y baldío, ámbito de vuestro conglomerado actual de Reinos Taifas— completando la obra destructora emprendida siglo a siglo, con tesón y paciencia, por tus antepasados ilustres. Poseídos de oscuros e inconfesables instintos, íncubos y súcubos a la vez de sus aborrecidos apetitos y sueños, habían procedido con orden y minuciosidad a la poda cruel e inexorable de sí mismos, a la expulsión y exterminio de los demonios interiores, sin detenerse ante motivo o consideración de índole alguna, arruinando por turnos, en aras del imposible exorcismo, el comercio, la industria, la ciencia, las artes.

En esencia, eso es lo que había bajo el comunicado victorioso del general Franco. Sólo que los hermanos Goytisolo no podían saberlo. Por ello cobra valor otro pasaje de la novela donde el personaje dice:

Siendo niño habías asistido sin comprender al espectáculo de la lucha demente y fratricida, aterrado primero por los crímenes y atrocidades de los unos, indignado más tarde por aquellos (cuidadosamente blanqueados) que realizaran los otros, antes de caer cabalmente en la cuenta de que todos (los de los vencidos, como los de los vencedores, los excusados como los injustificables) obedecían a las leyes de un mismo ciclo clínico en el que, al frenesí y desatino de las crisis, suceden largos períodos de calma, embrutecimiento y modorra...

La guerra había terminado. Pero dudo de que la noticia fuera recibida en casa de los Goytisolo con el mismo júbilo que entre los Mendiola de la novela, donde los adultos descorchan botellas de espumoso en el salón. La fiesta la celebraron quizá los García de Haro, o el tío Ignacio. Sin embargo, los niños se contagiaron de la exaltación de los mayores y seguramente salieron a jugar con mayor brío a la captura del Espía Rojo. Más tarde, se cansaron de aquella nueva vida, caracterizada por continuas actividades religioso-castrenses. Juan asegura que disfrutaban de completa libertad y se perdían por alguna carretera donde pudieron ver aún vehículos chamuscados o reducidos a chatarra. José Agustín, por su parte, evoca sus correrías con la banda de Viladrau cazando pájaros con tiradores de goma. Los hermanos admiten que su aspecto, sucio y desaliñado, era el de «unos verdaderos salvajes»: de haberles podido ver su madre, les habría tomado probablemente por mendigos. Al margen de esto, su ocupación favorita consistía aún en entrar en las villas desiertas. Gracias a su extrema delgadez, los niños accedieron prácticamente a todas, colándose entre los barrotes de las verjas. Obtuvieron así nuevos y fabulosos tesoros: juguetes, libros y un álbum de sellos de todos los países del mundo. El cabecilla de esas acciones era Pepito Goytisolo, quien ya de adulto supo que las hazañas de El Coyote están tipificadas, según la ley, como «robo con escalo y fractura». Algo de eso debió de pensar un vecino, que llegó a denunciarles. El padre les reprendió entonces severamente, y abandonaron sus *razzias*.

A partir de junio de 1939 todo se precipitó. Escribe Juan: «La abuela Marta reapareció aquel verano. Vestía de luto, como nosotros, pero evitaba cuidadosamente hablar de mi madre y las circunstancias de su muerte. Nos acompañaba a pasear por las afueras del pueblo y en los castañares y fuentes encontrábamos a otras familias de la colonia, vestidas de punta en blanco, como si no hubieran conocido la guerra.» Luis habla de «la visita de los abuelos, preparando el regreso a Barcelona, y la de un alto empleado de la fábrica, que trajo unos discos con los himnos que cantaban las tropas nacionales», imágenes que unidas a otros recuerdos como la visión de Marta saliendo en pandilla con otras muchachas revelan la transformación de un grupo de refugiados en una especie de colonia veraniega. La paz había vuelto.

Entretanto, tía Rosario gestionó el ingreso de Pepito en los jesuitas de Sarrià, y el sobrino marchó aquel mismo verano a unos cursillos intensivos de preparación con miras a los exámenes de acceso al bachillerato. Para él fue una experiencia ingrata, porque Barcelona se había convertido en «el lugar desafecto donde había muerto mi madre». No tardó en seguirla tía Consuelo, convertida apenas en una sombra. Cuentan que los continuos bombardeos, las sirenas, el terror y la escasez de alimentos barrieron sus últimos restos de cordura. Justo al acabar la guerra la ingresaron de nuevo en el sanatorio del Buen Salvador, de Sant Feliu de Llobregat, donde murió víctima de la tuberculosis renal. En la ciudad, El Coyote José Agustín comprobó que no podría corretear libremente ni dar audaces golpes de mano con la banda. Allí sólo le aguardaban una casa vacía y el horizonte asfixiante del colegio.

Mientras el padre marchaba también a Barcelona para ponerse al frente de la ABDECA, los otros hermanos permanecieron en Viladrau. Durante varias semanas Juanito y Luisito se quedaron allí con los abuelos hasta la hora de partir. Es preciso señalar que el pequeño Luis retuvo los primeros recuerdos importantes al abandonar la casa: el gabán negro del abuelo Ricardo, las ciruelas que le compró para comer en el tren... Juan quedó a su vez impresionado por el ajetreo de la estación de Balenyà –las mujeres cargadas de bultos, los vagones atestados, los falangistas–, o el viaje emocionante, en el que se uniría a un grupo de Flechas para corear las estrofas del *Carrasclás*, la bonita serenata cuyos ecos viriles llegaron hasta mi adolescencia. Los niños Goytisolo ignoraban aún que con aquella canción se despedían para siempre de su reino afortunado. En 1996, José Agustín escribirá estos versos finales de su adiós al Montseny: «Todo acabó: falangistas y moros / entraban en el pueblo. Regresaron / los cinco a Barcelona: la paz negra / y un nombre que jamás se pronunciaba.»

AÑOS IMPUROS (1939-1949)

LA CIUDAD GRIS

La Barcelona que encontraron los Goytisolo en verano de 1939 se parecía muy poco a la de su primera infancia: era una ciudad derrotada, en la que el único motivo de júbilo lo constituía el final mismo de la guerra. La entrada de las tropas de Franco dejó en sus calles un séquito de soldados, falangistas, civiles, curas y funcionarios que barrieron hasta los cimientos el espíritu cosmopolita de la metrópoli. Este proceso incluía también la prohibición del catalán, que había sido hasta entonces la lengua cultural y sentimental de Cataluña. Se pretendía así infligir un severo correctivo a aquel pueblo que se había excedido en la defensa de su singularidad, y se desató sobre él una represión sin precedentes amparada en el ideario de los vencedores. Como escribirá el poeta Goytisolo después: «El tirano llegó y mostraba / sus insignias ante nosotros. / Alzó luego la mano y dijo: / nadie que no me siga vivirá.»

De nuevo en el domicilio familiar, los niños se encontraron con algunas sorpresas. La calle ya no se llamaba Jaume Piquet sino Pablo Alcover, cambio impuesto por los militares nacionales, que hicieron otro tanto en todas las ciudades y pueblos del país. Media España ocupaba España entera, dijo Gil de Biedma, y lo hizo con la vulgaridad, con el desprecio total de que es capaz frente al vencido, un intratable pueblo de cabreros. En un pasaje de *Teoría del conocimiento* Luis Goytisolo recreará el perfil de los franquistas:

... una generación esencialmente vertical y afirmativa, rotunda como un buen taconazo, como unos gritos de ritual, gente siempre dispuesta a saltar como un resorte, impasible hasta la crispación, agresi-

141

va hasta la obcecación, hombres definidos por la entrega característica de la toma de posesión de una actitud como la que tomaron, una actitud precisamente basada en el principio de posesión y en su defensa permanente: la posesión de una propiedad, de un cargo, de un enchufe, de un chollo, de un chocho, aunque sólo sea de unos tacos de jamón y unos chiquitos, y en última instancia, de la posesión por la posesión...

Pero los niños no percibían aún las dolorosas transformaciones públicas. Estaban pendientes de su casa, la casa de Tres Torres, que durante la guerra fue ocupada por unos brigadistas rusos. Aunque los soldados habían eliminado los setos del jardín para construir un pabellón de dos piezas que utilizaron de almacén, el interior se conservaba como en su recuerdo: el mismo suelo ajedrezado de baldosa negra y blanca, la misma distribución de los espacios principales y del salón, en el que se veían aún algunas huellas de los militares vencidos. Un momento evocador se produjo cuando los hermanos mayores mostraron las habitaciones al pequeño Luis, que las «veía» por primera vez pese a haber nacido en aquel lugar. El novelista habla de «una casa que ellos recordaban perfectamente y que a mí me llenaba de maravillas, tan distinta a la que acababa de abandonar en Viladrau. Me impresionaron especialmente determinados armarios empotrados, que yo creía puertas de acceso a misteriosas habitaciones». Si para Luisito aquello supuso el hallazgo de un mundo fabuloso, para los otros fue más bien el reencuentro con un escenario familiar que les parecía ahora inexplicablemente más pequeño. Según ellos, la casa estaba además «llena de gente», como si el reencuentro incluyera a los personajes que habían desaparecido al principio de la guerra: Çiscu y su tartana; la modista Paquita, el ama de cría de Luis, María, o Matías, el chófer del padre. A estas figuras tan caras debemos añadir los abuelos, que se instalaron en el mismo edificio a modo de solución transitoria. Don Ricardo y la señora Marta habían sido golpeados duramente por la guerra, pero confiaban en que su estancia en Pablo Alcover ayudaría a todos a recobrar algo de la normalidad perdida.

Pero ¿podía ser así? Es cierto que el padre había mejorado lo suficiente para reincorporarse a la gerencia de la fábrica y que sus suegros pasaban ahora mucho tiempo con los niños. Sin embargo, flotaba en la casa una muy dolorosa ausencia, el vacío de su figura central: Julia. De nada había servido eliminar cualquier signo que evocara su presencia –ropas, joyas, sombreros, vestidos, fotografías–, en ceremonia fúnebre de la que sólo se libraron el piano y los libros... Porque el recuerdo de la madre llenaba el aire de dolor y melancolía. José Agustín Goytisolo lo expresó así en el poema «Una palabra sola»:

> Desde tu marcha nada cambió.
> A veces parecía
> que estuvieras sentada entre nosotros.
> No entendimos entonces el regalo
> total de tu presencia: ver
> escuchar una palabra sola.
>
> Y estábamos callados girando
> en el dolor en el sencillo y cotidiano
> recordarte entre el pan y los manteles.

El dolor afectó igualmente a su hermano Juan, cuyo sentimiento de rechazo a la muerte de la madre tomó una inesperada forma. Según cuenta, su nuevo cuarto favorito era un trastero atestado de muebles viejos: sofás, butacas, consolas, rinconeras cubiertas de polvo y telarañas donde se ocultaba con sus hermanos para jugar a los fantasmas. Hasta que un día, repentinamente, cogió el hacha de la leñera y junto a su hermano Luis procedió a destrozarlo todo con violencia, tal como recuerda en *Coto vedado*:

> *Mueble a mueble, sin perdonar nada, empezaste a cortar patas, brazos, respaldos, descabalar mesas, destripar asientos, romper guarniciones, estirar muelles, machacar sillas, poseído de una inspiración alegre, absorbente que no volverías a conocer, piensas hoy, sino en el acto fundacional, el jubiloso vandalismo de la escritura adulta : placer de conjurar los signos de un mundo, convenciones de un código repentinamente captados como un estorbo; deseo abismal de venganza contra un universo mal hecho.*

Discrepa Luis: «... los muebles que Juan y yo destruimos a golpes de hacha y martillo en el trastero, ni eran nuestros ni eran valiosos, simples restos del mobiliario abandonado por los inquilinos republicanos que habían utilizado la casa durante la guerra». Pero es obvio que este acto vandálico plantea algunos interrogantes: ¿Por qué lo hicieron? ¿Protesta?, ¿rabia acumulada?, ¿afán de desquite? O, como Juan sugiere también, por pura inconsciencia, «intento de imitar a los mayores»... En tal caso, la imagen de los hermanos destruyendo a golpes objetos domésticos, ¿no es una parábola de la tragedia colectiva de «los hermanos» españoles, detruyendo con increíble ferocidad su propio país?

AULAS COMO CÁRCELES

Otoño de 1939. Siguiendo la tradición familiar, el señor Goytisolo inscribió a Marta en el colegio del Sagrado Corazón, y a sus dos hijos mayores en los jesuitas de Sarrià. El nuevo colegio de los chicos no era precisamente un santuario liberal. Construido a imagen de los edificios neogóticos ingleses del XIX —una mole de ladrillo rojo con dos torres de vigilancia—, albergaba entre sus muros a una legión de servidores de la orden ignaciana: curas que comulgaban con los principios de Franco —fueron en realidad el cerebro eclesiástico del Régimen— y obligaban a los alumnos a formar en el patio como soldados. Los escritores recuerdan que, antes de romper filas, entonaban himnos fascistas con estrofas del tipo: «Guerra a la hoz fatal / y al destructor martillo. / ¡Viva nuestro Caudillo / y la España Imperial!»

Parece que los hermanos no encajaron fácilmente en aquel recinto cuartelario. Los años en Viladrau los habían asilvestrado, haciendo de ellos unos niños algo ajenos a la disciplina de hierro que se había impuesto en todo el país. Este contraste era perceptible en su aspecto. Viendo las fotografías de la época, no parecen hijos de la alta burguesía; se les ve siempre mal arreglados: cabello casi al cero, rodillas sucias, zapatos rotos y ropa gastada. Antes que descendientes de un indiano o de un notario ilustre, recuerdan más bien a un par de huérfanos de arrabal. Lo interesante es que ese desaliño —unido a unos modales algo rústicos— les diferenció de sus compañeros. Si en el caso de Pepe tal diferencia no le impidió hacer rápidas amistades, para el tímido Juanito supuso su gradual alejamiento de los demás. Lector precoz, alma independiente y poco comunicativa, buscaba como buen Capricornio la soledad de las cumbres. No debe extrañar que se refugiara durante los recreos en algún rincón para leer su obra favorita mientras el resto de alumnos correteaba chillando por los patios. Pero esta conducta no pasó por alto a los educadores, quienes detectaron su temperamento huraño y esquivo. En los informes psicopedagógicos del colegio, los Padres informan a la familia del aislamiento del niño, su indiferencia hacia los juegos, su desinterés por los demás.

¿Cuál era la causa de lo que hoy llamaríamos INADAPTACIÓN? Pienso que, aparte de una naturaleza reservada y arisca, hubo el rechazo hacia unos compañeros «finos» que, con sus bromas sobre la ropa de Juan, agudizaron su misantropía. El propio novelista amplía esta hipótesis: «Mis intereses, preocupaciones, gustos, no hallaban un territorio común donde enlazar con los suyos. Mientras la mayoría de ellos habían vivido la contienda desde el otro bando y lucían orgullosamente su apariencia y modales educados, yo había entrado ya en contacto con la crudeza real de la vida.» Infantiles, gregarios, presuntuosos, aquellos alumnos eran hijos de los vencedores, o bien de una burguesía local que había traicionado la catalanidad de su apellido para recibir a Franco con los brazos abiertos. ¡Qué sabían sus vástagos! ¿No eran acaso unos señoritos necios y superficiales? Juan no estaba dispuesto a soportarlos: aprendió entonces a refugiarse en su mundo. Cada tarde, al acabar las clases, salía del colegio y bajaba aprisa la calle Anglí para llegar cuanto antes a la casa de Pablo Alcover. Allí le esperaban sus lecturas —una *Geografía Pintoresca* con ilustraciones en color—, los juegos con Luisito o las primeras charlas de interés con Eulalia: una mujer que, sin ser la madre, se había hecho cargo de ellos con el amor y la solicitud de una madre. En casa estaba tranquilo.

Con todo, este Goytisolo debió de sentir paralelamente una fuerte necesidad de integración ya que, incapaz de hacerlo por los cauces habituales, desarrolló una mitomanía compensatoria que llegó a ser durante un tiempo uno de los principales rasgos de su carácter. Según él, contaba como propias historias ajenas, atribuía a su familia grandezas o catástrofes que oía contar a algún amigo de su padre, y, no contento con eso, «buscaba ingenuamente la ocasión de maravillar a los demás con bruscas exhibiciones de largueza o atrevimiento». Aunque era un tímido incurable, Juanito no tardó en convertirse en un intrépido. Prueba de ello es que adquirió la costumbre de sustraer dinero del bolso de la abuela mientras la familia almorzaba en el comedor. Al principio eran sumas modestas, algún billete de duro, pero, más tarde, cantidades elevadas que alcanzaron el promedio de las veinticinco pesetas. Con ese dinero subía la calle Mayor de Sarrià, entraba en la tienda del poeta Foix —una pastelería de cuento alemán— y se gastaba la pequeña fortuna comprando grandes bolsas de caramelos; luego iba al colegio, donde los repartía olímpicamente entre sus compañeros. De este modo no sólo se granjeó una corte de admiradores interesados, sino que también pudo desquitarse de algunas afrentas y descubrir los placeres de la vanidad. En otras ocasiones, su afán de protagonismo puso en peligro su estancia en los jesuitas. Recuerda que:

> El profesor de matemáticas, llamado Mercader, se había ausentado unos minutos de la clase y, al volver, advertido por un chivato de una grave infracción al silencio, quiso saber quiénes habían armado bulla. Algunos, en las filas delanteras, alzaron el brazo y, ansioso de darme tono ante los otros, levanté también el mío, sin percatarme de que en la zona en que estaba era el único que lo hacía.

El incidente dio origen a una serie de malentendidos que concluyeron en el despacho del director de estudios, donde el alumno Goytisolo fue sometido a un duro interrogatorio. Aquel niño retraído se había puesto en evidencia: era un intrigante, un mentiroso, quizá un alborotador, y, aunque en el fondo era inocente de todos los cargos, los indicios le incriminaban. Al final no pudo probarse nada, pero a partir de entonces sintió la ojeriza de algunos profesores y se desentendió de los estudios. El episodio es significativo porque le llevaría a aborrecer para siempre el colegio, la prisión a la que tan trabajosamente había comenzado a acostumbrarse; pero, sobre todo, le aportó una valiosísima enseñanza: el lazo íntimo entre los actos humanos y sus consecuencias. Además, tuvo algunas secuelas psicológicas, como la angustia de sentirse culpable por un «crimen» que no había cometido. Años después, durante los tiempos de lucha antifranquista, eso llegó a ser motivo recurrente de sus pesadillas, y reconoce que aún hoy «la escenografía persecutoria me acosa de vez en cuando: estoy en manos de la policía de Franco o de la KGB». Pese a que no pretendo afirmar que estos sueños actuales nacen de aquella experiencia, tampoco desdeño el peso del interrogatorio inquisitorial de los jesuitas, el miedo de enfrentarse por primera vez a un poder omnímodo que podía anularle de un plumazo.

LA NUEVA ESPAÑA

Don José María Goytisolo se había reincorporado con esfuerzo a la gerencia de la ABDECA. Aunque el sueldo de la fábrica le daba para vivir, la situación familiar no era envidiable ni desahogada. A la ausencia de Julia se unía ahora la realidad dramática del país: España entera estaba rota. La comida se distribuía mediante cartillas oficiales de racionamiento, pero los alimentos eran de pésima calidad. Los hermanos recuerdan que la leche era muy escasa, apenas un líquido ligero de color blanco; el azúcar se transformó en sacarina; el café era inencontrable, y el pan fue perdiendo de tal modo sus virtudes que era preciso ponerlo en remojo para poder llevárselo a la boca. No obstante, los Goytisolo eran afortunados: podían recurrir *in extremis* a Torrentbó, que, como toda finca rústica, constituía un bien muy preciado en aquellos tiempos de hambre y carestía general. Los hermanos cuentan que a menudo iban a la masía con el chófer y allí cargaban algunas provisiones —verduras, pollos, huevos, conejos, harina y productos derivados del cerdo— imposibles de encontrar en la ciudad, salvo pagando elevadas sumas en el mercado negro. José Agustín asegura que burlaban los controles a la entrada de Barcelona para evitar que el pequeño cargamento fuera decomisado; Luis, por su parte, que «al llegar a Barcelona pasábamos sin declarar, como de contrabando, el jamón que llevábamos en la maleta, y estaba prohibido no entregar a los organismos oficiales la totalidad de la cosecha de trigo». Los Goytisolo se saltaron con frecuencia la normativa; pero ¿quién tiene escrúpulos en este tipo de circunstancias? Con la harina prohibida Eulalia elaboraba pan en casa, bastante mejor que el detestable pan de racionamiento.

La miseria absoluta que reinaba en el país acabó afectando a las capas superiores, como prueba que en un colegio como los jesuitas de Sarrià se desatara una epidemia que obligó al cierre temporal de las aulas. Los hermanos tuvieron entonces que raparse al cero para combatir el «piojo verde», causante del tifus exantemático. Es sólo un detalle más porque, entretanto, los jerarcas del Régimen vivían en una continua borrachera de gloria. Seguros del carácter divino de su cruzada, no dudaban en sacrificar hasta los últimos restos de dignidad del pueblo. Así, muchos hombres fueron fusilados en los fosos del castillo de Montjuïc o en los siniestros eriales del Campo de la Bota. Si la barbarie miliciana se había cobrado cincuenta mil víctimas en el primer semestre de guerra, antes de ser erradicada por el propio gobierno republicano, la barbarie nacional-católica había doblado esa cifra a lo largo de la guerra y estaba ampliándola ahora con nuevos fusilamientos que dejaron como mínimo cuarenta mil muertos más, contando sólo hasta el año 1945. Ésos eran los salvadores de la patria. En palabras de Román Gubern, así era su nuevo país:

El panorama de miseria en la posguerra resultaba impresionante, incluso para un niño burgués arropado protectoramente en un barrio elegante de Barcelona. La proliferación de mendigos y tullidos en todas las calles hacía imposible su ocultación. Sus patéticas presencias, con muñones y harapos, constituían las contrafiguras derrotadas y penosas de los Caballeros Mutilados, los heridos del bando franquista y con derecho a subsidios y prebendas. Y estaban además las enfermedades: la tuberculosis, la difteria, el tifus exantemático, la sarna y la tiña, provocadas por la desnutrición, la falta de higiene y el hacinamiento.

En este contexto de plagas, miseria y represión, el estallido de la Segunda Guerra Mundial y las primeras victorias del ejército alemán fueron vividas por los adeptos a Franco como una confirmación de los sagrados valores fascistas. Al igual que en otras familias, la nueva guerra produjo dos bandos en los Goytisolo, posiciones que no reflejaban tanto el aprecio o repudio a la causa nazi como simpatías juveniles hacia los países en litigio. Pero en aquella España no era prudente estar de parte de Inglaterra, de modo que la germanofilia de tío Ignacio –quien se hizo con un disco con la voz del Caudillo para oírlo en la gramola– se impuso a la anglofilia cauta de sus hermanos Leopoldo y Luis. Según parece, el padre de los escritores también apoyaba la causa alemana, algo lógico en alguien que admiraba las virtudes de su pueblo y creía en el orden. Sea como fuere, las victorias fulgurantes de las tropas de Hitler fueron acogidas con fervor en muchos hogares españoles, y pese a que José Agustín Goytisolo asegura que el suyo no era uno de ellos me temo que sí lo fue. Quizá no hubo en el padre gran entusiasmo, aunque debió de seguir los progresos de las fuerzas del Eje con ávido interés. Otro tanto pasaba con los niños, que iban a familiarizarse pronto con la nomenclatura y devenir de la contienda: el Corredor de Danzig, la Línea Maginot, la Línea Sigfrido... La guerra triunfal que no habían podido vivir en Viladrau les atrapaba ahora como un formidable libro de historia que se escribía ante sus propios ojos en las páginas de *Signal*.

A principios de los cuarenta los hermanos entraron en alguna página de ese libro. Fue cuando el conde Ciano visitó Barcelona y los jesuitas obligaron a los alumnos a vestirse con camisa azul y boina roja para participar en el acto de recibimiento. Ataviados con el uniforme de Falange, cientos de chiquillos bajaron a pie desde Sarrià hasta el Ensanche, sumándose a la apoteósica fiesta de bienvenida.

Perdidos entre la multitud, los Goytisolo alzaron el brazo y gritaron hasta enronquecer mientras el yerno del Duce aparecía en coche descubierto cruzando aguerrido aquel escenario de banderas, emblemas y canciones. No podían sospechar que el militar italiano era responsable, junto a Mussolini, de los bombardeos que habían matado a su madre. Pero la derrota y la desinformación familiar propiciaban absurdos como éste. ¿Qué iba a pasar cuando descubrieran la verdad?

EL SÉPTIMO MANDAMIENTO

En casa, Luisito seguía dependiendo principalmente de la abuela Marta. ¡Si al menos la pobre Consuelo hubiera sobrevivido! Pero también ella había muerto antes de cumplir los cuarenta años. Ahora, Marta Vives se dedicaba a hacer lo que cualquiera de sus hijas habría hecho por el crío: acompañarle cada mañana al parvulario San Ignacio, en lo alto de la calle Anglí. Según Luis era un pequeño edificio con un patio trasero para los recreos, y la enseñanza corría a cargo de dos maestras «de aire virginal». El novelista ha escrito esta bella impresión escolar:

> El número de alumnos no sobrepasaría en mucho la veintena y el hecho de que casi todos viviéramos en la vecindad, facilitaba el que, a la salida, los recreos se prolongaran por todo el barrio. Allí llegué a sentirme a mis anchas y, salvo los primeros días, siempre acudí a clase de buen grado. Hay un recuerdo particularmente nítido asociado a esa época: mi regreso a casa marchando marcialmente en mangas de camisa, cantando por lo bajo, contemplando mi propia sombra alargada por el sol de la tarde.

Además de acompañarle al parvulario, la abuela le compraba helados, caramelos y tebeos y, de nuevo en casa, le leía en voz alta cuentos o librillos de la colección «Marujita». Su hermano Juan me dijo entre risas que el pequeño se hacía leer también adaptaciones infantiles de las obras de Shakespeare, y las reclamaba con insistencia despótica sin que nadie supiera la razón. El propio Luis reconoce que pese a tener ya conocimientos, sometía a la abuela a largas sesiones de lectura y protestaba al menor intento de ella de saltarse algún párrafo shakespeariano; hasta que un día, ante los reproches continuos del nieto, la abuela se hincó abruptamente de rodillas y, abriendo los brazos en cruz, le dijo: «¿Quieres que te pida perdón así?» Y Luisito, abochornado, la obligó a levantarse. Esta reacción de la abuela nos recuerda a alguna de su hija Julia. Y es que bajo el aspecto de apacible y bondadosa *yaya* catalana quizá latía un corazón más enérgico de lo que todos creyeron. Desgraciadamente, la *yaya* acabaría desorientándose ante la conducta de sus nietos, especialmente la del solitario Juan. En la época en que éste se habituó a hurtarle del monedero, la abuela comenzó a perder la memoria: olvidaba dónde tenía las cosas, pasaba horas buscándolas y revolvía una y cien veces los muebles de la casa. Dado su final, creemos que manifestaba ya los primeros síntomas de una demencia senil, seguramente el mal de Alzheimer; pero para alguien así la desaparición inexplicable de sus billetes y monedas iba a ser la puntilla. Sumida en el desasosiego, vagaba con el bolso negro de charol bajo el brazo, bisbiseando la oración de San Antonio, sin dejar de pensar dónde había puesto el dinero. Ese dinero, claro, se hallaba ya en el bolsillo del nieto, que lo acariciaba en secreto pensando en una nueva visita a la pastelería Foix. En su novela *Fiestas* hay un personaje, Pipo, que adquiere también el hábito de robar a la abuela. Escojo este párrafo:

> La idea de que la abuela pudiera estar al corriente de sus hurtos le asustaba. Desde un principio sabía que la sisa no podría prolongarse mucho tiempo, pero nunca, hasta entonces, había adoptado una decisión para el momento en que esto sucediese. No obstante, reflexionando bien, la certidumbre era preferible a la ignorancia. Y como, por otra parte, la abuela no se había atrevido a acusarle directamente del robo, su silencio equivalía, en cierto modo, a una tácita aceptación del hecho consumado.

Ello me induce a pensar que la abuela Marta asoció las frecuentes ausencias de Juanito a la hora del almuerzo con las misteriosas pérdidas; pero tanto el abuelo Ricardo como la asistenta Eulalia las atribuían siempre a algún extravío callejero al regreso de la iglesia. A raíz de eso, la víctima tomó sus precauciones y un buen día se sentó a comer con el bolso en su regazo. En la novela, la escena se describe así:

> Hasta que la abuela había comprendido al fin el motivo de sus frecuentes ausencias en medio de las comidas y se presentó a la mesa con su abrigo, en cuyos bolsillos ocultaba últimamente el bolso. Al verla, Pipo comprendió que sus planes se derrumbaban, pero no

quiso darse por vencido. Fingiendo interés por su salud, acudió a toda clase de argumentos para hacerle comprender la conveniencia de mudarse y, aunque la abuela se resistió en un principio, acabó por someterse con los ojos llenos de lágrimas.

Como siempre, la realidad fue más cruel. Juan Goytisolo le recriminó con dureza haberse sentado a la mesa con el bolso, y casi llorando, la abuela tuvo que levantarse y dejarlo en el recibidor, mientras decía con expresión descompuesta: «Como tú quieras, hijo, como tú quieras.»

EL PADRE VUELVE A LA VIDA

Pese a los esfuerzos, don José María Goytisolo no se había repuesto aún de la muerte de Julia. Ciego en su dolor, no quiso volver nunca más a Llançà, el pueblecito que tanto amaba su esposa y en el que habían sido tan dichosos antes del 36; lo mismo ocurrió con el magnífico chalet de la Cerdaña, que fue vendido por una cantidad ridícula después de la guerra. Escribe Luis: «Más que la enfermedad, era la desgracia impalpable lo que ensombrecía su persona (...). De ahí que el recuerdo de Jaume Piquet, 41 que sin duda predomina en los cuatro hermanos sea esencialmente lúgubre, dominado por el cansancio de vivir del padre y, sobre todo, por la ausencia de la madre.» La guerra, pues, supuso una drástica solución de continuidad para todos, creando el contraste entre un mundo feliz y otro desdichado. Pero al menos al viudo le quedaba Torrentbó, un lugar cien por cien goytisoliano. Tras la Guerra Civil, además, don José María fue comprando las partes indivisas de la finca correspondientes a sus hermanos, lo que hizo de él el propietario único del caserón y las tierras. La familia había aprendido la amarga lección del palacete árabe: esta vez no perderían el gran símbolo familiar.

Durante la contienda la Masía Gualba había servido de refugio provisional a un grupo de vascos; pero luego aquellos refugiados se habían ido, y cuando los Goytisolo volvieron en otoño del 39, encontraron la casa en desorden, con los muebles dispersos y llenos de polvo, las habitaciones cubiertas de telarañas. Hubo que limpiarla a fondo y desinfectarla, pues parte de la familia del administrador se hallaba gravemente enferma de tuberculosis. La primera impresión de Luis Goytisolo en Torrentbó es la imagen de una mujer demacrada al final del pasillo –la esposa del administrador–, así como la tajante prohibición paterna de acercarse a ella. El pálido fantasma de Antonio surgía de nuevo.

Desde el principio el señor Goytisolo supo que el *mas* podía servir de granero familiar en aquellos tiempos de extrema penuria, y trazó un plan para el mejor aprovechamiento de la finca. En pocos meses, la Masía Gualba y sus alrededores se transformaron en una propiedad agrícola y ganadera, donde la explotación de alcornoques convivía con la cría de animales –vacas, cerdos, conejos y gallinas– y el cultivo de las huertas. Marta recuerda bien aquel verano de 1940, cuando las ideas dinámicas del padre transformaron el lugar en una pequeña empresa agropecuaria, gracias, según Juan, «a la abundancia de una mano de obra barata y sumisa». Sin embargo, se necesitaba un hombre experto para dirigirlo todo: limpieza de la zona –bosques y pozos–; selección y cría de las bestias, control de los cultivos y cuidado de los árboles frutales. José María Goytisolo contrató entonces los servicios de un veterinario, don Ángel, que pasó a dirigir las distintas tareas de los peones. Siguiendo las indicaciones del amo, se encargó especialmente de la construcción de nuevos pajares y gallineros para los preciados animales de corral. Luis asegura que don Ángel, llevado por su celo, extendió sus dominios a la casa, en cuyo piso superior docenas de minúsculos pollitos correteaban alegremente; también recuerda que su padre y el veterinario se sentaban en el jardín para planear nuevas mejoras, y con el tiempo plantaron varias chumberas en el bosque cercano al caserón. Pero en realidad todo era un fraude, porque cuando el amo bajaba a Barcelona, don Ángel permanecía tranquilamente bajo un árbol, durmiendo la siesta. Semanas después, los conejos enfermaron y las vacas dejaron de dar leche y, al comprobar que su empresa agrícola generaba misteriosas pérdidas, don José María sustituyó al veterinario por una familia de payeses. Para el futuro, retengamos el esquema Padre-Socios-Engaño.

Dicen que los reveses no menguaron su espíritu emprendedor sino que le indujeron a seguir experimentando. En una ocasión preparó un tinte a partir del jugo extraído de las cáscaras de nuez, a imitación de la pintura «nogalina», producto difícil de hallar en el mercado; más adelante elaboraría un fijapelo a partir de la pulpa de chumbera, con el fin de evitar la caída del cabello y fortalecer sus raíces. Pronto lo probó consigo mismo y su cabello adquirió un toque ligeramente *punk*, pero cuando hizo lo propio con Juanito los resultados fueron calamitosos. En vano su hijo lloró y protestó, pues fue embadurnado con aquella pócima y enviado al colegio, donde fue objeto de burla a causa del color de su pelo. Aquella humillación pública no contribuyó precisamente a cerrar la brecha entre padre e hijo, porque el niño veía ahora cómo el viejo enfermo de Viladrau se estaba convirtiendo en un peligroso científico que usaba a sus hijos como conejillos de Indias. Luis no comparte, en cambio, tal opinión: sostiene que el color del cabello de Juan se debía más bien al fijapelo Lucky Strike –la gomina de la época– que, usado en exceso, adquiría cierto brillo verdoso y luego resquebrajaba el peinado.

Todavía hoy, las actividades paternas fueron para Juan temerarios «descubrimientos», mientras que para Luis eran simples «entretenimientos». En todo caso, revelan mucho de un hombre que no sabía vivir con los brazos cruzados y necesitaba de una permanente actividad. ¡Qué calvario debió de pasar en Viladrau, barruntando en la cama mil ideas irrealizables! Su ansia científica había crecido, además, a raíz del progresivo distanciamiento de la ABDECA, su amada fábrica. Según los hijos, el padre había vuelto a ella cargado de ilusiones, pero sus socios le envolvieron pronto en una red de oscuras maniobras. Por lo visto, pretendían vender en el mercado negro los cupos de gasóleo que les entregaba el Estado en lugar de utilizarlos en la fábrica, como mandaba la ley. Honesto, don José María Goytisolo se enfrentó abiertamente al consejo de administración, y su salida de la fábrica se hizo inevitable. Fue, por tanto, víctima de su propia ética empresarial, tan poco acorde con los tiempos de engaño, fraude y picaresca generalizada de la posguerra.

Los niños sintieron a su modo lo de la ABDECA: el padre tenía un chófer, había estrenado un flamante auto americano... Y si la fábrica de Hospitalet era para ellos un lugar un tanto nauseabundo y aterrador, el despacho del Paseo de Gracia era, por el contrario, un escenario agradable, pulcro, sereno. Luis Goytisolo recuerda haber recorrido la sala general, con sus pupitres de contabilidad, archivadores y máquinas de escribir; entrar en la oficina del padre, con su impecable mobiliario de caoba, o perderse en el almacén –su dependencia favorita–, donde se guardaban blocks, libretas, papeles, gomas de borrar y lápices de dos colores que algún empleado le regalaba antes de salir. Con los años escribiría sus impresiones sobre la pérdida de todo aquello, simbolizada por el auto familiar:

> Para mí, en lo que a nuestra familia se refiere, la piedra de toque fue la pérdida del coche. No ya el DKV de mi padre, que él ni que-

ría ni podía volver a conducir, dada la persistencia de la imagen de mi madre sentada en el asiento contiguo: el viejo Cadillac, un sedán como el de las películas ambientadas en los años de la prohibición, del que disponía, al igual que del chófer, en su condición de gerente de la fábrica. Al dejar el cargo, no vio motivo alguno para seguir manteniendo un coche y un chófer y, mientras en el barrio se veían cada vez nuevos y más numerosos modelos –el Packard era el de mayor empaque–, nosotros nos quedamos sin el nuestro.

Lejos de la ABDECA, el señor Goytisolo se resistió a aceptar la suerte y enseguida acarició nuevos proyectos con la esperanza de que alguno acabaría siendo comercializable. Su hija Marta recuerda que hacia 1942 su padre entró en contacto con un científico de Barcelona que había vivido varios años en Canadá. Este individuo, el doctor Roset, le convenció para alquilar una casona algo destartalada en el Paseo de Santa Eulalia, en Sarrià, y montar allí un laboratorio bacteriológico con el pomposo nombre de Laboratorio de Bacteriología Radicícola. Don José María aceptó con entusiasmo, seguro de sus grandes posibilidades, pero siguiendo el dudoso criterio de asociarse con todo aquel que compartiera sus principios conservadores y su fobia anticomunista. En aquel laboratorio, pues, desarrollaron un revolucionario método botánico destinado a potenciar el crecimiento y producción de las plantas. Para ello, contaron con la ayuda de las muchachas de ambas familias: tanto la hija menor del doctor Roset como Marta Goytisolo y dos primas suyas iban a diario al caserón para inocular plantas de soja. Vestidas con batas blancas, soñadoras como enfermeras hemingwayanas, colaboraron así en un proyecto romántico que, si entonces sonaba a pura extravagancia, hoy resulta familiar para cualquier estudiante de Agronomía. Pero en aquella España las investigaciones rara vez rebasaban el marco de lo especulativo, y el laboratorio de Sarrià acabó convirtiéndose con el tiempo en un costoso juguete familiar que generaba considerables pérdidas. Con tristeza, el padre decidió cerrarlo. Su Laboratorio de Bacteriología Radicícola fue en suma otro sueño roto.

¿Qué debemos pensar de este hombre? ¿Era un precursor o un iluminado? Parece claro que muchas de sus ideas se han hecho realidad. Actualmente nadie discute, por ejemplo, la relación entre tabaco y cáncer, o entre cáncer de piel y exceso de sol. Asimismo, don José María era enemigo acérrimo de la manipulación de alimentos, del uso de ingredientes artificiales y de los excesos del progreso mecanizado. Todos sus hijos lo reconocen hoy como un pionero de los movimientos ecologistas, alguien que les educó en el profundo respeto al medio natural. Sin embargo, la relación con él estuvo marcada por una incomprensión descorazonadora. Quizá el padre les parecía un viejo inquieto y soñador, abocado invariablemente al desastre. Fuera lo que fuese, la sensación de «rareza» paterna, descubierta por José Agustín en la torre de Vía Augusta, fue calando en los otros hasta crear un cisma en la posguerra. Pienso que hubo entre ellos no sólo una notable diferencia de edad sino de gustos e intereses. Ninguno de los varones se emocionaba con sus proyectos; del mismo modo, él tampoco entendía sus inquietudes. Quién sabe si entonces el viudo volvió a pensar en su hijo muerto, el único que había sido receptivo a materias que amaba, como la química. Sí. Seguro que Antoñito le habría secundado ciegamente en sus empresas, brillante, solícito, cooperador. En su lugar, en cambio, tres chicos le miraban ahora como a un lunático: Juan, un solitario de carácter áspero y ensimismado; Luisito, un niño inteligente que prefería el calor de las mujeres, y Pepe, una mezcla de tristón y pandillero que adoraba el fútbol y la vida de barrio. Es más, con quince años El Coyote se comportaba aún como en Viladrau. ¿Cuándo aprendería a crecer? Mucho después el poeta evocará aquellas heroicas amistades de adolescencia:

> Chicos, amigos callejeros y veloces
> honderos gente brava.
>
> Vosotros fuisteis mi primera escuela
> de lucha y amistad.
>
> Con la mano tendida, sin la piedra,
> yo os reconozco, ahora.
>
> Quiero que recordéis la luz, el aire,
> la nieve del lugar.
>
> Quiero que regresemos al pan duro,
> a la fruta furtiva.
>
> Venid aquí, la tierra es nuestra. Oídme.
> Necesitaba hablaros.

GERMEN DE CULTURA

El señor Goytisolo se preguntaba a menudo qué les depararía el futuro. No les atraía la ciencia, desde luego, pero tuvo que admitir que empezaban a dar signos de interés por la cultura. Y la cultura era cosa de los Gay, o más bien de las Gay. Aunque las dos hermanas habían muerto, el viudo creía sentirlas en la casa, sobre todo desde que el abuelo Ricardo trajera otro álbum de discos de tía Consuelo con obras de Bach, Mozart, Beethoven o Schubert. Pronto los chicos se interesaron en él, especialmente Marta y Pepe, quienes adquirieron la costumbre de poner algún disco de baquelita en la gramola del comedor. Cualquier día, pensó el padre, descubrirían también la biblioteca de Julia, un armario con sus amados libros, y empezarían a leer. Aquel mueble era un recuerdo muy doloroso, pero el viudo no tuvo valor para deshacerse de él y lo conservó en Pablo Alcover, igual que el piano que había pertenecido a su esposa. Todo eso era cultura. Pepe, además, había encontrado un valioso maestro en don Ricardo Gay. Buen conocedor del latín, el abuelo estaba tan contento de que el chico hubiera empezado a estudiarlo en los jesuitas que incluso se dedicó temporalmente a hablarle en esa lengua como complemento a las clases de bachillerato. El señor Gay le contaba fábulas y le enseñaba a traducirlas con el máximo rigor. El poeta no ha olvidado aún su primera versión de una fábula de Fedro: «En un mismo río vinieron el lobo y el cordero, empujados por la sed...», ni tampoco el veredicto del abuelo: «¡No! ¡Afina más! ¡Afina más!» A distancia, don José María lamentaba por una vez no estar en el sitio del suegro.

Pero sería injusto atribuirles a los Gay la exclusividad en la formación cultural goytisoliana, porque también hubo enseñanzas por la rama paterna. Los hermanos coinciden en que dos de los tíos, Luis y Leopoldo, tuvieron una notable influencia en su formación literaria. Sabemos que tío Luis padecía una sordera temprana que le condujo al aislamiento, convirtiéndole en un voraz lector de biografías y memorias que coleccionaba en el salón de su piso de soltero —un apartamento moderno, en la línea racionalista de los treinta— que compartía con su hermano Leopoldo. Cada vez que los sobrinos iban a visitarles, tío Luis les mostraba los volúmenes más llamativos con el fin de despertar su interés. Tío Luis era, asimismo, el padrino de Luisito, y cada domingo de Pascua se presentaba en Pablo Alcover, acompañado de un mozo de pastelería, con una espléndida «mona» —el pastel catalán— para su ahijado. A partir de 1941 el padrino sustituyó los juguetes tradicionales por libros, como si hubiera hecho de la educación literaria del menor algo personal. Desde entonces el 6 de enero, día de Reyes, y el 21 de junio, día de su santo, le obsequiaba con algún libro acorde con la edad. Si al principio fueron obras de Salgari, Verne o Walter Scott, con el tiempo serían novelas de Twain, Stevenson, Chesterton, Conrad o Melville. También hubo lugar para Baroja, Galdós o Balzac. Mientras la mayoría de niños de la época leían obritas de entretenimiento, los Goytisolo empezaron a familiarizarse con grandes autores.

DOS TÍOS DE NOVELA

Entre todos los tíos fue Leopoldo –médico y soltero– quien mantuvo con los niños la relación más estrecha: tenía el hábito de visitarles cada semana en Pablo Alcover y estas visitas estaban plenamente integradas en el calendario familiar. Era, además, un huésped asiduo de Torrentbó, la finca donde había pasado siempre sus vacaciones pero que legalmente ya no era suya. Pese a ello, disponía allí de una habitación a la que los chicos llamaban «el cuarto de tío Leopoldo», honor que no tuvo nunca su hermano Luis. Claro que no era el único habitual, pues otros miembros de la familia aprovechaban las grandes dimensiones de la Masía Gualba para veranear. Tía Catalina, la hermana mayor del padre, se instalaba con sus dos hijas y una sirvienta, la Genara, en las habitaciones cercanas a la capilla. Esta viuda hipocondríaca empleaba todo su tiempo en rezos y plegarias, así como en el obsesivo cuidado de su salud. El novelista Juan Goytisolo dejó este retrato de ella:

La variedad e índole antitética de sus dolencias, exigía el consumo regular de numerosos remedios, destinados, en la mayor parte de los casos, a anular los perniciosos efectos de una medicina anterior: la poción que tomaba para el hígado afectaba al parecer negativamente al estómago y requería en compensación un mejunje que por desdicha dañaba los riñones, con lo cual se hacía indispensable la administración de una pastilla especial para aquéllos que, a su vez... Entre pócimas y brebajes, potingues y drogas, tía Catalina intercalaba un cuadro muy apretado de oraciones y actos piadosos, ya de carácter cotidiano y metódico, ya ligados a las efemérides del santoral: rosarios, trisagios, novenas, preces expresamente indulgenciadas y una letanía de plegarias menores para beatos y santos de su particular devoción.

Durante años, los sobrinos la vieron deambular por la casa, auxiliada siempre por su hija mayor, o perder la tarde en la *chaise-longue* del jardín, con el rosario en la mano, mientras la Genara y Eulalia desgranaban guisantes en un cesto a la sombra de los eucaliptus. Luis Goytisolo la emplearía como modelo para la tía Paquita de *Recuento:*

> También estaba tía Paquita, fatigada por el viaje, cada vez más estricta, cumpliendo sus devociones, una práctica –la precisa– para cada ocasión: la hora Santa, los cinco sábados de la Purísima, los cinco domingos en honor de las llagas de san Francisco, los seis domingos de san Luis Gonzaga, los siete domingos de san José, los nueve primeros viernes de mes, los quince martes de san Antonio... Cumpliendo, acumulando indulgencias, hablando de la particular protección que gozan los que usan escapulario e, incluso, los que llevan un simple rosario en el bolsillo, siempre dispuesto, discretamente enfundado, refiriendo todavía la horrorosa muerte de Voltaire o la condenación irremisible de Isabel de Inglaterra.

En este escenario pío que habría hecho las delicias de la peligrosa señorita Bohí, Pepe Goytisolo se jactaba ante la tía de estar leyendo un libro altamente formativo para el espíritu: *Los crímenes del obispo,* título cuya sola mención multiplicaba los achaques de la dama.

Por contraste, la aparición de tío Leopoldo resultaba una fiesta. Cada año, a principios de julio, se hacía recoger por alguno de los masoveros –el Rata o Alfredo– en la estación de Caldetas y subía en tartana hacia la casa, cargado con este sencillo equipaje: una maleta con una muda, libros, tabaco, aceite, embutidos y una porción de queso de Mahón –envuelto en papel de periódico– que le enviaba regularmente de Menorca una prima Taltavull. Según Juan, llevaba estas provisiones para que don José María Goytisolo no pudiera acusarle de gorrista, pues, aunque le dejaba veranear en la casa, no perdía oportunidad de recordar al hermano soltero su generosa hospitalidad. Fuera ésa u otra la razón, el tío llegaba huyendo de Barcelona, sus ruidos, calores y verbenas, y se presentaba con su cargamento particular, con el que cada mañana preparaba su desayuno en la cocina para pasmo resignado de Eulalia.

Era éste el primero de algunos hábitos que rayaban en lo excéntrico, consecuencia de un carácter original y estrafalario unido a su falta de respeto por las convenciones. Todos aseguran que tío Leopoldo fue un personaje novelesco y, de hecho, aparece en diferentes partes de la obra goytisoliana, principalmente en la de Luis, tanto como el tío Gregorio –o Gregorius– de *Recuento* como el tío Eusebio de *Estatua con palomas*. Anglófilo en una España filonazi, lector de la *Encyclopaedia Britannica*, elegante de porte, pero desaliñado de atuendo, solía desaparecer luego en agosto en busca de lugares más frescos, como Camprodón o San Juan de las Abadesas. Su regreso en septiembre constituía en Torrentbó un nuevo acontecimiento: volvía con más aventuras imaginarias, que los sobrinos tomaban por reales, y con historias reales que sonaban a pura ficción. Con deslumbrante exactitud hablaba de la vida en los países exóticos, que conocía como nadie gracias al *Calendario Atlante* de Agostini: les revelaba secretos sobre el Altiplano andino, la Pampa argentina, las lluvias de Zanzíbar... El tío Leopoldo se sentía además particularmente atraído por las tierras africanas, llegando al frenesí ante la imagen de alguna plantación cultivada por mujeres indígenas: «¿Habéis visto qué pechos tienen? ¡Parecen verdaderos melones!», exclamaba al pasar alguna lámina. Y los niños reían como locos.

Muchas noches, después de la cena, tío Leopoldo salía con ellos al jardín para descubrirles los misterios del cielo estrellado: Arturo, Casiopea, las dos Osas... ¡Qué universo inabarcable! Escribe Luis: «Miraban las estrellas y las constelaciones y sus giros, según pasaba el verano.» Pero pronto la observación del cosmos trajo la certeza casi metafísica de la propia pequeñez, y esa impresión alimentaría con el tiempo las primeras dudas religiosas. Parece seguro que don Leopoldo Goytisolo era muy distinto al resto de sus hermanos: en ocasiones los niños le oían discutir en la galería, defendiendo apasionadamente la causa de Inglaterra; otras, en cambio, sacaba a relucir los chismorreos familiares, ante el enojo de los presentes. Gracias a él, los sobrinos conocieron ciertas historias o rasgos de familia que de otro modo habrían caído en el olvido: el derroche de los Taltavull, la tacañería del abuelo Antonio, la simpleza de algunos primos o la piedad enfermiza de tía Catalina, quien escuchaba los comentarios de su hermano iconoclasta al borde del colapso. El tío le decía socarrón: «¿Crees de verdad que una de tus avemarías, repetida como una cotorra somnolienta, va a redimir penas de millones de años a las benditas ánimas del purgatorio?» Tío Leopoldo fue, por tanto, la estrella fija de aquellos veranos de posguerra, el mejor compañero de unos niños que apenas jugaban con el padre.

OCIO EN LA MASÍA GUALBA

Pero al margen de tío Leopoldo, los Goytisolo se entretenían con las clásicas ocupaciones infantiles de los señoritos de la época: leían libros y tebeos, se bañaban en el estanque, corrían con los perros y jugaban al *croquet;* también se aficionaron a los juegos de mesa: cartas, parchís, palé –una especie de Monopoly– y al exótico *Mah-jong.* Sin embargo, aquellos juegos sacaban a flote diferencias y contenciosos antiguos, de modo que si en Viladrau Pepito y Juanito tuvieron una relación de camaradas, el retorno a los escenarios familiares como Torrentbó reprodujo en cada uno algunos *tics* de la primera infancia. Juan comenta que «reñíamos con frecuencia», y añade sobre José Agustín: «... su ingrata condición de primogénito –comparado siempre por mi padre, en términos desfavorables, con el hermano anterior prematuramente desaparecido– ilumina bastante las dificultades sicológicas con que luego tropezaría en la vida». Lo peor era que el padre había adquirido también la costumbre de recordarle a Pepito lo mucho que habría sufrido Julia, su querida madre, con cada nueva diablura suya. Aunque el poeta no me ha hablado de ello, tales comentarios existieron y, sin duda, debieron de acrecentar no poco sus arraigados sentimientos de culpa. Supongo que por autodefensa, José Agustín prefiere evocar solamente que Juanito fue en Torrentbó el blanco predilecto de sus fechorías:

> Mi hermano tenía un perro y yo otro. Y yo le daba pastillas laxantes al suyo para que se «descagarrinara» vivo; entonces él pinchaba en secreto mi bicicleta, y estábamos todo el día como el ratón y el gato. Cuando jugábamos al *Mah-jong* y le ganaba, yo le hacía «Ni-ni-ní-ni-ní» delante de sus narices, como queriendo decir «Joróbate», y él soltaba un «¡Arghh!» de rabia e impotencia. Otras veces, durante la noche, él llamaba a mi padre desde la cama y le decía: «Papá, Pepito me hace *ganyotes.*» Mi padre le preguntaba que cómo lo sabía, si las luces estaban apagadas y no podía verme. Y él replicaba desesperado: «Porque me lo imagino.»

Los peores momentos se produjeron durante las partidas de cartas o de *Mah-jong*, donde el siempre quisquilloso Pepito encontraba en Juan lo que Luis define como «un pésimo perdedor». Ante la derrota de su víctima, Pepito enarcaba las cejas en un aleteo y sonreía maligno para humillarle al máximo; el otro se echaba a llorar o pedía a gritos la ayuda del padre. Era justo lo que quería el primero, que entonces le llamaba «acusica» o «mariquita» y le recordaba con sorna que había sido un niño gordo y que ceceaba. Le decía: «Eras papizota, ¿no te acuerdas?» José Agustín Goytisolo, pues, abusó de su condición, ensañándose cruelmente con aquel hermano –el Intruso– que tiempo atrás le había destronado.

Hoy sabemos que lamenta todo aquello de corazón. Según me dijo: «Cuando éramos pequeños me porté muy mal con él, fui muy injusto. Lo siento. Le he pedido perdón mil veces, pobre Juan, tanto que le quiero. Pero quizá no haya sido suficiente.» Juan, por el contrario, sostiene que aquellas riñas concluían de forma repentina, sin ningún resabio ni enemistad. Pero ¿cuál era el límite de su paciencia?

En palabras de Luis, Pepe les trataba habitualmente «con el desdén con que el mayor suele dirigirse a los *peques*». Quizá por eso, el menor de los Goytisolo prefería como compañeros a los hijos e hijas de los campesinos, con los que jugaba en el bosque e incluso se entregaba a prácticas de exploración médica sobre un montón de algarrobas. Como le ocurría con Pepe, tampoco Juan era su mejor aliado para una tarde de entretenimiento, según se desprende de este pasaje de *Estatua con palomas*:

> Pero sucedía que los juegos por él propuestos, inspirados en *Geografía Pintoresca*, uno de sus libros favoritos, no nos divertían en absoluto: imaginar viajes en barco por Oceanía comerciando con los nativos, intercambiando perlas por abalorios y cosas así. O jugar a espías, pero no físicamente como jugábamos nosotros, sino utilizando, a modo de muñecos, fotografías recortadas de las revistas. Recuerdo el caso concreto de Marlene Dietrich, a quien, bajo la mirada de sus grandes ojos claros, había que *hacerle hablar*; el método ideado por Juan consistía en introducirla paulatinamente en una máquina de picar carne, un procedimiento que contrastaba grandemente con los deliciosos suplicios que a mí se me ocurrían, si es que podía hablarse propiamente de suplicios.

Es lógico que, ante los ataques de Pepe y el escaso entusiasmo de Luisito, Juan se refugiara a su vez en la lectura o dejara volar la fantasía. En ese vuelo, uno de sus horizontes favoritos era Cuba, la isla donde sus antepasados habían llevado una existencia principesca. Esta fascinación se remontaba al otoño de 1939, cuando su padre le mostró en Torrentbó el viejo machete del bisabuelo: arma que debió de impresionarle, pues aparece como símbolo de poder en alguna de sus novelas. Fiel al mito, el viudo le había referido entonces que los esclavos negros adoraban al amo Goytisolo y lloraron amargamente al obtener la libertad. En la masía había además otros elementos procedentes de la isla: un dibujo a lápiz, enmarcado, en el saloncito contiguo a la galería, con el retrato imponente de don Agustín; legajos de papeles comerciales y fajos de cartas marchitas que se amontonaban en la buhardilla; o una colección de fotos donde el niño pudo revivir la epopeya familiar a través de imágenes que ya conocemos: el ingenio azucarero, el palacete de Cienfuegos o el tren cañero, con su apellido escrito en la vieja locomotora de vapor.

La historia del bisabuelo surgía así aureolada de romanticismo. Incluso el burlón tío Leopoldo aportaba detalles sobre la grandeza de la aventura cubana; en las tardes veraniegas solía contarles una leyenda inexacta pero de gran atmósfera: el último viaje de don Agustín, inmóvil ya en su majestuoso ataúd de bronce, en las bodegas de un buque que lo trajo desde La Habana. Es obvio que todas estas historias contribuyeron a que Juanito Goytisolo se sintiera tempranamente vinculado a la isla, fiel a un mito indestructible. Sentado en los sillones de mimbre del jardín, hojeaba la edición encuadernada de la vieja *Ilustración Española y Americana*, donde aparecían espléndidos grabados de estampas coloniales o fotografías de los soldados que combatieron heroicamente en la manigua. Con la imaginación encendida, el niño evocaba aquellas hazañas como si fueran propias, hasta que un día descubrió con sorpresa que un grupo de cubanos se habían alzado contra la familia. En *Pueblo en marcha* escribe que la intervención yanqui, el hundimiento de la escuadra española y el fin del imperio colonial le llenaron de desconsuelo. Pese a ello, el glorioso pasado antillano siguió encarnando a sus ojos el paraíso perdido.

Junto a ese pasado, el presente era un mar tranquilo de días estivales, idénticos como las olas lejanas que los chicos podían ver desde la casa. Sólo los domingos eran algo distintos. Entonces la familia se desplazaba en tartana hasta la vecina iglesia de Santa Cecilia, en una escena de cierto aroma lampedusiano. Allí, el padre Goytisolo y tía

Catalina se colocaban en los primeros bancos, con otros señores del pueblo, mientras ellos permanecían al fondo del templo junto a los payeses de Torrentbó. A principios de los cuarenta, los sermones de *mossèn* Lluis giraban invariablemente en torno a la moral y las costumbres, de manera que era frecuente oírle lanzar anatemas contra el espectáculo inmoral de la vecina playa de Caldetas. Al acabar la misa, el señor Goytisolo permanecía fuera de la iglesia charlando con la acaudalada viuda de la familia Garí y su escolta de damas, instante en que sus hijos escapaban corriendo hacia la casa. La guerra, tal como soñó Julia Gay, sólo había sido un mal sueño.

Por lo demás, los hermanos pasaban casi todo el tiempo dentro de los límites de la propiedad, donde cada viernes se recibía al *mossèn* para celebrar misa en la capilla familiar o se organizaban algunas reuniones con otros miembros de la colonia. En *Recuento* Luis escribe:

> Veraneantes. Bromeaban, curioseaban por el jardín, por la casa, se acodaban en la baranda de la galería. En la glorieta había bandejas de canapés, de pan con tomate y jamón, y jarras de limonada y horchata y, para los mayores, sangría. Los mayores se concentraban allí y en el campo de croquet, de donde llegaba el seco chocar de las mazas. También paseaban hasta el estanque, en lo más escondido, un breve surtidor que escurría sobre el agua transparente, cuajada de algas sombrías.

En otros momentos, los chicos se entretenían recogiendo los frutos que daba el verano: almendras, uvas, cerezas o higos. Era como seguir en Viladrau, sólo que ahora el mundo entero era suyo y nadie iba a molestarles. Juan recuerda que marchaban de excursión con las primas María y Carmen, avanzando a través del bosque con las cestas del almuerzo hasta llegar a una fuente lejana o una ermita como la del Corredó. Pepe, en cambio, era más partidario de acercarse hasta las playas del Maresme –la Babilonia del *mossèn*–, donde la vida costera les descubría un bullicio inconcebible en Torrentbó. Junto a estas actividades en grupo, los hermanos tenían cada uno su propio mundo, con gustos particulares que no siempre compartían. Sólo la lectura fue un hábito común a los tres aunque, lejos de unirles, los mantuviera repartidos ociosamente por las butacas y sillones de la Masía Gualba. En *Estatua con palomas* Luis evoca con tintes suavemente bucólicos el querido escenario rural:

Aquellas mañanas de Torrentbó con urracas y sol, urracas vistosas y aleteantes, su canto cascado llegando desde los campos más próximos, como si celebraran la abundancia de frutos en sazón. O al anochecer, cuando yo me iba a conversar con los jornaleros mientras cenaban bajo las higueras; hacia la mitad de la cena había que encender la luz exterior y de inmediato aparecían dos o tres salamanquesas prestas a cazar mariposas nocturnas. Supongo que si hoy día dejo encendida la luz del baño en la casa de campo, en otra casa de campo, será para permitir a las salamanquesas de ahora empezar tan puntualmente como las de entonces su caza de mariposas nocturnas, idénticas unas y otras en su aparente inmovilidad.

EL COYOTE «VERSUS» LA COMPAÑÍA

Esta vida de *château* concluía con el regreso a Barcelona para empezar el curso. Supongo que la vuelta a la ciudad era siempre un poco triste; sin embargo, Pepe Goytisolo tenía sus compensaciones. Aunque las bicicletas de verano quedaran atrás, era feliz reencontrándose con los chicos del barrio o jugando al fútbol con sus compañeros de colegio. En realidad aquello se había convertido en una obsesión desde su ingreso en los jesuitas. Cuentan que jugaba muy bien, quizá porque era muy delgado y a la vez tenía mucho aguante. Desde su posición de interior era sumamente habilidoso y temido por los defensas rivales, pero eso le trajo problemas con otro alumno. En cierta ocasión dribló repetidas veces al lateral del equipo contrario y éste, irritado, aprovechó su mayor corpulencia para atacarlo por la espalda y romperle el brazo. Este mal perdedor se llamaba Salvador Pániker. En su libro *Primer testamento* el hoy célebre ingeniero-editor incluye fragmentos del diario que llevaba en aquella época. El día 3 de octubre de 1942 se lee: «Le rompo el brazo a Goytisolo y me expulsan del colegio. Me es indiferente. Podría ir al Virtelia.» Más adelante vuelve sobre este episodio: «Yo solía llevarme bien con todos. El único incidente violento de aquel tiempo lo tuve con José Agustín Goytisolo, ya lo he mencionado. Discutimos, no recuerdo por qué, y le di un empujón, con tan mala fortuna que vino a chocar contra una arista del patio de recreo, y se rompió un brazo. Su padre habló con el mío y hubo de pagar la cuenta del médico.» En opinión del poeta, Pániker miente como un bellaco: «... me rompió el brazo a traición, porque me lo meé tres veces seguidas». Algo de eso debió de haber, pues aquel episodio generó tanto revuelo entre las familias que el señor Pániker se vio forzado a pagar las curas de Pepe Goytisolo en la clínica del doctor Soler-Roig, lo que difícilmente se habría producido en caso de un percance fortuito. Ahora bien: José Agustín no era precisamente un cordero ni un inadaptado. A diferencia de su hermano Juan, los informes psicopedagógicos dan por satisfactoria su integración al colegio, y sólo lamentan que no explote al máximo sus cualidades. Leo en uno de ellos: «Está entre los mejor dotados intelectualmente, pero por sus notas de aprovechamiento de los dos primeros trimestres quedaría clasificado sólo en el segundo cuatril, es decir, entre los de mediano rendimiento escolar. Parece, pues, que podría rendir más.» Con sorna, el poeta define el informe como «mi primera ficha policial», o «una ficha policial cojonuda». Pero lo cierto es que no sufrió en los jesuitas un duro interrogatorio como el de su hermano.

No obstante, sería Pepe el responsable de que la estancia de los Goytisolo en aquel colegio se interrumpiera en 1943. En los últimos años había reforzado su amistad con otros alumnos de Sarrià o Bonanova. Dicha amistad respondía al perfil trazado, esta vez con exactitud, por Salvador Pániker al hablar de amigos comunes como Joan Reventós: «Uno piensa que eran relaciones cargadas de convenios tácitos, adaptaciones sutiles, intrincados roces con los crecimientos interiores de cada cual, el humor y la imaginación, los amagos de rebeldía compartida, la complicidad en el rechazo parcial del mundo, el reparto de papeles, una cierta balbuciente escala de valores, la seguridad grupal.» Esa rebeldía compartida cristalizaba en audaces golpes de mano contra el *establishment* jesuítico, gamberradas como colocar una moneda de diez céntimos en el casquillo de la bombilla del aula con el fin de provocar un cortocircuito cuando el cura encendiera las luces. Joan Reventós recuerda también que arrancaban las cadenas de la cisterna del retrete para fabricar unos collaritos que luego regalaban a las niñas del Sagrado Corazón.

Fue precisamente en los retretes donde cometieron, según José Agustín, una nueva fechoría. Por lo visto, los alumnos disponían de instalaciones deficientes: apenas un triste agujero —una «turca»— y un clavo en la pared para sostener las tiras de periódico que cumplían las funciones de papel higiénico; pero junto a estos retretes existía un misterioso cuartito reservado a los padres jesuitas que a Pepe y sus amigos les llamaba poderosamente la atención. Un día, aprovechando la hora de la limpieza, descubrieron lo que los curas escondían

165

dentro: una taza impecable, con doble tapa de madera pulquérrima; un pequeño lavabo; el correspondiente espejo, toallas y un perchero para colgar la ropa. Enseguida Joan Reventós –futuro presidente del Parlament de Cataluña– le dijo: «*Home, Goyti, això em sembla una injustícia social*»; y, en compañía de Alberto Blancafort –futuro director de orquesta–, trazaron un plan. Se trataba de aguardar de manera furtiva a que uno de los padres entrara en el cuartito, se quitara la sotana y, una vez abierta la tapa del váter, entrara en acción. Para ello, Joan Reventós ayudaba a El Coyote a encaramarse hasta el techo descubierto del escusado. Entonces «esperaba unos segundos y, cuando oía al jesuita de turno apretando como un poseso, tiraba de la cadena, de modo que toda el agua y la porquería se le arremolinaba debajo. Como las tazas de entonces tenían repisa, el cura quedaba hecho un desastre, y nosotros salíamos corriendo».

Cegados por el éxito, repitieron aquello cuatro o cinco veces, hasta que fueron descubiertos *in fraganti*. Por lo general, los padres jesuitas solían mandar a casa a los revoltosos para que templaran sus pulsiones. Pero don José María Goytisolo dedujo sensatamente que sus hijos encontrarían cada vez mayores problemas en el colegio y decidió matricularles en los Hermanos de las Escuelas Cristianas, en la plaza Bonanova. De este modo, los tres Goytisolo abandonaron los jesuitas de Sarrià, centro donde el apellido paterno había gozado hasta entonces de un aura respetable. Aquel traslado representó para Pepe un verdadero alivio, porque, si bien es verdad que La Salle Bonanova era también una institución religiosa henchida de nacional-catolicismo, su sistema educativo era algo más laxo y menos clasista. Entre otras diferencias, los alumnos de la escuela gratuita no eran obligados a llevar una bata amarilla y a limpiar aulas y urinarios para pagar su educación, como ocurría en el San Ignacio. Dice José Agustín que «lo de los jesuitas era vergonzoso. Los fámulos iban a tu misma clase, pero los curas los obligaban a hacer de esclavos nuestros; en cambio, en La Salle los compañeros de la escuela gratuita recibían un trato más humano». El paso a La Salle fue vivido por él como una bendición.

JUEGOS DE NOCHE

A principios de los cuarenta, los Goytisolo dormían juntos en la antigua habitación de los abuelos, y por la noche se entregaban a épicas batallas de almohadas. Según Luis, cada hermano defendía una bandera –Pepito a Italia, Juanito a Francia y él a Inglaterra–, y añade que «tales elecciones parecen hoy basadas en afinidades profundas», especialmente si consideramos la fascinación que cada uno de estos países fue ejerciendo sobre ellos a medida que se hicieron hombres. Otro tanto ocurre con los gustos en las lecturas, que ya desde los primeros tebeos dice mucho del talante de los escritores futuros. Luis Goytisolo sostiene que las identificaciones con los héroes de la infancia «se convierten con los años en caricaturas de lo que será el adulto: El hombre enmascarado: José Agustín; Merlín el prestidigitador (Mandrake): Juan; Flash Gordon: yo». Aunque rara vez la vida nos permite vencer como el héroe de nuestra niñez, este autorretrato en grupo se nos antoja bastante fiel.

Pero en junio de 1943 se produjo en Pablo Alcover un episodio truculento que ha dado pie a varias interpretaciones. En *Coto vedado* Juan habla largo de ello, y lo resumiré así: los abuelos Gay seguían viviendo en la casa, ahora en una habitación de la fachada contigua al despacho; su nieto Juan dormía a solas en esa biblioteca-despacho, en una cama turca arrinconada entre un mueble y la pared. Una noche, mientras la familia estaba dormida, el abuelo Ricardo, con su largo camisón blanco, entró allí a hacerle una visita. Con un susurro, le dijo que iba a contarle un cuento y luego se acomodó al borde de la cama. Aunque el niño estaba sorprendido por aquella aparición insólita, se dispuso a escucharle. Entonces el abuelo empezó a besuquearlo y a hacerle cosquillas, como jugando, y luego deslizó suavemente la mano bajo su pijama hasta tocarle el sexo. Confundido y atemorizado, Juanito se quedó quieto mientras don Ricardo se dedicaba a toquetearle y besarle por todo el cuerpo. Tras unos minutos eternos, el abuelo se puso en pie y regresó con sigilo a su dormitorio.

A petición del abuelo el nieto guardó silencio. Sostiene Juan que a lo largo de aquel mes de junio hubo nuevas visitas en las que, invariablemente, don Ricardo le acariciaba con la mano y los labios. Incapaz de reacción, el niño optó por hacerse el dormido, hasta que el abuelo se calmaba y desaparecía del cuarto. El escritor recuerda que por la mañana observaba con perplejidad a aquel tranquilo anciano que leía a la sombra del castaño del jardín, y en vano trataba de conciliar esa imagen con la otra –la del compulsivo pederasta– que, entre risitas y cosquillas, le visitaba por la noche.

Al ir en verano a Torrentbó los *juegos* se interrumpieron, pero el nieto tuvo miedo de que se reprodujeran a la vuelta a la ciudad. Un día, mientras paseaba con Pepe por el bosquecillo de algarrobos cercano a la Masía Gualba, venció su proverbial timidez y le contó la historia; luego, le rogó a su hermano que no repitiera una palabra de aquello, promesa que el otro cumplió aparentemente a rajatabla. Pero ya en Barcelona, tras una primera noche en la que el abuelo no le hizo la visita, Pepe le dijo a Juanito que papá deseaba verle. Sobrecogido, subió al terrado que había encima del garaje, donde el señor Goytisolo solía leer en su sillón de rejilla. A bocajarro, éste le preguntó si la historia del abuelo era cierta, y cuando el hijo respondió que sí, don José María se indignó profundamente. Le hizo saber que la conducta del abuelo era un vicio infame, un pecado contra natura muy grave que ya había arruinado antaño su carrera profesional.

Fue entonces cuando Juanito tuvo noticia de un secreto familiar largamente guardado. Había acaecido en los años veinte, en la época en que Ricardo Gay ocupaba un cargo de importancia en la Diputación de Barcelona. Al parecer, fue sorprendido en actitud comprometida con un niño de la familia Calsamiglia en una caseta de los baños de San Sebastián. Escribe Luis Goytisolo que la historia, «iniciada en las playas de la Barceloneta, por aquel entonces impolutas, terminó en la comisaría tras un pequeño tumulto. De allí acudió a sacarle nuestro padre, quien no podía dejar de exclamarse ante la afable tranquilidad con que le acogió el abuelo». Según Juan, la historia tuvo mayor voltaje: descubrieron al abuelo tocando al niño, el público trató de lincharlo, llegó la policía, y fue esposado y conducido a la cárcel, mientras la abuela Marta y su hija Julia no paraban de llorar. A raíz de aquel escándalo, don Ricardo tuvo que abandonar el cargo y el deshonor cayó sobre la familia. Hasta su muerte el viudo repetirá a sus hijos la frase: «Lo echaron de la Diputación. Fue vergonzoso.»

Pero sobre las palabras del padre deseo introducir algún matiz. En los archivos de la Diputación existe constancia de una jubilación anticipada a favor de don Ricardo Gay y Llopart, jefe de Negociado de la Excelentísima Diputación de Barcelona, concedida en fecha de 20 de diciembre de 1927. Pero la solicitud de esa jubilación o, mejor, la petición de «una licencia ilimitada» está escrita y firmada por su propio yerno, es decir, don José María Goytisolo Taltavull. El abuelo, por tanto, no fue expulsado del puesto como sostenía el padre de los escritores, entre otras razones porque el asunto del niño Calsamiglia concluyó, como recuerda Luis, «sin cargos ni denuncias ni recriminaciones familiares de ningún tipo». Tampoco hubo tribunal de honor. A la petición del señor Goytisolo se adjunta, en cambio, un certificado médico del abuelo donde se habla de «crisis nerviosa de tipo depresivo», originada por la muerte reciente de un nieto; aunque no se le nombra, ese nieto era Antoñito, y resulta llamativo además que su muerte despertara, según el informe clínico, ideas de autoacusación en el señor Gay. ¿De qué se culpaba en realidad don Ricardo? ¿Acaso no era el bohemio Vives quien lo había contagiado? ¿O esa culpa procedía directamente de don José María, que le achacaba quizá haber llevado al niño a la villa de Pedralbes? Más aún, ¿pudo el padre sospechar *a posteriori* que el abuelo había intentado propasarse también con el mismísimo Príncipe? Nunca lo sabremos. Pero parece que el episodio de los baños de la Barceloneta se produjo el mismo año de la muerte del nieto. En tal caso, el dolor por esa muerte sería, a mi juicio, un atenuante digno de consideración. Pero ¿por qué no lo entendió así el señor Goytisolo?

La lectura de los documentos de la Diputación evidencia asimismo una gran firmeza en el tono del yerno: no corresponde al de un hombre que acaba de perder al «hijo de sus entrañas»; por el contrario, la otra petición, redactada por el abuelo, es obra de un hombre cuyo cerebro hace grandes esfuerzos por sobreponerse a la confusión y por explicar a sus superiores el dolor que le atormenta. ¿Éste era el hombre insensible, «sin sangre en las venas», el vegetal indiferente que tanto iba a irritar a don José María en los años venideros? En absoluto. Pero la sensibilidad de ambos estaba ciertamente en otra longitud de onda. Así lo describe Luis: «Para nuestro padre, persona de mentalidad analítica y serena, pero emocionalmente siempre sobre ascuas, la mansedumbre del abuelo, lo que la medicina antigua hubiera calificado de temperamento linfático, constituía una prueba irrefutable de insensibilidad y escasa hombría.» Dos caracteres en verdad incompatibles.

Aunque en otoño de 1943 el viudo Goytisolo parecía haber olvidado el incidente de los baños, la repetición de algo parecido, en su misma casa y con su propio hijo, le obligó a tomar cartas en el asunto. Comenta Luis que «la reacción de nuestro padre fue de carácter reflejo, ya que sin duda esperaba pillar al abuelo en algo así desde hacía tiempo». Sea como fuere, el novelista dice que aquella mañana sus hermanos le informaron con excitación de «las tendencias sobonas» de don Ricardo, las visitas a Juan y el mayúsculo enfado paterno. Hubo entonces una entrevista entre suegro y yerno, y esa misma tarde los abuelos empaquetaron sus cosas y fueron a vivir realquilados a una habitación de una pequeña torre situada a tres manzanas de distancia. Juan Goytisolo asegura que su partida fue humillante, consecuencia directa del episodio del «despacho». Aun admitiendo esto, Luis afirma que los abuelos habían vivido siempre en su propio domicilio antes de la guerra y estaban obligados a irse tarde o temprano por razones de espacio. Pero recuerda que siguieron acudiendo diariamente a Pablo Alcover: llegaban a la hora del desayuno y no se iban hasta después de la cena, tras el rosario y oraciones de la noche. Indudablemente, el episodio influyó en varias personas: el señor Goytisolo, quien comenzó a desarrollar contra el suegro sentimientos hostiles que llegaron al odio; el abuelo Gay, que se halló de nuevo en el centro del escándalo y Juanito, quien tuvo el primer contacto con una sexualidad que se apartaba de la norma y exigía un castigo ejemplar.

MI IMPRESIÓN SOBRE EL ASUNTO

Freud opina que algunos niños acusan a los adultos de actos sexuales no tanto porque hayan ocurrido en realidad sino porque inconscientemente están deseando que sucedan. Pero cuando el niño tiene doce años, como Juan Goytisolo, y el abuelo setenta y cinco, este argumento pierde consistencia. Sin embargo, ¿por qué el novelista silenció el hecho durante buena parte de su vida adulta? Entre 1943 y 1985 no he hallado una sola referencia al «episodio del abuelo» en ninguna entrevista, tampoco en ninguna novela, donde otros acontecimientos escabrosos de corte autobiográfico son recreados en clave novelesca sin rubor alguno. Paradójicamente, aquello no mereció ni una sola palabra de Juan, ni una sola línea, como ocurre con los asuntos banales, o bien, seamos justos, con lo verdaderamente importante. Pero al desvelar en *Coto vedado* el gran secreto del abuelo, el escritor se granjeó la enemistad, condena y desprecio de toda la familia. Algunos reproches le llegaron en sordina de la rama Gay, donde el abuelo Ricardo era una institución respetada y muy querida. Los Gay pensaban con razón que el apellido Goytisolo había quedado a salvo, mientras el suyo —más alto que nunca en el ámbito de la abogacía— surgía ahora salpicado de barro. Otros familiares le acusaron de haber mentido, de habérselo inventado, acaso con el fin de justificar su orientación sexual a contracorriente. En relación con ello, José Agustín me comentó que «es muy fácil dar la culpa a un muerto, hablar mal de alguien que no puede defenderse». Pero ya a raíz de *Coto vedado* el poeta había dicho a sus íntimos que la historia contada allí por su hermano era muy probablemente cierta. Así que más que dudar de su veracidad José Agustín quiso decirme que él nunca la habría divulgado fuera de la familia.

Ese mismo verano de 1985 Luis Goytisolo ejecutaba a su vez un piadoso ejercicio de funambulismo para explicar en un artículo publicado en *El País* la conducta del abuelo. De un lado, ponía en tela de juicio la historia de Juan, basándose en algunas precisiones de peso; pero, de otro, admitía que a don Ricardo «se le iluminaban los ojos ante cualquier niño o niña, y se le siguieron iluminando toda su vida», un poco a lo Lewis Carroll..., sólo que en Pablo Alcover jamás entraron niñas como las que quitaban el sueño al reverendo Charles Dogson. En *Recuento*, el propio Luis había introducido un rasgo similar en el personaje de tío Gregorio:

... ya sabes lo trazotas que es, jugando con ella, se ve que forcejeaban, que le levantaba las faldas, que hacía como que la zurraba, en fin, y un buen día se llegó a formar un corro de gente y hasta se acercó un guardia y empezó a hacerle preguntas. Un verdadero espectáculo. Y suerte tuvo que había por allí alguien que ya le conocía de otras veces. Le debieron tomar por uno de esos maniáticos que van detrás de los niños. ¿Por qué os lo he contado? Ah, sí, pues nada, pues ahora que la niña está ya hecha una mujer, él sigue con las mismas bromas. Y, claro, quien no conozca su modo de ser pensará que es un viejo verde. Pero él ni se da cuenta de que la pobre Monsina lo pasa fatal; se pone como un tomate y una vez se echó a llorar y todo. Y yo dije, pero, por Dios, Gregorius, ¿no te das cuenta de que no se puede tocar el culo a una chica de quince años?

Novelas aparte, las conjeturas de Luis nos llevan a enfrentarnos a un caso de paidofilia, de pederastia, quizá no de homosexualidad convencional. Ahora bien, bajo la pederastia de un anciano se abren interrogantes oscuros. Por su carácter genérico incluyo esta explicación del propio Luis Goytisolo: «Los viejos, o las personas que a los niños les parecen viejas, suelen ser sobones: manosean y besuquean a los niños y niñas como si intentaran recuperar vitalidad mediante el contacto con sus pequeños y tiernos cuerpos.» De ser así, difícilmente podrá conocerse la realidad sexual de don Ricardo Gay, un anciano tan ávido de energía como cualquier otro, pero que con Juan se comportó de un modo mucho menos angélico de lo que sostiene su nieto menor. Concluyamos en esto. Aunque el episodio del «despacho» hubiera sido cierto hasta en sus más escabrosos detalles, estaríamos siempre ante una encrucijada: o bien hubo en el abuelo una ambigua pederastia reprimida durante su larga vida, saldada con dos incidentes lamentables, o bien esa tendencia se reducía a una inocente y mal interpretada necesidad de acariciar menores del sexo masculino, dándole, eso sí, al término «menor» una elasticidad portentosa que abarca desde los «niños» de los que habla Luis hasta los cuasi adolescentes –doce años, no se olvide– como el primo Calsamiglia o el propio Juan. Pero entonces, ¿cuál es la alternativa más triste? Ante la versión de su hermano, Luis sólo puede oponer, en suma, el carácter hermético de los sentimientos del abuelo: quizá los mismos que en su día inspiraron a su cuñado bohemio el misterioso poema *«Chillon de nit»*.

LA GRAN VÍCTIMA

A finales de 1943 la abuela Marta Vives comenzó a presentar alarmantes síntomas de desvarío. Ya no eran episodios pasajeros de amnesia sino obsesiones enfermizas que, unidas a cierta depresión, la fueron trastornando. Pero no podía ser de otro modo. En dos años había perdido a sus dos hijas, y luego la habían expulsado de la torre de Pablo Alcover por motivos que conocía demasiado bien. Los Goytisolo creen que eso la desequilibró, porque a partir de entonces adquirió la costumbre de conservarlo todo y ocultar en una cómoda bolsas de papel de estraza, ovillos de cordel, frutas, rebanadas de pan, etc. Desde fuera, esa conducta no difiere de la de tantas mujeres que padecieron la guerra y durante el resto de su vida lo aprovecharon absolutamente todo en previsión de futuras calamidades. Pero la abuela Marta estaba yendo demasiado lejos. Los nietos recuerdan, por ejemplo, su tendencia a revolver las basuras, para horror de Eulalia, con el propósito de recuperar alguna piel de naranja que luego guardaba celosamente en el bolso.

Pienso ahora que aquello debió de afectar a Juanito, quien acaso comenzaba a lamentar haberle cogido dinero en el pasado. En su novela *Fiestas* hay escenas en torno al personaje de la abuela, inspirado claramente en Marta Vives. Deseo destacar lo que la criada comenta de ella al nieto:

> Antonia recitó con voz sorda su larga lista de agravios contra la abuela: ¿Por qué se empeñaba en vestir como una mendiga si en el armario tenía cinco trajes? ¿Por qué olvidaba la dentadura postiza en todos sitios, en lugar de meterla en un vaso de agua como las perso-

nas? ¿Por qué se negaba a comer en la mesa y se pasaba luego todo el día royendo los mendrugos sobrantes? ¿Por qué hurgaba en el cubo de la basura cuando creía que nadie la veía y llenaba luego su bolsa de hule de cáscaras de plátano y naranja? La abuela se había negado a contestar; muy excitada, paseaba de un extremo al otro del piso con su sombrero de calle y, al verle, se llevó el índice a la sien, con un movimiento significativo.

–Tu abuela está chiflada –decía–. Completamente chiflada.

Más adelante, la abuela se lanzó a hurgar en todos los cubos de basura del barrio. En vano el abuelo y Eulalia la regañaban suavemente e insistían en que debía arreglarse para salir, porque la mujer pulcra que conocían escapaba de la casa vestida de luto con las medias caídas y unas zapatillas viejas. Sus nietos la espiaban a menudo desde lejos y, en una ocasión, la descubrieron en la calle, agachada junto a un cubo de basura, como una pordiosera. En *Estela del fuego que se aleja*, Luis Goytisolo escribe:

> El transtorno de la abuela era diferente: tenía la obsesión de que no se tirase un solo pedazo de pan; recogía cuantos restos quedaban sobre la mesa, así como los mendrugos que veía por la cocina, los guardaba en su cómoda, y se los iba comiendo. Yo, que era un niño que estaba en todo, la pillé en varias ocasiones. ¡El pan no se tira!, me dijo. ¡Nos castigarán! Está claro que para ella se trataba de una obligación autoimpuesta a modo de sacrificio propiciatorio, algo que hacía a fin de asegurar el futuro, de tener la seguridad de que nada había de faltarnos.

Como cada verano los Goytisolo pasaban las vacaciones en Torrentbó, mientras los abuelos Gay permanecían en Barcelona. Una mañana, la abuela Marta tomó el tren de Caldetas para visitarles; pero al salir de la estación olvidó el camino y se extravió en la riera. Afortunadamente, alguien se apiadó de ella y la acompañó hasta la Masía Gualba, donde llegó confundida, sin bolso ni dinero, expresándose con frases inconexas. Hubo que escoltarla a Barcelona como a una niña traviesa cuyo único temor era que el abuelo Ricardo la regañara. A raíz de ello, don Ricardo Gay y don José María Goytisolo tomaron la difícil decisión de internarla en un sanatorio, el mismo donde había muerto tía Consuelito. Cuando los nietos regresaron a Barcelona, la abuela había desaparecido.

MEMORIA ESCOLAR

Cuando mi padre me inscribió en La Salle Bonanova a mediados de los sesenta, habían pasado más de veinte años desde que los Goytisolo estuvieron allí; pero, pese al tiempo transcurrido, los cambios eran insustanciales. En lo arquitectónico, seguía siendo un majestuoso edificio construido a imagen de las *public schools* inglesas, con jardines, aulas luminosas, laboratorios e instalaciones deportivas donde los alumnos podían escoger entre deportes algo plebeyos como el fútbol o la aristocrática esgrima. En lo docente, primaban aún los modos del régimen de Franco: disciplina castrense, moral católica basada en el castigo y una formación de signo elitista que preparaba a los vástagos de la burguesía para nuestro futuro gran papel en la sociedad. Poco había cambiado. Y por ello puedo imaginar lo que los Goytisolo encontraron allí en otoño de 1943.

¿Pero qué sintieron los Goytisolo al entrar en los Hermanos de las Escuelas Cristianas? Ya hemos visto que Pepe lo vivió como una liberación; Juan, con moderadas expectativas, y Luisito, con curiosidad infantil. Pero todos fueron sensibles al cambio de escenario, aunque a grandes rasgos el nuevo colegio siguiera las normas de la dictadura franquista. Como conservo los anuarios escolares de los cuarenta, he podido rastrear la trayectoria de los hermanos, que quedó reflejada puntualmente en la Memoria Escolar, un lujoso volumen editado por el colegio. La del curso 1943-1944, el primero, es un tomo de color ocre encendido, con la imagen de Nuestra Señora de la Bonanova en la cubierta, aureolada con letras brillantes. Además de mi padre, allí aparecen los Goytisolo en diferentes cursos, cuando aún se hacían llamar «de Goytisolo», prueba concluyente de que don José María creía a ciegas en el lustre y abolengo familiar. Hojeando las páginas, José Agustín de Goytisolo Gay está en quinto de bachillerato B, compartiendo aula con el campechano Luis Carandell. Curiosamente, sus calificaciones más bajas, un aprobado, corresponden a la lengua griega, y mejoran algo en lengua latina; en lengua española hay notable, un notable alto en matemáticas y sobresaliente en filosofía, amén de una medalla de honor de plata. A pesar de que su expediente es uno de los cinco mejores de la clase, en la fotografía de grupo José Agustín tiene esa mirada triste que en otras fotos de juventud transmite una melancolía esencial, una tristeza de fondo cuyo origen sus compañeros desconocen. En otra sección del anuario figura como integrante del equipo de fútbol de la clase, pero esta vez su tristeza queda algo tamizada

174

por su aspecto de muchacho bronceado y atlético, orgulloso de saberse el mejor medio volante de la clase y quizá uno de los más finos del colegio.

La Memoria Escolar de 1943-1944 guarda también algunas curiosidades sobre Juan, que cursaba entonces tercero de bachillerato. Sus mejores clasificaciones corresponden a las asignaturas de religión y geografía e historia; la peor, un aprobado alto en matemáticas; es significativo que su máxima puntuación, diez, sea para religión, asignatura en la que recibió a fin de curso un premio especial; otros premios especiales fueron para ciencias, disciplina y aplicación. Su expediente es también uno de los cinco mejores del curso, pero, a diferencia de su hermano mayor, Juan Goytisolo parece el clásico alumno metódico, concienzudo, aplicado, poco amigo de los deportes, según el modelo clásico del «empollón» de todas las épocas. No consta, por tanto, en ninguna sección deportiva. Y su retrato es bastante impresionante: mientras algunos compañeros sonríen leve o abiertamente a la cámara y otros posan entre pensativos o perplejos, Juanito atraviesa literalmente la Leica, Contac o lo que sea, con una mirada fría, madura, se diría que más vieja que la de otros muchachos mayores. No es, desde luego, la mirada limpia de mi padre, con un toque entre socarrón y sabio que apenas oculta al estudioso bromista que siempre hubo en él. La mirada de Juan es la de un tirano astuto, alguien con una voluntad ciclópea que parece conocer ya sus objetivos. Por último, luce la corbata con el mejor nudo de la clase.

La Memoria de aquel año informa poco de Luis. El pequeño acaba de cursar primero de sección preparatoria y aún le faltan un par de cursos para ingresar en el bachillerato. Carece de valor que su expediente cuente con varios sobresalientes, porque la mayoría de sus compañeros los tienen, algo usual en los primeros cursos donde el principal objetivo es conseguir un nivel razonable en cálculo, lectura y escritura. En cuanto al retrato general, poco puedo añadir. ¿Qué puede verse en una imagen de sesenta niños de ocho años tomada hace medio siglo? No gran cosa. De hecho, hasta me cuesta reconocer al futuro novelista. En esta foto de los cuarenta sólo veo niños de pantalón corto y abrigo largo, chiquillos en general bien alimentados y sonrientes, como corresponde a los hijos de la burguesía catalana. Sin embargo, hay una docena que no sonríen, y entre esa docena están todos los de cabello rubio. Entre estos rubios, cinco en total, uno ha de ser Luis de Goytisolo. Incluso diría que es el rubito de la cuarta fila, el de pelo espeso, que además luce un *foulard* o una pequeña bufanda en el cuello en lugar de corbata. Nada parece indicar que ese niño está sufriendo ahora mismo un trauma, como escribió después en *Estatua con palomas:*

El cambio que supuso mi entrada en el colegio La Salle fue enorme. Los chicos que llenaban el aula a la que fui asignado, todos ellos desconocidos, multiplicaban por tres o por cuatro el alumnado global del parvulario, y el número 1148 bordado sobre el bolsillo de mi bata no hacía sino potenciar la sensación de magnitud hostil. De ahí las formulaciones, las filas, el silencio, los recreos entendidos como desfogue obligado a golpes de silbato, la iglesia, la confesión de los miércoles, la comunión de los jueves, el olor como a ropa usada de los corredores desnudos, las alineaciones de los retretes al fondo del patio, semejantes en su concepción a las letrinas militares o carcelarias.

Como en el caso de Juan, el colegio iba a ser también teatro recurrente de sus pesadillas, no tanto como símbolo de un poder omnímodo sino de la soledad y el abandono. Luisito encontraba particularmente siniestras la penumbra de la iglesia, iluminada sólo por la luz del sagrario, y las imágenes —«una Virgen rolliza de la que se nos decía que era nuestra madre, y una especie de cadáver de rasgos afeminados bajo las barbas que, más llagado que propiamente herido, se nos aseguraba que era Dios»— que descansaban en el templo vacío.

Con apenas ocho años este alumno ha percibido al milímetro todo lo que le rodea. Es el mismo paisaje que encontramos al leer la Memoria Escolar, absortos ante una ventana de la historia que creíamos cerrada. Pero no: cinco años después de la Guerra Civil, el anuario de La Salle Bonanova constituye todo un canto al franquismo. Las fotografías de color sepia reflejan bien aquel mundo con su tono de noticiario bravucón y entusiasta. Veamos: escenas de alumnos en clase; de madres vestidas de negro, con mantilla, caminando hacia la iglesia; recepciones al gobernador civil, en glorioso uniforme azul; un repaso a las películas del año, entre las que destaca un corto filmado en Roma donde el papa Pío XII, el *Pastor Angelicus*, reza, bendice y pasea por los jardines recortados del Vaticano; un reportaje gráfico de Brangulí sobre la procesión del Corpus, donde una muchedumbre piadosa asiste al paso de la Custodia, que el obispo Modrego conduce bajo palio entre los jardines del colegio. ¡Cuánta majestad! Pero aunque se distingue el parpadeo llameante de los cirios e imagino el avance de curas, monaguillos y capellanes perdiéndose en la arboleda, no logro oír los acordes del Himno Nacional, un himno que no dejaba de sonar en todo el país.

En la Memoria hay también un sentido recuerdo al obispo Irurita, mártir de la Guerra Civil, víctima del «lobo infernal» de la horda roja, cuyos restos fueron hallados en el cementerio de Montcada y reconocidos al instante porque los huesos descarnados de la mano derecha mantenían en su rigidez el signo santo de «la amorosa bendición pastoral». Por último, vemos un nuevo reportaje sobre la bendición del banderín de la centuria Colón. Sin esfuerzo reconozco el lugar, el patio central donde formé cada mañana durante una década: el mismo suelo, los mismos árboles, el mismo muro lejano..., sólo que esta vez la escena parece extraída de un NODO rancio. En la gran terraza que da a ese patio y a la montaña del Tibidabo, un gobernador falangista –¿el mítico Correa Véglisson?– se dirige a la muchedumbre reunida en la explanada; luego, la centuria –un grupo de chavales con boina roja, puñal al cinto, pantalón corto y camisa azul– comenzará a desfilar. Junto al gobernador, los curas y Hermanos se mezclan con militares y falangistas de gafas oscuras; en el centro, una dama vestida de negro sostiene un gran ramo de flores. Aunque no sea la más hermosa del poema de Darío, está convencida de serlo y sonríe con orgullo al más fiero de los vencedores.

Hay otros testimonios que rinden cuenta de los numerosos actos académicos, religiosos y deportivos de aquel año. De la Memoria, deseo recuperar aquí un párrafo del artículo «¡Por el Imperio hacia Dios!», en el que se ensalza la figura de Isabel la Católica en estos términos: «Y atando corto tanto desmán, con mano dura, Isabel, la materna, dio fuerza y trabazón al país, yugo al Estado, gramática al idioma, consejeros a los pueblos, Inquisición a los herejes, capitanes al mundo.» De esta figura providencial el texto salta a otra no menos providencial y más reciente, el Caudillo, que en los momentos más trágicos de nuestra Historia había sabido dar –y seguía dando– ley y obediencia, justicia y disciplina. Según el artículo, sólo el general Franco, al frente de una nueva España Imperial, podía salvar al país y a la civilización occidental de dos amenazas galopantes: por Oriente, el terror del comunismo, sistema bestial en el que desaparecen el alma humana y la familia bajo el poder brutal del materialismo de Estado; por Occidente, el poder de otro materialismo, si cabe, más peligroso, el liberalismo laico, de inspiración protestante, «que propugna una civilización en la que el oro quiere poderlo todo». Y en medio de la tormenta, nosotros, España. Porque mientras Europa se iba a pique cual barquilla destrozada, España permanecía como roca inconmovible, gracias al incomparable y sereno Caudillo, al esfuerzo común y a la Divina Providencia. ¿Cómo explicar hoy que el país de nuestros padres fue así?

UNA EDUCACIÓN EJEMPLAR

Los alumnos de los mejores colegios religiosos gozaban de abundantes privilegios sobre el resto de muchachos de la ciudad. Pero, según los principios de Acción Católica, un joven de posguerra sólo podía ser feliz si se preguntaba a diario: «¿Qué hago yo por Cristo?» Y, en caso de duda, se le ofrecía un amplio muestrario de actividades redentoras: atender en clase, leer obras pías, enseñar catecismo, ayudar en los oficios religiosos, recibir los sacramentos, visitar a los enfermos, pedir para las misiones de África, jugar al fútbol como el pundonoroso central Curta e ir en peregrinación a Montserrat. Aunque ninguno de los hermanos Goytisolo llegó a cumplir a rajatabla tales preceptos, todos destacaban, al menos, en alguno, de modo que podemos perfilar el área de sus intereses. En relación al pequeño Luis, éstos me siguen pareciendo algo difusos por razón de edad, si bien disfruta con la geometría; en cuanto a Juan, sus intereses son los propios del alumno disciplinado que sólo trabaja en libros de texto: su escasa afición a los deportes y su carácter retraído han hecho de él, también en la nueva escuela, un individuo aparte. En cambio, Pepe se emplea en dos frentes que reclaman toda su energía dentro y fuera del colegio. Al igual que en los jesuitas, alternará en La Salle estudios y deporte, dos facetas complementarias que mantuvo a lo largo del bachillerato como si libros y balones fueran un todo; más aún, como si los compañeros de escuela no tuvieran razón de ser sin los chicos de Tres Torres, su barrio.

Esta capacidad de adaptarse a diversos ambientes es, prácticamente, exclusiva de José Agustín, aunque en lo relativo al ámbito familiar fuera similar a la de sus otros hermanos. Luisito Goytisolo, por ejemplo, ese niño de ocho años que apenas reconozco en la foto de la Memoria Escolar, ocupa aquí un puesto de relevancia. Es el benjamín, el menor, y pese a que cuenta poco para sus hermanos varones, es alguien importante para las mujeres de la casa. Tras el confinamiento de la abuela, tanto su hermana Marta como su antigua ama de cría y Eulalia tratan de compensar con cariño la ausencia materna. En los círculos familiares subsiste además la idea de que Martita adoptó el rol de Julia durante aquellos primeros años; pero el propio Luis atribuye esa creencia al influjo de las películas de la época –como *Mujercitas*– donde aparecían chiquillas de quince años envueltas en un velo de dignidad adulta. Pero ¿era Marta así? Lo cierto es que tenía más bien poco de aquellas criaturas de ficción. Criada a la sombra de una madre excepcional, había crecido jugando a indios y *cowboys*, como cualquier otra hermana solitaria entre varones. Hasta que de pronto la muerte de Julia la había reubicado en el plano, feminizándola, y ese proceso se había producido precisamente al dejar una infancia de juegos viriles e irrumpir en la pubertad. La indiscutible «reina de los bosques» de Viladrau debía ahora cumplir no sólo el papel de señorita sino de mujer y señora de la casa.

No iba a ser fácil para ella porque la «nena» Goytisolo era bastante reservada en todos los sentidos. Recuerda Luis que no se prodigaba en besuqueos como otras mujeres, y su trato era más bien tibio y distante. A decir verdad, sólo se mostraba verdaderamente afectuosa cuando algunas visitas acudían a la casa: entonces deslizaba su mano sobre la dorada cabeza de Luis, cumpliendo instintivamente con el gesto maternal que se esperaba de ella. Por suerte, esta inhibición afectiva halló en Luisito al receptor ideal, pues era un niño que nada sabía de caricias maternas, y el tono tibio de la hermana le bastaba para sentirse querido. José Agustín, por el contrario, conservaba dolorosa memoria de las caricias perdidas; especialmente ahora, que la misma adolescencia reclamaba el calor de otras nuevas.

Y hablar de la adolescencia de Pepe Goytisolo equivale a reconstruir un despertar a la vida en la posguerra: el período más duro, inhóspito y negro que ha conocido España a lo largo del siglo XX. ¿Qué puede decir un miembro ilustre de la «generación del Turmix» como yo? De nada nos sirve haber oído historias, leído periódicos, revistas, novelas, o visto películas y documentales. ¡Ni siquiera la música! Porque todo ese caudal informativo que acompañó nuestra primera infancia no ha podido brindarme la impresión de estar viviendo un día cualquiera de 1943. Entendámonos: vivirlo de manera «virtual», diríamos hoy, con detalles que se agarran al alma, como en aquellas tardes de radio chillona en la cocina, con mujeres cosiendo o rezando, y advertencias paternas a la luz ambarina de una pantalla de flecos.

Tampoco puedo imaginar la temperatura: ese frío casi polar que reinaba en todos los rincones del país, helando corazones y ensombreciendo ánimos. Y, sobre todo, soy incapaz de recomponer las emociones de un muchacho que se enfrentaba al mundo con los únicos bagajes del pecado y del miedo. Ésta era la clave: pecado simplemente por respirar, por existir, por querer conocer. En aquella época rara vez los jóvenes tuvieron alguien a quien preguntar; peor aún, se les negaron las principales herramientas para obtener las respuestas. En *Claridad* José Agustín dejará un certero retrato de los maestros de posguerra:

> Aquellos hombres
> predicaban miedo.
> Miedo convulso
> en la lección diaria;
> oscuro miedo
> por los corredores
> entre esperma y latín
> en la espantosa
> composición exacta
> de lugar: un niño
> solo; mentido
> y solo; amordazado
> y frío buceando en el pozo:
> arriba; arriba;
> sin aire casi;
> arriba; más aún
> hasta alcanzar
> el borde de la vida.

En el tema del sexo, además, la desinformación contribuyó a generar no pocas angustias y cavilaciones. ¿Qué pasaba con el cuerpo y qué iba a suceder con el alma? Cuando al inicio de la pubertad Juan Goytisolo descubrió la masturbación, olvidó temporalmente los discursos y amenazas que la prohibían; pero aquello sólo fue un verano, unas pocas semanas de hallazgo deslumbrante en que se procuró placer en la cama, el baño o las buhardillas solitarias de Torrentbó. Al volver a Barcelona, sin embargo, sucumbió de nuevo a aquella realidad conminatoria, que fluía sin cesar desde los púlpitos, aulas y confesionarios. A partir de entonces sufrió una tortura interior en la que la idea de pecado mortal, con todas sus consecuencias, se hizo dueña de su corazón. Confuso y atormentado, el chico se arrodillaría mil veces ante los curas de las iglesias de Tres Torres para confesar su culpa, a sabiendas de que a la postre era inútil porque la naturaleza volvería a imponer su ley. Este combate colosal entre el instinto y los preceptos o, como pretendieron, entre el espíritu y la carne, torturó a millones de jóvenes españoles educados en la moral católica tradicional. Pero sólo los de aquella época recuerdan con espanto una adolescencia presidida por la amenaza de las eternas llamas del infierno. Escribe Luis Carandell:

> Se puede decir que la piedra angular de la educación de mi época era la consideración de que el cuerpo era el peor enemigo del alma. Parecía que se tratara de dos personas distintas, mala y grosera una y pura y angelical la otra. Todo o casi todo lo que se le ocurría hacer al cuerpo estaba mal o dejaba mucho que desear. Si el alma no tenía cuidado y no sabía decir ¡No! a los instintos cuando la acuciaban o a las tentaciones cuando querían «envolverla en sus telarañas», entonces quedaba contaminada por las pestilencias pecaminosas del cuerpo.

No sabían aún que el terrible castigo, expuesto a diario por manuales de piedad juvenil, curas y confesores morbosos, tenía por objeto crear en ellos una conciencia culpable, instalándoles en el cerebro algo así como un sensor moral que, a partir de la culpa, los transformaba en individuos sin voluntad ni criterio, dóciles y obedientes, incapaces del menor gesto de rebeldía −presente o futura− contra la Dictadura y los principios de la Iglesia.

Pero ninguno pensaba entonces en la manipulación de las conciencias: todo parecía una cuestión moral, de modo que, aunque sumisos, siguieron masturbándose y gozando en secreto. Al fin y al cabo, sólo era cuestión de confesarse después, completando así un angustioso ciclo obsesivo: el onanismo, la confesión forzosa y la penitencia. ¿Qué puedo añadir? Que los muchachos de los cuarenta crecieron, pues, luchando contra su propia conciencia culpable. Ahora bien, cuando los apetitos se hicieron imposibles, aquellos tímidos onanistas comenzaron a desplegar cierto ingenio para obtener la fruta prohibida. En *Señas de identidad* Juan Goytisolo describirá una de esas experiencias en calidad de *voyeur*:

Arriesgaste una mirada hacia la puerta del cuarto de baño; Ana os daba la espalda completamente desnuda y observaste, turbado, la línea generosa de sus caderas, su espalda suave, sus piernas esbeltas y flexibles, perfectas (aquella noche su rostro apareció varias veces en tus sueños ardiente y fresco, reparador y balsámico. Cuando despertaste la excitación no había decaído y, con la mente fija en la provocación tranquila de sus muslos, entornaste los párpados, mientras, de bruces, el cuerpo parodiaba independientemente de tu voluntad, los movimientos nerviosos del coito. El placer llegó al fin, breve como un escalofrío y te arrastraste sonámbulo hacia el lavabo, de espaldas a la mancha húmeda que, como una brusca condensación del absurdo, inauguraba un nuevo día, injustificable y monótono como los otros).

CHICOS DE POSGUERRA

Es frecuente leer o escuchar sus aventuras iniciáticas, episodios a menudo tristes o vulgares, y a veces jocosos, donde el pánico metafísico al infierno se ha visto reducido a mero temor ante el escándalo familiar. Porque el primer encuentro físico con una mujer se producía, por lo general, en el ámbito doméstico, el viejo *heimlich:* alguna tía soltera, una prima, la modista de turno, la hermana o madre de un amigo, y especialmente aquellas sirvientas de pueblo que descubrieron el sexo a tantos señoritos burgueses, deslizándose en su cama durante la noche o aprovechando alguna tarde en que la casa quedaba desierta.

Para las chicas en cambio no había tales opciones, y la hermana de los Goytisolo nos sirve para ilustrarlo. En aquel curso de 1943-1944 Marta iba a cumplir dieciocho años: ya no era la adolescente tímida que acostumbraba salir exclusivamente con sus primas o alguna amiga ocasional; tampoco era la soñadora que se había enviado cartas a sí misma como si llegaran de Francia o que guardaba como un tesoro el autógrafo del galán italiano Massimo Girotti, lo que fue motivo de burla por parte de su hermano Pepe. Todos esos gestos de *teenager* solitaria iban ya quedando atrás. Marta era ahora una muchacha de gran atractivo, capaz de sortear con discreción el halago de numerosos pretendientes, convencidos de que el único horizonte para una señorita era el matrimonio. Luis Goytisolo recuerda que ese pequeño desfile de aspirantes al amor de su hermana no cogió por sorpresa a nadie salvo a él, quien no había considerado aún a Marta desde una perspectiva amorosa. Dado que Pepe y Juan se habían fijado ya en las hermanas de sus compañeros, captaron con rapidez las maniobras de los chicos que acudían a Pablo Alcover. Algunos testigos hablan de que José Agustín solía ser muy cáustico con ellos y luego molestaba a Marta con comentarios demoledores. Pero medio siglo después el respeto y solidaridad hacia las mujeres de aquella generación presidirá su poemario *La noche le es propicia*. Allí canta a esas adolescentes de posguerra que quisieron entender su cuerpo, ignorando que por los rigores educativos la tarea habría de robarles sus mejores años.

«IN MEMORIAM» M. V. P.

Mientras los jóvenes descubrían la vida, los viejos se alejaban llevándose sus secretos. En el caso de la abuela Marta ese alejamiento se agudizó a causa de una locura sin retorno. Juan Goytisolo recuerda la última visita al sanatorio de Sant Feliu de Llobregat, en algún día gris de 1944. Acompañado de Eulalia, cruzaron la verja y se dirigieron al sombrío edificio atravesando una amplia arboleda de castaños de Indias. Por un momento la frondosidad del jardín le recordó aquel otro jardín de la mansión de Pedralbes, con glorietas y pabellones, donde la abuela había pasado los mejores días de su vida. Pero ese maravilloso jardín de la calle Panamá ya era sólo un camposanto. Como escribe en *Juegos de manos:* «El viejo campo de tenis en el que su madre se había fotografiado años antes estaba entonces cubierto de hierbajos y de arbustos: hacía años que nadie jugaba en él. La pista había dejado de ser roja. Únicamente unos montículos bermejos que se conservaban aún junto a la leñera daban testimonio de una época en que la red dividía la cancha en dos y sus tías exhibían durante el juego el delicado revuelo de sus enaguas.» Sin embargo, esta imagen melancólica se desvaneció ante la aparición de una anciana de aspecto cadavérico que, acompañada por una monja, avanzaba como una sonámbula entre los árboles. Al principio Juanito no la reconoció, hasta que al acercarse a ellos las dudas se disiparon: sí, era la abuela, la misma mujer que, según la monja-enfermera, gozaba de buena salud e insistía en tocar al piano la *Pavana para una infanta difunta,* de Ravel, pieza muy querida por sus hijas. Durante unos segundos dolorosos el chico rogó al cielo que la abuela se comportara como la mujer que él conocía; pero su sonrisa de anciana sólo era una vana esperanza, porque cuando sus miradas se cruzaron ella no logró reconocerlo. Luego, intercambió con Eulalia unas palabras de cortesía, dio media vuelta y regresó a lo inaccesible. La enfermedad mental de Marta Vives aparece en algunos pasajes de la obra goytisoliana: novelas y textos memorialísticos, donde más que la locura en sí destaca la sorpresa de los niños ante el hecho de que esa mujer querida se ha vuelto una completa extraña. Juan escribe una dramática escena de su visita al sanatorio en *Señas de identidad;* Luis, por su parte, lo evoca así en *Recuento:*

> Ella no les hacía demasiado caso, como si les viera cada día y no le interesaran sus historias, o como si estuviera ocupada, con otras cosas en que pensar, y la hubieran interrumpido. Qué rico el chocolate, ¿verdad?, decía la monja. Hicieron despacio el recorrido inverso, dando un rodeo. Vamos, dígales adiós, doña Gloria. Y la Nieves: anda, y vosotros dadle un beso a la abuelita. Y la abuela dijo adiós, adiós, mirándoles fugazmente. Una vez cerrada la verja, se dio la vuelta en seguida, y la monja tuvo que correr para darle alcance. Las vieron alejarse, ella con sus medias arrugadas y sus zapatillas de fieltro, hablando dócilmente de algún asunto que parecía acuciarla, sendero adelante, en el jardín atardeciente, de verde oscuro y dorados.

En *Coto vedado* Juan reflexiona sobre su figura:

> Sacrificada eternamente al bien de los otros, incapaz de pensar en sí misma, los dramas sucesivos que le golpearon la habían dejado a la intemperie, sin ninguna clase de asideros. Si bien no descarto la natural propensión a la locura presente en la rama materna de mi familia, la suya fue más bien producto de un destino excepcionalmente amargo y de su débil o nula posibilidad de respuesta: abandonar la escena de puntillas y con un signo de chitón en los labios, a fin de que, sin ella, tuviéramos la fiesta en paz.

La abuela Marta murió pocos meses después. Para el pequeño Luis el luto supuso una incómoda novedad: «... la ropa y zapatos teñidos de negro, los brazaletes negros, las visitas de familiares y amigos, las inevitables preguntas de los compañeros de colegio, todo eso me produjo un intenso sentimiento de vergüenza cuya raíz ni yo mismo sabía explicarme». Curiosamente, toda la vergüenza que la conducta de la abuela no le había inspirado en los tiempos finales surgió en cambio de los tonos oscuros de su ausencia.

Cuando mi bisabuela paterna falleció por aquellas mismas fechas, mis abuelos colocaron a mi padre un brazalete negro en la manga izquierda de la chaqueta; también existía el hábito de coser una franja de tela oscura en la solapa, o bien lucir una corbata negra o un botón negro en el ojal. El luto era algo más que una vergüenza infantil o una congoja: era el signo inequívoco de que la muerte había llamado a nuestra casa. Pero tras su visita quedaba una estela de preceptos rigurosos, y durante medio año estaban prohibidas las fiestas, las diversiones y la vida social. Con la muerte de la abuela Marta los Goytisolo se vieron obligados a dejar de ir al cine: una prohibición bastante severa si consideramos que era la principal vía de entretenimiento.

Con todo, Luisito adquirió la costumbre de escaparse, junto a Juan, a las salas del barrio, el Murillo o el Bretón —antes el Spring y el Bonanova—, para ver las películas que semanalmente entraban en la cartelera.

Cuentan que, antes de la guerra, sus hermanos mayores habían ido con el padre al cine Publi para ver reportajes de animales: don José María disfrutaba entonces de lo lindo, con *Cazando fieras vivas*, rodado en África, o con *Al este de Borneo*. Otras veces les llevaba al circo, donde más que la función en sí gustaba de mostrarles sus interioridades: las jaulas y carromatos, la tarea emocionante de alimentar a las bestias. Pero aquel hombre había cambiado mucho: un viejo de sesenta años, que no tenía hoy el menor deseo de acompañar a sus hijos a ninguna parte. Aunque el luto se lo hubiera permitido, él vivía aún un calvario emocional donde no cabía *Tres lanceros bengalíes*. Por ello, cuando Juan le propuso a Luisito ir por su cuenta al cine, el luto por la abuela cayó en el olvido: buscaban compañía. Y al margen de que esa compañía, según recuerda Luis, no divertía demasiado ni a uno ni a otro, al menos podían refugiarse por unas horas en el más prodigioso de los reinos, allí donde la muerte siempre era bella o heroica.

Gracias al cine, los Goytisolo se recrearon en las novelas de aventuras, en especial de Julio Verne o Emilio Salgari. Puedo imaginarlos como a otros chicos de los cuarenta, leyendo aquellos espléndidos libros con cubierta de tela roja y letras doradas —que mi abuelo ayudaba a editar en la casa Maucci—, o absortos ante las láminas en blanco y gris que representaban escenas de acción. La lectura de novelas de aventuras contribuyó así a que muchos niños lastimados por la guerra se familiarizaran con los héroes de tierras lejanas; y en la soledad de su cuarto conocieron las tormentas tropicales de la bahía de Mallada, dispararon desde el yate de Yáñez y lucharon junto a Sandokán y los tigres de Mompracem, que eran los más formidables piratas del mar de la Sonda. En el caso de los Goytisolo, además, esas lecturas se completaban con los relatos viajeros que tío Leopoldo seguía contándoles en Torrentbó durante las calurosas noches de estío. Allí, aquel solterón genial no había perdido sus facultades y desplegaba toda su imaginación para desplazarse de un continente a otro, como si el mundo fuera la palma misma de su mano. Escribe Juan: «No pudiendo embarcarse ya en aventuras a causa de la edad, decía, quería transmitir a sus sobrinos su frustrada vocación migratoria: ¿has leído el reportaje sobre los volcanes del Ecuador? Pichincha, Chimborazo, Cotopaxi. ¡Ah, quién tuviera tus años!» Con su entusiasmo, el doctor acabó inoculando a los sobrinos el virus de la fiebre viajera. ¿Qué habría pensado Goytisolo de los cien viajes de José Agustín por tierras latinoamericanas? ¿De los nomadeos de Juan por el norte de África? ¿De la audacia de Luis, que navegaría a los sesenta años en canoa por los ríos de Borneo y llegó a cruzar a lomos de elefante las selvas del antiguo reino de Siam?

MENTIRAS ARRIESGADAS

Si los relatos de tío Leopoldo les enseñaron a viajar con la imaginación, las explicaciones de tío Luis fueron más bien consejos destinados a inculcarles un hábito de lectura permanente. Así fue como las deliciosas aventuras de Guillermo Brown, que habían leído en su niñez, dieron paso, sobre todo en Juan, al estudio placentero de libros de geografía y de historia. En *Señas de identidad* Álvaro Mendiola evocará esos momentos: «... abrir el libro de geografía y pasar las páginas era, entonces, una evasión, una fuga, un sueño, el vuelo libre y espacioso de algún faquir sobre la codiciada alfombra mágica». Recuerda asimismo que mientras en invierno leía obras tan dispares como *La decadencia de Occidente*, de Spengler, o los enormes volúmenes encuadernados de la *Historia de España*, en verano aún se deleitaba con los magníficos grabados de la vieja *Ilustración Española y Americana*. Pero un día, en la buhardilla solitaria de Torrentbó, se dio de bruces con un secreto. Así lo escribe en *Pueblo en marcha*:

Entonces empecé a desempolvar los fajos bien ordenados de la correspondencia del bisabuelo y, entre las liquidaciones y balances de las Bancas de Nueva York, Filadelfia y París, descubrí las cartas de los esclavos, embebidas de un dolor viejo de siglos, escritas con la sangre de sus muertos y las lágrimas y el sudor de su dignidad pisoteada. Bruscamente, mi respetabilidad burguesa me horrorizó.

Del efecto de ese descubrimiento dan idea otros libros como *Coto vedado* o *Señas de identidad* y, en particular, *Juan sin Tierra*. Elijo una de aquellas cartas dirigidas a don Agustín, respetando su grafía original:

Cienfuegos 30 de julio 1882
Muy sr mio penetrada del más profundo dolor participo a U. la funesta noticia de la pérdida de su negro biejo Cándido, mi amado esposo que pasó a gozar de mejor vida el día 23 del presente y así como por sus amables prendas ha causado un común sentimiento a toda la familia y amigos me persuado que también sentira en el ánimo una igual pena suplico a U. le tenga presente en sus oraciones ofreciéndome con este motivo a la disposición de U. en los precepto que fueran de su agrado. Dios guarde a U. muchos años
Ceferina Goytizolo

Es el llanto respetuoso de una esclava. Otras cartas expresan el drama de siervos enfermos, viejos o maltratados. Abruptamente, aquel fajo de cartas marchitas le enfrentó con una realidad erigida sobre los derechos absolutos de uno, el bisabuelo, y la miseria de otros, la negrada, descubriéndole de paso lo que él interpreta como la Gran Mentira familiar. Porque el mito escrupulosamente alimentado por su padre se esfumaba ahora para siempre, tras la cruda verdad de un universo de abusos y tropelías. En *Coto vedado* habla de las primeras consecuencias: «Una tenaz, soterrada impresión de culpa, residuo sin duda de la difunta moral católica, se sumó a mi ya aguda conciencia de la iniquidad social española e índole irremediablemente parasitaria, decadente e inane del mundo al que pertenecía.» Este hallazgo del pecado original goytisoliano fue sólo el principio de un nuevo sentimiento: el odio hacia la estirpe que le dio el ser. Desde aquel verano Juan Goytisolo pensaría, escribiría, se acusaría y trataría de librarse tenazmente de lo que él juzga abominable estigma. La lectura del primer capítulo de *Juan sin Tierra* es, en este sentido, harto reveladora. Se habla incluso de las condiciones en que los esclavos viajaban desde África, pero sólo al final de la obra el narrador parece coronar un largo camino de expiación:

> ... reproducirás una vez más, con tu caligrafía pulcra, la carta de la esclava cuya lectura esclarece y da sentido a una vida (la tuya?) organizada (en función de ella) como un ininterrumpido proceso de ruptura y desprendimiento, sabedor de que posees la clave que te permite interpretar su trayecto (el del otro) de modo retrospectivo, con la conciencia de haber llegado al final de un ciclo a partir del cual, mudada la piel, saldada la deuda, puedes vivir en paz...

¿Por qué Juan Goytisolo reaccionó así? Y más aún, ¿por qué aquel grito doliente de los esclavos fue manantial secreto del proceso liberador de su pluma? Lo ignoro. Es como si una mezcla de elementos dispersos, unidos de cierta forma y no otra, hubieran explosionado en su conciencia. En relación a ello, quizá Freud establecería una conexión entre Buhardilla-Secreto Familiar-Mentira Paterna-Masturbación y Culpa. No obstante, el mismo hallazgo no defraudó o culpabilizó a sus otros hermanos. Al contrario. Estaban acostumbrados a que su padre les contara una leyenda y tío Leopoldo otra, y sobre todo que la historia contara la suya. ¡Qué podía importar lo que hubiera hecho o no el bisabuelo Agustín! En su fantasía juvenil, además, tanto Pepe como Luis hubieran sido felices una temporada en la piel del primer Goytisolo, dirigiendo la plantación y gozando con las esclavas negras. Pero Juan, en el fondo, se hallaba ya demasiado lejos del padre. Disuelto el vínculo cuando don José María estuvo enfermo en Viladrau, ajeno a los proyectos cada vez más «disparatados» de ese hombre ahora peligrosamente sano y activo, el hijo había descubierto su gran fraude, el engaño mayor. Vivía un trauma similar al de los niños que descubren la verdad de la noche de Reyes: algo doblemente doloroso para alguien como él, que había nacido en esa noche y conocía el valor simbólico de los Magos.

AFILANDO LA PLUMA

Lejos de Torrentbó, siguieron influyéndole las nuevas lecturas que tío Luis le proporcionaba en su apartamento de soltero. Allí se aprendían cosas, muchas cosas, que luego resultaban útiles en el colegio de la Bonanova. Juan Goytisolo obtuvo así amplios conocimientos de historia universal, y estos conocimientos unidos a sus facultades mnemotécnicas le convirtieron en una enciclopedia viviente, un muchacho capaz de recitar de un tirón una extensa línea dinástica, nombres de batallas y fechas de derrotas o de armisticios. No cayó en la cuenta de que estaba emulando a gran escala las hazañas del difunto Antonio; pero en poco tiempo pasó de ser un alumno «empollón» a convertirse, según algunos, en un repelente «juansabidillo». En la novela *Juegos de manos*, David, un chico rico, recuerda al alumno que fue:

> Mi máxima aspiración consistía en ser el primero en todo. Una enfermiza necesidad de aplauso me espoleaba. Luchaba por las mejores puntuaciones con todas mis fuerzas y, aunque a veces fingía indiferencia por la gloria y simulaba ser inmune a los elogios, en realidad, mi corazón desbordaba de dicha cada vez que el director, en el reparto de premios, dictaminaba: «David ha rebasado la cifra récord en la colecta misional. Ha sido, por tanto, el más sacrificado. También es el que se ha portado más bien y sus notas son las mejores de la clase.» Resonaban los aplausos de todos y yo sonreía con fingida modestia, de acuerdo con mi papel de modelo.

El texto vale para el propio autor, quien aparte de unas virtudes escolares que agradaban a los educadores hacía gala de una conducta presuntuosa que exasperaba a sus compañeros. Para muchos era un vanidoso. Y lo cierto es que su carácter había cambiado: cultura, memoria y presunción hicieron de él un adolescente con tendencia a la pose, alguien que fluctuaba aún entre lo inauténtico y la reafirmación de su naciente personalidad.

Pero todo ello anunciaba imperceptiblemente al futuro escritor. Porque durante las estancias veraniegas en Torrentbó, hacia 1945, Juanito comenzó a escribir novelas de muy variado argumento. Sentado a la mesa-escritorio de la galería superior de la casa, redactaba sus primeras obras, poseído por una compulsiva fiebre creadora. El fruto, sin embargo, no podía ser otro que una mezcla de lecturas infantiles, episodios históricos y películas que había visto en los cines de barrio. El propio Juan recuerda algunas de aquellas novelas donde inventaba nuevas aventuras para Kid Carson o revivía las hazañas de la Resistencia francesa contra los nazis, amén de embarcarse en expediciones temerarias por la selva amazónica. Como todo autor, se tomaba además pintorescas licencias, y, mientras en algunas obras de ambiente colonial la ginebra era verde, en otras, como su novela sobre Juana de Arco, la Doncella de Orléans no moría en la hoguera del obispo Cauchon sino en la guillotina del mismísimo Robespierre. En apenas un par de veranos Juan Goytisolo escribió una docena de novelas de este género y para conseguirlo ingenió un método que le permitía avanzar directamente hacia el corazón de la trama. Poco amigo de descripciones y retratos psicológicos, se limitaba a recortar algunas fotografías de las revistas de cine de su hermana Marta y pegarlas en el cuaderno, con un sencillo pie de foto, junto a los textos. Así, las imágenes de *Semana* o *Primer Plano* ilustraron esas narraciones con aire de fotonovelas. En vano su hermana y sus primas, a las que obligaba a leer las obras, hacían alguna observación sobre el color errado de la ginebra; porque Juan, poseído, seguía concluyendo nuevas piezas, audaces y anacrónicas, hasta conformar un corpus juvenil que él define como «cáfila de patrañas históricas y de aventuras». En este aspecto, Luis Goytisolo me comentó que debe de existir aún un cuento de su hermano, escrito en esa época, donde los perros de Torrentbó contaban en coloquio la historia de la casa. Al dejarlo inconcluso, Luisito lo terminaría por su cuenta después. Esto nos habla del nacimiento de una vocación, acaso dos; también del deseo de crear un mundo ilusorio que les apartara por unas horas no tanto de una vida acomodada que habrían envidiado casi todos los niños del país, sino de una realidad familiar marcada por la tragedia.

Si creemos a Pepe y Juan Goytisolo, ni curas ni maestros influyeron en el desarrollo de su gusto literario. Los jesuitas se limitaban a exigirles datos biográficos sobre los autores y en clase sólo leían los relatos pudorosos del padre Coloma; en cuanto a La Salle, el asunto era parecido, ya que los Hermanos se remitían invariablemente a los doctos juicios críticos de Guillermo Díaz-Plaja. Es lógico que los Goytisolo comenten que los años que pasaron en La Salle Bonanova dejaron en ellos una levísima huella o que nada de cuanto ocurrió o se dijo en las aulas influyó directa o indirectamente en sus vidas. Veredicto inapelable, algo excesivo, que presenta aquel colegio como un páramo de ignorancia. Pero, lo fuera o no, tampoco podía esperarse gran cosa de una dictadura. Educados bajo el garrote de Trento y en el apogeo del nacional-catolicismo, los alumnos vivieron en un mundo donde, como escribe Salvador Pániker, «la literatura jamás fue fuente de placer». Se crearon así pavorosas lagunas culturales, pero eso indujo por efecto de culata a que los espíritus más inquietos se forjaran una formación paralela de tipo autodidacta. Sólo en La Salle Bonanova, varios alumnos quedaron vinculados a la literatura: los Goytisolo, los Carandell, Mario Lacruz, Jorge Herralde, Félix de Azúa, Luis Racionero, Lluís Permanyer o el librero Sennacheribbo.

SEGUNDA MEMORIA ESCOLAR

Tengo ante mí el anuario del curso 1945-1946. Han pasado dos años desde el anterior, y su lectura aporta nuevos datos sobre la vida escolar de los hermanos Goytisolo. El pequeño Luis se encuentra en primero de bachillerato; su expediente resulta ahora más fiable: un aprobado justo en religión, otro en francés, notable en matemáticas, lengua latina, lengua española y geografía e historia, y un aprobado justo en ciencias. Casualmente, le sigue en orden alfabético el alumno Jorge de Herralde Grau, cuyo expediente es insultantemente mejor: cuatro dieces, dos nueves y un ocho, la nota peor, en ciencias. Esta vez las fotografías no admiten imprecisiones: empiezo a reconocerle. Luisito Goytisolo está en la segunda fila; es el rubio que ocupa el segundo lugar, empezando por la izquierda; lleva chaqueta clara y corbata negra. Sus rasgos son suaves, nobles, con una delicadeza casi femenina, y transmiten a la vez inteligencia, cierta melancolía y una evidente serenidad. El niño va a entrar en la adolescencia. En ella forjará buenas amistades: Ángel Gamboa, con el que comparte sueños aventureros, o Jorge Herralde, futuro compañero de lecturas y muchachas. Pero lo que les unió en realidad fue el completo rechazo de todos los valores que representaba el colegio. En *Estatua con palomas* escribe Luis:

> Esa aproximación entre descreídos fue advertida por los profesores y, juzgada probablemente nociva, hicieron lo posible por separarnos a unos de otros. Pero tal intento de dispersión sólo podía dar resultado en el aula, donde bastaba que nos cambiasen de pupitre, no en el patio ni al finalizar las clases, y el efecto fue más bien contraproducente, pues la sensación de acoso contribuyó a unirnos más, como sucede en las películas con los componentes de una banda cuando se ven sometidos a persecución.

Algunos testigos recuerdan, por su parte, el carácter precoz del *gang*: una panda de chiquillos rebeldes que, en aquel rígido recinto, se las ingeniaron para eludir las obligaciones y actividades religiosas.

Aquel año de 1946 Juan Goytisolo cursaba quinto de bachillerato A. Por sus calificaciones continúa siendo uno de los diez mejores de la clase: la nota más baja, un aprobado alto, la obtiene en matemáticas; las más altas, un sobresaliente en religión y otro en geografía e historia. Resulta llamativo que, aunque también destaca en lengua latina, lengua griega y literatura, no recibe a fin de curso ningún premio ni mención especial. ¿Por qué? Analicemos brevemente este punto: que uno de los «empollones» oficiales no figure entre el grupo de alumnos que sobresalen en los premios de disciplina o aplicación, ni tampoco en los de las asignaturas normales, es bastante extraño. Sus compañeros, al menos, consiguen un accésit; pero Juan Goytisolo no, es un caso único, y esta rareza me sugiere dos palabras: INTELIGENCIA y DISTANCIAMIENTO. Pienso que Juanito es capaz de conseguir sus objetivos gracias a su poder intelectual pero sin necesidad alguna de implicarse en el tinglado del colegio, lo cual requiere también una elevada dosis de ASTUCIA. En cuanto a la fotografía de grupo, él se halla en la tercera fila, ocupando el lugar del centro. Al igual que Luis, lleva una chaqueta clara y una corbata negra –¿algún luto familiar?–, pero poco puedo añadir, pues sus ojos permanecen en la oscuridad más neutra. Nunca sabré si es un efecto de luz o las ojeras inevitables del lector voraz y, a la vez, onanista compulsivo.

Ese mismo año 1946, Pepe ha acabado el último curso de bachillerato. Mientras sus hermanos aún conservan la preposición «de» ante el apellido, él ha prescindido de ella y ya no se llama *de* Goytisolo ni tampoco José Agustín: es simplemente José Goytisolo Gay. También sorprende otro detalle: pese a que su historial académico figura entre los doce primeros de clase, no destaca en nada en particular salvo en religión. Obtiene, es cierto, un notable en lengua griega, su mejor nota, pero lo superan siete alumnos en esa materia y lo igualan otros tantos. Por último, el futuro poeta tiene por delante nada menos que a veintiocho compañeros en lengua española: el dato no sería revelador en primero de bachillerato, pero José está en séptimo, a las puertas de la universidad. Esta vez, además, las fotografías no lo muestran triste ni melancólico. Aquí le tenemos: sereno, con chaqueta clara y corbata oscura; llaman la atención los ojos, la boca, el cabello negro y brillante, perfectamente peinado hacia atrás siguiendo la moda de la época. El mayor de los Goytisolo aparece también en la foto del equipo de fútbol. Larguirucho, bien arquitecturado de huesos, ha crecido casi por completo. Es fácil imaginarlo moviéndose ante el área rival, elástico, elegante, escurridizo. Aunque no sea un atleta en el sentido griego, pertenece a ese tipo de futbolista incansable que desborda siempre al contrario. Hoy pagarían fortunas por él.

Hojeando la Memoria detecto asimismo algunos cambios con respecto al ambiente general. En 1946 el colegio parece menos militarizado, es decir, hay una presencia inferior de oficiales del ejército y de falangistas, pero se sigue percibiendo la densa atmósfera del Régimen. A la entrada del edificio principal, por ejemplo, han expuesto el valioso trofeo San Fernando, que aquel año conquistaron los alumnos de La Salle Bonanova. El trofeo descansa sobre una mesa cubierta de paño, flanqueado por dos jarrones de flores y protegido por una imagen cincelada del santo y una bandera de España. Para la foto el Hermano Luis –director y buen amigo de mi abuelo– se ha situado a la izquierda del trofeo, mientras que a la derecha veo un mando de la Guardia Civil con gafas negras, puños al cinto y botas de caña alta. Confieso mi sorpresa: jamás había visto a un miembro de la Benemérita llevando el pantalón por dentro del calzado. ¿Pertenecía a caballería, o era un signo más de chulería y prepotencia? En todo caso, ya tengo bastante. Prefiero quedarme con una instantánea tomada el día de San Juan Bautista de La Salle en la tribuna del histórico estadio de fútbol de Les Corts. Una docena de hermanos, con sotana negra, babero blanco y sombrero, presiden el encuentro entre los equipos del F.C. Barcelona –supongo que juveniles– y del Bonanova. Definitivamente, eran otros tiempos, porque no puedo imaginar que un colegio de hoy pudiera cerrar el Camp Nou en plena temporada para celebrar la fiesta del santo patrono.

EL PARAÍSO DEL BALOMPIÉ

Ya sabemos que desde los primeros tiempos en los jesuitas, Pepe Goytisolo cultivó la amistad de los compañeros de aula y de los chicos que vivían cerca de su casa. En el centro de esta amistad, una pasión común, el fútbol, al que se mantuvo fiel durante todo el bachillerato: jugaba cada jueves con el equipo del colegio y, los domingos, en el Atlético Tres Torres, la formación del barrio. En ambos conjuntos acabó obteniendo trofeos juveniles: campeón escolar de Barcelona defendiendo los colores de La Salle Bonanova y campeón de aficionados con el Atlético Tres Torres, en el cual también figuraba Joan Reventós como peligrosísimo delantero centro. El poeta recuerda esta victoria con especial cariño, ya que jugaron en el verde césped del campo del R.C.D. Español.

Pero el deporte le proporcionó además algunas experiencias de incalculable valor: acostumbrado a la forzosa educación en castellano, el fútbol le permitía recobrar el catalán, la lengua materna proscrita, que empleaba con sus compañeros en entrenos, desplazamientos y lances del *match;* asimismo, hizo posible que conociera el verdadero rostro de la ciudad, la cara oculta y miserable. Cada semana, Pepe y el resto de *senyorets* –señoritos en virtud de su origen– iban a jugar contra equipos de otros barrios menos felices, y allí fueron descubriendo una realidad muy negra: San Adrián, La Torrassa, Pueblo Seco, Guinardó, zonas castigadas terriblemente por los efectos de la guerra y sumidas en una pobreza durísima. El escritor Carlos Barral habla así de ella:

> La ciudad mostraba aún sus baudelerianos pliegues sinuosos, sus tejidos rurales y postindustriales descarnados por el hambre y la represión que había rascado hasta el hueso la débil civilización republicana, la relativa decencia de los años treinta. Aquella Barcelona escarnecida, con los tendones al aire, como un río de la Edad Media, parecía, en cuanto se trasponían las fronteras de los reductos de la burguesía, hecha de supervivencias.

Por primera vez Pepe Goytisolo tuvo clara conciencia de sus privilegios, de ser alguien muy distinto a los hijos de aquellas familias marcadas por la miseria, el exilio, la cárcel, la enfermedad y la muerte. Pero, pese a las diferencias, compartía con ellos el dolor de la tragedia familiar. Años después expresó en un poema aquel primer latido de rabia que lo acercaba a los vencidos:

> Por la ira fui un niño sin sonrisa
> un hombre derrotado. Cuando pude
> me acerqué al refugio de los míos
> me armé de orgullo y además
> de odio hacia las banderas de aquel crimen
> de asco a sus uniformes y a sus cantos
> de falso alegre paso de la paz.

Porque era ésa la terrible paz que reinaba en España, no la de los desfiles del Imperio.

Y, no obstante, había algo único en recorrer aquella Barcelona desconocida: era el mundo de los juegos callejeros, los bares y las tabernas, las chicas de barriada. Aquellas muchachas de las fiestas mayores, personajes futuros de alguna novela de Marsé, eran diferentes de *les nenes* de Tres Torres, Bonanova o Sarrià. Como las pueblerinas, sus modos eran más sanos y directos, y los jóvenes *senyorets* solían preferirlas en los bailes verbeneros, ante el enojo altivo de las niñas de buena posición. Aun así, la represión no permitía «ir demasiado lejos», en eufemismo de la época. Para un adolescente de 1945, recién acabada la Segunda Guerra Mundial, los momentos de erotismo compartido eran escasos, casi siempre lastrados por un abrumador sentimiento de culpa. En la ciudad burguesa las ofertas de esparcimiento eran a su vez poco estimulantes: salones de té y horchaterías, alguna bolera o pista de patinaje, y cines y teatros cuya programación estaba sujeta por completo a los rigores de la censura. ¿Y qué decir de las diversiones en las casas? Tampoco eran un prodigio de imaginación: alguna fiestecilla de cumpleaños o bien la puesta de largo de la hermana mayor, bajo la discreta vigilancia de los padres. En palabras de Luis Carandell: «Las mamás solían tomar mientras tanto el té en la salita contigua. Pero entraban a menudo en el salón y se sentaban un rato para ver a los jóvenes bailar el foxtrot, el pericón, el pasodoble o el vals que salían por el altavoz en forma de corola de flor de la gramola de cuerda.» Y más adelante: «Las chicas con las que uno bailaba eran "chicas para casarse". Y a ellas les pasaba lo mismo con los muchachos que las sacaban a bailar. De ahí que, si alguno se "propasaba" con tu hermana, tenías que pegarle: y te exponías a recibir algún puñetazo del hermano de la chica bailando con la cual hubiese podido parecer que te propasabas.» No era fácil, pues, expresarse en el amor, y mucho menos en el sexo, cuya llama debió de ser una verdadera tortura para aquellos jóvenes amordazados.

En el plano colectivo, España atravesó una década marcada por el estraperlo, según el diccionario «comercio ilegal de artículos intervenidos por el Estado o sujetos a tasa». Este sistema oportunista, que servía para afrontar la penuria económica, acabó siendo un fenómeno social muy extendido: mientras la mayoría de la población tuvo que contentarse con lo básico, unos pocos amasaron grandes fortunas gracias a la especulación con el control y la venta de los principales productos. Recordando los hurtos de Viladrau, por supervivencia, y los chanchullos indecentes de los nuevos ricos del país, el poeta Goytisolo escribió este epigrama en 1995: «Tengo fama de rico pero puedo juraros / que si hubo nuevos ricos tras la Guerra Civil / nuevos pobres tornáronse mi padre y mis hermanos. / Robé para comer. Y luego por costumbre.» José Agustín conoció bien aquel mundo, ya que algunos compañeros de colegio pertenecían a esa clase enriquecida a la estela de la guerra. Según dice, «eran hijos de estraperlistas, gentes que tenían colmados en una época en que poseer un colmado era como tener un banco. A muchos los venía a buscar el chófer en coche, pero se les notaba algo incómodos; tenían mucho dinero, daban fiestas, gastaban a lo loco, y todo lo hacían con un mal gusto espantoso». Es su modo de decir que vivían inmersos en una hipocresía completa: doble moral, ostentación y beatería...: hábitos de los vencedores. En *Estatua con palomas* su hermano Luis escribe: «En los años de la posguerra, la figura del nuevo rico, de la persona que había hecho fortuna rápidamente, era sinónimo de escasa honorabilidad, desprecio no exento de despecho y, en ocasiones, hasta de envidia.» Por lo visto, muchos codiciaban en secreto las residencias, villas de veraneo, viajes, joyas y obras de arte de aquellos millonarios de nuevo cuño que controlaban el mercado negro. Pero los modos de la nueva burguesía en ascenso se antojaban grotescos para gentes de solera como los Goytisolo; por eso veían aquella locura colectiva con una mezcla de rechazo y asombro. Suele decir José Agustín que «esa gente no tenía tema de conversación alguno, no leían un triste libro, no se enteraban de nada. Iban a la ópera por puro presumir y creían que Bizet era alemán. Sólo pensaban en exhibir continuamente su riqueza».

Éste fue el escenario social donde se desarrolló la adolescencia del poeta, quien, tras concluir sus estudios de bachillerato, se matriculó en la facultad de Derecho de Barcelona en otoño de 1946. La posguerra se acercaba a su fin, pero España no era aún un país libre. Y antes de serlo tuvieron que pasar mucho días amargos.

ENTRE AULAS Y BURDELES

En los años cuarenta los jóvenes acudían a la universidad para seguir una tradición familiar, o bien para iniciarla si habían alcanzado *status* a raíz de la guerra. Pero en ambos casos percibieron el clima peculiar que se respiraba entre sus muros: el panorama educativo era casi tan desolador como el del bachillerato, nada quedaba de la tradicion liberal republicana y el nivel científico de los profesores era harto deficiente; tampoco existía ese espíritu humanista que constituye la esencia misma del *Alma Mater*. Al contrario. Reducida a caricatura lamentable, la vieja universidad se había convertido en fábrica de licenciados que en el futuro iban a trabajar para el Régimen. Era, en consecuencia, una institución terriblemente politizada, sujeta además al control interno del SEU. El llamado Sindicato Español Universitario era una organización de estudiantes vinculada a la Falange, y el único espacio público autorizado, junto con la Igesia católica, para desarrollar actividades culturales. Desgraciadamente, acogía por igual a individuos bienintencionados como a brutos de mentalidad antidemocrática.

Desde el principio, José Agustín tuvo noticia de las tristes hazañas que algunos miembros del SEU ejecutaban en su facultad: en una ocasión, cogieron a un hijo de Carrasco y Formiguera –político catalán fusilado por Franco– y lo obligaron a punta de cuchillo a beber una botella de aceite de ricino; otras veces provocaban a compañeros pertenecientes a familias de tradición monárquica con insultos y amenazas, e hicieron de sus bravuconadas un instrumento más propio de las juventudes mussolinianas. ¿Y allí iba a convertirse en abogado? Parecía difícil. Claro que también había alumnos cultos –Barral, Oliart, Ferrán o Folch–, que soñaban con una sociedad europea, abierta. Pero Pepe Goytisolo no trabó entonces amistad con ellos. En cierto modo seguía llevando la vida de colegio, que incluía algunos partidos de fútbol con los amigos de siempre.

Sin embargo, la entrada en la universidad aumentó su conocimiento del entorno social malherido. Aquellas visitas a los campos de fútbol suburbiales se transformaron a partir de 1947 en un descenso al vientre de la urbe. En su caso ese descenso no estaba motivado por el deseo de conocer los placeres de la Barcelona canalla. A diferencia de Barral, por ejemplo, Goytisolo fue bastante reacio a iniciarse en los prostíbulos, y esta conducta –rara para la época– pudo obedecer a varias causas. En una entrevista declaró: «Los prostíbulos, que se dirían inventados por Fellini, con unas putas que había que tener valor heroico para ir con ellas, eran el espanto.» Quizá hubo algo más: seguramente la falta de un dinero para gastar en burdeles, el pánico a contraer la sífilis inculcado por su padre, o una prematura consideración hacia la mujer que le impidió utilizarla como mercancía sexual. Hay respeto, sin duda, en el irónico poema «La mujer fuerte», donde es obvio que el poeta puso los pies en la célebre casa de citas de Madame Petit, ubicada en la calle Conde del Asalto. Elijo estos versos: «Todavía es temprano. Nadie ni los primeros / adelantados del amor esos / que se delatan por sus pasos furtivos / nadie ha turbado el fresco reír de esta morada / de la que salen dardos dirigidos al pecho / de los aburrimientos conyugales.»

Son las palabras de un observador, también del que imagina el *meublé* durante el día; pero el poema difiere de los testimonios sórdidos de otros contemporáneos que sí acostumbraban templar el apetito en las casas de tolerancia. Incluso cuando como en Lola Club se nos muestra un burdel en plena actividad, la idea central del poema es otra: «Y el mundo afuera sigue / miserable y austero. / No pasa nada. Nadie / debe mover un dedo.» Aquí, el sujeto poético no pierde por completo la referencia exterior, no se abandona al nocturno ceremonial de la carne. Por eso, más que cliente asiduo, imagino a Pepe como un visitante ocasional, alguien que iba extendiendo su radio de acción por toda Barcelona movido por su insaciable curiosidad. Lejos de Pablo Alcover, parecía haber hallado un orbe rico en sensaciones y experiencias extremas. Ahora, los bellos kioscos de la Rambla no brillaban con esa luz de los paseos infantiles con Julia. La ciudad era distinta: escondía el secreto de una miseria terrible. Según él, fue un hallazgo paulatino: «... lo iba viendo en mis paseos por los barrios periféricos, yendo por las zonas del puerto, por el Barrio Chino, por los cementerios. En la ladera de Montjuïc la gente se hacinaba en barracas junto a las tapias del cementerio del Sudoeste, y te miraban con cara de rabia, horror, coraje». Como acompañante de su hermana en el Liceo recuerda también a las personas que se apiñaban delante del teatro para ver llegar a los ricos, cargados de pieles y joyas. La mayoría de aquellos burgueses hipócritas se conmovían hasta las lágrimas con el drama de Mimí, olvidando que en la Barcelona de posguerra una costurera como ella habría sido afortunada.

Todo esto supuso un fuerte *shock* para la sensibilidad del joven universitario. A partir de entonces este sentimiento de horror, de vergüenza social —común a otros hijos de la burguesía catalana— se unió al desprecio hacia quienes habían permitido la muerte de su madre y ahora ostentaban el poder. De esta fusión de instintos iba naciendo un individuo nuevo, un rebelde cuyas ideas se dejaron sentir en sordina tanto en la universidad como en la Escuela de Comercio, en la calle Balmes, donde Pepe se había inscrito para realizar estudios de Profesorado Mercantil.

EL APRENDIZ DE ESNOB

Por esas fechas su hermano Juan no albergaba aún el menor sentimiento político. Antes bien, estaba viviendo una etapa de fascinación mundana que acabó transformando al alumno solitario en un voluntarioso aspirante a dandy. La decrepitud general que reinaba en Pablo Alcover, a causa de nuevos y nefastos negocios paternos, había avivado en él la conciencia del declive familiar. Ya no se trataba de la «falsa» leyenda de Cuba: era la tristeza de un presente donde el padre se mostraba incapaz de plegarse a los nuevos vientos. Para huir de ello, Juan Goytisolo se dedicó a confraternizar entonces con algunos compañeros de maneras afectadas, que en *argot* se llamaban «pijos», «niños bien» o «señoritos de la Diagonal». Durante casi un par de años trató de emularles en todos sus gestos y fue invitado a fiestas y guateques donde en vano quiso estar a la altura. Porque la verdad es que Juanito no sabía bailar, ni acercarse con aplomo a las niñas, ni besar la mano a las señoras, ni mantener conversación sobre los temas frívolos que interesaban en aquellas familias pudientes. A diferencia de Pepe, tampoco practicaba deporte alguno, y sólo se lanzó a patinar en el Skating Club de la plaza Calvo Sotelo los domingos por la mañana, siguiendo la moda de sus nuevas amistades. Luis Goytisolo recuerda bien aquellos tiempos en que su hermano pretendía convertirse en dandy; según él, lo que más le importaba a Juan era que su vestimenta —chaqueta y pantalón de golf de franela gris perla, calcetines y corbata de color granate— estuviera a la altura de sus compromisos.

Pero bajo esa actitud había algo más, un deseo de metamorfosis, que era en el fondo otro impulso inconsciente de huida. Ya no quería escapar a la Patagonia, como en Viladrau, pero necesitaba ser cuanto antes otra persona. En la novela *Fiestas* el conflicto entre la vieja y nueva personalidad de un muchacho se expresa así:

Pipo volvió a abrir los ojos; el *otro* continuaba siempre allí. Su rostro reflejaba sucesivamente odio, tristeza, adulación, alegría; esbozaba amables sonrisas que se tranformaban en muecas; hacía girar las pupilas como el niño sordomudo; sacaba la lengua.

Decepcionado interrumpió bruscamente su mímica. Siempre era él. Por mucho que se esforzaba no conseguía evadirse. Inútil cambiar de nombre, rodearse de gente desconocida, mixtificar el pasado, enmarañar las pistas; su cuerpo continuaba siendo el mismo y nunca lograría abandonarlo.

Tras ímprobos esfuerzos, el paso de Juan por las reuniones mundanas se saldó en fracaso, dejándole un momentáneo poso de amargura. No es casual que el propio novelista hable del adolescente que fue como «un lamentable muchacho con mi nombre y apellidos», ni que ante la contemplación de un retrato suyo de la época se encuentre «serio, envarado, penoso», alguien que sólo le despierta hoy sentimientos de burla y conmiseración. Es el desprecio hacia la vieja máscara, el rechazo a una de nuestras fases pasadas que nos proporcionó un dolor absurdo e innecesario. Hay que añadir, sin embargo, que su inadaptación a aquel ambiente fue sobre todo de signo caracterológico, nunca de atractivo personal. Algunas de las «niñas bien» que frecuentó en los cuarenta, hoy serenas abuelas, le recuerdan como un joven elegante y magnético, con unos grandes ojos azules que no han olvidado: incluso la expresión «muy guapo» fue usada con frecuencia al recordarle.

Claro que Juan Goytisolo tampoco llegaría a saberlo; en realidad ya estaba en otra parte. De hecho, aquel adolescente retraído estaba atravesando una profunda crisis religiosa. Puede atribuirse esa crisis a las obras de Unamuno, creyente agónico, que Goytisolo devoró a conciencia; pero también leía con gusto a Wilde, cuyos brillantes aforismos de creyente pagano son el mejor antídoto para el primero. ¿Qué pasó? Como otros alumnos de La Salle, Juan no hallaba respuestas a los grandes interrogantes de la adolescencia, y en este contexto las explicaciones digamos «filosóficas» del Hermano Pedro abrían una nueva y más profunda espiral de inquisiciones. Era muy arduo, pues, enfrentarse a uno de los grandes dilemas de la vida –¿existe un Dios creador y omnipotente, que vela en silencio por nosotros en la inmensidad del Espacio?– y, más aún, expresar dudas al respecto en un colegio religioso de la España franquista. Con todo, el joven logró transmitir sus inquietudes a un compañero de clase, José Vilarasau, con el que empezaba a tener buena amistad. El actual presidente de La Caixa era un excelente alumno en física y matemáticas, gracias a lo cual nació entre ellos una simbiosis académica que propiciaría la confesión mutua, las clásicas charlas en el patio de recreo o en el camino a casa, donde los escépticos solían expresarse con mayor libertad. Según Juan, aquellas confidencias suavizaron su soledad ante el gran enigma metafísico, haciéndole más llevadero ese período de metamorfosis. Su primera gran metamorfosis.

Resulta significativo que en esa época se refugiara aún más en la escritura. Las novelas ilustradas que había hecho en Torrentbó dieron paso a narraciones de mayor aliento e incluso a alguna obra de teatro cuya trama desconozco. Aunque los tres hermanos eran ya fervientes lectores, debemos señalar que ni Pepe ni Luisito escribían con su regularidad y ahínco. Lamentablemente, Juan no podía entregarse de lleno a la literatura porque estaba acabando el bachillerato y debía prepararse para el temible Examen de Estado. Todos los testigos coinciden en señalar la dureza de esa prueba, que supuso en su día el primer gran reto adulto de varias generaciones. Superada esa reválida, Juan Goytisolo marchó a Torrentbó a pasar el verano.

El año 1948 supuso para él una encrucijada de caminos: tenía que pensar y decidir sobre su futuro; se hallaba inquieto ante esta decisión crucial, y durante aquellas semanas consideró todas las opciones «con una mezcla febril de júbilo y aprensión». Al principio, el miedo a saltar al vacío le llenaba de ansiedad y la perspectiva de ganarse la vida por sí mismo le quitaba literalmente el sueño. Pero junto a eso sentía una necesidad perentoria de abandonar el domicilio de Pablo Alcover, cuya atmósfera se le estaba haciendo irrespirable. Esta sensación de asfixia tuvo, como sabemos, un origen bastante complejo; pero no ayudó a suavizarla el rencor obsesivo de don José María hacia el abuelo Ricardo. Aquel odio reducía los espacios, creando una situación que afectaba en especial a Juan, el más alejado sentimentalmente del padre. Sólo un título universitario le permitiría escapar del nido.

Así pues, mientras Pepe cursaba Derecho con la idea de ejercer de abogado en Barcelona, Juan eligió la misma carrera como principal medio de abandonar suelo español. Al matricularse en otoño de 1948 no pensaba ni remotamente en abrir un bufete en la Rambla de Cataluña. Lector empedernido, soñaba más bien con abrazar la carrera diplomática: profesión que le llevaría a países lejanos donde iba a vivir por fin aquellos viajes imaginarios que había realizado con tío Leopoldo en Torrentbó. Y es que, más allá de las páginas ilustradas de la *Geografía Pintoresca*, Juan Goytisolo anhelaba convertirse en un nuevo Paul Morand: personaje culto y refinado que alternaba con maestría la pasión viajera y el manejo de la pluma. Pero para ello necesitaba un pasaporte, todo un lujo en la España de la época, sin el cual no le quedaba mejor opción que estudiar Derecho primero y opositar luego a la Escuela Diplomática. Pienso que su decisión de ser diplomático fue esencialmente estética, nacida al calor del cine y las lecturas; dicho de otro modo, no tenía en cuenta factores temperamentales ni psicológicos, porque aquel joven seguía sin saber conducirse en sociedad, y menos pensar en términos mundanos o de intriga cosmopolita. ¿Qué iba a ser de él en los dorados salones de las embajadas? El tiempo iba a demostrar que su carácter se encuentra, como él dice, «en los antípodas del temple y maleabilidad requeridos para semejante oficio». Pero entonces esta consideración estaba fuera de lugar.

Juan Goytisolo decidió también inscribirse en la facultad de Filosofía y Letras. Trataba así de conjugar eso que él llama «matrimonio de conveniencia» con su afición más profunda, la literatura; sin embargo, esa doble vida le planteó enseguida problemas de horario, y tuvo que dar prioridad a los estudios de Derecho. El enfoque obtuso de las clases de literatura le hizo ver además que acabaría por detestar la literatura misma, así que sólo fue a Filosofía y Letras esporádicamente, en calidad de alumno «libre». A excepción de los cursos del historiador Vicens Vives, aquella facultad no podía ofrecerle ningún sustento intelectual ni moral. Derecho, Filosofía y Letras, Medicina..., el mismo desierto donde los profesores eran elegidos más por su fidelidad al Régimen que por su valía académica.

En cuanto a los alumnos, había poca diferencia desde los días del ingreso de José Agustín. Nadie se manifestaba en materia política salvo algún grupo de falangistas que evocaban ruidosamente la figura de José Antonio, y si alguien se declaraba monárquico corría el peligro de ser represaliado por los tipos más duros del SEU. Paralelamente, los primeros miembros del Opus Dei circulaban ya por los patios para ganar nuevos adeptos, aprovechando un *statu quo* en el que nadie tenía valor de exponer la menor duda religiosa. Como recuerda el novelista, una simple profesión de agnosticismo bastaba para armar revuelo. Cuando en una ocasión se atrevió a bromear sobre la figura del papa Pío XII tuvo que evitar *in extremis* la patada histérica que el joven Albert Manent le lanzó a los testículos. ¿Albert Manent? ¿El escritor catalanista? En efecto. Hablar con los Goytisolo depara muy curiosas sorpresas.

Políticamente, además, la quinta de Juan quedó en tierra de nadie. Como escribe en *Coto vedado:*

> Mi promoción y las que le sucedieron fueron probablemente las más desmochadas y anodinas de nuestra miserable posguerra: los últimos rescoldos de resistencia se habían extinguido en medio del humo y ceniza de una paz mentirosa y los primeros chispazos de rebeldía juvenil no habían brotado aún. Mi experiencia lamentable de los años de colegio se repetía así en la universidad.

Sin maestros ni orientadores, prosiguió a trompicones su formación autodidacta. Es fácil imaginarlo hurgando en los anaqueles de la biblioteca materna, o rastreando en los puestos del mercado de San Antonio –que pronto frecuentó Luisito– y en las librerías de viejo de la calle Aribau. Aquel muchacho tímido se construyó así una cultura desordenada y caprichosa que, al menos, le diferenciaba de la masa informe.

UN GOYTISOLO EN APUROS

Su hermano José Agustín, por el contrario, no tuvo que hacer grandes esfuerzos para señalarse. Inconscientemente, desde niño había querido ser centro de atención general para compensar su trauma de infancia, algo que había logrado bajo distintos nombres y apariencias: «Pepito Temperamento», «El Coyote», «El hombre enmascarado», o el futbolista «Goyti». Pero en la universidad no valían esos héroes más o menos ficticios, y el hecho de crearse alguno a medida podía ser peligroso si uno se apartaba del pabellón heroico del Régimen. ¡Lástima! Porque el carácter abierto de Pepe y su instinto de camaradería habrían sido buenos aliados para triunfar en el mundo fascista. Pero él no lo aceptaba como propio, y esos rasgos personales no sólo no eran un buen aliado sino el peor enemigo. Sobre todo ahora que, según él, estaba adquiriendo la temeraria costumbre de defender a los compañeros perseguidos por sus convicciones políticas. No hacía falta ser un provocador antifranquista, aclara, bastaba con señalarse mínimamente «para que te provocaran ellos»; y ellos eran los miembros del SEU, dirigidos por un tal Porta, hermano de Pablito Porta, luego presidente de la Federación Española de Fútbol. También militaba en el SEU el futuro converso Manuel Sacristán, que llegó a ser el teórico marxista más notable de aquella generación.

Aunque el poeta no ha escrito sobre ello, su hermano Juan dejó este retrato en *Señas de identidad*, inspirado precisamente en Sacristán:

> Su dialéctica no desdeñaba el empleo de los puños y en los claustros se comentaba aún con admiración la refriega que le había opuesto a cuatro estudiantes donjuanistas contra los que embistió como un toro, derribando por turno a tres y arrojando al último al laguito artificial del patio. Sus condiscípulos del colegio de San Ignacio evocaban los tiempos en que, vestido con la camisa azul y to-

cado con la boina roja, entrenaba a las centurias juveniles de Falange, marcando el paso con precoz y apuesta marcialidad y saludando rígidamente a la hitleriana. Otros afirmaban haberlo visto en el año 43 al frente del grupo de los manifestantes que incendiaron la pantalla de un cine barcelonés en el que por primera vez se proyectaba en España una película de guerra de nacionalidad inglesa.

Si los camaradas de Sacristán evocaban tales hazañas fue, paradójicamente, porque constituían una rareza. Lo normal era lo opuesto: un grupo de energúmenos fascistoides acosando a traición a algún solitario y temeroso monárquico. Asegura José Agustín Goytisolo que un día que salió en defensa de Antonio de Senillosa fue abofeteado por varios matones. Pero este incidente nunca pudo ser en presencia del citado Senillosa quien, chuleta y pendenciero, paseaba por la facultad con una insignia utópica de Juan III –padre de Don Juan Carlos– en la solapa, junto a una reducida guardia pretoriana en la que figuraba Barral. Escribe Alberto Oliart:

... se acercaron unos del SEU con la camisa azul, y uno de ellos se fue a Senillosa y le dijo que se quitara la mierda de insignia que llevaba. Antonio le contestó que para mierdas la insignia del SEU que llevaba él. El otro le agarró por las solapas y, a la velocidad del rayo, vi el puño derecho de Senillosa, con su aparatoso anillo, golpear de abajo arriba la cara de su atacante y desde la mandíbula hasta el ojo aparecer una brecha de sangre, al mismo tiempo que oía el aullido de dolor del herido. Se generalizó la pelea: Román repartía puñetazos a todo el que se acercaba, Senillosa parecía un gato furioso brincando para llegar a la cara de sus adversarios, mientras Linati descargaba sus golpes, sin descomponerse, en lo alto de la cabeza de los que se pegaban con Senillosa y Román Rojas. Los del SEU, maltrechos y llenos de jifes, causados por el anillo de Senillosa, se batieron en retirada.

Siempre según el poeta, a los pocos meses la situación había llegado a un extremo que define así: «... estaba a mal con la gente del SEU, cansado de que me dieran de bofetadas, cansado de la vergüenza de descubrirme a mí mismo yendo por otro pasillo para no encontrarme con unos tíos que, pensaba, me iban a volver a pegar». Obviamente, era más de lo que El Coyote podía resistir.

Como ocurriera en los jesuitas, el señor Goytisolo comprendió que un cambio de aires iba a ser muy beneficioso para su hijo. ¿De quién habría heredado esa facilidad para meterse en líos? Era un misterio. Pero en Madrid iría con más cuidado. Según testigos muy próximos, otros motivos de índole familiar influyeron en su traslado a la capital. No obstante, fue una decisión que Pepe aceptó sumido en algunas contradicciones. Es cierto que escaparía de una universidad enrarecida, pero también dejaba atrás muchas cosas de su querencia. Mientras su hermano Juan tenía pocos motivos para seguir en la ciudad, él amaba Barcelona. Amaba a su familia, a sus compañeros de aula, a los viejos amigos, algunos tan íntimos como Joan Reventós o Luis Carandell.

Ahora, ya en el tren, recordó las tardes alegres en casa de este último, en la calle Provenza, o los días de verano cuando iba al *mas* que los padres de Luis tenían cerca de Reus, «una casa modernista preciosa, con estuco pompeyano». ¡Cuántas noches charlando en la penumbra del cuarto! Historias de guerra o de amores que se prolongaban hasta el amanecer. O las fiestas concurridas en el vecino *mas* de Navás. O las visitas de amigos cultivados como Mario Lacruz. O los baños en Salou al caer la tarde... El paraíso. Y, en el centro, aquella maravillosa muchacha morena. ¿Qué encontraría en Madrid?

ENCANTO DE LA VIDA (1949-1955)

CRECER EN SABIDURÍA Y BONDAD

Luisito Goytisolo vio partir a su hermano en un largo tren de vapor. Quizá un día no muy lejano también él tendría edad para hacer la maleta, subir al expreso y viajar a cualquier parte del mundo; pero la vida se limitaba a la casa de Pablo Alcover. Allí era el pequeño, aunque no respondiera al tipo de retoño faldero que se pliega a la voluntad y mimo de los mayores. Desde muy niño había desarrollado su propia estrategia de huida, basada en la independencia: por ahora no iba a escapar del nido como Juan, que seguía fantaseando con un puesto en la embajada, ni marchar a Madrid como Pepe, a quien el padre había despedido con una mezcla de tristeza, alivio e incertidumbre. Luisito pensaba en otras cosas, porque sintió antes que ninguno la necesidad de alterar su posición en el plano, liberarse cuanto antes del rol. Ello explica por qué comenzó a afirmar tempranamente su personalidad, a construirse un mundo particular. Los mayores tenían acceso a cosas increíbles, cierto, pero ninguno era el jefe de una banda como la suya, la Banda del Cangrejo, con la que correteaba durante horas con otros chicos de la zona. En la infancia, había realizado ya algunas incursiones en solitario, rincones de Tres Torres –jardines, azoteas, trasteros y garajes de los vecinos– que conocía al dedillo y en los que se ocultaba para jugar al escondite. Pero con el tiempo se había vuelto aún más audaz. Como escribe en *Estatua con palomas*,

... había sitios, como las cuevas y recovecos de los barrancos o los pozos y galerías de la red de alcantarillado en construcción que imponían lo suyo, y era preferible explorarlas en grupo. Lo mismo podía decirse del cementerio y su desdibujado contorno, tanto más cuanto que el camino que había que tomar orillaba el alto muro de la parte trasera de una villa contigua a la nuestra, y los hijos de los propietarios, dos chicos algo mayores que yo, eran *enemigos*.

Enemigos de la Banda del Cangrejo, claro, muchachos que una tarde les arrojaron grandes pedruscos desde lo alto del muro, a lo que Luisito respondió disparándoles con una escopeta de aire comprimido. Él era el jefe, el líder, obraba con firmeza y sin contemplaciones. No iba a dejarse pisar por nadie, ni en la casa, ni en la calle, ni en el barrio. Instintivamente estaba tomando distancia, haciéndose fuerte: de no haber sido el pequeño, tal esfuerzo habría sido innecesario. En la novela *Juegos de manos*, Juan Goytisolo atribuye a un personaje llamado Luis algunos rasgos que pudo inspirarle su hermano menor. También él es el benjamín y actúa con total independencia, desvergüenza e impunidad. Desde su posición familiar es un jugador aventajado, «un *pioneer*» cuyas acciones despiertan a menudo el enojo de los adultos. ¡Hasta lidera un banda callejera llamada «de los Cangrejos»! Ejecutan acciones como éstas:

> Luis la había iniciado en los secretos de su pandilla: un mundo de fuerza y de crueldad, en el que la astucia era un recurso y la mentira un arma de combate. En el pajar abandonado de la colina, entre herrumbrosos aperos de labranza, y sacos destripados y vacíos, se celebraban las juntas de los Cangrejos, la terrible banda que rompía los faroles del alumbrado, robaba las frutas de los puestos callejeros, vaciaba el cepillo de la iglesia y perseguía a las parejas solitarias que se ocultaban en los rincones umbrosos del jardín del casino.

Si en Viladrau las hazañas de Pepito, El Coyote, fueron producto de la guerra, las de este Luis parecen más bien deudoras de las aventuras de Guillermo Brown y sus «proscritos». Pero tampoco debemos obviar el peso de la realidad de posguerra, donde los niños debían vivir a su manera la confusión que flotaba en el ambiente: un país hecho de escombros, descampados y solitarias callejas. Es interesante señalar que la necesidad de independencia de Luis Goytisolo, de volar por su cuenta «lo más lejos posible de mis hermanos mayores», según dice, la experimentó en el terreno erótico, antes incluso que en cualquier otro ámbito.

Analicemos este punto. En 1948 el chico tiene trece años, vive inmerso en sus estudios de bachillerato y lee con fruición las novelas que le regala tío Luis en fechas señaladas. Aunque su figura parezca eclipsada por la de los otros, se ha hecho un muchachito reservado, culto, inteligente; fuera de casa se defiende solo o bien acepta el juego social, como si buscara un punto medio entre el temple bullicioso de Pepe y la reserva casi patológica de Juan. Desde esta posición desarrollará un precoz interés por las mujeres. Su condición de menor le permite aproximarse a las amigas de Marta, las fugaces parejas de José Agustín, las hermanas mayores de sus amigos. Inicialmente es una ventaja ser el pequeño, porque ellas lo creen inofensivo y se comportan con él de forma más sincera y desenvuelta que con los chicos de mayor edad. Es el privilegio de los benjamines, unido en su caso a un rostro llamativo: rasgos angulosos, ojos claros, cabello rubio y ondulado... ¿Qué chica se atrevería a rechazarlo?

Pero no nos engañemos. No es el rostro de un ángel ni de un galán en ciernes: Luis escucha, observa, olfatea. Le atrae el universo femenino, sus leyes. Siempre ha sido así. De hecho, ya en el parvulario vigilaba a las mujeres, sus variadas edades y formas. Se fijaba en las vecinas de barrio, las Klein, o en las muchachitas que acudían los domingos a la iglesia de Sarrià, como las Navarro o las Arana, y «no quitaba la vista de aquella mejilla, de aquel pómulo, de aquella pestaña, transversal a la suave línea del cabello». En *La paradoja del ave migratoria* escribe:

> Adolescentes con las que nunca había hablado, que se limitaba a mirar con disimulada intensidad cuando se cruzaba con ellas en la calle. La primera, posiblemente, fue la niña rubita. ¿Qué había para él de tan atractivo en aquel cabello como impregnado de sol, en la pureza de su tez, en la relación pómulos-mandíbula, en los labios tersos y, sobre todo, en aquellos ojos tan grandes como claros y profundos? Lo único que Gaspar sabía es que deseaba estrecharla y estrecharla entre sus brazos hasta integrarla en su propio cuerpo. En casa acabaron por percibir la fascinación que sentía, y bastaba que bromearan acerca de la niña rubita para que se pusiera furioso, justamente el efecto buscado por sus hermanos.

Fascinado por alguna señorita, se atrevió incluso a abordarla en plena calle para intimar con ella; pero hablar con extrañas constituía toda una proeza: lo normal era relacionarse exclusivamente con las muchachas que iban a su casa o tratarlas en las casas vecinas. Como una de ellas me dijo después, «íbamos de jardín en jardín»... Y esa frase poética resume mejor que ninguna otra aquellos tiempos de confraternización risueña y pausada en las torres de la Bonanova o Sarrià.

Alguna de sus antiguas compañeras recuerda a Luis Goytisolo como un joven altivo y orgulloso, rasgo que quizá era la coraza de un adolescente que se sentía inferior a ellas en desarrollo y madurez. En todo caso fue un estado fugaz, ya que, a diferencia de otros, Luis no padecía «el síndrome de Peter Pan». Al contrario: deseaba crecer cuanto antes para tener acceso a aquellas *nenes* que invariablemente se acababan «entendiendo» con el chico mayor. A raíz de eso, Goytisolo experimentó un sentimiento raro y preocupante: el temor a que las chicas se acabasen, es decir, que no le quedara ninguna para cuando él hubiera crecido. Quién sabe si fueron inquietudes propias del hermano menor, condenado desde la cuna a contentarse con los restos del banquete, o más bien el fruto de su misma precocidad. Porque es obvio que era inquieto y curioso por temperamento. Tiempo atrás, se había colado con su amigo Paquito en el estudio de un escultor con el fin de observar a su modelo; al descubrir que el lugar estaba vacío, se llevaron algunas láminas de desnudos y un libro francés de anatomía femenina con ilustraciones en color. Recuerdo bien este tipo de libros, con porciones desplegables que se alzaban mostrando los secretos del cuerpo desde la piel hasta los huesos. Si en su día me impactaron, otro tanto ocurrió con Luisito, quien gracias a ese libro pudo conocer no sólo la forma de la mujer desnuda sino las entrañas universales de aquellas hembras que ya empezaban a quitarle el sueño. ¿Así eran en realidad? ¿Eso escondían bajo la piel morena?

En otra visita al estudio, los chicos se llevaron varios pinceles y tubos de pintura. A partir de entonces, Luis se dedicó con esmero a pintar, empleando parte de su tiempo libre en obras al óleo. Pese a carecer de maestros, logró componer imágenes asombrosas que surgían torrencialmente de su imaginación: cabezas cortadas, naves egipcias, esfinges de senos gruesos..., un proceso creativo febril que nos recuerda, forzosamente, a las primeras incursiones literarias de Juan en Torrentbó. Esta actividad no pasó desapercibida al padre, quien adquirió la costumbre de acercarse al caballete para contemplar el trabajo del hijo. Aquel chico tenía facilidad, era evidente, y la había heredado de la abuela Catalina Taltavull. No es extraño que el señor Goytisolo celebrara unas aficiones que le eran tan queridas, tan familiares. De seguir así, Luis iba a ser un gran artista.

No podía sospechar cuán cerca estaba de la verdad, aunque el verdadero talento de su hijo discurriera ya por otras sendas. Pudo haberlo visto en sus redacciones escolares, que solían merecer en La Salle Bonanova las máximas calificaciones, o en el hecho de que dos de ellas se hubieran publicado en la revista del colegio. Pero como el novelista explica en *Estatua con palomas*,

> ... los escritos que me importaban de veras no los podía enseñar a nadie, ya que revelaban unas inquietudes que sin duda hubieran sido consideradas muy negativamente por mis profesores. No podía, ni de hecho quería hacerlo, pues también me resistía a mostrar mis poemas en prosa o mis primeros relatos a quienes, como mis amigos o mis hermanos, hubieran podido leerlos sin ninguna clase de prejuicios. Y es que, en realidad, me disgustaba la idea de dar a conocer algo que no estaba enteramente realizado, esto es, publicado.

¡Qué rara sensatez la suya! Mientras Juan quiso mostrar sus novelitas de verano recién concluidas, Luisito mantenía el asunto en secreto. Escribir era importante, pero sólo la publicación coronaba el proceso. De su afición, por tanto, nada supieron ni su familia ni las amistades, ya fueran compañeros de escuela, amigos de las Tres Torres, o el grupo de muchachos del Maresme. Generalmente, Luis Goytisolo pensaba en el colegio o las vacaciones, como todos los demás. En *Estela del fuego que se aleja*, el personaje A habla de sus días estivales en Caldetas: «Las mañanas transcurrían en la playa, entre zambullidas, paseos en patín y bromas con los chicos. Por la tarde paseaban en bici o iban a la bolera o a casa de alguien, a charlar interminablemente en el jardín, siempre en plan pijo.» Había también fiestas y meriendas, o excursiones hasta las fuentes ocultas en las montañas costeras, que él conocía por su proximidad a Torrentbó. Otras veces se aventuraba hasta Arenys, siguiendo el litoral en busca de nuevos rincones donde bullía una vida más excitante aún que la de Caldetas. Al igual que en la ciudad, muchos de sus paseos eran en solitario, así que cuando alguien los proponía luego como excursión de grupo, Luisito se encargaba de dirigir a los otros —tanto a pie como en bici—, dado su conocimiento preciso del terreno. Recuerda que en alguna ocasión condujo a sus amigos a lugares tan misteriosos como un hotel abandonado en la escollera de Arenys. En el mismo libro habla de

> La vez aquella que les llevó a todos a bañarse al pie del Monte Calvario, donde no le fue difícil encontrar la oportunidad de espiar a las chicas mientras se cambiaban en el interior de aquella estructu-

ra inacabada. Fue así como pudo ver el culo de dos jovencitas que se desnudaban intercambiando bromas, y las tetas de una tercera, colgando nítidas en su turbadora blancura entre los boqueantes pliegues de la toalla que envolvía sus hombros.

Esos momentos furtivos junto al mar contrastaban con las excursiones solitarias de interior. Entonces salía del pueblo, remontando el cauce de la hondonada hasta alcanzar una zona montañosa de gran frondosidad. Goytisolo describe así aquellos paseos, en clave novelesca:

... rebasadas las pocas masías y fincas de recreo que se encontraban repartidas por la solana, daba comienzo un área de bosques tan intrincados que, fuera de los caminos, sólo era posible abrirse paso a golpes de vara, una pesada vara de acacia que A se había preparado con este fin. Helechos gigantes, álamos y más álamos en los fondos de las vaguadas, espesos matorrales, árboles en ocasiones envueltos por verdaderas cortinas de zarzas y trepadoras: ¿dónde encontrar un paisaje más parecido al de la jungla de Borneo? Había unas pocas masías deshabitadas, y en aquel terreno accidentado y sin visibilidad sólo era posible no perderse si se tenía en cuenta que aquellos caminos no conducían a ninguna parte, que su único objetivo era el bosque mismo.

El niño de las fotos escolares se ha vuelto joven e incansable andariego: un explorador que goza por igual siendo el guía de la pandilla o perdiéndose solo por aquella parte de la comarca. Aunque no lleva papel y pluma, lo registra todo con la mente.

PEQUEÑOS MISTERIOS

En Barcelona esta libertad era bastante más restringida. Luis se movía por la zona alta, tomando como centro la calle Pablo Alcover. Aunque afirma que su aprecio por el barrio era escaso, lo cierto es que ha escrito hermosas páginas donde las calles y villas ajardinadas de Tres Torres parecen surgir con el perfume de antaño: un aroma familiar que desde niño había percibido en toda la vecindad. En *Estatua con palomas*, el novelista habla de ella: la mansión del general Orgaz, por ejemplo, residencia de la máxima autoridad militar de Barcelona en la primerísima posguerra; o el lujoso caserón que quedaba justo enfrente de su casa, habitado por «gente muy rara», según el padre, quien sabía que un crimen abominable pesaba sobre los propietarios; o esas dos villas que a Luisito Goytisolo le producían cierto recelo: la de un hombre enriquecido con el estraperlo que acabó luego suicidándose, y la del padre de un amigo de su hermano Pepe, que murió de un infarto. En cierto modo eran casas con misterio, lugares que despertaban en su ánimo emociones opuestas –curiosidad, inquietud, rechazo, atracción–, como aquella otra donde vivía un alemán que el niño tomó por agente secreto, o la Villa Capricho, habitada por una dama invisible que era la querida de un personaje notorio. Claro que otras viviendas no encerraban enigmas: la del señor Plaza, que acabó siendo importante editor, o la del señor de Moura, cónsul del Brasil. Gentes que conocía de vista: figuras que salían en familia los domingos a pasear por el barrio o montaban en un flamante automóvil que desaparecía luego entre los dorados árboles de la calle.

En cuanto a la propia casa, el chico no percibía nada fuera de lo común. Sin embargo, Pablo Alcover era un medio que me atrevo a calificar de insólito, no sólo por su condición de palacete algo destartalado, sino por los personajes que moraban en la planta baja. ¿Cómo definir, si no, una casa donde dos viudos mayores de sesenta años convivían con cuatro hijos menores de veinticinco? En el centro, además, Eulalia: la sirvienta leal, siempre velando por todos. En lo relativo a ella, los hermanos comenzaban a disponer ya de mayor información. El propio Luis lo expresará bien al decir: «...su vida representaba una sucesión de secretos que había que descubrir paulatinamente, por más que, cada vez, como si de una muñeca rusa se tratase, reapareciese la personalidad un tanto infantil del principio». Aunque el futuro novelista sabía que Eulalia había servido antes de la guerra en casa de una tía Goytisolo, tardó años en averiguar que el joven con bigote y calva incipiente que acudía a veces a visitarla no era su hermano, como ella decía, sino su hijo: «... un hijo que por fuerza tuvo que nacer cuando ella era poco más que una niña». En efecto. Y su historia, en este sentido, era «un desastre», por usar palabras de José Agustín. En *Coto vedado* Juan da su versión: «Ella, la pobre sirvienta aragonesa, embarazada por el amo de la casa en que servía, madre soltera de un niño presentado siempre por sobrino, obligada a emigrar a Cataluña, a conocer mudanzas y despidos, acomodarse a los apuros y estrecheces de la guerra, Julia transformada para siempre en Eulalia, custodia celosa de tres muchachos a quienes llegaría a querer como hijos.» Según José Agustín, la había dejado embarazada en realidad el

213

cura de Jaca, su pueblo natal, tras lo cual fue recogida por unas monjas de Huesca a las que sirvió a cambio de comida y perdón.

Desde 1939 la «ignorante, sabia, patética, bondadosa» sirvienta se había hecho imprescindible en la casa de Pablo Alcover, ocupando un sitio central en la vida de los Goytisolo. ¿El de una madre? En absoluto; pero todos coinciden en señalar el calor imborrable de su afecto. Luis sostiene además que ese afecto, expresado en cien detalles y efusiones comedidas, contrastaba con la absoluta sequedad de trato que dispensaba al José, su hijo natural, hecho que sugiere que para Eulalia sus verdaderos hijos eran aquellos cuatro huérfanos. Es evidente que sentía por todos ellos una pasión enorme, pasión que era en ocasiones tan asfixiante como la de una madre posesiva; pero esta relación materno-filial se mantuvo informulada, y sobre todo no fue recíproca. Pese a que José Agustín me comentó que él era el preferido de Eulalia, insiste en el tema de la no reciprocidad: «Era mi antimadre», dato sumamente esclarecedor, pues Eulalia tenía la edad aproximada de Julia Gay. Luis afirma también que «yo tenía muy claro que ella no era mi madre y, con los años, muy al contrario, iba a ser yo el que terminaría cuidándola como si de una niña se tratase».

Parece claro, eso sí, que Eulalia siempre supo cuál era su sitio; tampoco cabe, por tanto, presentarla como un personaje vinculado a la iniciación erótica de los hermanos. Dice José Agustín que ella «se hubiera cortado la mano antes», veredicto que comparten otros testigos. No obstante, cierta bruma rodeaba entonces la figura de Julia Santolaria. ¿Qué hacía los domingos por la tarde, cuando dejaba la casa como de incógnito? Aparentemente era la misma mujer que iba de compras por Tres Torres, la que acudía a la lechería con Luisito, una vaquería para ser exactos, o se demoraba ante el pequeño establo donde un pastor guardaba aquel rebaño de ovejas que los vecinos vieron pastar durante años por los descampados del barrio. Era también la misma Eulalia que se mostraba severa con las mujeres que acudían a ayudarla y coqueta con los hombres, en particular el jardinero. Pero siempre había una última puerta infranqueable en su corazón. ¡Qué alma tan contradictoria! Los hermanos no han escrito mucho sobre su coquetería. De su dureza, en cambio, habló Luis en *Estatua con palomas*:

> Esa severidad la hacía extensiva a cuantas antiguas sirvientas pudieran venir a visitarnos y, muy en especial, a las nodrizas, *la María Gorda*, ama seca de Pepe, y María, mi ama de leche. Los dramas que

pudiera contar esta última –la muerte de sus dos hijos, mi hermano de leche y una niña, ambos de tuberculosis– no inclinaban a Eulalia a una particular clemencia, ni alteraban a sus ojos, la condición de rival de la otra, una rival a la que había que mantener a raya a toda costa. Lo peor que podía decir el ama, en este sentido, era precisamente lo que repetía en cada visita: que ya no le quedaba otro hijo que yo, una pretensión de la que Eulalia se creía en la obligación de defenderse y defenderme.

Cálida, generosa, posesiva, inclemente... Pero su vida privada seguía siendo un misterio. Sólo mucho después sabrían que Eulalia había gestionado el arrendamiento de un colmado para su hijo, o que había adquirido una casa cuando le tocó la lotería, o que el José había contraído matrimonio, y que el nuevo sobrino del que tanto hablaba ella era en realidad su nieto.

Pienso ahora que el comportamiento enigmático de esta mujer seguía en el fondo una asombrosa coherencia: ¿acaso no la habían obligado a cambiar de nombre en Viladrau y a asumir en cierto sentido otra identidad? Si el señor Goytisolo había tomado tales medidas para superar el drama familiar, era lógico que ella hiciera lo propio. En aquella casa no se hablaba de la señora Julia para evitar dolorosos recuerdos. Pues bien, tampoco ella iba a hablar de lo suyo: su juventud en Huesca, el oscuro asunto del embarazo y del hijo no deseado. El tácito acuerdo de silencio era tan grande que su hijo Pepe –oficialmente, el hermano– jamás entraba en Pablo Alcover. Cuando visitaba a la madre, permanecía charlando al otro lado de la verja, y luego se iba sin mirar atrás. No creo que nadie le prohibiera la entrada en la casa, nadie a excepción de la propia Eulalia. Extraña mujer. La misma que ahora recoge emocionada el correo, a finales de los cuarenta, porque otro Pepe más querido que el de sus entrañas ha enviado su primera carta desde la capital.

VIVIR EN MADRID

Aunque en otoño de 1949 se atisbaba el final de la posguerra, Madrid seguía sumida en la pobreza, el miedo y la desconfianza. En realidad era una ciudad tan miserable y derrotada como las otras, sólo que los nacionales la habían convertido en corazón del Régimen. De nada servía que fuera imperial para unos o castiza para los otros, pues las condiciones de vida eran objetivamente muy crudas... Y José Agustín Goytisolo no tardó en comprobarlo. Disuelta la borrosa neblina que cubrió su juventud durante años, ya no le importa recordar que su adolescencia, más que mala fue pésima. «Porque todo era oscuro y difícil, desde besar a una muchacha o comer caliente hasta conseguir un libro de Vallejo o expresarse en la calle y en las aulas con cierta normalidad.» Por desgracia, la capital de España tampoco iba a resolverle este problema y le trajo algunos otros. Suele contar que el aire de la sierra le obligó a embutirse en un gabán para protegerse del frío. En un poema reciente habla de que el viento helado que azotaba la ciudad «era más duro que una cuchillada», un puñal que le hizo reforzar su camisa con hojas del periódico *ABC*. Fue el frío lo que le apartó de las grandes plazas y los amplios bulevares. Mejor los barrios viejos, concurridos, donde la proximidad de las gentes, las tapas y el vino le devolvían una engañosa sensación de calor.

Al principio, Pepe Goytisolo se alojó en una pensión situada en la calle Donoso Cortés número 65, en el barrio de Argüelles; la regentaba una tal doña Sagrario, y el alojamiento y comida costaba once pesetas diarias. La casa de «doña Sacrilegio», como la llama él, era un lugar modesto y familiar, pero su dueña gozaba de gran prestigio en toda la zona. En un poema la define así:

Sus modales eran perfectos.
Iba de luto riguroso
con los cabellos recogidos
formando un moño con peineta.
Perdió primero a su marido
y años después murió su amante:
coloreados ambos rostros
presidían el comedor.

Doña Sagrario se había hecho indispensable tanto para los estudiantes que vivían en Argüelles, como para las parejas que se amaban por unas horas en otro piso suyo del mismo inmueble, una clásica «casa de citas» madrileña. El futuro poeta las veía llegar, siempre por separado, gentes pulcras, discretas, aseadas: las mujeres con las cestas de la compra, los hombres con gafas oscuras y la prensa del Régimen. Uniones mayormente adulterinas, hechas de sigilo y abrazos fugaces protagonizados por individuos que a buen seguro proclamaban en público las virtudes del orden, la familia o la moral. ¿Qué pensó el joven catalán de todo aquello? ¿O de don Jesusín, aquel otro inquilino, un gaditano que estaba locamente enamorado de Franco? Figuras del Madrid de los cuarenta, galería triste de almas muertas, perplejas, alzándose poco a poco de los escombros de una guerra que España entera había perdido. Y, sin embargo, pese al frío o la derrota moral, cuánta vida en aquel Madrid, cuántos nuevos alicientes para El Coyote de antaño, lejos ahora de su casa, dispuesto a ser libre, a resistir el frío glacial de la meseta.

Recuerda Goytisolo que la pensión de doña Sagrario estaba enfrente de El Diamante de Honorio, el bar favorito de muchos estudiantes. Muy pronto Pepe se hizo asiduo del local y entabló amistad con otros contertulios, con los que charlaba, bebía o buscaba nuevos refugios. Escribe Caballero Bonald:

> Solíamos recalar por unos antros de las calles Jardines y Espoz y Mina que mantenían la puerta cerrada a partir de medianoche, pero que la franqueaban a noctívagos asiduos. Eran tugurios más bien modestos a los que acudían putas azotacalles y pajarracos de aluvión, y en los que incluso nos fiaban hasta fin de mes el gasto de coñac o aguardiente de garrafa. Todo tenía el aire de un sucedáneo triste de la disipación, presentes como estaban todavía las restricciones y mezquindades de aquel Madrid del medio siglo.

Trasnochar con los amigos era un modo habitual de enfrentarse a una rutina de cartillas de racionamiento, cigarrillos Tritón y olor a permanganato. Otras veces en cambio José Agustín iba a los cines de barriada buscando calor, evadiéndose por unas horas —entre cáscaras de pipas de girasol y piojo verde— de aquel mundo inhóspito, áspero. Alrededor, trabajadores, estudiantes, excombatientes o mujeres solitarias parecían olvidar allí el tono grisáceo de sus vidas. ¡Cines! También eran lugares de expansión erótica, de sosiego para la carne atenazada. Espectadores de la época cuentan, por ejemplo, que el cine Carretas era feudo de pajilleras, mujeres que cobraban dinero por masturbar a hombres y muchachos en las últimas filas de la sala. Goytisolo habla, a su vez, del cine Bilbao, frecuentado sobre todo por parejas que pagaban un pequeño palco, corrían la cortina y luego se entregaban a caricias y tocamientos prohibidos.

No tardó Pepe en salir con una muchacha madrileña, Almudena, con la que iba a tomar café a establecimientos de la Gran Vía o acudía al cine Bilbao por el mismo doble motivo que otros jóvenes de la capital. Recuerda que Almudena olía a Kalia, «como todas las chicas de mi época», un desodorante neutro cuya única función era eliminar el olor. Posteriormente el joven rompió con ella, harto de que las tórridas sesiones del Bilbao no concluyeran en la cama. Pero ¿podía ser así? Difícilmente, ya que el don más preciado de la muchacha –el virgo– lo reservaba para el hombre que se comprometiera con ella en matrimonio. Almudena era, pues, como las demás: pobres víctimas de la moral católica, que ofrecían el resto de su cuerpo para el novio ocasional, mientras éste debía contentarse con practicar el coito con prostitutas o abstenerse a la espera de tiempos mejores.

Éstos le llegaron a Goytisolo de forma bastante novelesca. Cuenta que conoció a la esposa de un diplomático franquista en misión frecuente por Latinoamérica, y se convirtieron en amantes. Aunque por esas fechas José Agustín quizá había perdido la virginidad, parece claro que Celia le inició en asuntos eróticos relacionados con el placer femenino. Era libre, desenvuelta, conocía bien el lenguaje del amor y se sentía feliz viviendo el clásico romance entre el estudiante y la mujer casada. El poeta no ha olvidado el esplendor de su cuerpo maduro, el lujo de su casa, aquel baño casi de Hollywood, tan diferente a los que había visto; tampoco su abrazo de fuego, que no era capaz de repetir con otras mujeres, «porque si estabas con Celia, no tenías ganas de acostarte con nadie más». Probablemente fue ella quien le inspiró su reciente poema erótico «Bebe esta miel amor», en el cual una dama experta enseña a su compañero las delicias del arte amatoria. En cambio, dudo de que le sugiriera «Fiesta en Puerta de Hierro», en el que un muchacho asiste a un *party* en una elegante villa madrileña, donde la anfitriona le atrapa en este terceto: «Más fuerte que las flores del jardín / le llegaba el olor de la señora / como un señuelo en el atardecer.» Porque el núcleo del poema sugiere más bien un episodio erótico algo violento, impuesto por la dueña de la casa. Fue la primera vez, eso sí, que el poeta tuvo que hacer frente a un acoso de envergadura. No ha de extrañar su reacción de huida, con la que concluye el poema: «Se escabulló arrancando la corbata / que se dejó en el taxi: entró en un bar / alterado y confuso. Y empezó a beber / hasta llegar borracho a su pensión.» Súbita y premonitoriamente, el cóctel Fiesta-Sexo-Alcohol acababa de entrar en su vida.

Tras los primeros encuentros, Celia se interesó por el joven catalán. ¿Tenía dinero suficiente? Pepe no supo qué contestar: era cierto que recibía dinero de casa y contaba con la ayuda extra de una pequeña beca, pero, como otros estudiantes de posguerra, no nadaba en la abundancia. Ella decidió entonces proporcionarle apoyo económico. De creer a José Agustín, Celia le dio una ocupación en el taller de costura de su propiedad. Así fue como obtuvo su primer trabajo remunerado: leer en voz alta a las modistas mientras confeccionaban vestidos para las señoronas del Régimen. Cuatro tardes a la semana, el poeta acudía al taller, se sentaba con un libro en la mano y leía obras de su elección, como *Fortunata y Jacinta*, de Galdós, o las *Sonatas* de Valle-Inclán. Las mujeres, ancladas y haciendo girar sus máquinas Wertheim, escuchaban atentamente o reían como campesinas al sol. Goytisolo asegura que sus lecturas tuvieron tanto éxito —especialmente *Farsa y licencia de la reina castiza*— que las modistas lo bautizaron con el apelativo del «el mimoso» o bien «el catalán bonito», algo decididamente extraño en aquel Madrid de los cuarenta.

Es posible que algunas madrileñas le llamaran así, «el catalán bonito», pero confieso no tener pruebas de que la bella historia del taller de costura ocurriera en realidad. He visto escenas similares en las fábricas de tabaco cubanas de la zona de Pinar del Río, que acaso encendieron retrospectivamente la imaginación de José Agustín. Sí hay pruebas, en cambio, del triste final de su *affaire* con Celia. Enterado el marido, les aguardó un día a la salida de un *meublé* y agredió brutalmente al amante. Maltrecho y con la nariz rota, Pepe se refugió en casa de su primo Juan Berchmans Vallet, hijo de la tía María Goytisolo y notario en la capital. Allí estuvo oculto casi dos semanas hasta que pasó la tormenta.

Ya repuesto, volvió a la pensión de doña Sagrario, olvidó amores aciagos y poco a poco se introdujo de nuevo en aquella ciudad, según él, «arruinada, bella y desconocida». Recuerda haber recorrido el barrio de Salamanca, donde los «hijos de papá» frecuentaban locales como el Roma, y desde su atalaya franquista pedían las consumiciones con voz nasal y en términos de indecible cretinez. Luego, José Agustín volvía a su reino de Argüelles, y gastaba casi todo el tiempo en el bar de Honorio, confraternizando con camaradas más interesantes. Fue uno de ellos, el futuro filósofo Emilio Lledó, quien le propuso trasladarse a la Residencia de Estudiantes Iberoamericanos Nuestra Señora de Guadalupe. Allí admitían a un veinte por ciento de españoles, y además quedaba en la misma calle y disponía de verdaderos lujos para la época, como calefacción, agua caliente y duchas. Nada se perdía por intentarlo. En *Tiempo de guerras perdidas*, Caballero Bonald escribe:

El colegio mayor Guadalupe, que entonces estaba en la calle de Donoso Cortés, fue la residencia habitual de casi todos los becarios hispanoamericanos que estudiaban –o eso decían– en Madrid. En cierto modo, también el Guadalupe fue uno de los más peculiares ámbitos de gestación de los escritores de mi edad que integrarían luego –incluso por razones vagamente amistosas– el grupo generacional de los 50.

Fuera cual fuese la filiación política de los alumnos –liberales, fascistas, izquierdistas clandestinos–, no se comportaban como algunos miembros del SEU barcelonés. En general eran cultos, abiertos, tolerantes, y habían hecho de aquel centro un lugar fértil en el intercambio de ideas. Siempre extrovertido, José Agustín entabló rápida amistad con ellos, ya fueran españoles de otras regiones, como Valente o el propio Caballero Bonald, o latinoamericanos. Estos últimos le deslumbraron desde el primer encuentro; del impacto da idea el poema «Americanos»:

> Llegaron
> hasta mí
> con sus canciones,
> con su tierra
> en la mano.
> Me decían:
> yo soy Colombia,
> México,
> Argentina,
> yo traigo
> el altiplano
> en la palabra,
> vengo
> de Guatemala,
> soy de Chile,
> mi patria
> es el Perú.

Goytisolo se hizo inseparable de los nicaragüenses Ernesto Cardenal, Ernesto Mejía Sánchez, José Coronel Urtecho o Carlos Martínez Rivas; del chileno Enrique Lihn y el mexicano Edmundo Meouchi. De este modo, las charlas enjundiosas con su amigo Lledó se ampliaron a nuevos contertulios, expertos sobre todo en literatura universal. Aquellos estudiantes extranjeros leían libros que jamás había visto: obras de César Vallejo o Pablo Neruda; de Faulkner, Steinbeck o Dos Passos y, especialmente, libros de poetas españoles, como García Lorca, Alberti, Cernuda, Guillén o Salinas, que en España estaban vetados o severamente restringidos por el implacable dictado de la censura. He dicho «censura»: debería decir más bien «el criterio de los poetas adeptos al Régimen» como Rosales, Panero o Vivanco. Sea como fuere, aquel descubrimiento resultó providencial para Goytisolo, pero también para todos los que se iniciaron en la lectura de semejante tesoro verbal. Hoy sabemos que la poesía española del último medio siglo habría sido muy distinta sin esta serie de coincidencias afortunadas que tuvieron lugar en la capital de España.

La estancia en Madrid estaba siendo decisiva para la formación de José Agustín: estudios, literatura y sexo. Pero hubo algo más. Durante aquel período de dos años recobró su antigua afición por la caza, que había practicado en Cataluña desde finales del bachillerato hasta el segundo curso de universidad. Felizmente, su vida madrileña le permitía ahora recuperarla. Aprovechando algunos días festivos, el joven huía a Ciudad Real y hacia la banda de Extremadura, donde practicaba la caza de la liebre, el conejo y la perdiz. Las largas caminatas por los campos llenos de color, junto a una perra, le permitieron conocer otros pueblos, gentes de Castilla y Extremadura, sujetos aún a las viejas tradiciones. Enseguida comenzó a sentirse muy a gusto entre castellanos y extremeños, porque, además de sus costumbres, le atraía «la variedad de su habla, giros y expresiones, el repertorio ancestral que se reflejaba en frases, canciones, letrillas y romances». La endeblez de su castellano de Tres Torres se vio reforzada así con aquellos cantos campesinos, con las nanas y corros infantiles, las charlas en bares y fondas o la voz lejana de las alquerías. Si es cierto, como dice, que «desde niño ya deseaba convertirme en escritor», aquellos escenarios le ofrecieron mil oportunidades de aprender. Allí pudo hacer un aprendizaje a lo vivo, sobre el terreno, que acabó en un juego apasionante y hermoso «como debería ser siempre el oficio de poeta». De aquellas horas dichosas bajo el cielo frío de la meseta saldrán más tarde los poemas de *Los pasos del cazador*. De su amor por la perra que le acompañaba, estos versos que parecen la nana dedicada a una niña: «Duérmete, perra mía / gusto de verte / más aún que a las flores / del campo verde.»

LEER, APARENTAR, ESCRIBIR

Entretanto, su hermano Juan seguía los estudios de Derecho en cuya facultad había encontrado varios compañeros que compartían gustos y afinidades. Eran el ex seminarista J. E. Morera, el brillante Mariano Castells Plandiura y Enrique Boada, un dandy indolente con aficiones artísticas. Gracias al primero pudieron acudir al seminario de Lucas Beltrán, quien les inició en las diferentes economías de la sociedad moderna. Los jóvenes escucharon allí los primeros elogios a la figura oficialmente satánica de Carlos Marx, o aprendieron a discutir sobre las teorías keynesianas mientras fumaban cigarrillos americanos. Goytisolo recuerda que por entonces entraron también en contacto con Fabián Estapé: un prometedor adjunto a cátedra cuyo ingenio, socarronería y anticlericalismo eran ya legendarios. Estapé, futuro rector de universidad, daba clases particulares de economía política, y los tres amigos decidieron reunirse cada semana con él en un piso de Balmes-Gran Vía para completar su formación.

Aquellas lecciones dieron paso, más adelante, a la charla literaria y a la confidencia religiosa. Por mediación de Estapé, Juan Goytisolo descubrió la obra de Anatole France, editada por Aguilar pero rigurosamente prohibida, y en poco tiempo los alumnos recibieron del maestro nociones muy claras de derecho, historia, literatura y, posteriormente, de la filosofía de Ortega, Croce, Bergson, Kierkegaard o Jaspers. El economista figura en algún pasaje de la obra goytisoliana, en concreto en *Señas de identidad*, donde aparece más o menos oculto bajo el personaje de un abogado que vive en la Rambla de Cataluña. Allí les recibe «envuelto con una bata de cuadros, calzados los pies en zapatillas forradas de piel, el rostro vivo, despiertos los ojos». Aunque Juan borre algunas pistas, es fácil reconocerle en el torrencial conversador que analiza las perspectivas del laborismo inglés o les habla durante una hora sobre los chismorreos políticos que se cuecen en la capital. Dice el abogado:

... se rumoreaba que el general (ya saben ustedes a cuál me refiero) amenazó con aumentar su ayuda a los nacionalistas marroquíes y terminó por envainársela después de haber consumido una buena dosis de bicarbonato. Vacilante a primeros de año el panorama de la primavera era pues (salvo los imprevistos tan frecuentes, ay, en la dichosa política) francamente esperanzador. Sobre todo si se tenía en cuenta que el médico de cabecera del general en cuestión había cenado con un catedrático de la universidad (siento no poder darles su nombre, prometí guardar el secreto) y la hipótesis de la úlcera de estómago lo confirmaba. Por lo visto los cirujanos aconsejaban la operación y un especialista en la materia había venido exprofeso desde Londres. Algo muy delicado sin duda. Quién sabe (nuevo guiño) si se trataba de origen canceroso. Los bulos que circulaban por Madrid a este propósito ilustraban perfectamente lo precario e incierto de la situación.

En la novela, esta escena se desarrolla en 1951, pero refleja por primera vez un aspecto de la vida española que se hizo crónico durante un cuarto de siglo: las conjeturas acerca de la salud de Franco.

Aquellas reuniones con Estapé tuvieron sobre Juan efectos contradictorios: estimularon su notable ansia de saber, le indujeron a buscar libros inencontrables y aumentaron su tendencia a la *pose* y el lucimiento. Desde su condición de *poseur* causó verdaderos estragos entre algunos compañeros de curso que se le acercaban en busca de camaradería. En la universidad, Juan Goytisolo y Marianito Castells llegarían a formar un tándem temible: altivos, cáusticos, seguros de su superioridad intelectual, pulverizaron a cualquier desdichado que trató de emularles; pero, simultáneamente, adoptaron una actitud lisonjera con los profesores, a quienes homenajeaban en público o iban a ver en privado. En su caso, además, la lectura de *El príncipe* de Maquiavelo era fuente de inspiración, de modo que esa actitud tenía mucho de estrategia calculada con fines académicos. A final del primer curso la pareja de amigos obtuvo varias matrículas de honor.

Juan Goytisolo ha manifestado por escrito su desprecio hacia el personaje que fue en la baja adolescencia. A menudo le llama «homónimo», y su recuerdo le suele producir estupor además de tristeza. Pero también es cierto que no todas las facetas de su antiguo carácter le provocan hoy aversión: su pasión por la lectura, por ejemplo, o su tendencia a cuestionarse —aunque fuera una *pose*— los valores establecidos serían rasgos que desarrollaría después hasta proporciones elevadísimas. Había también una firme voluntad de construirse y desarrollarse. Por eso pasaba largas noches leyendo libros de la biblioteca materna. Según cuenta en *Coto vedado*,

> Cuando a mis diecinueve o veinte años empecé a recorrer, diccionario en mano, el lote de libros franceses que integraban su biblioteca, el contenido de aquéllos —obras de teatro, novelas, memo-

rias, algún volumen de poesía– y la nómina de autores –Proust, Gide, Ibsen, Anouilh– me revelaron el alcance de una pasión que, a su vez, influiría decisivamente en mi vida. Una nueva imagen de ella, la de la lectora solitaria, secreta, en una típica casa burguesa llena de gritos infantiles e incesante ajetreo se superpuso a la compuesta hasta entonces de deshilvanados recuerdos y evocaciones someras.

Julia, la mujer que le había dado el pecho, lo amamantaba ahora con una cultura vasta y fuera de lo común. Esos libros contribuyeron a ampliar su retrato, el de una desconocida de la que apenas se hablaba, pero que según se supo años más tarde había escrito a escondidas un texto titulado «El muro y la locura», cuya morbidez impresionó a los pocos familiares que tuvieron acceso a él. ¿Entonces Julia Gay escribía? Sí. Pero, en tal caso, ¿cómo pudo mantenerlo en secreto? Aunque los hijos no llegaron a leer el manuscrito desaparecido, Juan explica la dicotomía: «Probablemente se había creado un ámbito interior, recoleto, en el que podía refugiarse a través de la escritura y los libros. Mi padre y nosotros constituíamos sin duda el pilar de su vida; pero ésta tenía también sus escondrijos, puntos de reposo y meditación, protectoras y gratas zonas de sombra.»

Claro que el hijo bebía de otras fuentes. Su amigo Mariano Castells recuerda que pasaban tardes enteras buscando novelas en las librerías de lance. Iban principalmente a las de la calle Aribau, donde encontraron obras de autores editados durante la República, como D'Annunzio o Maeterlinck; otras veces se colaban en alguna trastienda, en las que el librero de turno escondía publicaciones prohibidas. Con una emoción no igualada descubrieron allí títulos de Kafka, Proust, Malraux, Camus, Gide o Sartre. Dado el alto precio, Juan Goytisolo tuvo que recurrir a su padre, quien le entregaba dinero en la creencia de que iba a emplearlo en tomos de Leyes. En poco tiempo la adquisición se hizo tan abundante que el muchacho tuvo que hallar escondrijo para esas obras que figuraban en el Índice de libros vetados por la Iglesia, el llamado *Index librorum prohibitorum*. ¿Qué habría dicho don José María, o su hermana Marta, creyente sincera y practicante? Era mejor ocultarlos en el cuarto, fingir, perpetuar la imagen del estudiante responsable que aparentaba ser. Porque tanto la lectura como la tenencia y préstamo de esas obras constituía entonces pecado mortal.

Esta doble vida no pudo mantenerse en exceso. La inmersión gozosa en la literatura tenía inconvenientes, como el precio abusivo de los libros, la dificultad de hallarlos o el empleo de un tiempo de lectura —escrupuloso y afortunado— que hurtaba a las horas de estudio. Por otra parte, esa lectura había activado en Juan un mecanismo asociativo mediante el cual placer y clandestinidad o, si se quiere, excitación y profanación, estaban estrechamente ligados. Más allá de la calidad de las obras, gozó con la emoción de adquirir y poseer algo vetado a la mayoría, sintiéndose en parte como un delincuente. Pero ¿qué español inquieto no sintió en esa época algo parecido? En su caso particular, además, no es difícil ver en este impulso transgresor el primer paso adulto hacia la aceptación, como él dice, de «otros impulsos más escondidos e íntimos» que definirían luego su sexualidad.

En Derecho, el acceso a la cultura proscrita era patrimonio de unos pocos estudiantes que solían reunirse en un café de la Ronda Universidad. Hay que hablar incluso de una primera tertulia, en otoño de 1948, en el Heidelberg, la cervecería alemana donde comentaban sus hallazgos literarios. Con todo, las discusiones de mayor calado tenían lugar en casa de los Castells: una conocida familia barcelonesa, que vivía junto al mercado del Borne, en el barrio marinero de la Ribera. Juan Goytisolo encontró en ella un ambiente muy distinto al de la torre de Pablo Alcover... Una casa amueblada con gusto exquisito y una madre muy comunicativa cuya figura llena de vida acrecentó en su ánimo el sangrante recuerdo de la madre muerta. La lectura de *Coto vedado* sugiere asimismo que los Castells vivían como millonarios, algo que no es cierto; pero esta impresión quizá se deba a que flotaba en el aire la presencia del abuelo materno, el coleccionista de arte Plandiura, cuyo piso se hallaba en la planta baja del inmueble. Una tarde su nieto Mariano mostró a Juan una espléndida colección de objetos valiosos, como tallas románicas o cuadros del período modernista catalán, y el salón privado del abuelo, decorado exclusivamente con murales de Nonell. Parece, pues, que la casa transmitía una atmósfera culta y refinada, más propia de la mansión de los Vives en Pedralbes que de la de los Goytisolo. También se vivía mejor, o al menos el escritor volvió a tomar allí esos panecillos de Viena que Julia le daba de niño en los desayunos anteriores a la guerra. Pese a que Mariano «tenía la elegancia de no hacérmelo notar», su posición social era superior a la suya, y esa diferencia abochornó a Juan en alguna ocasión. Pero más que bochorno pienso en la tristeza y en desigualdades más hondas, ya que tanto la madre comunicativa como los bollos de Viena eran para él recuerdos de un pasado marchito.

La casa de los Castells fue un hogar altamente permisivo: Marianito no tuvo que ocultar sus libros prohibidos como Juan, sino que formó una pequeña biblioteca personal en su cuarto, que estaba a la vista de todos. En ella los dos amigos charlaban sobre cada nuevo libro y, en plena rebeldía existencial, acariciaron la idea de dedicarse por completo a la literatura. Dice Castells que el detonante fue el hallazgo de un libro prodigioso, *Antología de la literatura fantástica* –a cargo de Borges, Silvina Ocampo y Bioy Casares–, que adquirieron por partida doble en la Casa del Libro y que leyeron y comentaron con apasionamiento. ¡Qué inmenso placer! Cuentos de Borges, Léon Bloy, Chesterton, Cocteau, Joyce, Kipling, Maupassant, Papini, Poe, Saki, H. G. Wells y tantos otros. Si eso era escribir, se dijeron, valía la pena probarlo. Hubo al instante un ansia de emulación; también la sospecha romántica de que el arte exige una entrega total, donde vida y obra forman una misma e indisoluble cosa. Paralelamente, otras lecturas –De Quincey, Baudelaire, Huysmans– irrumpieron en sus vidas. A partir de ellas, los amigos se entregaron a la defensa dialéctica de los vicios y perversiones que proclamaban sus nuevos autores favoritos.

En aquella España de moral despótica cobra mayor sentido ese juego maldororiano, la embriaguez absoluta de gozos prohibidos y turbadores. Pero el propio Goytisolo reconoce que en el fondo no llevaban un estilo de vida morboso ni extravagante: su originalidad se reducía en seguir fustigando despectivamente a otros estudiantes o lanzar invectivas contra el clero y la moral. El alcohol, las drogas y los vicios de los poetas decimonónicos no habían entrado aún en sus vidas, y a diferencia de sus compañeros, no se habían emborrachado ni habían frecuentado los prostíbulos. ¿Qué hacían, pues, en esas tardes? Hablaban de corromper el alma por medio de los sentidos, junto a un juego de café de porcelana.

Por unos meses Juan y Mariano fingieron dedicarse con ahínco a los estudios de Derecho; pero su afición a la literatura fue cada vez más intensa y las calificaciones se resintieron. Juan perdió todo entusiasmo, y el descubrimiento de lo que parecía ser una vocación más profunda hizo invertir sus prioridades. En 1950 el segundo curso de carrera se le ha hecho insoportable: ya no es el estudiante modelo que adulaba a sus profesores, y su desinterés por las Leyes le lleva a abandonar la idea de ingresar en el cuerpo diplomático. Si antes su modelo –reconocido o no– era Paul Morand, ahora se decanta más bien por André Gide. Esta súbita pasión por el autor francés la debe a

Carlos Cortés: un alumno de aspecto bohemio que aparecía ocasionalmente por la facultad de Letras y se dedicaba a la compra-venta de novelas para pagarse sus caprichos. Dicen que este «camello cultural» llegaba con frecuencia bastante borracho y recorría el patio de la facultad lanzando imprecaciones a los aprendices de leguleyo que se cruzaban en su camino; presumía de ser judío, y por lo visto era miembro de la comunidad «chueta» mallorquina. Enseguida Juan Goytisolo quedó fuertemente impresionado por aquel individuo excéntrico y provocador, capaz de llevar esa vida maldita que ellos sólo se atrevían a soñar. Porque Carlos Cortés bajaba a los tugurios de la Barceloneta, se adentraba temerariamente en los peores antros del Barrio Chino, visitaba los burdeles y su ideal eran las «tardes de lepra», dedicadas a las putas y el alcohol. Podía ser el cicerone perfecto y trató de iniciar a los otros en los secretos de la vida. La mala vida. Pero aquellos compradores de libros eran incapaces de rasgar el velo burgués que los rodeaba desde la cuna. Mariano Castells recuerda que sus primeras tardes de lepra no fueron como Cortés había planeado: «... nos encerrábamos toda la tarde a fumar en una habitación, hasta que el humo nos borraba las caras».

MARCANDO EL PASO

Por esas fechas, Pepe Goytisolo seguía en Madrid, inmerso en los estudios de Derecho. Como era preceptivo entonces, aprovechó dos veranos para cumplir la primera parte del servicio militar; en lugar de ir a Torrentbó, estuvo esos meses en el campamento de Robledo, en la segoviana Granja de San Ildefonso, en calidad de aspirante a oficial. Según él, el ejército de entonces poseía un material bélico anticuado y parecía salido de una estampa colonial noventayochista. Sus mandos, en cambio, procedían directamente de las triunfales tropas franquistas, curtidas y maleadas en la guerra. En aquel clima de resaca bélica, tan proclive a la anécdota, el poeta conoció emociones contradictorias. De un lado, alimentaba sentimientos hostiles hacia un ejército que consideraba enemigo desde que supo que era responsable de la muerte de su madre; pero del otro, su don de gentes y su afición a las armas suavizaban aquel profundo flujo de hostilidad. Luego había otro asunto. Como todo Aries, Pepe Goytisolo llevaba en los astros el concepto de jerarquía y disciplina. Los grupos de hombres uniformados no le eran ajenos; antes bien, la camaradería de uniforme le resultaba muy estimulante. Si había sido feliz en varios equipos de fútbol, ¿por qué no iba a disfrutar en el ejército, donde su campechanía natural había hallado enseguida un espléndido campo de expresión? Viéndole desfilar en las fotos, hay en él energía, firmeza, marcialidad. Evidentemente cree en lo que está haciendo y procura hacerlo lo mejor posible, no tanto por miedo a la fusta como por orgullo y euforia cuartelera. Pese a sus incipientes convicciones antifranquistas, la «mili» le ha transformado en eso que él llama «un buen-mal soldado». Tiempo después el recuerdo de esta experiencia y de su ambigua aproximación a ella le llevará a componer uno de los poemas más antimilitaristas de nuestra literatura, el «Tríptico del soldadito», cuyos irónicos versos finales son: «Porque será bonito / caminar y cantar y ser herido / sepultado en la tierra entre explosiones / convertido de pronto / en una espiga en flor en nada.»

LA MONTAÑA PERDIDA

En verano de segundo curso de Derecho Juan Goytisolo inicia a su vez el servicio militar en el campamento de Los Castillejos, provincia de Tarragona. Guardo una postal de la época, con un mapa algo *naïf* de la comarca: en la parte inferior, la costa, con las playas de Salou y Cambrils; en el centro, el campanario de Reus, escala obligada entre Tarragona y Lérida; en la parte superior, ya en la sierra, una docena de tiendas blancas y una bandera de España. Fue aquí, en una de esas tiendas, donde a principios de los cincuenta Juan Goytisolo pasó medio año de su vida, repartido en dos estancias veraniegas de tres meses. Curiosamente no ha escrito nada sobre la primera parte de sus milicias universitarias, de modo que lo haré yo. Podemos suponer que el novelista no sentía el menor aprecio por armas, uniformes o banderas de ninguna especie, lo que unido a su carácter reservado y su prepotencia libresca le auguraban una difícil estancia campamental. Sin embargo, iba a contar con un gran aliado: Mariano Castells, su amigo, que marchó con él a Los Castillejos.

Lástima que al llegar les asignaran a distintas compañías, porque difícilmente Juan iba a hallar en la suya un tipo tan culto, cordial y brillante. Pero ya aquella tarde, Goytisolo fue a ver a Mariano para comentarle excitado que había conocido en su misma tienda a «un tío sensacional», expresión harto significativa en alguien reacio a los elogios desmesurados. El hallazgo era un joven de Barcelona que aseguraba ser escritor. Como escritor en ciernes, Mariano Castells recuerda que se quedó de una pieza y le preguntó el nombre del desconocido; «Dalmau Ciria», respondió Juan. «¿Dalmau Ciria...?», dijo Mariano algo picado. «No he oído hablar de él en toda mi vida.» Pero Juan insistía en que era «un tío cojonudo». Entusiasmos al margen, algo era cierto. Aquel joven alto, moreno, corpulento, de nariz aguileña y ojos verdosos era efectivamente novelista; y además ya había publicado, siendo el primero de su generación en hacerlo, privilegio que sólo estaba al alcance de autores algo mayores como Ana María Matute o Miguel Delibes. Puedo intuir el asombro de los dos amigos, que veían allí, por primera vez, a un autor de carne y hueso de su misma edad. Mariano Castells asegura que Juan quedó muy impresionado y que a los pocos días «ya sólo se veía con Dalmau Ciria», es decir, con mi padre.

Ninguno de los tres iba a escribir sobre sus vivencias en aquella montaña perdida. Pero Luis Goytisolo, por el contrario, sí dejó páginas memorables del lugar en el capítulo V de *Recuento*, donde evoca su propia experiencia castrense, vivida años después. En este pasaje describe con suma precisión lo que tanto él como los aspirantes anteriores encontraron en Los Castillejos:

> Fantástica avenida aquélla, lindante con la fuente y las letrinas, fantástica avenida que, montando suavemente hacia la Plaza de Armas, dividía en dos el campamento, escampada, dibujada sobre el terreno como sobre un plano, a escala uno uno, con sus delimitaciones de piedras encaladas, con sus travesías simétricas, dispuestas perpendicularmente, también de piedras encaladas, y sus motivos ornamentales, algún arco truncado, alguna columna aislada, de obra, y las casitas de los oficiales, diminutas, como de maqueta, y los tabiques de otras letrinas, de otras duchas colectivas, y las repisas de otras fuentes, y los picos de las tiendas entre los pinos y los altos postes y los cables espectrales, de urbanización fantasma.

Pese a los augurios, Juan se fue adaptando a aquella forma de vida en las antípodas de la suya: madrugones al alba, gimnasia, instrucción en orden cerrado o abierto, teórica, ejercicios de tiro, exámenes, marchas, maniobras, misas de campaña, desfiles, etc. Sinceramente pienso que contribuyó a ello la cálida vecindad de mi padre, siempre risueño y entusiasta, feliz como buen Leo en aquel ambiente de milicia, pero lo suficientemente culto y guasón como para dar la vuelta a las situaciones adversas o delirantes que tanto abundaban en el campamento. Aunque Mariano Castells tenía muchas de esas cualidades, se fue revelando un inadaptado absoluto, un tipo retador y temerario que dio a menudo con sus huesos en el calabozo por proclamar ante los oficiales que él era diferente: no había nacido para transportar piedras como un mulo, según decía, sino «para ordenarlas»; Juan, en cambio, «se hartó de cargar piedras, ya lo creo», dice Mariano, «que era lo que esos bestias entendían por gimnasia». Pero en la actitud del amigo rebelde Juan Goytisolo intuyó un claro peligro para sus propios intereses, y sus intereses eran una mili tranquila. Así pues, del mismo modo que Pepe Vilarasau le había servido para poder expresar sus dudas religiosas en el bachillerato, amén de una fértil simbiosis académica, o Mariano Castells era su gran amigo y confidente literario en Barcelona, este Dalmau Ciria sería su camarada de armas.

Dalmau Ciria era además una caja de sorpresas: tenía una relación muy íntima con su novia, había estado en París, había ubicado allí su segunda novela, *Moisés*, en vías de publicación, y le había contado a Goytisolo su escenario cosmopolita y su trama existencialista, salpicada con las incertidumbres de aquellos años. Mucho de lo que Mariano y Juan habían soñado, aquel novelista ya lo había hecho o parecía estar a su alcance. Lástima que André Gide le dejara indiferente: habría sido el compañero ideal. Pero hablaba todo el tiempo de Hemingway y Graham Greene, e incluso estaba escribiendo un ensayo sobre el último que, si bien no llegó a publicarse, le valió una afectuosa carta del autor de *El tercer hombre*, hoy fatalmente perdida. Ante semejante despliegue, Goytisolo contraatacaba con un estoico «Hay que leer a Faulkner, Maucci, hay que leer a Faulkner», consejo que aún daba probablemente de oídas. Lo de «Maucci» era un acrónimo de Dal*mau Ci*ria, ya que Juan creía que mi abuelo, editor, era también el propietario de aquella reputada firma editorial. En cualquier caso, establecieron su dialéctica privada, sus fantasías novelescas, su lectura jocosa del fenómeno militar. Cuando años después Goytisolo diga que «aquellas conversaciones literarias fueron para mí una bocanada de oxígeno en aquellos tiempos de franquismo», sé que no miente. También lo fueron para mi padre, que renunció luego a la novela y acabó ejerciendo la medicina.

Pronto los dos jóvenes comprendieron que podían obtener alguna ventaja de sus aficiones si colaboraban en el periódico o revistilla del campamento, llamada en alarde de ingenio militar *Los Castillejos*. Escribir en ella no era un desdoro sino práctica habitual de algunos universitarios, que obtenían a cambio la exoneración de ciertos servicios y la subsiguiente aura de prestigio, incluso entre los mandos. Pese a que Juan Goytisolo no recuerda haber escrito allí, sé que lo hizo con toda seguridad. Tanto él como mi padre como Luis Miravitlles –futuro divulgador científico de la Televisión Española– llevaron juntos la revista, en la que comentaban las incidencias campamentales en clave de humor. Es cierto, eso sí, que el cometido de Juan fue bastante inferior al de los otros, pero escribió en algunas secciones, e incluso compuso las letras para un número musical de soldados.

Parece claro que la milicia no era para él una gran fuente de inspiración, y Dalmau Ciria debía de concluir muchos de sus textos. La peligrosa facilidad de mi padre contrastaba con la torpeza expresiva de Goytisolo, acentuada por un entorno tan poco estimulante como aquél. Solía decirle: «Maucci, acábame esto, ¿cómo quieres que me inspire el mástil de la bandera?» Y se refugiaba en sus asuntos, satisfecho de obtener las mayores ventajas a partir del mínimo esfuerzo. Como en la escuela, Juan había hallado el punto exacto entre Implicación y Distanciamiento, algo que le permitió leer durante horas ininterrumpidamente. Según mi padre, Juan Goytisolo padecía en el cuartel frecuentes períodos de insomnio y para combatirlo pasaba parte de la noche leyendo en la tienda. «Su única ventaja sobre nosotros era una voluntad de hierro orientada en una sola dirección», dirá papá, «cada noche sacaba tres horas extra de lectura, mientras el resto de escritores españoles dormíamos.» Sea como fuere, debió de haber la suficiente amistad entre ambos para que se hicieran una foto juntos, de uniforme, en un bosquecillo azotado por el viento; también para que se gastaran bromas a diario, donde Dalmau Ciria llevaba la peor parte. Cuando mi padre se torturaba pensando si iba a consumir el permiso con su novia en Tarragona, o con mis abuelos en Barcelona, un mefistofélico Goytisolo lanzaba al aire denso de la tienda: «Ahí vaga Maucci, como un alma en pena, cautivo entre la concupiscencia y el deber», frase que si dice mucho del novelista, también dice bastante de Juan.

Hay otras anécdotas de los dos amigos que no caben aquí... El latiguillo de mi padre: «Juan, tú juegas a André Gide y yo soy como Paul Claudel», o sus intentos por rescatar al compañero de armas de la sima agnóstica. Pero Goytisolo incorporaría alguna de esas anécdotas a su obra transformando el escenario, como sucede en un relato del libro *Para vivir aquí*. Que mi padre es el protagonista de esta escena cuartelera resultará evidente para todos cuantos le conocieron:

Durante hora y media les oí discutir respecto a los problemas que implicaba el mando de una Compañía y burlarse de los sargentos de carrera y de los brigadas. «¿Sabéis qué diferencia hay entre un militar y un civil?», decía el médico. «Pues muy sencilla. En que mientras el civil puede llegar a militarizarse, un militar no alcanza nunca a civilizarse.» Todos reían y, estimulado por el éxito, contó la historia del chusquero y la marquesa, el chusquero y el alcalde y el chusquero y el guardia civil.

Luego el silencio de la noche: la niebla cayendo sobre aquella montaña perdida, negándolo todo, mientras el viento helado silbaba entre las tiendas. Dormir y soñar con mujeres hasta la corneta del alba.

¿QUIÉN ESCRIBE AQUÍ?

A principios de 1951 Pepe Goytisolo se encuentra de nuevo en Barcelona. A sus veintidós años ha terminado la carrera de Derecho y vuelve a Pablo Alcover con una maleta llena de libros prohibidos. Con su regreso, la casa se puebla de aire fresco, también de un entusiasmo dinamizador que no todos comparten por igual. El padre le comunica entonces que tiene proyectos para él, pero el hijo parece acariciar otros y pronto inicia su relación con algunos jóvenes de similares inquietudes, como Barral, Gil de Biedma, Costafreda o Ferrán. Pese a que sólo Alfonso Costafreda destaca ya por su talento poético, Goytisolo dice que «cada uno de nosotros sospechaba que los demás escribían»; por eso, hace circular en el grupo aquella poesía vetada –Cernuda, Vallejo, Neruda, García Lorca, Salinas o Guillén– que tanto habría de impresionarles. Aun así, la actitud de ellos no indica por ahora que hayan pensado dedicarse a la escritura. El propio José Agustín tiene muy poco de poeta: ¡qué diferencia con Jorge Folch, muerto como el mismísimo Shelley! Él, en cambio, no es un personaje romántico, no es un maldito, tampoco escribe con tesón ni regularidad: a lo sumo toma notas dispersas, pero su objetivo prioritario es concluir los seis meses de servicio militar como alférez de complemento. Luego, establecerse como abogado en Barcelona.

En este contexto, las inquietudes literarias de su hermano Juan debieron de cogerle por sorpresa. Sabía que era un «letraherido», pero en su cabeza perduraba la idea de un esnob a las puertas de la universidad, un *dilettante*. Sin embargo, este *dilettante* era hoy un escritor que acababa de fundar una tertulia junto a algunos amigos procedentes –oh maravilla– de su propio bando. ¿Qué hacía con Luis Carandell o Mario Lacruz? Desde la vieja rivalidad, suponemos que Pepe recibió con desagrado la noticia de que su hermano Juan –el usurpador, el favorito del padre– era bastante más inquieto en lo cultural. ¡Una tertulia! Y para colmo acababa de prestarle aquel cargamento de libros sudamericanos. Ahora Juan no hacía más que leerlos y releerlos: veía la lucecilla de su cuarto encendida hasta la madrugada, incluso después de que él apagara la suya. ¿Acaso tenía insomnio? La nueva metamorfosis había comenzado varios meses atrás.

En otoño de 1950 Juan Goytisolo vuelve a sentir una fiebre creativa similar a la de su primera adolescencia en Torrentbó: cada tarde emborrona docenas de cuartillas y las oculta tras un montón de libros de Derecho para no ser descubierto por el padre. Influido por Gide y Hesse, redacta una novela en la que un adolescente exquisito y algo perverso asiste a la decadencia física y moral de una familia, tema que en algunos aspectos conoce bien. Pese al entusiasmo que pone en la empresa, es consciente de las limitaciones de su castellano barcelonés y recurre a menudo al diccionario para paliarlas: su estilo se enriquece, pero empieza también a envararse, suena un tanto «libresco», defecto que van a arrastrar, contaminándolas, sus primeras novelas. El único confidente de Juan sigue siendo Mariano Castells, que a su vez se halla inmerso en la redacción de una gran obra que, en *boutade* suprema, ha prometido destruir una vez conclusa.

Este proceso de creación paralela, con el descubrimiento común de las dificultades y gozos de la escritura, se prolongará varios meses; hasta que un día Mariano decide leerle algunos pasajes de la obra, que resultan ser menos geniales de lo esperado. La realidad se impone: escribir es condenadamente difícil, y los amigos sucumben a las primeras dudas sobre su talento. La duda se extiende a su amistad: la vieja exaltación se desvanece y, desencantados, deciden relacionarse con otros jóvenes «letraheridos» para abrir el círculo. Gracias a Fabián Estapé conocen a un tal Jaime Gil de Biedma, autor de un único poema que insinúa ya su singular gusto en lo amoroso, y a Alberto Oliart, artífice de la novela *Ráfagas*, que aspira al premio Nadal. Además, Juan Goytisolo retoma el contacto con dos antiguos compañeros de aulas de su hermano Pepe: Luis Carandell y Mario Lacruz. Entre todos surgirá la idea de reunirse periódicamente para leer los trabajos de cada uno y discutirlos en grupo; también planean invitar a algún escritor de renombre para dar lustre a sus veladas. Es su manera de recobrar el viejo espíritu de las «tertulias», aquellas reuniones literarias que tanta vida dieron a la cultura española anterior a la Guerra Civil.

Juan Goytisolo buscó entonces el *placet* de un autor consagrado. Tras una aproximación fallida a Sebastián Juan Arbó, recurrió a Ana María Matute, cuyos hermanos habían estudiado con él en los jesuitas. En esa época la joven había publicado ya una novela, *Los Abel*, y había escrito otras obras que tropezaban invariablemente con la censura. Cálida, bella, de hipnótica dulzura, Ana María encerraba ya a la espléndida narradora que luego ha sido; enseguida aceptó intervenir en la tertulia, pensando acaso en la del Ateneo o las madrileñas de Pombo, El Gato Negro o el Lyon. Asimismo, encontraron otros valedores, como el gran poeta Sagarra o un director teatral llamado Juan Germán Schroder, que había devuelto la dignidad a los escenarios. Era un hombre culto, amable, de unos cuarenta años, del que se decía *sotto voce* que era homosexual. A pesar de ello, la tertulia lo acogió aparentemente sin reservas y Schroder no sólo fue el alma organizadora del grupo sino que empleaba muchas tardes en leer y analizar los textos de los jóvenes tertulianos. Debo añadir que una de sus críticas era el exceso de intelectualismo y la falta de ternura, lacras que alguno de ellos —el propio Juan Goytisolo— arrastró durante años.

En poco tiempo, la tertulia alcanzaría bajo la tutela schroderiana su mayoría de edad. Los miembros la bautizaron con el nombre de «Mediterráneo» e imprimieron unas tarjetas de invitación al acto inaugural, que enviaron a un centenar de personas de la Barcelona literaria. Con la tarjeta en la mano, Pepe Goytisolo estaba perplejo. ¡Tertulia Mediterránea! Y Juan, en el centro del cotarro. Bien: él también había pertenecido a un grupo literario en Madrid, con los del «Guadalupe», tan atentos a la lectura como a la hermandad del alcohol. Sólo que aquello era cosa del pasado, mientras lo de Juan se inscribía en el presente, apuntaba hacia el futuro. ¿Quién demonios era el escritor de Pablo Alcover?

RÍO REVUELTO

La tertulia comenzó a funcionar en febrero de 1951 en una horchatería situada en la Rambla de Cataluña, El Turia, que acabó dándole su nombre. Al acto fundacional asistieron unas sesenta personas, entre ellas José María de Sagarra, Carlos Barral, Alberto Oliart, Ana

María Matute, Juan Germán Schroder, además de los miembros fundadores: Goytisolo, Carandell, Lacruz... Hubo salutaciones y lecturas, se establecieron las bases del premio El Cuento del Viernes, dotado con quince pesetas, e incluso el periódico *Solidaridad Nacional* –la mítica *Soli*– estuvo presente. Hacia el final, Juan Goytisolo tomó la palabra para leer dos de sus relatos: «La estufita» y «El perro asirio».

Desde aquella noche los tertulianos acudieron semanalmente a la cita, con un escritor invitado; también convocaron el concurso de cuentos, que fue ganado por Ana María Matute en votación a mano alzada: su cuento y otro de Juan Goytisolo, titulado «El ladrón», serían impresos meses después en una revista subvencionada por un particular. La publicación del primer texto no alimentó, en cambio, la crecida vanidad de Juan. Antes bien, le enfrentó al veredicto de la letra impresa, donde pudo comprobar por sí mismo que su prosa quedaba bastante lejos de las páginas de sus autores favoritos.

La tertulia de El Turia se prolongó durante el invierno de 1951, hasta que un oscuro episodio provocó su abrupto final. Al parecer, algunos miembros comenzaron a ver con malos ojos la presencia de Schroder, y los comentarios sobre su homosexualidad subieron de tono. Cuenta Pepe Goytisolo que su hermano Juan y él pasaron un fin de semana con el dramaturgo en la Costa Brava, con el propósito entre malvado y juvenil de ponerle a prueba. ¿Era una decisión personal o seguían quizá la consigna de algún literato importante que los envió de cebo? No lo sabemos. Pero en aquella ocasión Juan Germán Schroder no cayó en las trampas verbales de Pepe, y volvieron tranquilamente a la ciudad. Semanas más tarde, sin embargo, Mariano Castells se presentó una noche en casa de los Goytisolo para comentarles que Schroder le había hecho proposiciones deshonestas durante un paseo vespertino por los solitarios jardines de Montjuïc. Mariano estaba nervioso, confuso, irritado. ¿Cómo se había atrevido, el mentor de todos, el alma del grupo? El relato de Mariano debió de impresionar a Juan, como prueba que lo reprodujese en una escena de su novela *Fiestas*. Tras las palabras de amor, la repentina caricia, la huida: «Lleno de pánico, Jiménez dio media vuelta y corrió por una vereda desconocida hasta una escalera cuyos escalones bajó de cuatro en cuatro, llorando de rabia, y restregándose furiosamente el lugar de la cara en donde el desconocido había puesto los labios.» Sólo que Schroder no era precisamente un desconocido.

Aquel episodio trajo desagradables consecuencias y ha sido fuente de controversia. Pienso que la proposición erótica del dramaturgo no halló en Marianito Castells la persona adecuada para lidiarla, pues no captó la ambigüedad de las palabras del otro, y dejó que Juan Germán Schroder interpretara erróneamente sus silencios o monosílabos. Algunos tertulianos sostienen que la víctima del acoso exigió inmediatamente la cabeza del homosexual; pero, de ser así, me consta que Mariano se mantuvo ajeno a las maniobras para cobrarla. Éstas corrieron a cargo de otros contertulios, y en ellas Juan Goytisolo tuvo un papel más activo del que asegura en *Coto vedado*. Escribe allí que quiso quitar hierro al incidente –algo poco creíble en alguien que un mes antes había contribuido a tender una trampa a su mentor– y añade de paso que Luis Carandell tuvo el dudoso honor de comunicarle a Schroder el sentimiento de la mayoría, es decir, que le invitaban a abandonar la tertulia. Afirma que posteriormente él y un amigo visitaron en secreto a Juan Germán Schroder para reiterarle «nuestra cobarde estima y amistad». Quién sabe si era un gesto para lavar *in extremis* su conciencia por no haberlo defendido. En cualquier caso, iba a ser un gesto de arrepentimiento inútil, pues para entonces Schroder había desaparecido por el foro, abochornado y silencioso, aunque sin perder la elegancia. Irónicamente, la atmósfera de la tertulia se contaminó en exceso, y ante la imposibilidad de hallar una figura aglutinadora de la talla de aquel hombre de teatro, las reuniones de El Turia acabaron para siempre.

A mi juicio, todos los personajes de este *affaire* fueron hijos de una época moralmente confusa e hipócrita. El gran perjudicado fue Juan Germán Schroder, quien, víctima de ulteriores ostracismos, vio dañada seriamente su carrera teatral. Mucho después el novelista Marcos Ordóñez recobrará con toda justicia su figura al escribir en *Rancho aparte* que el dramaturgo fue empujado «hacia ese limbo de sol y mar por el que habita, por el que se pasea en batín como un escritor depurado». Vivió sus últimos años como un viejecillo extranjero, esperando la muerte en su apartamento frente a las arenas soleadas de la Barceloneta.

EN LA TIERRA DE LOS TALTAVULL

Aquel mismo año, el alférez Pepe Goytisolo marchó a Menorca para completar los seis meses de prácticas de milicias universitarias. Visitó allí el Mahón de su abuela paterna, Catalina, donde pudo ver los palacios familiares en el casco antiguo de la capital, que se remontaban al siglo XVIII; también conoció la finca matriz de los Taltavull, cerca de Alayor, en el centro de la isla. En *Estatua con palomas,* su hermano Luis ofrece una bella descripción de esta casa: «El interior del edificio principal, con sus gruesos muros y pesados muebles que destacaban contra el blanco de las paredes, era de una sobriedad digna de un convento y en nada desmerecía del peculiar contorno ajardinado, de los mascarones de proa que adornaban los paseos entrecruzados, procedentes de los veleros que habían pertenecido a la familia.» Viendo aquellos mascarones en el jardín, Pepe pensó con nostalgia en sus antepasados. ¿Cuántas veces habían recorrido el Mediterráneo, o cruzado el Atlántico en busca de fortuna? Cuerpos invisibles, presentes ahora tras aquellas figuras de madera vieja, al fin varadas, cuya vida sobre las olas pudo ser origen de las ensoñaciones aventureras de tío Leopoldo.

Pero salvo esos paseos por el ayer, José Agustín seguía en el Regimiento de Infantería Mahón 46, en la carretera que va a San Luis. Una tarde, mientras jugaba al fútbol, fue visto por el coronel del regimiento, que a la sazón era miembro de la junta de la Unión Deportiva Mahón; al acabar, el coronel le propuso fichar por dicho club. El acuerdo era muy ventajoso, ya que el alférez quedaba casi rebajado de servicio a cambio de un entrenamiento diario y un partido semanal en cualquier punto de Baleares. Durante varios meses Pepe Goytisolo fue jugador de Tercera Regional; su vieja pasión por el fútbol encontró así una culminación inesperada en la tierra de los Taltavull.

Esta situación de privilegio le permitió además dedicarse a otras aficiones: cazar, montar a caballo y escribir. Desde la adolescencia había garabateado algunos versos ocasionales, pero sólo en Menorca dispuso de la calma necesaria para trabajarlos. Allí, en las tardes tranquilas de una isla azotada por el viento, compuso los poemas de su primera obra, *El retorno:* un canto elegíaco, breve y contenido, inspirado en el recuerdo de la que fue Julia Gay. ¿Qué le hizo pensar de nuevo en su madre, durante los largos paseos a caballo por las colinas y explanadas de la Mola? ¿Recobrar esa maravillosa sensación de libertad que había tenido cuando ella vivía o la amarga idea de que tal sensación sólo era un sueño del pasado? Parece claro que el sosiego, por un lado, y la distancia de Pablo Alcover –donde Julia seguía siendo tabú– por otro, intensificaron sus sentimientos de melancolía. El resultado fue un monólogo sobrio y, a la vez, lírico, donde su corazón se expresaba con una fuerza desconocida. Todo el dolor de la infancia, de la guerra, de la muerte, fluía ahora puro, limpio, sonoro, como prueban estos versos en los que habla de la madre con su difunto hermano Antonio:

> Llora conmigo hermano.
> Era mujer y hermosa. No tenía
> nieve sobre los años.
> De ella de mí de todo
> te separaron. Pero el tiempo
> te ha devuelto a su abrazo.

El año fatídico de 1938 se le ha quedado muerto en el corazón, clavado en la memoria, dejándole una herencia de suspiros. Los poemas más vigorosos son «Mujer de muerte», donde el poeta, prisionero de la terrible ausencia, habla de «lo que tú hubieras sido», doliéndose de aquel futuro arrebatado, hecho de canciones que ella ya no cantará, o de sus días nuevos y deseos marchitos. A igual altura brilla «Cercada por la vida», en el que José Agustín revive una visita al cementerio de Montjuïc. Ya no es la voz de sus anteriores máscaras, esos personajes creados en su fantasía para enfrentarse al mundo. Sólo un poeta desnudo es capaz de expresarse así:

> Donde tú no estuvieras
> como en este recinto cercada por la vida
> en cualquier paradero conocido o distante
> leería tu nombre.
>
> Aquí cuando empezaste a vivir para el mármol
> cuando se abrió a la sombra
> tu cuerpo desgarrado
> pusieron una fecha: diecisiete de marzo.
> Y suspiraron tranquilos y rezaron por ti.
> Te concluyeron.
>
> Alrededor de ti de lo que fuiste
> en pozos similares y en funestos estantes
> otros –sal o ceniza– contornean tus límites.
>
> Lo miro todo lo palpo todo:
> hierros urnas altares
> una antigua vasija retratos carcomidos

> por la lluvia
> citas sagradas nombres
> anillos de latón sucias coronas horribles
> poesías...
>
> Quiero ser familiar con todo esto.
>
> Pero tu nombre sigue aquí
> tu ausencia y tu recuerdo
> siguen aquí.
> ¡Aquí!
> Donde tú no estarías
> si una hermosa mañana con música de flores
> los dioses no te hubiesen olvidado.

El autor elude toda referencia nominal a la madre, lo que redunda en una mayor universalidad. También es la prueba de que su corazón no está preparado aún para llamarla en verso con el nombre de la muerte.

Tras acabar el servicio militar, Pepe Goytisolo regresó a la torre de Pablo Alcover. Llevaba los borradores de estos poemas y lucía con orgullo su dorada estrella de alférez de complemento.

LA HUELGA

Al hablar de aquel año 1951, los barceloneses suelen recordar un hecho decisivo: la huelga de tranvías. Pero ¿cómo se llegó a ella? Es cierto que el país parecía librarse de la miseria de posguerra; pero mientras los partidarios del Régimen medraban, los trabajadores sobrevivían temerosos y doblegados en condiciones muy duras. Se respiraba un clima de abuso, de injusticia social, y algunos españoles decidieron combatirlo. No fue el caso de los miembros de la generación de los cincuenta ni tampoco de José Agustín Goytisolo, que por entonces se repartía entre Menorca, Barcelona y Madrid. Pero tuvo alguna noticia de las actividades clandestinas: redactar pasquines que luego se lanzaban por toda la ciudad, o llenar los muros con proclamas contra la Dictadura, aprovechando la impunidad de la noche.

Sólo bastante después el poeta participó en alguna pintada antifranquista, aunque creo que sus motivaciones no fueron exclusivamente ideológicas. Eterno herido por la muerte de la madre, el odio hacia los vencedores debió de mover su mano. En 1993 lo admitirá en el poema «Una voz o un gesto», donde el sujeto poético padece una incapacidad crónica para fijar los recuerdos de amor: un amor materno, claro, cuyos detalles se han perdido con la explosión, el bombardeo. Dice: «Y para no sufrir / tratando inútilmente de recuperarlos / preferí muchas veces / salir a media noche y escribir / con lápiz rojo en las paredes: *muera / el tirano abajo los...*». Para él es la única venganza posible, el único modo de recuperar los pétalos de aquella rosa segada al mediodía. Por ello, quizá debamos sugerir esta hipótesis: la muerte de Julia Gay arroja a su hijo a una cueva de odio, alumbrada intermitentemente por recuerdos felices; aunque esa luz sea dolorosa o nostálgica, la oscuridad completa es peor: sin recuerdos, se convierte en una bestia vengativa que abandona su refugio en plena noche para atacar a los siniestros señores del valle. De la pervivencia de ese sentimiento da idea el final del mismo poema: «Aún hoy / pasados tantos años si no puedo / revivir una voz o un gesto tuyos / me imagino que sigo / pintando en rojo todas las paredes.»

Aún despolitizados, Pepe Goytisolo y sus amigos sólo se unieron «cívicamente» a aquella huelga, que alcanzó proporciones alarmantes cuando los obreros decidieron secundarla. Hubo entonces una súbita explosión que se extendió por las calles de la ciudad. El malestar acumulado durante una década marcada por el estraperlo, las cartillas de racionamiento, las epidemias y las restricciones salía por fin a plena luz. A lo largo de una semana la población barcelonesa se negó a usar los tranvías, en protesta por el aumento drástico de tarifas. Pese a las amenazas de la policía y de grupos de Falange, muchos ciudadanos siguieron ignorando los vehículos públicos que circulaban ahora sin pasaje. En la novela *Señas de identidad*, el joven Álvaro Mendiola asiste indiferente a aquel brote de rebeldía popular: desoyendo las consignas, sube a un tranvía casi vacío, sucio, destartalado, los cristales de las ventanillas rotos; luego parece comprender el sentido de aquella fiesta, que ha hecho añicos la máscara de resignación y conformismo de las gentes. Pero, aunque percibe el rumor de la anarquía general, no se implicará en ella. Escribe:

> Al cabo de los años Álvaro conservaba de esta jornada un recuerdo brumoso (tranvías volcados, manifestaciones callejeras, cargas de la policía, coches incendiados). Su conciencia todavía opaca (esto lo supo bastante más tarde) le había impedido captar la trascendencia de lo que hubiese podido ser (y fue para muchos sin duda en un país

privado durante lustros del sabor áspero y salvaje de la libertad) uno de los días más hermosos de su vida.

La ciudad entera se paralizó. Con humor latino, los huelguistas ingeniaron un código para relacionar aquellos sucesos con películas de moda. Barcelona se convirtió así en *Pánico en las calles;* el gobernador civil, en *El pirata soy yo;* los estudiantes, en *Ese impulso maravilloso;* la Compañía de Tranvías, en *Que el cielo la juzgue;* la rotura de cristales, en *Sinfonía del amor;* la comisaria de Vía Layetana, en *Nido de víboras,* y las cocheras, en *El último refugio.*

Encerrado en su casa de Pablo Alcover, don José María Goytisolo vive aquellos días con preocupación. De nuevo el desorden, piensa, un caos similar al que vivió su abuelo Agustín en 1868, su padre en la Semana Trágica de 1909, y él mismo en aquella bárbara huelga de los tranviarios de 1919 o en el verano aciago del 36. Más allá de las causas, de los matices, la historia parece empeñada en repetirse; y ahora les ha tocado a sus hijos. Lo malo es que se han hecho mayores: ya no creen aquella historia que les contaba en Viladrau según la cual «los rojos» habían matado a su madre. Ahora saben la verdad. Son jóvenes, sí, pero han sufrido bastante y leen en exceso. En *Coto vedado* uno de ellos evoca el desarrollo de la huelga desde la casa familiar:

> *... impotencia de las autoridades desbordadas por la amplitud de la protesta, la súbita atmósfera colectiva de fiesta, suspensión del temor que mantenía los labios sellados, tímida sonrisa de los transeúntes, confraternidad difusa, reaprendizaje torpe de gestos y palabras abrogados. Imágenes efímeras, jirones de frases, conversaciones inquietas de papá, suspiros de Eulalia en la cocina, compás de espera, contundente reacción oficial, voz vibrante del locutor, recuadros en todos los periódicos, agentes infiltrados, grupos revoltosos, elementos hostiles, maniobra hábilmente coordinada del exterior, tradicionales enemigos de nuestros valores, contubernio oscuro, el odio, el viejo odio antiespañol.*

Tras una semana de protesta, los incidentes cesaron, dejando el saldo de un muerto, varios detenidos, centenares de vidrios rotos y el cese fulminante del gobernador civil, del delegado provincial de Sindicatos y del jefe superior de Policía. Por primera vez desde la guerra el pueblo había hablado y, a su modo, había vencido. La huelga de tranvías de Barcelona constituyó el primer gran desafío público al régimen de Franco: nada iba a ser igual en el país tras el rechazo de un amplio sector social. Tampoco nada iba a ser lo mismo en la vida de una ciudad que se reconocía en la calle, subversiva, porque había respirado durante siete días el aire marino de la libertad.

LA CIUDAD BAJA

Durante estos hechos, los hermanos se limitaron al papel de meros testigos. Luis Goytisolo estaba concluyendo el bachillerato, tan pendiente de los libros como de montar a caballo los domingos con su amigo Jorge Herralde. Y en cuanto a Juan, seguía alejándose de la vida universitaria: ya no era el ambicioso estudiante de Derecho que alternaba las clases de Estapé con algunas «tardes de lepra»; pero no se había lanzado aún a beber la juventud como otros compañeros de facultad. Años atrás, Carlos Cortés le había iniciado en los placeres de la vida, si bien la experiencia fue muy poco gratificante. Como recuerda el otro «iniciado», Mariano Castells: «Fue una noche de 1948 cuando Cortés nos llevó por primera vez al Barrio Chino. Estábamos ansiosos, con bastante miedo; pero el muy bruto nos llevó a los peores burdeles de Barcelona. Nos quedamos acojonados. Vivíamos en la ignorancia total del cuerpo femenino: aquellas mujeres de tres o cinco pesetas nos arrugaron el estómago. Salimos horrorizados.» Castells declara que fue una experiencia traumática para ambos, y encuentra natural que Juan no hable de ello. Con el tiempo, sin embargo, su amigo Carlos Cortés les llevaría a prostíbulos más dignos, o de categoría como Madame Petit. Aunque no lo escriba en sus memorias, Juan Goytisolo visitó los burdeles de Barcelona antes que los de Madrid; así lo sugieren algunos testigos, también la novela *Señas de identidad*, donde un Álvaro de diecinueve años visita por primera vez el Distrito Quinto:

> ... tenías la impresión de zambullirte en un mundo distinto, profundo y más denso, sintiendo que el oxígeno se enrarecía en tus pulmones, timorato e incierto como animal doméstico arrebatado bruscamente a su elemento natural cotidiano. Tabernas sombrías como guaridas de ladrones, cafetines oscuros y malolientes, sórdidas tascas con tapas y bebidas de procedencia dudosa se sucedían a lo largo de las calles míseras y, en las esquinas, mujeres de origen y profesión inclasificables vendían barras de pan de estraperlo, cigarrillos america-

nos, encendedores, embutidos que, al menor signo de alarma, ocultaban en sus faldas, escotes, ligas, en abierto y perpendicular desafío a las reglas del pudor y la higiene.

Pero no hay pruebas fehacientes de que se iniciara sexualmente en aquel barrio. En este aspecto, Castells recuerda que las prostitutas le comentaron más tarde que tenía «un amigo muy raro», alguien temeroso, distante, como sin sexo. Es obvio que Juan Goytisolo no respondía al tipo rudo o viril ni tampoco al de señorito burgués que presume de seductor refinado. Era distinto. En vano Cortés le conducía a burdeles mejores, o Mariano le presentaba a alguna señorita de alterne en locales como La Luna, en la plaza de Cataluña; porque Juan seguía siendo tan torpe y tibio en estos asuntos como en las fiestas de la Bonanova. Pese a ello, intentaba sobreponerse y no dejaba de observar. Aunque jamás proponía ir a prostíbulos o citarse con mujeres, tampoco se negaba si alguien tomaba la iniciativa. ¿Lo hizo quizá para proteger su imagen? En *Señas de identidad* Álvaro Mendiola recuerda:

Una de las mujeres te había propuesto ir con ella y accediste ante el temor de que te reconocieran virgen, ignorando también (lo que había reforzado tu arrojo) que se pudiera hacer el amor a la una de la tarde (hasta la fecha lo creías privilegio exclusivo de la oscuridad, sólo posible al tañido armonioso de la flauta y sobre los divanes orientales de las subyugadoras cortesanas de Pierre Louys).

Pero el salto de la literatura francesa a la cruda realidad española sólo podía dejarle un poso amargo de insatisfacción. Con todo, Mariano Castells comenta que Juan mostraba mayor entusiasmo cuando se reunían con una prostituta elegante a la que llamaban «Carita de manzana», la cual solía traer siempre a una amiga para salir juntos los cuatro.

Salvo esas noches, Juan Goytisolo se encerró cada vez más en sí mismo. Cierto que seguían viéndose: Mariano iba con frecuencia a Pablo Alcover y Juan buscaba refugio en la casa de los Castells; pero ahora Marianito se hallaba casi siempre fuera, en la calle, entregándose al derroche vital que tanto había paladeado en los libros. Lo extraño es que Goytisolo se quedara en el gran piso del Borne, conversando con la madre del amigo hasta su regreso. En esas noches en vela pudo comprobar cuán especial era aquella mujer, alguien de quien se decía que había inspirado en su juventud a Eugenio d'Ors para el personaje de *La ben plantada*. El presunto modelo de Teresa iba a inspirar también páginas goytisolianas, principalmente en su primera novela, *Juegos de manos,* donde el personaje Mendoza, antiguo niño mimado, habla así de la peculiar relación con su madre:

> Mi madre, en especial, me amaba con una ternura verdaderamente tiránica. La ilusión de su vida había sido tener un hijo como yo, rebelde, impulsivo y orgulloso, y en mis primeros pasos hacia la libertad conté con su apoyo decidido. (...) Ella fue la confidente de mis primeras evasiones, cuando mi padre no sospechaba nada, encerrado como estaba en su pequeño mundo de vidrio. Formábamos entre los dos una especie de sociedad de la que mi padre estaba excluido y cuyo fin consistía en revelarnos las confidencias más secretas. Yo la tenía al tanto de mis primeras aventuras amorosas. Le explicaba mis salidas, sin omitir ningún detalle.

No es ficción: las confidencias entre madre e hijo existieron en la vida real. Quizá era eso lo que impulsaba a Juan a ir tan a menudo a casa de los Castells: conocer de cerca una relación materno-filial insólita para la época, que le hizo soñar cómo hubiera podido ser la suya con Julia. ¿Le habría apoyado también ella en sus aventuras iniciáticas? Más aún, ¿le habría aguardado despierta hasta el alba, esperando no sólo su regreso sino la relación pormenorizada de sus correrías? Imposible saberlo. Pero Juan se quedaba allí, con la señora Plandiura, aguardando la vuelta del amigo. Invariablemente, éste llegaba demasiado cansado de mujeres, compadreo y alcohol, y sólo quería irse a la cama. No obstante, se vio sorprendido alguna vez por la presencia de Juan pasada la medianoche, y no entendió nunca la razón de su espera, su rara fidelidad. ¿Por qué lo hacía? ¿Para quedarse charlando con una dama que todos consideraban excepcional o hubo un motivo oculto? Mariano Castells sostiene que Juan estaba fascinado por su madre, «quizás enamorado», extremo que Juan desmiente; pero en tal caso, concluye Mariano, su actitud de vigilia era la de alguien enamorado «o bien de mi madre o bien de mí». La clave quizá resida en la profunda soledad de Juan, su ansia de calor, de ser comprendido por una mujer que, como él, era burguesa pero disconforme y crítica con el mundo heredado.

En algún momento la atraccción por los Castells Plandiura remitió. Goytisolo estaba más sujeto que nunca a la literatura, «como si en lugar de vivir prefiriera escribirlo todo», dice su amigo Mariano. Tras la disolución de la tertulia de El Turia, había buscado además refugio en la novela, alejándose por completo de los estudios. En el fondo, era lo mejor que podía hacer: Marianito Castells estaba perdido para la literatura, disuelto totalmente en noches de una lepra definitiva. ¿Qué iba a ser de ellos?

EL MAESTRO Y LA CARNE

Casi por azar, Juan halló un nuevo camarada literario en la figura de Fernando Gutiérrez, poeta de origen santanderino, que le acogió calurosamente en su casa. A partir de entonces acudió con regularidad a su piso de la calle Bailén, donde en un ambiente culto y hospitalario empezó a seguir los consejos de un escritor profesional. Gutiérrez leía y comentaba sus textos, le alentaba a vencer las deficiencias de su castellano e hizo mucho por ampliarle el horizonte de lecturas. Recuerda Goysiolo que la esposa e hijas del poeta le cobraron enseguida gran afecto, de modo que encontró allí un refugio más jovial y risueño que el de Pablo Alcover. Durante más de un año pasó muchísimas horas en aquel nido, formándose, y cuando hubo concluido su novela *El mundo de los espejos* la mostró al maestro. Pese a sus imperfecciones, éste le animó a presentarla a un premio de Joven Literatura creado por Janés, del que era secretario. En aquel tiempo José Janés era un editor que había ennoblecido con sus iniciativas el mediocre panorama literario español; ganar un premio suyo podía ser una espléndida plataforma, a la que nadie ambicioso habría renunciado. El propio Juan explica que acabó obteniendo aquel premio gracias a la generosidad y «el voto cariñoso y parcial de mi amigo». Pero no hay que engañarse: esos apoyos incondicionales obedecen a veces a una fe ciega en el autor futuro; seguramente Fernando Gutiérrez vio en su pupilo una dedicación y entrega poco común. Él sabía cuánto le había costado llegar a la palabra FIN.

El editor Janés entregó a Juan Goytisolo un sustancioso cheque de diez mil pesetas, y con parte de ese dinero compró ostras y champán para celebrar el triunfo en casa de su mentor. Lo recibieron, una vez más, con los brazos abiertos, especialmente la mujer de Gutiérrez, quien le invitó a que siguiera frecuentándoles. Es probable, como sugiere Juan, que su anfitriona acariciara la idea de casarle con alguna de sus hijas; pero nadie podía imaginar el conflicto interior del joven novelista. Desde la adolescencia Juan Goytisolo había descubierto que la compañía femenina no despertaba en él un interés amoroso: ninguna emoción, ningún flechazo, ningún intenso latido. Las muchachas del barrio, las hermanas de los compañeros de colegio, las amigas de Marta sólo conseguían estimular su indiferencia, acentuando su natural retraimiento. A diferencia de su hermano Pepe, seductor de raza, o del joven Luis, observador atentísimo, él permanecía inmune a los perfumes de Venus. Durante el acto de la masturbación, su mente no se recreaba en las mujeres de carne y hueso ni con las formas excelsas de las estrellas de cine. Preocupado, comprobó que el principal estímulo a sus fantasías eran escenas brutales, donde la violencia misma o bien sus sucedáneos le provocaban gran excitación sexual. Solían ser imágenes de «una virilidad exótica, avasalladora, excesiva», como él dice, fotografías de luchadores turcos o de guerreros sijs, que anunciaban ya los fantasmas sexuales que luego marcaron su vida.

Por desgracia, la España de entonces se hallaba muy lejos de culturas abiertas, así que el descubrimiento de unas fantasías eróticas «a contracorriente» sólo sirvió para encerrarle aún más en la crisálida de la literatura. Durante los primeros años de universidad, pues, el funcionamiento de su libido se mantuvo en un ámbito clandestino: lejos de las novias al uso, las pajilleras de algunos cines o las putas de los burdeles, donde sin duda entró pero con escasa fortuna. Inmerso en lo que él llama «un limbo», tampoco se planteaba su posibe homosexualidad. ¿Era una secuela de la moral religiosa, o la pertenencia a un mundo familiar donde «el pecado nefando» era el peor de los vicios? Pienso que Juan percibía signos de su diferencia con respecto a otros muchachos, pero el miedo a sí mismo y a la respuesta social le impidieron desarrollarla. Aún recordaba el caso triste de su abuelo Ricardo, o el más reciente de Germán Schroder, amén del «horror patológico» de su propio padre frente a una conducta que en aquel tiempo despertaba condenas universales. ¿Que habrían dicho, además, sus amigos? ¿O su hermano Pepe, quien le había contado años atrás que Mussolini mandaba fusilar «a todos los maricones» y a quien el paso por el ejército había vuelto aún más insidioso e intransigente? Presa de la angustia, Juan Goytisolo hizo el primero de varios esfuerzos para aparentar «normalidad». Ya hemos visto que frecuentó a algunas muchachas, alternó con alguna *cocotte* que le presentaba Mariano..., pero todo era inútil: los puntos de unión eran escasos e invariablemente volvía al refugio de los libros.

En 1952 Barcelona fue escenario del Congreso Eucarístico Internacional, suceso que reunió en nuestro país lo que la prensa norteamericana llamó «la mayor concentración de católicos de todos los tiempos». En efecto. Miles de fieles del mundo, amén de trescientos arzobispos, obispos y cardenales de varios países, acudieron a la ciudad condal para rendir un fervoroso homenaje a la Eucaristía. Pero ¿qué hubo exactamente tras aquella gran cita religiosa? Ante todo, supuso el apoyo definitivo del Vaticano a la dictadura del general Franco, quien hábilmente instrumentalizó el evento en beneficio de su causa, elevando a apoteosis su concepción nacional-católica de España. Pero ya entonces se alzaron voces declarando que el Congreso sólo era «eucarístico» hasta cierto punto, pues la figura del Caudillo se interponía entre el pueblo cristiano y la Eucaristía, politizando y militarizando una cita que no pudo así mantener incólume su espiritualidad. Ahora bien: aunque esa espiritualidad se redujo a multitudinarias exaltaciones pías, como ocurrió al paso de la gran custodia de la catedral de Toledo, ningún individuo permaneció indiferente a una fiesta que acabó siendo ciudadana. Como en 1888, 1929 o 1992, Barcelona vivió una transformación reseñable que Juan Goytisolo describe así:

... aseo general de la ciudad, erección de cruces, podios, emblemas eucarísticos, proliferación de escudos marcados con el símbolo, montaje de altavoces en las principales arterias del centro : obsesiva propaganda radiofónica, ediciones enteras de periódicos consagradas al hecho, ubicua fotografía del Pastor Angelicus, expectación mantenida hasta el paroxismo : primera y abigarrada experiencia del turismo de masas : peregrinaciones entusiastas, banderas, pendones, oriflamas, salutaciones escritas en latín : sacerdotes, monjas, religiosos, prelados, capellanes, diáconos, presbíteros, vicarios, protonotarios, obispos redidenciales e in partibus *revestidos de sus correspondientes ropajes, hábitos, trajes talares, bonetes, tocas, casullas, mitras, capas pluviales...*

Pero tras este embellecimiento urbano persistía una realidad poco cristiana. El contraste debió de impactar lo suficiente al novelista como para escribir sobre ello en dos lugares: *Coto vedado* y *Fiestas.* En el primero habla de:

... construcción previsora de muros para ocultar la miseria de los barrios próximos al trayecto que debe seguir el cortejo : expulsión perentoria de centenares de chabolistas, limpieza radical de prostitutas e indeseables : redadas nocturnas gigantes de nuestra ciudad tradicionalmente acogedora y hospitalaria embargada hoy por una emoción difícil de expresar con palabras mientras aguarda la llegada del nuncio y su séquito impresionante de autoridades religiosas, civiles y militares : voces omnipresentes, odiosas de una Iglesia estatal, agresiva, avasalladora que te acosarían durante días doquiera que fueses, con insistencia tenaz...

Precisamente, los altavoces alcanzarán una función simbólica en el final de la novela *Fiestas*, donde Barcelona entera vive las jornadas del llamado Congreso Mundial de la Fe. Una Barcelona antaño adormecida, obligada por decreto a ser feliz, en la que un niño descubre la cruda realidad social, pero también el tormento de los sentimientos culpables:

> La voz acusadora de los altavoces le parecía una advertencia divina; como si, en vez de hablar para todo el mundo, él fuese el blanco especialmente señalado. Avergonzado, miró a su alrededor: las mujeres llevaban cirios, los hombres se persignaban, todos pertenecían a una comunidad de fieles en la que la traición, la deshonestidad, el pecado, no tenían cabida. Él, en cambio, estaba fuera del orden, aislado, como un paria. Los escudos producían la impresión de aguantarse por sí mismos. Las luces, la agitación, los cánticos contribuían a crear el espejismo. Todo temblaba, refulgía, daba vueltas. «Condenado. Condenado. CONDENADO...» La voz le perseguía, obsesiva, oculta entre las ramas de los árboles, le aguardaba, emboscada, detrás de las esquinas. Inútil ocultarse o escapar. Dotada de poder milagroso, leía en la frente de los hombres, descubría sus pensamientos más secretos: «Yo... He sido yo... Por mi culpa...»

Pero ¿quién es el verdadero culpable? En 1952 España ha cambiado muy poco social y políticamente: ni siquiera el adiós a las cartillas de racionamiento o el fin de las restricciones de agua y luz han satisfecho las ansias de la población. Difícilmente los humildes podían «comulgar» con la repulsiva jerga oficial o los fastos religiosos que Juan califica de «ceremonias grotescas». Sin embargo, por una monstruosa manipulación de conciencia, ellos eran los «parias», los apestados, la manzana podrida; también lo eran los disidentes o cualquiera que tomara otro rumbo. En un editorial de *El Correo Catalán* se llegó a denunciar públicamente a una agencia de viajes «sin escrúpulos» que había organizado «una excursión» en los días del Congreso para un grupo de barceloneses que deseaban abandonar la ciudad, actitud que el editorialista calificó de: «¡Una fuga en regla! Una fuga que significa singularizarse por desertores y caer en una incalificable grosería.» Siempre la misma jerga militar... Desertores. Culpables de no seguir en procesión la carroza del cardenal legado de Su Santidad, monseñor Tedeschini, o el palio del Caudillo.

Este sentimiento de culpa golpeaba con especial recurrencia en casa Goytisolo, donde los hijos mayores habían sido muy sensibles a ello desde la infancia. Pero en aquellas fechas la idea de culpa debió de agigantarse, sobre todo ante la visión del propio padre arrodillado frente al aparato de radio que transmitía solemnemente la bendición papal el día de la clausura. Fervor inusitado en las calles, postración respetuosa en casa. Mal clima para disipar la culpabilidad de los hermanos porque, fuera cual fuese el origen de la culpa, la contrición ajena sólo despertó en su corazón mayor desasosiego.

SÍNTOMAS DE ASFIXIA

Tras el Congreso, Juan Goytisolo siguió envuelto en su mullida cápsula donde el amor no existía y sólo mandaba la literatura. Pero ya no pudo prolongar por más tiempo esa doble vida en la que oficialmente era un buen estudiante de Derecho, cuando en realidad era un aprendiz de escritor. Continuaba recibiendo ayuda de Fernando Gutiérrez, si bien debía soportar ahora los dardos punzantes de su hermano Pepe, quien parecía anclado en los tiempos infantiles de Torrentbó. Más quisquilloso que nunca, el poeta preguntaba a Juan con sarcasmo qué quería decir «El mundo de los espejos», título de la obra premiada por Janés, o por qué sus personajes se «sumergían en la ducha» en lugar de meterse sencillamente en ella. Como recuerda Luis, José Agustín se complacía en destacar, leyendo de viva voz, algunas de las incoherencias sintácticas y semánticas del trabajo literario de Juan, y acabó por llamar «El mundo de los pellejos» a la novela de éste, hasta que el propio autor juzgó preferible olvidarla. En las primeras obras de Juan Goytisolo abundan, es verdad, personajes que «se sumergen en la ducha», «descienden las escaleras» o «extraen cigarrillos de la cajetilla», y ese lastre de escritor novel debió de resultar exasperante para alguien tan poco libresco como José Agustín, dotado a su vez de una relación muy directa con la entraña expresiva del idioma. Pero este argumento literario no puede ocultar la evidencia de un combate de fondo en el que Pepe era el agresor, con todas las bazas de su lado, dispuesto a vengarse por enésima vez de aquel que le había arrebatado su reino, por lo demás, discutido por el padre ya desde la cuna.

Juan no era un temperamento para entrar en colisión: encajaba en silencio con una flema heredada, se diría, del abuelo Ricardo. Pero aunque Pepe no fuera una verdadera amenaza para él –se dedicaba a la poesía–, era, como dice Luis, «un fastidio» para todos los hermanos. En parte por ello Juan se hallaba, en 1952, en una encrucijada mucho más crítica que al final del bachillerato. Interiormente, había abandonado los estudios de Derecho; también había escrito, aunque no publicado, su primera novela; pero en el domicilio de Pablo Alcover vivía prisionero entre las crecientes sospechas del padre y las chanzas insidiosas del hermano mayor. Los impulsos de huida descubiertos en Viladrau se reforzaban a cada paso, debido a un ambiente familiar bastante opresivo. Luis Carandell recuerda que en aquella casa «no había mujeres», al menos las mujeres jóvenes y sociables que había en la suya; es un modo de decir que el carácter de Eulalia o la presencia discreta de Marta no constituían *per se* un universo femenino capaz de transmitir sensación de hogar. Algunos de los visitantes habituales llegaron a describirme el domicilio de Pablo Alcover como «siniestro», «la casa más oscura que he visto en mi vida», «la más silenciosa» o frases por el estilo. Una planta baja, alargada, casi sin salida exterior, lo que explica el testimonio de otro, Mariano Castells, según el cual «ni siquiera durante el día se llegaban a ver bien las paredes del salón». Ana María Matute, en cambio, no le dio excesiva importancia: «... era un piso viejo y oscurito como los de antes, un poco como el nuestro».

¿Cuánto habría resistido Juan allí? No lo sabemos, pero el azar acudió en su ayuda. Al parecer, don José María Goytisolo se había embarcado nuevamente en un desastroso negocio, víctima de uno de los estafadores profesionales que aparecían invariablemente en su camino. Por desgracia, si durante los años cuarenta había capeado el temporal, en los cincuenta esta nueva aventura iba derecha al descalabro. Pese a que la situación económica no le permitía grandes alardes, el padre optó por recurrir al dinero de su suegro. De hecho, no era la primera vez. Desde hacía varios años la mayor fuente de ingresos familiares procedía de don Ricardo Gay –el alquiler de dos casas de pisos, los dividendos de un buen número de acciones y obligaciones, la pensión de la Diputación–, quien aportaba generosamente sus ahorros pese al acoso continuo de su yerno, que no le había perdonado sus antiguas inclinaciones paidófilas. En este clima tenso, mezquino, el padre forzó al suegro a vender un inmueble de su propiedad para crear una nueva empresa cuyos beneficios, según él, devolverían a la familia la grandeza perdida. Juan Goytisolo habla directamente de «chantaje» y «coacción» para describir las maniobras paternas sobre el abuelo, aprovechándose de una situación de absoluta «ventaja moral» sobre éste, reforzada tras el episodio de junio de 1943. En todo caso, de nada iba a servirle a don José María, pues aquella enésima aventura financiada por el anciano no sólo no les restituyó la grandeza sino que dejó a los Goytisolo al borde de la quiebra.

En obras como *Recuento* se narran los esfuerzos patéticos de algún personaje por recobrar la fortuna perdida. Pero el fracaso es a menudo motivo de comentarios burlones de otros miembros de la familia, que optan por sobrevivir tranquilamente del sangrado de sus rentas; así Gregorius (tío Leopoldo) dice de su hermano que si «en vez de meterse en negocios, hubiera tenido una querida, no habría perdido tanto dinero». Ésta y otras ideas gravitaban sobre la actuación del viudo: es lógico que los hijos las reprodujeran en sus textos. En *Estatua con palomas*, Luis Goytisolo escribe: «Si el resto de la familia se arruinaba por pura inercia vegetativa, en la medida en que sus rentas perdían poder adquisitivo, él, al pasar a la ofensiva, al adoptar una actitud dinámica, a semejanza del desdichado que se agita vanamente en arenas movedizas, vio reducirse su fortuna a un ritmo muy superior.» Y más tarde concluye:

> Pero si al acabar la guerra civil malvendió el chalet de Puigcerdà por el simple hecho de que lo había construido pensando en mi madre y no quería volver a verlo, las casas y valores que hubo que vender posteriormente sirvieron apenas para ir cubriendo los agujeros dejados por cada empresa fallida o, simplemente, para ir viviendo, de acuerdo con un proceso –se diría que interminable– de quebranto moral a la vez que económico.

En estas condiciones, don José María Goytisolo encargó a su hijo Juan que viajara a Madrid para salvar a la empresa del desastre. Quizá el chico no era un especialista en naufragios financieros, pero dada la atmósfera sombría de Pablo Alcover, es fácil imaginar su alivio cuando tomó el primer avión de su vida con destino a la capital.

Iba, pues, a cumplir una misión; también a respirar nuevos aires, lejos de aquella ciudad natal que quedaba atrás «disuelta en la bruma». Estaba seguro de que Madrid le concedería asilo. Ahora bien, la capital de España no había cambiado mucho desde la estancia de su hermano Pepe: seguía siendo un lugar hambriento y provinciano, que arrastraba como un estigma las viejas heridas de la guerra. Con todo, presentaba una gran ventaja para Juan: allí no tenía que rendir cuentas personales a un padre cuya figura se le hacía más irritante que al resto de sus hermanos. Aunque a la hora de partir le había prometido continuar los estudios de Derecho e incluso matricularse en la nueva facultad de Ciencias Políticas, íntimamente no estaba dispuesto a hacerlo. Al contrario. Aprovecharía el tiempo para deambular, escribir, sumergirse en ese mundo que en Barcelona sólo había conocido de forma tangencial. Tampoco iba a descuidar su misión: salvar lo todavía «salvable» del nefasto negocio paterno.

AQUEL MADRID

Siguiendo el consejo de José Agustín, Juan buscó alojamiento en una pensión del barrio de Argüelles que bien pudo ser la de doña Sagrario; luego, decidió ir al Colegio Mayor Universitario Nuestra Señora de Guadalupe, donde los antiguos amigos de Pepe le recibieron con los brazos abiertos. Juan Goytisolo no era sólo el hermano de alguien muy querido allí sino también el ganador del premio de Janés, lo cual le otorgaba bastante prestigio entre los otros jóvenes. Enseguida algunos de ellos confraternizaron con él. Gracias a Hernando Valencia, el ganador se inició en la narrativa norteamericana moderna. El propio Juan reconoce que literariamente «Madrid fue para mí una fiesta», con el descubrimiento providencial de Dos Passos, Hemingway, un jovencísimo Truman Capote y sobre todo Faulkner. Durante varios meses quedó atrapado por el violento universo faulkneriano; pero, como es frecuente, dejó de escribir: Goytisolo estaba paralizado, inmerso en un mundo deslumbrante que le arrastraba con sus fuerzas soterradas, su fatalismo bíblico y su rara poesía. Libre ahora de su entrega a la escritura, Juan pudo vivir hacia afuera, en los bares y cafés de Argüelles, donde aceptó por fin las reglas del ocio por el ocio, el callejeo y el alcohol. Eso era la vida: beber durante horas en

El Diamante de Honorio, conversar con los compañeros latinoamericanos o acudir a los burdeles de San Marcos. Esta inmersión en el submundo le deparó algunas sorpresas decisivas. La primera, conocer por sí mismo las terribles condiciones que pesaban sobre buena parte de la gente. Si José Agustín había descubierto la realidad española en sus paseos por la periferia barcelonesa, su hermano Juan se topaba ahora con un panorama idéntico a seiscientos kilómetros de distancia. El espectáculo del Barrio Chino barcelonés no era, por tanto, un fenómeno aislado, típico de una ciudad portuaria; en Madrid también existía la misma incultura, pobreza y sordidez. Aquella experiencia hirió en lo profundo su sensibilidad, despertando para siempre una conciencia moral adormecida. En su caso, además, fue un sentimiento ambiguo de atracción-repulsión, que a la larga dividió su vida o, para ser más exactos, su actitud hacia el paisaje civil. De un lado, aquellos barrios miserables alimentaron su rebeldía contra las clases dirigentes; pero, del otro, le atrajeron con su extraño polo magnético. Acostumbrado a Barcelona, donde la *pax* burguesa se reflejaba en el recto trazado del Ensanche o en el silencio de los barrios altos, los barrios populares de Madrid le parecían paradigma de acción y modelo de supervivencia. Era el espectáculo desnudo de la vida, con su lucha constante, sus fugaces alianzas, su promiscuidad a flor de piel. En suma, la verdad.

Pero junto al paseo, el alcohol. Cuando tomaba cerveza, debía acudir regularmente al lavabo para orinar, y si bebía aguardiente, acababa vomitando de puro borracho. Ante la ley de la botella reaccionaba con «inocente sorpresa», pero sus excesos le descubrieron también las mañanas de resaca y el remedio del café con aspirina. Hay que señalar la imprevista facilidad con que Goytisolo dejó de ser un joven estudiante burgués para convertirse en un camarada que habría hecho las delicias de Marianito o de Carlos Cortés. ¡Si le hubieran visto! Porque ahora era un tipo extrovertido, osado, locuaz, casi tanto como su hermano Pepe, feliz de unirse a aquella legión de sudamericanos que apuraban a diario los confines y encantos de la noche. Claro que la metamorfosis se cobró su precio. El propio Juan comenta que esa nueva personalidad surgida de golpe –en la que el alcohol tuvo su habitual rol desinhibitorio– le hizo comprender hasta qué punto su anterior naturaleza era inestable y falsa. Y más aún, en aquellos tiempos de aprendizaje ético descubrió «una sorprendente discontinuidad biográfica: la existencia de quiebras o rupturas en unos hábitos y normas de conducta que creía firmemente arraigados».

La intuición de que bajo su piel taciturna había otra extrañamente nueva se le confirmó de forma inesperada. Una noche salió a beber con sus amigos hasta que acabó a solas con el colombiano Lucho en un café cercano al colegio mayor. Como de costumbre, habían bebido más de la cuenta y seguramente Juan intercambió confidencias de borracho con su amigo; en algún momento se abrazaron y Goytisolo le acarició largo rato ante las copas vacías. Aún hoy la imagen le resulta borrosa, «cloroformica», dice, pero hubo un testigo. Luego salieron trastabillando del local, y el escritor tuvo que arrastrar a Lucho hasta el cuarto de su pensión; allí el colombiano se desplomó en su cama y él se tumbó en la otra: mientras Lucho roncaba plácidamente, Juan trató en vano de conciliar el sueño.

A la mañana siguiente no recordaban nada de lo ocurrido, de modo que desayunaron juntos en El Diamante de Honorio y luego se despidieron. Horas después, el colombiano reapareció en la pensión. Con cierto misterio, le dijo a Juan que el camarero de un bar aseguraba haberle visto la noche anterior, borracho, junto a un amigo que se condujo con él «de forma extraña». Goytisolo se quedó frío. Y aunque no hubo reproches, Lucho le pidió que le acompañara hasta el local donde habían bebido solos de madrugada. Con angustia y un vago presentimiento, Juan presenció la conversación en voz baja entre el camarero y su amigo, donde con seguridad fue identificado. A la salida Lucho restó importancia al episodio, pero sus palabras le llenaron de terror. ¿Qué iba a ocurrir?

En su novela *Fiestas* el personaje de Pipo sufre una angustia similar tras conducirse con dos policías en términos que al despertar no recuerda: «Había dos horas en blanco, dos horas durante las que había charlado con el cabo. No obstante, no recordaba nada. Como si no hubiesen existido. Como si lo hubiera soñado tan sólo.» Aquello le hace sentirse como un traidor, guardián de un secreto terrible que acaba de comunicar a un extraño. Pese a que Lucho no era precisamente un extraño, el «secreto» de Juan, fuera cual fuese, le hacía sentirse culpable hasta el extremo de transformar cualquier testigo en un potencial policía. En otra novela de esa década, *Juegos de manos*, recupera la ecuación Delito-Amnesia-Policía: «Quedaban por tanto dos horas en blanco, dos horas llenas de hechos misteriosos, discusiones, golpes y heridas. "Durante largo rato he hecho cosas inesperadas en lugares que ignoro. Tal vez he dado de beber a los guardias de tráfico y les he secado luego el sudor con mi pañuelo."» En la vida real, el colombiano olvidó el tema y le invitó a cenar.

Pero algo se había roto. La feliz bohemia madrileña le había mostrado una oscura faceta de sí mismo, considerada abominable. El novelista habla de «descalabro moral», pienso que no tanto por la naturaleza del incidente, a todas luces menor, como por el matiz inculpatorio que tuvo para él y las posibles reacciones de sus amigos. Pero en definitiva aquello no era una novedad: lo había temido desde final del bachillerato, cuando las muchachas le sumían en la indiferencia. ¿Por qué, si no, se había refugiado como un poseso en la literatura? Sí... eso era. Sólo que ahora bastaban unas copas para arrojarlo en brazos de otro hombre. Se sentía perdido, confuso, humillado; le irritaba que aquel episodio hubiera acaecido al margen de su voluntad o, como él dice, «de una manera simple, irremediable, castigo absurdo o broma cruel del destino». Y esta sensación de impotencia, de hallarse a merced de un indeseable Mr. Hyde, le hacía sentirse doblemente vulnerable. Según él, ese intruso burlón había aprovechado el alcohol para salir a la luz, para desarrollar «una conducta impropia que yo mismo, dueño de mi lucidez y facultades, condenaba sin paliativos». El fantasma del abuelo Ricardo, el caso de Germán Schroder y, sobre todo, la condena eterna de su propio padre resurgieron con fuerza arrasadora. En otra página de *Juegos de manos*, un personaje se despierta agitado en plena noche:

> Estúpidamente se llevó a los labios el vaso de leche que le había subido la portera aquella mañana y comenzó a beberlo a pequeños sorbos, aunque no tenía sed. Eran minutos de torpor, de pesadez, de embrutecimiento, y él mismo lo sabía. «Se está decidiendo algo importante», pensaba. «Ha ocurrido algo y no sé qué es.» Vinieron a su memoria imágenes del pasado, recuerdos infantiles de su abuelo.

En adelante, pensó, iba a evitar aquellas situaciones que pudieran ponerle en evidencia.

Por alguna razón el episodio con Lucho llegó a oídos de otros compañeros, pero Juan insiste en que el colombiano jamás sacó el tema en público y mantuvo intactas sus muestras de camaradería. De hecho, siguieron yendo en pandilla a las zonas pecaminosas de la ciudad. En una de aquellas incursiones, Juan y media docena de colombianos se encerraron en un bar de alterne; durante un buen rato bebieron vino, cantaron y recibieron las caricias de dos prostitutas. En *Juegos de manos* el pasaje prosigue así: «Uribe les había emborrachado a él y a tres mujeres. Celebraban la llegada de su giro. Bajo los efectos del vino, Raúl comenzó por levantar las mesas y las sillas, desnudó luego a las mujeres que corrían por el cuarto, riendo y dando chillidos, y terminó por cargar con una en cada brazo, paseando así, como un Hércules furioso, en torno a la mesa.» Es una clásica escena de burdel. Pero tiene valor en la medida en que, según *Coto vedado*, supuso la primera experiencia sexual completa de Juan Goytisolo. Espoleado por el alcohol, el escritor se lanzó torpemente en brazos de una de las rameras: bebieron, se besaron y acariciaron; después fueron a un *meublé* vecino, donde pasaron la noche. En sus memorias Juan recuerda bien aquellos instantes de nueva intimidad, «la sincopada, jadeante trabazón de los dos, el sueño ligero». En la novela *Señas de identidad*, Álvaro Mendiola evoca así su iniciación con una prostituta:

> Te desnudaste, temblando, sin atreverte a mirar su cuerpo avergonzado como estabas del tuyo propio, maravillado, al fin, al comprobar que el roce experto de sus dedos hacía de ti un hombre que, aunque con torpeza, se tendía sobre ella y, más torpemente aún, la penetraba (siempre guiado por su mano), encendidas las mejillas, rojos los pómulos, fundidos los dos hasta el placer crispado que te había devuelto a la vida tras aquellos segundos inacabables de olvido, de muerte. Recién incorporado de la cama te habías examinado en el espejo y tu reacción fue, simplemente, de asombro.
> El hondo amor que desde niño presentías, ¿era éste?

En *Coto vedado* se añade un sentimiento clave: una gran sensación de desahogo, a todas luces liberadora. Seguro de haber superado una ordalía donde su reputación viril estaba en juego, el escritor queda limpio de mancha, se diría orgulloso «de ser como los demás, de poder mirar otra vez de cara, sin sonrojarme, a Lucho y sus amigos».

Aquella primera noche cumplió, pues, el objetivo adicional de resarcirlo ante los ojos de los camaradas. Curiosamente, no fue el suyo un caso aislado en aquella España de virilidad ostentosa y comparativa; pero Juan sentía sobre él el peso de una doble urgencia. Por eso, aunque ya no tuviera la necesidad perentoria de probar nada a nadie, siguió frecuentando por un tiempo los prostíbulos de Echegaray y San Marcos, atraído más por el ambiente que por el sexo mismo. Frente al impecable paisaje burgués de las Tres Torres, «la imagen brutal, sin artificio, de la sociedad descompuesta y en ruinas en la que diariamente sobrevivía el pueblo llano de la capital» se reflejaba en aquellos burdeles que daban calor y refugio. Las continuas visitas, sin embargo, fueron minando su economía. El dinero que mandaban desde casa era insuficiente y no halló argumentos para pedir más. Cuando estaba a punto de dejar su refugio, un nuevo azar acudió en su ayuda. Un día recibió la visita inesperada de Marianito Castells, recién llegado a la capital. Ambos tenían problemas: Juan, de dinero, y Mariano, con su familia, a causa de una novia andaluza llamada Luisa que no era del agrado de sus padres. Mariano acababa de instalarse en el apartamento de ella, junto al parque del Retiro, y le comentó que disponía de habitaciones libres. Así fue como en invierno de 1953 Juan Goytisolo abandonó Argüelles, tras convencerse de que en una casa particular tendría libertad para descansar y volver a escribir.

Pero fue un error. Instalado en el confortable apartamento de Luisa, pasaba las horas discutiendo con Mariano de literatura o invitando a sus compañeros colombianos a alguna fiesta con baile, música y alcohol. Mucho de ese ambiente quedó descrito en *Juegos de manos*, donde un grupo de jóvenes de familia acomodada dilapidan su juventud en el Madrid de la inmediata posguerra. Incluso se ven envueltos en un crimen, que hace exclamar a la dueña de un bar: «Hay gente que lo hace por necesidad, pero esos señoritos...» Y acto seguido: «Dicen que eran de buena familia y habían venido aquí a estudiar. A estudiar qué, me digo yo. Nunca hacen nada, se levantan a media mañana...» Pese a haberse iniciado al fin en la mala vida, debo decir que Goytisolo seguía mostrándose algo cohibido en relación con Castells. Más que un crápula, el novelista seguía siendo un observador que se implicaba de tarde en tarde. ¿Acaso el recuerdo de Barcelona le forzaba a vivir un poco por delegación? Así parece indicarlo este comentario de Luisa a Mariano: «Juan vive a través de ti», idea similar a la que en su día le dijo a Mariano otra de sus amantes, una morena alta que fue Miss Tarrasa: «Este amigo tuyo vive de tu reflejo. Siempre te está mirando.» Aquellas mujeres habían dado en el clavo. Vivir o contemplar cómo viven los demás es el destino del escritor.

La estancia madrileña tocaba a su fin. Ni siquiera la inestimable ayuda del primo notario, Juan Berchmans Vallet, había impedido el descalabro financiero del negocio paterno; así que se hizo superfluo seguir en la capital. ¿Qué pensó Juan ante la perspectiva agridulce de marchar? En *Coto vedado* escribe que la idea «me deprimía». En *Juegos de manos* el personaje de Raúl se mueve a su vez entre emociones contradictorias. De un lado, sabe que le bastará volver para que todo sea igual que antes; del otro, reconoce que «una parte de sí mismo se negaba a admitir la realidad del regreso». Al llegar ante el chalet familiar, le invade una abierta sensación de rechazo:

Al detenerse frente a la casa cayó la venda de sus ojos. Había luz en la salita, la radio funcionaba. Permaneció inmóvil junto a la verja, pero no pudo decidirse a entrar. La casa le daba la impresión de haberse encogido, ahogada entre los edificios recién construidos. Se aproximó furtivamente a la ventana y, como un mirón, dirigió una ojeada al interior. Su padre estaba de pie frente a la ventana y, amparado en la oscuridad, tuvo ocasión de contemplarle del mismo modo que lo hubiera hecho un desconocido: magro, arrugado, era más bajo de lo que siempre había supuesto: también él parecía haber cambiado, como si durante su ausencia lo hubieran sustituido. El abuelo leía el periódico en el sillón y su hermana hojeaba antiguas fotografías. *Han cambiado. La ciudad, el ambiente, la familia, me son desconocidos. No puedo volver a esa casa: no es la mía.* Y a través del vidrio habían llegado a sus oídos fragmentos de conversaciones, voces antiguas.

Ésta es su casa. En Madrid quedaban Faulkner, los burdeles, la miseria, la bebida, los amigos... Y el extraño Mr. Hyde.

UN ABOGADO «SUI GENERIS»

Aunque Juan Goytisolo no fue feliz volviendo a Pablo Alcover, intuyó que era el único modo de retomar la escritura, tarea que había abandonado en Madrid a causa de sus andanzas bohemias. Esas andanzas, además, le habían permitido acumular experiencias dignas de ser contadas, historias verdaderas nacidas en un contexto tan vivo como sórdido y siniestro. Nadie sabía aún que ya no era un «maldito» de salón ni el joven que sobrevivía de reflejos ajenos: en Madrid había bebido la vida canalla e iba a escribir sobre ella.

Al llegar a Barcelona, en primavera de 1953, Juan pudo ver algunas novedades: su hermana Marta tenía un novio del que estaba profundamente enamorada; Luis había pasado del bachillerato a la universidad, donde cursaba estudios de Derecho, y Pepe daba los últimos retoques al poemario escrito en Menorca con idea de presentarlo al premio Adonais. Desde hacía un año, trabajaba también como asesor jurídico de AGUASBAR: una empresa privada, filial de la Compañía de Aguas de Barcelona. Pero pese a ganar un sueldo, continuó residiendo en la casa familiar; incluso Eulalia seguía despertándole muy temprano, con sigilo, anclada aún a los tiempos del colegio. En este poema José Agustín la recuerda:

> Tenía la custodia de su sueño.
> Andaba de puntillas hasta el cuarto
> y decía muy quedo: el desayuno.
> Ángel con bata a rayas de criada
> cocinaba y limpiaba y perseguía
> el polvo y sus arañas y el desorden
> de toda la familia; el padre enfermo
> y cuatro hermanos: toda su pasión.

Eulalia, «el ángel con bata a rayas», estaba contenta. Quince años ya en la casa, pensó, quién iba a decirlo: quince años de momentos difíciles, de escasas alegrías, pero había valido la pena: el señor era honrado, los hijos, buenos chicos. Habían crecido como soñara la difunta señora Julia: estudiaban Leyes, tenían amigos, e incluso el señorito Pepe había encontrado un buen trabajo. Sólo les faltaba buscar una novia educada, discreta, decente, una madre para traer hijos al mundo. En realidad, Pepe ya la tenía: una joven morena, la hermana del señorito Luis Carandell, que a veces iba a visitarles.

Desde hacía poco José Agustín salía oficialmente con María Asunción Carandell, a quien había conocido en casa de su gran amigo de bachillerato diez años atrás. En aquel entonces los Carandell tenían por costumbre organizar fiestas y guateques, así como representaciones en un pequeño teatro de la gran casa familiar, y en una de ellas Pepe quedó prendado de una jovencita de trece años –esbelta, morena, con trenzas– que él mismo define como «la chica más bonita que había visto jamás». Pero en contraste con las otras hermanas, Asunción, «Ton», era muy poco partidaria de la vida social; tampoco tocaba el arpa o el violín, como imponían las normas de una clase emergente que trataba de emular los modos señoriales de la vieja burguesía europea. Asunción era algo arisca, solitaria, de trato imprevisible. Cuentan que le molestaban las continuas celebraciones de su familia, razón por la que era considerada «rara», e incluso «un poco loca». Buena parte de su inadaptación era fruto de la actitud de los padres: personas de origen muy modesto que habían hecho fortuna con el triunfo del general Franco. Es obvio que los Carandell mejoraron su *status* de forma espectacular tras la Guerra Civil, hasta disponer a mediados de los cuarenta de una posición privilegiada. Pero en el fondo seguían siendo gente sencilla, de origen rural, que según su hija «hacían el ridículo dando fiestas multitudinarias con camareros de uniforme». Esta idea le pesaba a la joven más que la otra, la de una familia abierta, hospitalaria, que dedicó los tiempos de esplendor a recibir a los amigos y siempre fue generosa con los que llamaron a la puerta de aquella gran casa de la calle Provenza. Allí reinaba un ambiente humano diametralmente opuesto al de Pablo Alcover.

El poeta se había enamorado, pues, de una niña rica que detestaba ser «como un objeto de admiración o de codicia», lo cual la hizo desdichada durante toda su adolescencia. Luego pasaron los años, y esa muchacha se había convertido en su novia. La época, no obstante, les impedía expresarse plenamente en el amor. Pero ¿y entretanto? Si atendemos al testimonio de Luis Goytisolo, su hermano Pepe alternó aventuras amorosas con noviazgo y boda convencionales, algo muy común dada la represión general. Más interesante parece la dualidad entera del personaje, tal como lo presenta el novelista en *Estatua con palomas;* porque del mismo modo que su infancia y pubertad habían transcurrido entre los amigos del colegio y los del barrio, ahora Pepe repartía esfuerzos entre su trabajo de abogado y la poesía, entre Asunción y las aventuras ocasionales, entre el rechazo verbal al franquismo y el lucimiento regular del carnet que le acreditaba como alférez de complemento. En suma, «la contradicción convertida en regla».

Pienso que el comentario de Luis es fruto de su descontento hacia un hermano que continuaba extralimitándose en sus funciones. Pero ¿acaso no era el mayor, abogado, oficial del ejército, e incluso poeta? Sí. Al fin se había hecho lo suficientemente fuerte y, sobre todo, digno ante los ojos del padre para reclamar todos sus derechos. Por ello, desde su regreso de Madrid ejercía como el rey que siempre había deseado ser. Por desgracia, su temperamento solar no casaba con el temple discreto y pacífico de los otros hermanos. Éstos recuerdan que Pepe hervía en ideas que deseaba llevar a cabo a toda costa: planeaba, reestructuraba, discutía, alterando el orden sosegado de la casa de Tres Torres. El trato con los estudiantes de Madrid le había hecho, si cabe, más atrevido, y esa audacia se reflejó pronto en nuevas propuestas domésticas así como en actuaciones de dudoso acierto.

Dice Luis: «Como si el alejamiento físico le invistiera de cierta autoridad, la relación de triunfos propios, cuando volvía por casa, iba estrechamente ligada a su voluntad de entrometerse en todo y mangonearlo todo, los hábitos de la familia, los novios de Marta, la conveniencia de que también yo estudiase Derecho.» Si los primeros textos de Juan le inspiraron una actitud claramente despectiva, ahora, con la misma «autoridad», estaba inmiscuyéndose en la vida del hermano menor. Cuando descubrió, por ejemplo, que Luis gustaba de saborear una faria o un pequeño puro canario después de comer, olvidó que su hermano era ya universitario y le preguntó con disgusto qué hacía a su edad fumando puritos «como tío Leopoldo»; otro tanto ocurrió cuando, inquieto, quiso saber por qué Luisito deseaba estudiar Náutica además de Derecho, que eran los proyectos de un muchacho todavía inmerso en sueños conradianos.

Llevado por el mismo afán de renovación, Pepe decidió limpiar la casa de Pablo Alcover, «llena de cochambre», por usar su veredicto inapelable. Escribe Luis que en los meses que siguieron «ordenó retirar algunos pesados muebles de caoba y chicaranda, que él consideraba armatostes, y sustituir los elementos del cuarto de baño, dignos de un anticuario, por sanitarios, grifería y azulejos propios de un apartamento de la costa». Paralelamente, introdujo los nuevos electrodomésticos que empezaban a llegar al mercado, como nevera o lavadora, haciendo que la casa cobrara otro aire: ese rostro un tanto anacrónico que adquieren los edificios viejos cuando se remozan aquí o allá en un intento desesperado por devolverles la perdida juventud.

Ahora bien, ¿podemos censurarle por ello? Si nos trasladamos al primer tercio de la década de los cincuenta, la fiebre reformista de José Agustín cae dentro de la más absoluta normalidad. Es más, se inscribe de lleno en un deseo de incorporar al reino familiar los avances y comodidades del mercado. ¿Cuántas casas de la época se vieron así dañadas o mejoradas a partes iguales por similares iniciativas? Pienso que había una necesidad generacional de olvidar cuanto antes los rigores de la posguerra, perpetuados a diario por una estética singularmente mórbida, triste, caduca. No. Pepe Goytisolo no comulgaba con aquellos viejos muebles, testigos de su infancia dolorosa. Y el acto de «lavar el rostro a la casa familiar» pudo ser el modo más acorde a su temperamento para combatir una atmósfera que calaba cada vez más hondo en el ánimo de todos.

A PROPÓSITO DE «LAYE»

A principios de los cincuenta la España de Franco comenzó lentamente a cambiar: el Régimen había recibido el espaldarazo internacional con el Congreso Eucarístico de Barcelona, hubo también el reconocimiento por parte de la ONU y se firmaron los primeros acuerdos con los Estados Unidos. Era la época de *Bienvenido, Mr. Marshall*, donde las gloriosas rutas imperiales daban paso a carreteras de tercera que traían el capital extranjero. Pero no todos los españoles estaban conformes. Los hermanos Goytisolo veían aún una sociedad hipnotizada con espectáculos taurinos, partidos de fútbol, cupletistas y seriales radiofónicos. ¿Era ésa la ansiada libertad? Fue entonces cuando intensificaron su trato con antiguos compañeros de Derecho, que se reunían en el bar Boliche, situado en el Paseo de Gracia. En aquel local con trazas de viejo café venía celebrándose desde 1950 una tertulia en la que participaban jóvenes poetas e intelectuales como Carlos Barral, Jaime Gil de Biedma, los hermanos Ferrater, Jaime Ferrán, Enrique Badosa, Alberto Oliart, José María Castellet y Manuel Sacristán Luzón. Aunque este último no era del agrado de algunos por su cercano pasado falangista, Sacristán parecía haber experimentado una asombrosa metamorfosis ideológica a su regreso de Alemania: ahora era marxista. Pese a ello, mantenía buenas relaciones con sus antiguos camaradas del SEU y desde esta posición aconsejó a los tertulianos del Boliche colaborar en *Laye:* una revista que dependía de la Delegación Nacional del Movimiento y por tanto no estaba sujeta a los rigores de la censura. Entre 1951 y 1953 los poetas se dedicaron así a preparar una estrategia que les diera fuerza dentro de la revista y convertirla, como escribe Carmen Riera, «en la plataforma ideológica y poética del grupo», algo impensable antes de las protestas populares de 1951.

El auge de *Laye* coincidió en el tiempo con las estancias de Pepe y Juan Goytisolo en Madrid. No vivieron, pues, su época dorada, cuando, como escribe este último, empezó a ser «un espacio de discusión en el que con las precauciones de rigor, se podía criticar en términos cada vez más claros el estancamiento, indigencia y opresión de la vida cultural española». En *Laye* se respiraba además un aire vivificante: en sus páginas convivían análisis sobre la obra de Heidegger o Jaspers, por ejemplo, con traducciones de la poesía de Eliot al catalán o estudios sobre Rilke, Joyce, Sartre, Simone de Beauvoir y Alain Robbe-Grillet. Era una revista laica, liberal, de cuño europeo, avanzadísima para la España de la época.

Pero muy pronto aquellos jóvenes del Boliche arreciaron sus críticas a la política cultural del Régimen, y junto a artículos enjundiosos sobre literatura, deslizaron notas despiadadas contra los genios entronizados por la prensa franquista. En seguida, los periódicos madrileños alzaron sus voces condenatorias, de modo que para cuando los Goytisolo se acercaron a ella, *Laye* estaba ya herida de muerte, acosada por los representantes de la cultura oficial que exigían su inmediata suspensión. Artículos como «Los cuervos no nos sacarán los ojos», publicado en un diario de Falange, expresaban el sentimiento hostil de una prensa que se sentía traicionada por aquellos *angry young men*, que aborrecían las reglas impuestas por los vencedores de la guerra.

Aún hubo tiempo para que José Agustín publicara en *Laye* un ensayo sobre la poesía de Huidobro y Juan hiciera lo propio con una crítica a las novelas de Guido Piovene. Pero a raíz de un artículo de Enrique Badosa sobre Miguel Hernández se produjo la suspensión definitiva, lo que impidió que se publicara, entre otros, un relato breve de Luis Goytisolo, «Las monedas», que había sorprendido gratamente al crítico Castellet. Una vez más las autoridades habían impuesto su ley. Y ante la imposibilidad no sólo de exponer las causas del cierre sino siquiera de mencionar el hecho, como escribe Juan, «los redactores se las ingeniarían para trazar en la portada una larga franja mortuoria, con la sabrosa cita de Garcilaso: «Sufriendo aquello que decir no puedo.» Corría el año 1954. Pero la verdadera libertad seguía siendo un espejismo.

ENTRE CASTELLET Y «LA CHANSON»

En lo literario, la personalidad más infuyente de *Laye* fue José María Castellet: figura muy respetada allí por sus criterios y su sólida formación intelectual. Parte de su prestigio se remontaba a 1949, cuando publicó un atrevido artículo sobre *El segundo sexo* de Simone de Beauvoir. Luego, el hallazgo de obras como *¿Qué es la literatura?*, de Jean-Paul Sartre, o textos fundamentales como *L'Âge du roman américain*, de Claude-Edmonde Magny, le impulsaron a rechazar abiertamente la literatura burguesa en favor de obras comprometidas. Castellet se convirtió así en el crítico más avanzado del país, el más europeo e izquierdista, y como tal contemplaba los postulados estéticos e ideológicos como un todo. Pronto su influencia se dejó sentir sobre aquellos jóvenes que anhelaban escribir en libertad.

Uno de ellos era Juan Goytisolo, que había retomado la escritura y estaba concluyendo «con apresuramiento juvenil» la versión definitiva de *Juegos de manos*. Aunque la novela mantenía las viejas influencias de Gide y de otros autores franceses, Juan había escuchado a Castellet, había leído sus artículos, y el doble descubrimiento de la política y el «objetivismo» castelletiano supuso para él la novedad intelectual más estimulante de los primeros cincuenta. Goytisolo, además, conocía el Madrid de las gentes humilladas, un mundo capaz de inspirarle algunas páginas próximas a esa narrativa comprometida que pregonaba el crítico. Era lógico que trabajara en esa dirección, seguro de marchar por buen camino. Con el tiempo, sin embargo, el propio novelista censuraría el exceso de «realismo crítico» que lastró no sólo su obra sino la de otros autores jóvenes, que como boas «nos tragábamos los bueyes procesionales de la recién descubierta estética marxista y permanecíamos quietos, pasivos, abotargados, eructando la enorme y amazacotada presa hasta su eventual deglución». Evidentemente es un autojuicio muy severo. En el fondo, el fenómeno que denuncia fue inevitable, porque al dar los primeros pasos literarios esos jóvenes descubrieron alrededor el yermo cultural en el que vivían. ¿Cómo no abrazar entonces un cuerpo doctrinal cuya solidez llenaba aquel vacío, brindándoles por el mismo precio eso que Goytisolo llama «una teoría explicativa de nuestro atraso»?

Este descubrimiento coincide con otro de gran carga sentimental. Recuerda Juan que, a medida que avanzaba en la escritura, se hizo más imperioso su deseo de abrirse al exterior, dejar el nido, ir a Francia. Consciente de sus limitaciones idiomáticas, contactó con un antiguo compañero que vivía en una casa de la calle Ganduxer para recibir de él algunas clases de francés. En aquel sitio Goytisolo escuchó por primera vez las canciones de Edith Piaf o Brassens, y como tantos otros quedó prendado por la canción francesa, a la que Gil de Biedma llama en poema memorable «rosa de lo sórdido». Gracias a ella, comprendieron que Europa también salía de una guerra, se alzaba penosamente de sus ruinas... Y en aquel clima de miedo y esperanzas, la canción francesa era como un himno rebelde, entre canalla y nostálgico. Ninguno de los escritores de entonces, ninguno de los jóvenes cultos de aquella Barcelona, permaneció ajeno a la irrupción de una música que evocaba paseos solitarios, noches vacías, amores fugaces. Impactado por ella, Juan Goytisolo se esforzó en aprender sus letras, y en poco tiempo el antiguo devoto de Gide –lector ahora de Sartre– canturreaba *La vie en rose* durante sus paseos por la ciudad. Este proceso de «afrancesamiento» respondía en parte a su deseo de escapar a París: un sueño acariciado desde la adolescencia, herencia probable de los relatos viajeros de tío Leopoldo. Pero a falta del verdadero viaje, el escritor seguía recorriendo los parajes culturales y musicales de Francia. Asegura que en la fase final de la escritura de *Juegos de manos* sólo leyó en francés, sin importarle nada de lo que se hiciera o se hubiese hecho en catalán o castellano. Culturalmente, por tanto, se había exiliado. Y aunque permaneció en España durante dos o tres años más, su formación intelectual se produjo fuera de nuestras fronteras, en el territorio vivísimo de las páginas de Proust o Stendhal, que eran ahora sus nuevas divinidades.

UN ÁNGEL EN EL BURDEL

Aunque el país parecía iniciar un tímido despegue social, los asuntos de la carne eran aún tema tabú. Por eso, las «nenas» de Sarrià que frecuentaba Luis Goytisolo carecían, como él dice, «de la más elemental información relativa al sexo». Al igual que sus hermanas mayores, habían sido educadas en el principio de que debían llegar vírgenes al matrimonio, así que a los jóvenes no les quedaba otra opción que «estrenarse» en el Barrio Chino, donde mal que bien solían adquirir experiencia erótica, o en palabras de Carmen Martín Gaite, «licenciarse de forma perentoria y bastante barata en la asignatura de hombre vivido». A los diecisiete años, pues, Luis dio por llegada la hora de su propia iniciación y decidió hacerlo con una prostituta, pese a que el hecho de pagar por una relación sexual se le antojaba humillante, «y no precisamente para ella, sino para mí». En *Estatua con palomas* sitúa el episodio a los pocos días de terminar el bachillerato, tras su ruptura con una tal Blanca, una tarde especialmente calurosa de principios de verano. La figura de Blanca aparece varias veces en el libro, donde se llega a afirmar que fue la chica que más le atrajo en la adolescencia; se dice también que era una muchacha algo mayor, y según parece Luisito estuvo fascinado por ella a lo largo de seis años, es decir, durante todo el bachillerato. Al principio Blanca fue poco más que una esfinge, «una imagen incapaz de darme otra respuesta que el rebote de las cualidades que yo mismo quisiera atribuirle», prueba de que el chico no había crecido aún lo suficiente para ser tomado en consideración. Esta idea resurge también en *Este-*

la del fuego que se aleja, donde el protagonista A reencuentra inesperadamente durante una excursión a Isabel, una chica del barrio, que A debía contentarse siempre con admirar a distancia, separado de ella por el abismo de la edad. Pero el descubrimiento de Blanca, belleza inasequible, es crucial porque coincide aproximadamente con sus primeros escritos. Así lo declara en *Estatua con palomas*:

... el sentimiento que me poseía al pensar en Blanca, un sentimiento que más que un placer era una fiebre, se asemejaba en muchos aspectos, por lo que tenía de compulsivo, al que me poseía en mis primeros intentos literarios. Mas aún: si los perfiles de una y otra experiencia se confunden desde sus orígenes es porque las raíces de ambos impulsos se pierden en las sombras de la conciencia, sin que tenga mucho sentido precisar cuál precede a cuál, siendo como son uno y otro, aunque entonces no lo viera así, expresiones de una misma realidad profunda.

Sólo que si Blanca era inalcanzable, la escritura de sus primeros textos —novelitas, poemas en prosa o relatos— le dejaba medianamente satisfecho, porque con la pluma podía conseguir que las cosas sucedieran según su voluntad.

Con el tiempo, el abismo entre los dos jóvenes se redujo lo bastante para que Luis Goytisolo lograra llamar su atención. Hubo una temporada en que salieron en varias ocasiones, preferentemente a pasear los domingos por las proximidades del monasterio de Pedralbes y por el Club Vasconia: un centro del mismo barrio, provisto de un frontón, un bar y un jardín boscoso donde se perdían los más osados. En alguna parte de su obra, el novelista escribe que a veces eran seguidos a distancia por una hermana de Blanca, una tal Cristina, quien me informó a su vez de que bajo el nombre de la primera se oculta en realidad Isabel, la mayor de las Navarro, familia muy conocida en Sarrià. Pese al vínculo agradable entre Isabel y Luis, él mismo sugiere que sus relaciones estaban condenadas al fracaso, y de hecho se interrumpieron a las pocas semanas cuando ella dio preferencia en una verbena en casa de Jorge Herralde a un chico mayor que él, que había llegado a lomos de una motocicleta. ¿De qué le servía entonces curtirse como jinete junto a su gran amigo, el anfitrión? De nada. Lo interesante es que ese revés, sufrido en el momento en que quizá acariciaba la idea de poder conquistar a Isabel, no le derrumbó en absoluto. Todo lo contrario. Como primera medida decidió salir con su hermana, Marta Navarro, una muchacha igualmente atractiva y cuya serena imagen botticelliana era el vivo contraste de la otra, con un aire a lo Hedy Lamarr. Sin embargo, el recuerdo de Isabel se impuso entre ellos y lo de Marta fue un episodio muy breve. La segunda medida fue, como he dicho, iniciarse sexualmente en el Barrio Chino. En *Estatua con palomas* lo expresa así:

> Otra consecuencia directa de mi ruptura con Blanca fue la determinación de dejar de ser, aunque sólo fuese ante mis propios ojos un *crío*. La prueba de fuego, eso lo tenía yo muy claro, se centraba en mi realización sexual, una prueba de la que salí airoso en un prostíbulo con una chica de Cádiz, a la que había seleccionado tras correr repetidamente diversos locales, por más que legalmente no tuviese aún edad para hacerlo. Y lo cierto es que la conciencia de haberlo hecho me dio, tal y como esperaba, una gran seguridad en mí mismo.

A la misma edad, cinco años antes, su hermano Juan había quedado aterrado por su visita al distrito Quinto. Para Luis, en cambio, fue una constatación sobre el terreno de sus más íntimas especulaciones, también la prueba de que aquel libro de anatomía francés sustraído de un estudio de Tres Torres se ajustaba totalmente a la realidad.

Al igual que otros jóvenes burgueses, Goytisolo fue engullido por el bullicioso universo de las Ramblas. Dice:

> ... el final de mi vida escolar supuso el comienzo de un período en el que, se diría, la vitalidad reprimida durante nueve años tuvo ocasión de emplearse a fondo. Si en la época del parvulario había explorado los secretos del barrio, ahora era la ciudad entera la que estaba a mi alcance, incluidas todas las tentaciones contra las que habían intentado prevenirnos en el colegio, mundo, demonio y carne; esto es: la realidad, una realidad en la que yo me movía como pez en el agua.

Un mundo nuevo se había abierto ante sus ojos y decidió explorarlo en nuevas incursiones, acompañado por Javier, un camarada algo mayor. Como mínimo una vez por semana recorrían el *quartier* de parte a parte, donde bebían, hablaban, discutían o fornicaban en los principales prostíbulos. El propio Luis recuerda haber visitado varias veces la célebre casa La Emilia, con sus salones llenos de espejos que conducían hasta un cuarto final donde las putas aguardaban sentadas a los clientes. Precisamente allí, en aquel escenario entre Toulouse-Lautrec y Pieyre de Mandiargues, se había iniciado con Toni: la joven gaditana de facciones sensuales y poderoso exotismo; pasada la prueba, ahora volvía a ella para pedirle que se reunieran en un hotel. ¿Qué habría pensado Eulalia, la fiel sirvienta, de todo aquello? ¿Imaginaba que aquel muchacho con rostro de ángel iba ya con mujerzuelas? La verdad es que gracias a una «mujerzuela» como Toni, Luis aprendió a entender el sexo «como una especie de abismo de cuyo fondo sólo se emerge tras una momentánea disolución de la individualidad». Este hallazgo fue decisivo no sólo entonces sino después, porque según el escritor sólo volvería a alcanzarlo con contadas mujeres. Parece claro que la gaditana era una amante especial, cuyos abrazos le descubrieron que la clave no reside en la localización física del placer, «sino en las fantasías personales desarrolladas conforme a un modelo previamente adoptado». Esta idea temprana de la dudosa validez de cualquier teoría sobre sexualidad femenina acaso pueda explicar el comportamiento erótico de muchos personajes goytisolianos, desde el ciclo *Antagonía* hasta obras tan recientes como *Placer licuante*. Pese a que su relación con Toni concluyó al no poder extender sus encuentros a otros ámbitos de la vida, la experiencia fue sumamente útil. La atracción que las mujeres ejercían sobre Luisito desde la infancia, atracción que no era sólo curiosidad, sino «una necesidad netamente física de ellas», se saciaba ahora en los primeros cuerpos. Por ello vivió los últimos años de adolescencia inmerso gradualmente en el sexo, obsesionado por el conocimiento, mejor aún, «funcionamiento» de la sexualidad femenina, cuyo estudio «relegó a un segundo plano cualquier otra cuestión».

Claro que las mujeres resultaban ser fuente inagotable de sorpresas... Como aquellas dos hermanas, Julia y Mary, manicura y peluquera, respectivamente, que su amigo Javier llevó un día a Torrentbó. Escribe en *Estatua*:

> Javier sabía que, aun sin entusiasmarme, mis preferencias se inclinaban por Julia, y así, a media tarde, mientras él se retiraba con Mary, yo propuse a la hermana darnos un paseo. La conduje junto a una fuente y allí la tomé en mis brazos con la mayor delicadeza posible. Al desabrocharle la blusa y soltar el sujetador, ella empezó a gemir, como próxima a un irreprimible orgasmo. En esa creencia, arrecié en mis caricias mientras la desnudaba también de cintura para abajo, hasta advertir que aquello, más que un orgasmo, era un ataque

de nervios, si no de epilepsia. Procuré calmarla, tranquilizarla, hacerla volver en sí, en tanto que por un instante vislumbré al viejo Domingo, un aparcero de la finca al que antes había visto trabajando en las proximidades, contemplándonos ahora semioculto tras un matojo, en silencio, luciendo una sonrisa de regocijo de oreja a oreja.

Pero, como él dice: «Incluso una experiencia poco grata, no por penosa perdía su condición de experiencia.»

TRES PASIONES

A las puertas de la universidad, Luis Goytisolo se adentró a conciencia en dos ámbitos que ha frecuentado hasta nuestros días: el amor femenino y la escritura. Pero también empezó los primeros viajes en solitario, lejos de los escenarios habituales. A diferencia de sus hermanos mayores, que sólo abandonaban la provincia de Barcelona por motivos de peso –servicio militar, estudios, negocios paternos–, él desarrolló una muy temprana afición por el placer del viaje mismo. Cuentan en familia que era capaz de tomar un tren y marchar fuera de la provincia, de Cataluña incluso. Viajaba al Levante, al interior, al Norte, zonas de una España rural y sempiterna, anclada aún en el pasado. Más tarde, alguno de esos viajes obedecería a necesidades académicas, como los cursos de verano de la Universidad de Santander. Fue a principios de los cincuenta. Y también allí hubo lugar para el amor. Como escribe en *Estatua con palomas*:

... en cuanto conocí a Lola, una chica de Santander también algunos años mayor que yo, que asistía a los cursos en calidad de simple oyente, me olvidé de las demás. Solía ir acompañada de una tía de cabellos blancos y de un primo jorobado, también de cierta edad, que la esperaban amablemente en cualquier rincón del ámbito del Palacio de la Magdalena cada vez que yo invitaba a Lola a tomar algo. Fue en el curso de una de nuestras charlas ante una cerveza cuando, aparte de enterarme de que tenía un novio médico en Bilbao que acudía a verla cada fin de semana, advertí que mi interés por ella era abiertamente correspondido. Pero, ¿qué hacer, escoltada siempre como iba por la tía de cabellos blancos y el primo jorobado? Recuerdo mi última oportunidad, ya hacia finales de curso: estábamos tendidos en el césped del parque, aislados por la niebla entre los pinos. Por aquí, Ramón, me parece que es por aquí, oí de pronto decir a la tía, mientras su silueta y la del jorobado surgían de la niebla a escasa distancia. No nos vieron; ni tan siquiera podían saber que estábamos allí. Su mera proximidad, no obstante, me hizo desistir de ir todo lo lejos que hubiera deseado.

Frustración. El clásico caso de relaciones eróticas deseadas por ambas partes, aunque no consumadas a tiempo. Futuras asignaturas pendientes de toda una generación. Pero Luis aprendió así que, en tales materias, la dificultad actúa de acicate. Antes de alcanzar la mayoría de edad, el escritor ya había puesto los tres pilares sobre los que iba a edificar su vida: Mujeres, Libros, Viajes. Su existencia iba a estar investida de una coherencia temprana, una fidelidad sin sombras hacia esa deliciosa trinidad.

PLANES Y PASEOS

Juan Goytisolo aprovechó los últimos meses de 1953 para conocer a fondo su ciudad. Ya hemos dicho que la breve etapa madrileña había sido muy fecunda, ampliando la limitación y estrechez de sus perspectivas. Pero ahora prolongaba esa aventura en la propia Barcelona, lejos de un marco burgués que él define como «un mundo compacto y bien estructurado al que los marginados y extraños no tenían acceso». Esta nueva incursión por los suburbios le concienció en lo político definitivamente. En su caso, además, había un elemento adicional de gran empuje: el rencor, un resentimiento hacia la clase acomodada cuya decadencia creía ver en el declive de su propia familia. En el plano económico este declive se había precipitado a causa de las malas artes de los últimos socios de su padre, quienes bajo el honorable aspecto de burgueses católicos no eran más que vulgares estafadores. El hijo comprendió entonces que el triunfo de los nacionales en 1939 no sólo había impuesto un sistema ultraconservador, autoritario y clerical en España, sino que estaba creando una sociedad hipócrita donde germinaban lo que él llama «los peores instintos de despojo y rapacidad». Si Juan había sido un precoz agnóstico, a raíz de su trato con educadores religiosos, estaba convirtiéndose en un furioso «antiburgués», porque la burguesía era el gran aliado de la Iglesia que detestaba. Bajo la protección del Caudillo, ambas ejercían un control estricto sobre las masas trabajadoras, las clases humildes, los desfavorecidos. Cualquiera podía verlo: bastaba salir a la calle y abrir los ojos. A diferencia de su hermano Pepe, sin embargo, Juan Goytisolo tuvo hasta la década de los cincuenta muy escasa relación con esa calle. Encerrado en su adolescencia solitaria, la miseria de los suburbios le había sido desconocida, irreal, «estampas fugitivas, casi oníricas de barracas de madera y latón» vislumbradas desde la ventanilla del tren que le llevaba a Torrentbó.

Pero desde su estancia en Madrid, esa visión de la miseria fugaz – niños mocosos y descalzos, mujeres preñadas y harapientas, suciedad, hacinamiento– ya no es sólo el fogonazo intermitente en la ventanilla de un tren. Están ahí, en su propia ciudad, y el escritor se ha vuelto lo bastante intrépido para ir en su busca. Pronto descubre que la zona de miseria absoluta –los campos llenos de chabolas– le quedan demasiado lejos. ¿Cómo ir? No hay tranvías ni apeaderos, no hay nada: sólo eriales perdidos que conducen a un paisaje habitual en los países tercermundistas, pero que entonces estaban a la vuelta de la esquina: nuestra esquina. A falta de medio de transporte, Goytisolo fue adentrándose en zonas mestizas, lugares de una miseria relativa donde quedaba un resto de dignidad y vida hervía en toda su fuerza y rumor de termitero. Acceder a ellas era mucho más fácil: sólo había que tomar el tranvía 64 en dirección al mar. Atrás quedaban los barrios altos, el mesocrático Ensanche, y luego la ciudad abría sus intestinos hacia la parte baja de las Ramblas, allá en el puerto. El viaje resultaba menos pavoroso que una visita a las chabolas del Campo de la Bota, más humano. Por eso, el escritor se impuso recorrer los barrios portuarios en busca de ese aliciente intelectual y vital «que no me procuraban las áreas insípidas en las que sexo e imaginación desmedraban». Sin saberlo estaba esbozando ya el esquema de los dos mundos en los que habría de transcurrir su vida: el ambiente burgués, sin sexo ni imaginación, y el ámbito marginal, el submundo, en el que buscaba paradójicamente «aliciente intelectual». Este aliciente era para él aquella forma de vida popular, siempre verdadera y cambiante.

Pero, al margen de sus escaramuzas urbanas, Juan Goytisolo no había olvidado su plan de marchar a París a finales de año. Concluida la versión final de *Juegos de manos*, decidió presentarla al premio Nadal, y aquel septiembre de 1953 lo empleó en corregir las copias mecanografiadas del texto. También estuvo cumplimentando los trámites para la obtención del pasaporte, algo que había dejado de ser utópico para la mayoría de españoles para convertirse «sólo» en un latosísimo engorro. En *Señas de identidad* Álvaro recuerda aquellos obstáculos insalvables de la posguerra: «... solicitaciones denegadas, visados remotos, largas e inútiles colas ante funcionarios pétreos con rostro de inquisidores (salvoconductos, certificados, avales, permisos, sellos, timbres móviles reclamados hasta lo infinito como en una demencial y burlesca escena de *El Cónsul* de Menotti)». Entretanto, la marcha del hijo estaba originando cierto revuelo en la casa familiar.

En plazo breve don José María Goytisolo tuvo que encajar la desagradable noticia de que Juan no sólo había dejado definitivamente la carrera de Derecho sino que deseaba salir de España una temporada. Aunque los motivos se le escapaban, se fue resignando a lo largo de las semanas, e incluso empezó a preparar cartas de presentación a conocidos o parientes lejanos. Según el novelista, también le puso en guardia frente a los peligros de la vida parisina: «Las francesas son muy inmorales, hijo; hay que tener un temple de acero para resistirlas», sabio consejo que más que una advertencia universal pudo ser una invitación astuta para que aquel joven solitario decidiera lanzarse de una vez en brazos del amor.

Luego estaba el aspecto crematístico. La economía de Pablo Alcover dependía aún del abuelo. Hoy sabemos que fue él quien subvencionó la aventura del nieto, aunque éste obtuvo el dinero extra con la reventa de aquellas ediciones argentinas de autores franceses, que al estar prohibidas por la censura hallaron rápido comprador. Por fin, en octubre de 1953 Juan Goytisolo depositó las copias de su novela en las oficinas de la editorial Destino y luego abandonó Barcelona en dirección a París. Inútil añadir que su hermano Pepe no debió de ver con los mejores ojos aquel viaje al extranjero. Es cierto que él había vivido en Madrid algunos años, pero París era otra cosa. No importa que personalmente no le interesara demasiado, porque de nuevo «el rey de la casa» se las había ingeniado para hacer su santa voluntad. José Agustín sabía bien que París era un símbolo universal. Desde finales del XIX pintores, poetas y artistas de todo el mundo habían marchado allí atraídos por su imantación legendaria. Ahora, medio siglo después, los jóvenes de los cincuenta seguían viéndola como la meca de su mitología personal. Entre otros alicientes, la ciudad brindaba, como apunta Carmen Riera, «la posibilidad de acceder a una cultura normalizada, de tener libros sin necesidad de acudir al contrabando, de leer sin cortapisas y de gozar también de otros placeres, como los de la carne». Pero cuando Juan Goytisolo partió hacia la Ville Lumière no era el primero de su generación en hacerlo. En 1949 había ido ya el poeta Costafreda, quien a la vuelta relató a sus compañeros de tertulia las delicias de la capital francesa; en 1950 lo hizo Carlos Barral, que repetiría la experiencia en los veranos de 1952 y 1953, año en que también lo hizo José María Castellet. Otro tanto ocurrió con Jaime Gil de Biedma, que llegó a París procedente de Oxford y dedicó a la ciudad un magnífico poema que reflejaba con justeza la dicha de hallarse en una ciudad en exceso romántica. Como ellos, Juan Goytisolo marchó a un lugar largamente mitificado por la leyenda. No obstante, el escritor afirma que cruzar la frontera supuso una experiencia opresiva en vez de liberadora, una sensación que se iba a repetir durante años en sus posteriores salidas del país, generando en él un «síndrome fronterizo» cercano a la paranoia persecutoria. Quién sabe si fue debido a la dureza de aquel paisaje montañoso o a la sombría estación de Portbou: «... un lugar destartalado e inhóspito, de clima estrictamente cuartelero..., alambradas, garitas, fortines, cordón protector sanitario, miedo a infiltraciones del maquís, omnipresencia policial». En tal caso, el «síndrome fronterizo» era temor a que le vedaran la anhelada salida. El viajero no podía saber aún que en aquel mismo puesto fronterizo Walter Benjamin, el judío apátrida, se había suicidado en otoño de 1940 absorbiendo una alta dosis de morfina, ante la imposibilidad de entrar en España donde confiaba erróneamente escapar a la persecución de los nazis. Sí sabía, en cambio, que en 1939 Antonio Machado había huido de España a Francia por el mismo paso pirenaico en busca de la libertad. El trágico destino de ambos autores soñando cruzar la frontera franco-española ilustra el drama cambiante de la Europa de los fascismos. Pero aunque en 1953 Francia era de nuevo horizonte de libertades, aquel señorito de Tres Torres, que aguardaba nervioso en el andén de Portbou, no podía alegar persecución alguna. A lo sumo, un ansia de respirar.

PARÍS, POSTAL DEL CIELO

Al llegar a París, Juan acudió con una tarjeta de su padre a una dirección del Boulevard de Beauséjour, en el selecto barrio de Passy. En una de sus hermosas villas vivía desde la niñez una tía lejana, perteneciente a la familia Gil Moreno de Mora. Pero tras la visita de rigor, el escritor resolvió moverse por su cuenta. Acudió entonces a ver a Alberto Blancafort, compañero de su hermano Pepe en los jesuitas y emparentado lejanamente con los Goytisolo. Cuenta Juan que

Blancafort estudiaba composición musical en París y vivía con una joven sueca en una buhardilla del Barrio Latino. En su piano escuchó por primera vez obras de Satie, Poulenc, Milhaud o Bartók, autores que completaron la formación musical iniciada en los discos de tía Consuelo. Blancafort, además, frecuentaba un grupo de artistas catalanes afincados desde hacía años en París. Veterano en la ciudad, comprendió enseguida que el dinero del hermano de Pepe no iba a durarle mucho, y le buscó alojamiento en el Septième, donde una vieja solterona alquilaba habitaciones a los estudiantes.

Se repetía así la experiencia de la pensión madrileña, sólo que esta vez doña Sagrario se llamaba Mademoiselle De Vitto. Por lo visto, había sido cantante de ópera en su juventud y ahora habitaba un apartamento de la Rue de Varenne rodeada de recuerdos y de una legión de gatos. Escenario y personaje debieron de interesar lo bastante a Goytisolo para reconstruirlos en *Señas de identidad*, donde el joven Álvaro Mendiola habla de su patrona parisina:

> Evocaste con una sonrisa el rostro de madame de Heredia, perennemente espolvoreado de arroz, el gato negro acurrucado sobre su falda, la tertulia de alumnos reunidos alrededor del sofá isabelino. Trofeos y recuerdos de su carrera artística se confundían, nulos, allá en la sombra y una imprecisa sensación de irrealidad infectaba el ambiente como si, sustraído a las leyes de la física, el universo acolchado de la pensión bogase fuera del tiempo y el espacio.

Tanto Mademoiselle De Vitto como Madame de Heredia han hecho de su piso un refugio musical, donde languidecen en la añoranza de glorias pretéritas. En la novela, además, la mujer se enamora de un pianista *amateur*, Frédéric, que reside en un cuarto alquilado, y sueña vivir con él su último amor. Aunque los rasgos de este cincuentón elegante no son aparentemente los de Juan Goytisolo, resulta muy ilustrativo este retrato del mismo libro:

> Frédéric era demasiado tímido, la proximidad de los huéspedes le angustiaba, un respeto excesivo hacia el bello sexo, resultado de la muerte cruel y prematura de la madre, inhibía sus naturales impulsos y le enclavaba en una adoración sublimada de la mujer, inmaterial y distante. Había que tener gran tacto, desplegar mucha paciencia y dulzura para no herir su sensibilidad fina, para forzar poco a poco su pudor exquisito, para transformar imperceptiblemente aquel

amor hasta entonces etéreo en una relación física que, con femenina intuición, presentía vehemente, impetuosa y volcánica.

Pese a los esfuerzos de Madame por seducirle, el pianista acabará huyendo de la pensión, no con ella sino con su jovencísimo hijo. Es una historia muy amarga pero que describe bien el ambiente y emociones que Juan Goytisolo debió de encontrar en París.

Al margen de la pensión, el escritor iba a diario con Alberto Blancafort al desaparecido Foyer de Sainte Geneviève, donde almorzaban por unos poquísimos francos. Fue allí donde conoció al poeta catalán Palau i Fabre, un exiliado amigo de Picasso. Hijo de una familia acomodada, era un antiburgués militante y un nacionalista convencido; vivía en una buhardilla en la sublime isla de Saint-Louis y en ella escribía poemas. Amigo de Artaud, lector de Breton y Bataille, no había sucumbido como tantos otros a la politización que empezaba a contaminar la cultura europea. Era un creador libre y es obvio que causó una imborrable impresión en Goytisolo, quien escribe: «Su actitud ética, reflejada en la parvedad y adustez de la vida diaria, me llenaron de admiración.» Principalmente, lo que sedujo a Juan fue aquel desprecio de Palau i Fabre hacia el medio burgués en que había nacido, dato que le emparentaba a sus ojos con el tío abuelo bohemio, el poeta Ramón Vives; también su independencia, su deseo de libertad, que le habían llevado a preferir la existencia dura pero libre de París a aguantar un régimen como el de Franco. ¿No era una hermosa lección para aquel señorito disconforme y provinciano?

Goytisolo conoció asimismo a otros compañeros de Alberto Blancafort en locales de Saint-Germain-des-Prés, donde la fauna más variopinta se refugiaba al caer la tarde. Recuerda en particular la presencia de El Campesino, el genial y sanguinario general republicano, que, rodeado de curiosos, relataba sus hazañas al fondo del café Mabillon. ¿Qué habría dicho su padre, don José María, de haberle visto allí, escuchando el relato del mismísimo Lucifer? Desde aquel día el hijo pudo observar de cerca a figuras más o menos relevantes del exilio, comunistas de carne y hueso que pasaban las tardes en las terrazas leyendo *L'Humanité*... Y que acabaron inmortalizados en *Señas de identidad*. El propio Juan recuerda que el afán de catar el fruto prohibido le movió a asistir una noche a un mitin comunista; pero «el despliegue aparatoso de banderas y transmisión de himnos –tan parecidos a los de los actos de afirmación falangista o patriótica de mi infancia–, la estridencia de las consignas, el ritmo disciplinado de los aplausos enfriaron al punto mi entusiasmo». ¿Era ésa la nueva y libre sociedad? En el fondo, aquellas reuniones multitudinarias no estaban tan alejadas de los desfiles victoriosos de Franco que había contemplado de niño, junto a sus hermanos, desde el balcón del despacho paterno en las oficinas del Paseo de Gracia...

Ese mismo otoño Juan Goytisolo bebió la ciudad entera: frecuentó rincones donde sobrevivían los últimos existencialistas, como aquella «muchacha grave, hierática, rigurosamente vestida de negro y con la cara dibujada como una máscara que aseguraba que vivía en una cueva húmeda y con ratones e invitaba a los más osados a gozarla de noche en algún cementerio». También visitó museos y áreas monumentales así como las librerías de viejo del Barrio Latino o los *bouquinistes* de la orilla izquierda del Sena. Su hambre cultural le llevó a su vez a la pequeña filmoteca de la Rue de Messine donde pudo ver numerosos ciclos: clásicos del cine ruso, el expresionismo alemán, el primer cine francés y el reciente neorrealismo italiano. Deslumbrado por la riqueza de las ofertas, el escritor se acercó a otras manifestaciones artísticas –música o teatro–, y de aquel otoño data su descubrimiento de Arnold Schönberg y, sobre todo, del teatro contemporáneo de Beckett, Genet o Ionesco.

París hacía, pues, honor a su leyenda, y el viajero reconoce: «Nunca me había sentido tan feliz como durante aquellas semanas en las que, con el estómago a veces vacío y la cabeza llena de proyectos, caminaba durante horas para domesticar la ciudad.» Esta iniciación tenía, no obstante, un gran inconveniente: el dinero comenzó a escasear y, en lugar de plantearse un retorno inmediato a Barcelona, continuó en la capital francesa en condiciones cada vez más precarias. ¿Por qué lo hizo? Quizá por un deseo simbólico de acabar el año en París, o por aguardar a distancia el fallo del premio Nadal. En todo caso no se movió, pero ya sólo pudo permitirse una comida diaria en el atestado refectorio del Foyer de Sainte Geneviève. Comenta que a veces algún amigo le invitaba a un bocadillo, aunque la mayoría de noches iba a la cama sin cenar. Bien mirado, Juan Goytisolo podía haber obtenido algún dinero si se hubiera inscrito en la brigada estudiantil que recogía trapos y papeles viejos para un chamarilero del barrio. Pero su «tenaz señoritismo», según él, le mantuvo al margen de aquel sistema de explotación que garantizaba el mínimo sustento a muchos otros estudiantes.

La delgadez progresiva del joven no tardó en hacer sospechar a Mlle. De Vitto. Apostada en medio del pasillo, con uno de sus gatos sobre el hombro, le acosaba con toda suerte de preguntas acerca de sus amistades, becas, duración de su estancia e incluso cheques de familia. Comenzó así un período bastante desagradable para Juan, plazo que llegó a su fin cuando José María Castellet le escribió una carta desde Barcelona rogándole que le buscara alojamiento, ya que tenía previsto pasar las Navidades en París. Inmediatamente, la patrona preparó un cuarto para ese «*signor* Casteletto», de quien el huésped español hablaba excelencias para poder quitársela de encima. Y Castellet no defraudó. Alto, discreto, distinguido, causó un gran impacto en Mademoiselle, amén de dejar dinero al amigo para que pagara las semanas de alquiler atrasadas. ¡Bendito *signor* Casteletto! A cambio, Juan Goytisolo fue su cicerone, descubriéndole las primeras maravillas de la capital francesa. Pasaron juntos las Navidades de 1953. Pero el bisnieto del indiano no había olvidado su cita con el premio Nadal.

Así pues, la noche de Reyes de 1954 se refugió en la pensión junto a Castellet, armado de un viejo aparato de radio. En vano trataron de sintonizar la emisora barcelonesa que retransmitía en directo las votaciones; y cuando al fin lo consiguieron, fue para enterarse de que *Juegos de manos* –la novela favorita en las apuestas del público que asistía a la cena del premio, según el locutor– acababa de ser eliminada en la penúltima votación. Minutos más tarde el galardón sería concedido a *Siempre en capilla*, de Luisa Forrellad o, como escribirá Juan Goytisolo en sus memorias, «a un autor y una obra de importancia trascendental en el futuro de las letras hispanas».

Pese a las apuestas del público, algo había fallado en la recta final. ¿Por qué? A la semana siguiente Juan recibió sendas cartas de sus hermanos donde éstos le informaban de lo ocurrido durante aquella larga noche. Al parecer, desde las primeras votaciones comenzó a correr el rumor en la sala de que la obra de Goytisolo, un desconocido, era «izquierdista» y «de ambiente prerrevolucionario»: términos que entrecomillo para resaltar el concepto abominable que expresaban en la época. Con semejante lacra, la suerte del texto no podía ser triunfal; sólo su calidad literaria, al menos por comparación, la había hecho avanzar en las votaciones. Entretanto, en la casa de Pablo Alcover, los Goytisolo también siguieron las deliberaciones a través de la radio. Según los testimonios, el padre y el abuelo, reconciliados por un instante, recibieron el fallo con desilusión, mientras Eulalia se enfureció lo suyo con la ganadora y «lloraba como una desesperada», en expresión de José Agustín. Reacciones viscerales, unánimes, de unas perso-

nas que por diferentes motivos –cariño, confianza u orgullo familiar–
deseaban el triunfo del ausente con un ardor que éste no podía imaginar. Sea como fuere, el premio Nadal marcaba el plazo que Juan había previsto para permanecer en París. Y a los pocos días regresó a Barcelona.

DOÑA CENSURA ENTRA EN ESCENA

En enero de 1954 el viajero estaba de vuelta. Impaciente y esperanzado, fue a las oficinas de la editorial Destino, confiando en el muy probable interés de la editorial por su obra. Pero los editores le devolvieron a la amarga realidad: aquello no era Francia sino la España de los cincuenta; su libro planteaba serios inconvenientes, y si no tenía alguien de peso que lo avalara en el Ministerio ellos no se atrevían a publicarlo. Falto de ese poderoso valedor, el escritor tomó una decisión audaz: ir a Madrid a ver a Dionisio Ridruejo. Era éste un poeta e intelectual vinculado a la «cruzada» de Franco, que se había desencantado poco a poco de la ideología fascista hasta distanciarse del Régimen. Aunque ya no gozaba del poder y prestigio de antaño, mantenía buenas relaciones con algunos de sus antiguos camaradas. Dice Juan que fue a visitarle porque «su reputación de honestidad e independencia de criterio le convertían a priori en un intermediario ideal». Y era cierto. Cuando se presentó en el despacho madrileño de Dionisio Ridruejo, éste se mostró cordial, prometió leer su novela e interceder ante las altas instancias.

Lo que sucedió después define el talante de esas instancias que controlaban el país. Cuando Goytisolo volvió a entrevistarse con Ridruejo supo lo siguiente: el poeta había leído *Juegos de manos* y el libro le había interesado lo bastante como para hablar de él a Arias Salgado, el archipoderoso ministro de Información y Turismo. Por desgracia, Arias solía alardear de que, gracias a su celo preciosísimo, España era el país con menor índice de pecadores que acabarían en el infierno y, satisfecho de la escasa presencia española en tales abismos, pasó a exponerle a Dionisio Ridruejo su opinión sobre la novela en general. Según él, la novela era un género que sólo merecía la publicación «si marido y mujer, en un matrimonio legítimamente constituido, podían leérsela el uno al otro sin ruborizarse mutuamente y, sobre todo, sin excitarse», condición imprescindible para llevarla a la imprenta. Como apunta el propio Goytisolo, nunca sabremos si su libro produjo «la temida excitación en la ministerial pareja», pero lo cierto es que Ridruejo poco pudo hacer por él, y *Juegos de manos* quedó olvidada en un oscuro despacho del Ministerio, como tantísimos otros manuscritos.

En condiciones normales habría permanecido allí durante años, esperando la muerte del Dictador; pero Juan era muy testarudo y de regreso a Barcelona tuvo un encuentro con el editor José Manuel Lara, amo de la editorial Planeta y franquista de muy bravas convicciones. Con su astucia proverbial, el editor quiso saber si aquel joven preparaba otro libro, y luego le arrancó la promesa de que se lo entregaría. Cerrado el pacto, Lara obtuvo la autorización de *Juegos de manos*, que le fue devuelto con algunas correcciones en lápiz rojo. Con el ansiado *Nihil obstat* de doña Censura, Juan Goytisolo fue directo a Destino para firmar su primer contrato de publicación. Corría el verano de 1954.

TERTULIANOS

Paralelamente, su hermano mayor seguía trabajando en AGUASBAR, donde ganaba seis mil pesetas mensuales. Sin ser una gran fortuna, el sueldo era más que holgado para vivir y para convertirle de paso en «un hombre normal», objetivo que a juicio de Luis Goytisolo alumbraba el horizonte del poeta. Un hombre normal, es decir, el que tiene un trabajo, gana un sueldo, piensa en casarse y aspira a disponer de automóvil... Sueños comunes a los de tantos otros españoles de su generación. Sin embargo, ese hombre normal acaba de concluir la versión final de *El retorno*, que poco después merece un accésit del premio Adonais. Consciente de ello, el autor se decantará por un nombre: de ahora en adelante firmará siempre como José Agustín. Todos los nombres anteriores –Pepito, El Coyote, Goyti e incluso Pepe– se emplearán sólo en determinados círculos. Ahora es poeta. Sus compañeros literarios lo saben.

Pero ¿cuáles eran las actividades de ese grupo de escritores en ciernes? Clausurada la revista *Laye*, hubo una diáspora temporal: sólo Castellet seguía en el centro de reunión y llegó a organizar un cursillo de literatura en un piso de la calle Valencia –sede del Instituto de Cultura Hispánica– al que acudieron algunos estudiantes. Cuando Juan Goytisolo tuvo noticia de esas reuniones, decidió asistir a ellas acompañado de su hermano menor, pero pronto comprobó que se hallaban muy politizadas. Según él, las conversaciones literarias sobre realismo crítico, por ejemplo, conducían invariablemente a hablar de marxismo. Aquellos jóvenes de la nueva quinta parecían más osados ideológicamente, aunque se mantuvieran aún bajo el pacífico magisterio de Castellet. Escribe Luis:

> Otro rasgo común a cuantos formábamos el grupo fue la tendencia a extender las relaciones de amistad hacia gente algo mayor que nosotros, con la que nos unía todo un mundo de referencias generales, y sólo excepcionalmente hacia gente de menor edad, cuyas referencias eran otras. Pero, curiosamente, a semejanza de lo que me sucedió con mis hermanos, lo que en un principio pudiera parecer una relación de tutela de los mayores respecto a los menores, no tardó en discurrir en sentido inverso, como si nuestra mayor decisión ante los más variados aspectos de la vida, no reductible a una mera cuestión de reciprocidad, nos concediese una autoridad moral superior a la suya. De ahí la ironía de que a José Mª Castellet le llamásemos el Maestro. O el hecho de que, pese a que Carlos Barral fuese mi primer editor, personalmente siempre me entendiera mucho mejor con Jorge Herralde, no en vano nuestra afinidad de puntos de vista se remonta a los años escolares.

Pero fue el maestro Castellet quien hizo circular revistas como *Europe* o *La nouvelle critique*, que todos leyeron con avidez. Otro tanto ocurrió con las canciones comprometidas de Yves Montand, Léo Ferré o Atahualpa Yupanqui, que fueron escuchadas en común y, como escribe Juan, «con gravedad litúrgica». Aquel clima influyó sobremanera en el interés de los Goytisolo por la doctrina marxista.

Por esas mismas fechas los dos hermanos empezaron a frecuentar el Bar Club, donde también oficiaba Castellet. Cuenta Carmen Riera que los encuentros «tenían lugar los domingos por la mañana, en un salón interior del bar que los demás días, y en especial a las horas nocturnas, se empleaba para que las chicas de la barra pudieran establecer contactos más íntimos con sus clientes». El Bar Club era, pues, un local de alterne, y dice en favor del dueño que ofreciera sus salones a unos jóvenes unidos por la literatura y la militancia. Pero de nuevo la tertulia adquirió un tono marcadamente izquierdista. Aunque José María Castellet comentaba con sus pupilos las últimas lecturas francesas o los libros de Elio Vittorini, su vecindad sentimental con el Partido Comunista le hacía insistir en la necesidad de un compromiso. No es raro que la literatura cediera protagonismo a sucesos políticos, que se comentaban en el Bar Club cada semana. Con el tiempo, se hablaría allí de la caza de brujas desatada en Estados Unidos durante los cincuenta, o de la posición de Francia en Argelia, o de la derrota francesa en Indochina. Todos estos acontecimientos internacionales evidenciaban las fisuras clamorosas del sistema burgués, lo que les hizo creer que China o la Unión Soviética eran un paraíso de calma y solidaridad.

De la mano de Castellet, acudieron también Carlos Barral, Jaime Gil de Biedma, Gabriel Ferrater o José Agustín Goytisolo, cuya imaginación calenturienta no tardó en detectar allí el clima propio de un nido de conspiradores. No le faltaba razón, ya que, aparte del carácter clandestino de la tertulia, se producían con frecuencia las visitas de algunos personajes misteriosos, cuya identidad era secreta y que traían noticias del extranjero. Eran por lo general diplomáticos, militantes comunistas, políticos *engagés* –Julio Cerón fue uno de ellos– que daban brillo e intensidad emocional a unas charlas caracterizadas por el deseo de acabar con la Dictadura. Esta voluntad de cambio no era, con todo, patrimonio de países como España. De hecho, rebeldes de medio mundo deseaban unir sus fuerzas para combatir las lacras del sistema capitalista, democrático o no. A raíz de un número especial de la mítica revista *Les Temps Modernes*, los tertulianos comprendieron al fin que su insatisfacción generaba energía y que esa energía sólo podía canalizarse adecuadamente militando en el Partido Comunista. La lectura esclarecedora de un artículo de Dionys Mascolo impactó a Castellet y los demás, quienes acariciaron durante un tiempo la idea de afiliarse; pero un sexto sentido les hizo desistir.

No obstante, Juan Goytisolo mantuvo una adhesión sentimental al marxismo, «dictada en gran parte por el deseo de hacerme perdonar la mancha original de mi clase y pasado infamante de la familia». Tanto él como su hermano Pepe se habían convertido en eso que Gil de Biedma llamó «señoritos de nacimiento / por mala conciencia escritores / de poesía social», sólo que en el caso de Juan esa obsesión culpable le perseguiría durante décadas. Concienciado hasta la médula, el novelista aprovecharía luego unas breves vacaciones en Torrentbó «para difundir las ideas recién adquiridas entre los masoveros y payeses», que escucharon con horror cómo *el fill del amo* les incitaba poco menos que a la revuelta.

EL VARADERO

De nuevo en Barcelona, aquel señorito siguió empleando parte de su tiempo en recorrer la parte baja de la ciudad. Ahora, sus visitas al Barrio Chino eran cada vez más habituales, y pudo entender por qué ese mundo había cautivado a autores extranjeros en el pasado: «Cerilleras, estraperlistas, tullidos, vendedores de grifa, bares ruines y apenas iluminados, anuncios de lavados con permanganato, tiendas de preservativos, esperpentos de la Bodega Bohemia, habitaciones por horas, prostíbulos a seis pesetas, toda la corte de los milagros hispana.» Como a Bataille o Genet, este universo se mostraba ante él en su mórbido esplendor. Libre de antiguos recelos, Juan Goytisolo frecuentó entonces a algunas prostitutas, se inició también en el hachís, e incluso aceptó la propuesta de acostarse con algún homosexual que había conocido en los bares del distrito Quinto. Pero una mezcla de torpeza y frigidez le alejó inmediatamente de aquella clase de aventuras. Parece claro, eso sí, que su vagabundeo por los bajos fondos se hizo ritual obsesivo, hasta que descubrió un local portuario que habría de tener gran importancia en su vida.

Se accedía a él desde la terminal de tranvías de la Barceloneta; luego había que caminar un kilómetro al pie del rompeolas, bordeando los muelles y tinglados, hasta llegar a un puentecillo de tablas que comunicaba con un pontón rectangular donde se alzaba una caseta: el Varadero. El local era frecuentado mayormente por pescadores y marineros, que consumían las horas de bonanza sentados al aire libre contemplando el paso de gabarras y remolcadores. Era un mundo activo, rumoroso, radicalmente distinto al ambiente selecto de los cercanos clubs náuticos cuyos balandros dormitaban mansamente en el agua. ¿Fue eso lo que atrajo de inmediato a Juan? ¿O, como él sugiere, el hecho de que aquel sitio era uno de esos escenarios privilegiados que «se imponen a la imaginación de inmediato y misteriosamente se transforman en espacio de la escritura»? No importa.

El novelista encontró allí un rincón en el que olvidaba su propio contexto: el escenario decrépito de Pablo Alcover, las amistades burguesas, las dudas acerca de su oficio, o la incertidumbre en el plano emocional. Todo le guiaba a aquel bar flotante al que acudía a la espera de alguna clase de milagro. Curiosamente, el Varadero quedaba cerca de los Baños de San Sebastián, el club al que su padre había ido tantas mañanas antes de la guerra. Treinta años después, el hijo repetía esas visitas a la zona al caer la tarde, buscando soluciones vitales en una caseta en la que don Jose María no hubiera entrado ni por equivocación. Aparte de pescadores, buzos, marinos, obreros y carabineros, había en el Varadero un elenco fijo: Alonso, el dueño; Amadeus, bebedor y cantante de habaneras; la señorita Rosi, una gorda cuarentona que fumaba Bisontes, y Raimundo, personaje insoslayable en esta crónica.

Desde el primer día, Juan se sintió atraído por aquel hombre que parecía iluminar las páginas de *Zorba el griego*. Antiguo fogonero de un buque mercante, ex presidiario, analfabeto, con sangre gitana, su vida era un misterio que nunca pudo desentrañarse del todo; porque Raimundo vivía solo, dormía en un cuchitril de su palacio flotante, no recibía visitas ni abandonaba el área del puerto. Era, en suma, un individuo marginal. Pero no fue éste el principal motivo de atracción. Según Juan, el magnetismo era eminentemente de carácter físico: «complexión atlética, piernas y brazos musculosos, pelo castaño áspero y erizado, pecho velludo, mostacho silvestre». La descripción resulta valiosa, ya que nos remite por primera vez a un tipo físico característico del Mediterráneo Sur y el Oriente Próximo. A ese físico añade Raimundo algo esencial: «una cierta tosquedad de formas que no excluye la gracia; disponibilidad y calor instintivos; rechazo soberbio de los modales y mecanismos que abren las puertas de la ascensión social en los países industrializados». Si en la adolescencia el escritor se había sentido enigmáticamente atraído ante las fotografías de guerreros sijs o de mocetones trabados en la lucha turca, el destino había puesto en su vida a un individuo, ya maduro, que era algo así como un turco *avant la lettre*, alguien que iba a interpretar de forma involuntaria un papel primordial en la definición de su gusto.

Pero ¿podemos hablar de amor? Hubo seguro una poderosa atracción física, acentuada por la personalidad independiente de Raimundo; pero también existió ese elemento de fascinación hacia lo desconocido, encarnado aquí en la abismal diferencia de clases que suele propiciar la atracción entre dos seres humanos. En la Barcelona de los cincuenta, esos seres estaban condenados a seguir en sus respectivas órbitas: salvo las visitas a los burdeles de las Ramblas, ningún «señorito» se hubiera aventurado hasta un lugar que quedaba fuera de los mapas; tampoco un marino habría subido a Tres Torres ni a ningún otro barrio residencial. Es un claro síntoma de la insatisfacción del joven Goytisolo que aceptara el Varadero como reino adoptivo. Como él mismo escribe en *Coto vedado*: «El mundo de tu amigo, a mil leguas del que has vivido hasta entonces, se convierte para ti en una especie de droga: durante meses, vivirás encadenado a él.» De ahí las visitas diarias al puerto, el encuentro feliz con Raimundo, los obsequios que regularmente le hace Juan, y la atracción que su amigo siente también por él, pues el muchacho representa un mundo burgués al que nunca había tenido ni tendrá acceso.

El pescador se erige así en el centro solar en torno al que girará su existencia a lo largo de 1954. En la novela *Fiestas*, Raimundo toma la imponente forma del personaje de «El Gorila», un pescador que transforma por completo al niño protagonista. En la realidad, Juan y Raimundo beben vino en la caseta perdida entre las luces nocturnas de los barcos, juegan a cartas, visitan algunos burdeles del Barrio Chino y van a las tabernas de la Barceloneta donde la vitalidad del marino atrae por igual a gitanos, borrachos y mujerzuelas. Pese a ello, Raimundo no sospecha la verdadera naturaleza de los sentimientos de Juan, que vive silenciosamente otro calvario interior: no se atreve a expresar sus afectos por temor a un rechazo humillante, quizá la pérdida.

Una noche, estando ya en la parada de tranvías de la Barceloneta, Goytisolo volvió sobre sus pasos y llamó a la puerta del amigo: pretendía fingirse más borracho que de costumbre y propiciar así la intimidad que deseaba. Sorprendido por su reaparición, Raimundo se limitó a cubrirle con su única manta y, tras comprobar que Juan estaba cómodo en la cama, se tendió a dormir cerca de él en un humilde camastro. En *Fiestas* hay una escena similar que concluye con el protagonista tumbado en la caseta, mientras escucha con el corazón palpitante los ronquidos de El Gorila. Tras aquel intento fallido el escritor renunció a repetir la maniobra. Recuerda que el episodio le produjo gran desasosiego. Seguro de vivir una pasión sin nombre, comprobó que la distancia entre su deseo y el cuerpo que lo despertaba era insalvable, y que esa distancia le iba a condenar en lo sucesivo a «una inexorable y cruel soledad». En la misma novela hay un párrafo revelador que rebasa en mucho lo nebulosamente erótico:

> Su amistad con el Gorila evidenciaba una nostalgia de la infancia, la busca de una inocencia imposible. Pero todo conspiraba contra esa inocencia y la hacía saltar hecha pedazos; el cuerpo crecía y se poblaba de deseos; los años se sucedían con su cargamento de certidumbre y de promesas; en primavera los campos se teñían de verde y en otoño caían las hojas; las mariposas habían sido orugas un día y los asesinos habían succionado siendo niños los pechos de sus ma-

dres. La vida seguía su curso y resultaba imposible volver atrás. Uno era niño, se hacía joven, apuntaba a hombre y llegaba a viejo, sin saber cómo, sin protestar; porque la vida era así y era preciso resignarse. Vivir era ya elegir, y había que decir sí a todo, sin remedio.

El tono algo confuso del párrafo, ¿no es una prueba palpable de la confusión que presidía también la existencia del autor? Desde la perspectiva contemporánea es difícil imaginar el grado de tormento que Juan padeció a lo largo de aquel año 1954. Era como si un cruel designio le hubiera condenado a reprimir sus deseos y apetitos naturales, situación que, si ya era común en los jóvenes de la España franquista, alcanzaba extremos doblemente penosos en las pasiones homoeróticas. ¿Cuántos seres se vieron forzados a un pavoroso silencio, al autocontrol y la represión de sí mismos? El caso de Goytisolo ilustra el clima angustiante de una época donde la conducta seguía marcada por los rigores judeocristianos. Sin embargo, hizo un esfuerzo por sobreponerse y, ante la imposibilidad de dar rienda suelta a sus emociones, comenzó a llevar a algunos amigos al Varadero. En poco tiempo pasaron por allí el «chueta» Cortés y especialmente algunos miembros de la tertulia de Castellet. De este modo, aquel baruncho flotante se transformó en refugio ideal para unos jóvenes de posición acomodada que pasaban las tardes bebiendo, charlando de literatura y, sobre todo, conjeturando sobre la caída del Régimen.

Simultáneamente, Juan Goytisolo empieza a trasladar sus experiencias portuarias al ámbito de los escritos; pero mientras redacta el melancólico relato «Otoño, en el puerto, cuando llovizna» o la novela *Fiestas*, ignora el precio que habrá de pagar en relación con Raimundo. Condenado al silencio, aleja al amigo del centro de su corazón, y ese alejamiento diluye paulatinamente al ser de carne y hueso. Raimundo se transforma así en personaje. No es un personaje cualquiera, cierto: será protagonista; pero su transmutación a materia literaria le condena en cierto sentido a la muerte. Raimundo pasa entonces a llenar las páginas de un relato, a escenificar un cuadro, a perder peso y materia en un mundo para ganarlo en otro. Juan ignora aún este proceso fascinante y terrible que preside a menudo el trabajo del escritor. Sólo percibe que algo se ha roto y, como él mismo declara: «Raimundo ha pasado a ser al cabo de un año un testimonio vivo de la verdad escrita en tu novela: alguien a quien se muestra a los amigos como prueba suplementaria de autenticidad.»

TODOS ESCRIBEN

Luis Goytisolo fue uno de esos amigos a los que Juan quiso mostrar aquel rincón del muelle donde hallaba refugio e inspiración. He usado deliberadamente la palabra «amigos», porque entre 1954 y 1955 la relación entre ambos hermanos adquirió los perfiles y consistencia de la amistad. Comenta Juan que «el adolescente reservado y secreto con quien antes me cruzaba en casa, se había transformado a su entrada en la universidad en un joven serio, curioso e inteligente, apasionado como yo por la política y la literatura». Luis, además, también escribía, y pese a que sus lecturas se orientaban hacia la literatura inglesa, la conciencia mutua de adentrarse en un mismo oficio les acercaba, facilitando un intercambio diario de impresiones, también de hallazgos trascendentales, como éste que explica el hermano menor:

Lo que se me estaba revelando era que la piedra de toque de la escritura residía, no en lo que se contaba –la intriga, la anécdota, el argumento–, por muy correctamente que estuviera escrito, sino en que eso que se contaba fuese contado de la única forma que permitía transmutar el texto en algo más que mero enunciado: bajo esa luz. Esto es: que la clave significativa de lo que se cuenta reside, de hecho, en cómo se cuenta. Una conclusión que no carecía de aspectos decepcionantes ya que, teóricamente y contrariamente a lo que siempre había supuesto, cabía en lo posible que fuera más gran escritor aquel que en la práctica no había salido de su habitación, que aquel que conocía por propia experiencia las aventuras que yo aspiraba a vivir.

Juan tenía sobre Luis la ventaja de la edad y una primera novela en la calle. Pero Luis se reveló enseguida como un autor de especial talento, dice Juan, «con una madurez sorprendente y como adquirida de golpe»: frase que certifica no sólo esa precocidad que él nunca tuvo sino su propio desconcierto ante un fenómeno inesperado. Idéntica sorpresa recibió Pepe, el mayor, aunque, como apunta Luis, «lo mismo hubiera sucedido con cualquier otra habilidad, ya que, a sus ojos, yo debía de ser una especie de extraterrestre». Sin embargo, el poeta siempre tuvo para con él frases de aliento, a diferencia de la actitud burlona que le inspiraron los primeros escritos de Juan.

Al margen de este detalle, quizá debamos abordar aquí un tema central: el hecho sumamente extraño de tres escritores en una misma familia. Renuncio a recurrir a Freud o a Otto Rank, pese al interés que una lectura de *Moisés y la religión monoteísta* del primero, o *El mito del nacimiento del héroe*, del segundo, podrían tener para explicar el impulso que lleva al niño a erigir una «novela familiar» que le libere del trauma de haber descubierto unos padres que no son dioses o la amarga realidad de la vida. Y renuncio también a analizar por qué esa familia de ficción donde el niño halla refugio será el germen de todas las ficciones futuras desarrolladas por el escritor. Me limitaré a señalar que la «novela familiar» goytisoliana aparece embellecida y «blanqueada» en el caso de José Agustín, denostada y execrada por Juan hasta la ofensa, y resucitada con una piedad casi cristiana por parte de Luis. Prefiero que ellos mismos hablen del asunto, pues soy de los que creen que nadie mejor que el autor para desvelarnos su oficio.

Recojo la opinión de José Agustín, quien en su reciente poema «Como cualquier familia» proclama en estos versos: «Pero los chicos fueron distanciándose: / que tres hermanos sean escritores / sorprende a algunos. No: no son los genes: / cada uno decidió su propia vida.»

En *Coto vedado* Juan escribe: «La vocación literaria mía y de mis hermanos, criados en un medio social y educativo muy poco propicio *a priori* al cultivo de las letras no puede explicarse tal vez sin la existencia de una necesidad angustiosa de resarcirse de un trauma y decepción tempranos.» Esta decepción está plenamente justificada: rechazo del padre, desaparición brutal de la madre, declive del *status* familiar... Lo asombroso es que sobre la base de un estímulo común la obra haya acabado siendo tan diferente. Y en este sentido, sí creo en el verso de José Agustín «cada uno decidió su propia vida», ya que vida y obra son, al menos en este caso, conceptos inseparables.

En cuanto a Luis, aporta esta interpretación sobre las hondas diferencias que cualquier lector detecta en la obra de los tres hermanos cuando evocan la vida en común, es decir, el medio *heimlich* y luego *unheimlich* del que brotaría su *Familieroman* particular:

> Tal disparidad de posturas respecto al medio familiar no ha existido siempre; no existía, por ejemplo, en los años de infancia y adolescencia. Tampoco puede decirse que la postura propia de cada uno haya sido siempre la misma. Así, mi actitud hacia ese medio no ha hecho sino suavizarse con el paso del tiempo, según la reticencia inicial se iba trocando en comprensión. La de Juan, en cambio, ha ex-

perimentado la evolución inversa, y el tono ya de por sí acre que la caracterizaba, dio paso bruscamente a una actitud de rechazo radical cuando empezó a trasladar a la familia reproches equivalentes a los que años antes, en sus obras de ambientación marroquí, había proyectado sobre España. José Agustín, por su parte, como si deseara reparar el deterioro causado por Juan en la imagen de algunos miembros de la familia, les ha ido atribuyendo una serie de rasgos que, si carentes de toda base real, representan, a sus ojos, una especie de eximente, de pliego de descargo.

Dejémoslo aquí.

MARXISMO «ON THE ROCKS»

En otoño de 1954 Juan Goytisolo concluye *Duelo en El Paraíso*, novela cuya trama se desarrolla a finales de la Guerra Civil y está protagonizada por unos niños que se entregan a juegos crueles en un pueblo de montaña. Durante varias semanas Juan combina el encierro forzoso con esporádicas visitas al Varadero; también se une al grupo de su hermano Luis para salir hasta la madrugada. Algunos de estos jóvenes se encuentran ya muy próximos al Partido Comunista clandestino, pero, entretanto, se divierten en los antros del Barrio Chino. Allí apuran los límites y vericuetos de la noche, bebiendo inmoderadamente cubalibres de ginebra o ron, como si ello formara parte de un ritual que persigue afianzar su rechazo a los esquemas de la burguesía. No es, evidentemente, una actividad subversiva; pero detecto un significado simbólico en el acto de abandonar sus casas de la zona alta para acudir a los bajos fondos de la ciudad. La nómina de locales es abundante –el Pastis, el Cosmos, el Cádiz– y revela el ansia de huida y desorden que gobierna sus corazones.

Pero al margen de inclinaciones bohemias, hubo algo más en ese común fervor barriobajero. Como escribe Juan: «Rastrear las zonas urbanas más sucias y miserables, codearse con el hampa y prostitución, fumar petardos de grifa se transmutaban en una forma de militancia.» Esta actitud, que será luego uno de los rasgos distintivos de la «progresía» barcelonesa de los sesenta, era entonces un juego casi adolescente, hecho de incoherencia y paradoja. ¿Cómo explicar si no que aquellos señoritos se sintieran de un lado atraídos por el marxismo y emularan del otro un rito similar al de sus abuelos burgueses, cuando a principios de siglo bajaban al Paralelo en busca de francachelas populares? Era un colosal contrasentido. En el fondo, no tenían intención de redimir a nadie ni de cambiar aquello: la ciudad les gustaba así, sobre todo aquel distrito Quinto que les hacía sentir tan diferentes a los parias que lo habitaban. Por eso, cuando el filósofo Sacristán regresó de Alemania se quedó de una pieza ante la evolución humana de aquellos jóvenes vinculados a *Laye*. Fue él quien cuestionó el giro y les hizo ver que su conducta era «una muestra confusa y perturbadora de decadentismo y depravación». Pero en justicia no había ni lo uno ni lo otro: casi todo estaba en la imaginación de Sacristán, reciente converso, militante marxista muy estricto y doblemente radical, supongo, a causa de su reciente pasado falangista. Parece ser que las correrías en grupo y las opiniones adversas del filósofo les descubrieron la incompatibilidad entre purismo ideológico y ansias de placer: un dilema, por cierto, totalmente caduco en nuestros días.

Sabemos que entre esos jóvenes había alguna mujer, en concreto las hermanas Gil Moreno de Mora, una de las cuales, María Antonia, va a entrar en acción. Poco antes María Antonia había ilustrado un relato breve de Juan Goytisolo aparecido en la revista *Destino*. Pero no era una desconocida: se trataba en realidad de una prima lejana, sobrina de aquella vieja dama a quien Juan había ido a visitar a su mansión del Bois de Boulogne en París. Huérfana de madre, María Antonia Gil vivía con su hermana Bel en un piso de la calle Balmes y se dedicaba a la pintura. Aparte del parentesco, le unían al escritor inquietudes artísticas y un deseo común de librarse del mundo en el que se habían criado, doblemente rígido en el caso de ella por pertenecer a una familia rica y aristocrática de honda tradición católica. Pese a ello, era lo suficientemente intrépida como para llamar por teléfono a Juan e invitarle a cenar a su casa, algo poco común en las jóvenes de la época y sin duda raro en las de la élite.

Aquella propuesta llenó de satisfacción a don José María Goytisolo, quien se sintió muy halagado y esperanzado ante lo que el novelista define como «nueva e inesperada vinculación a la rama más prestigiosa de sus deudos». ¿Albergaba quizá la idea de ver casado a su hijo con una joven de la alta sociedad? Es probable. Y es probable que ella abrigara proyectos similares en relación con ese primo suyo que empezaba ya a destacar en el mundo de las letras. Si atendemos al testimonio de José Agustín, María Antonia «estaba enamorada de los Goytisolo», frase que en su vocabulario expresa el interés de la se-

289

ñorita Gil hacia unos primos –también huérfanos de madre– que hacían gala del inconformismo, vocación artística e inclinaciones bohemias que a ella le habían sido reprimidas desde la cuna. Fuera como fuese, aquella mujer se unió alegremente a la pandilla de devotos del Barrio Chino y compartió con ellos el hechizo de una Barcelona canalla.

SEGUNDO VIAJE A PARÍS

Aunque en algún aspecto Juan Goytisolo nunca se había sentido tan dichoso en Barcelona, seguía pensando en marchar. Ya no le bastaba salir a la superficie europea en busca de aire fresco y volver luego a las profundidades de la España franquista: quería abandonar la patria, nacionalizarse francés, escribir incluso en otra lengua. Pero ¿por qué un joven sin el menor pasado político decide exiliarse a mediados de los cincuenta? Quizá los factores personales tengan mucho que ver en ello. En la decisión de Juan, creo, pesa tanto el rechazo a la Dictadura y al medio burgués como a la decadencia familiar, tanto la censura del ministro Arias Salgado como el odio del padre hacia el abuelo o los comentarios sangrientos de su hermano José Agustín, y otro tanto influyeron sus propios conflictos con la escritura o la sexualidad. En conjunto, se sentía cada vez más oprimido en Pablo Alcover, a pesar de la muy lenta «liberalización» española. Algunos de estos motivos personales serán silenciados cuando el escritor explique en *La Chanca* las causas que le impulsaron a dejar el país:

Los españoles aguantamos difícilmente la ausencia de España. Cuando era estudiante, hace ya algunos años, mi gran empeño consistía en cruzar los Pirineos, recorrer Europa, desentenderme de cuanto ocurría en la Península. Había llegado a un límite extremo de saciedad y todo lo español me irritaba. Estaba convencido de que fuera se respiraba mejor. Quería olvidar lo que me habían enseñado –las clases, los sermones, la radio, los diarios– y Europa me parecía una cura de desintoxicación necesaria para volver a ser yo mismo.

Hastiado, llegó a París a principios de 1955 con el firme propósito de quedarse por más tiempo. Pese a que ese plan era individual, Juan Goytisolo no iba a olvidar la situación política española ni a sus compañeros de tertulia del Bar Club. Sabía perfectamente que un hombre en el exterior podía ser muy útil, y por ello buscó a algunos personajes franceses interesados en el problema de España. A las pocas semanas había establecido contacto con Elena de la Souchère, periodista de *France-Observateur*, quien descubrió en Juan una fuente de información de la España clandestina. Enseguida Elena le propuso colaborar en diferentes publicaciones como *Les Lettres Nouvelles* o en la mítica *Les Temps Modernes*. El novelista estaba de suerte: al fin podría expresar libremente sus ideas desde la óptica de un joven intelectual español que cuestionaba los principios y realidad del régimen de Franco. Muy pronto Juan comenzó a enviar cartas en clave a sus amigos de la tertulia, informándoles de sus primeras actividades: aportaba su visión del exterior, trataba con militantes comunistas, y no tardó en ser conocido en los medios políticos y periodísticos parisinos contrarios a la Dictadura. Todo ello le hizo creer –de forma algo ingenua– en la importancia de sus gestiones, unos esfuerzos que contribuirían a la inminente caída del Generalísimo.

Junto a estas actividades, el novelista se adentró también en la geografía local alejándose esta vez de los bulevares geométricos. Era como si el París de las novelas proustianas se hubiera agotado en el viaje anterior, cediendo paso a una urbe suburbial y bullente. Como en Madrid o Barcelona, no estuvo solo en sus nuevas correrías: una pareja de jóvenes escritores –Guy Debord y su compañera Michèle– le mostraron escenarios que no figuraban en los folletos turísticos. Era un París muy distinto a su leyenda mundana, lejos de comercios lujosos, museos, parques y edificios monumentales: era la ciudad de las callejuelas, los arrabales proletarios, los muelles perdidos del Sena, lugares afines, se diría, a *L'Atalante* de Vigo, o a algún film de Carné y Prévert... Una villa en forzoso blanco y negro, la de los poetas, fotógrafos y cineastas malditos. ¿Podía haber otra mejor para este joven que deseaba borrar las huellas de su origen acomodado?

Alguna tarde el trío de amigos iba al arrabal proletario de Aubervilliers y se refugiaba en un tugurio frecuentado por exiliados republicanos, donde Juan conoció la verdad en boca de los vencidos. Según cuenta, todo aquello fue marcándole, y con el tiempo repetiría en solitario aquellos trayectos por «ese París compacto, vetusto y destartalado, surcado por canales, viaductos, ferrocarriles y arcadas de metro herrumbrosas». El futuro ciudadano del Sentier rechazó así el París burgués en favor de «un ámbito urbano bastardo y alógeno, contaminado y fecundado por el choque e imbricación de diferentes culturas y sociedades». En este otro París Juan Goytisolo recibió la noticia de la aparición de su primera novela, *Juegos de manos*. Poco después, en febrero de aquel mismo año, un entusiasta Antonio Vilanova saludaba desde la revista *Destino* la publicación de la obra. Su principal mérito era el tema, la historia de «una juventud perdida, que ha renunciado a la esperanza humana y a toda energía moral». Del artículo se desprende que algo estaba cambiando en España: diez años antes, ni autor, ni novela, ni crítica hubieran sido posibles. Pero, sorprendentemente, el primero ya no se encontraba en el país.

SAN ELÍAS

A principios de 1955 apareció otra pieza goytisoliana, *El retorno*, primer poemario de José Agustín. La obra despertó el interés de varios críticos, que valoraron muy positivamente la belleza de su tono elegíaco. La mayoría ignoraba el trágico final de Julia Gay, pero comprendieron el drama de la protagonista del libro: una mujer joven, a la que nunca se nombra, cuya muerte ha dejado en los suyos un recuerdo en carne viva. Para quienes conocían el carácter de Pepe, *El retorno* supuso un impacto por partida doble; bajo el personaje del amigo más o menos brillante o del compañero afectuoso anidaba un poeta pulcro, discreto, sensible, capaz de transmitir dolorosas emociones íntimas y, a la vez, universalidad. Cualquier víctima de la guerra podía sentirse identificada con esos poemas... No sólo las víctimas de la guerra civil española sino de cualquiera de las otras guerras que han azotado nuestro siglo.

Paralelamente, José Agustín Goytisolo comprueba que ya no es el único que comparte un trabajo remunerado con el recuento minucioso de las sílabas. Otros poetas noveles como Carlos Barral o Gil de Biedma llevan una existencia similar. A raíz de la boda del primero, los miembros del grupo sustituyen sus esporádicas apariciones en la tertulia del Bar Club por encuentros casi diarios en el Cristal City: un bar-librería situado en la calle Balmes, cerca de la plaza Molina, que se convierte en el nuevo escenario de sus charlas. Allí se acomodan en mullidos asientos de cuero, beben gin-tónics, escuchan música clásica, hojean los libros expuestos en la vitrina. Con el tiempo, sin embargo, las tertulias en sus bares favoritos serán reemplazadas por las reuniones en casa del joven matrimonio Barral, en la calle San Elías. Según varios testigos, esta nueva tertulia comenzó a funcionar en enero de 1955, y Carlos Barral decidió convocarla los martes, en obligado homenaje a *les mardis de la Rue de Rome*, de su amado Mallarmé. Entre las muchas ventajas del cambio, varias se imponen: libertad de palabra, mayor confort y alcohol sin restricciones. Entonces, «sin más frontera que las luces grises de la madrugada», el anfitrión recibe a los amigos y prolongan sus charlas con un vaso de ginebra en la mano hasta la hora de marchar a la oficina. En voz del propio Barral, eran «cenas y veladas a menudo fecundas y cargadas de doctrina, porque estábamos todos en la etapa en que los proyectos y las modas literarias se inventan contándolos». Todo servía para exponer ideas, compartir o discutir criterios y consolidar unas afinidades de *esprit* que llegaron a ser el sello generacional.

El piso de San Elías acogió también a numerosos escritores y artistas que se encontraban en Barcelona. En los catorce meses en que la tertulia permaneció «oficialmente» abierta, la nómina impone bastante respeto. Aparte de los fijos, como Carlos Barral, José Agustín Goytisolo, Jaime Gil de Biedma o Gabriel Ferrater, hay que añadir, entre otros, a Juan Goytisolo, José María Castellet, Manuel Sacristán, José María Valverde, Juan Eduardo Cirlot, Enrique Badosa o Ramón Carnicer. En este ambiente las visitas de poetas ajenos a la ciudad condal despertaban siempre un interés añadido. Tal fue el caso de la llegada de Blas de Otero, de la mano de Pepe Goytisolo, precursor de la llamada «poesía social». No debe extrañarnos el afecto que José Agustín siente por él: es la época en que hace sus primeras declaraciones a la prensa, afirmando que «el poeta no escribe para cuatro finolis sino para los más», postura que le acerca a la de Otero, cuyo corazón solidario siente una honda preocupación por la mayoría. Goytisolo es además una suerte de embajador de las letras castellanas en Barcelona, y este papel de enlace entre ámbitos culturales inarticulados resulta de gran provecho. Pero ¿qué pensaban de ello sus compañeros de tertulia? En el *Diario* de Jaime Gil de Biedma, aparece este pasaje: «En casa de Carlos [Barral] coincidió con Blas de Otero y José Agustín Goytisolo. Gabriel Ferrater les llama "el húngaro y su oso", porque se exhiben siempre juntos y José Agustín, que tiene los ojos zíngaros, hace de empresario.»

En relación con el piso de Barral, Carmen Riera escribe:

... allí se pasó revista a las relaciones mantenidas en el grupo de Bloomsbury, se opinó sobre Lou Andreas-Salomé, se discutió sobre los variopintos editoriales de Léon Daudet en *Action Française*... Se comentaron lecturas, del romanticismo alemán a los poetas victorianos. Se teorizó sobre procedimientos estilísticos y formales, sobre la expresión poética, los problemas de la comunicación y la poesía, lo que dio lugar a la polémica entre los partidarios de la poesía como comunicación o como conocimiento, y se polemizó sobre la naturaleza de los lenguajes artísticos.

Aparte de la ginebra o de las bromas sobre «el húngaro y su oso», en San Elías se hablaba, y mucho, de literatura.

«HE IS JUST AN ORDINARY MAN»

José Agustín Goytisolo empleó los meses de verano de 1955 ultimando los preparativos de su boda con Asunción Carandell, ceremonia que tuvo lugar el 24 de septiembre en la capilla familiar de Torrentbó. Para aquella ocasión, la Masía Gualba recobró esplendores antiguos, pese a que la familia avanzaba sin remedio hacia el ocaso. Las imágenes de ese día transmiten una atmósfera alegre, luminosa, señorial. En el microcosmos campesino de Torrentbó la boda fue, indudablemente, el acontecimiento del año. Pero al margen de la oratoria del papel couché nos interesan otros detalles. Tras veinte años presididos por el dolor y el recuerdo callado de la muerte, la boda de Pepe garantiza un retorno a la vida social. Los muertos parecen haber quedado atrás y se abre en la familia un horizonte de nuevas uniones, quién sabe si de otros hijos que llevarán, como cree el padre, el nombre de los antepasados. En aquella casa donde «nunca se celebraba nada», donde las efemérides remitían a días amargos, el calendario se reabrió así a citas festivas.

Tras la boda, la pareja regresa a Barcelona y se instala en el 349 de la calle Balmes, en la parte alta de la ciudad. El domicilio no queda lejos de la casa de Barral, en San Elías, ni del bar-librería Cristal City, donde siguen teniendo lugar algunos esporádicos encuentros. Instalado en un pequeño apartamento de cuarenta metros cuadrados, José Agustín se sumerge en la nueva vida, repartiendo su tiempo entre la oficina y la casa. Gracias al apoyo de su mujer, consigue un tiempo extra para componer su segundo libro de poemas, *Salmos al viento*. Según la crítica, el libro representa un giro radical en relación con su primera obra. Esta vez el poeta enlaza con la mejor tradición satírica del Barroco español y emplea sus versos contra las costumbres burguesas y la cultura oficial del Régimen. El propio Goytisolo asegura que en aquel tiempo le obsesionaba la burguesía, el único estrato social que «mostraba su raro y fulgurante esplendor en medio de la apatía general». Obviamente, no se refiere a la austera burguesía de Pablo Alcover sino a la que había conocido en el colegio, en los guateques, en la universidad. Es la burguesía barcelonesa de posguerra: la misma que había sufrido un ataque de amnesia histórica sin precedentes, olvidando su lengua, su identidad, su pasado. Esa burguesía de la que el poeta abominará siempre, pues «pactó con el tirano» Franco.

Tampoco perdona Goytisolo a «los celestiales», poetas como Rosales, Panero, Vivanco o García Nieto, adeptos al Régimen y temerosos de la ira de Dios; porque mientras José Agustín se siente uno más de los que, perdidos en el tumulto callejero, cantan al hombre, los poetas celestiales sólo están ocupados en cantar y loar al Señor, ajenos a la coyuntura terrenal. Si el libro no tuvo graves problemas con la censura fue porque el autor encabezó hábilmente cada poema con una solemne cita bíblica, engañoso anuncio de lo que iba a venir. De esta forma pudo escribir libre e impunemente sobre burdeles, señoritos, funerales, doncellas, santones de la cultura y usos amorosos del momento. Elijo estos versos de «Idilio y marcha nupcial»:

>Los amantes se aman, señoras y señores,
>con seriedad canónica. Ahora,
>queda muy lejos todo aquello
>del arrebato pasional, oh fruto
>nefasto de poetas licenciosos
>de un mal llamado Renacimiento,
>histórica y humanamente despreciable!

José María Castellet fue el primero en detectar las cargas de profundidad del verso goytisoliano. Aquel poemario, en palabras actuales del crítico, «irrumpió en la poesía española con explosiva fuerza, como uno de los libros más originales e interesantes de la posguerra». En un prólogo escrito veinte años después de la primera edición, José Agustín confesaba que en sus poemas se había limitado a «fabular sobre lo que veía, con amargura que a veces quise ocultar detrás de un tono desenfadado y satírico». *Salmos al viento* obtuvo el premio Boscán de 1956, lo que supuso la consagración —o mejor, el descubrimiento— del autor como uno de los poetas jóvenes más valiosos del país.

Todo ello coincide aproximadamente con el embarazo de su esposa Asunción, hecho que contribuyó a restañar la gran herida familiar. Cuentan que desde que se supo que ella esperaba un hijo, algo muy profundo cambió en la actitud de don José María Goytisolo. Durante las semanas previas al parto, mientras la familia descansaba en Torrentbó, se plantearon la elección de un nombre. Sentados en el jardín, junto a tío Leopoldo, barajaron mil opciones, obviando lógicamente aquel nombre que nadie se atrevía a pronunciar... Y entonces el futuro abuelo tuvo una reacción inesperada. Recuerda José Agustín que su padre les dijo: «Si es niña, se llamará Julia, como su madre.» De inmediato Pepe le recordó que la madre se llamaba Asunción, a lo que el padre respondió: «Sí, pero tú ya me entiendes.» No contento con eso, el día del bautizo don José María se acercó al párroco de Santa Teresita para decirle con firmeza: «Esta niña se llama Julia.»

¡Julia! Durante casi dos decenios había sido la palabra prohibida, el nombre dolorosamente desterrado del vocabulario familiar; pero la llegada de la nieta daba por concluido aquel amargo período de silencio. El hijo comprendió al fin que su padre había vivido todos esos años en un verdadero infierno. Sólo la promesa de vida, una vida nueva, le había liberado de él. Según el poeta, «a partir de ahí empezaron a reaparecer las fotos de mi madre, se pudo hablar de ella, se pudo hablar de todo».

Aun así, pienso que sólo fue una liberalización relativa, porque al verano siguiente, en Torrentbó, el señor Goytisolo adoptó una misteriosa fórmula para avisar a su nuera Asunción de que la nieta lloraba: «Julia, el niño llora.» EL NIÑO LLORA. ¿Qué quería decir? Es evidente que el anciano había devuelto el nombre proscrito a la vida familiar. Pero esa vida no era la de 1956. Tampoco se refería a la infancia de José Agustín: era la vida feliz anterior a 1927, la «efímera trinidad familiar» en la cual don José María era el padre, la madre se llamaba Julia, y el único vástago era un niño llamado Antonio. Esta confusión de sentimientos explicaría otra anécdota que cuenta Luis, acaecida también en la Masía Gualba. Una mañana, su padre les leyó unas viejas cuartillas suyas:

> Se trataba de una especie de poema en prosa, escrito –según nos dijo– muchos años atrás, y dirigido obviamente a una mujer amada que había muerto. La voz temblorosa, la breve pausa y los carraspeos que precedieron a la lectura de las últimas líneas me ayudaron a modificar el significado que yo había dado inicialmente al texto: la

amada mujer muerta no era nuestra madre, como yo suponía, sino la suya.

Es decir, Catalina Taltavull, muerta como su esposa en plena juventud y a la que después de medio siglo el hijo tampoco había olvidado. El nacimiento de Julita tuvo para el abuelo un significado de benigna aunque confusa catarsis. Otros sentimientos familiares entran de lleno en la normalidad de la dicha. Así la expresó José Agustín Goytisolo:

> En la habitación
> de al lado
> en la misma
> habitación
> que hasta hace poco
> era mía
> rodeada de los mismos
> libros en las
> mismas librerías
> mirando los mismos
> cuadros sobre las
> paredes mismas
> toda asombro
> vida ojos
> amor manos
> alegría
> canta y juega
> ríe ríe
> una niña una
> niña.

EL NIDO VIEJO (1955-1964)

GRADOS DE COMPROMISO

En 1955 Luis Goytisolo despertó totalmente a la política. Mientras su hermano Juan contactaba en París con miembros de la izquierda francesa, él y otros asiduos a la tertulia de Castellet adoptaron el discurso marxista del filósofo Manuel Sacristán. Dada la situación española, la nueva generación de universitarios rechazaba postulados tibios y conciliadores; los tiempos exigían algo contundente, dogmático, y en este sentido, escribe Juan: «el Partido Comunista, con su estructura férrea y bien disciplinada, cohesión ideológica y admirable y heroica resistencia a las redadas y persecución de la policía, aparecía a muchos como la única alternativa viable». Hasta la reaparición de Sacristán aquellos jóvenes del Bar Club compartían inquietudes literario-políticas, pero carecían de método y dirección. Pero Sacristán reunió sus energías, instándoles a formar una célula universitaria del Partido Comunista, que fue la primera creada en la Universidad de Barcelona desde la Guerra Civil.

Para entonces Juan Goytisolo repartía su vida entre París y Barcelona. Pese a su condición de «enlace», no fue informado sobre los planes del filósofo, quien a buen seguro recelaba de él a causa de su existencia bohemia y afición inveterada al Barrio Chino. ¿Pensaba que era responsable de arrastrar a los otros a la mala vida? Es una posibilidad. Pero al llegar a Pablo Alcover el novelista descubrió las actividades clandestinas de su hermano menor, porque era justo allí –en la casa del padre– donde la célula había empezado a reunirse. En una cronología personal escrita en tercera persona y en presente, Juan dice: «De vez en cuando se celebran en casa misteriosos círculos de estudio que inquietan vagamente al cabeza de familia. Los murmu-

299

llos sobre materialismo dialéctico del grupo reunido en el comedor alternan con los bisbiseos del Santo Rosario que reza su padre. Eulalia, en la cocina, suspira llena de presentimientos.» Es evidente que don José María comenzaba a sospechar. ¿Qué hacían aquellos jóvenes, encerrados toda la tarde junto al enigmático profesor Sacristán? Si hablaban, como decían, de temas relacionados con la carrera, ¿por qué la charla se interrumpía de golpe cuando alguien abría la puerta? Preocupado, iba entonces al cuarto de Juan para pedirle su opinión sobre aquellos largos encierros. Aunque éste trataba de tranquilizarle, el anciano se abandonaba a críticas y lamentaciones, recordándole los duros tiempos de la República, en los que «yo y tu pobre madre» habían padecido no pocas calamidades. Con este ánimo salía de la habitación, hablaba *sotto voce* con Eulalia, molestaba al abuelo con cualquier pretexto y regresaba, cada vez más nervioso. En realidad no era para menos: sus dos principales fantasmas –la posibilidad de que un hijo suyo «se metiera en política» o que «saliera maricón», por usar frase de José Agustín– iban tomando forma en su propia casa sin que él pudiera probarlo, pese a algunos indicios. En algun momento su inquietud debió de llegar a los «conjurados», quienes, temerosos de que una indiscreción suya pudiera comprometerles, interrumpieron las reuniones de Pablo Alcover.

Desde esa fecha, mediados de 1955, hasta su muerte, el señor Goytisolo tuvo un nuevo frente de preocupación en las actividades políticas de sus hijos, en especial las de Luis, que se implicó más que ningún otro en la lucha contra el Régimen. En la novela *Recuento* se refleja bien esta situación, el conflicto padre-hijo por motivos ideológicos, así como el apoyo de tío Gregorio (*alter ego* del incorregible tío Leopoldo) en favor de los más jóvenes:

Esto es lo que ahora llaman gamberrismo, dijo papá. En mi época pasaba tres cuartos de lo mismo con lo del Maura sí, Maura no.

Pues, por lo visto, a los estudiantes detenidos les han pegado unas palizas tremendas, dijo Raúl. Se habla, incluso, de que les han aplicado corrientes eléctricas.

Habladurías, dijo papá. En este país, todo lo que sea denigrar a la autoridad tiene audiencia asegurada.

Dijo que lo que había que hacer era estudiar más y protestar menos, que con estas cosas sólo se hacía el juego a los políticos y pescadores de río revuelto. (...) ¿Cómo se puede concebir un mundo sin bufetes, notarías, registros de la propiedad, gestorías administrativas, protocolos, catastros y todas esas cosas que son la realidad de cada día, lo que hace funcionar al país? Muy bonito eso de que todo es de todos. Pero una cosa es la teoría y otra muy diferente la práctica. Las revistas resbalaron del asiento de tío Gregorio. Se había puesto en pie y le acompañaron hasta la puerta. Eh, déjales que protesten, dijo. Son jóvenes. Yo también protestaría. Motivos nunca faltan ni faltarán.

Deseos románticos de cambiar el mundo. En el fondo la política había irrumpido en la vida de Luis con la misma fuerza que el sexo o la escritura, así que se sentía integrado por completo en aquella célula o grupo comunista de Sacristán. Como escribe él mismo, «si no tuvimos percances más serios con las autoridades, fue en parte debido a la suerte y, en parte, a que nuestras actividades nunca alcanzaron la trascendencia que hubiéramos deseado». Pero tales actividades clandestinas existieron y tuvieron como corolario la detención de algunos, el encarcelamiento de otros, los interrogatorios, las palizas, el enfrentamiento en suma con el rostro brutal del Estado franquista.

Aquellos jóvenes bullían de fervor y pretendían pasar a la acción radical. Entonces los «cachorros» de Sacristán consideraron muy seriamente la posibilidad de recurrir a la violencia, postura que les obligaba a provocar destrozos o intervenir en sabotajes y atentados. Por fortuna para Luis, esta peligrosísima senda fue rechazada de plano por la dirección del Partido –siempre presente– que prefería la llamada «vía pacífica». En su novela *Recuento* el joven comunista Raúl escucha estas palabras de un ideólogo llamado Escala:

> El objetivo que está en primer plano es la unidad, por lo que no podemos permitirnos el menor paso en falso, nada que se aparte de nuestra línea de reconciliación nacional y derrocamiento pacífico de la dictadura ya que, como bien se demostró en la época del maquis, el país está harto de violencias, y cualquier tipo de acción directa sería aprovechado por el enemigo para distanciarnos de nuestros posibles aliados. Esto, al margen de consideraciones teóricas más de fondo, como la de que hasta qué punto, en las circunstancias actuales, el recurso a la violencia no presupone cierta desconfianza en las acciones de masa y en la capacidad combativa de la clase obrera. Dejemos, pues, todos esos sueños de sabotajes y asaltos a emisoras para cuando las condiciones objetivas sean otras.

Sobreponiéndose al desencanto, el grupo acató planteamientos moderados y sus miembros se encaminaron en esa otra dirección. La lucha se centraría ahora en redactar y confeccionar octavillas, repartos a pie o en coche; zonificar la ciudad sobre el plano, señalar los puntos clave: calles, plazas, edificios, lugares especialmente concurridos, nudos de comunicaciones, estaciones de metro. O, como añade Luis «También decidieron ponerse de acuerdo con los restantes grupos universitarios de oposición para, en una sola noche, llenar las paredes de la ciudad de llamamientos a la huelga, y finalmente trataron de las medidas de seguridad que había que tomar en previsión de que las declaraciones de los estudiantes detenidos dieran alguna pista a la policía.» Don José María Goytisolo tenía, por tanto, serios motivos para preocuparse por las actividades de su hijo, aunque no supo nunca lo cerca que estuvo Luis de la lucha armada.

Paralelamente, Juan había despertado ya las sospechas de la policía española. ¿Qué hacía entrando y saliendo del país? ¿Por qué se reunía con otros individuos en distintos bares de Barcelona, como el Bar Club? ¿A qué se dedicaba aparte de escribir? El novelista recuerda que, meses después, recibió en Pablo Alcover la llamada telefónica de Antonio Juan Creix —el temido inspector de la Brigada Político-Social— proponiéndole una cita para hablar de un asunto delicado. Con una soltura no exenta de humor, Goytisolo quedó para el día siguiente en el Pastis, el encantador antrucho francés de las Ramblas. Allí se entrevistaron el policía y el señorito, bebiendo pernod y hablando de política al calor de las canciones de Brassens. Según el propio Juan, Creix estaba ya al corriente de sus movimientos parisinos: sus contactos con Elena de la Souchère, sus colaboraciones con *France-Observateur*, su vinculación a la *intelligentsia* de izquierdas... Esta relación, decía Creix, podía acarrearle serios problemas. Pese a que Juan proclamó su inocencia, el inspector prosiguió hábilmente aquella charla-interrogatorio con el propósito de averiguar todo lo que sabía el joven acerca de aquellos franceses «antiespañoles» y sus posibles visitas a nuestro país. El escritor eludió el lance como pudo, navegando por las aguas de una conversación tan directa como llena de peligros, pues se hallaba ante una figura clave en el aparato represor del Régimen. Luego, escribe Goytisolo, «me habló del mundo cultural y literario, de lo expuestos que estábamos los escritores con alguna debilidad o defecto —no precisó cuáles— a ser chantajeados, a convertirnos sin darnos cuenta en agentes del enemigo». El enemigo, por supuesto, era el comunismo, por el que Creix sentía una ambigua fascinación. Y concluye Juan: «Mientras subíamos a pie por las Ramblas, me pidió que le firmara un ejemplar de *Duelo en El Paraíso;* después se despidió de mí con la amable pero seca advertencia de que nuestro trato podía ser muy distinto en caso de que me diera por volver a las andadas.»

En otra ocasión, un pequeño grupo integrado por José María Castellet, los Goytisolo y una docena de jóvenes más llevaron a cabo un pateo colectivo en el teatro Calderón de Barcelona, interrumpiendo una obra de Luca de Tena en la que un comunista era fusilado por sus crímenes. Los aplausos del público se mezclaron así con los abucheos y silbidos de los reventadores, y Luis Goytisolo fue detenido por un inspector que se encontraba en el local. Voluntariamente, Castellet y los demás se unieron al detenido para acompañarle, si bien Juan se escabulló a la salida del teatro porque tenía muy fresco su encuentro con Creix. Ya en comisaría, el propio Creix le preguntó con insistencia a Castellet por los hábitos del ausente: costumbres nocturnas, relaciones sociales y gustos eróticos. Es obvio que el inspector conocía el poder sin límites del sexo, su fuerza motriz en tantos actos humanos, algunos fuera de la ley; pero el interés de Creix por el novelista plantea un interrogante: ¿estaba Juan Goytisolo siendo vigilado de cerca por la policía o simplemente la intuición infalible del inspector le había hecho detectar algo «anómalo» en su conducta? Parece claro que existía en Juan un algo diferente que cualquier «sabueso» podía detectar: aunque se reuniera en el Bar Club como los otros, luego desaparecía en solitario por los antros del Barrio Chino o pasaba largas horas en el Varadero. Creix no había visto a un señorito igual en toda su vida.

Goytisolo comenzó a sentir, primero en una esquina, luego en la mesa contigua de un bar, el soplo del acoso. ¿Era observado por algún agente de paisano, o sólo fueron imaginaciones suyas? La atmósfera de aquella época, plácida para los conformistas, podía resultar ansiógena para quienes estaban en desacuerdo, sobre todo si conspiraban de un modo u otro en la clandestinidad. En este punto, se impone una breve digresión de tipo psicoanalítico. Es cierto que Juan había logrado «escapar» a la mirada del padre, pero no era fácil eludir a ese otro «padre» mayor, Francisco Franco, cuyo ojo podía ser testigo de sus andanzas e inclinaciones a través de las pupilas vigilantes de la Brigada Político-Social. Es normal que el subconsciente del novelista fuera detectando y almacenando sombras de peligro, y que esa impresión de «ser observado» por un ente represor y tiránico marcara su vida, tanto en las actividades políticas como en las preferencias sexuales. Cuenta el propio Juan que por entonces se iniciaron sus angustiosos sueños de persecución, «una escenografía mental de denuncias, ocultamientos, acosos, huidas frenéticas de la policía a causa de un delito oscuro y vagamente deshonroso, escenografía que no terminaría con mi desarraigo del país ni siquiera con la muerte de Franco». El viejo sentimiento de culpa había rebasado con creces el marco de Pablo Alcover.

Pero ni esos malos sueños ni la escritura final de *Fiestas* le alejaron de la lucha en verano de 1955. ¿Qué debía hacer, afiliarse al Partido Comunista? Su hermano Luis ya se había «comprometido», y él no estaba demasiado lejos. No obstante, su ingreso en el PC no se produjo, debido a razones difíciles de especificar. Aunque se creyera intelectualmente maduro para el ingreso, cierta señal de alarma le impedía dar el paso definitivo. El recuerdo de algunas lecturas adolescentes, mostrando el horror de los procesos de Moscú, así como su relación ocasional con algunos militantes cerriles le inhibieron. El joven taciturno del Varadero, ¿iba a unirse ahora a un coro uniforme y disciplinado? Como él mismo escribe: «Huyendo como huía de un mundo en el que me sentía marginado y extraño temía inconscientemente internarme en otro en el que dichos sentimientos de diferencia y desacuerdo pudieran reproducirse.» Algo debió de influir también su encuentro con el escritor Juan José Mira, designado por el Partido Comunista para adoctrinarle a él y a Castellet. Tras una primera charla en un piso del Ensanche barcelonés, Castellet y Goytisolo salieron con sendos ejemplares del *Mundo Obrero* que debían leer en casa para poder comentarlo con Mira en la siguiente reunión. Pero se dieron cuenta en la calle de que su mentor tenía «un ladrillo en el lugar del cerebro» y arrojaron aquel panfleto a la boca de una alcantarilla. De este modo, su primera tentativa de compromiso real concluyó en fracaso.

«LIL AL QÂDER»

Si una suma de factores influyó en la inhibición de Juan Goytisolo en lo tocante al Partido Comunista, otra cadena de acontecimientos propició su marcha definitiva de España. Parece ser que en verano de 1955 recibió una carta de un hispanista estadounidense quien le comunicaba que Maurice Coindreau, profesor de literatura francesa en Princeton, sabía de su existencia. Coindreau era además el célebre traductor de Faulkner y otros grandes de la narrativa norteamericana a lengua francesa. ¡Coindreau! Puedo imaginar el asombro del escritor, reacción que fue de alegría al recibir días más tarde una carta del propio traductor felicitándole por sus novelas y ofreciéndose de paso a traducirlas para Gallimard. Dice Goytisolo: «Para un escritor bisoño y provinciano como yo, deslumbrado a la vez por los novelistas que Coindreau traducía y el prestigio de la editorial a la que asesoraba, la carta parecía delusoria y mirífica, demasiado hermosa para ser real.» Pero no era un sueño. Y tras cruzarse algunas cartas, fijaron un encuentro en París a principios de octubre.

La cita tuvo lugar en el Hotel du Pont Royal y aquella misma tarde Coindreau propuso un nuevo encuentro, esta vez en Gallimard. Cuando el español llegó a la editorial, le informaron de que el traductor había tenido que ausentarse, pero que la secretaria del departamento de traducción deseaba verle. Recuerda Juan que aguardó excitado y, al poco, apareció una mujer joven, tostada por el sol y con el cabello muy corto, luciendo una sonrisa. Resulta interesante esta primera impresión, que él completa así: «...una sonrisa abierta, cálida, generosa, teñida de una leve melancolía, que le pertenece en exclusiva y una vez aprehendida e interiorizada resulta imposible olvidar». Era la sonrisa de Monique Lange.

Tras el saludo ella le condujo al despacho de su jefe, Dionys Mascolo, autor de aquel artículo en *Les Temps Modernes* sobre el futuro de la izquierda que tanto había impresionado al grupo de Castellet. Allí hablaron de literatura y de la posibilidad de publicar sus libros en Francia, pero también conversaron sobre la situación política española, que preocupaba a todos. Escribe el propio Goytisolo: «Durante una buena hora expuse a Mascolo mis violentos sentimientos antifranquistas: con mi optimismo ingenuo de aquellos tiempos, le expliqué que la nueva generación de intelectuales y universitarios se oponía a la dictadura y adoptaba posiciones políticas cada vez más claras y radicales...» Y llevado por un entusiasmo y un poder de acción que el grupo de Castellet ciertamente no tenía, Juan vaticinó que el país iba a entrar en breve en una fase de agitación revolucionaria. En teoría, los de Gallimard esperaban a un joven autor barcelonés que había incorporado la estética de la nueva novela norteamericana a la narrativa española, pero en aquel primer encuentro Goytisolo mostró su lado más vehemente, entregado en cuerpo y alma a la causa. Gratamente sorprendidos, Monique Lange y Dionys Mascolo renunciaron

305

a comprobar si aquél era el valioso narrador que les había recomendado Coindreau, pero creyeron estar ante un verdadero carbonario. Mascolo le emplazó entonces para un nuevo encuentro, y Lange le invitó a cenar en su casa al día siguiente, dejando entrever que Genet también acudiría a la cita. Una vez que Goytisolo hubo abandonado el despacho, Dionys le comentó a Monique: «Éste es el español que esperábamos desde hacía tiempo.»

Pero ¿qué es exactamente lo que esperaban y por qué y para qué? Está claro que la mítica Gallimard no necesitaba más novelistas españoles, pues había suficientes –si quería verlos– tanto en España como en el extranjero; tampoco era un prodigio hallar a un antifranquista en París, que era la capital del exilio español en Europa. Sin embargo, Juan Goytisolo reunía varias cualidades: era joven, culto, rebelde, afín al Partido Comunista, y su obra reflejaba la influencia de un granjero sureño cuya huella comenzaba a calar entre los nuevos escritores franceses que inventarían el *Nouveau Roman*. Por si fuera poco, pertenecía a grupos intelectuales de la oposición española en el interior y mantenía contactos con personajes de la izquierda francesa como Elena de la Souchère. Sí. Había franqueado las puertas de Gallimard en el momento oportuno, tan afortunado en su suerte como el bisabuelo Agustín al entrar en la bahía de Cienfuegos. En la novela *Señas de identidad*, Álvaro Mendiola explica su impresión de aquel encuentro con Mascolo:

>Saliste a la calle mareado de dicha, aturdido todavía por la influencia hipnótica de aquel universo autónomo y codiciable, con la radiante impresión de poseer la llave de entrada y un puesto vitalicio en el festín. (Tu instinto de actor había aliñado un tanto el relato de tu experiencia y, escuchando las peripecias de tu autobiografía incipiente, habías caído en la trampa de tu propio engaño sentimental.)

¿Era consciente de que había contado lo que los otros deseaban oír?

En cualquier caso, los nuevos pasos de Juan en París resultaron igualmente decisivos. La tarde del 8 de octubre de 1955 acudió a su cita con Monique Lange en el apartamento de ésta, en el 33 de la Rue Poissonnière. La anfitriona le recibió en compañía de Genet y de un joven inglés con el que ella mantendría una breve relación tras su reciente divorcio. Cuentan que Genet estaba representando ya su papel provocativo e iconoclasta, molestando al inglés con bromas de tipo homosexual. Cuando Goytisolo apenas había asimilado los modos del dramaturgo, éste le preguntó a bocajarro: «Y usted, ¿es maricón?» Paradójicamente, esa pregunta hizo que la reserva del novelista saltara hecha añicos. Vencido su pudor, le confesó que había tenido experiencias homosexuales, algo que nunca había dicho a nadie y que le granjeó de inmediato la simpatía de Monique; no obstante, eso no impresionó a Genet, quien volvió a la carga en frase memorable: «¡Experiencias! ¡Todo el mundo ha tenido experiencias! ¡Habla usted como los pederastas anglosajones! Yo me refería a sueños, deseos, fantasmas.» La idea goytisoliana sobre la homosexualidad acababa de abrirse a un territorio nuevo.

Pese a la presencia impactante de Genet, se entabló entre Juan y Monique una relación de índole difícil de precisar. ¿Atracción física, amor, camaradería espiritual? Todo indica que ella derribó de un soplo la barrera cautelosa que se interponía siempre entre Juan y las mujeres, a excepción de algunas prostitutas. Monique Lange, por tanto, fue la primera joven con la que Goytisolo se sintió verdaderamente cercano, cómodo, tranquilo. Aquella velada fue crucial para él, tanto por el hallazgo de Genet como por el de aquella risueña francesa hacia la que se sintió súbitamente *attaché*. Con todo, no creo que el escritor pudiera calibrarlo aún mientras regresaba a pie a su refugio de la Rive Gauche, pasada la medianoche. Sólo después, en *En los reinos de taifa*, escribirá:

Mi Lil Al Qâder acaeció un ocho de octubre, no sé si dentro o fuera del mes sagrado de Ramadán, la noche en que fui por vez primera al lugar en el que escribo estas líneas y conocí a un tiempo a Monique y Genet, dos personas que por vías y maneras distintas influyeron decisivamente en mi vida y cuyo encuentro desempeña en ésta un papel auroral. Mi evolución posterior la deberé en gran parte a ellas, a su contribución a arrancarme de mi medio y su agobiadora estrechez.

Lil Al Qâder: la *Lailat al Kadr* del Corán, o Noche del Destino, aquella en que el arcángel Gabriel se apareció al Profeta mientras dormía y le ordenó: «¡Lee!» En la tradición musulmana es la noche de la revelación, la noche de la paz, y los fieles consideran que los acontecimientos del año se deciden en el curso de la misma.

Los días posteriores Juan Goytisolo aprovecha para corregir la traducción de su novela que ha efectuado Coindreau, y luego firma el contrato de publicación con Gallimard. Eso le lleva a las oficinas de la editorial donde vuelve a ver a Monique: sus lazos se estrechan en cada nueva cita, y todo indica que ella está impresionada con aquel español cuya vehemencia política habría dejado boquiabiertos a todos cuantos le conocen en Cataluña. Escribe Juan que la francesa, con el fin de darse a conocer y seducirle, «ha desplegado como un abanico sus radiantes, vistosas tarjetas de visita». Y es que Monique no es sólo amiga de Genet: es amiga también del propio Mascolo, de Marguerite Duras y de la sobrina de Malraux; incluso se cartea con Faulkner, padrino de su hija, la pequeña Carole. Las tarjetas de visita son, pues, una dorada lista de amistades que incluye autores que Goytisolo ha leído y admira profundamente.

Pero Monique Lange, en realidad, está desarrollando una doble estrategia: de un lado, trata de seducir al joven escritor, y, de otro, le tiende una trampa para conocer sus verdaderos objetivos literarios. Más tarde, la propia Monique le confesará que estuvo poniéndole a prueba, es decir, tratando de averiguar si él estaba verdaderamente preocupado por la Escritura. Comenta Juan:

> Desde su atalaya o mirador de Gallimard, había aprendido a clasificar a los escritores en dos categorías: quienes conciben la literatura como una carrera y quienes la viven como una fatalidad o bendición. Su desafecto a los primeros era inflexible. Diariamente acudían a su despacho corroídos por el afán de notoriedad y aplauso fácil, con una sonrisa que, en los antípodas de la suya, parecía sobreimpresa en su cara y los convertía en viajantes de comercio de sus propios productos, en asiduos e irrisorios actores de las galas y oropeles de la televisión.

La francesa pretende apartarle de ese camino. Hay mucho de caracterológico en ello, de instinto protector; pero su amistad con el mismísimo Faulkner y con Genet hacen de Monique una espléndida consejera en materia de pureza de actitudes. Tiene el raro don de la musa moral. Y suele decirle: «No te tomes jamás en serio. Quien corre tras la gloria la ve desvanecerse como un espejismo. Al respeto intelectual, literario y moral se accede en silencio. Sé una persona, no un personaje. Medita en los ejemplos de Beckett, Blanchot, René Char.» En años sucesivos, la mujer de la sonrisa inolvidable tratará activamente de curar a Juan Goytisolo de eso que él define como «mi propensión inicial al arribismo y obsceno cosquilleo de la notoriedad».

¿Quién era esa mujer que se reveló providencial desde su primera aparición? Bien pronto el novelista pudo acumular algunos datos: orígenes judíos, infancia en Indochina, conversión al catolicismo e inmediata pérdida de la fe, descubrimiento de la miseria asiática, regreso a París, amistad con Genet, matrimonio, maternidad, divorcio, impacto de sus viajes a España, adhesión al Partido Comunista... Con apenas treinta años, la vida de Monique Lange ha sido apasionante, muy distinta a la de Juan, y eso le atrae casi tanto como su carácter vital cuyos efectos le empiezan a resultar balsámicos. Su humor, sencillez y emotividad derriban las precauciones, situando a Juan en «una inmediatez calurosa, propicia a la reciprocidad». Inútil añadir que Monique es muy distinta a las burguesitas españolas temerosas, limitadas, reprimidas: tratar con ella es recibir una brisa de libertad. Por eso la va a buscar a diario a la salida de la oficina y luego pasean juntos por algunos rincones de París. Aunque se comportan como amantes aún no han hecho el amor, convencidos de que el lazo debe estrecharse y de que su encuentro pide algo más que unas pocas jornadas de *amour fou*. Además hay otro asunto: Juan Goytisolo debe volver a España para cumplir los seis meses de servicio militar que le quedan pendientes, o declararse prófugo. El compromiso con la patria no desalienta en cambio a la pareja, y Monique comunica a Juan su deseo de pasar las vacaciones navideñas en España. Sólo ellos parecen entender ese nuevo plan, «una locura», como dirá una amiga de Monique. Cuando a finales de octubre se despiden en la Gare d'Austerlitz, se sienten confusos y emocionados. Como escribe él, «nuestra relación es precaria y lábil; cualquier circunstancia desdichada o imponderable puede todavía quebrarla, hacerla desaparecer».

UNA FRANCESA EN LA CIUDAD CONDAL

En las Navidades de 1955 Juan Goytisolo recibe a Monique Lange en la antigua Estación de Francia de Barcelona. Ha sido un mes de prolongada espera, lapso en el que el novelista se ha recluido en Torrentbó para seguir corrigiendo el mecanoescrito de *Fiestas* y leer los libros de Genet que ella le ha enviado desde París, entre cartas y llamadas telefónicas. En aquellas misivas él le transmite sus inquietudes políticas y su incómoda vergüenza al comprobar por enésima vez su condición de «señorito», algo que en la Masía Gualba alcanza todo su significado. Viendo a los aparceros de la finca familiar, el joven reflexiona sobre la actitud de los intelectuales de izquierda franceses y se siente explotador, literalmente *une ordure:* basura. Pero ya en la estación de tren, se olvida de todo y sale al encuentro de aquella mujer cargada de maletas, sonriente, que ha cruzado la frontera por unos días para amarle en secreto. Goytisolo decide entonces instalarse con ella en el Hotel Cosmos, un hotelucho de las Ramblas, con aspecto de *meublé;* la elección de este albergue tiene un significado simbólico: es el mejor refugio para una amiga de Genet. Allí acudirán pronto algunos amigos de Juan y también su hermano Luis, junto a María Antonia Gil, que desean conocer a la francesa. Resulta obligada la cena en el Amaya, el paseo por el puerto, las copas de la tarde y, finalmente, el aplazado ritual amoroso en una modesta habitación del hotel. La suavidad acogedora de Monique vence las dolorosas reservas de Juan, su frigidez, la imposibilidad de unirse a mujeres que no sean meretrices. En la novela *Las casetas de baño,* de Monique Lange, la protagonista recordará que su amante «lloraba a lágrima viva» porque sólo podía acostarse con prostitutas. En *Coto vedado,* Juan escribe de Monique: «Acoplado a su cuerpo, encuentro sin prisas los gestos y ademanes necesarios, comparto con ella tan demorada y hermosa intimidad.»

Al día siguiente Juan Goytisolo aprovecha para mostrarle las tascas de Escudillers, las tabernas de la Barceloneta, los antros del Barrio Chino. Dado que Monique profesa una irresistible pasión «por las locas y maricones», el escritor se conduce como cicerone heterodoxo, descubriéndole esa ciudad que ha rastreado a conciencia y que inspiró en su día páginas vitriólicas del amigo Genet. En este recorrido Juan incluirá también una visita al Varadero, donde se fotografían bajo el soportal del barucho flotante junto a Raimundo y su cohorte de parias. Es obvio que la zona portuaria resulta el mejor decorado para su amor: los amantes beben manzanilla en La Venta Andaluza, asisten al baile negro del Cádiz, se topan con Gil de Biedma perdido en los callejones, o se aman en «el tálamo acolchado y pomposo del Cosmos». Fiel a sus principios, Goytisolo rehúye mostrarle las zonas altas de la ciudad, el reino de la burguesía. Pero hará dos significativas excepciones... Una visita a la casa de Pablo Alcover, que él revive con estas palabras: «El escenario fantasmal, vetusto y decrépito de la torre impresiona a Monique: tras haber pasado en él unas horas, me dice, se ha sentido tan oprimida como yo y con los mismos deseos de huir de allí.» Pese a esta impresión sombría, las fotos tomadas en el jardín ofrecen la imagen de una pareja joven, alegre, y en el caso de

Juan, con una expresión de insólita, desconocida felicidad. La otra experiencia en los barrios altos fue una visita fugaz al apartamento de Barral. El poeta Gil de Biedma lo recuerda en su *Diario:*

Fue a finales de 1955, en la tertulia nocturna que teníamos los martes en casa de Yvonne y Carlos, calle de San Elías. De la mano de Juan Goytisolo apareció por allí aquella noche Monique Lange. Llegaba de París, trabajaba en Gallimard, lugar sagrado para todos, graduados como estábamos en literatura del siglo XX gracias a las ediciones de la NRF. Uno tras otro, apenas quedó contertulio que en su mejor francés posible no se desahogase a cuenta del régimen franquista diciendo *tutto il male che in bocca le venia,* que no era por cierto poco.

De haber estado allí Mascolo, habría disfrutado enormemente.

A los pocos días Monique regresó a Francia y Juan partió a Mataró para cumplir las prácticas de las Milicias Universitarias. Para entonces algo ha cambiado de raíz y la pareja tiene el proyecto de seguir viéndose: hablan incluso de reunirse en París con objeto de vivir juntos una temporada. Durante los seis meses en Mataró, Juan Goytisolo recibirá cartas y llamadas telefónicas de su novia francesa que le rescatan del sopor castrense, confirmándole que la mili es una vivencia absurda, alienante, inútil. En una misiva enviada a Monique en primavera le describe así la festividad del Corpus:

¡Hermosa procesión la del jueves! Casco, metralleta, botas, uno, dos, marcando lentamente el paso tras el Niño Dios a los acordes de la banda. Delante de nosotros, las niñas de Primera Comunión con sus velas y alitas blancas y curas, curas, todavía curas mientras sudamos cegados por el sol y su reflejo en las bayonetas, uno, dos, uno, dos, y yo entontecido, reventado, ausente, con la penosa impresión de ser un simio.

Según Goytisolo, en aquellas cartas escritas entre enero y julio del 1956 había tanta franqueza como propensión al mito, tanta humildad como vanidad del señorito de izquierdas que se sabe escritor. Porque pese a lo áspero del «servicio», aquel sargento ha encontrado de nuevo la fisura del sistema, esos «amables ojos de queso» comunes a toda estructura militar latina, donde los más astutos consiguen llevar una vida sin grandes sobresaltos. Su estancia en el Regimiento de

Infantería Badajoz n.º 26 no fue, pues, un tormento; en su caso, las cartas y llamadas de una francesa le forjaron «un envidiable status de meritorio y bragado conquistador hispano», lo cual le resultaría altamente beneficioso en el trato con sus superiores. Protegido por esa aura galante, dice Juan, «te aprovechas de la situación para zafarte de las obligaciones más penosas de tu vida de sargento —desfiles, revistas, marchas— invocando la peregrina necesidad de permanecer junto al teléfono en caso de llamada de París». Y añade: «El franquismo era igualmente esto y no tenía nada que ver con el régimen férreo, monolítico y totalitario que exiliados y simpatizantes de la República solían describir y pintar fuera.» Gracias a ello, el novelista se condujo con relativa libertad en aquel cuartel que no respondía ni remotamente al penal terrorífico que debieron de imaginar sus compañeros de izquierda franceses.

La etapa en Mataró le aportó además otras experiencias provechosas. Aunque no era el rincón ideal para la escritura, pudo tomar apuntes, esbozar escenas y personajes que luego incorporaría a algún relato de su libro *Para vivir aquí*, ambientado en parte en un cuartel español. Por un azar, el sargento Goytisolo fue destinado a una compañía formada casi por entero por gentes del Sur: andaluces y murcianos que o procedían de sus tierras de origen o se encontraban ya en Cataluña, hacinados en el extrarradio barcelonés luchando por una vida mejor. El descubrimiento de estos andaluces, los *xarnegos*, alimentó aún más en él su desprecio hacia una clase pudiente que los detestaba, explotaba y confinaba en barriadas miserables como La Verneda, Somorrostro o Casa Antúnez. Sin cultura ni formación, Juan escribe de ellos: «Transplantados directamente a la urbe desde sus cortijos y aldeas, algunos parecían asustados por el tráfico y bullicio de aquélla, cruzaban torpemente la calle, contemplaban asombrados las maneras mucho más desenvueltas y libres de los chicos y muchachas de la localidad.» El sargento señorito podía comprobarlo en los momentos de ocio, cuando bebía con algunos de esos reclutas —algo contrario al reglamento— y ellos le hablaban con emoción de sus queridas patrias rurales: Mazarrón, Pulpí, Totana, Garrucha, Níjar o Carboneras... El Sur.

De vez en cuando el escritor escapaba a Barcelona de permiso. En su *Retrato del artista en 1956*, Jaime Gil recoge una nueva visita del sargento Goytisolo al piso de Barral: «Está mejor físicamente: fuerte, tostado. Lleva un traje nuevo. Desde que vive con Monique se viste más.» Es falso que Juan viviera ya con Monique, pero resulta evidente que había entrado en su órbita. Aquella noche Juan y Jaime salieron hasta las cuatro de la madrugada, eliminando el último resto de recelo que les impedía ser amigos. Días después salieron de nuevo, tras lo cual Gil de Biedma anotó:

> Noche delirante con Juan Goytisolo, e imprevista. Esperaba un rato de conversación más o menos literaria, y no una interminable travesía por tugurios de absoluta irrealidad, en compañía de un limpiabotas bufón y agradador llamado España, para finalmente desembocar en la cama y en un circuito pintoresco: a Juan le gustaba el limpiabotas, al limpiabotas le gustaba yo y a mí me gustaba Juan. Me divertí mucho. Pero hay en el frenesí de Juan –¿estaba de verdad borracho?– una cierta deliberación, una ausencia de convicción física y un malditismo que en el fondo no me agradan.

El «malditismo» excesivo de Juan es un rasgo que algunos compañeros le detectaron por esa época.

Aparte de salir con ellos, el sargento Goytisolo revisita a solas sus antiguos refugios y en un rapto de nostalgia se acerca una tarde al Varadero; al preguntar por su amigo Raimundo, le comunican que ha muerto. La noticia de su muerte, el relato de su agonía atroz, enfermo, solo, arrastrándose borracho por las tabernas y cafetines de la Barceloneta, le conmoverá hasta las lágrimas. Lágrimas sin duda de dolor, pero también de hondo remordimiento porque, como él mismo declara, la noticia le provoca «una vergüenza retrospectiva de haber trocado a tu amigo en héroe de novela para abandonarlo después a su terrible destino». Es un sentimiento claramente autoinculpatorio, que se ceba por igual en los egoísmos de su propio carácter y en su condición privilegiada de señorito burgués. Hablando de ello en carta a Monique se refiere a las «manos callosas» del camarada muerto: un *mea culpa* simbólico, la imagen proletaria que puede impactar a una mujer sensible, generosa y comprometida con la izquierda. Sin embargo, Juan Goytisolo no habla en la carta del «pasado esplendor de su cuerpo», ni del hechizo casi hipnótico que Raimundo despertó en él durante todo un año cuando acudía al Varadero «para obtener la gracia de verle»; tampoco alude al significado de su sonrisa viril, e inconscientemente está callando una parte esencial de la historia. Desde el cuartel de Mataró no sabe o no quiere comunicarle lo definitivo, lo que premonitoriamente había despertado en él su amigo Raimundo: esos sueños, deseos y fantasmas de los que con tanta sabiduría le habló Genet el día de su *Lil Al Qâder*.

¿POR QUÉ SE ACEPTA A MONIQUE?

En febrero de aquel año 1956 se produjo una gran crisis –quizá la primera– en el seno del régimen franquista y fueron detenidos Ridruejo, Pradera, Múgica y otras voces críticas con el sistema. Ante la imposibilidad de informar a Monique del alcance real de los hechos, Juan Goytisolo decide aprovechar el viaje a Francia de amigos como Jaime Salinas, que cumplen el papel de emisarios. La futura escritora se entera así de algo alarmante: en Barcelona circulan listas negras de opositores «a quienes se debe neutralizar en caso de necesidad», y el nombre de Juan figura en ellas como «enlace intelectual del PC con el exterior». Aunque sólo son rumores, los mensajes del sargento a su novia transmiten un inequívoco sentimiento de inquietud: «... no sé honestamente lo que me espera; no puedo siquiera hacer proyectos: ¿terminaré el servicio militar sin problemas?, ¿me concederán el visado?». A la separación se une una borrasca política de final incierto. Pese a que la crisis del Régimen se resuelve rápidamente –con Franco fue la norma–, el temor se ha apoderado de los jóvenes: tambien la historia puede acabar con su amor.

Con todo, Monique Lange sigue llamándole por teléfono e incluso se acerca fugazmente a Barcelona; tales gestos, dice Juan, «repercuten en las relaciones hipócritas y evasivas pero irritantes que mantienes con tu padre». Y es que el señor Goytisolo ha descubierto la naturaleza de un vínculo que vulnera sus principios católicos. Claro que en puridad otro tanto podría decirse de las relaciones de Luis con María Antonia Gil, ahora su novia; pero el caso de Juan es distinto: Monique es una judía divorciada, una probable «aventurera» francesa que va a arrojar a su hijo a un pecaminoso concubinato. Pese a ello, esta posibilidad acabará siendo aceptada mucho antes de lo previsto, lo que me induce a pensar que la reacción del padre fue más tolerante en este punto de lo que hubiera sido en el caso de los otros hermanos. ¿Por qué? Escribe Juan que su padre se hallaba atrapado en un dilema, «la inconfesada, secreta aprensión a tu eventual homosexualidad, incubada y latente desde el episodio del abuelo, le ha robado posiblemente muchas horas de sueño y aun con su separación matrimonial y "sangre judía", Monique aparecerá a sus ojos como un menor mal».

Un mal menor, eso es Monique. No habrá gran simpatía por ella, tampoco afecto excesivo. Pero pese a sus inconvenientes –para colmo, es comunista–, don José María Goytisolo detecta que su influencia está siendo beneficiosa para ese hijo prematuramente marcado. Y esa marca del año 1943 le duele doblemente porque Juanito siempre fue «la niña de sus ojos». Por desgracia, aquel queridísimo hijo, el único heredero en su corazón del difunto Antonio, se transformó luego en un completo extraño: solitario, esquivo, sin diplomas ni acreditaciones, con veleidades literarias e ideas políticas contrarias a las suyas. Quién sabe si con aquella francesa las aguas volverían a su cauce.

NORTE-SUR

En verano de 1956 Monique Lange vuelve a Barcelona para pasar las vacaciones, y Juan Goytisolo le propone entonces un viaje por el Sur. Si él no hubiera conocido a Raimundo y los parias del Varadero, ni a las putas andaluzas ni a las «locas» del Barrio Chino y, sobre todo, a los soldados murcianos del cuartel de Mataró, la fascinación por esa España acaso no habría tenido lugar. Pero también influye que Monique ame nuestra tierra, adore el sol, porque así les resulta más sencillo abandonar el escenario barcelonés para recorrer los pueblos costeros de Murcia y Almería, toda una odisea en aquella España anterior al turismo. Escribe Juan en *Coto vedado*: «Impacientes, dichosos, con ganas de beber, bañaros, hacer el amor en nuevos escenarios, tomasteis el tren para Valencia, camino de Guardamar, Cartagena y las playas remotas del presentido, luminoso Sur.» En otro pasaje describe el fuego erótico que les devora a su llegada: «... probaremos por turno los cuatro lechos de un solemne, anacrónico hotel de Cartagena; follaremos desnudos en las dunas ardientes de la playa...». Sus deseos de aventura se van cumpliendo y el Sur se impone con una fuerza avasalladora. Con otro tono, el novelista reproduce ese efecto en un ensayo de *Contracorrientes:*

> Mi recorrido por Almería en septiembre de 1956 fue en verdad un periplo iniciador, bautismal, espermático: la confrontación con un mundo, una realidad, un paisaje cuya desnudez, violencia, aspereza me atraerían de modo inmediato. Como verificando un sueño o presentimiento, descubría la fuerza impregnadora de unos montes y tierras desiertos, de asoladora orfandad; una fascinación íntima por unos pueblos adustos, recatados y blancos; una solidaridad instintiva con unas mujeres y hombres bárbaramente explotados y obligados a emigrar para ganarse el pan.

El choque con aquel paisaje yermo le despierta de su letargo. El viajero habla entonces de «afinidad, inmediatez, concomitancia con una tierra casi africana que confiere al viaje el aura iniciática de una segunda, demorada natividad». En muchos sentidos es un segundo nacimiento, la irrupción en un cosmos diáfano.

A lo largo de varios días avanzan por tierras calcinadas, encuentran pequeños pueblos blancos, minas y factorías abandonadas, playas desiertas, horizontes temblorosos bajo el fuego solar o la calina. El paisaje humano les resulta igualmente desconcertante: «mujeres de luto, prematuramente gastadas cargadas de cántaros junto al aguaducho : campesinos sonámbulos, reatas de mulas, hombres callados y tristes acogidos a la paz de un sombrajo : ninguna mudanza ni expectativa de cambio». Es el epicentro de la España ancestral, ajena a toda remisión o esperanza; pero podría ser también Portugal, Grecia, Italia o el norte de África. El hallazgo de semejante escenario provocará en Juan no sólo una sacudida geográfica y humana sino ética. El escritor no va a salir indemne de su viaje por tierras del Sur, ya que a partir de esta experiencia deberá contar con dos nuevos elementos: de un lado, el idioma, o más bien el «acento ronco, gutural o cantarino del Sur, a través del cual se infiltrará quizá misteriosamente el amor a tu lengua»; del otro, el descubrimiento de una tierra cuyo magnetismo le cautiva y le vence por entero. Por primera vez en su vida se siente afín a algo español, percibe unos sentimientos de parentesco hacia unos campos sin verdor alguno, un firmamento terso y eso que él llama «ruin esplendor mineral». Aunque acaricie aún el sueño de abandonar la mediocre y burguesa Barcelona, algo ha cambiado: no odia España entera, odia la España del Norte, que con su poderoso desarrollo industrial provoca la injusticia y los desequilibrios regionales en el Sur. Por el contrario, la primitiva y radiante Andalucía se erige al instante en «proyección compensatoria de una patria frustrada».

A principios de septiembre la pareja se halla de nuevo en Barcelona y allí coincide con otros escritores en el apartamento de Carlos Barral. Éste escribirá después:

> La futura novelista Monique Lange llegaba encantada de Andalucía, de un viaje de cuadrillera, en la corte de un torero, no sé de cuál, y había conocido a Juan en algún tugurio de la zona portuaria, de aquellos a cuya contemplación erótico-política nos arrastraba con frecuencia, instándonos a sumar en la misma cuenta las cualidades

de un miserable cantaor, por ejemplo, y los perfiles de representatividad histórica de su atribulada existencia.

Ajeno aún a esta versión cruel, Juan Goytisolo relatará a su vez lo que la velada representó para su compañera: «La reunión en el apartamento de recién casados de los Barral, aun animada por la presencia irradiante de Ferrater, adolece de ese prurito literario mundano *d'être à la page* ilustrativo para una parisiense habituada a Genet de nuestro irremediable complejo de provincias.» Cierto. Aquellos señoritos burgueses tenían sus limitaciones, pero comenzaban a politizarse. Eran calendas agitadas, movidas por un ansia creciente de libertad. Cada quince días se reunían en el domicilio del artista Santos Torroella en tertulias que Barral describirá así: «Santos inventó, con la complicidad de José Agustín Goytisolo, unas reuniones en su casa en las que se trataba de perfilar posiciones políticas, de estudiar los problemas de la situación española y de definirnos ante ellos. Las conclusiones de cada reunión se resumían en un cuaderno de actas bajo el disfraz de la filatelia, en una clave muy elemental.»

Tampoco descuidaron la literatura, y con el tiempo extendieron sus movimientos más allá de Cataluña. Así fue como José Agustín Goytisolo se reunió en Madrid con Carlos Barral y Jaime Gil de Biedma, con el fin de participar en «Los Jueves Literarios» que se celebraban en el Ateneo de la capital. La presencia de los jóvenes poetas catalanes produjo gran curiosidad en los círculos castellanos, y aquel acto supuso su «presentación oficial» en Madrid. Pepe Goytisolo recuerda que hubo cierto revuelo porque el credo poético de los tres amigos estaba muy alejado de la Meseta. Como dirá Gil de Biedma después, sus poemas fueron escuchados por el público «con el mismo estupor con que un cantero de Orense recibiría un aerolito», malévola alusión hacia el orensano José Ángel Valente.

En todo caso, algo empezó a cambiar en nuestra poesía desde la visita de aquellos jóvenes de la periferia. Desde sus primeros viajes a Madrid, los catalanes aprovecharon también para visitar al maestro Vicente Aleixandre, a quien todos consideraban gran poeta y hombre de generosidad proverbial. Pero curiosamente, José Agustín fue bastante impermeable a su magisterio y frecuentó poco su casa de la calle Velintonia, porque era «una auténtica romería». Pese a que Aleixandre siempre los defendió ante los círculos capitalinos, él prefería ir a casa de Dámaso Alonso, en la Travesía del Zarzal, donde, como suele decir, «no sólo se bebía jerez sino whisky».

Entretanto, su hermano Juan llega a París y se instala de modo provisional en un pequeño hotel cerca del Quai Voltaire. Lejos del Sur, la pareja Goytisolo-Lange deciden pasar juntos solamente los fines de semana: un método sensato de preservar la independencia sin aspirar a la posesión exclusiva del otro. Este acuerdo escasamente latino incluye alguna cláusula innovadora: mientras la pareja se encuentre separada, en distintos lugares y por distintas razones, podrán permitirse infidelidades. Al mismo tiempo, la ciudad les reclama, y las primeras semanas son ricas en acontecimientos. Enseguida Juan es invitado a la Rue de Saint-Benoît, donde Dionys Mascolo y su compañera Marguerite Duras constituyen el centro de un grupo de amigos al que también pertenece el filósofo Roland Barthes. El español les expone allí su idea de crear un comité de intelectuales antifascistas franceses que colabore con la oposición española al régimen de Franco. Pero algunos de aquellos intelectuales tienen ya una idea mejor: contratar a un tirador de élite extranjero que, disfrazado de turista, dispare contra el Caudillo durante una corrida de toros. Envalentonados por el alcohol, dan cien vueltas al plan, ignorando la propuesta del autor de *Juegos de manos;* si éste había previsto combatir a Franco con ayuda de la *intelligentsia* de izquierdas parisina, alguno de sus célebres representantes pensaba directamente en el magnicidio.

Las iniciativas se disolvieron con el alba, quizá porque el clima internacional era bastante confuso en aquel 1956. Goytisolo apunta como episodios clave «la crisis interna del sistema soviético en Polonia y Hungría, la nacionalización del Canal de Suez por Nasser, la ofensiva del FLN en Argelia». Puntualmente, dichas noticias fueron saltando a los titulares de la prensa francesa y el tema de España – algo viejo y estático– cayó en un relativo olvido. Prisioneros de la causa polaca o húngara, intelectuales como Mascolo orientaron sus exaltaciones románticas hacia los países del Este, adonde fueron para combatir en nuevos frentes de ideas o abrazar otros amores. Juan registra este cambio con ironía: «Cuando fuimos a visitarle [a Mascolo] a su vuelta, el vodka Wyborowa había sustituido a la manzanilla y en vez del fondo musical flamenco que sucedió a sus vacaciones hispanas, escuchamos ya desde el rellano de la escalera un coro melancólico, casi quejumbroso de melodías eslavas o bálticas.» Es su modo de decir que aunque los intelectuales franceses estaban alerta a cuanto acontecía en el exterior, eran tan comprometidos y solidarios como inestables y tornadizos. Ayer había sido España, hoy Egipto, mañana Cuba, y así hasta el infinito... Pero ¿qué habría sido de Europa sin su voz militante? En esta coyuntura la rebelión de Budapest les marcó a fuego. Las conciencias de medio mundo se despertaron, y tanto los simpatizantes del comunismo como sus detractores descubrieron con asombro que los tanques comunistas habían salido a la calle para aplastar al pueblo. Ésta era la única verdad, una verdad que hería muy hondo y sacudió la firmeza marmórea de la izquierda. A partir de ello, ¿en qué había que creer? Si poco antes, por ejemplo, Monique Lange militaba con entusiasmo en el Partido Comunista, tras los sucesos de Hungría sus convicciones se tambalearon. Todo estaba enmarañado... Y la visión de miles de manifestantes enardecidos, tratando de asaltar las oficinas de *L'Humanité*, era para ella muy dura de digerir. Debo añadir que algunos escritores de izquierda franceses, como Marguerite Duras, alzaron rápidamente su voz contra el puñetazo brutal del imperialismo soviético; los españoles, por el contrario, sostenían que el estallido popular de Hungría no era un asunto del pueblo sino un levantamiento burgués fruto de un complot contrarrevolucionario. Esta misma tesis fue compartida por muchos comunistas franceses de a pie, quienes pese al alcance de los hechos optaron por mirar en otra dirección.

Al margen de los sangrientos sucesos de Hungría, Juan Goytisolo siguió luchando a su modo contra la Dictadura. Así, mantuvo contactos con otros exiliados españoles en París o gentes que pasaban fugazmente por la capital francesa; en diversos grados todos estaban vinculados al Partido Comunista: el historiador Tuñón de Lara, el periodista Eduardo Haro Tecglen, el cineasta Bardem, el dramaturgo Alfonso Sastre o Antonio Soriano, propietario de la Librería Española de la Rue de Seine. El joven escritor mantenía su idea de articular oposición interior española y exilio, reuniendo también a intelectuales hispanos y extranjeros. Para ello pensó crear una revista desde Francia «destinada a romper el cerco de la censura»; pero, tras dos encuentros con los respectivos directores de *Les Lettres Nouvelles* y de las Éditions du Seuil, su proyecto no prosperó. Era otro indicio de que la causa antifranquista había desaparecido del hemisferio intelectual francés.

En el terreno sentimental Juan Goytisolo seguía a prueba con Monique Lange, repartido entre su hotelito de la Rue de Verneil y el confortable apartamento de ella en el Sentier. Lentamente, sin embargo, las estancias solitarias en el hotel se espaciaron y cada vez pasaba más tiempo en la Rue Poissonnière. Pese a las precauciones de ambos por mantener una relación libre, abierta, indomiciliada, se acabó imponiendo la «inercia insidiosa del hábito». Hasta entonces, tanto Juan como Monique habían pretendido escapar a la rutina y al adormecimiento burgués: ella, por un legítimo temor a repetir su fallida experiencia matrimonial; él, por un «rechazo gideano de la noción de familia», y también por su aversión juvenil a las parejas de Acción Católica. Pero el trabajo de ambos en Gallimard, las amistades intelectuales, los sueños políticos, unidos al calor y los cuidados que exigía la hijita de Monique, dice Juan, «fueron más fuertes que mis teorías sobre la independencia y las aprensiones con respecto al hermetismo nodular de la pareja». Así pues, el período de prueba se transformó en una vida en común. Cuando a principios del 1957 el novelista partió hacia España lo hizo sabiendo que la estancia iba a ser muy breve. Calladamente, la casa de Monique se había convertido en su hogar.

LA CONJURA

En enero de 1957 estallaron brotes de agitación en la Universidad de Barcelona que el régimen de Franco atribuyó a una conspiración monárquico-marxista vinculada al ámbito estudiantil. Pero ¿existió tal conjura? Dado que alguno de los implicados tuvo que huir del país, ocultarse o padecer encierro, todo parece indicarlo. Ahora bien, no está clara la responsabilidad de los escritores de los cincuenta en ella; la mayoría de éstos se encontraban desvinculados de la universidad y además su militancia política era esencialmente privada y dialéctica. En tal caso, ¿qué cúmulo de circunstancias condujo a la detención de Gabriel Ferrater o el acoso a individuos como Senillosa o Gil de Biedma? Mi impresión es que alguno de ellos era vigilado por agentes de la Brigada Político-Social, y cuando las protestas estudiantiles subieron de tono se produjeron las primeras detenciones. Luego, tras los duros interrogatorios, la ecuación se completó por sí misma: estudiantes, monárquicos y marxistas se habían unido para la conjura.

Sólo que la fantasía paranoica del Régimen a veces iba demasiado lejos, hasta el punto de incluir en la trama a un personaje como el poeta Ferrater. Según la policía, su implicación estaba muy clara:

¿acaso no escondía un diccionario de ruso en casa que le fue incautado durante un registro domiciliario? Y más aún, ¿no habían leído en su agenda la frase «reponer vodka» cien veces repetida, consigna soviética a todas luces incriminatoria? Cierto, pensaba el sagaz inspector Creix. Era secundario que aquel mensaje significara en realidad exactamente lo que decía, una clave personal por la que el autor de Reus se recordaba a sí mismo que debía pasarse por las mantequerías Quílez a comprar aguardiente; porque el inspector seguía con sus brillantes razonamientos, hilvanándolo todo con lógica implacable. El resto de la historia es cosa sabida: Gabriel Ferrater fue encarcelado por culpa de un descuido imperdonable de Manolo Sacristán y finalmente puesto en libertad tras horas muy delicadas. Pero a raíz de la aventura policial del poeta las relaciones entre los miembros del grupo se alteraron. Según me contó Barral, hubo un antes y un después de aquello, y aunque Carlos y Gil de Biedma conservaron su afecto por Sacristán, éste último dejó de aparecer por las tertulias y perdió bastante crédito ante el propio Ferrater y ante Pepe Goytisolo, para quien Sacristán era «un individuo intelectualmente seductor, pero al que sólo le interesaba mandar, estuviera en el bando en que estuviese».

A causa de aquel *affaire*, la política en general perdió protagonismo entre los poetas y tertulianos: la influencia más tibia de Jaime Salinas en este sentido o los peligros reales que podía acarrearles a todos los enfriaron. En sus memorias, Barral brinda una tercera posibilidad. Escribe que, a partir de 1957:

... la cosa pública e histórica comenzó visiblemente a cambiar, en un sentido objetivo con signo aliviador, en tanto que la brutalidad fascista de la postguerra tendía a solaparse (...) comenzábamos a admitir la probable perennidad del franquismo y la humillación a que nos sometía y a desconfiar de toda acción que no fuera dictada por la voluntad de sobrevivir en el terreno de la cultura al medio repugnante que nos ahogaba y nos seguiría ahogando. El saldo de cuentas de la rebelión estudiantil, intelectual y de las minorías políticas a las que habíamos asistido era catastrófico.

Amigos y conocidos del grupo estaban ahora en prisión, de manera que salvo los que ya eran o empezaban a ser militantes del Partido, se encerraron en eso que el editor llama, pomposamente, «el castillo de la dignidad de la inteligencia insumisa y de la seriedad de la obra insojuzgada y bien hecha». Hubo, por tanto, una renuncia más o menos explícita a posibles actividades políticas, incluso a las charlas de corte asambleario, con ginebra a raudales, que algunos interpretaron como una claudicación. Pero en el fondo tampoco creo que fuera así: seguían leyendo *Les Temps Modernes*, es decir, interesándose por el debate exterior y por las opiniones de la izquierda europea. Desde esta nueva postura podían convertir la poesía en un arma de combate, o al menos arrojarla como una piedra que quebrara la superficie inmóvil de las aguas franquistas. ¿No era ésa la gran lección del poemario *Salmos al viento?* En su diario Gil de Biedma anota: «He escrito un poema que me tiene bastante contento. Por primera vez he utilizado la ironía –desde que leí *Salmos al viento* de José Agustín Goytisolo quería hacerlo–, y no ha resultado mal.» Sí. La pluma podía ser arma suficiente, y con esa creencia comenzaron a emplearla no sólo para componer unos poemas que serían el principal alegato de su inconformismo, sino también para redactar o firmar documentos de protesta y de defensa de los derechos humanos. Fue un modo de mantenerse vivos, luchando, participando en el acoso al Régimen..., la forma más saludable además de acallar sus propias conciencias.

EL CERCO

A mediados de febrero de 1957 Juan Goytisolo está en Barcelona. Al llegar a Pablo Alcover informa a la familia de la publicación francesa de la novela *Juegos de manos*, que ha cosechado elogios encendidos de la crítica parisina: periódicos como *Le Figaro* o *L'Humanité* destacan lo obvio –su naturaleza iconoclasta– o eso que Juan llama «mi implícita pero indudable hostilidad a los valores oficiales». Tras un silencio que se remonta al final de la Guerra Civil, el descubrimiento de una novela así, escrita en la España franquista, provoca una reacción desmesurada; pero tanto el autor como sus hermanos conocen bien las limitaciones de la obra, saben que las consideraciones extraliterarias han hecho de ella un fenómeno editorial e incluso mediático, diríamos hoy. Este fenómeno tampoco pasa desapercibido a los servidores del régimen de Franco, que suelen leer con lupa la prensa extranjera. A partir de ahora, Juan Goytisolo tendrá nombre y apellidos.

Pese a la euforia por el libro, la vuelta a Barcelona se puebla de matices oscuros. Según él: «Tras una estancia alegre y llena de estímulos en la Rue Poissonnière el regreso a Pablo Alcover encogía el ánimo: decrepitud de personas y cosas, frío, luz avarienta, preguntas ansiosas de mi padre, silencio del abuelo, sonrisa patética de Eulalia, opresión difusa, remembranzas penosas, angustia, zozobra, remordimiento.» Es el mundo del que acababa de escapar, demasiado cercano aún, demasiado amargo para comprenderlo desde el retorno. Ahora su ámbito *heimlich* es el apartamento de Monique, lo definitivamente *unheimlich*, la casa de Tres Torres. Pero ¿cuánta verdad hay en ello? Juan Goytisolo mezcla impresiones íntimas con datos objetivos, aunque estos últimos reclaman algún matiz. Comparada con París, por ejemplo, Barcelona puede llegar a ser ciudad mucho más inhóspita a causa de unas viviendas mal acondicionadas. En ellas los viejos suelen dejar las luces imprescindibles y recluirse en un único cuarto iluminado donde transcurre su vida, acaso para olvidar las otras habitaciones llenas de calor en el pasado y ahora desiertas. Por otra parte, es natural que su padre, en tensión permanente desde 1938, le preguntara con ansiedad por sus asuntos: lo anómalo hubiera sido no hacerlo; y en cuanto al abuelo, poco puede esperarse de un anciano que se acerca a los noventa. Todo es triste, de acuerdo, algo asfixiante, pero normal. Al menos en 1957 ya es normal. Ocurre que las impresiones deprimentes se acentúan cuando uno ve las cosas a saltos, de vez en cuando, o sea, cuando se interpreta como abrupta caída algo que los observadores cotidianos —su hermano Luis a la cabeza— han aprendido a entender como el amargo fluir de la vida hacia la muerte. Por eso, me parecen más útiles las impresiones de tipo íntimo: lo que destila la memoria de Juan en aquel escenario, el *maelstrom* de recuerdos que se desata en el viejo decorado oclusivo... La madre muerta, las solitarias tardes de posguerra, sus mil y una culpas, justificadas o no, siempre al acecho tras la puerta de entrada.

Durante su estancia en Pablo Alcover, Juan Goytisolo percibió asimismo otro tipo de acoso. Nada más llegar supo de la detención de Octavi Pellissa, amigo de su hermano Luis y compañero de actividades clandestinas en el grupo de Sacristán. ¿No debía de sentirse Luis en cierto modo amenazado? Sin duda. Porque a partir de la detención de Pellissa una sombra exterior comenzó a planear sobre la casa familiar: murmullos, llamadas, timbrazos, figuras en la madrugada solitaria de la calle que podían irrumpir a cualquier hora. Mucho de este clima queda perfectamente descrito en la novela *Recuento*, donde tras los sucesos de enero del 1957 un inspector acude a casa de los Ferrer Gaminde para interrogar al padre sobre las actividades del joven Raúl. El padre se lo cuenta al hijo después:

> Y aquella mañana cuando se presentó el inspector a pedir informes, Eloísa se puso a mirarle como si fuera a saltarle a los ojos. Yo lo he obsequiado con un café y le he dicho que vamos, que todo esto es absurdo, que el hecho de que te hubieras quedado encerrado en la universidad no quería decir que estuvieras de parte de los alborotadores, en fin, que eres un buen estudiante y un buen hijo. Y el muy animal va y me dice que lo que a ellos les importa no es esto sino lo que está detrás, porque detrás de estas cosas siempre están los comunistas. ¡Figúrate! Era un tipo vulgar, la mar de basto. Y entonces le he explicado, vamos, lo que representa nuestra familia, que siempre hemos sido católicos y de derechas, que yo había pertenecido a las juventudes mauristas, lo que padecimos durante la guerra, lo perseguidos que estábamos, la muerte de tu primo y la medalla póstuma que le concedieron por su heroísmo.

En la novela, Raúl es detenido por unas horas, y el sentimiento familiar es de total inquietud. El personaje del padre lo expresa así: «Gracias a Dios no ha sido más que un susto, pero me has hecho pasar por una verdadera prueba.» También le advierte: «Ay, hijo mío, mira que llegáis a ser ingenuos; haberse dejado pillar en la trampa... Después van los comunistas y lo aprovechan para hacer propaganda.» Si aquello era una advertencia goytisoliana no carecía de fundamento. Sólo que don José María no podía imaginar que su hijo era también un comunista.

Dadas las circunstancias, lo más prudente era aparentar normalidad. Los hermanos Goytisolo siguieron entonces con sus expediciones nocturnas por el Barrio Chino, como señoritos *maudits*, adentrándose en los bares de las Ramblas o de la calle Escudillers. Aunque ahora les acompañaba siempre María Antonia Gil algo había cambiado: era como si tras la gran operación policial de ese invierno aquello ya no tuviera el mismo *glamour*. Las visitas a locales como La Venta y el Cádiz, los encuentros antaño gloriosos con putas y mariconas perdieron su razón de ser y ellos cumplían con desgana un tedioso ritual. Entretanto, el padre aguardaba despierto en la casa familiar: a su vieja angustia ante las esperas inútiles se unía la creciente sospecha sobre las actividades de sus hijos. Incluso de madrugada, dice Juan, «al cruzar el corredor de puntillas le oíamos revolver algún medicamento o yogur con su cucharilla, buscar la perilla de la luz, preguntarnos indefectiblemente la hora». Con la llegada del sol tampoco lograba calmarse: las llamadas diarias de Monique y las largas conversaciones telefónicas en francés no eran de su agrado. De hecho, no traían noticias tranquilizadoras, pues la novela de su hijo se estaba politizando excesivamente en Francia. No. Aquél no era el camino soñado en la posguerra para que la familia recobrara el prestigio perdido.

UN ESCRITOR DE TALENTO

Al margen de la política, Luis Goytisolo no había descuidado los otros vértices de su triángulo existencial. Su relación con María Antonia Gil Moreno de Mora, prima lejana, parecía consolidada, y con el pretexto de «ir a Calafell» a casa de Barral, la pareja se quedaba semioculta en la ciudad o pasaba los fines de semana en algún pueblo de la costa. Aquel año 1957 fue importante también en lo literario; aparte de ver publicado su relato «Claudia» en una revista barcelonesa, Luis trabajó en su primer texto largo, un libro que aparecería al año siguiente bajo el título *Las afueras*. Para un joven de veintiún años era un proyecto sumamente ambicioso: crear un cuadro de la España de la época, marcada aún por el recuerdo trágico de la guerra; aunque la acción transcurre en Barcelona, y en particular en sus alrededores, puede extrapolarse a cualquier otra capital española y a su ya amenazado contorno rural. Pero *Las afueras* es algo más que la clásica obra realista de los cincuenta, donde se expresa el agudo contraste entre los ámbitos urbano y campesino. Su estructura no permite saber con exactitud si estamos ante una colección de relatos autónomos cuyo nexo temático es la transformación (casas rurales en decadencia, formación de barrios nuevos, supervivencia miserable de los viejos) o bien ante una novela caleidoscópica en la que personajes del mismo nombre protagonizan diversos episodios en diferentes momentos, a caballo siempre entre el campo y la ciudad. En ambos casos, eso sí, queda una recia impresión del hecho colectivo, la dificultad de los individuos para mantenerse en un decorado cambiante, la desaparición inevitable de un mundo y el nacimiento de otro.

La obra incluye también aspectos biográficos, inspirados en escenarios y tipos goytisolianos reales. Imposible no reconocer la finca familiar de Torrentbó tras la majestuosa y decrépita propiedad de La Mata, en el primer relato, o bien ignorar que los ancianos antagonistas del segundo son, en buena medida, el padre y el abuelo del propio autor «malviviendo» en la torre de Pablo Alcover. Sabemos que el escritor novel recurre siempre a lo más próximo, a lo que tiene a su alcance, a lo que conoce, y en este aspecto Luis ha vivido muy estrechamente el conflicto entre su padre y el abuelo. En la obra, don Ricardo Gay se llama don Augusto, mientras que don José María Goytisolo adopta la figura de la esposa, doña Magdalena: un híbrido convincente entre el padre de carne y hueso y Eulalia, la asistenta, reconocible en mil detalles domésticos. Ante todo, sorprende lo que esos personajes piensan de sí mismos, lo que piensan del otro y lo que cuentan al pequeño Bernardo, el nieto, atrapado en la refriega cotidiana. Doña Magdalena, por ejemplo, le habla como seguramente le habló a Luis su propio padre: «Aunque nadie lo diría, tengo catorce años menos que tu abuelo. Parece lo contrario, ya lo sé, y tengo un carácter más agrio, más amargado por todas aquellas cosas en las que él no quiere pensar, que no quiere recordar.» Esas cosas son, indudablemente, los muertos... Y más adelante le comenta algo digno de mención:

> No se da cuenta de que para los demás ya está muerto, de que hasta sus antiguos amigos le han olvidado. En realidad no deja de ser una suerte, claro; así, junto con él, será olvidado el género de vida que llevaba. Yo siempre he procurado ocultársela a todo el mundo, incluso a mis hijos, a ti mismo. Temía los efectos que pudiera provocar en vuestra sensibilidad al descubrir la vida escandalosa que llevaba.

En la obra esa «vida escandalosa» se refiere a las juergas de los sábados con los amigos; en la realidad, lo que el padre Goytisolo siempre quiso ocultar a sus hijos dejó de ser un secreto en 1943.

En cuanto a lo que el abuelo pensaba de la opinión del yerno, bien pueden valer las frases que don Augusto dedica en el relato a doña Magdalena: «Parece avergonzarle que un viejo viva de renta, como si esto no fuera lo más natural del mundo. ¿De qué iba a vivir si no un viejo como yo?» O en otro pasaje: «Es dura, ¿sabes?, tiene mala sangre, ella que presume de ser tan católica... Ya de joven era insoportable. Dominante, muy fría, ¿comprendes? Yo entonces era un hombre alegre y, aunque muy trabajador, me gustaba divertirme... Y con ella no había manera, siempre lo estropeaba todo, no se la podía llevar a ningún lado.» Esta última frase, «NO SE LA PODÍA

LLEVAR A NINGÚN LADO», ¿refleja quizá un sentimiento general de la familia Gay en relación con José María Goytisolo, es decir, alguien abstraído en su amada ciencia, poco sociable antes de la guerra, e inmovilizado luego durante años a causa de una enfermedad pulmonar? Es posible. Igualmente tiene valor el comentario de don Augusto (el abuelo Gay) sobre la relación entre doña Magdalena (el padre Goytisolo-Eulalia) y su hijo común, Julio, alguien que quizá sea un cruce entre Juan y Pepe Goytisolo, aunque también pudiera ser algún tío de los escritores: «Con el mismo Julio se llevaba muy mal, parecían perro y gato. Era una madre dominadora, absorbente, y mi Julio, que tenía mucha personalidad, acabó rompiendo con ella. Y mira que era bueno mi Julio... Pero claro, aunque fuese un pedazo de pan, no podía aguantar sus continuas intromisiones.» Claro que, si hablamos de INTROMISIONES, quién sabe si Luis Goytisolo incorporó al personaje de doña Magdalena un rasgo principal de José Agustín.

En este intercambio perpetuo de reproches, en esta queja doliente no debemos olvidar, sin embargo, otro de los comentarios de doña Magdalena (el padre-Eulalia), extrapolable al escenario de Pablo Alcover: «Un hijo fuera y el otro muerto. Oh, Dios mío, todo esto es para mí como una inacabable agonía.» Es el lamento por la pérdida, la ausencia de sus dos hijos predilectos, el difunto Antonio –siempre en la memoria– y el ausente Juan. En resumen, el segundo relato de *Las afueras* desprende esa atmósfera asfixiante y cargada de odio que presidía la relación entre los dos ancianos, el odio sobre todo de don José María ante un horizonte sin esperanza. Cuando doña Magdalena dice al crío: «Verás como nos entierra a todos, verás... Tiene una salud de hierro. Yo, en cambio, duraré poco, estoy agotada y enferma», creemos reconocer la voz de don José María Goytisolo Taltavull. Apenas le quedan fuerzas y motivos para continuar. Porque está harto de ser viudo, de ser viejo, de cargar con el peso de su hijo predilecto muerto y de otro hijo lejos, condenado definitivamente a sobrevivir de las rentas de su ancianísimo suegro: ese bonachón perezoso y un tanto «autista» que, templados ya sus antiguos ardores, parece indiferente a todo cuanto le rodea.

Las afueras sugiere otros parecidos familiares. ¿Cómo no reconocer a Pepe Goytisolo en uno de los varios personajes que se llaman Víctor, el antiguo alférez, «cachondo» y «chulito», que pasea luciendo su estrella y que en sus ratos libres escribe a su novia o compone poemas? El industrial poeta, le llama alguien, o «poeta industrial», término que certifica la semejanza y cuyo significado nos remite de algún modo a la lejana huelga de tranvías. Parece evidente que Luis Goytisolo no ha tenido reparo en recurrir a fuentes goytisolianas, trasladando al papel gestos, conflictos, perfiles, emociones que ha conocido en el seno familiar, ya sea en Pablo Alcover o en Torrentbó. Pero ni los lectores de su sangre pueden negarle que ese material está tratado con elegancia y discreción. No hay truculencia ni sensiblería, el grado de acercamiento es exacto, tanto para los personajes burgueses de su clase como para los humildes (campesinos, limpiabotas, jardineros, tullidos o ladronzuelos) que aparecen en otras partes de la obra: todos son descritos de una forma inusual en la literatura española de la época. El libro revela, pues, a un autor de singular talento y que, como en el caso de Dylan Thomas, Truman Capote o Scott Fitzgerald, merece el rango de niño prodigio.

Esta madurez insólita no pasó desapercibida en los círculos, y menos a los ojos de sus hermanos. Hasta entonces la familia Goytisolo tenía un novelista «oficial» llamado Juan: había escrito una novela, había concursado en el Nadal, le habían publicado en España y traducido con éxito en el extranjero... Pero su calidad literaria no resistía comparación con la de Luis. Para alguien deseoso de convertirse en gran escritor, el hallazgo de que en su propio linaje existía otro de mayor talento no debió de ser una buena noticia. Entendámonos: pudo serla intelectualmente, nunca emocionalmente.

Porque Luis acababa de invadir el «territorio privado» de Juan en Pablo Alcover. Y de nuevo era él, el pequeño intruso cuyo nacimiento le había arrancado por unos meses el cetro de la casa. Si al nacer Luisito en 1935 Juanito le había pellizcado para saber «si era de verdad», si era «de carne», ahora debía de pellizcarse en algún «rincón» de su asombro para asumir el repentino alumbramiento artístico de su hermano menor. ¿No significa eso la expresión «como adquirida de repente», cuando Juan Goytisolo habla de la madurez literaria de Luis? Es la misma sensación abrupta, anegadora cual ruptura de placenta. Desde un punto de vista psicológico, Luis, por tanto, había «alterado la cadena», ocupando espacios teóricamente ajenos, invirtiendo órdenes y papeles: el pequeño en edad, el mayor en sabiduría literaria. A partir de 1957 habrá otro narrador en Pablo Alcover, y el primer damnificado va a ser Juan. Porque en Barcelona comienza a hablarse malévolamente de «el Goytisolo bueno» y «el Goytisolo malo».

La espectacular germinación de Luis Goytisolo plantea de nuevo una de las preguntas centrales de esta historia: ¿cómo pudieron surgir tres autores de la misma familia en un lapso menor a un decenio? Hemos visto ya la trascendencia de la muerte trágica de la madre, hecho que alteró el rumbo natural de las cosas, y que en el caso de un niño representa la peor de las tragedias en la medida en que le expulsa para siempre del Paraíso. En *Final de un adiós*, José Agustín evoca así a la Gran Hada: «Tú me explicaste un mundo / sin miedo sin fantasmas sin castigo / sin cuarto de las ratas / un mundo en el que el lobo / era bueno y quería lamerme igual / que a sus cachorros.» Juan Goytisolo, por su parte, me comentó que si su madre no hubiera muerto como murió, «probablemente no hubiéramos sido escritores y nos habríamos dedicado a alguna profesión liberal». Pero, además de la muerte de Julia Gay, otros componentes influyeron en el temprano desengaño existencial de los hijos y en la necesidad compensatoria de crear una *Familienroman* que, primero en su imaginación y luego en las cuartillas, les devolviera al Paraíso o al menos a un territorio —el de la literatura— donde pudieran fijar libremente sus propias coordenadas. En este sentido, hemos visto también el peso de la decadencia económica de la familia: otro factor primordial, porque si Julia Gay había sido desde la guerra el nombre «impronunciable» en Pablo Alcover, la riqueza perdida era, en cambio, el tema «omnipresente», el que centraba casi todas las cuitas y lamentaciones del padre, reuniendo en un solo ámbito mucha de la carga emocional y la nostalgia que en puridad pertenecía a su corazón destrozado. A estos factores se une algo determinante: el rechazo a la figura paterna, importantísimo en el caso de Juan. Pero aunque todo ello pueda explicar algunas claves personales y literarias de los Goytisolo, se mantiene el misterio de alquimia, es decir, el de las proporciones que permiten un resultado artístico en lugar de otro. En referencia a la *ratio* factores-resultados, Juan Goytisolo añade otros y enuncia así su caso y el de Luis:

> Arrancando de raíces y coordenadas idénticas —aversión a los valores tradicionales de nuestra clase, alejamiento del idioma catalán de la rama materna, indiferencia patriótica y religiosa, busca de un sustituto laico del catolicismo en la ideología que vertebraba la lucha clandestina antifranquista [el comunismo], concepción precoz de la

literatura como único valor seguro– el derrotero seguido posteriormente por ambos difiere notablemente.

De este párrafo deseo centrarme en tres puntos: *a)* La ausencia de José Agustín, *b)* La idea de la literatura como único valor seguro, y *c)* El abandono del catalán. En el primero, parece como si Juan le negara a Pepe algunas de las condiciones que él se atribuye a sí mismo y a Luis. No es una cuestión de «hermandad» novelística, sino la sospecha, fundada, de que su hermano iba por otros derroteros existenciales. Al fin y al cabo Pepe no tuvo una «concepción precoz de la literatura», pese a la muy temprana facilidad para versificar que le reconocen todos; tampoco había tenido «indiferencia patriótica», pues aunque detestaba al ejército franquista gustaba de su uniforme y había lucido con orgullo su estrella de alférez, que aún hoy lamenta haber extraviado; y en cuanto a la «aversión a los valores tradicionales de nuestra clase», tampoco se había distinguido en exceso: hombre de carrera, como su padre y sus tíos, se había casado por la Iglesia, se había comprado un Renault y trabajaba en una empresa filial del Ayuntamiento. ¿No eran motivos suficientes como para que Juan le considerara en el bando contrario? Además, su militancia política era un juego de salón: todo se reducía a confabulaciones etílicas en casa de Barral. ¿Cómo incluirla en el mismo territorio que la suya, en París, o la de Luis, ya en el Partido Comunista?

Abordemos ahora el tema de la literatura como valor seguro. Si Juan y Luis la descubrieron pronto, se debe a que los otros valores familiares eran precarios e insuficientes: el reino de la infancia, la pureza de los afectos, la bondad y sabiduría de los adultos, la posición y prestigio sociales... El descubrimiento de que todo ello era provisorio, que no inspiraba confianza, debió de provocarles muchas angustias suplementarias tras el drama de la Guerra Civil. En consecuencia, el término «valor seguro» equivaldría aquí a un concepto de «lugar», de refugio ficticio. Pero ¿por qué creer que Pepe no había sentido y detectado lo mismo, y que a partir de esa experiencia había optado por sobreponerse al dolor, dejándose llevar por su carácter abierto? En el fondo, ¿no era más sana su actitud de señorito alegre, presumido y sociable? En los crudos años de posguerra, ¡qué mejor «valor seguro» para él que los partidos de fútbol, los amigos de barrio, las *nenes* de Sarrià! Sólo el tiempo descubriría que bajo esa máscara había un José Agustín poeta. Y para este poeta su oficio era ya un valor seguro, algo lo bastante sagrado como para haber conseguido resucitar a Julia en sus versos... Pese a que en *boutade* desconcertante declarara en una entrevista que no le había movido el recuerdo de la madre sino el sueño de ganar un premio literario.

Analicemos, por último, eso que Juan llama «el alejamiento del idioma catalán». Del mismo modo que su condición de escritores le debe mucho a la temprana muerte de Julia Gay, esa misma muerte influyó en el olvido de su lengua como futuro vehículo de expresión escrita. No ha de sorprendernos, ya que las lenguas son en general maternas, no paternas, pues provienen directamente de la mujer que cuida y educa a los hijos en los primeros años. Con la muerte de Julia los hijos perdieron al artífice de la transmisión de un idioma, una figura crucial no tanto porque les hablara en catalán –sospecho que les hablaba en castellano–, sino porque recurría al catalán sólo para expresar cosas bellas y muy caras a los niños: las frases de amor y ternura, las canciones infantiles, los cuentos y acertijos; esto es, lo relativo a las costumbres y tradiciones de un pueblo y sobre todo a la fantasía, germen en última instancia de lo literario.

Por otra parte, la desaparición de tía Consuelo y el distanciamiento de la rama Gay tampoco favoreció a preservar el catalán en la familia. Es cierto que los abuelos Marta y Ricardo lo hablaban entre sí, aunque rara vez lo emplearon con los nietos, dice Juan, «por expresa indicación paterna». Al parecer, don José María Goytisolo había vetado su uso en Pablo Alcover. Pero ¿por qué? Una vez más los motivos fueron complejos: desde la coyuntura española, donde el uso del catalán estaba oficialmente prohibido, hasta la propia actitud del padre, quien albergaba cierto desprecio por la lengua de Cataluña como expresión de lo que hoy llamaríamos «hecho diferencial». De nada servía que los hermanos Goytisolo hubieran empleado el catalán con algunos amigos, o que utilizaran «tacos» y expresiones populares como los jóvenes de Torrentbó. Porque en la España de posguerra sólo se toleraba «la lengua del Imperio», y el catalán sobrevivía heroicamente en la intimidad de las casas. Desterrarlo de Pablo Alcover fue como condenarlo a muerte. Escribe Juan Goytisolo:

> Papá, en el nirvana de su fobia anticatalanista, se complacía en contrastar la prosapia, distinción y eufonía de la lengua de Castilla –sonoridad rotunda de su toponimia: Madrigal de las Altas Torres, Herrera del Duque, Motilla del Palancar– con la zafiedad y plebeyez de unos Tarrasa, Mollet u Hostafranchs grotescamente pronunciados para rematar su singular cursillo de etimología y fonética comparadas.

Habla de «fobia anticatalanista» como si tras la muerte de Julia hubieran renacido sus sentimientos hostiles hacia una tierra y un pueblo que quizá nunca ganaron del todo su estima. Él era vasco de alma, seguía viendo en lo vasco un compendio de virtudes, y en su propia «novela familiar» Cataluña debió de ser un decorado algo secundario, casi adoptivo. Desgraciadamente, esta tierra adoptiva ya no era la Cuba maravillosa del abuelo Agustín: aquí había muerto su madre –Catalina Taltavull–, expulsándole de la parcela de Paraíso que pudo haber conocido en ella. ¿Cómo no «aborrecer» esta región donde su mujer y su hijo habían muerto después, donde habían fracasado sus sueños y empresas y donde los Goytisolo parecían rodar inexorablemente hacia la quiebra? Además, en su combate encarnizado con el abuelo Gay, éste encarnaba mucho del temperamento catalán: sensato, flemático, acomodaticio, víctima casi abúlica del destino amargo que le había caído a su vez en suerte. Viéndole, llegaba a la conclusión de que los catalanes no tenían remedio.

Pero al evocar la fobia anticatalanista del padre, su hijo Luis aporta esta hipótesis:

> No a Cataluña ni a los catalanes –hablaba catalán mejor que cualquiera de nosotros–, sino al separatismo catalán, como en aquella época se llamaba a lo que ahora se denomina independentismo, una aversión que superaba con mucho a la que pudiera sentir por el comunismo. ¿El motivo? Buscando causas ajenas a todo razonamiento –las fobias tienen poco de racional–, se me ocurre pensar en la independencia de Cuba, en el impacto que pudo causar el hecho al niño que era entonces en una casa donde la noticia por fuerza tuvo que ser acogida como un verdadero desastre.

Estos elementos explicarían la elección del idioma literario de los Goytisolo. Pero no puede hablarse categóricamente de una elección personal, adulta, libre. En realidad todo había comenzado un mediodía de marzo de 1938. Desde entonces el catalán quedó herido de muerte en Pablo Alcover: su presencia fue desvaneciéndose en el aire, volatilizada también por aquella espantosa deflagración del cine Coliseum.

EL SECRETO DEL ADUANERO

En febrero de 1957, Juan Goytisolo regresó a París e inició sus colaboraciones como asesor literario de Gallimard. Por fin la mítica editorial había decidido publicar las obras más importantes de la literatura española de posguerra y recurrió al asesoramiento del escritor. Sobre Goytisolo cayó, por tanto, la responsabilidad de elaborar una lista de autores y libros con miras a su traducción; pero esta iniciativa, como dice él, «que en otro país menos cainita que el nuestro hubiera sido objeto de elogios y aplausos» le trajo las primeras complicaciones. En Madrid algunos escritores excluidos aprovecharon sus contactos con la prensa oficial para manifestar su descontento; comenzó así una campaña contra Goytisolo de varios meses, orquestada por el director general de Prensa y secundada ruidosamente por el escritor Emilio Romero. Juan publicó entonces un texto panfletario en la revista *Ínsula* donde defendía la necesidad de una literatura nacional popular, tesis bastante alejada de sus primeras novelas y que se inspiraba más bien en sus recientes lecturas de autores marxistas. ¿No era una contradicción? Aquel señorito barcelonés, *enfant terrible*, soñaba con Gide pero argumentaba como Gramsci. De inmediato, su artículo avivó la polémica: los ataques de *Pueblo* y *Arriba* —diarios del Movimiento— subieron de tono, y periodistas en la línea dura de Romero dieron en llamarle «el émulo de Blasco Ibáñez instalado en Francia» o «el aduanero», es decir, un guardián caprichoso que, al recomendar a Delibes, Ana María Matute, Sánchez Ferlosio o Martín Santos, impedía la difusión en Francia de «los auténticos valores» de la cultura española: los autores afines al Régimen.

Polémica al margen, aquel invierno Juan Goytisolo siguió colaborando con Gallimard y en verano pudo realizar con Monique un nuevo viaje por el Sur. Volvieron juntos a los escenarios donde se habían amado intensamente, repitiendo un ritual de pensiones familiares, aldeas blancas y caminos polvorientos. Al volante de un utilitario visitaron luego pueblos como Mojácar, Palomares, Villaricos, sitios pintorescos y luminosos, pero sumidos en la pobreza más absoluta. Dice Juan: «Monique me reprochará en adelante la fascinación estética por lugares, regiones, paisajes cuyas condiciones de sobrevida ofenden necesariamente a toda persona con un mínimo de sensibilidad social.» Es lógico que la pareja abandone su idea de llegar a Carboneras y se desvíe hacia Málaga y Granada en busca de mayores comodidades. Pero el español empieza a sentir una fascinación por el

Sur que la francesa no comparte en su totalidad; solidaria con los desheredados, es capaz de encarar y combatir la precaria existencia del proletariado parisino, pero su estómago no resiste la imagen de aquellos niños andrajosos que corretean descalzos o languidecen bajo un sol inclemente con los ojos semicegados por el tracoma. Más duro que ella, Goytisolo parece disociar aquel magma de impresiones: el escenario de Almería es a la vez bello y miserable, las condiciones de vida, auténticas y penosas; pero superado el primer impacto, él decide olvidarlo, abandonándose a la riqueza humana de la ruta. Acostumbrado a la tibieza de los catalanes y a la aridez calcárea de los parisinos, encuentra allí un «paisanaje» hecho a su medida. Pronto el Sur le permite «sentir» la solidaridad, volverse marxista de alma sin necesidad de recurrir a lecturas de Gramsci.

A su vuelta a Francia, la pareja se reintegra a una vida cada vez más sedentaria en el apartamento del Sentier. Contribuye a ello que en esa época la asistenta francesa es sustituida por una valenciana llamada Vicenta, quien se convierte en la responsable del funcionamiento de la casa. Escribe Juan: «En contraposición a la ternura impregnada de angustia que vertebró mis relaciones con Eulalia desde el día en que me fui de Pablo Alcover, mi afecto a Vicenta era liso y alegre, compuesto únicamente de simpatía y cordialidad.» Fue el principio de una relación que iba a durar años y en la que la criada se adaptó plenamente al estilo de vida de los señores. Es raro imaginarse a aquella campesina de Beniarjó maniobrando entre las figuras algo excéntricas que acudían al apartamento: mujeres solitarias, artistas, escritores, homosexuales, conspiradores políticos o tipos inclasificables como Genet. No obstante, nada parecía perturbarla, como si aquella existencia irregular y algo caótica de la Rue Poissonière fuera la panacea doméstica.

Vicenta fue también útil por otras razones. Convencida de la bondad de Madame Lange, no tardó en convertir su piso en un consulado paralelo —mezcla de refugio y agencia gratuita de empleo— donde sus paisanos levantinos recalaban provisionalmente antes de lanzarse a la gran ciudad. Eran los tiempos de emigración masiva, años en que muchos españoles se morían de hambre y escapaban en busca del pan más allá de la frontera. En *Señas de identidad*, Álvaro Mendiola se pregunta por su destino:

Expulsados por el paro, el hambre, el subdesarrollo hacia países de civilización eficiente y fría, ¿qué sería más tarde, pensaste, de aquellos hombres apegados a unos valores y costumbres tribales, desaparecidos ya del resto del Continente? ¿Se adaptarían a la moderna civilización industrial urbana?, ¿o reaccionarían frente a ella con vuestra carpetovetónica y proverbial impermeabilidad indígena?

A través de Vicenta, algunos de estos hombres llegaron a la casa, en goteo de pautada humanidad. Aquella procesión mostró a Goytisolo otra faceta muy amarga de la realidad hispana, el fenómeno de una emigración generalizada –casi un éxodo– que despoblaba comarcas enteras, y cuyas víctimas abandonaban los campos de su tierra para acabar de peones en barriadas parisinas como Rueil-Malmaison. Allí, reproducían torpemente sus esquemas y formas de vida: organizaban fiestas, saraos de aire flamenco, arroces de domingo, y en agradecimiento a la hospitalidad de los señores, invitaron a Juan y Monique a visitarles en los descampados del extrarradio. En parte por diversión o por preparar un reportaje sobre la emigración española, la pareja comenzó a ir con la pequeña Carole a comer a los barracones de madera donde se alojaban nuestros paisanos. Según Juan: «Los almuerzos eran ruidosos pero agradables: en medio de mis compatriotas exiliados por razones económicas me sentía en España más que en la propia España, envuelto en una atmósfera de cordialidad, inmediatez y llaneza viva y estimulante.» También Monique evocará los encuentros de aquel otoño en una novela autobiográfica: «Se acuerda de Aubervilliers, cuando iban a comer paellas con obreros españoles. Se acuerda de José, que cantaba flamenco en el pasillo del tren que los llevaba de Barcelona a Madrid. "¿Lo ves?", le decía él, "llevan su tierra en la suela de los zapatos."»

Obviamente, «él» es Juan Goytisolo: su amante y compañero, que parece sentirse cada vez más a gusto en ambientes proletarios. Un observador superficial podría ver en ello otra rareza de su personalidad; pero Monique Lange advierte que Juan no sólo se siente más cómodo con los parias, sino que sus virtudes intelectuales e incluso su caudal afectivo sólo se despliega totalmente en tales compañías. Es como si quienes se ganan la vida con los brazos –esas figuras poderosas como esculturas de Rodin y torturadas como estampas de Solana– pudieran despertar sus mejores cualidades. A decir verdad, ¿no había en ellos mucho del inolvidable Raimundo del Varadero? De nuevo el magnetismo, la atracción de contrarios, el fluido empático entre el joven culto y unos pobres analfabetos. En algún caso, esta atracción contenía además un fuerte componente erótico, y aunque Juan Goytisolo no lo admitiera conscientemente, reconoce a distancia que sí hubo, de forma sublimada, un fuerte elemento sexual. Pero Monique iba a interpretar en todo esto un papel tan involuntario como decisivo. Fascinada por el mundo de la amistad masculina, se sentía igualmente feliz en aquel lugar donde su compañero confraternizaba a sus anchas con tipos marcadamente viriles, más libre que nunca en aquellos barracones cuyo calor humano era como una fogata solitaria en los fríos suburbios de París.

Entre semana la vida les muestra un rostro jovial, electrizante. En un derroche de vitalidad se pliegan a eso que Juan llama el ritmo boreal de las noches blancas: «... escribir una novela o cumplir con el horario de la editorial, leer por gusto u obligación, departir largamente en la sobrecena, beber calvados en vuestros bares favoritos, frecuentar locales de travestidos, emborracharos y hacer el amor». Dado que las «locas» siguen siendo la debilidad de Monique, la pareja se interna a menudo en sus madrigueras. Incluso en una ocasión arrastran a Simone de Beauvoir, que en su tomo de memorias *La force des choses* no duda en calificarla de «*la soirée la plus mémorable*»:

> Tras una cena en el Baobab Monique propuso tomar una copa en el Fiacre. Decididamente, yo vivía al margen de la vida secular, pues me sentí un poco desbordada por la barahúnda de chicos jóvenes y hombres mucho menos jóvenes que cotorreaban y se hacían mimos, las manos deslizándose con soltura sobre los jerséis de angora; nos ahogábamos, y tan pronto como vaciamos nuestras copas alcanzamos la salida; un adolescente que conocía Monique me señaló: «¿Qué viene a hacer aquí?» «Es que esto le interesa.» «¡Ah! ¿Está a favor nuestro?», dijo, contentísimo.

La compañera de Sartre conocía bien esa atracción de Monique Lange por los homosexuales —*les poissons-chats*— que quedó bellamente expresada en su primera novela, del mismo título. La protagonista, Anne, se refugia en ellos por temor a los hombres: «De nuevo los peces-gato me sacaron de mi desasosiego con su capacidad de distracción, su ternura, su frivolidad y su forma de burlarse de sí mismos.» Antes había escrito: «... esta vida con los peces-gato, donde no precisaba pensar en mi cuerpo, me convenía», un olvido del cuerpo que Anne busca también en el mar, y que coincide con el amor que siente por él la propia Monique: «En el agua olvidaba mi cuerpo, me encontraba ligera, posible, oculta. Me dejaba arrollar por el mar, me agotaba en él y, sobre la arena, cuando tenía la cabeza llena de olas y de sol, lamía suavemente la sal de mis brazos, como si fuera otra.» Con el tiempo, el círculo de peces-gato se ampliará a los *travestis*. De la pasión de Anne por ellos da idea otro pasaje de la novela ambientado en un local llamado Carrousel:

... una vez más, el mundo se dio la vuelta. Ante estas mujeres más mujeres que las mujeres y que eran hombres, perdí el resto de razón que me quedaba. Me quedé fascinada como ante un milagro, la ascensión, el agua vuelta vino. En el mundo sólo los maricas tenían el secreto de la femineidad. Ahora estaba segura de ello. Me decía a mí misma: «Si fuera tan femenina como un travestido, Bernard me amaría.»

De un modo singular, la relación de Juan con Monique ha adquirido el rango de un lazo marital estable; pero a veces el novelista huye de París para viajar solo a España. Generalmente su destino es Almería, tierra que volverá a visitar en verano de 1958 y primavera de 1959 con el propósito de recabar datos para un nuevo libro. A pie, en autocar, en camión, se le verá por la «conmovedora» región de Níjar, acompañado en ocasiones de personajes como Vicente Aranda, la propia Simone de Beauvoir o el cineasta Claude Sautet. Estos viajes, sin embargo, quiebran la fluidez de su relación de pareja. Poco a poco, Monique y sus amigos deben acostumbrarse a las ausencias de aquel español que, imantado por el paisaje del Sur, se convierte con demasiada frecuencia en «fugitivo de la domesticidad». La escritora se adapta con soltura, pero instaura sin saberlo un precedente de aceptación resignada que acabará por condicionar su vida. Los amigos, además, se sienten inquietos: algunos, ante la posibilidad de que Juan definitivamente la abandone; otros, como Marguerite Duras, alarmados por el riesgo de una eventual detención de Goytisolo al cruzar la frontera.

Pese a ello, dice el novelista, las separaciones fueron planeadas de tal forma que «no sobrepasaban nunca la zona intermedia entre el goce fugaz de la libertad recobrada y el comienzo de la nostalgia o melancolía». Era un nuevo modo de sentirse otra vez «individuales», sin las ligazones y ataduras impuestas por una rutina que gradualmente había acabado por atraparles. Entretanto, no dejan de escribirse o llamarse por teléfono: las cartas enviadas desde Almería y en especial desde Barcelona informan a Monique de la vida nocturna de

Juan en la capital catalana. La reseña de actividades eróticas es menos exhaustiva que en 1956 y se centra principalmente en las «correrías» con Luis y María Antonia, el poeta Jaime Gil o algún otro amigo que le acompaña a los bares de ambiente homosexual. Monique Lange se divierte leyendo jugosas anécdotas del Barrio Chino, pero su corresponsal silencia las incursiones en solitario a otros antros del puerto donde «me esponjaba al calor de una camaradería entre hombres». Una vez más, el fantasma de Raimundo parece surgir de las sombras... Y con él, las dudas de Juan se agigantan, como si lejos de su compañera el molesto Mr. Hyde nacido en Madrid reapareciera con mayor descaro, reclamando caricias pendientes.

El escritor se ve atrapado así en un círculo de difícil salida: reprime sus deseos homoeróticos, bebe, comete «infidelidades» con alguna prostituta y se lo cuenta por carta a Monique como parte del pacto – liberado o liberador– que mantienen de común acuerdo; pero tal pacto es en el fondo «letra muerta», porque rara vez aporta a Juan algo verdaderamente placentero. No es el caso, sin embargo, de Monique, que parece adaptarse mejor al esquema de pareja abierta. Pero ¿cómo lo encaja él? En teoría defiende el mismo principio, pero emocionalmente comienza a sentirse torturado. Ya no es un residente parisino liberal, ni un «progre» *avant la lettre:* es un típico marido español: monógamo, posesivo, convencional. Este descubrimiento le resulta descorazonador, humillante, pues aunque intente vencer al Mr. Hyde homosexual que lleva dentro, otro intruso si cabe más despótico reclama su espacio: el macho hispano, orgulloso, inseguro, susceptible, malherido, que con casi todas sus armas se revela como un nuevo huésped en la persona del novelista.

Le costará mucho admitir que ha llevado consigo otro lastre de la España eterna en la maleta, es decir, que su corazón funciona de un modo similar al de los inmigrantes españoles que viven en los suburbios. Además, hay en él un importante elemento desestabilizador: esa ambigüedad sexual que tanto atrae a Monique es en realidad una bomba de relojería. ¿Podrá mantenerla bajo control? ¿Cuál es la fortaleza de una heterosexualidad que el propio Juan califica de «exclusiva pero insegura»? En otoño de 1958 este dilema acabará conduciéndole a los temibles senderos de la angustia. Inquieto, percibe que todo eso altera su relación con la francesa y luego escribe: «Sé que sus aventuras y enamoriscamientos no ponen en peligro el vínculo creado entre ambos: no obstante, mi incapacidad de respuesta práctica –de suscitar a mi vez en ella un sentimiento de celos con otra mujer de su estilo– introduce un factor de desequilibrio que se agravará con los años.» Y añade: «Cuanto más incierto y perturbado era mi impulso respecto a las mujeres, mayor sería mi ostentación puertas afuera de una conducta sin rendijas, netamente heterosexual.» ¿Netamente heterosexual? Sí. Pero para comportarse en público con aplomo viril tuvo que recurrir al alcohol. Volvieron entonces los hábitos de la primera juventud, la necesidad irrefrenable de beber y trasnochar hasta la madrugada. Así, recuerda: «Esa inclinación a la bebida que en un período u otro de nuestra vida padeceríamos los tres hermanos chocaba de frente con el antialcoholismo visceral que desde niños nos había inculcado mi padre. En lo que a mí concierne, traducía un sentimiento de exasperación paulatina ante mis propias contradicciones y la incapacidad personal de dinamizarlas o resolverlas.» En efecto. Juan Goytisolo padecía un serio problema que se resume en esto. Había cumplido el viejo sueño de marchar a París y convertirse en escritor: ése era el rostro brillante de su aventura por el cual iba a ser envidiado, admirado o escarnecido. Pero la realidad íntima era muy otra. Ahora ni siquiera le servía huir al Sur, viajar a otros países europeos o veranear en el Midi, porque también allí el martirio interior seguía su curso. Se sentía cautivo del amor de Monique, limitado su ámbito erótico a la «minúscula burbuja» de la Rue Poissonnière, prisionero en secreto de un doble Mr. Hyde al que no aceptaba y del que no quería tener más noticias.

Por un guiño del destino, leyó entonces *The crack-up* de Scott Fitzgerald, el impresionante testimonio de un escritor en crisis, cuya lectura le llenó de un pesimismo cósmico. De modo que hizo su propio balance: «El regreso a España era imposible, mi vida con Monique no tenía futuro, no sabía siquiera si podría seguir manteniendo mi empeño heterosexual.» En otro pasaje ahonda en la herida, trata de ponerle remedio: «La dicotomía existente entre vida burguesa e ideas comunistas, afectividad e impulsos sexuales –cuyos bruscos, devastadores ramalazos sufría de vez en cuando durante mis correrías nocturnas– sólo podría superarse, pensaba, en la vorágine de una escalada revolucionaria en la que aquélla perdiera su razón de ser.» Acosado desde sí mismo, intuyó que sólo la Revolución podía salvarle. No había en ella dicotomía posible. Después de todo, la Revolución era el gran mito del siglo XX.

CON «P» DE PROTESTA

Por esa misma época las actividades clandestinas de Luis Goytisolo le llevaron con frecuencia a París. Escribe Juan que desde marzo de 1958 su hermano comenzó a aparecer por la Rue Poissonnière, solo o acompañado de María Antonia, hasta que el ritmo de las visitas aumentó «con regularidad inquietante». Aun compartiendo ideas políticas, Juan sospechaba que su hermano estaba yendo demasiado lejos en la lucha antifranquista. A partir de pequeños detalles, sus inquietudes tomaron cuerpo, como cuando Luis «se alojó provisionalmente en casa y un extraño, chocante y feo estuche de fibra o imitación de lagarto para los objetos de aseo y afeitado, en las antípodas de su personalidad y gustos, me convenció a simple vista de que era el escondrijo en el que ocultaba sus mensajes e informes de correo a la dirección del Partido». La alarma estaba, pues, justificada: a cada nueva visita se le hacía patente que Luis había intensificado sus actividades así como la importancia de sus contactos. Es comprensible que el propio Juan le comentara a Genet, hablando de Luis, que *«Il fait de la politique»*, y ésta fue la única tarjeta de visita que empleó para presentarlos. Pero según escribe el hermano menor en *Estatua con palomas*:

> Semejante respuesta fue para mí altamente reveladora, ya que si en aquel entonces no sólo había publicado mi primera novela *Las afueras* sino que esa primera novela había recibido el premio que iba a ser el de mayor prestigio del país [Biblioteca Breve], se daba el caso, por otra parte, de que aunque andase [sic] metido en actividades políticas clandestinas contra el franquismo, nada más remoto a mis intenciones que dedicarme a la política en el futuro. Pero lo decisivo era que Juan conocía perfectamente ambos extremos. ¿Por qué, entonces, contestar ante mis narices con una afirmación que sabía falsa? Por la sencilla razón de que le resultaba enojoso entrar en explicaciones. Desde su peculiar punto de vista, el escritor, el hombre predestinado a la gloria, sea en el ámbito literario, sea en cualquier otro, era él.

Recientemente, Luis matizó esta opinión: «Juan no me presentó como escritor porque era más fácil hablar de política que de literatura. No creo que Genet estuviera interesado en nuestra obra. Probablemente, ni siquiera leía los libros de Juan.» Su hermano Juan avala esta hipótesis, recordándome que «ser militante impresionaba mil veces más a Genet que ser escritor. Los detestaba».

Pese a sus movimientos, Luis Goytisolo albergaba muchas dudas sobre su militancia futura. Como él dice: «A partir del 59 comprendí que el PC tenía una política totalmente errada. ¿Cómo íbamos a obligar a los vencedores a que se reconciliaran con nosotros? Era el disparate máximo, la suprema contradicción, sobre todo porque se convocaban huelgas para conseguirlo.» Con todo, el novelista seguía inmerso en la inercia combativa, fiel a la causa. Incluso para un militante en crisis como él –¿cuántos hubo en aquellos años y cuántos iba a haber después?– la historia ofrecía súbitos argumentos para la esperanza. Así, por ejemplo, la entrada de las tropas de Castro en La Habana en enero de 1959 demostró al mundo que podía cambiarse el orden viciado de las cosas. El triunfo de aquellos jóvenes revolucionarios era el mejor espejo en el que asomarse, y tanto Juan como Luis Goytisolo percibieron la euforia que siguió al derrocamiento de Batista. En París, muchos residentes españoles y latinoamericanos organizaron mítines y reuniones donde se especulaba sobre la caída de los regímenes totalitarios: Franco, Trujillo, Somoza, Salazar... Este ambiente era contagioso, solidario, y los más optimistas daban por hecho el fin de la dictadura española.

En ese contexto el Partido Comunista convocó una Huelga Nacional Pacífica para el 18 de junio de aquel mismo año. Los militantes de París, más exultantes que nunca, desplegaron una gran actividad propagandística con el propósito de obtener la máxima trascendencia; también en Barcelona se ultimaron los preparativos en condiciones forzosamente clandestinas. A finales de mayo, Juan Goytisolo y Monique se desplazaron a Cataluña, donde percibieron el clima esperanzador que se respiraba en la ciudad condal. En ella, el entusiasmo y una efervescencia casi prerrevolucionaria se habían adueñado de la oposición. Aunque en muchos casos el apoyo de otras organizaciones antifranquistas era poco más que simbólico, en las barriadas obreras e incluso en zonas del Ensanche las consignas de paro y la «P» de Protesta se multiplicaban sobre los muros y las paredes. Pero ¿en qué consistía tal protesta? En algo que hoy consideramos esencial: combatir la corrupción política, aumentar los salarios, amnistiar a presos, admitir a los exiliados, forzar la salida del dictador y convocar elecciones democráticas. Estos puntos fueron incluidos en un manifiesto firmado por la oposición –con la sangrante ausencia del PSOE– y luego distribuido por correo, pegado a las fachadas o bien arrojado de noche en las calles por algunos conductores audaces. En cuanto a la presencia goytisoliana en los preparativos de esta gran movilización, el hermano menor se destacó más que ningún otro. Reconoce Juan que Luis y sus amigos intervinieron con arrojo en el terreno propagandístico: «... mientras unos estudiantes lanzaban puñados de octavillas desde la cúpula de los almacenes El Águila, otros, encabezados por Ricardo Bofill, repetirían la hazaña en lo alto de la estatua de Colón, al final de las Ramblas».

Al principio, la prensa, radio y televisión del Régimen ignoraron los hechos; pero con el paso de los días la prensa extranjera dio las primeras señales de vida y las ondas de Radio España Independiente transmitieron desde Moscú «los llamamientos encendidos de Pasionaria». Aquello era más de lo que Franco estaba dispuesto a tolerar, e inmediatamente activó todo su aparato represor. Hubo detenciones de líderes como Julio Cerón, redadas en medios obreros e intelectuales, y la temperatura mediática ascendió hasta la histeria. Los periódicos españoles denunciaron la tentativa de revolución comunista y desempolvaron testimonios y fotografías del año 36 para recordar a la población los crímenes y atrocidades rojos. Así las cosas, Juan Goytisolo decidió recorrer España de incógnito como corresponsal de *L'Express*. Durante tres días estuvo en Madrid y Barcelona, merodeando por los barrios populares, cerca de grandes empresas como ENASA o La España Industrial, a la espera del estallido pacífico de la masa popular. Sin embargo aquel viaje acabó convirtiéndole en apenado testigo de un fracaso; porque el día señalado, dice, «sólo encontré tiendas y comercios abiertos, medios de transporte atestados, fábricas trabajando con aparente normalidad». La que debía haber sido fecha clave en el derrocamiento del franquismo era, pues, un día más en la vida del país. ¿Qué había pasado? En un artículo aparecido más tarde en *L'Express* bajo el título «P de Protesta», un tal Thomas Lenoir –seudónimo fugaz de Juan Goytisolo– explicaba sus impresiones. Incluyo este párrafo por su rara objetividad política:

> Los dirigentes de la oposición que he logrado ver en Madrid coincidían en admitir el fracaso de la huelga. Las explicaciones que daban eran éstas: en los años precedentes, los movimientos de paro en Barcelona, Madrid, Asturias y el País Vasco consiguieron victorias parciales porque surgieron espontáneamente de la base; esta vez, la orden vino de arriba y el día fue fijado por los estados mayores de

los grupos políticos no en función de la situación española sino de la fecha en la que por fin se pusieron de acuerdo.

Aquel fracaso influyó mucho en la actitud de los Goytisolo, especialmente en Luis. A su progresivo desencanto político se unían ahora los llamamientos fallidos a la Huelga Nacional: era el tiro de gracia, pues «venían a confirmar la nula voluntad por parte del pueblo a participar en acciones susceptibles de interferir en su incipiente prosperidad». Luis daba en el clavo al hablar en términos de prosperidad incipiente para entender la ausencia de entusiasmo popular. Porque los tiempos estaban cambiando. La España de 1959 tenía poco que ver con la de veinte años antes, y el pueblo –que había pasado hambre y había vivido en condiciones penosísimas– no iba a prescindir de las primeras comodidades en nombre de una idea nebulosa y tan abstracta como la libertad. En el fondo, tampoco les era tan necesaria: mientras tuvieran un empleo, un pequeño piso en la ciudad, una televisión, la promesa de un cochecito y el sueño de huir a la playa en verano, el resto era superfluo. ¿No hubiera sido eso el Paraíso en el decenio anterior? Seguro. Y aunque en cierto modo esa bonanza social sólo se haría realidad a mediados de los sesenta, alumbraba en el horizonte colectivo a finales de los cincuenta. Se percibía en los periódicos, la radio, el cine e incluso la televisión. Quince minutos de NODO o una cancioncilla publicitaria bastaban para hacer creer al español que un futuro maravilloso le aguardaba a la vuelta de la esquina. Sólo era cuestión de permanecer en la cola aguardando turno, eso sí, en el más absoluto silencio.

Escribe Luis Goytisolo que, en tales circunstancias, pensó en abandonar toda clase de actividad política. Pretendía interrumpir de golpe tres años de militancia vinculada al Partido Comunista: «... años en que el compromiso político, mientras duró, introdujo una verdadera cuña en mi vida íntima, hasta entonces dominada por dos áreas de preocupación de por sí difíciles de compaginar, en la medida en que análogas: la escritura y el sexo. Pero, al mismo tiempo, aportó a mi vida un elemento nuevo, la acción, por el que siempre me había sentido atraído». En adelante quizá pudiera dedicarse a amar, a escribir, a los goces de la vida contemplativa. Sería una liberación.

ESE MAR DE LA INFANCIA

Mientras Luis abandonaba la lucha se produjeron dos acontecimientos culturales en los que sus hermanos tuvieron destacada participación. Se ha dicho que la idea del primer Homenaje a Machado en Collioure fue de Juan Goytisolo; pero es una apreciación excesiva, pese a que Juan creía en la importancia de juntar las dos Españas –interior y exiliada– en torno a un mito de la talla de Machado. Cuenta el propio novelista que la idea surgió más bien de unos compañeros de Partido, quienes le convencieron en París del acierto de conmemorar el vigésimo aniversario de la muerte del poeta, convocando en torno a su tumba a escritores e intelectuales antifranquistas de todas las tendencias. En realidad, Juan fue el eficaz portavoz de la iniciativa en algunos ambientes parisinos donde se introdujo con ayuda de Elena de la Souchère. Junto con Couffon elaboraron una lista de nombres que debían formar parte de un comité internacional de adhesión al acto, y obtuvieron el apoyo escrito de Sartre, Simone de Beauvoir, Tristan Tzara, François Mauriac o Raymond Queneau, mientras los comunistas conseguían el respaldo de Louis Aragon o Picasso.

El 20 de febrero de 1959 Juan y un grupo entusiasta se dieron cita en la Gare d'Austerlitz para coger el tren nocturno que les llevaría al sur, concretamente a un bellísimo pueblecito de la costa francesa donde Machado había muerto como un fugitivo de guerra. Recuerda Goytisolo que al llegar a Collioure se encontraron frente al Hotel Quintana «con los amigos venidos de Madrid, Barcelona, Ginebra y otros lugares: Blas de Otero, Gil de Biedma, José Ángel Valente, Costafreda, Barral, Caballero Bonald, Senillosa, o mi hermano José Agustín». Debo añadir que también estuvieron el misterioso «Federico Sánchez», alias de Jorge Semprún, y el crítico Francesc Vicens, en representación de las ejecutivas del PCE y del PSUC. Visto a distancia, resulta bastante conmovedora tanta armonía entre posiciones alejadas, pues había asimismo monárquicos como el propio Senillosa o republicanos como Pablo de Azcárate, historiadores como Tuñón de Lara e incluso Santiago Carrillo, que se mantuvo siempre a muy prudente distancia. Entre aquella nómina de machadianos audaces no asistieron autores de la Meseta ni tampoco en lengua catalana. Pero, como dice José Agustín: «Luego resultó que todo el mundo había estado en Collioure.»

Escribe Juan que el grupo «se dirigió a la tumba del poeta, cubierta de flores para las circunstancias y don Pablo de Azcárate leyó unas palabras en medio de un tenso, emotivo silencio. Después de una comida multitudinaria, con brindis y referencias a Machado y a España, la pequeña multitud se dispersó». Pese a haber sido uno de sus artífices, el novelista dedicó relativamente poco espacio en sus memorias a evocar el evento. ¿Fue quizá para distanciarse de testimonios anteriores y pormenorizados como el de Barral? Es una posibilidad. En sus memorias el editor barcelonés describe también las emotivas visitas a la pensión de Madame Quintana, donde había muerto Machado, o alrededor de su tumba, que fue cubierta de flores blancas bajo el tibio sol de media tarde. Pero además de las ofrendas fúnebres al estilo decimonónico, hubo tiempo para las charlas de café y las sobremesas en el Hôtel des Templiers, donde los viajeros conversaban cerca del mar... Un mar azotado por el viento, profundamente azul, similar al que los Goytisolo habían conocido en su infancia en el cercano pueblecito de Llançà, al otro lado de la frontera. Luego, al caer la noche, poetas como Barral o Goytisolo se perdían por la playa de grava rumorosa charlando entre las barcas del oscuro muelle templario. Confiesa José Agustín que eran conscientes de vivir un instante único, singular, que habría de grabarse a fuego en sus corazones aún llenos de esperanza. En un poema escribirá:

> Aquí: junto a la línea
> divisoria; este día
> veintidós de febrero
> yo no he venido para
> llorar tu muerte,
> sino que alzo mi vaso
> y brindo por tu claro
> camino, y por que siga
> tu palabra encendida,
> como una estrella, sobre
> nosotros ¿nos recuerdas?
> Aquellos niños flacos;
> tiznados; que jugaban
> también a guerras: cuando
> —grave y lúcido— ibas
> viejo poeta al encuentro
> de esta tierra en que yaces.

Hablando de Collioure, Carlos Barral aporta un dato de especial interés: «El alma húmeda, caliente y vivificadora de aquel encuentro era José Agustín Goytisolo.» Aparte de estar en todo y en todas partes –rasgo a veces útil, a veces irritante de su persona– adquirió el hábito de bordar cada pequeña incidencia «con los hilos de la conspiración y del misterio». Motivos no faltaban, desde luego, ya que al principio pesó sobre el grupo la idea de que eran vigilados por agentes de incógnito procedentes de Madrid; pero la increíble capacidad fabuladora de Pepe –muy superior a la de sus hermanos novelistas– le llevaba a menudo demasiado lejos y en la dirección errada. Indudablemente pudo haber algún policía allí, en Collioure, pero aquel importante espía gubernativo que creyó ver el autor de *Salmos al viento* resultó ser un solitario concejal andorrano que visitaba cada año la tumba de Machado..., y como éste, tantísimos detalles más. Escribe Barral:

> De pronto, José Agustín señalaba una forma fugitiva al fondo del pasillo. «¿Has visto quién está ahí?» «No sé, no sé.» (...) Por supuesto, no era nadie. Alguien que había olvidado sus gafas o que se desplazaba discretamente al retrete. Pero el poeta conseguía, yendo de uno a otro con sugerencias, mantener un clima ex profeso, de estar allí por alguna razón concreta e importante, que la realidad, sin sus esfuerzos, hubiera desmentido continuamente.

Aquellos días en Francia no hubieran sido lo mismo sin ese velo conspiratorio con el que el poeta rodeaba o releía la obra. Pero ¿acaso su fértil imaginación no les estaba advirtiendo de que la sombra del fascismo es alargada?

Misterios al margen, el encuentro en Collioure no sólo fue la primera cita importante de la joven –y no tan joven– resistencia intelectual española, sino que hizo posible que José Agustín Goytisolo, Carlos Barral y Jaime Gil de Biedma tomaran plena conciencia de su carácter de grupo diferenciado. Si la Generación del 27 había surgido a raíz del homenaje a Góngora y con el apoyo de la *Antología* de Gerardo Diego, ¿por qué no reunir una nueva generación poética bajo la sombra amable del poeta sevillano? En definitiva, Antonio Machado era una inmensa figura civil, alguien a la vez muy próximo y en quien los jóvenes encontraban eso que Cernuda definió como «un eco de las preocupaciones del mundo en que viven». Machado iba a ser para ellos un símbolo aglutinador. Aquel fin de semana en Collioure, por tanto, supuso la confirmación de ideas anteriores en torno a un proyecto que debía darles a conocer. Ahora sólo faltaba un volumen de presentación, y fue José María Castellet el hombre llamado a coordinarlo. Durante más de una decada el crítico catalán había pretendido reunir la poesía española de los últimos veinte años en una antología, hasta que tras varios intentos fallidos se le presentó la ocasión: un grupo de autores jóvenes dejaría en ella su voz, e incluso uno de ellos, Barral, disponía de los medios editoriales para divulgar la obra de todos. Aunque la célebre antología de Castellet no apareció hasta finales de 1960, los últimos meses de 1959 se les fueron en encuentros y reuniones destinadas a ultimar el texto, que luego se llamó *Veinte años de poesía española;* también emprendieron la creación de una nueva colección poética, «Colliure», en la que Castellet iba a ser el director literario y Jaime Salinas, director. Según Carmen Riera, la nueva colección debía servir «para mostrar a los poetas madrileños la capacidad de gestión del grupo barcelonés». Por eso trabajaron duro: José Agustín Goytisolo recuerda las muchas veladas en casa del *mestre* Castellet, sentado sobre la moqueta azul, vaso en mano, junto a Carlos Barral y Gil de Biedma, discutiendo sobre los poemas y autores que debían incluirse, en presencia del gran «gurú» cuya antología iba a proyectarles al firmamento literario.

FORMENTOR

La península de Formentor, en la isla de Mallorca, es uno de los lugares más bellos del Mediterráneo: allí se celebraron en 1959 unas Conversaciones Poéticas que quedarían en la memoria como símbolo de la literatura de *qualité*. Organizadas por Camilo José Cela y convocadas para la luna llena de mayo, reunieron a numerosos autores nacionales y extranjeros. Según prometía don Camilo, «los poetas se encontrarán conversando de poesía y con la poesía —novia eternamente fiel, trébole de la soltera— en Formentor y en la paz y la concordia». El futuro premio Nobel incluía otros alicientes: alojarse en hotel exquisito, charlar en cualquier lengua y, sobre todo, «tomar copitas», eufemismo de vieja solterona que apenas disimulaba el concepto apoteósico de «barra libre». Ante semejante cóctel de diálogo, concordia y bebidas finas, los miembros de la futura Escuela de Barcelona se desplazaron a la isla. Desde su revista *Papeles de Son Armadans*, el organizador había dejado claro además que «las conversaciones no son ni una asamblea, ni un congreso, ni hay ponencias ni orden del día, ni actos oficiales, ni nada que se les asemeje». En aquella España cuartelera una convocatoria así estaba llamada a la leyenda.

Entre el 18 y el 25 de mayo coincidieron, pues, en el Hotel Formentor una pléyade de literatos: poetas de la Generación del 27 como Gerardo Diego, Dámaso Alonso o Vicente Aleixandre; bardos sociales como Gabriel Celaya o Blas de Otero; mallorquines como Blai Bonet o isleños adoptivos como Camilo José Cela, Robert Graves o Anthony Kerrigan; también acudieron catalanes como Carles Riba y su mujer, la poetisa Clementina Arderiu. Dicen que José Hierro, Carlos Bousoño y Celso Emilio Ferreiro tampoco quisieron faltar a la cita, y que incluso Luis Cernuda, Ezra Pound, León Felipe y Manuel Altolaguirre se sumaron por carta a un encuentro al que no faltó Santos Torroella.

Pese a que Cela había prometido unas jornadas informales, hubo cinco sesiones de trabajo donde se abordaron temas de actualidad poética. Un autor relevante –Dámaso Alonso, Carles Riba o Gerardo Diego– se encargó de dirigirlas, y con ese fin acudieron todos al Club de los Poetas: un pequeño pabellón del hotel, edificado bajo los pinos, en una rinconada rocosa que daba al mar y a un islote lleno de cabras. Cuenta José Agustín que Cela había instalado a la entrada una gran jaula con un papagayo, que se explayaba en insultos groseros cuando algún ilustre tomaba la palabra. Según Carmen Riera, el guacamayo se llamaba «José María de Heredia», y dejó oír sus gritos con frecuencia, que «fueron de enojada discrepancia cuando intervinieron Vivanco, Riba y Bousoño».

Pero ni con ayuda de aquel bardo emplumado los coloquios eran tan estimulantes como cualquier conversación fuera del recinto. Al terminar las sesiones «oficiales» los poetas deambulaban por salones y jardines, intercambiando ideas novedosas en su mundo celeste. En el paraíso de Formentor, Goytisolo, Barral y Gil de Biedma conocieron o bien estrecharon vínculos con Giuseppe Ungaretti, Robert Graves, Vicente Aleixandre, Dámaso Alonso, Gerardo Diego y otros maestros, quienes desde entonces los tuvieron en mayor consideración. Luego, cuando esos autores provectos –los «famosos», dirá Gil de Biedma– se retiraban a descansar, los jóvenes seguían la fiesta por su cuenta en el bar eternamente abierto del Club. Allí, en aquel pabellón iluminado junto al Mediterráneo, bebían sin freno, amparados en la exquisita tolerancia del servicio; la velada se prolongaba hasta el alba, con los amigos conversando o recorriendo la playa de arenas suavísimas.

Aparentemente, todo era culto, sereno. Pero si uno de aquellos «famosos», como Vicente Aleixandre, se hubiera despertado a causa de las voces y se hubiese asomado a la ventana de la habitación del hotel, habría descubierto esta increíble escena pagana: bajo la luz absoluta de la luna, al final del jardín en declive, ya en la playa, un grupo de jóvenes aplauden la proeza de un loco que, desnudo y ebrio, se ha arrojado al mar en busca de una mujer. Todos pueden verla desnuda, altiva, emergiendo de las aguas brillantes... Poseído, el loco se acerca nadando y al llegar a ella abraza apasionadamente sus muslos de mármol. Por una vez la expresión «muslos de mármol» es justa: la diosa es en realidad una estatua, una figura decorativa a lo Mallol que alguien puso hace años en un escollo a pocas brazadas de la costa. Ha sido esa Venus, sí, una figura lunar, lo que ha encendido el ardor del loco, del poeta, de Carlos Barral. Al verlo, José Agustín aplaude y ríe como el viejo Coyote, mientras Jaime Gil de Biedma vive un nuevo poema de felicidad que con el tiempo resonará en estos versos: «grité que por favor que no volviéramos / nunca, nunca jamás a casa». Entonces Carlos disuelve el abrazo, abandona la roca solitaria de la estatua y vuelve a la orilla, en la que es recibido con una sincera salva de aplausos. A lo lejos, arriba, Vicente Aleixandre oye risas viriles, pero apenas distingue unas sombras en la arena, el manso rumor del agua. Mira la luna, siente un ramalazo de sensualidad, cierra la ventana y renuncia a pensar en su perdida juventud.

CLARIDAD

Después de Formentor algo cambió: prensa, escritores y editores extranjeros descubrieron una nueva y estimulante faceta de la literatura española; pero también los poetas del centro acabaron admitiendo la existencia de otros poetas periféricos en lengua castellana que, como escribe Carmen Riera, «podrían suponer una renovación en el panorama lírico». Eran cachorros de la literatura, cierto, pero sus rugidos comenzaban a oírse más allá de su Barcelona natal, donde siguieron trabajando a lo largo de 1959 al amparo de la sombra vivificante de Machado. En el caso de José Agustín, compuso esos meses un libro de poemas, *Claridad*, que obtuvo aquel mismo otoño el premio Ausiàs March de poesía. Visible o no, toda la obra rezuma una sincera admiración por el poeta sevillano. A veces es un influjo notorio, evidente, exhibido, se diría, con orgullo, como demuestran las alusiones poéticas al «camino», idea machadiana por excelencia, o a «los campos yermos», o al deseo de una mejor España. En otras permanece como un rumor de fondo, caudal subterráneo que nutre las raíces de sus versos. Pero al tiempo *Claridad* es una pieza de acentos muy goytisolianos. El crítico Castellet destaca el carácter autobiográfico del libro, su naturaleza «inalienable», aunque señala el hecho de que el autor transmite esa peripecia personal desde un ángulo histórico, teniendo en cuenta los aspectos y dimensiones colectivos. Así, el corazón del poeta parece cantar a coro, como si su corazón no fuera sólo suyo sino el de otras personas que han vivido problemas y situaciones similares. El compromiso social, la fraternidad y el deseo de un profundo cambio son temas que Goytisolo tiene bien presentes, recogiendo en verso las inquietudes de parte de la sociedad española. *Claridad* excede, por tanto, el ámbito de una reflexión íntima o generacional: es un libro que modula hacia la esperanza, porque su autor desea conservar esa mirada pura que le permite atravesar los cercos de sombra que la Dictadura ha levantado sobre el país. Aunque quede en José Agustín mucho del poeta «industrial» que hablaba de la huelga de tranvías, la sombra de Machado le otorga una luz más cálida y benigna. En el poema «Yo invoco» leemos:

> Claridad, no te apartes
> de mis ojos, no humilles
> la razón que me alienta
> a proseguir. Escucha,
> detrás de mis palabras,
> el grito de los hombres
> que no pueden hablar.
> Por sus golpes, por toda
> la lucha que sostienen
> contra el muro de sombra,
> yo te pido: persiste
> en tu fulgor, ilumina
> mi vida, permanece
> conmigo, claridad.

PERMANECE CONMIGO, CLARIDAD. ¿No es ella un sinónimo de poesía? Goytisolo llama al futuro: todavía sigue creyendo en la lucha. Los últimos años del decenio invitan al optimismo, y pese a algunos indicios muchos españoles están convencidos de que el régimen de Franco ha entrado en una fase de disolución final. Es cuestión de combatir con la palabra, aunar fuerzas, esperar.

EL PARTIDO SIEMPRE LLAMA DOS VECES

En lo político, Luis Goytisolo vive a fondo el final de los cincuenta. Excluido voluntariamente de la universidad en 1957 porque se le consideraba «quemado», la célula inicial a la que pertenecía se disolvió y fue recreada entre las facultades de Económicas y Filosofía. Pero ello no supuso el fin completo de sus actividades, ya que el escritor pasó entonces a la dirección de la «célula de intelectuales de Barcelona»: un pomposo eufemismo que englobaba a un modesto grupo de jóvenes, un médico, un aparejador, un aspirante a inspector de Hacienda y él. Aunque insiste en que nunca estuvo plenamente convencido de la ideología marxista, el marxismo y en especial el Partido Comunista seguían siendo el principal instrumento para hostigar a Franco. No obstante, ya hemos visto que en 1959 el desencanto de Luis era total; la Política de Reconciliación Nacional se había revelado fallida y Goytisolo lo repetía a sus camaradas con argumentos cada vez más concluyentes: «Franco morirá de viejo. Morirá enfermo en la cama... Lo que hacemos es inútil.»

A raíz de esta penosa segunda toma de conciencia hizo esfuerzos por alejarse del grupo. Entendía que el único frente con posibilidades era la literatura, el combate creador, donde los objetivos y las consignas las dictaba su propia mano; pero no era fácil desvincularse del pasado: había compromisos abiertos. Como miembro muy activo de la célula, se le requería con frecuencia, y Luis no deseaba enfrentarse a sus compañeros. ¿Qué podía hacer? Finalmente, la propia literatura le brindó el mejor pretexto: seguir escribiendo. El reciente premio Biblioteca Breve a su obra *Las afueras* le otorgaba un nuevo *status*, y Goytisolo habló con sus superiores políticos para comunicarles que dejaba Barcelona para retirarse a escribir. Dado que Torrentbó no era la mejor opción porque su padre subía allí cada vez más a menudo, el novelista buscó refugio en la casa de su amigo Ricardo Bofill, en San Julián de Vilatorta. Como de costumbre, le acompañaba María Antonia, quien desde el principio apoyó aquella maniobra para distanciarse del Partido. Juntos pasaron una temporada de retiro mientras él redactaba el manuscrito de su nueva obra, *Las mismas palabras*. Al menos, durante esos meses pudo mantenerse lejos de reuniones y planes en los que definitivamente ya no creía.

En este contexto resulta asombrosa su decisión de volver a la militancia. Por lo visto, los camaradas le convencieron para que realizara un viaje al extranjero donde iba a celebrarse una importante reunión del Partido; por razones de seguridad, el asunto se llevó con la máxima reserva y sólo le facilitaron informaciones mínimas. Era el clásico juego de los sobreentendidos, un código para iniciados: «Será algo importante», le decían, «irás como observador en lugar de Sacristán...» A partir de aquí, el escritor fue atando cabos: sabía que iba a celebrarse un congreso en Moscú, en plena era Kruschev, y dedujo que le enviaban como representante del Partido Comunista Español desde Barcelona. Dado que la posibilidad de viajar a Rusia le resultaba tentadora, creyó que su visita allí podía ser un último gesto político, el adiós simbólico a varios años de lucha.

Pero su verdadero destino no era Moscú sino el Congreso Internacional de Praga, donde Santiago Carrillo acabó siendo nombrado secretario general. Se ha hablado mucho de si Luis Goytisolo fue a Checoslovaquia «engañado», hipótesis que su padre y otros miembros de la familia sustentaron después; pero el novelista niega tal extremo, recordando que las circunstancias obligaban a silenciar el destino real de aquellos viajes. Según él, era una medida de seguridad elemental para evitar indiscreciones y filtraciones: «...cuanto menos supiéramos, mejor». De este modo, cruzó la frontera con pasaporte falso y llegó a París, acompañado de Solé Tura y de Isidoro Balaguer, el 13 de diciembre de 1959.

En su novela *Estela del fuego que se aleja* el personaje A describe al detalle este tipo de expediciones, y no duda en calificarlas de «operación impecable» organizada por el Partido:

... la que suponía hacer confluir en París, desde los más diversos rincones de España, a más de un centenar de militantes comunistas, sin que su marcha, a pocas fechas de la Navidad, levantara sospechas entre sus familiares y convecinos, ni llamase la atención de la policía francesa, gentes en su mayoría de indisimulable aspecto proletario, por mucho que ellos se hicieran la ilusión de parecer turistas. Acomodar a cada uno en el hogar de un camarada francés de absoluta confianza y probada discreción, incapaz de preguntar el por qué y el para qué de nada, ni de intercambiar comentarios con otros camaradas que bien pudieran encontrarse en el mismo caso, dando alojamiento a un huésped inesperado del que sólo sabían una cosa: que era un camarada. Proveerles a todos de billetes, dinero, una nueva documentación y, sobre todo, hacerles aprender de corrido las instrucciones precisas...

Una de ellas era redactar postales con destino a la Península –padre, hermanos, amigos, novia–, inventando andanzas por París y escalonando las fechas hasta principios de enero, postales que el camarada francés enviaría puntualmente desde Francia mientras el militante español volaba hacia Alemania y luego Checoslovaquia.

Ya en Praga, Luis Goytisolo se percató de la trascendencia del encuentro al descubrir a líderes comunistas en el exilio, como Pasionaria o Líster, y a relevantes miembros del Partido que militaban clandestinamente en España. Aunque hubo varias reuniones en salas gigantescas donde se presentaron propuestas de ceses, incorporaciones y confirmaciones, él se mantuvo en el papel de mero observador. Pero finalizado el Congreso, intervino en una espontánea sesión junto a Pasionaria, que fue en realidad un acto informal de despedida, o lo que Gregorio Morán llama despedida «sentimental», acorde con las fechas navideñas. Escribe en *Miseria y grandeza del P.C. de España*:

> A su modo se trató de una fiesta de Fin de Año a la que para darle un contenido no tradicional se denominó «Homenaje de los veteranos a los jóvenes del partido». Por los veteranos intervinieron *Pasionaria* y Vicente Arroyo. En representación de los jóvenes, Francisco González, «Roberto», de la fábrica Standard de Madrid y un catalán que usaba el seudónimo de «González» y que escondía al escritor Luis Goytisolo. Un obrero joven y un intelectual joven homenajeados ante el centenar de congresistas por el presidente del partido y un fundador del comunismo español, como Arroyo. Es difícil concentrar más símbolos en aquella noche que cerraba una década e inauguraba otra. Ambos, obrero e intelectual, confirmaron que la selección no podía haber sido mejor escogida; respondían al futuro de España y del partido. Paco el de Standard dejó un retrato fiel de su entrega sin fisuras: *después de ocho horas de trabajo en mi fábrica, de tres horas más diarias en alguna escuela, después de algunas horas dedicadas a una agrupación musical de mi fábrica, las horas que me quedan en vez de entregarlas a cosas superfluas, yo las entrego a nuestro partido*. Merecía la ovación que se le dio.

Goytisolo la cosechó desde que demostró su talla narrativa al empezar a hablar: *Camaradas: Durante estos días que llevamos reunidos, varias veces ha vuelto a mi memoria un viejo recuerdo. Es un recuerdo de la guerra civil, de hace veinte años, es decir, de cuando yo tenía cuatro. Es el recuerdo de un niño preguntando a los mayores: pero quién gana, ¿los buenos o los malos? Porque entonces el mundo se dividía así, en dos vastos sectores, el de los buenos y el de los malos. Y poco a poco, según pasaban los meses, las caras de quienes me rodeaban se iban aclarando. Se aclaraban las caras, se desfruncían los entrecejos y al final aparecieron incluso las sonrisas. Habían ganado los buenos* (hizo una pausa. Les había agarrado con aquella historia que bordeaba los límites de lo permisible y que nadie sabía si el mozo aquel iba a poder terminar bien o mearía fuera del tiesto). *Pero ahora, veinte años después, pues ya veis, ¡aquí estoy como un malo más!* El salón estalló en risas y aplausos. ¡Sabía contar historias aquel Goytisolo aun antes de que publicase su *Recuento*!

Aquel día el calor de un mito revolucionario como Pasionaria creó un clima de apoteosis verbal antifranquista. El joven escritor se sumó a aquel fin de fiesta, dejándose ver, oír, notar. Luego, el abrazo eufórico y esperanzado. El adiós.

A principios de 1960 Luis Goytisolo se encuentra de nuevo en Barcelona. El VI Congreso del Partido Comunista de España ha sido un éxito y no puede concebir despedida mejor. Ya no habrá más política, se dice, y a partir de ese momento se dedica de lleno a la escritura, seguro de que los camaradas respetarán su decisión. Esta vez no vuelve a casa de Bofill: se queda en la ciudad y sigue trabajando en el libro. Frecuentemente da largos paseos para inspirarse, caminatas en las que es su propio interlocutor, al acecho de nuevas soluciones expresivas. En recuerdo quizá de sus galopadas con Jorge Herralde, busca la senda de la carretera de Las Aguas, un lugar boscoso y solitario desde el que divisa una espléndida panorámica de la Barcelona invernal. Otras veces se limita a salir de Pablo Alcover, enfilar Anglí arriba hasta la plaza Borrás y perderse en la falda umbría de la montaña. Años después Luis admitirá que bajó la guardia, es decir, que las precauciones que había tomado con anterioridad cayeron en el olvido. Pero es un descuido comprensible, ya que interiormente no se siente un militante y se comporta como un escritor: alguien con derecho a pasear a su antojo, detenerse en lugares apartados, observar, tomar incluso alguna nota... Una vida de libertad absoluta que despierta en aquella España tantas sospechas como la de un ladrón.

LA EPIDEMIA

Mientras Luis Goytisolo estaba en Praga, su hermano Juan y Monique Lange pasaron las Navidades en Amsterdam, donde se vieron con Genet. Durante esos días el dramaturgo les muestra la ciudad, les invita a funciones privadas en un teatrillo en el que su amante, Abdallah, ensaya prodigiosos números de acrobacia, o les conduce a barrios de vida alegre donde las prostitutas se ofrecen tras las vitrinas callejeras como sirenas iluminadas en un acuario. Las fotografías tomadas por Monique reflejan fielmente la temperatura afectuosa de aquel encuentro. Podemos ver a Genet con su pequeña *troupe* árabe avanzando por un callejón, o bien tomando una copa en un bar con Juan, bajo una luz que inflama destellos de aura santa. Todos parecen felices junto a aquel artista iconoclasta que sigue siendo el máximo cantor del crimen, el robo y la homosexualidad.

A principios de febrero la pareja se halla de vuelta en París. Aún guardan el calor de su encuentro con Genet cuando les llega desde Barcelona una alarmante noticia: el poeta Carlos Barral ha llamado a la editorial Gallimard para comunicarle a Monique que Luis Goytisolo ha caído repentinamente enfermo, víctima de una grave epidemia. Pero no hay tal enfermedad: es un mensaje en clave para informarles de que Luis ha sido detenido en una redada en la que caen también Isidoro Balaguer y el pintor Joaquín Palazuelos, siguiendo la suerte de la mayoría de delegados asistentes al Congreso de Praga. Aunque interiormente Juan ha admitido siempre tal posibilidad, la noticia le deja anonadado, «... no sólo a causa del mal trago que en aquellos mismos momentos estaba apurando mi hermano sino también del contexto familiar en el que se producía: ese universo fantasmal, angustioso, decrépito de la torre de Pablo Alcover, con tres ancianos —mi padre, Eulalia, el abuelo— abrumados y hundidos por la catástrofe que les caía encima»... Es la eterna imagen de la casa familiar, pero también la preocupación sincera por unos ancianos que, si a duras penas acertaban a resolver los asuntos domésticos, menos iban a enfrentarse ahora al lado oscuro del poder. Desde la muerte de Julia Gay, los Goytisolo no se habían visto en una situación tan dramática y de consecuencias tan imprevisibles.

Los hechos eran éstos: Luis había sido detenido la noche del 5 al 6 de febrero de 1960 y trasladado a la Jefatura de Vía Layetana, donde pasó las primeras veinticuatro horas soportando duros interrogatorios. Pese a que no llegó a bajar a los temibles calabozos, lo condujeron a una oficina próxima al despacho del inspector Creix, permanentemente esposado. Sólo entonces empezó a entender la verdad: el tipo que entraba con una taza de café para el jefe, ¿no era aquel misterioso individuo que había descubierto una tarde observándolo desde una esquina de la calle Anglí? Y su compañero, ¿no era aquel otro que les había seguido a la salida de cine Roxy cuando fue con María Antonia a ver *Tierra de faraones*? Y esos otros dos, ¿no eran los mismos que, semiocultos entre los pinos de Collserola, le habían acechado a prudente distancia mientras él paseaba monte arriba? Ahora comprendía que, desde su vuelta, la policía había estrechado el cerco sobre él —colocando agentes de paisano, coches, todo un pequeño grupo pendiente de sus pasos—, en la creencia de que sus movimientos tenían por finalidad una cita clandestina con un importante personaje del Partido Comunista. De pronto se le hizo obvio que uno de los delegados del Congreso de Praga era un confidente de la policía española; pero el hecho de que le hubiera delatado precisamente a él y no a otro sugería interpretaciones más graves que, a mi juicio, implicaban directamente a alguno de sus propios compañeros. Al fin y al cabo, esos comunistas conocían su plan de abandonar el Partido para dedicarse a escribir. ¿A qué venía, pues, tanta insistencia en mandarle a Praga, arguyendo que su presencia allí era casi imprescindible? Luego, a las pocas semanas del regreso, la detención. Quizá no había ido «engañado» a Praga, como decían en su casa, pero «le esperaban» a la vuelta, como a tantos otros.

Cuenta el propio Luis que los interrogatorios en comisaría fueron duros pero no salvajes: Creix impuso templanza a sus esbirros, acaso porque conocía al detenido y sabía que acababa de ganar un premio literario. Gracias al Biblioteca Breve, aquel señorito era un personaje y, sobre todo, alguien conocido en unos círculos que disponían de medios para dar difusión internacional a su detención. Creix no podía dejarlo pudrirse en la cárcel como a un vulgar ratero, ni abandonarlo malherido en cualquier cuneta como si fuera un militante de barriada. Según Goytisolo, «seguramente tuvieron miedo y eso les contuvo»; pero, aun así, su futuro se presentaba sumamente incierto. El novelista incorporará la experiencia de su detención a la obra *Recuento*:

>Fue unos veinte minutos más tarde —ya estaba en pijama y con una pastilla de somnífero a cuestas— cuando sonó el timbre. Se puso el abrigo sobre el pijama y abrió personalmente: tres inspectores. Fuera quedaron el chófer y un gris, paseando ante la puerta. La no-

che era muy fría. Mientras se vestía registraron superficialmente la habitación, curiosearon sus papeles. Le pareció que se guardaban algún escrito. Papá salió en bata. Eloísa les observaba desde el fondo del pasillo, un chal blanco sobre un largo camisón blanco en la penumbra.

Y más adelante, tras la primera declaración en comisaría, la dureza del interrogatorio:

> Un rodillazo entre las piernas que pudo esquivar hasta cierto punto, ladeándose un poco. Alguien se abrió paso entre los empujones agitando una foto. ¡Mira, aquí tengo la prueba! ¡Tu foto! Era una foto carnet de Raúl. ¿Que qué prueba? Puñetazo en el estómago. Y otro. Vio aparecer una pistola. Ahora forcejeaban con el de la pistola, lo sujetaban. ¡Lo mato! ¡Es que lo mato! ¡Quitádmelo de delante o lo mato!

Aquella foto le delataba: pertenecía al pasaporte falso que Luis Goytisolo había empleado para cruzar la frontera camino de París, y probablemente había sido tomada en el puesto de aduanas por algún funcionario. Ante la negativa a dar información sobre sus actividades o las de sus compañeros, los policías «se animaban mutuamente a pegar, mientras Raúl, por su parte, intentaba mantener las formas en lo posible, respondiendo con tranquilidad, aunque entrecortadamente, sin dar muestras de odio, temor o cólera, como si interrogador e interrogado fueran, por igual, agentes de una fuerza superior que los enfrenta». En aquel instante, el novelista comprendió que si era capaz de mantener la calma había ganado la partida. Pero por desgracia esta hipótesis tenía más valor moral que científico, especialmente cuando le abofeteaban de continuo las orejas o le propinaban algún rodillazo. ¿Cuánto iba a durar aquello?

CERRAR FILAS

Entretanto, Juan Goytisolo había empezado a moverse. Gracias a Octavi Pellissa trató de averiguar más detalles de la detención de Luis a través del Partido, pero se le informó de que la dirección de éste no estaba al corriente y que en consecuencia no iba a adoptar medida alguna. ¿De modo que los comunistas no querían reconocer la redada? Bien. Eso le obligaba a obrar por su cuenta, y aquella misma mañana marchó con Monique a la editorial Gallimard para redactar un texto en el cual denunciaba la detención de su hermano y exigía que se le respetaran los derechos que reconoce la Carta de las Naciones Unidas. Tras laboriosas gestiones, el documento obtuvo firmas de apoyo de destacados artistas y escritores europeos: Pablo Picasso, Jean-Paul Sartre, François Mauriac, Jean Genet, Marguerite Duras, Alain Robbe-Grillet, Claude Simon, Nathalie Sarraute, etc. Días después, fue publicado en forma de carta en *Le Monde*, con el revuelo internacional imaginable. Goytisolo consiguió asimismo el apoyo de italianos como Carlo Levi, Elio Vittorini, Pier Paolo Pasolini o Alberto Moravia, y de mexicanos como Octavio Paz y Carlos Fuentes, o autores como Max Aub. En varios países sudamericanos hubo, además, mítines donde se recogieron firmas y manifestaciones de condena. En nuestro país Ramón Menéndez Pidal y Camilo José Cela encabezaban la lista de solidarios. El mundo pudo ver así que aunque la España de Franco se promocionara como nuevo paraíso turístico seguía siendo una dictadura.

Luis Goytisolo reconoce que las gestiones de Juan le ayudaron «ya desde las primeras horas», en aquellos tres días en que permaneció en las oficinas de la comisaría de Vía Layetana. Tras un breve paso por la cárcel Modelo de Barcelona, fue transferido a la Dirección General de Seguridad de Madrid, en cuyos sótanos recibió la visita «enormemente tranquilizadora» de su primo Juan Berchmans Vallet, quien tuvo que enfrentarse al temible Arias Navarro, entonces director general de Seguridad, para conseguir un permiso para visitarle. Luego el escritor fue internado en la prisión de Carabanchel. Allí le dejaron solo e incomunicado, escuchando las voces lejanas al fondo del corredor y los fríos pasos del carcelero: una de las experiencias más angustiosas y amargas de la vida de un hombre. En *Estatua con palomas* escribirá: «Durante mi reclusión en la cárcel de Carabanchel, pasé cinco semanas en régimen de aislamiento en una celda enteramente vacía. Aupándome a pulso hasta el cristal de la ventana y en tanto mis fuerzas me permitieran aguantar en tan incómoda posición, podía divisar en la distancia Madrid.» Sólidos barrotes, apenas un marco de luz, lejanos cielos abiertos. Por diferentes motivos, otros autores habían pasado por el mismo trance: San Juan de la Cruz, Cervantes, Casanova, el marqués de Sade, Wilde, Dostoievski, Bábel..., larga nómina de oprobio.

Para entonces, la atmósfera de Pablo Alcover era más opresiva que nunca. Don José María Goytisolo daba a quien quería oírle una versión *sui generis* de los hechos, insistiendo en el historial familiar de derechas y la estricta educación religiosa de sus vástagos. Aunque la detención de Luis había confirmado sus temores, se negaba a admitirlo. ¿Cómo asumir de golpe que «los mismos» que habían matado a su mujer habían detenido ahora a su hijo? No, no debió de serle fácil encajar ese aciago contrasentido que confirmaba una vez más el trágico destino goytisoliano. Luego había otro asunto de índole práctica: en los últimos años Luis se había hecho imprescindible en Pablo Alcover, donde era el encargado de resolver los problemas domésticos, económicos y administrativos de los tres viejos. Casada Marta, todo pasaba por sus manos, desde velar por la salud, llamar al fontanero, cambiar una bombilla o formular y presentar cualquier instancia. Su ausencia suponía, por tanto, una grave contrariedad. Irónicamente, el encarcelamiento del benjamín les había dejado huérfanos, como en un episodio bíblico. En estas circunstancias, ¿qué habría sido de ellos sin la ayuda de María Antonia, que ocupó de inmediato el lugar de Luis? ¿O la de Pepe, que multiplicó sus apariciones en Pablo Alcover, aunque sólo fuera para acompañar durante unas horas a aquellos queridos ancianos?

Sin embargo, cada vez que el poeta entraba en la vetusta casa de Tres Torres debía reprimir su enojo hacia el hermano pequeño. Porque de nada valía lamentarse: Luis estaba preso. Era la culminación de una absurda militancia que había invadido el nido familiar y había indispuesto al padre y al hijo menor con inusitada virulencia. El propio Luis reconoce que «en la época de mis actividades políticas clandestinas, los enfrentamientos verbales llegaron a ser de gran dureza. ¿Quién ordenó el bombardeo en que murió mamá?, le decía sabiendo de sobras que no dejaba de ser un golpe bajo». Ahora el golpe noqueador era aquella situación dramática que afectaba a todos.

Recuerda José Agustín que solía comunicarse telefónicamente con Juan para informarle sobre la evolución del caso Luis; pero como las noticias no eran alentadoras, el novelista siguió utilizando su única arma: denunciar el *affaire* desde Francia. A los pocos días Juan recibió una llamada angustiosa de su padre, quien acababa de recibir a su vez la visita de un inspector; muy correctamente el funcionario de policía le había transmitido al señor Goytisolo noticias reconfortantes: el asunto no era grave y podía resolverse, dijo, pero se lamentó de que Juan estuviera «politizando las cosas con firmas y artículos», porque eso no hacía más que agravar los problemas de Luis. Asustado, el anciano le rogó al escritor que interrumpiera las gestiones e hiciera lo posible para que la prensa francesa olvidara el tema. A distancia, el hijo comprendió que «si la policía había despachado a uno de sus funcionarios a casa para que mi padre ejerciera presión sobre mí y me quedara quieto, ello indicaba que mi actividad perturbaba y, por consiguiente, había que proseguirla». Era un argumento sagaz. Acababa de descubrir que el silencio es el mejor cómplice de las dictaduras.

En lo sucesivo, las gestiones de Juan Goytisolo dieron otros frutos. Hasta entonces la prensa española había ignorado por igual las detenciones y las protestas extranjeras, pero el diario *Pueblo*, dirigido por Emilio Romero, acabó pronunciándose en dos editoriales flamígeros: «La moda francesa de la joven literatura española» y «Tergiversación». En ningún momento hablaba de la detención de Luis ni de su militancia en el Partido Comunista, de modo que un lector de *Las afueras* ignoraba que el escritor estaba en la cárcel. Los editoriales de *Pueblo* se ceñían únicamente a lo literario: a grandes rasgos, se extrañaban del interés desmedido de los franceses por un novel como Luis Goytisolo, autor de una obra ya traducida a otra lengua no tanto por su valor intrínseco sino «como testimonio de la oposición a la España de hoy»; insistían en que en Francia había una aduana donde se controlaba la literatura española, y el aduanero, también escritor, «se apellida igual que el último escritor glorificado». Comenzó así un electrizante cruce de notas y artículos entre Juan Goytisolo y el diario madrileño, que denunciaba el sospechoso trato de favor de la prensa extranjera hacia unos novelistas cuyo apellido no sonaba tanto «en las librerías» como por ciertas actividades políticas «en las que se anda más cerca de "sonar" en las comisarías». Para Emilio Romero y sus acólitos un libro como *Las afueras* no era nada. Luis Goytisolo era carne de calabozo... Como García Lorca, Antonio Machado, Miguel Hernández o Buero Vallejo.

Ante los nuevos ataques, los hermanos del preso enviaron sendas cartas al director de *Pueblo;* paralelamente, dice Juan, una cuarentena de colegas de Madrid y Barcelona protestaron en una carta abierta, sólo difundida fuera del país, contra el estilo de denuncia política empleado por el diario de la capital. Los firmantes se atrevieron a solidarizarse públicamente con Juan y defendieron además su función en Gallimard calificándola de «notablemente beneficiosa para la difusión de nuestra literatura en el extranjero». Hubo entonces un mes de silencio, tras el que *Pueblo* se pronunció con «La joven ola y otras cosas», editorial a doble página donde se incluyeron las apostillas de los hermanos Goytisolo junto al texto central, que denunciaba *ad nauseam* las actividades de Juan. La controversia estaba llegando a un punto culminante. La batalla por la libertad del preso acababa de empezar.

EL PRISIONERO

Luis Goytisolo seguía en una celda de Carabanchel, enfrentado a la nada. Lejos del mundo que le era familiar, vivía la durísima experiencia de la privación de libertad, agravada en su caso por el aislamiento. De haber podido leer entonces *El jugador de ajedrez* de Stefan Zweig, habría suscrito este testimonio del protagonista, cautivo también de las garras fascistas:

Vivía como un buzo bajo su campana de vidrio, en el negro océano del silencio; pero como un buzo que presiente que se ha roto la cuerda que le enlazaba con el mundo y que no volverán a subirle nunca más de aquellas honduras muertas. No tenía nada que hacer, nada que oír, nada que ver; en torno mío, reinaba la nada vertiginosa, un vacío sin dimensiones en el espacio y en el tiempo. Iba y venía en mi habitación, y mis pensamientos iban y venían en mi cabeza, sin tregua, siguiendo el mismo compás.

Aparte del tema del cautiverio, me interesa aquí la influencia de tal estado sobre la mente, que propicia el fluir de las ideas bajo una presión atmosférica desconocida. Del mismo modo que el héroe de Zweig halla sentido a su encierro aprendiendo a escondidas a jugar al ajedrez, es decir, adentrándose en un territorio ignoto cuya misteriosa topografía va a mantenerle ocupado y despierto, así Luis Goytisolo va a configurar en la cárcel un ámbito de ficción que con los años iba a ser la cumbre de su producción literaria. El llamado ciclo *Antagonía* nació, pues, en la cárcel, en unas circunstancias más propias de novela centroeuropea o rusa, y cabe preguntarse si hubiera podido surgir de otra forma, al menos tal como lo conocemos hoy. El propio autor analizará este proceso en su texto «Gestación de *Antagonía*», donde trata de averiguar el secreto de la intensidad creadora alcanzada durante aquellas semanas de reclusión en el penal de Carabanchel. Tras barajar varias causas químicas y biológicas en el más puro estilo paterno, lo atribuye a una suma de factores, con predominio del factor aislamiento. Parece claro que las líneas maestras de *Antagonía* cristalizaron en cuestión de horas, en mayo de 1960, y fueron desarrolladas en los días inmediatamente sucesivos. Escribe Luis:

Sin lectura, sin tabaco, sin visitas, sin ver otra cara que la de los reclusos encargados de distribuir el rancho celda por celda; una celda, por lo demás, totalmente desnuda, ya que el magro jergón que extendíamos sobre el suelo nos era retirado tras las ocho horas de sueño prescritas. Eso sí: debido tal vez a una laguna del reglamento, me había sido permitido conservar la estilográfica y, a falta de otro papel, las hojas de los rollos de papel higiénico –por suerte rígido y poco absorbente– me permitieron tomar las notas fundacionales de *Antagonía*. Sin lugar a dudas, aquellos días de aislamiento y trabajo insomne, inmerso en la construcción de una obra que parecía envolverme como lo hubiera hecho el humo de los cigarrillos que no fumaba, fueron los más fértiles y acaso los más importantes de mi vida.

Luis retomará esta idea en la sección «romana» de *Estatua con palomas*, donde el protagonista –escritor latino– sufre también un pasajero período de confinamiento: «Contrariamente, sin duda, a los deseos de las personas que allí me habían enviado, aquella estancia en una isla apenas habitada fue una de las épocas más fructíferas de mi vida. Prácticamente todo cuanto he realizado y hasta algunas cosas que me quedan por realizar tienen su germen en aquellos días de alejamiento y soledad.»

Pero aquellos días fueron importantes asimismo para sus otros hermanos. Tras una breve estancia en Mallorca, Juan Goytisolo regresó a Barcelona con Monique y efectuó una visita a la casa de Pablo Alcover, «como un conturbado y culpable hijo pródigo». De nuevo esa feroz sensación de culpa, ese castigo interior incomunicable que se alimentaba ahora con la idea de que su vida francesa agravaba la situación familiar. La ausencia de Luis, escribe Juan, «había precipitado a simple vista la decadencia de personas y cosas y el cuadro familiar de los tres viejos me llenó a un tiempo de angustia y consternación. Papá hablaba obsesivamente de una supuesta trampa de los comunistas a Luis, el abuelo callaba, Eulalia acariciaba inescrutable el abrigo de ante y los regalos que le trajimos de París.» Ni siquiera los cuidados de María Antonia ni las visitas de Pepe habían sido suficientes. Sólo la vuelta del hijo podía restablecer el viejo orden goytisoliano.

En tales condiciones, Juan decidió quedarse en España por tiempo indefinido mientras Monique regresaba a Francia. Durante varios días el novelista durmió en casa de su padre, «sumido en las peores pesadillas nocturnas», termómetro exacto de la tensión que vivía; para aliviarla resolvió marchar a Madrid y entrevistarse con su primo Juan Berchmans Vallet, el notario siempre dispuesto a prestar su apoyo más desinteresado a cualquier familiar metido en un apuro. Nadie mejor que el hijo de la difunta tía María –que había visitado a sus hermanos Leopoldo y Luis en el castillo de Montjuïc durante la guerra– para comprender el desasosiego de los Goytisolo. Reconoce Juan que, gracias a sus buenos oficios, pudo entrevistarse al fin con su hermano menor. Aún recuerda su visita a Carabanchel, la cola de los familiares de los presos, donde coincidió con la mujer de Celaya con un paquete de comida y con la madre de los hermanos Solana. Juan habla de la entrevista con Luis entre dos hileras de rejas, su aspecto «sereno pero desmejorado a causa de la huelga de hambre en la que había participado». Luego el timbre, el final de la charla, la impotencia, el vacío. En la novela *Señas de identidad* la escena se reconstruye así:

> El encuentro se celebró en un amplio local dispuesto en forma de pajarera, a través de dos telas metálicas separadas por un estrecho pasillo por el que circulaba sin descanso un funcionario de Prisiones. Para oírse era necesario hablar a gritos y visitantes y presos se contemplaban mutuamente aturdidos por la simultaneidad de las voces, tratando de aclarar con ademanes y con gestos las frases caóticas, entreveradas e inconclusas. A los universitarios barceloneses el reposo forzado parecía pintarles bien y aferrados a la tela metálica como orangutanes del Zoo, acogían sus renovados intentos de charla con una sonrisa irónica. En sus ojos no había ninguna sombra de reproche. Al cabo de media hora de galimatías sonó un timbre y, sin darles tiempo de reaccionar, los presos se retiraron encuadrados por sus guardianes. Ricardo y Artigas se encontraron en la calle desorientados y confusos, perdidos en la cola silenciosa de amigos y parientes que se dirigían a la parada de autobuses, camino de la ciudad hostil, dilatada y anónima que se extendía ante sus ojos como una abrumadora pesadilla.

Afectado, el novelista regresó al Hotel Victoria donde le aguardaba su amiga Florence Malraux: la sobrina del célebre escritor francés, que se había ofrecido a interceder por Luis aprovechando sus contactos con el embajador galo en España. La cena en la embajada, las palabras esperanzadas del diplomático les inspiraron un cauto optimismo, sentimiento que llegó hasta Barcelona donde María Antonia Gil tuvo que compartirlo con otro tan lícito como inoportuno, los celos terribles que sentía hacia la dichosa Florence, con la que su novio había tenido muy presumiblemente un *affaire*.

Entretanto, Luis seguía con su amargo y fértil encierro. Es difícil saber cuánto habría seguido allí de no mediar las maniobras continuas de su hermano Juan, «la constante y preciosa ayuda» de su primo Berchmans Vallet, y sobre todo el peso de una inocencia que iba imponiéndose al caer del calendario. Porque aunque sus actividades políticas no dejaban lugar a dudas, su actuación en el Congreso de Praga había sido en el fondo irrelevante. La clave del asunto residía, al parecer, en un error del confidente policial, quien aseguraba que un individuo «joven, rubio, de Barcelona» había tomado la palabra ante el auditorio en repetidas ocasiones. Dado que Luis Goytisolo insistía en lo contrario, se llamó de nuevo al confidente y se le mostraron fotografías del detenido para su identificación. El error salió entonces a la luz: el confidente no había visto a Luis, o al menos no recordaba ninguna intervención suya ni ningún parlamento. En realidad dicho parlamento se había producido cuando el confidente ya había abandonado el congreso. El joven rubio de Barcelona era otro.

Con todo, tampoco quedaba claro el papel de los organizadores del encuentro comunista en Checoslovaquia, pues del mismo modo que habían coronado el congreso más abierto y democrático que recordaba la historia del PCE, un mes más tarde, con la detención de los delegados asistentes, la apertura de procesos encadenados y el ingreso en prisión de centenares de militantes y simpatizantes, el balance era muy otro. Las organizaciones quedaron en cuadro. Y, como recuerda Gregorio Morán, el VI Congreso pasaría a la historia como un modelo de «improvisación y aventurismo». Luis Goytisolo se percató muy pronto de la irresponsabilidad de la dirección del Partido. Así lo explica Morán:

> El novelista Luis Goytisolo fue quizá quien más duramente reaccionó frente a la burla y las torpezas del congreso. Detenido a su vuelta, en Barcelona, tras los interrogatorios su acusación llegó a la dirección del partido en París: el congreso estuvo controlado por la policía desde el comienzo. Era probable que de tener alguna filtra-

ción de que iba a celebrarse tal reunión, a la policía franquista, de acuerdo con organismos internacionales de espionaje, no le costara ningún trabajo fichar a todos los españoles en tránsito navideño hacia Praga vía Zurich, Viena o Berlín. En 1959 no serían muchos y el flujo, dadas las fechas, debía de resultar bastante llamativo.

En los interrogatorios, según la versión de Goytisolo, la policía había enseñado fotografías infrecuentes y casualmente en el congreso se habían sacado profusamente. Aún hoy llama la atención contemplarlas en los archivos del PCE como si se tratara de una boda o una amical de *anciens combattants*.

Así pues, más que un solitario confidente policial, parecía como si una legión de miembros de la DGS franquista se hubieran infiltrado en Praga en busca de pruebas incriminatorias. ¿Y ésas eran las extraordinarias medidas de seguridad prometidas por los organizadores? El escritor no daba crédito a sus ojos, y no sólo lo hizo saber a sus camaradas detenidos sino que adoptó la determinación de proclamarlo al salir de la cárcel. Pero, como recuerda Morán,

La reacción de Santiago [Carrillo] se redujo a expandir una calumnia sobre Goytisolo: que su comportamiento durante los interrogatorios no había sido demasiado bueno, de ahí sus acusaciones hacia la dirección del partido. Nada de eso era verdad. El comportamiento de Goytisolo fue más que correcto según los informes que llegaron a París desde las diversas prisiones, pero siempre quedó como un halo de duda respecto al comportamiento de Goytisolo, absolutamente injustificado, pero que perduraría durante muchos años y que serviría para entenebrecer sus acusaciones.

Esta idea perversa de un Goytisolo delator llegaría incluso hasta mis tiempos universitarios.

Al margen de ello, es obvio que su estancia en la cárcel podía convertirse en una carga para el gobierno español si el hermano del preso —aquel rabioso sujeto afrancesado— seguía armando revuelo desde París. Finalmente, el tribunal militar encargado del caso decretó la libertad provisional de Luis Goytisolo, y éste abandonó la prisión de Carabanchel el sábado 28 de mayo de 1960. Incapaces de admitir que habían cedido a las campañas de protesta, las autoridades excarcelaron también a otros asistentes al Congreso de Praga, mientras algunos detenidos con el mismo cargo pasaron meses e incluso años en la cárcel. En aquel Madrid pocos se alegraron de que el autor catalán recobrara la libertad: aparecieron editoriales y artículos en relación con el caso, que fue motivo de charla pueblerina en los cafés; incluso en el Café de Gijón algún novelista rancio se lamentaba de la buena estrella del joven, porque era cosa sabida que «sus actividades rozaban el delito común». Cualquier calumnia valía para descalificar al adversario político y, por qué no, al posible rival literario.

Veinte años más tarde, Luis Goytisolo dejó un testimonio sorprendente de su estancia en la cárcel:

La mayor parte de los compañeros, al concluir el confinamiento, coincidía en que había sido una prueba que no volverían a pasar por nada del mundo. Tan sólo unos pocos convinieron conmigo en que la experiencia era dura pero enriquecedora, y eso hasta el punto de que no estaría de más repetirla voluntariamente de vez en cuando. Una especie de cura de autorreclusión desarrollada en condiciones, eso sí, de mayor confortabilidad y sosiego.

¿Era una *boutade*? En absoluto, más bien las palabras de un aprendiz de ermitaño. Los cientos de horas pasadas en la celda le habían permitido plantearse un gran proyecto literario, pero tras ese proyecto planeaba la renuncia definitiva a toda actividad extraliteraria. A partir de ahora, la política iba a desaparecer de su vida y nadie podía reprochárselo... Abrazaría un «sacerdocio» *à la* Flaubert.

Luego estaba la familia. Durante el encierro Luis pudo percibir toda la fuerza de la sangre, simbolizada por lo que los suyos estuvieron dispuestos a hacer por él. Sabía, por ejemplo, que su hermano Juan –el mismo que había huido de Pablo Alcover como alma que lleva el diablo– acababa de correr riesgos por su causa, esto es, por la causa de alguien de Pablo Alcover; más aún, con ello se había puesto definitivamente en el punto de mira de las autoridades y de la cultura franquistas. Incluso su hermano Pepe, cuyas aportaciones eran siempre de ardua cuantificación, había sufrido lo suyo, olvidando su rutina de poeta-abogado para interceder por su libertad. Que aún hoy Luis lo admita con ciertas reservas no impide afirmar que José Agustín se preocupó y actuó dentro de sus posibilidades. Otro tanto valía para el resto del elenco: el padre, el abuelo, Eulalia, Marta, gentes esencialmente de orden para quienes la cárcel era la deshonra, y sin embargo supieron mantener razonablemente el tipo. Pero ninguno de ellos entendía por qué un joven tan sensato había acabado en prisión. Quizá ignoraban que Luis, como cualquier otro benjamín, aspiraba inconscientemente a ir más lejos que sus hermanos en las hazañas o los *rites de passage*. Si Pepe alardeaba de haber «conspirado» en casa de Barral y Juan criticaba al Régimen desde París, es lógico que Luis hubiera aceptado acudir como observador a lo que él creyó iba a ser el Congreso de Moscú. Fue una prueba palpable de que era mucho más audaz que sus mayores, pero al salir de la cárcel seguía pagando un alto precio. En su novela *Recuento* el personaje de Raúl siente desamparo ante la libertad, y ese desamparo le convierte en prisionero del propio redil. Escribe:

> Más bien como si el simple regreso a los lugares familiares le hubiera cargado de nuevo con los problemas del mundo cotidiano, cuestiones que tenía que resolver y que, sin apenas percibirse, habían terminado por envolverle una vez más, una tras otra, encadenadamente, papá y Eloísa, sus deberes para con ellos, la necesidad de trabajar, la buena disposición de Amadeo al respecto, su deuda con Nuria, etcétera. Como si sólo al cabo de tres años hubiera podido reaccionar, recuperarse, salir de su estupor, decir definitivamente basta. Y volver al libro. Y, de momento, irse unos días a Rosas. Y dejar de fumar en pipa.

Ajenos a esta esclavitud emocional, que compartía el autor, sólo cuando éste volvió a Pablo Alcover todos recobraron la libertad. Pero en algún caso fue una libertad desmesurada. Todavía eran los años en que Juan Goytisolo pasaba parte de sus vacaciones en España, recorriendo las provincias del Sur o descansando en la Masía Gualba de Torrentbó; así que a finales de junio se le vio con Monique en los barrios más genetianos de Barcelona, ejerciendo de cicerone de sus amigos franceses. Sin embargo, la tensión de la última época, debida en parte al caso Luis y en parte a su relación confusa con la escritora, acentuaron sus tendencias «al trago y aficiones noctívagas». Lo mismo valía para el autor de *Las afueras*, que tras abandonar la cárcel se vio poseído de un afán insaciable de recuperar el tiempo perdido. Además de María Antonia y de la pareja Juan-Monique, le acompañaban por el Barrio Chino amigos como su editor Carlos Barral, Gil de Biedma o Ricardo Bofill. En ese verano de libertad, muchos de ellos visitaron Torrentbó, compartiendo horas felices en la Masía Gualba; todos eran *gourmets* de la vida, sanos camaradas, tenaces bebedores. Celebraban con orgullo aquella pequeña victoria sobre el Régimen: la libertad de Luis. En el mismo jardín de Torrentbó, allí donde tío Leopoldo les había contado mil historias reales o imaginarias, los Goytisolo explicaban ahora sus aventuras antifranquistas. Era el momento cumbre de su juventud: pletóricos, satisfechos, rodeados de mujeres hermosas –como Serena Vergano– que se bañaban en el estanque o compartían el aperitivo en la terraza abierta al valle costero. Estaban en el centro de la vida, en plena fiesta, apurando el verano como héroes de Scott Fitzgerald.

Aquella fiesta, no obstante, ocultaba una realidad menos feliz. Junto a la crisis latente de Juan, la salud de Luis distaba mucho de ser perfecta. En su ansia de placeres, no se percató de que había contraído la tuberculosis en la cárcel y que los excesos inmediatos a su puesta en libertad –alcohol, sexo, escasez de sueño– estaban agravando su estado. El bacilo de Koch, además, tenía connotaciones dramáticas; era un nuevo eslabón en la cadena de desdichas familiares, asociadas mayormente a la tisis. Por suerte, Luis cayó enfermo en la era de la penicilina, pero cuando los médicos le descubrieron el sembrado tuberculoso en los pulmones le recomendaron marchar a un lugar de montaña. Y fue a Viladrau. Alojado en el Hostal de La Gloria, lejos de los malos hábitos barceloneses, fue recobrando la salud; de paso, pudo evitarle al padre el amargo trance de verlo postrado en cama, es decir, verlo como en otro tiempo había visto a su primogénito –el queridísimo Antonio–, cuyo recuerdo se hizo súbitamente vivo en aquellas semanas. Quizá fue entonces cuando Luis Goytisolo tuvo este sueño esclarecedor que relata en *Estatua con palomas*:

> A mi lado, mi hermano Antonio, de pantalón corto, recogido sobre sí mismo en el sofá, listo y sonriente; no es igual a como aparece en las fotos –ojos castaños en lugar de claros, pelo más oscuro–, pero yo sé que es él: le digo que me han contado que es un chico que vale mucho. A mi otro lado, aunque tardo en darme cuenta por encontrarme vuelto hacia Antonio, está tía Consuelito, más guapa, así como más alta de lo que por lo visto era en realidad, aunque, desde la perspectiva de un niño, sin duda podía ser considerada una mujer alta. Se halla también presente un caballero de una elegancia severa y porte adusto que se interesa por nosotros. Antonio cuenta algo que no alcanzo a entender del todo; es como si en una imitación de los niños que apenas saben hablar, a medias palabras, estu-

viera diciendo que tiene ocho años. Sólo que eso no es más que una primera impresión: lo que en realidad dice es que se llama Teodoro, no que tiene ocho años. Yo, por mi parte digo que soy un poco raro, refiriéndome con ello a que lo que me interesa es dedicarme a escribir, tímida forma de ponerse a cubierto de antemano frente a cualquier eventual reacción de sorpresa en el visitante. Simultáneamente, tía Consuelito dice lo mismo –soy un poco rara– y, al advertir la coincidencia, soltamos ambos una carcajada, y ella, sentada a mi derecha, se viene sobre mi hombro y junta su cabeza con la mía.

¿Quién era el misterioso caballero del sueño? ¿Algún familiar desconocido, o más bien una representación de la Muerte, que en algunas culturas toma forma masculina? No lo sabemos. Pero el nombre «Teodoro», que emplea el fantasma de Antonio, significa en griego «don divino», prueba de que en el subconsciente de Luis el hermano muerto sobrevivía como una figura deslumbrante.

LA ESPAÑA NUEVA

En septiembre de 1960 Juan Goytisolo realiza un nuevo viaje a Almería acompañado del fotógrafo Vicente Aranda y el cineasta Claude Sautet. La reciente publicación de *Campos de Níjar*, reportaje narrativo sobre sus experiencias en aquella provincia, refleja su encuentro iniciático con las tierras del Sur, «tan bello o imprevisto como el hecho de enamorarse», y que había sido asimismo «semilla de mis futuras opciones políticas». Pero ahora, libro en mano, este nuevo periplo sureño produce en Juan cierto descontento; la hermosa y terrible miseria del lugar contrasta con los primeros cambios sociales. Cuenta el novelista que en un momento del viaje se toparon con un grupo de cineastas franceses, atraídos por la belleza de una tierra única y por sus inmensas posibilidades. Escribe que «los recién llegados hablaban de complejos hoteleros, estudios de rodaje, instalaciones dignas de una nueva Cinecittà», y añade: «... el cambio por el que habías apostado, ¿era ése?, ¿podían disociarse el bienestar y progreso de la conquista de la libertad y la justicia? Con una angustiosa aprensión y desgarro íntimo dejarías aquella tierra aún pobre y ya codiciada, exhausta y apetecida, rica de dones y no obstante huérfana». El diagnóstico vale para tantos otros lugares de la península ibérica. Es la señal de que lenta e inexorablemente la sociedad española estaba sufriendo una profunda transformación. Pero ese cambio cogió al novelista totalmente desprevenido. Lo paradójico es que los hermanos Goytisolo estaban condenados a alegrarse: mejor aquella España que la otra. Como otros vástagos de familia burguesa, se habían alzado contra la realidad descorazonadora de su tiempo, habían luchado por un país mejor... Y ahora empezaban a tenerlo. Acerca de cómo pudo conseguirse este país, Luis Carandell me brindó una sabia explicación. Entre 1940 y 1960, algunos jóvenes de familia acomodada descubrieron el monstruoso contrasentido de la sociedad franquista: una sociedad marcada por la religión, pero cuyo funcionamiento, quizá por influencia castrense, distaba mucho de ser cristiano. Lo que se pregonaba desde los púlpitos —amor al prójimo, caridad o perdón— era exactamente lo contrario de lo que hacían los vencedores, salvo en puntuales campañas benéficas cuyo fin era lavar la conciencia de unos y cuyo resultado era el alivio humillante de los otros. Este contraste entre dos mundos, al que se habían acostumbrado los padres —vencedores de la guerra o vencidos— resultaba chocante para los hijos de familia bien. El resorte de su desconcierto era, precisamente, la religión: esa misma religión que gobernaba sus vidas. Dice Carandell:

> Los niños de entonces asistíamos atónitos al despliegue del fervor religioso sin saber muy bien qué habíamos hecho nosotros para tener que hincarnos de rodillas e implorar el perdón del Cielo. Los cuarenta fueron años penitenciales. El bando de los vencedores de la Guerra Civil era el bando de las rogativas, de las procesiones, de las novenas y triduos, de los golpes de pecho. Nunca he sabido muy bien si era que les remordía la conciencia por lo que habían hecho o, por el contrario, pretendían imponer a la España vencida el arrepentimiento de sus pecados.

Sólo los adultos podían ser cínicos e hipócritas. Para ellos, en cambio, el vínculo con el catolicismo no admitía componendas: escuchaban la palabra, la creían y se torturaban no sólo ante los propios pecados sino ante el drama de los humildes que vivían en la calle. Aun suponiendo que alguno de esos jóvenes fuera prematuramente agnóstico, como el propio Carandell o los Goytisolo, el contraste social y la desfachatez de la Iglesia removían sus entrañas. ¿Cómo no sentirse culpable? Muchas personas de aquella época coinciden en señalar el «profundo sentimiento de culpa» que les invadía ante la miseria ajena. Expresiones como «aquello no podía ser», «era espantoso», ilustran a las claras el desasosiego interior, la necesidad imperiosa de ayudar al prójimo, que fue germen de una toma de conciencia generacional hacia los desfavorecidos. Sin embargo, aquel anhelo de justicia no iba a pasar por el clero oficial sino por la voluntad democrática y, en muchos casos, por un camino opuesto al de la propia estirpe. En un país sin salud política el debate parlamentario tuvo lugar en las casas burguesas. Los hermanos Goytisolo no fueron, pues, una excepción. La España de todos iba a nacer en cierta medida del sentimiento culpable de unos pocos niños ricos, de la mala conciencia de los *senyorets* catalanes o de algunos señoritos madrileños que abrazaron la causa de la izquierda.

INCIDENTE EN MILÁN

En febrero de 1961 Juan Goytisolo se halla en Italia apoyando el lanzamiento de su nuevo libro, *La resaca*. Como sea que la obra transcurre en los barrios miserables de Barcelona, Juan convenció al editor Feltrinelli para proyectar un film ilustrativo en el transcurso de una velada cultural. El film era en realidad un documental sobre la emigración filmado de forma clandestina por Jacinto Esteva y el italiano Paolo Brunatto. Camaradas de Bofill, lo habían rodado con una cámara de 16 mm en tres escenarios: las zonas rurales del Sur español, las barracas del cinturón industrial de Barcelona y, por último, en ciudades suizas donde muchos españoles se habían instalado precariamente en busca de una oportunidad. Comenta Goytisolo que el documental, *Notes sur l'émigration*, «pecaba sin duda de amateurismo e incurría en simplificaciones histórico-sociales», pero sus imágenes contundentes, expresivas, merecían ser proyectadas ante un auditorio cuyas noticias sobre España pasaban por un filtro gubernativo que eliminaba sistemáticamente el lado amargo de la realidad. Los organizadores habían previsto completar la velada con un recital de canciones españolas de aire político, muy vivas aún en la memoria de aquellos antifascistas italianos que las habían cantado durante la Guerra Civil.

El 18 de febrero de 1961, en el Teatrino del Corso milanés, Juan Goytisolo compareció ante un nutrido auditorio para hablar brevemente de su novela y dar paso a la proyección del film. Pero a los pocos segundos se produjeron dos explosiones en la sala y todo se llenó de humo. Escribe el novelista: «Hubo momentos de pánico, los asistentes corrieron hacia la salida y alguien se puso a gritar: "Un herido, hay un herido."» Lo que ocurrió después fue aún más desconcertante: dos enfermeros irrumpieron en la sala con su equipo de socorro, recogieron al herido, lo cubrieron con una manta y lo sacaron a la calle. Mientras el público comenzaba a intuir que habían sido víctimas de una provocación de la ultraderecha, los realizadores del corto salieron indignados de la cabina de proyección. Alguien había aprovechado la confusión para robar los rollos de película y luego había desaparecido perdiéndose entre el humo y la multitud. Estaba claro: los petardos, el herido imaginario, los falsos camilleros tenían como único propósito el hurto de las bobinas.

A la mañana siguiente la prensa italiana daba cuenta del extraño suceso y acusaba a los grupos fascistas milaneses, cuya relación con los fascistas españoles era harto conocida. Lleno de temor, Juan comprendió entonces que el incidente iba a divulgarse en breve por la prensa y radio de nuestro país. Cuatro días más tarde la totalidad de los medios informativos nacionales publicaban un despacho de la agencia Efe referente al suceso, asociándolo a un reciente atentado terrorista de la FAI contra el consulado español en Ginebra, y también a un acto presidido por Waldo Frank y Álvarez del Vayo que se celebró en un teatro de Nueva York. Con su paranoia incurable el Régimen compuso un perfecto triángulo con estos tres episodios, que demostraban a las claras una campaña antiespañola que la prensa denunció en su tono habitual. En *Arriba*, por ejemplo, se dijo en primera plana: «CNT-FAI, Álvarez del Vayo, Waldo Frank, Goytisolo: nueva fórmula del cóctel Molotov contra España.» El diario *Pueblo*, por su parte, no perdió ocasión para fustigar a su díscolo enemigo: «J. G. intenta proyectar un documental falso e injurioso sobre España y un grupo de espectadores lanza bombas de humo.» Sibilinamente, el grupo de Emilio Romero atribuía al público italiano la responsabilidad del providencial boicot. Pero todos coincidían en destacar la naturaleza comunista del mitin, sus objetivos antiespañoles y el protagonismo de Juan.

En el Archivo de la Biblioteca de la Boston University existe una completa colección de artículos y recortes de prensa con jugosos comentarios sobre dicho incidente y la participación de Juan Goytisolo en la velada de Milán. Años después el novelista refundiría parte de ellos para componer la memorable primera página de *Señas de identidad*, donde un Coro de Voces lanza un soliloquio inquisitivo, acusador, contra el protagonista, «amanerado personajillo parisiense»:

Instalado en París cómodamente instalado en París con más años de permanencia en Francia que en España con más costumbres francesas que españolas incluso en el ya clásico amancebamiento con la hija de una notoria personalidad del exilio residente habitual en la Ville Lumière y visitante episódico de su patria a fin de dar un testimonio parisiense de la vida española susceptible de épater le bourgeois conocedor experto de la amplia geografía europea tradicionalmente hostil a nuestros valores...

Aquellas acusaciones, recreadas aquí en clave paródica, transmiten mejor que cualquier otro testimonio lo que opinaban de él, o sea, lo que pensaba un español de orden sobre su posición y actividades. Curiosamente, aquel insólito aluvión de improperios y denuncias impresos fue sólo el inicio; porque el 28 de febrero su hermano José Agustín le llamó para comunicarle que, la noche anterior, el documental robado en Milán había sido emitido por Televisión Española. De este pase televisivo deseo comentar tres puntos: *a)* Juan Goytisolo fue presentado ante el país como un «impostor» y un «mercenario». *b)* El documental exhibido por TVE era una versión retocada y alterada en imágenes y contenido sonoro. *c)* Su proyección desató definitivamente las iras de la prensa nacional, que como una jauría de cazadores se lanzó sobre su presa, por lo demás muda. Le llamaron «joven gigoló», le responsabilizaron directamente de agresión contra la península ibérica y le acusaron de haber fabricado un documental manipulando y falseando los hechos. Según la prensa, los guardias que apaleaban a los obreros eran extras disfrazados; los niños hambrientos, unos pícaros que se habían dejado desnudar y embadurnar con carbón antes de sentarse sobre un montón de estiércol..., y así hasta el fraude completo. Entre los artículos destaca por su demagogia el firmado por don Manuel Aznar, director de *La Vanguardia* y abuelo del actual presidente del Gobierno.

Pero ¿cómo encajó el novelista aquellos nuevos ataques? En propio testimonio, con «una mezcla de anonadamiento, tristeza e incredulidad». Hasta entonces no había calibrado las verdaderas consecuencias de sus actos; o peor aún, el exagerado rencor de algunos paisanos hacia todo aquel que manifestara sus opiniones como un individuo libre. Tras la campaña en favor de su hermano Luis, era como si Juan hubiera rebasado definitivamente el umbral de lo aceptable. Escribe: «Las injurias vertidas aquellos días y sus consecuencias domésticas −visitas y cartas consternadas de tu padre a los directores de los medios informativos, empeñado quijotescamente en salvar el buen nombre de la familia– te dejarán en la boca un regusto amargo, pero te conferirán de rechazo una suerte de inmunidad.»

Por tanto, hubo un antes y un después del incidente de Milán, un rubicón y a la vez una enseñanza valiosa: en España sólo los muertos son dignos de elogio y reconocimiento, porque los vivos hieren, provocan, incomodan, y ello desencadena odios implacables. Esa «hiel sempiterna del español terrible», como expresó Cernuda, no era cosa exclusiva del pasado: Juan Goytisolo empezaba a conocerla por sí mismo, y muy contra su voluntad le convertía en rebelde, en enemigo, condenándole al ostracismo como a tantos otros a lo largo de la historia. Era una experiencia muy penosa, pero también aleccionadora, pues iba a condicionar su vida y obra futuras. Paradójicamente, el régimen franquista tuvo en ello un papel primordial: satanizándole le imponía un exilio forzado, pero en ese exilio anidaba un germen creativo de fuerza extraordinaria. Claro que entonces nadie podía suponerlo, ni los servidores de Franco ni el propio autor. De hecho, las injurias de la prensa, dice Juan, «intentaban cerrarme las puertas, hacer de mí un desterrado remoto e inofensivo». REMOTO E INOFENSIVO: nunca un personaje que iría forjándose y endureciéndose hasta ser antagonista de su propia tribu. Aunque este proceso se prolongará casi una década, las primeras escamas se depositaron sobre su piel por esas fechas. Sólo el tiempo y nuevas agresiones hicieron de él «ese quitinoso ejemplar de escritor que eres hoy, insensible y coriáceo a la perdurable reiteración de denuestos, salivazos y pullas».

Viendo los beneficiosos efectos que esto ha tenido sobre su literatura, cabría considerar a Juan Goytisolo un fabuloso creador de sí mismo, un tipo que tuvo la extrema habilidad de señalarse como azote del Régimen, ganándose el respeto en Europa –que era lo importante– y el desprecio de sus paisanos, sueño de todo heterodoxo bien nacido. Pero en 1961 no era tan fácil prever tales logros, es decir, adivinar que su opción vital o sus ideas políticas eran las más adecuadas para el escritor que acabaría siendo: un heredero de Blanco White, Larra, Cernuda o Américo Castro. Quizá Juan intuyera que un poco de ruido podía favorecer su carrera literaria, ya que en aquella época aún andaba bastante preocupado por ella. Pero ese ruido estaba desatando un vendaval, y ese vendaval, más que elevarlo, podía precipitarlo al abismo. Algo me dice que estaba un poco asustado, observando con cautela los movimientos del enemigo.

EN LA BOCA DEL LOBO

Dado que la difusión televisiva de *Notes sur l'émigration* deformaba tendenciosamente la sustancia del film, Juan Goytisolo envió cartas certificadas a la agencia Efe y a los responsables de TVE apelando al derecho de rectificación. Aquellas protestas quedaron en nada, pero la prensa española siguió alabando la eficacia informativa de TVE sin explicar en cambio cómo aquel documental robado en Italia había llegado a sus manos. Harto, el novelista tomó otra de sus decisiones audaces: viajar a España solo. Era un gesto temerario, pero él contaba con una baza a su favor: sabía que la campaña desatada contra él tenía por objeto convertir el acto de Milán en un mitin rojo y vincularle a actividades terroristas instigadas por el llamado «marxismo internacional». Pues bien, les seguiría el juego. Como reconoce en el segundo tomo de sus memorias: «Mi status ambiguo de disidente, viajes testimoniales a la Península, simpatías filocomunistas y conexiones con la prensa francesa» no eran suficientes para presentarle como el mismo Lucifer, pero el hecho de que lo hicieran era indicio de que ya no se contentaban con seguir tolerándole o con tratar de hundirle y quizá «perseguían mi detención». Con un instinto y cálculo político de los que se asombraría después, el escritor fue a España adoptando «una táctica similar a la de los aficionados al póker: engañar al adversario con una falsa apariencia de fuerza, persuadiéndole de que al regresar para ser detenido le estaba tendiendo una trampa». ¿No le habían presentado como un gigoló maquiavélico? Perfecto: ahora este gigoló recorrería por nuestras calles impunemente o de lo contrario se iba a desatar contra el gobierno español una campaña de desprestigio mayor.

Pero cuando Juan llegó a Madrid en mayo de 1961 deseaba algo más que pasear tranquilo por el parque del Retiro: quería poner una querella por injurias nada menos que al director general de Prensa. Gracias a su primo Juan Berchmans Vallet recurrió a un abogado de confianza y juntos elaboraron la estrategia; descartada la opción de llevar el asunto a los tribunales, al menos arrancaron una entrevista con don Adolfo Muñoz Alonso. El día señalado, el escritor acudió con el abogado y su primo notario al Ministerio de Información. Su paso fugaz por el vestíbulo, decorado con un gran mural que representaba la Anunciación de María, le causó tal impacto que en 1970 aparecería en dos pasajes de *Reivindicación del conde don Julián*, transmutado allí en feroz literatura. Luego fueron recibidos amablemente por el gran personaje. Recuerda Juan que el director general de Prensa se hizo cargo del asunto, pero insistió en que las inquietudes de los jóvenes debían manifestarse de forma constructiva, y para demostrarlo les presentó a su secretario –el escritor Jaime Campmany–, un modelo de buen hacer con la estilográfica. Tras una laboriosa charla, Muñoz Alonso aprobó una pequeña nota de prensa en la que se aclaraba que la participación de Juan Goytisolo en el acto de Milán había sido estrictamente literaria y, sobre todo, que el novelista no había adoptado allí ninguna «actitud insultante, grosera ni despreciativa para el Régimen». Con ello sellaban un pacto: la nota sería publicada en ciertos periódicos españoles, y el autor de *Señas de identidad* no interpondría una querella por injurias al Ministerio. Se despidieron cordialmente, y poco después el texto apareció en *La Vanguardia* y el diario *Arriba*.

Juan leyó aquella nota con el sabor de la victoria moral, también con el convencimiento de que serviría para restituir el nombre familiar ante la opinión pública. O al menos así lo creyó su padre, quien en los últimos tiempos parecía condenado a ver el apellido Goytisolo sepultado en el fango. Es comprensible que fluctuara entre la indignación y el abatimiento, deseoso de lavar el honor de su linaje pero incapaz de reprimir los impulsos antifranquistas de sus hijos. Al final, de nada había servido mentirles sobre la muerte de Julia: ellos no perdonaban ni iban a perdonar. Primero había sido Pepe, cuyos actos, por fortuna, se habían limitado a aquella excursión a Collioure; luego Luis, que le había mantenido en vilo durante años y cuyas actividades se habían saldado con la cárcel, un ruidoso escándalo internacional y una enfermedad de la que aún se estaba reponiendo, y por último Juan, el antiguo «rey de la casa», quien se comportaba ahora como el más rabioso. ¿O no lo veía? A cada nuevo paso se activaba la maquinaria, el eterno principio de acción y reacción, y en ese combate entre el Régimen y el más enigmático de sus vástagos el escudo familiar se erguía solitario en mitad del páramo, sostenido por la mano temblorosa del anciano. Todos los ataques que estaba soportando la familia Goytisolo empañaron y amargaron el final de su vida; era como si el destino quisiera ponerle a prueba antes de morir, obligándole a aceptar unos hechos para los que no estaba preparado. ¿Cómo conciliar aquel duelo entre sus ideas tradicionales, dignas de un Ramiro de Maeztu, y las peligrosas creencias de sus hijos?

Tristeza, dolor, preocupación: tales fueron los sentimientos más comunes en Pablo Alcover a principios de los sesenta; pero dada la situación del país, tampoco podemos culpar totalmente a los tres escritores. Si desde la infancia su padre les había inculcado valores como honradez, respeto, trabajo, orgullo familiar o amor a la tierra, no habían desoído sus enseñanzas. Al contrario. Porque España andaba bastante falta de ellos, sobre todo en materia de respeto, honradez y trabajo. La clave residía, pues, no tanto en los valores transmitidos sino en el hecho de que cada generación interpreta el código a su manera, y seguramente era ésa la manera que demandaban los tiempos. Quizá por eso el señor Goytisolo nunca quiso darles la espalda... Hasta había recorrido la ciudad recogiendo firmas en favor de Luis, como recuerda emocionada Ana María Matute.

Además, sus hijos no habían fracasado en absoluto. Cierto que provocaban iras, concitaban enemistades. Pero en lo literario, a la postre lo profesional, se habían abierto camino; de modo que bajo una superficie de amargura don José María podía sentir una cálida corriente de satisfacción. Después de todo, Pepe publicaba libros de poesía, ganaba premios; el primer libro de Luis, también premiado, le había puesto entre los escritores con mejor futuro del país, y en cuanto a Juan, la proyección internacional de su obra empezaba a ser envidiada a este lado de la frontera. Pasada la sorpresa de su común oficio —habría preferido con creces tres químicos o tres médicos—, todo aquello no le dejaba frío ni indiferente. Era la compensación a tantos quebraderos de cabeza por culpa de la política. Incluso en ocasiones el viejo se sentía muy satisfecho, como esa vez que el artista Santos Torroella le preguntó por sus hijos, y le respondió con orgullo: «De triunfo en triunfo», seguro ya de que el honor goytisoliano empezaba a estar a salvo por el sendero tortuoso de la literatura.

NUEVO EN EL BARRIO

Estos «triunfos» que tanto enorgullecían al padre no se ajustaban al ánimo personal de los hermanos: sólo en el caso de José Agustín puede hablarse de un período tranquilo. La publicación de la esperada y luego polémica *Antología poética* de Castellet le había catapultado al ámbito nacional, donde el Grupo de Barcelona comenzaba a ser referencia de peso. Aquel año se editó asimismo otro libro suyo, *Años decisivos*, que reunía la totalidad de sus poemarios anteriores. El público descubrió así a un poeta de inquietudes y recursos muy variados, que iban desde el tono elegíaco de *El retorno*, al satírico de *Sal-*

mos al viento o al esperanzado de *Claridad*. En cuanto a su «trabajo burgués», Goytisolo había abandonado desde hacía tiempo su puesto en AGUASBAR y durante una época estuvo colaborando con la editorial jurídica Praxis. Su creciente actividad poética, sin embargo, le orientaba a algo más creativo, y optó por ayudar a su camarada Carlos Barral en su faceta de editor. Poco amigo de horarios convencionales, Pepe trabajó de asesor literario, leyendo y traduciendo manuscritos o redactando informes sobre literatura catalana o extranjera.

En 1961 el poeta y su familia abandonaron el pequeño apartamento de la calle Balmes para instalarse en un piso más amplio de la calle Mariano Cubí, cerca de la actual plaza Françesc Macià. El barrio conservaba aún cierto aroma de pueblo: calles tranquilas con comercios y talleres artesanos, modestas casitas de dos plantas y alguna vaquería donde Asunción compraba leche fresca para la pequeña Julia. Ni siquiera la actividad bulliciosa del mercado de Galvany alteraba su pulso pausado, agradable y sereno. Muy pronto José Agustín se adaptó a aquel lugar, ya que su temperamento le abocaba al trato con todos: el panadero, el tendero, el zapatero, el chapista, la planchadora, una galería de menestrales que simbolizaban un tipo de vida más humana condenada a desaparecer. En el barrio, además, había viejas bodegas, rincones umbríos donde, rodeado de grandes botas de vino, podía refugiarse a leer los periódicos o esbozar nuevos versos sobre una mesa de mármol. A diferencia de otros «señoritos», jamás se le veía incómodo, ni tampoco distante o altivo con las gentes. Hablaba con el corazón. En este aspecto el trato con los masoveros de Torrentbó o los campesinos castellanos le había enseñado mucho. Y aunque el barrio de San Gervasio no era ciertamente un pueblo de la Meseta, tampoco se parecía a las zonas residenciales que estaban creándose en la parte alta de la ciudad. José Agustín Goytisolo ya no quería saber nada de ellas. Ahora le gustaba vivir cerca del mercado, charlar con los aragoneses que cultivaban sus huertos en la Diagonal, o los payeses del Prat, las floristas del Maresme o las pescaderas de Arenys... Hijos de la tierra catalana o arenas vivas de aluvión, alzándose al fin entre las ruinas de la guerra. Era como si los versos esperanzados de *Claridad* les hubieran llegado muy hondo, mejor aún, como si los hubieran inspirado ellos mismos con su animosa tendencia a creer siempre en la vida.

ARTE Y PATOLOGÍA

Luis Goytisolo permaneció en Viladrau alrededor de cuatro meses. Pese a las largas caminatas monte arriba, entre prados, arroyos y hayedos, asegura que su estancia en Viladrau transcurrió bajo el signo de la inquietud «y fue el mismo acrecentamiento de la ansiedad lo que me indujo a dar por terminada mi convalecencia en ese lugar». Aunque quizá creía que la deuda con su organismo estaba saldada, el regreso a Barcelona le demostró que no era así. Curación no era sinónimo de libertad, tampoco libertad era sinónimo de buena salud. Apartado de los viejos hábitos –beber, fumar, trasnochar–, su ánimo cambió, y no es raro que cayera «en un estado anímico de ansiedad y depresión» que se prolongó durante los meses que siguieron a la convalecencia.

Cabe preguntarse aquí si tal estado emocional no fue en el fondo una clásica depresión posparto de tipo creativo, esa ansiosa sensación de pérdida que asalta al artista cuando concluye un proyecto. Porque durante su estancia en Viladrau el enfermo había aprovechado sus paseos por el bosque para componer mentalmente una segunda novela. Sabemos que buena parte de lo que luego sería *Las mismas palabras* nació allí, en aquel pueblo donde los Goytisolo habían vivido horas muy amargas durante la guerra. Pero a su regreso a Barcelona Luis se encontraba tan limpio del bacilo de Koch como vacío de gérmenes creadores. En esa temporada de reposo en el campo había leído o escrito como antes, así que a lo largo de quince semanas los síntomas de la enfermedad y de la creación coexistieron en su organismo haciendo válida la expresión «fiebre creativa». El propio novelista, en *Estatua con palomas*, analiza el fenómeno y va más lejos al considerar el acto creador como el signo de alguna dolencia –física o psíquica–, es decir, una «reacción defensiva del sujeto afectado». El arte vendría a ser entonces un enigmático dispositivo inmunológico ante fuerzas invasoras que desconocemos.

Pero al margen de esta idea de que la perla es una reacción de la ostra, interesa saber cómo consideraba Luis Goytisolo el fenómeno de la escritura a título personal. En *Estatua* expone: «... la escritura se convertía en instrumento liberador por excelencia, toda vez que su ejercicio significaba una profundización en el conocimiento de uno mismo no menos que en el del mundo». Escribir era, pues, una herramienta para la explicación del orbe, pero también un camino de profundización hacia el yo. Según esto, Luis empezaba a entender la escritura como una vía de conocimiento total. Es más, se diría que necesitaba fervientemente que lo fuera, porque no sólo iba en busca de respuestas al misterioso funcionamiento del cosmos –¿herencia de la inquietud científica del padre?–, sino también soluciones a la compleja maquinaria de la vida, su propia vida. La familia, los amigos, la política, el arte, el amor, el sexo, la ciudad, el país: demasiados frentes abiertos, preguntas que se renovaban a diario cuando creía, esperanzado, vislumbrar una conclusión satisfactoria. La escritura, en cambio, le permitió fijar, detener, distribuir todo este material biológico bajo la lente diáfana e inmóvil del microscopio. Analizarlo le llevaría a conocer mejor, establecer incluso ciertas leyes, y sobre todo verse a sí mismo desde una perspectiva inédita. Apostaba por una literatura en mayúsculas.

VOLAR POR MIEDO A VOLAR

En aquellos años su hermano Juan no se planteaba el oficio de la misma manera: empleaba sus energías en Gallimard, en artículos políticos, o a lo sumo en libros de viajes como *Campos de Níjar* o *La Chanca*, documento vivísimo ambientado en el paupérrimo barrio de pescadores de la ciudad de Almería. Estos escritos, impresos en Francia, le dieron una rápida notoriedad internacional mientras en España contribuían a engrosar la nómina de sus adversarios. El propio Goytisolo era entonces un «ciudadano en vilo, condenado al silencio, puesto en cuarentena moral, objeto de una vigilancia discreta pero eficaz por parte de las autoridades». Con todo, siguió gozando de amplia libertad de movimientos en nuestro país: en mayo de 1961, por ejemplo, se encuentra de nuevo en Mallorca, donde un jurado internacional va a otorgar el Prix Formentor, que Monique Lange había contribuido a fundar el año anterior; en julio se instala en Torrentbó con ella, su amiga Florence Malraux y la pequeña Carole para pasar las vacaciones, y suele recibir allí la visita de amigos de Barcelona. Todo parece en orden, calmo, adormecido por la canícula; pero existe una amenaza latente, la inminencia de un cambio que quedará reflejada en el último relato, de clima fitzgeraldiano, del libro *Fin de fiesta*, ubicado precisamente en la Masía Gualba.

En septiembre de aquel año el novelista viaja con Ricardo Bofill y Vicente Aranda a Albacete. En su memoria se grabarán dos momentos: los festejos taurinos de la comarca, con su «fascinante brutalidad», y el descubrimiento de la sierra de Yeste, de «sombrío esplendor». Esos continuos viajes por el Sur obedecen íntimamente a una causa: Juan está buscando, inquiriéndole a la Piel de Toro ciertas respuestas que necesita. Si para su hermano Luis la escritura, o mejor la novela, es un vehículo de conocimiento, para él dicha función parece desempeñarla el paisaje español. Juan desea saber quién es en realidad, adónde pertenece. Lleva tiempo en París, cierto, pero el sueño juvenil de evasión se ha esfumado y España le reclama con insistencia. En *La Chanca* escribe: «Europa había dejado de interesarme y comencé a recorrer los pueblos de la Península. Quería conocer la vida de "los millones de hombres sin historia" de que nos habla Unamuno, de esos hombres "que se levantan a una orden del sol y van a sus campos a proseguir la oscura y silenciosa labor cotidiana".» Goytisolo conoce ya a estos hombres: irónicamente, los ha visto en Francia llegando cargados de fardos y maletas a la Gare d'Austerlitz; los ha tratado también en los barrios periféricos de París y ha reconocido en ellos el acento feroz de los proscritos. Por eso comprende que, fuera de su país, los españoles se endurecen hasta la caricatura, y añade «este endurecimiento era fruto de nuestro miedo instintivo a disolvernos en la nada». Resulta elocuente que Álvaro Mendiola, protagonista de *Señas de identidad*, hable de sí mismo en estos términos: «... suspendido como estabas en un presente incierto, exento de pasado como de porvenir, con la desolada e íntima certeza de saber que habías vuelto no porque las cosas hubieran cambiado y tu expatriación hubiese tenido un sentido, sino porque habías agotado poco a poco tus reservas de espera y, sencillamente, tenías miedo de morir». ¿No es el morir la forma suprema de *disolvernos en la nada*?

Parece claro que estos sentimientos coinciden con los que acosaban a Juan. En el libro *En los reinos de taifa* escribe:

> El temor a un salto al vacío –la ruptura del cordón umbilical que me unía a la tribu–, unos sentimientos de solidaridad y patriotismo que pronto me serían profundamente ajenos –¿cómo iba a ser solidario de los demás si, como descubría poco a poco, apenas llegaba a serlo de mí mismo, del personaje oficial que encarnaba?– me empujarían a prolongar durante un tiempo una presencia testimonial de apestado o fantasma.

Representaba así un papel que ya no quería, un rol que empezaba a quedarle ajeno, anacrónico, irreconocible; pero ese rol le permitió entretanto una tregua, el necesario aplazamiento. Instintivamente intuía que la ruptura con la tribu, el tan deseado corte de cordón umbilical con España, le iba a dejar solo y a merced de sus propias aguas revueltas. Por eso seguía viajando.

DE RATONES Y BESTIAS

En otoño Juan Goytisolo vuelve a París y a los pocos días se convierte en testigo de uno de los hechos más luctuosos de la historia contemporánea francesa. La noche del 17 de octubre de 1961 el prefecto de Policía de París, Maurice Papon, decreta un toque de queda destinado exclusivamente a los ciento cincuenta mil musulmanes que viven en la capital; el prefecto ha recomendado a sus agentes máxima dureza en el caso de que la orden no sea respetada. Pese a ello, cien mil argelinos se echan a la calle para reclamar justicia, igualdad, dignidad, dispuestos a enfrentarse a las fuerzas de policía armadas con pistolas y gruesos palos antidisturbios. Es el preludio de la llamada *ratonnade*, la caza de árabes, que caerán más tarde como ratones. En su segundo libro de memorias el novelista describe los hechos:

> Toque de queda, detenciones, asesinatos camuflados, torturas, amenazas, tropelías no habían logrado arredrar a decenas de millares de inmigrados milagrosamente surgidos a medianoche de las bocas de metro de Saint-Michel, Opéra o Concorde, en una actitud de provocación serena y grave, luminosa y tranquila: emocionado, lleno de asco e indignación contra los «pieles blancas», asististe a las incidencias de su detención y redada cuando, sin oponer resistencia alguna, eran empujados a culatazos al interior de los coches celulares o, alineados en batallones compactos en esa Place de l'Étoile que *«tout à coup était devenue jaune»*, permanecían firmes, espectrales, sonámbulos, barridos crudamente a brochazos por los focos giróvagos de la policía.

El conflicto franco-argelino venía de antiguo, pero las cosas habían empeorado considerablemente en vísperas de la independencia de la colonia magrebí. En el transcurso de la *ratonnade* miles de árabes cayeron heridos y luego fueron detenidos y transportados al Palacio de los Deportes en autobuses urbanos requisados por la policía. Cuentan que otros tuvieron un final trágico: doscientos argelinos murieron esa noche a manos de la policía de Papon, que disparó contra ellos o bien los apaleó hasta la muerte, e incluso arrojó a alguno todavía con vida a las frías aguas del Sena. Sólo el diario comunista *L'Humanité* se hizo eco de aquellos espantosos crímenes que fueron negados oficialmente durante mucho tiempo. Para alguien como Goytisolo, que buscaba en Francia la libertad inexistente en España, la «caza de ratones» supuso un doble *shock*. Porque a su simpatía por los marginados se sumaba ahora «un factor soterrado e íntimo», el deslumbramiento ante la belleza de los magrebíes, cuyos rasgos eran idénticos a los rostros que aparecían con nitidez en lo que él llama sus «remotas fantasías y ensueños». En ocasiones ha escrito que eran imágenes creadas misteriosamente en la infancia, otras, que eran rasgos y fisonomías soñadas desde la adolescencia como una implacable premonición. En todo caso, una fuerza ciega cada vez mayor le impulsaría al encuentro de aquellas imágenes viriles que regresaban de su ayer más secreto. En París, además, estaban a la vuelta de la esquina: miles de inmigrantes con los que se cruzaba a diario solían responder a esa figura masculina labrada a fuego en su subconsciente. ¿Qué eran? ¿Sombras de rudos milicianos como el Jaume de Caldetas? ¿Nuevas ediciones de Raimundo, el pescador del Varadero? Sea lo que fuere, el escritor hizo un primer esfuerzo por apartarlas de su vida; pero aunque apenas se atrevía a mirarlas, su corazón, anhelante, latía en aquellos fugaces encuentros «brutal y descompasado». Estos episodios de esgrima virginal, diría Shakespeare, sugieren una homosexualidad encubierta; sin embargo, el mecanismo autorrepresor instalado desde la infancia por la moral católica le impedían aceptarla. Había, por último, una compleja respuesta emocional procedente de la rama materna, que en diversas manifestaciones se transmitía de abuelos a nietos. ¿Era ésta la maldición Gay? El propio Juan lo resume así:

> La propensión familiar a dejarnos atrapar por las circunstancias en prisiones o atrancos morales de los que resulta casi heroico escapar; a elaborar con absoluta sinceridad fantasías compensatorias momentáneamente lenitivas por más que nunca se lleven a efecto; a fijarnos plazos resolutorios para realizarlas y justificar *a posteriori* su incumplimiento, a rehuir la verdad desnuda y escamotear el nudo gordiano, proyectando nuestras frustraciones o descontentos en otro sujeto o ámbito...

Juan habla de propensión familiar, idea de resonancias clínicas que afecta también a sus hermanos. Intuye que Luis, por ejemplo, empieza a sentirse cautivo de su relación con María Antonia, más aún, prisionero de María Antonia misma, una suerte de «mujer-araña» que acabará atrapándole con los años en una suerte de red protectora, confortable e irrompible. En efecto. En la década de los sesenta la imagen de un Luis Goytisolo cada vez más atenazado, como si la prisión franquista hubiera sido reemplazada por un arresto domiciliario decretado por su compañera, se materializará ante numerosos testigos. «No le dejaba salir», exagerarán unos; «no nos lo dejaba ver», dirán otros; «la mataban los celos»... Comprometido ciegamente con la literatura, el novelista se avendrá a ello sin saber, o quizá sabiendo, que sentimentalmente está cavando su fosa. El párrafo de Juan valdrá, por tanto, para su hermano menor en los años venideros, también para José Agustín. Todos han recibido esa onerosa cláusula del legado Gay... Una triste herencia de debilidad, resignación, apocamiento, eso que tanto irrita a don José María Goytisolo, dispuesto siempre a deshacer el nudo gordiano con el tajo limpio y seco de su espada.

En el caso de Juan, el nudo gordiano consistía en esa homosexualidad emergente, cuya presencia se negaba obstinado a admitir. Y no obstante, sus formas concretas seguían allí: rostros anónimos a la salida del metro parisino o, como ahora, en formación silenciosa ante los gendarmes, una fría noche de octubre. La *ratonnade* iba a ser para él una experiencia rica en contenidos; entre otras razones porque la visión de aquellos ojos nobles, alarmados de repente por la brutalidad policial, le descubrió la cara abominable de la moderna y civilizada Europa.

Es comprensible que sus escritos de la época estén impregnados de «una mezcla confusa de angustia y descontento personal, anhelo revolucionario frustrado y solidaridad con un paisaje cultural y humano que pronto te fascinaría»; son rasgos detectables en un artículo suyo publicado en *Les Temps Modernes*, donde planteaba los inconvenientes del posible ingreso de España en la Comunidad Económica Europea. Honradamente, nadie podía reprocharle su apoyo hacia los pueblos oprimidos: «Hora es de africanizarse», dirá. Ahora bien, implicar a España en el proceso, cuando España necesitaba con urgencia ser readmitida en el continente europeo era un razonamiento erróneo, casi disparatado. Como él mismo dice, el artículo «mostraba con claridad meridiana tu desdichada propensión de entonces a convertir tu impaciencia en ley histórica y tomar tus deseos por realidades». Esa confusión era un nuevo síntoma de su profunda crisis personal.

Aunque el lector del artículo creyera estar ante un honesto «revolucionario», el autor era en el fondo un sujeto en conflicto mayor, que derivaba sus emociones más oscuras hacia los senderos del interés común. Es curioso que mientras su hermano Luis abandonaba definitivamente el sueño de un cambio radical, Juan lo abrazara sin reservas, como el náufrago se aferra a la tabla salvadora. Así, la invitación del diario *Revolución* para visitar Cuba fue providencial.

VUELTA AL PARAÍSO

Desde que su padre le mostrara en Torrentbó el viejo machete del bisabuelo, Cuba había sido para Juan Goytisolo algo similar al paraíso perdido. En las largas tardes de posguerra había escuchado las leyendas sobre don Agustín; luego había arrinconado aquellas historias en el desván, hasta que descubrió la verdad revolviendo los legajos comerciales y las cartas de los esclavos. Pero todo este tiempo Cuba había permanecido allí, en la puerta de América. Es más, en el último medio siglo había conocido períodos de calma, zozobra, esperanza y resignación. Desde finales de los cincuenta, sin embargo, el ejército revolucionario había puesto cerco al régimen corrupto de Batista, y a partir de otoño de 1958 el escritor comenzó a seguir por la prensa los avatares de la lucha. Algo escéptico en los asuntos de España, la causa de los guerrilleros cubanos despertó pronto su simpatía; incluso le hizo volver a pensar en la isla en términos míticos, más allá de la rancia leyenda familiar. Según él: «Había una maldición que parecía pesar sobre los pueblos de nuestra lengua, siempre dormidos, siempre inmóviles y como aplastados bajo el peso de las oligarquías y las castas. La odisea de Fidel y sus hombres era la negación de esta fatalidad, la prueba inequívoca de que el sueño largamente acariciado era empresa posible.» Castro había entrado más tarde en La Habana y había devuelto la dignidad al pueblo: la revolución tenía ahora millones de rostros alegres. El bisnieto de don Agustín iba a conocerlos en diciembre de 1961.

Desde su llegada al aeropuerto de Rancho Boyeros Juan Goytisolo fue percibiendo que aquella tierra era muy distinta a las imágenes que se había formado en la Masía Gualba de Torrentbó. Podía verlo a cada paso: riadas humanas, manifestaciones, desfiles, himnos, atmósfera sensual, feliz y solidaria. Como escribe en *Pueblo en marcha*, «la antorcha revolucionaria estaba ahora en manos de Cuba y, por una hermosa lección de la historia, ya no era España quien indicaba el camino a su ex-colonia, sino la ex-colonia quien daba el ejemplo y alumbraba los corazones, nos ilustraba y nos precedía». Siempre la referencia a España, la alusión a esa patria conflictiva; también el recuerdo del mito Goytisolo, porque mientras sus parientes habaneros han huido a Miami, los descendientes de los esclavos del bisabuelo encarnan el triunfo de la Revolución.

Por eso el viaje cumplirá una función de «exorcismo de tus contradicciones y culpabilidad ancestral. Operación de deconstruir moralmente un pasado que te fascina y deslumbra: apropiación de un universo mulato en cuyo dulzor te sumerges con inocente beatitud lustral». Con beatitud, cierto, pero también con júbilo, con ansia de fiesta. Para un hombre asfixiado por cuitas privadas, la euforia revolucionaria es un remedio que le embriaga y oxigena en una gran empresa colectiva. Mucho de este entusiasmo –él habla de «arrobo y felicidad»– queda reflejado en la correspondencia a Monique. En ella explica que el pueblo ha recobrado su ser digno, que la dicha está al alcance de todos; ni siquiera el bloqueo impuesto por Estados Unidos debilita el ánimo de las gentes. ¿Cómo vivir, después de tantos sueños frustrados, sin el fervor y apoderamiento cubanos? Y en un raro gesto de amor en aquel período crítico, le promete que algún día visitarán juntos la isla.

A lo largo de casi tres meses Juan Goytisolo recorre Cuba de un extremo a otro. Las impresiones de esta aventura le inspirarán *Pueblo en marcha*, testimonio excepcional no sólo por lo que capta de la odisea cubana sino por lo que revela, insinúa o calla del propio autor. Aunque técnicamente se inscribe en la línea del relato de viaje, como *La Chanca* o *Campos de Níjar*, se respira en él una atmósfera optimista, una mirada muy afectuosa hacia un pueblo que al fin se ha puesto en movimiento. El novelista habla con ese pueblo: se mezcla con las gentes, conoce sus costumbres y ritos; comparte con ellos la alegría, el anhelo, la esperanza. Puede verlos en el trabajo, en las escuelas, en las granjas agrícolas, en los hospitales... Y aunque su condición de visitante «ilustre» le exime de cortar caña, aguarda el fin de la jornada para beber con guajiros y mulatas un trago de ron, también para gozar de algunos cuerpos morenos. En cierto modo es lógico que Juan Goytisolo haya impedido la reedición de este documento: el entusiasmo desmedido por aquella epopeya popular, cierta miopía ante algunos puntos oscuros que forzosamente tuvo que ver y que deliberadamente decidió omitir, o más aún, la ceguera completa ante evidencias notorias le han aconsejado hacerlo así. Pero *Pueblo en marcha* aún conserva su interés: confirma el talento de Juan como fotógrafo de tipos humanos, también como Gran Oído que capta los modos del habla cubana, y nos ofrece de paso el fresco de un gran momento histórico.

EL SILENCIO CARGADO

En aquella primavera de 1962 otros asuntos ocuparon a Juan Goytisolo. Enaltecido por su reciente estancia antillana, viaja en abril a Mallorca para participar –según él, en calidad de «invitado de piedra»– en la reuniones literarias de Formentor; pero aquel Encuentro Internacional va a ser el último, a causa de los ataques de ciertos sectores de la prensa española que lo consideran un «nido de comunistas». Juan aprovecha también para asistir al Congreso de Editores de Barcelona, donde recibe las primeras noticias de los sucesos del norte de España. A través de la prensa y radio extranjeras conocerá luego «la lenta pero incontenible propagación de la huelga de los mineros de Asturias a las regiones vecinas y sus primeros brotes contagiosos en el cinturón industrial de la ciudad». Pese a que la huelga ha comenzado de forma espontánea y por causas profesionales, su desarrollo pone al descubierto una coordinación y encuadre políticos... Y de nuevo hay que hablar del Partido Comunista. Es cierto que los fracasos de la Jornada de Reconciliación Nacional de 1958 y de la Huelga Nacional Pacífica de 1959 habían evidenciado las limitaciones del Partido Comunista para desencadenar una huelga en frío, es decir, impuesta por la cúpula. Pero la experiencia de dos décadas de lucha clandestina le permitieron en cambio ejercer una influencia suficiente –y moralmente sólida– para canalizar la protesta de las masas. En pocos días el movimiento de paro se fue ampliando hasta convertirse en un serio desafío al Régimen, y el ministro del Interior, el general Camilo Alonso Vega, proclamó el estado de excepción en el principado.

Asturias supo devolver la esperanza a muchos españoles escépticos, haciéndoles creer que la lucha final estaba al alcance de la mano. Los hermanos Goytisolo sintieron revivir bruscamente sus ilusiones, como si la odisea cubana liderada por Castro pudiera implantarse en suelo español. Desde la posguerra el país había vivido en la grisura, sus habitantes condenados a toparse contra el muro «de un espeso silencio de papel de periódico», en palabras de Gil de Biedma. Ahora ese silencio era distinto: estaba cargado, traía futuro. Por ello, a lo largo de mayo de 1962 Juan Goytisolo va a París, vuelve y se instala en España como enviado de *France-Observateur* para seguir de cerca los acontecimientos. Con esta idea recorre los barrios obreros de Madrid y Barcelona, pero no consigue llegar al foco asturiano, a causa del estado de excepción. Por cuestiones de seguridad tampoco pudo entrevistarse con los responsables políticos de la huelga, si bien tuvo un encuentro novelesco con el enigmático «Federico Sánchez», que tomaba olímpicamente café en una terraza de la Castellana, pese a ser el hombre más buscado por la policía franquista.

Durante esa semana el autor de *Fiestas* observa y recoge impresiones. En su reportaje *«À travers l'Espagne en grève»*, publicado cuando aún está en España, describe fielmente el clima político y social que halla en nuestro país; pero también destapa las maniobras del gobierno que, ante la serenidad de los huelguistas, duda entre adoptar medidas de fuerza o de apaciguamiento. Goytisolo no sabe aún que cuatrocientos trabajadores de las minas serán deportados de los valles mineros, o que sus mujeres serán rapadas al cero y forzadas a beber aceite de ricino, siguiendo indicaciones expresas del hoy apacible patriarca don Manuel Fraga Iribarne. Paradójicamente, en un giro tan cínico como habilidoso, el Régimen se esfuerza en sacar partido de aquella huelga, vendiéndola como la prueba de esa «democratización» necesaria para la entrada de la España de Franco en el Mercado Común. Como intuye Juan, la diplomacia española trabajará en esa línea en los próximos meses. ¿Acaso el proyecto de legalizar las huelgas puramente profesionales no es la mejor prueba de ello? Algo se ha puesto en marcha –«los burgueses han de subirse al tren», proclamará Dionisio Ridruejo– y los partidarios de un régimen liberal tienen que asumir responsabilidades. Con su impaciencia característica «el aduanero» Goytisolo anuncia en su artículo que la actitud del gobierno es un claro síntoma de debilidad, intuye que se siente más aislado que nunca, que sus días están contados, y proclama que España se halla en vísperas de cambios importantísimos. Esta vez la ceguera de Juan es producto de un último rapto de esperanza, un deseo obsesivo de que el Régimen se desplome para siempre. Pero, como escribirá en sus memorias, «después de unas significativas concesiones patronales, cuyos efectos y perspectivas no se manifestarían claramente sino años más tarde, la agitación social se extinguió».

«VIAGGIO IN ITALIA»

Los acontecimientos de mayo de 1962 sorprenden a José Agustín Goytisolo en Italia, país que visita entonces por primera vez. El trabajo en Seix y Barral le ha llevado a traducir libros como *Accatone* y *Mamma Roma* de Pasolini, y viaja a la Ciudad Eterna para discutir con su autor ciertos matices del texto. ¿Qué supone Italia para él? A diferencia de sus breves estancias en Francia o Inglaterra, el poeta descubre allí una tierra y una cultura con las que tiene mucho en común. El *coup de foudre* es válido también para sus gentes, cuyo temperamento latino, dado al pronto genial y a la picaresca, no está tan lejos de las hazañas del antiguo Coyote ni de Pepe mismo. Italia se le antoja así como una España que hubiera recobrado la risa, una versión más libre, humana y abierta de nuestra Piel de Toro.

Al margen de poderosas impresiones estéticas, el viajero percibe sobre todo el elemento humano. Y en este sentido fue Pasolini un cicerone excepcional. Porque en aquella Roma de cuento moraviano, que abandonaba la dura imagen de *El ladrón de bicicletas* en busca de su *Dolce vita* felliniana, Pier Paolo le fue mostrando un escenario popular donde la alegría de vivir y la solidaridad brotaban hasta de las piedras. No era ya que el poeta de Bolonia le enseñara a hablar «romanesco», el dialecto en el que se expresan los personajes de *Mamma Roma* y *Accatone*, era que esos personajes respiraban, eran de carne y hueso, como si vida y literatura se nutrieran del mismo tuétano. ¿Acaso José Agustín no había conocido a campesinos de la meseta cuya habla le había fascinado? ¿Qué esperaba, pues, para incorporarla a su poesía? Los poetas hablaban de ello mientras cenaban pescado en La Carbonara, un cálido restaurante de la plaza Campo dei Fiori. Otras veces Pasolini le llevaba a las humildes *trattorie* del extrarradio, que jalonan el camino hacia Ostia, y allí, en aquellos parajes semidesérticos, se sumergían en la vida de las mesas bulliciosas compartiendo la charla, el vino y el orgullo de saberse compañeros. Aunque con profundos matices respecto a la relación de su hermano Juan con Genet, no debe subestimarse la influencia que Pasolini tuvo sobre el autor de *Salmos al viento*, descubriéndole opciones de vida, compromisos férreos, senderos de autenticidad.

Goytisolo aprovechó ese viaje para visitar también a Rafael Alberti, que había recalado en Roma siguiendo un exilio que se remontaba al final de la Guerra Civil. El encuentro con Alberti fue otro de los momentos estelares de su estancia romana; porque aquel poeta era un mito viviente de la República, mantenía impoluta su aureola de figura comprometida con el pueblo, y José Agustín recordaba con afecto los primeros libros del gaditano, de una sorprendente frescura y pureza lírica. Dice que quedó asombrado por la contagiosa vitalidad de Rafael, su entusiasmo juvenil, pese a la dolorosa ausencia de España. En Roma hablaron de literatura, de política y especialmente de esa huelga de Asturias, cuyo eco esperanzado les llegaba como una brisa en aquellos paseos primaverales junto al Tíber.

EL CRIMEN FUE EN TODAS PARTES

En plena crisis personal, Juan Goytisolo emprende un nuevo viaje por el sur de España a mediados de septiembre de 1962. En realidad, es una etapa más de su fuga hacia adelante, movido por una sensación de caos interior. Como en otras ocasiones, le acompañan Ricardo Bofill y Vicente Aranda, que parecen sentir también la llamada de aquella tierra miserable, cuyo fondo tenebroso se manifiesta en la ceremonia feroz y expiatoria de los encierros taurinos. Los amigos viajan para filmar esos festejos, pero Juan tiene además otro objetivo: regresar a cierto paraje de Albacete donde había descubierto en 1961 una cruz de piedra junto a la carretera, con esta inscripción:

R.I.P.
AQUI FUERON ASESI
NADOS POR LA CANA
LLA ROJA DE YESTE
CINCO CABALLEROS
ESPAÑOLES
UN RECUERDO Y UNA O
RACION POR SUS ALMAS

Encaramado en la cresta del cerro, el escritor observó en silencio la cruz conmemorativa, meditó sobre aquella leyenda de un crimen, mientras el paisaje árido, solitario, yermo, parecía insinuarle un secreto. ¿Qué había ocurrido allí?
Desde el hallazgo del monumento un año atrás hasta esta nueva visita la imagen de la cruz de piedra le había perseguido tenazmente. Era como si en aquel paisaje aletargado por el sol se ocultara la respuesta a muchas de sus propias inquisiciones. Por eso había vuelto,

para averiguarlo todo sobre un suceso terrible ocurrido veinticinco años atrás. Supo así que la cruz no mentía: un pelotón de milicianos había fusilado a cinco hombres cuyos nombres figuraban escritos en la lápida; luego Juan trató de avanzar en sus pesquisas y supo que esas muertes eran consecuencia de otras anteriores. Según su testimonio, «visité la presa y orillas del pantano causante de la tragedia, rastreé las pedanías y caminos forestales en donde acaeció la matanza de campesinos». ¿No era una siniestra paradoja que dicha matanza se hubiera producido en pleno gobierno del Frente Popular? Mayo del 36, verano del 36, primavera del 39... CRÍMENES. Y una sucesión de víctimas y verdugos, enlazados como eslabones de una misma cadena sangrienta. Eso era España. De nada servía a Goytisolo buscar huellas de los hechos, porque las manchas de sangre habían sido borradas por la lluvia, los impactos y esquirlas de los disparos se habían disuelto en el pedregal baldío, fundidos ya en la estructura geológica del paisaje. Acaso pensó entonces en estos versos de *La pell de brau*, de Salvador Espriu: «*Sembren sequedat / en la terra xopa / solament de sang*».

Esta espantosa evidencia, el olvido del crimen, sus huellas convertidas por siempre en tierra misma, le llevarán a escribir en *Señas de identidad:* «El tiempo había borrado poco a poco los vestigios del suceso (como si no hubiera sido, pensabas) y el monumento fúnebre te parecía a intervalos un espejismo (criatura súbita de tu ofuscada imaginación). Otras violencias, otras muertes habían desaparecido sin dejar rastro y la vida adocenada y somnolienta de la tribu proseguía, insaciable, su curso.»

Mientras sus amigos filmaban los festejos de Yeste, el novelista buscó en las plazas y callejones del pueblo un testigo de los hechos del 36, pero nadie admitía saber nada y apenas pudo hablar con un misterioso vecino. Goytisolo supo después que el farmacéutico y el veterinario –gentes de orden– acudieron directamente al cuartelillo para denunciarlo. Aquella misma noche, cuando los tres amigos volvían a la fonda del pueblo, se toparon con dos guardias civiles que les aguardaban en un callejón. Allí fueron sometidos a interrogatorio en la penumbra cercana de un portal: ¿Qué hacían en Yeste? ¿Por qué hablaba Juan con un tipo de pésimos antecedentes, contrario al Régimen? ¿Quién les había presentado? Aunque el interrogatorio quedó en nada, el hecho trascendió. A las pocas horas, en plenas fiestas del pueblo, todos conocían ya las sospechosas intenciones de aquellos «señoritos rojos» que venían de Barcelona; comenzaron a mirarles con recelo e incluso hostilidad, intrigados sobre todo por la aparatosa

cámara de cine... Hasta que los catalanes decidieron marcharse. Lo creamos o no, ésta era la atmósfera envenenada, el miedo, el espeso silencio que flotaba en tantos pueblos españoles de interior, lejos de las maravillosas rutas turísticas. Obligado a interrumpir sus investigaciones, Juan Goytisolo decidió renunciar a los viajes por tierras del sureste de España, en las que había descubierto, como él dice, «un sentido de afinidad o pertenencia y de cuya opresión y miseria quise atestiguar».
Pero cuando llega a París tiene una historia. Aunque no ha podido completar su rastreo, ha recopilado material suficiente para reconstruir parte de los hechos: el 28 de mayo de 1936, en plena República, un grupo de campesinos hambrientos irrumpieron en la finca de un cacique levantino para talar árboles y carbonear. Tras un encuentro con la Guardia Civil hubo numerosas detenciones, un enfrentamiento verbal y el posterior tiroteo que acabó con la vida de dieciocho campesinos. Hasta aquí los sucesos, que Juan Goytisolo pudo revivir leyendo los recortes de prensa fotocopiados en la hemeroteca de Barcelona, donde *ABC*, *La Vanguardia* o *Solidaridad Obrera* daban cuenta de la tragedia. Hechizado, solía cotejar aquellas informaciones con la suya propia, «arrancada» arduamente a los pocos testigos que se atrevieron a rasgar un grueso manto de silencio. ¿Qué era aquello? Sentado en el jardín de Torrentbó o en su escritorio de la Rue Poissonnière, el novelista volvía una y cien veces sobre el asunto: trataba de establecer una conexión entre aquellos hechos sangrientos y la cruz solitaria que había descubierto junto a la carretera... Apenas unos meses de diferencia, unos pocos kilómetros de distancia, muertos de uno y otro bando, víctimas de un mismo impulso fratricida. En *Señas de identidad* Goytisolo pone en boca del protagonista estos pensamientos:

> ... tú, Álvaro Mendiola, residente habitual en el extranjero, casado, treinta y dos años, sin profesión conocida –pues no es oficio ni profesión sino tormento y castigo vivir, ver, anotar, retratar cuanto sucede en tu patria–, evocabas, fascinado, aquel pasado remoto e irrevocable que se desenvolvía de nuevo ante ti, pensando una y mil veces: si fuera posible volver atrás, si las cosas hubieran ocurrido de modo distinto, si milagrosamente pudiera modificarse el desenlace...

Este anhelo de volver atrás, de modificar el brutal desenlace colectivo, ¿no incluye también la propia tragedia familiar, el imposible sueño de detener por un instante, en cualquier esquina, bajo cualquier pretexto, los pasos de Julia Gay en la Gran Vía barcelonesa? Estoy seguro. Porque en todo este tiempo el hijo no la ha olvidado. De hecho, la sombra de la madre muerta le acompañó a París desde el principio, como en aquella ocasión en que Juan visionaba con unos franceses algunos documentales de la Guerra Civil destinados al montaje de la película *Mourir à Madrid*. Escribe en *Coto vedado*:

Un noticiario semanal del Gobierno republicano, en su denuncia de los bombardeos aéreos del enemigo sobre poblaciones civiles indefensas, muestra las consecuencias del sufrido por Barcelona aquel inolvidable diecisiete de marzo : sirenas de alarma, fragor de explosiones, escenas de pánico, ruinas, destrozos, desolación, carretadas de muertos, lechos de hospital, heridos reconfortados por miembros del Gobierno, una hilera inacabable de cuerpos alineados en el depósito de cadáveres. La cámara recorre con lentitud, en primer plano, el rostro de las víctimas y, empapado de un sudor frío, adviertes de pronto la cruda posibilidad de que la figura temida aparezca de pronto. Por fortuna, la ausente veló de algún modo en evitarte, con pudor y elegancia, el reencuentro traumático, intempestivo. Pero te viste obligado a escurrite del asiento, ir al bar, tomar una copa de algo, el tiempo necesario para ocultar tu emoción a los demás y discutir con ellos del filme como si nada hubiera ocurrido.

Pese al dolor, comprende que la sangre vertida se derramó en todas partes. Y con el gesto febril de un ciego palpa ese suelo español que es memoria, siente en la palma un extraño calor, un mortal frío: percibe así la antiquísima pulsión hispana de muerte. ¿Qué es si no ese festejo taurino que sus amigos acaban de filmar, no lejos de la cruz de piedra de Yeste, no lejos tampoco de los bosques de La Umbría donde mataron a los campesinos? ¿No pertenece todo a idéntico bárbaro ritual? Cuando crónicas posteriores afirmen que durante la Guerra Civil se suspendieron en España las grandes corridas de toros se olvida un hecho aberrante: en cierto sentido, aquella contienda fue una monstruosa corrida en la que millones de españoles saltaron al ruedo para participar en una orgía tribal. Ahora, tras su último viaje por el Sur, Juan Goytisolo tiene sobre la mesa un complejo puzzle íntimo e histórico. Las fotos de familia y sus recuerdos personales se mezclan con hechos de sangre que la lluvia ha borrado. Una y otra vez busca allí su identidad.

DULCE HOGAR

El novelista tuvo que afrontar este proceso durante un período particularmente difícil a causa de la grave enfermedad de la madre de Monique. En un momento en que su relación de pareja se hallaba en el punto más bajo, aquella dolencia incurable introdujo un nuevo factor de desestabilización en la Rue Poissonnière. ¿Qué podía hacer él, si no era un tipo férreo ni optimista? Pero sobre todo, ¿qué podía hacer Monique? Eran tiempos muy duros para ella: su madre tenía cáncer, y el vínculo sentimental con Juan estaba herido de muerte por culpa de una tormenta interior cuyo origen se le escapaba. Aun así, su generoso corazón siguió dando calor materno a Carole, calor filial a la enferma y las brasas de amor a este Goytisolo —otro enfermo— con el que compartía su vida. Claro que la dolencia de Juan era espiritual, pero tenía muy dolorosas manifestaciones y, como en el caso del cáncer —¿no era el suyo un cáncer del alma?—, tampoco se vislumbraba el remedio. El propio autor se dice:

> Coincidiendo con un período de fama literaria sin proporción alguna con la dimensión de la obra y sus méritos reales —fruto sin duda de tu rentable y acomodaticia postura de compañero de viaje—, fue al mismo tiempo —como luego tratarás de mostrar— la época más desdichada de tu vida. Los problemas no resueltos de tu identidad sexual, precariedad de los vínculos con Monique, una sorda, corrosiva impresión de sumirte en tus contradicciones, cada vez más lejos de la salida, te habían conducido paulatinamente a la neurastenia y el trago, a breves lapsos de euforia y fervor, ciclos helicoidales de depresión y obsesiones suicidas.

El cielo literario no le sirve de nada. Y este hallazgo amargo, unido a sus otros problemas, ha acabado por configurar un cuadro alarmante: neurastenia, alcoholismo, agujas depresivas e incluso inclinación al suicidio. Dado que lo último le inspira un sagrado terror, el escritor sigue buscando en los viajes y las revoluciones un antídoto, la última vía de escape. Es la *fuite en avant* de España, sí, pero también de sí mismo. Siete años después de marchar a París alcanza un punto muerto. ¿Qué queda de aquel señorito de Tres Torres que aguardaba impacientemente con su maleta en la estación de Portbou?

RAPTO SICILIANO

En octubre de 1962 Juan Goytisolo decide pasar unas semanas con Monique en Sicilia, con el propósito de vencer su estado de ánimo, cada vez más frágil, morboso y lleno de altibajos. Pero en Sicilia le sorprende la llamada Crisis de los Misiles, que durante unos días resucitó el fantasma de la Tercera Guerra Mundial. Como sabemos, el enfrentamiento EE.UU.-URSS fue debido a la instalación de unos cohetes rusos en suelo cubano, que los yanquis interpretaron como una provocación en aquellos tiempos de Guerra Fría. Hubo cruce de declaraciones entre Kennedy y Kruschev y duras amenazas en las que cada presidente defendió con firmeza sus intereses. La escalada dialéctica fue en aumento hasta que Kennedy lanzó un ultimátum a la Unión Soviética, que ya había enviado sus buques de guerra hacia Cuba. Fueron horas muy tensas, angustiosas, en las cuales el mundo siguió el desarrollo de unos acontecimientos que anunciaban la inminente posibilidad de un cataclismo.

Convencido de que la revolución castrista defendía los valores de justicia y libertad, Juan Goytisolo no se quedó quieto respirando aquel perfume general a apocalipsis: interrumpió bruscamente su estancia en Sicilia para regresar a París; luego se presentó en la embajada cubana, ofreció sus servicios a la Revolución y pidió ser incluido en el primer avión que volara a La Habana, forzando el bloqueo. Era una decisión audaz, porque en esos días muchos invitados ilustres – como el poeta Evtuschenko– se apresuraron a abandonar la isla ante aquel panorama sumamente incierto. Pero la suerte de Goytisolo estaba echada. Voló sin miedo, y como él mismo dice: «Por primera y única vez en tu vida, aceptarías el riesgo de perderla por una causa que estimabas digna».

Aquel rapto supuso un notable salto cualitativo para un carácter como el suyo, prueba de que debía sentirse muy hostigado para tomar una decisión de semejante envergadura. Con todo, los viajes-relámpago no constituían una novedad. Era como si sólo lejos de París hallara cierto sosiego, esa calma que anulaba su estado habitual de abatimiento. Recuerda el novelista que en sus escapadas a Italia o España el deterioro del vínculo con Monique parecía detenerse: se bañaban en calas tranquilas, bebían vino o se diluían en el paisaje como en los días aurorales de su amor. Pero el regreso a París les colocaba de nuevo en un callejón sin salida. Salvo entusiasmos puntuales, el estado general de Juan era el desánimo y, ajena a las causas que lo

395

provocaban, Monique le aconsejó que acudiera al psiquiatra. La visita, sin embargo, no resolvió nada, porque Juan se negó a confesarle al terapeuta que la causa probable de su desequilibrio era su reprimida homosexualidad. Tampoco lo confesó a Monique, que cada vez más inquieta por su neurastenia y por un «comportamiento agresivo e incoherente», le dejaba pequeñas notas sobre su escritorio, mensajes de aliento que eran como botellas de náufrago arrojadas al mar. Ella se lamentaba, además, de que su amor fuera inútil para transmitir a Juan esa energía y apego a la vida que era un rasgo esencial de su propia persona. El resultado fue la derrota de Monique o al menos su gran tristeza, tal como aparece reflejada en su segunda novela *Les platanes*, donde Claudia, la protagonista, vive un calvario de perplejidad e incomunicación con Diego: un hombre al que ama locamente pese a su cobardía, su desconfianza, sus obsesiones ocultas, sus maneras a veces ariscas y dictatoriales. La autora del libro, Monique Lange, ya no tenía fuerzas para sonreír; pero apagar aquella deliciosa sonrisa no produjo en Goytisolo ninguna reacción favorable. Al contrario. Presa de un instinto sádico, parecía recrearse en el dolor de su compañera, consciente de que «el apoyo que me hubiera podido prestar dependía de una cooperación que yo le negaba». Se cumplía así la terrible sentencia de Gil de Biedma según la cual toda relación amorosa acaba trayéndonos una mala noticia sobre nosotros mismos, nos descubre de golpe que somos bastante peores de lo que imaginábamos. ¿Tenía o no motivos Juan para escapar?

Sentimientos al margen, el novelista habla en este párrafo de su huida a Cuba: «... tu ingenuidad de entonces, tan similar a la que indujera a poetas y escritores del temple de Cernuda, Spender o Auden a ponerse a disposición de la República española en el preciso momento en que los ideales que la sustentaban sucumbían a la doble embestida fascista y estaliniana, te resulta simpática y no te desentiendes de ella». Pero después reconoce que su gesto era exagerado y «escamoteaba teatralmente el debate contigo y con tu verdad», la presencia de un Mr. Hyde impune, cada vez más crecido. Inconscientemente, deseaba resolver sus conflictos en un acto de autoinmolación, un rapto suicida que le alejara de su resquebrajada identidad. Pero el viaje era en el fondo una aventura absurda, temeraria... Al menos desde la perspectiva de don José María Goytisolo, quien no lograba entender ni por asomo aquella nueva visita de su hijo a la isla. A sus habituales frentes de preocupación, Juan añadía un nuevo motivo si cabe más disparatado que los anteriores: meterse en la boca del lobo, cuando el lobo era acosado por el poderoso cazador norteamericano. ¿Qué había ido a hacer allí, a aquella isla maldita donde el palacete de Cienfuegos era sólo un recuerdo, y donde La Habana estaba en manos de milicianos y soldados rusos? En la vieja casa de Pablo Alcover el padre iba a pasar otras Navidades con el corazón en vilo.

ALARMA DOBLE

Al llegar a Cuba, el escritor intuye que algo ha cambiado. El viejo entusiasmo del primer viaje parece disolverse en la espuma plateada del Malecón habanero. Las causas son numerosas, aunque nada las expresará mejor que una anécdota ocurrida a principios de 1963. Según parece, Juan Goytisolo fue invitado por el poeta cubano Navarro Luna a un centro de un barrio periférico de La Habana donde iba a celebrarse el acto de clausura de un curso de instrucción política de varios centenares de voluntarias. Una vez allí, fueron informados por los profesores de las actividades del día, siendo la principal el escarnio público en asamblea de dos muchachas que habían sido sorprendidas en prácticas lésbicas y que acababan de ser expulsadas. El español escuchó la historia, presa de un vago malestar, pero trató de olvidarla y salió al patio de la escuela, donde el poeta anfitrión iba a pronunciar un discurso. Hubo aplausos, palabras, salutaciones. Pero ni siquiera el caluroso recibimiento de esas milicianas de uniforme pudo quitarle a Juan una idea de la cabeza: CONTRADICCIÓN. Le sorprendía que un hombre honesto y generoso como Navarro Luna hubiese admitido sin pestañear la suerte de aquellas muchachas que se habían abrazado desnudas en las duchas comunales; y sobre todo se sorprendía de sí mismo, prisionero entre un personaje público, encaramado ahora a la tribuna del patio, y su yo privado, que se resistía a revelar al mundo su auténtica naturaleza. No era la impresión de alguien que se descubre representando un papel: era la sospecha de que ese actor con su nombre y apellidos –fantoche o autómata– anulaba al otro, oculto, íntimo, verdadero. Porque interiormente Juan Goytisolo estaba de parte de las acusadas, y el actor que jugaba en Cuba a joven intelectual revolucionario español no era más que un «rubricador cobarde, mudo, de una sentencia dirigida a la postre contra sí mismo, contra su yo genuino, inerme, agazapado». Este episodio fue crucial, pues el novelista sintió por primera vez el deseo de «abandonar las catacumbas, emerger, respirar, escupir a la cara del otro, del doble, el fantasma, enemigo alevoso de tu intimidad, triste expoliador de tus señas y coordenadas».

Si diez años antes, en Madrid, Mr. Hyde fue aquel huésped homosexual que le había impulsado a insinuarse al colombiano Lucho poniendo en peligro la totalidad del Doctor Jekyll que Juan creía ser, ahora, en cambio, Mr. Hyde era la prolongación de ese antiguo Doctor Jekyll madrileño: estudiante burgués, aprendiz de escritor, alma vulnerable, toda vez que el molesto Mr. Hyde madrileño había crecido secreta y dolorosamente hasta reclamar para sí el papel principal en su vida: una nueva vida que, como la del Doctor Jekyll de Stevenson, iba a ser por fuerza desdichada. Juan Goytisolo resume aquel momento en estos términos: «... entre tú y tu personaje se había instalado el recelo, un margen creciente de extrañeza». Está en lo cierto: es la mano velluda de Hyde que el Doctor Jekyll descubre horrorizado una mañana bajo las sábanas de su propia cama. Sólo que Juan quiere transformarse definitivamente en su viejo huésped repulsivo. Desde esa diferencia, pensará en otros Hydes y se preguntará sobre algunos aspectos preocupantes de la revolución cubana: «¿Presentiste entonces lo que ocurriría, lo que iba a ocurrir, lo que estaba ocurriendo a tus hermanos de vicio nefando, de vilipendiado *crimine pessimo* y, junto a ellos, a santeros, poetas, ñáñigos, lumpens, ociosos y buscavidas, inadaptados e inadaptables a una lectura unicolor de la realidad, a la luz disciplinada, implacable, glacial de la ideología?» El «monstruo» Hyde, el pájaro solitario, no se encontraba solo en el mundo: la isla del bisabuelo Agustín estaba llena de ellos.

«ALIEN»

En invierno de 1963 Juan concluye su segunda estancia en Cuba y regresa a París. Llega a tiempo para asistir a la agonía de Lucienne, la madre de Monique, que durante un año ha combatido contra un cáncer de garganta. Pero a su muerte, la pareja Goytisolo-Lange se enfrenta ante un futuro muy sombrío. El final de Lucienne no tiene para ellos un efecto liberador, pues el novelista advierte un distanciamiento irreversible, tal como ya revelaba una carta suya enviada a Monique desde La Habana: «... no sé dónde estamos los dos ni lo que nos queda». En la agenda de ella, sólo una frase: «*Cafard atroce*», melancolía brutal. Tras el funeral, la pareja asiste junto a un grupo de amigos a la ceremonia de incineración: cuando reciben la urna con las cenizas, el novelista comprende que «siete años de vida común se abreviaban en ellas». Los átomos de Lucienne adquieren un inequívoco valor simbólico, resumen de alguna manera su calcinada relación amorosa. Para mitigar el dolor, marchan a Venecia una semana después.

Sin embargo, este nuevo viaje parece el amargo reverso del que efectuaron en 1957; ya no son una pareja enamorada que pasea en *vaporetto* o recorre los canales cogida de la mano: no hay dicha ni plenitud. A lo sumo, se pierden melancólicamente por Via Garibaldi, cuyos caserones ruinosos reflejados en el agua desprenden un aroma fúnebre que les resulta en exceso familiar. Instalados en el hotel Montecarlo, cerca de la plaza de San Marcos, pasan las horas prisioneros en su habitación. Aunque Monique necesita una tregua —la tregua del luto—, Juan no parece dispuesto a concedérsela. Antes bien, multiplica sus ataques y reproches como si deseara quebrar a golpes el hielo de la incomunicación... Pero no consigue más que endurecerlo. Escribe: «En vez de ayudarla a soportar la prueba dolorosa que vivía, le reprochaba sus momentos de olvido, generosidad afectiva, vitalidad indomable.» Goytisolo se vuelve rencoroso, insidioso, culpabilizador, comportándose, digámoslo claro, como su padre con el abuelo Ricardo. En *Señas de identidad* Álvaro Mendiola lo resume así:

> Habíais pasado tantas noches en vela intentando razonar inútilmente la crisis de vuestros sentimientos y la deterioración de vuestras relaciones, poseídos de una desmedida necesidad de balance y un prurito de sinceridad lindantes con el exhibicionismo en el prolijo inventario de vuestras infidelidades reales o deseadas, aventuras e historias, hasta hacer de Dolores y de ti dos extraños, asombrado cada uno con su ignorancia de la vida del otro, algo desamparados también por el derrumbe de todos los proyectos, quimeras e ilusiones, que vuestras miradas se rozaban apenas como si temieran herirse y vuestra conversación se reducía a un mínimo indispensable de palabras...

Monique también escribirá sobre ello en *Las casetas de baño*: «Riñeron en un cuarto de hotel en Venecia. En el Montecarlo. Riñeron antes de haber podido analizar la profundidad de su sufrimiento. Le vio volverse de cara a la pared para llorar. Algo insoportable. Ella no sabía que ese desequilibrio entre los dos tenía sus orígenes en África. Y él tampoco lo sabía.» En Venecia, por tanto, Mr. Hyde seguía haciendo de las suyas. Su víctima explorará retrospectivamente el fenómeno: «Figuraciones, pesadillas, desdoblamientos: impresión de asistir impotente a los manejos y ardides de un personaje que asume tus apariencias, actúa en tu nombre, lleva tus documentos, estampa tu firma, vestido y calzado como tú, identificado contigo por tus vecinos, inquilino de tu propio apartamento.» No es ya un ofuscamiento transitorio, la sensación pasajera de «ser otro» o «sentirse otro»: es la certeza de estar poseído por alguien muy superior a nosotros mismos y que dicta a fuego nuestras deslealtades y felonías. ¿Cómo no sentir miedo de ese «huésped inoportuno», como le llamaba Kavafis? ¿Ese *alien*, diríamos hoy? Al describir todo este proceso Juan Goytisolo no duda en emplear la palabra «esquizofrenia», término cuyo significado debió de planear muy siniestramente sobre su vida. No obstante, no es un diagnóstico clínico irreversible, como por ejemplo la esquizofrenia de Zelda Fitzgerald. Pero resulta un autodiagnóstico certero que define un estado de desdoblamiento insoportable, y que a la luz de algunos casos de locura familiar fue interpretado por él como una seria advertencia.

Incapaz de soportar las tensiones, Juan apenas permanece en París tras su vuelta de Italia. Nuevamente escapa a España, pero con su ambivalencia característica convence a Monique para que se reúna con él. Ya en el Sur, pasan juntos unos días en la playa de Torremolinos, bañándose bajo el sol tan querido por ella, hasta que la tensión tiende a disolverse. En realidad es un espejismo, pero mitiga el áspero sabor de la estancia veneciana. Mientras descansan en Málaga tienen noticia del progreso alarmante del *affaire* Grimau, destacado miembro del comité central del PCE, que ha sido detenido en Madrid y condenado a muerte por un tribunal de Franco. Ante la noticia Juan y Monique regresan precipitadamente a París, donde podrán seguir mejor el curso de los acontecimientos y harán lo posible por atajarlos. Con tristeza retrospectiva los hermanos Goytisolo recuerdan la inútil efervescencia de aquellas jornadas: actos de protesta, documentos y recogida de firmas.

Cuando el 19 de abril de 1963 el Consejo de Ministros confirma en Madrid la pena capital, todos comprenden que la decisión es irrevocable; es imposible salvar la vida de Grimau, porque nunca se ha modificado una decisión tomada por Franco en Consejo de Ministros. Pese a ello, hay un intento desesperado de alertar por última vez a la opinión pública, desencadenar quizá la intervención de algún presidente extranjero o incluso del Vaticano: la única instancia del mundo capaz de convencer al Generalísimo para que suspenda la sentencia. Con tal objetivo, buena parte de los miembros del Ejecutivo coinciden en el local abarrotado del Secours Populaire Français y multiplican las llamadas telefónicas –a Roma, a Washington–, ya desesperadas. Juan y Monique están allí, como los otros, midiendo el tiempo en cigarrillos y tazas de café. Saben que el milagro es imposible, pero como expresará bellamente Jorge Semprún, no se propusieron salvar la vida de Grimau sino más bien «acompañarle» en aquella última noche sobre la tierra. Con el alba, los disparos del pelotón no turbaron el sueño de una España dormida, cada vez más alegre y confiada.

UNA VUELTA POR BARBÈS

En primavera de 1963, justo después del fusilamiento de Grimau, Monique Lange partió a la isla griega de Corfú para asistir a la reunión del jurado de un premio internacional. La misma noche de su marcha Juan Goytisolo fue a pasear por Barbès: barrio parisino poblado en su mayoría por musulmanes. Desde la independencia de Argelia, comenta Juan, la policía había suavizado el cerco, de modo que era posible deambular por él sin cruzarse continuamente con las patrullas; pero a los ojos europeos seguía siendo una suerte de Harlem árabe. Aunque el novelista lo conocía de anteriores ocasiones, se limitaba exclusivamente a observar desde fuera los cafetines donde los moros jugaban a las cartas. Habla de «un ambiente homogéneo y compacto, pero activo y vivaz, del que me sentía dolorosamente excluido». En realidad, Juan era un *nesrani*, un intruso, un extranjero, ¿qué demonios buscaba allí? Pese a sus esfuerzos de aproximación, se quedaba siempre al otro lado de la calle, escuchando la música cautivadora, lejana, que surgía de los tocadiscos como un reclamo indescifrable. Aquella noche, sin embargo, Goytisolo fue más lejos: recorrió la Goutte d'Or, la Rue de Chartres, la Rue de la Charbonnière, y fatigado bajó al Boulevard de la Chapelle, donde halló refugio en un café. Fue precisamente en ese café donde tuvo lugar un encuentro fortuito con un joven árabe que habría de ser crucial en su vida. Recuerda Juan que bebieron varias rondas de cerveza, charlaron y luego salieron del local. Con una llaneza desconcertante, el árabe le preguntó si conocía un lugar para pasar la noche juntos. Y el escritor le sugirió entonces recorrer la zona donde había varios hoteles modestos:

401

Subimos por el bulevar de Rochechouart y dimos en seguida con uno, situado al comienzo de la Rue de Clignancourt. El cuarto era destartalado y pobre, con una sola cama de matrimonio encabezada por un largo travesaño. Mientras me desvestía, Mohamed se coló, acechante, entre las sábanas, sonriendo con su mostacho montaraz y labios rotundos. Mi lento naufragio en el placer se acompañó, en el duermevela agitado de la noche, de una lúcida, recobrada serenidad.

Durante varios días, aprovechando la ausencia de Monique, Juan fue a recoger a Mohamed a la salida del trabajo a la Porte de la Chapelle. Luego, dice: «Bebíamos, cenábamos, jodíamos en algún hotelucho a la sombra del Sacré Coeur, con una llana y alegre complicidad». Por fin había dado el gran paso. Pero aquel avance era engañoso. Es cierto que la simpatía de Mohamed facilitaba las cosas, otorgando naturalidad a una unión homoerótica que respondía a sus viejas e inconfesadas ensoñaciones. Pero ¿qué había más allá? Y sobre todo, ¿cómo era el mundo al que pertenecía su amante? Eran preguntas que empezaron a rondarle cuando comprendió que, desde la experiencia erótica, empezaba a sentir fascinación por un orbe desconocido.

Con la vuelta de Monique sus encuentros nocturnos con Mohamed se interrumpieron, pero continuaron viéndose a media tarde en algún café o en la *chambre de bonne* que Juan Goytisolo le había alquilado. El propio Juan asegura que su candidez de esa época no tenía límites, entre otras razones porque Mohamed —inocente y a la vez astuto como buen campesino del Magreb— le mentía llevando una vida paralela, repartido entre sus amigos árabes y los favores de una mujer. Aunque el escritor diga: «me mentía a menudo como se miente a una esposa», no creo que abusara verdaderamente de él. A pesar de la falta de sinceridad mutua —tampoco Mohamed sabía de la existencia de Monique— sus lazos se hicieron más estrechos... Y en poco tiempo Goytisolo acompañaba al amigo a los bares del *quartier* donde se reunía con sus compatriotas. Se repetía, pues, una vieja escena: el pescador Raimundo introduciendo a Juan en los tugurios de la Barceloneta, Mohamed franqueándole la entrada en los cafetines árabes de Barbès. El español gozaba así del privilegio de ser el único europeo del lugar. Aunque eran ámbitos densos, cerrados, exclusivamente masculinos —con la honrosa excepción de un grupo de rameras argelinas—, se dejaba arrastrar por su ansia de ahondar en el descubrimiento. Amando, sí, copulando, conociendo. Pero aquel apetito de-

vorador rebasaba lo carnal, aspiraba a una meta integradora en el ámbito de la lengua y la cultura magrebíes. Por eso escribe: «Lentamente, aprendía gestos y ademanes, saludos, fórmulas de cortesía, palabras guturales aureoladas de una magia sutil, que garabateaba a hurtadillas o procuraba registrar en la memoria.»
 No era la primera vez que Goytisolo se sentía atraído por analfabetos, o lo que él llama hombres de «instrucción tosca y primaria». Pero hasta entonces había frecuentado su compañía porque le permitían «compensar con su vivificante e impregnadora rudeza el refinamiento mental exigido por la escritura». Aparceros de Torrentbó, campesinos murcianos, pescadores andaluces constituyeron en su día una válvula de escape, un contrapeso tan oxigenante como puede serlo para otro autor un paseo solitario bajo los tilos. Pero en Barbès se produjo un salto cualitativo notorio, con un toque de perversidad: mientras Juan entregaba su cuerpo a los árabes en términos de sumisión física, ellos le entregaban a cambio sus vidas, sus destinos, ya que él era el único en los cafés de la Goutte d'Or capaz de resolver los problemas administrativos de aquellos parias, rellenando en francés sus impresos de la Seguridad Social o escribiendo cartas a sus familias, que aguardaban anhelantes en el norte de África. La balanza quedaba así en el centro. Y el novelista cumplía su parte de ese pacto secreto con un placer comparable al del sexo mismo.
 Desde la primera noche con Mohamed la relación de Juan Goytisolo y Monique Lange perdió toda su turbulencia. Sorprendentemente, las reacciones incontroladas del novelista quedaron atrás, y la pareja volvió a compenetrarse como en los mejores tiempos. Pero ahora Juan sabía «que era total, definitiva, irremediablemente homosexual». Claro que no iba a confesarlo: antes iba a aprovechar la calma adquirida para conseguir seguridad en sí mismo y luego erradicar los aspectos enfermizos de su relación con Monique. Pero al menos estaba avanzando mucho:

> Por primera vez desde hacía años, nuestras vacaciones en Venecia y la costa dálmata fueron serenas y felices. La puridad que guardaba confería momentáneamente a mi existencia una excepcional ligereza. La maldición asociada al vicio nefando se había transformado de súbito en gracia. Como una culebra ondeante, me escurría a nuevos pozos y manantiales en busca del lugar y el momento propicios al demorado cambio de piel.

¿LUCHA FINAL O FINAL DEL JUEGO?

En los primeros sesenta Luis Goytisolo se había refugiado por completo en la literatura al comprender que España había entrado en una senda cada vez más plácida y acomodaticia; también empezaba a comprenderlo Juan, cuya ansia obsesiva de una revolución iba camino de desvanecerse. Después de tantos viajes, polémicas, libros, artículos, se hallaba casi como al principio. Que tales actividades estuvieran ahora beneficiando su carrera no le impedía ver que esos esfuerzos eran cada vez menos útiles y que a la postre el tiempo habría de juzgarle en términos estrictamente literarios. Había llegado, pues, a la misma conclusión que su hermano menor. Pero ¿qué estaba ocurriendo en nuestro país? En su memorable ensayo «Carta de España» Jaime Gil de Biedma analiza en profundidad el tema, que resumiré así:

a) Entre 1956 y 1959 el Régimen parecía haber entrado en una fase de disolución final.

b) Entre 1960 y 1962 los españoles comienzan a entender que el régimen franquista sólo acabará con la muerte de Franco o con su abandono voluntario del poder.

c) La llegada de los tecnócratas al gobierno transforma el dudoso futuro económico español en un presente soleado, al menos para las derechas. En lugar de modernizar a fondo la industria, por ejemplo, los inversores muestran una afición desmedida por la especulación en terrenos y la construcción de hoteles y apartamentos. Son los tiempos del crecimiento urbano, el *boom* de la construcción, la euforia turística. La derecha española se sume en lo que Jaime Gil llama «un estado casi voluptuoso de buena conciencia».

d) La izquierda se resiente. Las masas están tan ocupadas en sobrevivir, ya sea en su puesto de trabajo o emigrando del campo a la ciudad o de la ciudad al extranjero, que no hay fuerzas para más. La creciente prosperidad española trae, como ocurrió en Europa, una desradicalización de las clases trabajadoras, algo que el poeta sintetiza en esta irónica pregunta: «¿Quien se va a tirar al monte cuando se puede meter en un tren a Alemania?»

e) La bonanza económica elimina de las conciencias españolas el «mito de la segunda vuelta», es decir, la idea de que los vencidos tratarían por la fuerza política de regresar en olor de multitud, cambiando simbólicamente el desenlace de la guerra del 36. Los vencedores tienen miedo a ese mito, sus víctimas sienten esperanza. Pero tanto el miedo como la esperanza serán barridos por el rumor de los primeros Seat 600.

Releyendo «Carta de España» sorprende la presencia de la guerra, el recuerdo de su honda y aún ardiente cicatriz. No podía ser de otro modo en aquel Régimen que alimentó hasta el final la diferencia hostil entre vencedores y vencidos. Pero más allá de esta división maniquea, Gil de Biedma reconoce que los cambios de costumbres de los españoles son en general fenómenos positivos, ventanas a la esperanza, aunque esa esperanza adopte una fisonomía muy distinta de la que tantos soñaron. Jaime intuye además que esos cambios van a dejar a los escritores en una posición aún más incómoda y desasistida. En la posguerra el desamparo, opresión y penuria de las capas populares eran similares a la opresión y penuria que sufrían los autores disidentes. Pero a partir de los sesenta:

Cada vez resulta más difícil contemplar en la propia frustración un símbolo de la frustración del país. Abandonados a nosotros, los escritores nos encontramos habitando una sociedad en la que existen los inconvenientes del período anterior y los que trae consigo el crecimiento industrial y económico, sin que asomen todavía por ninguna parte los alicientes que éste suele ofrecer en las sociedades capitalistas plenamente desarrolladas...

Los Goytisolo también detectan este contrasentido, la paradoja mayúscula de una España que pierde la fuerza trágica de su atraso, su pureza rural, y carece aún de las ventajas materiales y morales de otros países europeos. En este punto los hermanos son inflexibles: la necesidad de libertades políticas y sindicales, la eliminación de la injusticia social o la abolición de la censura son cuestiones morales importantísimas, y ni siquiera la mejora económica del país puede hacer olvidar tales carencias. Pero ¿cómo convencer al español de que el bienestar es un espejismo, de que su dicha es breve e ilusoria, y que a la larga será insuficiente? Batalla perdida. Por eso el avance material trae cierto desencanto en el seno antifranquista, le obliga a reemplazar los viejos métodos de combate. Incluso los acérrimos enemigos del Régimen se ven obligados a admitir que el milagro económico comienza a ser un hecho: un milagro debido, claro es, a la represión sobre la clase obrera, al éxito del plan de estabilización, a la emigración masiva a Europa y al aumento espectacular de la oferta laboral interna, así como al flujo de turistas ricos por nuestras fronteras. En este contexto, los Goytisolo descubren que la nueva situación también les afecta: han de enterrar la vieja hacha de guerra porque ya no hay combate ni revolución posible. La estrategia habrá de ser distinta, distinto el discurso y el mensaje, puesto que empieza a cambiar su destinatario, que no es otro que el español –o feliz españolito– de los años sesenta.

Juan llegó a estas conclusiones tras varios meses de análisis, fruto de las charlas con los comunistas Jorge Semprún y Fernando Claudín, quienes le hicieron ver que la rápida evolución de nuestra sociedad, pese a sus contradicciones, abría esperanzadoras perspectivas democráticas. Libre ahora de su «sonambulismo teórico», Juan decidió redactar un ensayo donde volvía sobre el tema de las relaciones entre España y Europa aprovechando la óptica recién adquirida. Una vez listo, Goytisolo mostró el texto a Semprún y Claudín para rectificar algún detalle, y luego lo llevó a *L'Express*. El artículo aparecería el día 2 de abril de 1964 con el provocativo título «*On ne meurt plus à Madrid*». Obviamente la fecha no era casual, ya que el diario francés había elegido el día en el que se conmemoraban en España los «Veinticinco Años de Paz». Escuchemos de nuevo a Gil de Biedma:

> «25 años de paz», tal ha sido la consigna desde todas las fachadas, tapias, pantallas y periódicos que ha fatigado los ojos de los españoles hasta filtrárseles en la conciencia. De la paz habría mucho que hablar. Pero los 25 años son irrefutables. No vale decir, como dicen aún algunos frívolos, que Franco es simplemente un individuo grotesco que tiene buena suerte, porque eso no es más que la versión invertida de la imagen de Franco, hombre providencial, difundida por la propaganda. ¿Puede, en efecto, imaginarse nada más providencial que 25 años de buena suerte? Veinticinco años son muchos años. España y los españoles han cambiado, y aunque forzosamente hubieran cambiado también sin Franco, el hecho es que han cambiado con él. De la España que Franco deje habrán de partir quienes vengan, cuando él acabe, no de ninguna anterior.

DOÑA CENSURA SIGUE SIN MOVERSE

La efeméride no impidió ver a los Goytisolo que el país seguía sin libertad de expresión; sólo que el mal se había hecho definitivamente crónico. Sociólogos como Jean Paul Valabrega afirman que la censura persigue al emisor y al receptor, tanto al que escribe como al que lee. Mientras en la prohibición penal ninguna regla castiga a la vez al culpable y a la víctima, en el acto de censura no se establecen diferencias: todo el mundo es culpable, exceptuando, claro está, al censor. Todo el mundo es considerado cómplice en potencia, todo el mundo es encubridor. Por consiguiente, si la examinamos desde el punto de vista del censor, vemos que la censura se dirige a una especie de culpabilidad latente y universal. ¿No hablamos ya del *«chip* culpabilizador» que se acopló en el cerebro de los españoles desde los púlpitos de las iglesias? Era un profundo lavado de cerebro que en 1977 Juan Goytisolo denunciaría así:

... la muerte del general Franco nos descubre un hecho de incalculables consecuencias: el escándalo moral de haber vivido una larga e invisible ocupación sin cascos, fusiles ni tanques –ocupación, no de la tierra, sino de los espíritus, mediante la expropiación y secuestro por unos pocos del poder y ejercicio de la palabra. Años y años de posesión ilegítima y exclusiva destinada a vaciar los vocablos de su genuino contenido –evocar la libertad humana cuando se defendía la censura, la dignidad y la justicia en materia de sindicatos verticales– a fin de esterilizar la potencia subversiva del lenguaje y convertirlo en instrumento dócil de un discurso voluntariamente amañado, engañoso y adormecedor.

Secuestro del alma, monopolio del habla y la escritura en manos de pseudopolíticos, pseudosindicalistas, pseudocientíficos, pseudointelectuales, pseudoescritores, que a la muerte del Caudillo temblaron de pánico e indignación al comprobar que sus sacrosantos valores podían ser cuestionados por cualquier ciudadano de a pie. Pero, entretanto, ese ciudadano tuvo que buscar oxígeno durante cuarenta años para sobrevivir a un siniestro proceso de colonización mental y zafarse hábilmente de las garras de Doña Censura. Como recuerda el propio Goytisolo: «Todos conocemos los efectos de dicho sistema opresivo sobre nuestra propia conciencia: los vocablos suprimidos, las críticas informuladas, las ideas ocultas o expresadas con cautela que se almacenan en el pecho, el corazón y la sangre hasta intoxicarnos; la defensa pasiva contra la palabra monopolizada en forma de bromas y chistes de café, nuestra triste y eterna válvula de escape.» Esa válvula capaz de aliviar la tensión que la falta de libertad provoca en los sistemas totalitarios. CHISTES SOBRE FRANCO. ¿Quién no los recuerda?

En el caso de los escritores el drama era doblemente sangrante. Condenados a adaptar la pluma al rigor de la Censura, el posibilismo se convirtió para ellos en una segunda naturaleza. Pero el autor de *Señas de identidad* enumera las consecuencias: «...autocensura, arte del elipse, exposición indirecta de los hechos, alusiones, medias palabras, creando así, paralelamente, un público lector ducho en el arte de leer entre líneas y captar las intenciones ocultas de un texto aparentemente inofensivo e inocuo». Desde la Inquisición de los Reyes Católicos, éste era otro rasgo de nuestra vida nacional.

EL BOZAL DE DON SANTIAGO

A los pocos días de la aparición del artículo *«On ne meurt plus à Madrid»*, Juan Goytisolo supo que no sólo tenía enemigos en el Régimen sino entre quienes se jactaban de ser sus principales adversarios. Por lo visto, varios comunistas madrileños estaban indignados por lo que consideraban su postura «revisionista y aburguesada». Aquello fue el principio de una delirante cadena de episodios que acabó implicando a Semprún y Claudín, los cuales habían sido excluidos poco antes del Comité Ejecutivo del Partido y posteriormente del Comité Central. No contentos con la expulsión, sus antiguos camaradas desataron contra ellos una campaña de descrédito y «muerte moral» en la más pura tradición de Stalin. Así las cosas, el artículo de Goytisolo –leído y retocado en su día por Semprún y Claudín– se había vuelto un arma arrojadiza contra esos dos sinceros comunistas, acusados ahora de heterodoxos e incluso de traidores.

Juan se quedó perplejo ante el avance vertiginoso de los hechos. Debió de ser duro para él verse arrastrado por aquel alud de absurdos que parecía provocado por su peor enemigo. Nadie que hubiera conocido su situación personal le habría creído capaz de desatar una ofensiva abierta contra el Partido Comunista, en el remotísimo caso de que hubiera querido hacerlo a instancias, como se decía, de Semprún y Claudín. Sin embargo, ésta era la tesis paranoica que iba tomando cuerpo en el Partido, y a mediados de abril de 1964 Santiago Carrillo lo expresó sin ambages en un mitin celebrado en el municipio francés de Stains. Aunque se guardó muy mucho de mencionar a los dos ausentes, sus alusiones maliciosas culminaban invariablemente –*Delenda est Carthago*– en el abominable artículo de *L'Express* escrito por Juan Goytisolo.

Es obvio que Carrillo aireaba la polémica interna de la dirección del Partido ante unas bases que descubrirían allí, con infinito horror, cómo Semprún y Claudín habían utilizado a Goytisolo como portavoz de sus ideas «derechistas», «derrotistas», «antileninistas» y «socialdemócratas». En las semanas siguientes el novelista fue blanco de nuevos ataques. Dice:

Aunque semejante procedimiento no me sorprendía del todo, el cinismo, el desprecio a la verdad y falta de respeto a las personas que evidenciaba, tan parecidos a los que medraban en el campo atrincherado del Régimen, me consternó. Las reglas elementales de la democracia y libre discusión eran conculcadas con alegre desenvoltura; la lucha de ideas se transformaba en un proceso de intenciones mezquinas cuyo objetivo se cifraba en la destrucción o satanización del adversario.

Sí. Los métodos comunistas no estaban tan lejos de los del general Franco, hallazgo en propia carne que le supuso una triste y descorazonadora novedad. Esta agresión a las normas básicas de ética y de justicia tuvo como resultado una nueva toma de conciencia por parte del escritor. Pese a no ser militante, no podía seguir creyendo en los objetivos del Partido. ¿Qué pensar de una organización que se había señalado como ninguna otra en su lucha por la libertad pero que empleaba en cambio métodos inquisitoriales? Todo era una mentira, un fraude; porque un partido político que perseguía de forma tan encarnizada a sus propios miembros no iba a respetar otras voces discordantes fuera de su órbita, y menos aún el juego democrático. Por eso escribe: «La futura sociedad preconizada por el Partido de puertas afuera podía surgir difícilmente de tal conjunción de golpes bajos, inquina, falta de escrúpulos, apetito de poder, espionitis, irracionalidad.» Mejor alejarse de aquello, cargar con el peso de ser acusado de «individualista burgués» manteniéndose libre y al margen. Seguía así los sensatos pasos de su hermano Luis. Ya no iba a ser un «compañero de viaje».

En los últimos años había pretendido desvelar las condiciones políticas, culturales y sociales en que vegetaba la Piel de Toro y exponer el punto de vista de la oposición democrática; pero ahora veía la imposibilidad de mantener su posición de francotirador, en un territorio político –el Régimen de Franco o el Partido de Carrillo– definido por la ausencia de libertades. De este modo, los episodios de

1963-1964 contribuyeron a variar su actitud no sólo en relación con la cosa político-literaria sino también con nuestro país. Si hasta entonces el tema de España y los españoles había inspirado sus artículos, a partir de ahora la previsible evolución de la sociedad bajo el régimen franquista dejará de interesarle. En lo sucesivo, «el aduanero» escribirá puntualmente sobre otras naciones: República Dominicana, Checoslovaquia, Cuba, Vietnam... Pero no sobre España, al menos «hasta el día hipotético de la muerte de Franco». Era un nuevo gesto destinado a cortar el cordón umbilical con la tribu, ese nudo que se había cerrado peligrosamente sobre su cuello poniendo en peligro al individuo que pugnaba por nacer.

EL POETA SE COMPROMETE

Ya en otoño de 1962 José Agustín Goytisolo había ido a Colombia en el que fue el primero de sus muchos viajes a Sudamérica. Si un decenio antes había cumplido el papel de «embajador» de la poesía iberoamericana en Barcelona, voló entonces a Bogotá para participar en unas jornadas sobre la nueva poesía española ejerciendo esta vez de embajador generacional. Este viaje le permitió dar a conocer su obra al otro lado del mar, pero también revivir los lejanos días del Madrid de posguerra. Porque en Colombia estaban sus antiguos compañeros, esos camaradas americanos que le habían transmitido en el Colegio Mayor Guadalupe la alegría de otros mares y «el dolor de pueblos sin aurora».

En primavera de 1963 José Agustín efectuó un segundo viaje a Italia, centrado principalmente en las ciudades del norte: Milán, Turín o Parma; en esta ocasión se relacionó con destacados miembros del PCI, modelo por esa época de cultura y tolerancia. Según escribe Simone de Beauvoir en sus memorias, estando en Italia con Sartre «nos reencontramos también con responsables comunistas [como] Rosana Rossanda, que desde los tiempos de Togliatti dirigía la política cultural y con quien nos entendíamos muy bien. Ya hubiéramos querido que en Francia la cultura estuviera, en el interior del Partido Comunista, en tan buenas manos». Comenta Goytisolo que Enrico Berlinguer o Rosana Rossanda solían aparecer por la librería Aldo Brandi de Milán, donde recalaba alguna tarde el novelista siciliano Elio Vittorini, y recuerda que «el eurocomunismo surgió de allí». Vinculados a la legendaria revista *Rinascita*, sus postulados y actitudes eran muy distintos a los del Partido Comunista Español, cuyo monolitismo ideológico seguía causando problemas a sus hermanos Juan y Luis. En este sentido resulta curioso que mientras el último se había desvinculado de la lucha y el primero se hallaba en trance de sufrir un acoso en la más recia línea estaliniana, Pepe descubriera en Italia el rostro más humano y amable de que el comunismo era capaz. ¿Fue eso lo que acabó de concienciarlo, o más bien la experiencia carcelaria de su hermano menor, que en lugar de disuadirle parecía haberle abierto definitivamente los ojos? Es un asunto bastante complejo, dado que el poeta no se había distinguido en la década de los cincuenta por su activa militancia política. Sólo sus íntimos o los lectores capaces de leer entre líneas conocían sus verdaderos pensamientos. Pero de momento Pepe había actuado contra el Régimen como si lo hiciera contra el sistema educativo de los jesuitas, es decir, para sacudirse un yugo incómodo que cercenaba su vitalidad juvenil.

Sin embargo, algo cambió desde el homenaje a Machado en Collioure y posteriormente con el paso de un Goytisolo por Carabanchel. A raíz de ello, José Agustín iba a descubrir que el posicionamiento público era útil, que una reunión de poetas en el Rosellón o un escrito en defensa de la libertad tenían resonancia porque alteraban el sueño de la gran bestia franquista. Cierto que eso no tardó en causarle trastornos, pero también le trajo una notoriedad muy diferente a la que merecían e iban cosechando sus libros. Es seguro, por tanto, que su presencia en los círculos literarios –Collioure, Formentor, Colombia e Italia–, unidos al *affaire* Luis, le hicieron ver que la poesía no era la única arma de combate. Un hombre unido a otros, con la sola fuerza de sus corazones, podía cambiar el mundo. No importa que alguno de esos hombres, como Barral, Gil de Biedma o sus propios hermanos, sostuvieran ya que ese cambio no iba a producirse en España de la forma soñada. Él lo seguía creyendo a pie juntillas y sentía una imperiosa necesidad de conocer otros lugares donde ese desencanto aún quedara lejos.

Cada vez más comprometido, José Agustín Goytisolo inicia en aquellos años un giro en su vida. Ya no es el abogado que escribe en sus ratos libres sino un poeta entusiasta que recorre otros países con insaciable curiosidad viajera. Todavía se encuentra en Italia cuando decide volar a Rusia para intervenir en el Congreso de la Paz en el que participan varios autores españoles. Aunque no lleva pasaporte, dispone de un salvoconducto falso a nombre de «Alejandro Vives», que más tarde cambiará por otro nombre de guerra más romántico,

«Alexandre Gay», ambos procedentes del linaje materno. Añade así una nueva identidad ficticia a la larga serie iniciada con Pepito Temperamento. Sólo que ahora ya no es un juego.

Durante su primera estancia rusa fue acompañado por la inseparable *pirivotchnia*, una traductora oficial de la Asociación de Escritores de la URSS, quien le mostró las excelencias de las granjas y cooperativas agrícolas –los *koljoses*– en las mejores tierras de la Unión Soviética. La *pirivotchnia*, además, fue la encargada de introducirle en los círculos culturales de la capital; pero su amable cicerone, miembro del PCUS, pasaba luego un detallado informe a las autoridades sobre sus movimientos e impresiones personales. Esta circunstancia, común a los países de la órbita socialista, permitía un control absoluto sobre los visitantes. En aquellos años de Guerra Fría el método siempre era el mismo: se invitaba a artistas, políticos e intelectuales extranjeros, se les mostraba el lado maravilloso del sistema y se averiguaba de paso su grado de adhesión a la causa.

Como Juan en Cuba, ¿intuyó José Agustín el lado oscuro del sueño revolucionario? No lo creo. Difícilmente pudo ver ráfagas de cruda realidad, detalles menores, como ese rastro de polvo inhumano que aparecía bajo una bella alfombra de falsas apariencias. En un poema hasta hace poco inédito el poeta resume su experiencia de aquel viaje: «Yo he venido aquí por mirar / el reloj de la torre Spáskaia / y comprobar si mi reloj / adelantaba o atrasaba.» El visitante se detiene ante el Kremlin, observa la torre que preside la fortaleza, mira el gran ojo del reloj, visible en toda la ciudad... Y se pregunta. Es la metáfora de un descubrimiento, el anhelo de sincronizar su tiempo de español oprimido con la hora nueva del pueblo. Sólo el futuro le desvelará un hecho irrefutable: el Gran Reloj de la Historia estaba deteniéndose en la Unión Soviética.

EL SALVADOR

Mientras Juan y José Agustín se entregan a una intensa actividad viajera, su hermano Luis sigue en Barcelona madurando otro proyecto literario. Aún reside en la casa paterna, donde su presencia se ha vuelto a hacer imprescindible tras la salida de la cárcel. Como figura fuerte, vela por igual por el abuelo, el padre y Eulalia, aquejada ahora de frecuentes ataques epilépticos. Más que nunca, pues, los tres viejos están a su cuidado, como si los roles tradicionales se hubieran invertido y el menor fuera el cabeza de familia en Pablo Alcover. Hablando de ello, su hermano Pepe reconoce el papel ingrato de Luis en aquella fase final, pendiente por completo de los ancianos. Si en alguna ocasión desaparecía junto a María Antonia en busca de oxígeno, el regreso le confirmaba el significado de una de las expresiones favoritas de su padre: «partirse el alma»; es decir, romperse el corazón, un sentimiento de amargura ante aquel cuadro formado, según el hijo, por «la iluminación escasa, las humedades, la calefacción insuficiente, la soledad y el silencio de tres ancianos, cada uno recluido en su rincón». En la novela *Recuento* el cuadro es aún más duro:

> Y el cuarto de papá, que olía a hierbas y droguería exactamente igual que el de Vallfosca; y su mesa de despacho, una acumulación de proyectos fracasados e inventos no realizados, de patentes inútiles, de las estafas de que había sido víctima. Y las baldosas estropeadas del piso y los bajos bufados de las paredes, con desconchados y blandas chapas de yeso, y las cañerías salpicadas de soldaduras y las bombillas fundidas y no repuestas de tantas lámparas y la ruina cuidadosamente conservada de la batería de cocina, de los cacharros. Total, para dos ya vale, dijo Eloísa. Sus batas viejas y remendadas, sus delantales raídos, la montura rota de las gafas apañada con esparadrapo, las zapatillas abiertas a los lados para que no le oprimieran los juanetes. Y papá otro desastre: lleno de lamparones, de costuras deshilachadas, como si se aferrara a sus prendas, a sus zapatos más viejos. Era como si durante su ausencia se hubieran dejado ir, y en virtud de esa misma ausencia se le hiciera más patente a Raúl su grado de abandono. ¿Para qué comprarme nada, hijo? A mi edad es tirar el dinero.

Gracias a que el menor permaneció allí, sus otros hermanos consiguieron librarse de aquella rutina decrépita, seguir su propio camino. Y aunque ese camino no era precisamente un lecho de rosas podían estar tranquilos: les bastaba una carta o una llamada telefónica de Luis para ponerse al corriente de todo. Fue así como conocieron el empeoramiento del abuelo, ya nonagenario.

A decir verdad, don Ricardo Gay había mantenido un envidiable estado de salud hasta la Navidad de 1963. De su vigor da prueba el que cada jueves iba a un piso de la calle Vergara donde se reunía con otros miembros de la familia, como el gran jurista Gay de Montellá, y algunos amigos de edad provecta. Rodeado de los suyos, el abuelo respiraba por unas horas un ambiente cordial, hablaba en catalán, reía, e incluso una tarde estuvo a punto de apostarse con sus contertulios ante la catedral de Barcelona para impedir el derribo del coro que había decretado el obispo Modrego. ¿No era el mejor signo de que la sangre del antepasado Gay, el cabecilla ampurdanés, seguía fluyendo por sus venas? En efecto. Quizá también era una cuestión de sangre ese porte suyo de caballero bondadoso, discreto, de trato exquisito, cualidades que le hicieron ser admirado entre los Gay como un símbolo de la estirpe. En Vergara número 12, además, se le respetaba por su extraordinaria entereza ante todas las muertes que le salieron al paso: padres, hermanos, esposa, hijas e incluso un nieto. Había sobrevivido a ellas con resignada elegancia.

En Pablo Alcover, por el contrario, aquello no era un mérito especial, y el abuelo estaba condenado a esperar la muerte junto a un yerno que le aborrecía. Escribe Luis:

> Que una serie de azares encadenados hubiera obligado a vivir bajo un mismo techo a dos personas tan distintas suponía una verdadera prueba para ambos, pero la realidad era que nosotros representábamos la única descendencia directa del abuelo, y no servía de mucho que mi padre no se recatara en lamentarse: nada iba a impedir que viviera en la forzada compañía del abuelo mayor número de años que los que había vivido con mi madre. El abuelo, en cambio, jamás acusó recibo de la manifiesta hostilidad de mi padre, tal vez íntimamente compensado por el afecto con que era tratado tanto por nosotros como por Eulalia. Era como si prefiriese considerar la actitud de mi padre como una rareza sobre la que fuera preferible no discutir.

Sus nietos fueron para él un refugio afectivo así como fuente de orgullo y sana preocupación: si publicaban un libro, lo leía con gusto; si necesitaban dinero —como en el caso de Luis–, se lo entregaba... Pero podían ser a veces instrumento involuntario de dolor. Juan Goytisolo asegura en *Coto vedado:*

> Cuando Monique publicó su primera novela titulada *Les poissons-chats* –una obra que describe el amor de la protagonista por un homosexual–, su lectura, según me dijo Luis, promovió un choque terrible en el abuelo Ricardo dos o tres años antes de que falleciera: llorando, le explicó que las pasiones expuestas en el libro eran un

odioso pecado; que él las había sufrido a lo largo de su vida y siempre que sucumbía a ellas había ofendido gravísimamente a Dios.

El autor de *Antagonía*, por su parte, niega tal extremo argumentando que hubo un malentendido: «... es cierto que fui testigo de una reacción desgarrada del abuelo, y sin duda así se lo conté a Juan. Sólo que el motivo de la reacción, de unos sollozos de los que ni antes ni después volví a verle víctima, fue la lectura de otro libro, *Campo de sangre*, de Max Aub». Añadiré que se trata de una novela ambientada en la Guerra Civil, y cuyo último capítulo reproduce detalladamente los bombardeos de 1938 en que había muerto Julia Gay. Más allá de las descripciones brutales de Aub, creo que pudo afectar al abuelo la similar suerte del protagonista, un padre cuya hija es alcanzada y herida por las bombas, lo cual interpreta él como un castigo divino:

¡Señor! Vengo a ti las manos llenas de sangre. Señor, me has fustigado con sangre. No con la mía, que hubiera sido poco. Señor, acepto tu castigo. He pecado y vengo a ti, me arrepiento. Acepto todos los daños y todos los dolores con que me azotes; penitencia y pago de mi insalvable culpa. Yo pecador. Sí: Yo me acuso y arrepiento. Salva a mi hija, sálvala. Dicen que no es grave, pero su daño es el mío, sálvala. No la castigues por mí, aunque así fuera mayor mi castigo. Castígame, castígame. Perdóname, Señor, por haberme dejado llevar por la concupiscencia, y sálvala, Señor, en tu altísima caridad. No hay más culpable que yo. Señor, tú que me conoces, perdona mis errores. Acepto el dolor que me envías como castigo de mis culpas. Misericordia para ella que se dejaba llevar por sus sentidos sin mentir. Ensáñate en mí. Pega, pero no me arrebates a mi hija. Hágase tu voluntad, castiga mi orgullo, castiga mi lujuria, castiga mi libertinaje. Esta sangre que se oscurece en mis manos es su sangre. Señor ¿por qué la escogiste a ella? Perdóname las interrogaciones. No he vivido nunca fuera de ti. Acepto el dolor, acepto la muerte, pero ¿por qué han de morir los demás siendo yo el pecador? No, no pregunto más. Yo te ruego, yo te suplico: ¡Señor, no te lleves a mi hija!

Si don Ricardo Gay se desmoronó ante la lectura de este párrafo, debemos admitir que íntimamente se sentía identificado con su contenido; más aún, quizá le asaltaron ideas como ésas mientras recorría ansioso las salas de los hospitales y depósitos de cadáveres de la ciudad en busca de Julia. CULPA. El pecado era la lujuria. Pero ¿lo cometió con otras mujeres de su juventud o con algunos niños del círculo familiar? Era lo de menos: el anciano compartía con el héroe de Aub un vínculo culpable y suplicante ante Dios. Eso nos lleva a un punto crucial: algo tan goytisoliano como los sentimientos de culpa era, en el fondo, un rasgo de los Gay, al menos del abuelo Gay. Porque él era el Culpabilizado y su yerno ejercía de Gran Culpabilizador, recordándole sus flaquezas o segando sus efusiones hacia los escasos menores que entraron en la casa a lo largo de los años. Luis aún recuerda la brusquedad paterna: «¡Deje a los niños jugar en paz, abuelo!» LOS NIÑOS. Queda una pregunta: ¿habría reaccionado igual don Ricardo ante el libro de Max Aub en un jardín ajeno al del señor Goytisolo? Sea como fuere, aquel anciano se extinguiría en un soplo en marzo de 1964. Juan Goytisolo tuvo que tomar un avión precipitadamente desde París, entrar en un país donde su nombre figuraba ya en la lista negra y acompañar al enfermo en su agonía. En *Coto vedado* habla de ello:

> Llegar con todo a tiempo de presenciar la muerte católica del abuelo, reconfortado, según rezaría la esquela, con los auxilios espirituales y bendición apostólica: la confesión con un cura joven, cuyo diálogo con el moribundo, perceptible en las habitaciones vecinas a causa de la sordera del último, parecía el de un entremés o sainete. Bueno, don Ricardo, es usted muy mayor y hay que irse preparando. ¿Preparando? ¿Para qué? ¿Qué edad tiene usted, ochenta años? ¡Uy, muchísimos más! Y luego la satisfacción del abuelo al recibir los santos óleos, convencido como estaba de que le aplicaban un nuevo y eficaz remedio contra el eccema que le atormentaba. ¡Ah, la pomada!

Reunidos en la pieza contigua, los nietos escuchan las voces mientras el padre y Eulalia, ocultos, silenciosos, amedrentados, «aguardan el desenlace en sus respectivos rincones con un conmovedor desamparo». La Esfinge ha llegado al fin –ese nombre que Eulalia emplea siempre para designar lo funesto– y pese a sus temores circula ya por la casa. Recordando la muerte del abuelo, Luis Goytisolo escribirá en *Estatua con palomas* esta bella despedida: «Horas antes de morir, tras la visita del médico, en una de mis habituales aproximaciones tranquilizadoras, le comenté la lata que para él debía de suponer el que su recuperación llevara camino de ser tan lenta. Desde la almohada me miró con ojos risueños. Guapo, te quiero mucho, dijo.»

La muerte del abuelo Ricardo provocó un desequilibrio de fuerzas en el domicilio de Pablo Alcover. Tras un cuarto de siglo, don José María Goytisolo había perdido a su principal antagonista. ¿A quién iba a dirigir ahora sus enojos y recriminaciones? Como algunos matrimonios mal avenidos cuyos miembros se necesitan, no obstante, uno a otro para sobrevivir, la muerte de uno despojaba de propósito buena parte de la existencia del otro. Según Juan, su padre parecía «más sombrío que nunca»; otros hermanos lo recuerdan a su vez jugando con los primeros nietos, como atestiguan algunas fotos tomadas en Torrentbó. Parece cierto, eso sí, que su mundo se redujo al plano emocional. Perdió interés, por ejemplo, en la química y la biología, y dejó de redactar artículos para la revista *Ibérica*, esos textos que meditaba largamente y luego dictaba a Marta en el jardín. El motivo concreto de tal abandono fue un enfrentamiento con la dirección de la revista que le acusó de propagar tesis «peligrosamente evolucionistas», eufemismo que desvela la deuda del artículo con las teorías del célebre teólogo Teilhard de Chardin. ¡Qué paradoja tan absurda! El señor Goytisolo había acabado topando con el poder, como sus hijos.

El descubrimiento tardío pero revelador de que la ciencia entraba en colisión con dogmas y principios religiosos le hizo ver al fin el eterno trasfondo de intransigencia de la Iglesia. Asegura Luis que su padre, sin llegar a perder la fe, pareció desentenderse un tanto de la suerte de su alma y a partir de aquel hallazgo, coincidiendo con sus cada vez más prolongadas estancias en Torrentbó, se dedicó principalmente a coleccionar las plantas e insectos de la Masía Gualba. Allí llevaba una existencia calma, teñida por un inevitable perfume de melancolía. Sentado en el jardín, con el sombrero y el abrigo puestos, charlaba con los hijos o recapitulaba en silencio. Escribe Luis que eso le llevó a la conclusión de que al menos podía estar orgulloso de sus vástagos. Y añade:

> Lo que tan callada como serenamente ponía en el otro platillo de la balanza resultaba obvio: la muerte de su mujer y de su primogénito, su enfermedad, sus posteriores fracasos personales, la desaparición –como suele suceder a todo aquel que ronda los ochenta– de la inmensa mayoría de los seres con los que había mantenido alguna clase de relación, una larga lista sin duda encabezada por los nombres de los huéspedes del panteón familiar.

Es natural que el sentimiento que a todas luces le dominaba fuera de fatalidad, la sensación de que nada volvería a ser igual que antes. Concluye Luis: «En más de una ocasión subrayó el carácter inexorable de la pasión de Cristo. Hay gente que parece señalada por el destino, me dijo una vez. Es decir: gente destinada a los sinsabores, a los fracasos, a la desgracia.» En un pasaje de *Recuento*, el padre de Raúl incide en esta idea:

Yo soy un hombre que, en continua lucha con las circunstancias adversas, se ha entregado de cuerpo entero al cumplimiento de sus deberes de cristiano. He cumplido con Dios. He cumplido como esposo y padre de familia. He cumplido con mi prójimo, trabajando por el progreso industrial y económico del país. Y he recibido tantos golpes de la vida que la parte que pudiera tocarme de purgatorio creo haberla saldado ya de sobras en este mundo con los sufrimientos. Primero, la pérdida de Jorgito, mi primogénito. Luego, lo de Eulalia, como un mazazo. Luego, la época roja, siempre con el alma en vilo, refugiado allá en un pueblo, con dos hijos que alimentar y sin recursos. Luego, el descalabro de la Anónima. Y ahora, en mi vejez, no diré que con apuros económicos, pero sí teniendo que contar al céntimo.

¿Cómo no reconocer aquí la voz amarga del señor Goytisolo? Pero aún tuvo fuerzas para una última empresa, tan testimonial como llena de contenido simbólico. Según Luis.

El último de sus entretenimientos fue la pintura: cuadros pintados sobre planchas de plástico y con pigmentos también plásticos obtenidos disolviendo cajas de pastillas de regaliz, pequeñas cajas en forma de hostiario cuyo color variaba según la remesa. El interés del experimento, según él, residía en conseguir cuadros que resistieran a la intemperie. Y así fue: los tuvo colgados en la pared exterior del garaje durante años y lo único que no aguantó fue la madera de los marcos. Para un psicoanalista, en cambio, el interés hubiera residido en aquellas imágenes naïf de animales salvajes, terriblemente sangrientas y sombrías.

¿Qué eran aquellas figuras que pintó en su vejez? ¿Recuerdos de las bestias incineradas durante años en el gran horno de la ABDECA, o una metáfora de sus propios sueños, condenados a la destrucción sistemática, la ceniza, el humo? Fuera lo que fuese, aquel hombre marcado por el destino iniciaba ahora el último verano de su vida.

La noticia de su enfermedad no sorprendió totalmente a los hijos. Juan considera que la muerte del abuelo precipitó la caída de las otras piezas, derribando los naipes de aquella anciana trinidad. La Esfinge tan temida por Eulalia conocía ya las señas de la casa y era normal que deseara volver. Pero ¿cómo vivieron los Goytisolo la muerte del padre? Aquel verano de 1964 Pepe se encontraba en Milán con su esposa y allí recibieron el siguiente telegrama de Luis: «Papá muy grave. Ven inmediatamente.» Reunidos en la vieja casa de Tres Torres, los hermanos presenciaron en silencio la agonía. Recuerda el poeta que todo olía a muerte: la casa, los dormitorios, el pasillo... Eso que llamó luego «feroces puertas» y «habitaciones de catástrofe» les acechaba en aquellas horas al margen del tiempo. En su admirable poema «El padre va a morir», José Agustín describe al enfermo en su hora final: «Extraño en una época que jamás / creyó ver / es como un hosco forastero / en su propia mansión y al mirar / a su gente / ya ni la reconoce.»

La agonía y muerte del padre inspirará también páginas de los otros. Juan recoge el momento en *Coto vedado:*

> *A medianoche la enfermera os había convocado a susurros en la habitación: tu padre yacía con los ojos abiertos, estertores y jadeos se sucedían a ritmo cada vez más rápido, sus labios apenas boqueaban. Esponjosa irrealidad de unos instantes sin emoción alguna, sensación de desdoblamiento. Concurrir al ritual del lavado y disposición del cadáver para su entrega a los mercaderes de la funeraria: acto de bajar los párpados sobre la mirada fija y como obnubilada del muerto; además presto, conciso de Marta de retirar el anilllo de oro antes de que la mano quedase rígida.*

Sobre esto, José Agustín opina que fue Luis quien retiró el anillo siguiendo instrucciones expresas del padre, quien en un gesto de enorme sangre fría les había dicho: «Quitadlo ahora porque, si no, después es peor.» Debió de ser una orden chocante para los hijos, ya que en la novela *Recuento* el protagonista –Raúl Ferrer– vuelve sobre esta escena: «Sólo al final, cuando empezó a necesitar el oxígeno, aprovechando un momento en que se quedó a solas con Nuria, le dijo, ayúdame a quitarme los anillos ahora. Luego es peor.»

Meses más tarde los dos hermanos novelistas recibirán en sueños la visita del padre muerto. El tema, viejo como el mundo, habrá de alumbrarles páginas de doliente belleza. Tanto en el caso de Juan como en el de Luis el reencuentro tiene por escenario Torrentbó o su proyección literaria, Vallfosca. Muy significativamente, el subconsciente de ambos escritores elige el escenario de la gran finca familiar –emblema de glorias pasadas y de la vitalidad goytisoliana– en detrimento del sombrío caserón de Tres Torres, que corresponde al lado oscuro, fracasado, culpabilizador del perfil paterno. Escribe Juan en sus memorias:

> *Estás en Torrentbó : papá sentado en un sillón, vestido probablemente de blanco, con esa elegancia natural, un tanto pintoresca de que le invistió la vejez en el curso de sus últimos años. Ha muerto y los dos lo sabéis. Sin embargo os saludáis, cambiáis unas cuantas palabras. Ningún dolor de tu parte, ningún remordimiento. Su presencia es grata, suave : irradia una balsámica impresión de sosiego, dulzura, apacibilidad. Os despedís con muestras de mutuo afecto y levitas de nuevo, jardín, terraza, surtidor de las ranas, alguien con una azada al hombro (¿Alfredo?) sonríe, saluda de lejos con el brazo.*

El sueño de Luis es menos plácido, casi angustiante:

... una mañana, Vallfosca, la habitación de papá, el sol temprano deslumbrando en las baldosas, papá, evidentemente muerto –¿por qué evidentemente?– entrando con su sombrero de alas gachas, la gabardina plegada sobre un hombro, sin prestarle atención, como preocupado o abstraído, y Raúl incorporándose en la cama como si acabara de despertarse, gritando o como si gritara, pero qué haces aquí, cómo has vuelto, y papá sin mirarle, husmeando los objetos amontonados sobre su escritorio, como curioseando, pues mira, cada uno tiene sus cosas, distraído y ajeno, buscando algo, se diría, y Raúl sacudido de palpitaciones, quédate aquí, quédate otra vez...

MONTE DE LOS JUDÍOS

Don José María Goytisolo Taltavull murió el 8 de agosto de 1964, a los setenta y siete años de edad. Los funerales se celebraron en la iglesia parroquial de Sarrià y sus restos fueron conducidos en un furgón mortuorio, a la cabeza de una comitiva de automóviles negros, hasta el cementerio de Montjuïc, donde recibieron cristiana sepultura. Como ocurriera desde la posguerra, la visita al panteón familiar despierta en los hijos algo más que los inevitables pensamientos sobre la fugacidad de la vida. En el caso de Juan, el más radical, le lleva a rechazar de plano la idea de ser enterrado allí, en ese lugar que un personaje suyo define como una copia cabal y relamida del pretencioso Duomo de Milán. El escritor habla en *Coto vedado* de «sentimientos de horror por aquel mausoleo, tu puesto reservado en él: firme decisión de no permitir tu sepultura en el mismo». Es la voluntad de no pudrirse ni mezclarse con los suyos: cuando descanse en paz lo hará lejos de la familia. Esta idea obsesiva de romper con los Goytisolo, no sólo en la vida sino en la muerte, aparece en otros momentos de su obra y contiene siempre un raro factor social. Más que odiar a los suyos por cuestiones emocionales, parece despreciarlos por haber pertenecido a la clase dominante, la de los explotadores burgueses. Por eso, el lujoso panteón del bisabuelo Agustín le remueve en lo más profundo de su ética. Es normal que las sucesivas visitas al cementerio del Suroeste le sugieran reflexiones sobre el pasado goytisoliano, pero también sobre los contrastes y desigualdades de la sociedad barcelonesa.

Algunas de las mejores páginas de *Señas de identidad* transcurren aquí, en el principal cementerio de Barcelona, el antiguo «Monte de los judíos»; en él se pierde Álvaro Mendiola, vagando entre las cruces y panteones de la colina que da al mar, mientras espera la llegada del féretro con el cadáver de un antiguo profesor. La visión de los mausoleos le descubre el dudoso y desmedido gusto de sus propietarios. Tras semejante ostentación de póstuma riqueza, ¿cuántos episodios de sangre, usura y explotación hubo? Y aunque no fuera así, ¿no evidencian categóricamente el espíritu que había impulsado el florecimiento de la ciudad? Cierto. Ahí pervive ese espíritu intacto, reflejado en piedra, se diría que inmune a la muerte, «como si los difuntos próceres del algodón, la seda o los géneros de punto hubiesen querido perpetuar en la irrealidad de la nada las normas y los principios (pragmatismo, *bon seny*) que habían orientado su vida». En otro pasaje se refiere a la «recia casta burguesa (ennoblecida luego) pilar y fundamento de la bolsa, la industria textil y el tráfico ultramarino, tu casta (sí, la tuya) pese a tus esfuerzos por zafarte de ella». Es la voz de Álvaro Mendiola, también la de Juan Goytisolo. Ante el imponente panteón familiar, el primero tratará de averiguar qué se interpuso entre su madre y él; pero las preguntas, creo, las comparte también el novelista, quien al hacerlas pensaba en cambio en su padre: «Como dos líneas paralelas, su existencia y la tuya no habían llegado a cruzarse y en ocasiones sentías pesar retrospectivo por la aventura no vivida, por el encuentro nunca realizado. Su pudor y tu reserva os habían mantenido distantes y, al filo de tus quince años, no pudiste (o no supiste) inventar la amistad.» No ha habido, por tanto, encuentro en vida, tampoco amistad ni reconciliación. Y habrá que esperar veinte años, hasta *Coto vedado*, para que el hijo se funda en un abrazo tardío, inútil, con la sombra de un fantasma que ya no puede responderle.

En *Señas de identidad* el protagonista recorre también las otras necrópolis de Montjuïc: se demora en el cementerio protestante o visita el recinto laico, civil, que fue profanado con saña por los vencedores tras la guerra del 36. Allí Álvaro encuentra aún epitafios fraternales, estrellas de David, alguna inscripción masónica; en otra parte del recorrido, grandes losas de color gris, anónimas, completan la excursión dura y esclarecedora: *«El noi del Sucre»*, Ferrer Guardia, Durruti, Ascaso, lápidas perdidas, desperdigadas de antiguos luchadores, ahora sin flores, sin nombres ni coronas. Los franquistas han borrado aquellos muertos del recuerdo y de la historia. Pero también Juan Goytisolo se ha impuesto un silencio... Porque no dedica una sola palabra al muerto mayor, al personaje más querido de todo el camposanto. Una mujer llamada Julia.

En el poema «Cercada por la vida» José Agustín tampoco se atreve a nombrarla, aunque en su solitario paseo por Montjuïc se repita obsesivamente algo que acaso nunca llegue a lograr: «Quiero ser familiar con todo esto.»

El cementerio inspira asimismo un largo pasaje de *Recuento*, de Luis. Es una descripción menos áspera y melancólica que la de sus hermanos, incluso hay un leve deje de ironía en ella:

... un panteón no como el de los Ferrer Gaminde, céntrico y de gran presencia, sino situado algo más arriba, más marginado, y si bien con una excelente vista de la boca del puerto, mucho más sencillo, una simple lápida de acceso a la cripta, tendida, al pie de un ángel con un dedo en los labios, como reclamando silencio: el convidado de piedra. Para llegar allí había que caminar un trecho entre los cipreses nudosos y las oscurecidas formas de las construcciones funerarias, sosegado panorama que, junto al silencio, sólo roto por los martillazos cada vez más próximos, y al hieratismo de las marmóreas figuras y de los relieves, parecía invitar a la actitud reflexiva, al recogimiento y la meditación, al resignado consuelo, vanitas vanitatis, sic transit gloria mundi.

Tras el entierro del padre, los Goytisolo regresaron a la casa familiar de Pablo Alcover. El retorno aviva en los hijos el impulso de huida: ya no soportan permanecer allí, ante el cuadro ruinoso de su infancia. Uno de ellos, Juan, siente un peso insoportable que le impulsa a tomar el avión y volver a París. Sólo mucho después reflexionará sobre la figura que acaban de dejar en el panteón:

> Inmerso en un ambiente familiar y social conservador en el que nuestra conducta y opiniones causaban escándalo, se hallaría singularmente mal pertrechado para sostenernos de puertas afuera frente al aluvión de improperios, juicios, condenas que llovía sobre nosotros, haciéndolo como lo hacía a contrapelo de sus convicciones más íntimas y enraizadas. Su bienintencionada misiva a Franco, escrita durante el encarcelamiento de Luis –rememorando su historial y creencias de hombre católico y de derechas, la viudez y desgracias ocasionadas por la guerra, el sistema tradicional y religioso en el que nos había instruido–, cuya revelación por José Agustín me haría sonrojar de vergüenza, me parece hoy, al cabo de los años, conmovedora y patética en la medida en que refleja su soledad y el doloroso conflicto entre sus ideas y sentimientos.

Al descubrir una copia de esa carta a Franco en su despacho, ¿pensaron los hijos en aquella otra enviada por el abuelo Antonio a su admirado Maura, sesenta años atrás? De ser así, cartearse con el poder para alabarlo, derribarlo o conmoverlo debió de parecerles parte del *karma* goytisoliano; sólo que a don José María le había tocado el peor papel en la cadena. Por ello Juan habla de «impotencia, senectud, frustración de un progenitor nominal sumiso al que en realidad, desde las cimas del poder absoluto, regía y modelaba nuestras vidas. Mi odio al Otro, al destinatario de la humillante misiva, se transmutaría a partir de entonces en una verdadera manía».

Agosto de 1964. Eulalia comprende que la Esfinge se ha llevado en medio año a los señores. Quizá ya no teme a la muerte, pero sigue pensando en su futuro. Angustiada, se pregunta en silencio qué va a ser de ella, en qué va a ocuparse mañana, sin viejos a los que cuidar, dónde va a vivir. La ansiedad, no obstante, se diluye tras las primeras conversaciones con los hermanos. Julia Santolaria, Eulalia, permanecerá en el caserón de Tres Torres. En lo posible tampoco tendrá que preocuparse de nada, pese a que el domicilio se ha convertido en un escenario casi vacío, condenado a la desaparición... Eulalia es un miembro del clan Goytisolo y su entrega fidelísima le da derecho a morir allí.

SOLEDAD DE FONDO (1964-1975)

EL PRECIO ERA ALTO

Durante los meses posteriores a la muerte del padre, los hermanos Goytisolo perciben alteraciones respecto a su propia vida. En una cronología particular, escrita como si hablara de otro, Juan explica que en aquel período se entregó a «una desgarradora labor de autocrítica –política, literaria, personal– que le aísla paulatinamente de sus amigos y le ayuda a cortar el cordón umbilical que todavía le une a España». Sabemos ya cuánto contribuyeron lo político y lo personal a fomentar su tenso debate interior. Pero ¿y la literatura? A simple vista no tenía motivo alguno de queja, pues el autor de *Fiestas* era por aquel entonces el escritor español más traducido después de Cervantes; pero este dato, publicado por un anuario de la UNESCO, no le resultaba nada sosegante. A esas alturas sabía que todo era producto de una portentosa coyuntura que le había aupado hasta la gloria. Porque en el fondo, ¿qué había escrito? Artículos polémicos, libros de viaje ocasionales y algunas novelas que bajo ningún concepto eran obras mayores... Un bagaje a todas luces magro, comparado con Unamuno, Baroja, Cernuda o Valle-Inclán, apenas traducidos o por traducir a las principales lenguas. Como él mismo reconocerá después: «La identificación oportunista y abusiva de mi nombre con la causa de la democracia española, mi pequeña posición privilegiada en el mundo editorial y periodístico, ¿no había creado acaso una imagen fácilmente exportable de joven autor comprometido, que se adaptaba con fidelidad a los clichés y estereotipos relativos a nuestro país?»

Exacto. El éxito goytisoliano no obedecía aún a méritos literarios sino a razones editoriales, y así lo interpretaron algunos críticos franquistas, quienes lo definieron como «un globo prodigiosamente hinchado». Pero el insulto no le cogió por sorpresa, pues Juan también se veía a sí mismo como ese «hombre gas» que inmortalizara Larra. Claro que tampoco iba a serle fácil borrar ese tópico: le gustara o no, se le identificaba con la lucha contra Franco; más aún, se le tenía por uno de los abanderados oficiales de las causas progresistas en el ámbito hispano. Gracias a ello, le seguían lloviendo las traducciones: al finés, noruego, ucraniano, eslovaco. Además, su amistad con los redactores de *L'Express* o *France-Observateur* le confería una parcela influyente de la que por un tiempo se sirvió sin empacho. Según dice en *En los reinos de taifa:* «Una mezcla de sectarismo marxista, afán de protagonismo y sentimientos mezquinos de rivalidad, me inducirían a actuar de forma poco gloriosa», o sea, como el clásico arribista de la prensa o el mundo editorial. Es una autocrítica implacable, no hay duda, pero apenas puede ocultar un hecho: Juan Goytisolo había edificado su deslumbrante carrera literaria a costa de aventar las desgracias de su pueblo, calamidades que despertaban la sana preocupación de los amigos de España, aunque también el malsano interés de sus enemigos.

Con todo, el novelista empleó su parcela de poder para algo más digno que promover su propia carrera. Personalmente, creo que eso fue el precio que se cobró por las muchísimas horas de gestiones empleadas en divulgar la obra de otros escritores españoles fuera de nuestras fronteras. Porque hasta la llegada de Juan Goytisolo a París en 1955 las editoriales francesas, y por tanto el público galo, tuvieron hacia nuestra literatura una actitud desdeñosa, chauvinista o, como poco, indiferente. Salvo en el caso de García Lorca, cuyos versos eran santo y seña para franquear las alcobas de algunas estudiantes del Quartier Latin, el resto era pura ignorancia. A este sempiterno desprecio de nuestros vecinos se unía la idea de que la cultura española había muerto durante la guerra y que nada había surgido entre los escombros. Incluso los autores exiliados –Cernuda, Sender o Alberti– gozaban de muy escaso predicamento; es más, ni siquiera los esfuerzos del Partido Comunista por glorificar a mártires republicanos como Antonio Machado o Hernández hallaron eco. Ése era el panorama sombrío que Juan encontró en París.

Como sabemos, trató de convencer a Claude Gallimard para elaborar una lista de obras que debían traducirse para colmar ese vacío. Y finalmente lo consiguió. Se ha dicho a menudo que influyeron en la selección de Goytisolo criterios personales e ideológicos, pero no pienso rebatirlos porque gracias a ellos pudo publicarse en francés una buena muestra de nuestra literatura, desde la generación del 98 hasta la posguerra. Sin embargo, la prensa del Régimen seguía acusando a Juan de ser «el aduanero», el que decidía y en definitiva decidió cuáles fueron las veinticinco novelas españolas publicadas por Gallimard a lo largo de la década. En este sentido, el acusado reconocerá más tarde algunos de sus excesos; celoso de la ortodoxia antifranquista, mostraba mayor indulgencia con los narradores de izquierda, singularmente del Partido, antes que con los de derechas. Pese a que procuraba ser ecuánime, intervenían factores de afinidad ideológica, y mantuvo este principio en otros ámbitos de su influencia como algunos periódicos y publicaciones francesas. Retrospectivamente, Juan Goytisolo reconoce aquello como algo «dudoso y lamentable» por su parte. Aunque exagera, puede ser cierto en el caso de Arrabal, autor al que llegó a perjudicar en esa época, convencido de que era un intruso que había invadido su territorio parisién.

El problema, no obstante, era mucho más complejo, ya que bajo la capa habitual de susceptibilidades y celos profesionales había algo que el propio novelista acabó descubriendo con pesadumbre. En realidad, se había convertido en lo que podemos llamar «un censor voluntario», alguien que espontáneamente se erige en juez de las obras ajenas del mismo modo que los censores franquistas las vetaban desde Madrid, cumpliendo órdenes. La diferencia entre uno y otros era, como él dice, mera cuestión de matiz, como si a la postre todos perteneciesen a tribunales de distinto signo cuya función consistía en prohibir las creaciones de sus adversarios. Éste era un rasgo más del código peculiar de la tribu, el pueblo español, de quien escribe: «Cinco siglos de inquisición y denuncia habían configurado su estructura síquica y, en mayor o menor grado, el torquemada, el malsín, el vigía se habían infiltrado insidiosamente en la mente de todos.» Goytisolo volverá sobre esta idea en la novela *Señas de identidad*. Siglos de cultura represiva han hecho que la Inquisición reaparezca entre nosotros bajo insospechados disfraces, incluido el suyo. En la sedienta tierra española, ¿quién no es en el fondo policía? Como reflexiona Álvaro Mendiola:

... el marido policía de la mujer, y la mujer del marido, el padre del hijo y el hijo del padre, el hermano del hermano, el ciudadano del vecino. Burguesía (monopolista o nacional, rural o urbana), proletariado, campesinos, capas medias: todos policías. Policía igualmente el soberbio intelectual aislado y hasta el bondadoso novelista con inquietudes sociales (al menos, de sus íntimos). El amigo de toda la vida, el compañero de las horas difíciles: policías también. (Y cuántas veces tú, el propio Álvaro, no habías pactado con el conformismo ambiente, censurándote en público y en privado, ocultando a los demás tu verdad irreductible: policía asimismo, bien que te pese ahora.)

Dejémoslo aquí. Salvo algunos errores, fueron más notables las aportaciones de Goytisolo y sus aciertos: Miguel Delibes, Rafael Sánchez Ferlosio... Cuando posteriormente Gallimard ponga los ojos en la nueva narrativa latinoamericana, Juan seguirá recomendando, víctima de sus «prejuicios» personales e ideológicos, a sus «amigos», unos tales Guillermo Cabrera Infante y Carlos Fuentes, que se añadieron a la lista de clásicos españoles como Cernuda, Valle-Inclán, Max Aub o la catalana Mercè Rodoreda, que fueron traducidos también gracias a su partidista recomendación. Bueno es recordar aquí que el caprichoso «aduanero» interpretó un rol «providencial», según Ana María Matute, en la difusión europea de la literatura en castellano.

Simultáneamente, «el aduanero» se esforzó en introducir a nuestros autores en los círculos editoriales, universitarios y periodísticos franceses, donde llegó a ejercer de improvisado traductor. Toda esta actividad en favor de sus paisanos le produjo a la larga un gran gasto de energías. Ahora comprobaba que ser el *chef de file* de la nueva generación española tenía su precio, pues los compromisos no concluían en el despacho editorial y se prolongaban en casa. Desde la muerte de la madre de Monique, además, la escritora se había abandonado a su vez a un torbellino de almuerzos y recepciones que le hacían olvidar por unas horas las heridas de su corazón. Es lógico que colmara el tiempo con numerosas citas editoriales o cenas y veladas en su apartamento... Sólo que su compañero se encontraba cada vez más distante. Inmerso en las simas de la dualidad, Juan Goytisolo asistía a los ritos sociales ajeno y abstraído. Durante ocho años se había hecho un personaje, pero cada vez se sentía menos identificado con él, harto ya de aquella vida nocturna que tanto le atrajera en el pasado. De hecho, sólo el abuso del alcohol le permitía soportarla, lo cual no evitó tampoco que las veladas de la Rue Poissonière le acabaran dejando un poso de amargura. No importa que los invitados se llamaran Jean-Paul Sartre y Simone de Beauvoir, o Marguerite Duras, o Simone Signoret, o el matrimonio Semprún. Porque, incapaz de asumir el papel de anfitrión, Juan se refugiaba en algún lugar del comedor, perdido en los páramos de su alma atormentada.

De vez en cuando su Mr. Hyde le atacaba a traición, ya que a cierta altura de la noche el novelista observaba con descaro el reloj o daba muestras de impaciencia ante los amigos. Incluso en una ocasión, abrumado por un sentimiento de extrañeza insoportable, abandonó precipitadamente el apartamento en busca de aire dejando perplejos a los comensales. Era un claro síntoma de hastío, pero también de desarraigo ante aquella vida y aquella casa extranjeras. No debió de serle fácil aceptar que esa crisis de huida era un nuevo eslabón de una larga cadena fugitiva. Si una década atrás había escapado de su casa en Barcelona, ahora se encontraba vagando por las calles parisinas para alejarse del piso de Monique. A partir de otoño de 1964 los asiduos de la Rue Poissonière espaciaron sus visitas: era palpable que algo iba mal entre los anfitriones. ¿Qué habían hecho de su hogar?

Hasta entonces una febril actividad política y literaria había contribuido a cerrar la brecha, pero tales compromisos ya no servían para restablecer la complicidad perdida. La cruda realidad es que Juan Goytisolo estaba harto de su «militancia», de su relación con Monique, de su fama literaria, de sus compromisos editoriales y, en particular, de sí mismo. Necesitaba, pues, un cambio radical. Aunque la recién descubierta intimidad con los árabes hubiera dulcificado el trato con su compañera, no se sentía en condiciones de mantener una doble vida. En tales circunstancias, la propuesta de Monique de abandonar París juntos por una temporada se le antojó una liberación. A su manera, tampoco ella era feliz: necesitaba respirar fuera de la Rue Poissonière, alejarse de su trabajo en Gallimard, de su nutrido círculo de amigos, de la ciudad misma. Monique pretendía, además, escribir sobre Lucienne y pensó que una huida al sur de Francia sería beneficiosa en todos los órdenes. Pese a que el plan implicaba que Goytisolo tenía que interrumpir su relación secreta con Mohamed, ofrecía en cambio numerosas ventajas, que él resume así: «...me permitía escapar de un contexto asfixiante en el que día tras día aumentaba mi alienación». Con tristeza, sí, aunque también con esperanza y «con unos sentimientos lenitivos, casi epifánicos», prepararon sus maletas y huyeron a Saint-Tropez.

INVIERNO EN LA COSTA AZUL

Al llegar, la pareja Goytisolo-Lange alquiló una pequeña casa en la Rue de la Citadelle; pero a las pocas semanas se instaló en un cómodo dúplex con vistas al puerto, propiedad de la viuda del poeta Éluard. Juan habla del «limpio cuadro invernal de Saint-Tropez», y lo cierto es que fuera de temporada pudieron gozar allí de una existencia tranquila y provinciana. Enseguida el novelista montó un improvisado escritorio en un cuartito, cuyo ventano daba a los tejados rojizos del pueblo. Cada mañana, mientras Monique bajaba a leer a la playa o reunía algunas notas para el texto que luego fue *Une drôle de voix*, él redactaba una nueva obra, *Señas de identidad*. Anclado a la mesa, en completo aislamiento, no se sentía en tierra como en la Rue Poissonière sino más bien como en lo alto de un palomar. Es preciso recalcar esta imagen, porque añade al imprescindible concepto de distancia otro menos frecuente, el de altitud. La vista de Juan sobrevolaba aquellos tejados como un pájaro, pero también la materia informe, el cráter de su propio pasado, antes de arrojarse con la pluma al núcleo de fuego. El puzzle de fotos familiares, recortes de prensa y recuerdos era lava pura, sobre todo porque el escritor contaba con una energía nueva, derivada de su inmersión en los placeres masculinos. Desde ahora, los cambios de su vida íntima iban a guiar su trabajo literario, y del mismo modo que en lo personal había dado un salto al vacío, la obra iba a ser un texto de ruptura respecto a los anteriores, aunque en parte se deba a ellos y hoy sepamos que fue, en última instancia, una reescritura desde su nueva posición vital.

Era consciente, eso sí, de hallarse ante un texto fundacional que abordaría el tan necesario cambio de piel; pero para ello era preciso observar con detenimiento los sucesivos retratos personales, tratar de entender a la criatura humana que había sido y que dejaba la piel muerta en el camino. Por eso, no había lugar aún en la novela para la nueva serpiente, el homosexual: sólo para el heterosexual desdichado, el personaje en crisis, el individuo cautivo de una familia, una época, un país. Esta necesidad de reconciliarse con el pasado y con la realidad del presente vertiginoso constituye la esencia del libro. Pero no es exclusiva del autor, pues aparece también en numerosos poemas, narraciones y textos más o menos autobiográficos de otros «niños de la guerra» –Barral, Gil de Biedma, Ferrater o José Agustín Goytisolo– que dieron luego en escribir. Anteriormente había sido un filón literario muy poco fértil, pero en la década de los sesenta se transformó en una necesidad generacional de primer orden. Inútil añadir que la Guerra Civil y el franquismo estaban en el origen de esa necesidad, tal como refleja uno de esos autores en el siguiente párrafo:

... a muchísimos otros compatriotas de nuestra edad nos correspondió el irónico destino de vivir inocentemente la guerra y de sentirnos luego, durante los interminables años de nuestra juventud y de nuestra primera madurez, vicariamente beligerantes en ella; dicho en contradictoria y escueta paradoja: que la hemos vivido sin participar en ella y hemos participado en ella sin vivirla. Así se comprende que la relación de nuestras ideas de adultos con nuestros recuerdos de niños fuera, por momentos, tan obsesiva como turbadora.

En el caso concreto de Juan esta relación gobierna *Señas de identidad:* la historia de Álvaro Mendiola –*alter ego* del escritor– quien rememora su vida desde una finca familiar, muy parecida al *mas* de Torrentbó. Álvaro se halla inmóvil ante la mesa, contemplando el álbum de fotos; otras veces lo hace en la tumbona o junto a la balaustrada del jardín. Su estatismo, casi el de un mármol sintiente o el de un héroe mutilado de Beckett, representa la mejor prueba de su parálisis existencial. Ha vuelto a la mansión de la infancia en busca de refugio, de orden, de sosiego. Sin embargo, su combustión anímica apenas le permite dar un paso. No sale del recinto, está colapsado, y las señales de vida exterior le llegan principalmente de la naturaleza: el canto de las aves, el rumor del viento, el humo de las fogatas, el crujir de las hachas en el bosque... Estamos de nuevo en la Masía Gualba. Quizá nada resuma mejor la situación del protagonista como el siguiente pasaje: «Imágenes del tiempo lejano se desvanecen en el aire tras la ronda fantasmal de personajes captados para el álbum familiar, en el mismo jardín en el que ahora reposas, a la sombra de los mismos eucaliptos: entrecruzado y ágil ballet de pasos idos y de voces muertas, hecatombe tranquila e incruenta de momentos intensos y ya agotados.»

Álvaro ha llegado a un punto muerto, pero no quiere repetir los errores de sus ancestros. Por ello cobra especial relieve la figura de Ramón Vives –en el libro tío Néstor–, cuya rebeldía no pudo cristalizar de forma perdurable. Así lo expresa su sobrino mientras recuerda, en otro párrafo, un paseo junto al mismo escenario suizo donde el tío-bohemio había intentado vencer la tuberculosis:

... como él quisiste romper con todo lo que recibiste de prestado con todo cuanto sin pedirlo tú te dieron ellos dios religión moral leyes fortuna intentando imaginar sus paseos solitarios a orillas del Léman por aquel sanatorio de extranjeros ricos con glorietas senderos cenadores lagos artificiales construido a primeros de siglo para albergar los delirios de grandeza de algún aristócrata ruso la exigua herencia que ha dejado tras él las traducciones y poemas extraviados durante la guerra muerto sin pena ni gloria en una casa de reposo suiza diciéndote no estás aquí por casualidad la agonía de hoy es premonitoria cuánto tiempo falta para que te extingas tú autor fallido de un documental sobre la grey española expulsada de su tierra por la opresión el paro el hambre la injusticia tu rebeldía desemboca aquí tu rebeldía morirá contigo...

Sólo el conocimiento minucioso de las viejas señas –personales, familiares e históricas– proporcionará a Álvaro Mendiola la deseada carta de navegación.

EL SECRETO

Al margen de la escritura, Juan Goytisolo siguió llevando en Saint-Tropez una existencia plácida y estimulante. Aprovechaba el buen tiempo para tumbarse en la playa con Monique y su hija Carole, y al caer la tarde solían pasear por el pueblo donde tomaban café en algún bar frecuentado por pescadores y marineros. Muy pronto confraternizaron con algunos trabajadores españoles que guardaban los yates de recreo fondeados durante el invierno. Recuerda Juan que bebían con ellos, e incluso les recibieron alguna vez en su casa antes de cenar. ¿Era un último intento de incorporar «lo español» a su refugio, precisamente cuando trataba de saldar cuentas con la tribu en *Señas de identidad*? En cualquier caso, todo contribuyó a mejorar su estado de ánimo. Como escribe en sus memorias: «Las tensiones provocadas por mi inseguridad sexual, períodos depresivos, amagos de esquizofrenia se habían disuelto en una atmósfera de trabajo y sosiego propicia a la intimidad y acercamiento. La angustia física y ramalazos suicidas que me torturaban desaparecieron allí para siempre.» El fantasma del suicidio se había desvanecido, y desde la certeza de la recobrada salud acarició la idea de quedarse a vivir en la Costa Azul. ¡Qué vacua le parecía ahora su existencia parisina! Años vibrantes, sin duda, pero saldados con la brecha, el cansancio, el vacío... También Monique tuvo esa sensación de ingravidez liberadora, y con su entusiasmo característico se dedicó a recorrer la región con el propósito de comprar una casita para establecerse en el sur definitivamente. Era lo mejor: vender el apartamento del Sentier, tan querido pero marcado por la cruel agonía de la madre, y quemar las naves. Lejos de París comenzarían una nueva vida.

Pero este proyecto no contaba con el *côté* oculto de Juan Goytisolo. Monique Lange había hecho planes desde la creencia de que la crisis se había resuelto, lo cual era cierto en la medida en que Juan había prescindido temporalmente del mundo de Mohamed para centrarse en ella, en Carole y en el trabajo. Pero la experiencia misma de ese trabajo, el refinamiento mental, le abocaba por segunda vez a buscar compañía masculina para soportarlo. Desgraciadamente, llevar una vida secreta en Saint-Tropez era casi imposible: el pequeño grupo de magrebíes vivía en su gueto, lejos de un núcleo de población racista y enemigo de uniones no convencionales. Aun así, el escritor logró trabar amistad con un marinero norteafricano que frecuentaba su bar predilecto, y a partir de entonces se dedicó a charlar y beber durante horas con aquel personaje tan cordial como los magrebíes de Barbès. El encuentro con ese nuevo árabe reavivó su vieja afición al alcohol, como prueba que, a falta de unión física, bebieran cada día dos o tres botellas de Tavel *rosé*. Esta nueva fase dipsomaníaca no pasó inadvertida a Monique, quien volvió a establecer la conexión hombres rudos-alcohol que se remontaba a las tardes en el Varadero junto a Raimundo. Pero ¿qué iba a hacer ella, si esa faceta social de Juan seguía subyugándola? Además, el escritor atendía ahora muy cortésmente todos los compromisos sociales: no sólo no escapaba en plena noche sino que se había convertido en el perfecto anfitrión que necesitaba Monique. Hasta que, como le ocurriera en París:

... la certeza de ser distinto de los demás, vivir íntimamente a mil leguas de ellos, de asistir como un convidado de piedra a sus ceremonias ajenas y absurdas cobraba en ocasiones una tangibilidad casi física. Traidor emboscado en un mundo de apariencias risueñas, me invadía de golpe un hosco afán de profanación: deseos de rasgar con un cuchillo el lienzo tranquilo que componía mi vida, de afirmar frente a él mi violenta revulsión interior.

Tras los primeros meses, Goytisolo llegó a un nuevo callejón sin salida. Anímicamente escindido, descubría con desasosiego que le resultaba imposible conciliar el deseo de la carne vedada con su diaria convivencia con Monique. Pero ¿debía seguir ocultándole el secreto? De momento se había impuesto un silencio hipócrita, temeroso no tanto de descubrirle la verdad sino de perderla para siempre. Así las cosas, Juan le confesó entonces su homosexualidad a su hermano Luis en el transcurso de un viaje relámpago a Cadaqués; éste le transmitió a su vez su deseo personal de romper con María Antonia, cada vez más posesiva. El hecho de haberse librado de semejante carga, o sea, de haberlo comunicado a alguien de su círculo familiar, no le resolvió en cambio el problema diario en Saint-Tropez. Escribe el novelista que a lo largo de aquella primavera de 1965 trató de participarle a Monique su relación con Mohamed; pero aunque buscaba el momento y lugar oportunos –algún restorán a la luz de las velas– desistía siempre de forma lamentable. Confuso, se preguntaba una y mil veces cómo reaccionaría ella; la noticia iba a causarle un gran dolor, una pena añadida al asunto Lucienne, precisamente en un período clave en que la francesa empezaba a curar sus heridas. Es normal que afirme que «la idea de asestarle tal golpe me resultaba insoportable y me inducía a claudicar. Desde entonces sé que un hombre es capaz de llegar a los peores engaños o extremos por simple cobardía». ¿Era la misma cobardía que atenazaba también a su hermano menor?

Durante mayo y junio de 1965 Juan se impuso sucesivos plazos para sincerarse con Monique, e invariablemente todo concluyó en fracaso. La causa de esa resistencia de hierro pudo provenir de su educación católica o bien de una ambivalencia encubierta, eso que él llama «un deseo egoísta de nadar y guardar la ropa». Día a día, el tormento era cada vez mayor. No sabía aún que de todas las decisiones difíciles de su vida, aquélla iba a ser la más ardua y dolorosa.

Por aquellas fechas el español fue invitado oficialmente a visitar la Unión Soviética en compañía de su familia, así que marchó a París a finales de junio para obtener los visados mientras Monique y Carole permanecían en Saint-Tropez. En París tuvo tiempo de reflexionar y resolvió confesar la verdad a su compañera a través de una carta, aprovechando que ella debía viajar a Moscú una semana después. La idea se le antojó de pronto «como una bendición», porque pasara lo que pasase había un margen para meditar a miles de kilómetros de distancia, separados por una barrera tan llena de connotaciones disuasorias como el Telón de Acero. Bien mirado, ¿qué podía pasar? ¿Que Monique sufriera varios días con la noticia y la separación? De acuerdo. Pero también él llevaba varios meses sufriendo con la idea de su homosexualidad, el distanciamiento afectivo, el silencio culpable... No había otra solución. Resuelto, se encerró en su cocina-escritorio de la Rue Poissonière y durante toda una jornada redactó el primer borrador de la carta: un texto sincero, desgarrado, que ponía los naipes boca arriba. Escrito en francés, equivale a la certificación de una derrota. Es la impresionante confesión de un hombre que ha estado al borde del suicidio y que no desea prolongar el engaño ni hacer crónica su desdicha. Pero mientras se hallaba aún corrigiéndola se produjo un curioso giro del destino. Inesperadamente Monique Lange quiso adelantar su regreso a París, lo que obligó a Juan a fingir que estaba ya en Moscú; en realidad había cogido las maletas y se había instalado en un hotelito próximo a la Gare du Nord. En la soledad de su cuarto, leía y releía la misiva que le quemaba en las manos, hasta que con las últimas correcciones le pareció aceptable y «tras un paseo melancólico por el barrio en cuyo anonimato me amparaba como un malhechor, asumí el poco glorioso "alea jacta est" y la arrojé en el buzón».

Juan Goytisolo despegó del viejo aeropuerto de Le Bourget el 3 de julio de 1965. Con el acto irrevocable de enviar la carta, la angustia infinita de los últimos días desapareció, y ahora le embriagaba una sensación tranquilizadora. Libre de su carga, afirma, «tenía la impresión de actuar bajo el impulso sutil de la grifa», ajeno incluso a toda preocupación por Monique. En Moscú, sin embargo, volvió a pensar en ella y compuso en su mente la escena que había tenido lugar en el apartamento: Monique llegando a casa con su hija, alegre, confiada, embellecida por el sol, y aquel extraño sobre en el buzón. ¿Cómo había reaccionado? Sorpresa, desconcierto, estupor: es obvio que el mensaje podía interponerse entre ellos, sacudiendo los cimientos de lo que Goytisolo llama «el precario edificio de nuestra vida». Aunque la carta confirmaba las sospechas de Monique, supuso tal mazazo que inmediatamente se vio obligada a comentarla con una pareja de amigos. Ella misma escribe en *Las casetas de baño*: «Se acuerda de que, cuando recibió la carta que le había escrito él antes de salir para Moscú, carta en que le había confesado todo lo que ella no había querido adivinar nunca y que le había fulminado, a quienes telefoneó fue a ellos.» En otro pasaje de la novela la protagonista rememora las frases escuchadas a lo largo de los años y vuelve sobre aquel texto, «piensa otra vez en su espléndida y desgarradora carta donde hacía un balance de su vida. No sabía, cuando le escribía: "Tienes que decidir tú", que dieciocho años más tarde aún se querrían con un amor inmenso y no sólo porque ese amor era imposible».

Entretanto, Juan Goytisolo aguarda noticias de Monique Lange en una habitación del hotel Sovietskaya. Aquella nueva espera angustiosa se disipa cuando recibe al fin este telegrama: «SEMANA INHUMANA PERO TE QUIERO.» Ella, pues, ha enviado también su mensaje y sólo falta ampliarlo cuando se encuentren. Cuatro días más tarde el novelista acude a recogerla al aeropuerto acompañado por la *pirivotchnia* de rigor; así describirá sus primeras impresiones en *En los reinos de taifa:* «Sencillez y emoción del encuentro : mirada primicial, lenta aproximación cautelosa : conciencia aguda de hollar un suelo movedizo : de adentrarse en un campo sembrado de peligros : mecanismos de defensa instintivos, susceptibilidad a flor de piel, leves antenas sensorias.» Hay en ello una necesidad mutua de proceder con delicadeza, sabedores de que un elemento crucial va a incidir en adelante sobre el frágil vínculo que les une. También habla de «intimidad, turbación, beatitud de saberes huérfanos, vulnerables, desnudos».

En el mismo aeropuerto Monique le entregó una carta que había redactado a lo largo de aquella semana. A grandes rasgos, formulaba preguntas, expresaba sus reproches y reflexiones nacidas de una angustiosa soledad; pero como escribe Juan Goytisolo, «mostraban a la vez su fuerza y vulnerabilidad, nobleza, amor, frescura, generosidad, dudas, tormento». Con todo, buena parte del peso que soportaba el escritor se había trasladado de golpe al corazón de Monique; más aún, la decisión estaba ya en sus manos: ¿desearía seguir viviendo con un homosexual? Antes de responder, ambos debieron de admitir que su idea de formar una pareja «normal» había fracasado y que la solución pasaba forzosamente por la ruptura o por una transformación muy honda de los antiguos planteamientos. Pero si lo primero era una derrota «matrimonial», lo segundo era un reto, una aventura tan arriesgada como apasionante, que iba a poner a prueba su resistencia, su inventiva y la fuerza real de su unión.

Cuando finalmente optaron por lo segundo sabían que les aguardaba un camino lleno de escollos, alguno visible ya en el horizonte: ¿cómo iba a recibir el círculo de la pareja un acuerdo tan peculiar? A Juan no parecía importarle la opinión ajena, porque proclamar su homosexualidad constituía un avance notorio en su guerra privada contra las convenciones burguesas. Pero Monique no iba a librar un combate de proporciones tan heroicas; antes bien, debía explicar en su mundo y en especial a sí misma un hecho un poco descorazonador: que su compañero no había caído en un *affaire* adulterino para el que una francesa como ella habría hallado cien remedios, sino en una pasión de corte genetiano cuyos alicientes humano-literarios podían ser deliciosos desde la óptica de una vieja amiga de Genet, pero probablemente inviables bajo el mismo techo, con un español. Habían entrado en un territorio desconocido que debían acotar y llenar ellos mismos, un área formada esencialmente por dos paisajes: un paisaje común a los dos y una «zona prohibida» en la que sólo Juan podía aventurarse. ¿Lograrían conservarlo? Les dejaremos en Moscú en verano de 1965.

ESPERANDO A LA ESFINGE

A lo largo de un año y medio la asistenta Julia Santolaria, Eulalia, permaneció en el caserón de Pablo Alcover, enfrentándose a las estancias vacías y a la enfermedad que iba a llevársela a la tumba. Pero aunque viviera sola no le faltaba compañía: un sistema de rotación entre los hermanos Goytisolo, así como las visitas del hijo secreto, la mantuvieron unida al mundo exterior. Durante ese período Luis siguió siendo el más altruista, fiel siempre a su papel de protector y salvador familiar. Al fin y al cabo, había sido él quien había avisado al médico aquella ya lejana mañana en que Eulalia sufrió el primer ataque epiléptico, él quien preparó luego la comida y quien se encargó de la casa cada vez que los ataques se repitieron; Luis vigilaba además que ella siguiera el régimen prescrito por el neurólogo y la regañaba cariñosamente cuando Eulalia caía en la tentación de comer algún guiso que le estaba prohibido. Sí. Era una suerte haberlo tenido entonces en Pablo Alcover cuando el señor Goytisolo aún vivía, y era una suerte tenerlo ahora tan cerca. Porque aunque «el señorito Luis» viviera ya en el piso de María Antonia Gil, realizaba una visita diaria al caserón de Tres Torres y cada domingo iba a comer allí para que ella se sintiese acompañada. Durante casi treinta años Eulalia le había tratado como a un hijo, ahora él le mostraba su profundo agradecimiento como el más abnegado de los vástagos.

No obstante, había una laguna en ese cariño a causa del temperamento singular de la aragonesa. Hija de una época en que las criadas solían cuidar de los señoritos como si fueran la propia prole, este impulso maternal tuvo su piedra de toque en las novias, amigas y esposas de los «hijos» que estaban a su cargo. Cuentan que Eulalia siempre observó con lupa las visitas femeninas a Pablo Alcover y rara vez quiso ocultar la naturaleza de sus sentimientos: sabemos con certeza que mantuvo agrias relaciones con las futuras mujeres de los hermanos Goytisolo. No me refiero a Asunción Carandell, la esposa de Pepe, que era una muchacha tan franca como una campesina y cuya devoción hacia el marido no pasó inadvertida a nadie. Pero ¿qué decir de «la francesa», aquella judía divorciada, que había atrapado a Juan? Sólo el talante cariñoso y desprendido de Monique fueron convenciéndola de que era una compañera más conveniente de lo que pensaba, pese a la diferencia de edad. Rodeada de obsequios y atenciones, Eulalia vencería así muchos de sus prejuicios irracionales hacia ella. Pero eso no sirvió con María Antonia. De entrada era mucho mayor que Luis, tanto en edad como en aspecto. Y lo que todos consideraban sus maneras elegantes, de señora, ella lo veía de un modo muy distinto: algo tendría «esa señora» para haberse quedado soltera pese a ser tan rica, y era cosa sabida que había empleado todas sus artimañas para embaucar a Luis, cuando según Eulalia éste era poco más que un muchacho. Ahora bien, bajo esa capa de animadversión y recelo, quién sabe si la asistenta hablaba en el fondo por ella misma, una joven inocente engañada por una persona mayor y condenada luego de por vida. Instintivamente, es probable que estuviera defendiendo a Luisito de los errores de su propia juventud, tratando de alejarle del peligro en un gesto de atavismo maternal.

Parece claro que no sentía el menor aprecio por la señorita Gil. Como afirma el propio escritor, la relación «era mala», pese a las atenciones de María Antonia, a todas luces una antagonista. Porque para Eulalia esa morena de ojos profundísimos era una peligrosa rival en los afectos, una mujer que iba a arrancárselo de los brazos, como en su día pretendiera sutilmente el ama de cría. Por todo ello la vieja aragonesa solía echar pestes de ella en presencia de los otros hermanos, a quienes dejaba caer sus opiniones desfavorables en la tranquila impunidad de la cocina. Nada de esto pasó por alto a Luis, quien en la novela *Recuento* reproduce este conflicto en diversas escenas donde Nuria, novia del «héroe», es humillada por la asistenta Eloísa, quien la castiga con feos y desplantes cada vez que la otra se acerca para ganarse su consideración:

> Menos versátil, sí, el humor menos variable, salvo cuando venía Nuria, y entonces, por más que hicieran, se cerraba de banda, coriácea, insobornable. No están los tiempos para gastar en flores, decía si Nuria traía flores cuando venía a comer a casa. Y si lo que traía eran bombones y ella no podía resistir la tentación: yo no tengo manías. Yo no soy de estas personas que van diciendo esto me gusta, esto no

me gusta. Yo como de todo. Y cuando llegó con la foto en que aparecían juntas en el jardín: no me gustan las fotografías. Para el tiempo que nos toca vivir. Eres joven y, cuando te das cuenta, ya eres vieja. Y ella, que luego se quejaba de los invitados, es decir, de Nuria, como si no tuviera bastante trabajo con los de casa, el día en que se les ocurrió comprar previamente en una mantequería, aparte del postre, un capón relleno, se les plantó en plena cocina. Muy bien. Entonces puedo irme a descansar. Ya veo que estoy de más. Por mí, mejor. Si se las arreglan tan bien sin mí, con irme al Amparo, todos contentos. Si era fiesta o día de salida, se iba sin despedirse, con su abrigo y su bolso y su pañuelo de campesina rusa anudado bajo el mentón. El enfado le duraba aún a su regreso, mientras preparaba la cena en silencio, con estrépito de cacharros, y a veces todo el día siguiente.

Esta actitud comenzó a variar al quedarse sola en la casa y comprender que no estaba en condiciones de seguir librando una batalla con la señorita Gil; es más, ésta acompañaba a Luis en las visitas y multiplicaba sus atenciones hacia ella, inmune por entero a sus pullas y gestos desconsiderados. Otra en su lugar habría sembrado cizaña, pero María Antonia parecía respetar el pacto de mantenerla en Pablo Alcover con todas las consecuencias. Poco después esa decisión cobraría su verdadero alcance cuando supieron que Eulalia había enfermado de cáncer. La grave enfermedad de la asistenta, tan próxima a las muertes del padre y del abuelo, confirmó los presagios de los hermanos: una muerte había llamado a otra y luego a otra, como si los tres viejos —pese a las diferencias de salud, edad o forma de ser— pendieran de un mismo hilo, sujetos a un destino irrevocable. Quizá tenía razón Eulalia: la Esfinge conocía ya las señas de la casa y había vuelto para completar su fúnebre misión. Ahora también ella tenía las horas contadas. El mal no tenía remedio.
El anuncio de la enfermedad afectó el ánimo de los Goytisolo pero procuraron no alterar en exceso su rutina. Lamentablemente poco podían hacer, salvo cuidarla y mantener viva una engañosa esperanza. En el caso de Juan, estuvo lejos de Barcelona durante ese año y medio, si bien fue recibiendo noticias puntuales de Luis, primero en París, luego en Saint-Tropez y por último en el norte de África. En *Coto vedado* explica su actitud:

Determinación egoísta y cobarde de seguir tu vagabundeo, aun a sabiendas del final cercano y resuelto : idea intolerable de enfrentarte a la mujer aterrorizada e indefensa, verte obligado a esconder la naturaleza de la dolencia, reír para animarla, poner buena cara, inventarle un futuro sonrosado y alegre, mentir para arrancarle la mueca que no llega a sonrisa y queda en rictus inmóvil, yerto, desesperado.

Habla aquí de egoísmo y cobardía, sentimientos tan humanos ante la enfermedad como la entrega abnegada o el valor. Paradójicamente, esta postura «cobarde» tuvo un efecto beneficioso sobre la enferma: si Juanito no volvía de París a visitarla, eso quería decir que el asunto no era tan grave. ¿No había vuelto para las enfermedades finales del padre y del abuelo? Aquello era la prueba: Juan sólo hacía acto de presencia cuando la Esfinge se adueñaba por completo de la casa. No tenía por qué alarmarse. Seguro que esos dichosos dolores eran cosa del reúma. Ya pasarían.

ROSAS

Desde la muerte del padre, Luis Goytisolo acariciaba la idea de abandonar Pablo Alcover para instalarse con María Antonia en algún lugar de la costa, pero la enfermedad de Eulalia le retuvo en Barcelona hasta que la mejoría temporal de ésta le permitió irse a Cadaqués. Su relación con el litoral norte de Cataluña venía de antiguo, de los primeros cincuenta, cuando un compañero de estudios le habló de unos pueblos maravillosos «más arriba de Arenys». No le faltaba razón. Porque a diferencia del Maresme, la Costa Brava se conservaba impoluta y salvaje, moteada por pequeños puertos de pescadores sobre un fondo de calas solitarias con pinares frondosos y aguas de luminoso azul. Pese a que en aquella España de trenes a vapor llegar allí suponía una odisea, Luis no tardó en hacerlo, llevado por su espíritu aventurero, nada más concluir el bachillerato. Recuerda que tomó el ferrocarril hasta Figueras y luego el autocar de línea que iba a Rosas y a Cadaqués; ambos pueblos le cautivaron, aunque decidió pernoctar en el segundo, donde alquiló una habitación en una casa del *carrer de les Bruixes* cuya propietaria era una de esas enigmáticas ancianas vestidas de negro. A lo largo de los cincuenta, el joven novelista fue repitiendo sus excursiones a la zona, sobre todo a raíz de su noviazgo con María Antonia. Las correrías barcelonesas se ampliaron entonces a la Costa Brava, que se convirtió en su destino predilecto.

Inicialmente, la pareja eligió la población de Rosas: un bello pueblo pesquero erigido no lejos del primer asentamiento griego en la península ibérica. Tiempo después, uno de los personajes de Luis escribirá en *Los verdes de mayo hasta el mar:* «La elección de Rosas en lugar de Cadaqués se basaba así en que el lugar, pese a los cambios experimentados, seguía gustándonos, como en que allí, perdidos entre tanto extranjero, casi extranjeros también nosotros, podría escribir con mayor tranquilidad que en un Cadaqués convertido cada fin de semana en un apéndice sofisticado de Barcelona.» Durante algunos años, pues, huyeron a aquel rincón los fines de semana y se alojaron en un hotel tranquilo, con una soberbia panorámica sobre la bahía.

Es comprensible que, como escenario de sus vidas, acabara incorporándose a la literatura. Si en la novela *Las afueras* parte de la acción transcurría en un radio más o menos próximo a Barcelona, en el ciclo *Antagonía* la ciudad, sus alrededores y el litoral norte catalán devienen el principal telón de fondo; concretamente, en el segundo volumen está muy viva la presencia de Rosas. Sin embargo, ya no es la población idílica que el autor conoció en su adolescencia: hay elementos invasores que empiezan a alterar la calma de antaño. Escribe: «Miró en derredor: la bahía de Rosas especialmente negra bajo aquel cielo estrellado, los reflejos especialmente intensos a lo largo de la orilla, el claroscuro del pueblo, la música distante de una discoteca, el jardín del motel, la rocalla discretamente iluminada, el porche, las tumbonas, los vasos, las botellas, el gato siamés, los insectos acumulados en el interior del farol.» Según Luis, las presencias ancestrales —el mar, las estrellas, los insectos— ceden parte de su papel a la discoteca, cuya música se erige en lejano pero amenazador símbolo de progreso. Otras veces la amenaza proviene directamente de las personas de la colonia, que languidecen en las terrazas de los bares y a las que el protagonista de la novela, en otro pasaje, trata de evitar en una mañana de resaca:

> Descartada, descartada de antemano, la posibilidad de tirar calle abajo, hasta el paseo marítimo, frente al área del pósito, a estas horas fatalmente animada por la llegada de las primeras barcas y el comienzo de la subasta del pescado, un lugar, en otras palabras, lleno de peligros, de riesgo de encontronazos, de que alguien nos comente algo, y todo sólo para dejar atrás, entonces, aquel avispero, doblar la punta del faro y continuar al otro lado, costeando las calas y acantilados y cantos de sirena que sólo no oye quien se tapa los oídos.

Huyendo de posibles encuentros, el personaje Raúl toma las callejas del interior del pueblo, deja atrás la fachada marítima, sube hacia el monte que domina la bahía; pero allí descubre que las viejas referencias han desaparecido. Le resulta difícil orientarse en un escenario transmutado, reencontrar antiguos elementos –viñas, olivares, molinos– de un paisaje ahora corrompido «en función de una escala abominablemente más humana por más rentable, chalets a medio construir, esbozos de calles, explanaciones.»

Si comparamos estas imágenes de la Costa Brava con las de Josep Pla, la conclusión paisajística resulta estremecedora; en pocos años la metamorfosis es bárbara, radical y por ende sin retorno. En este punto, Luis Goytisolo será testigo muy sensible de los cambios en el perímetro costero: nadie va a dedicar tanto esfuerzo a describir su decadencia, salvo Carlos Barral en la provincia de Tarragona. Como el protagonista de la novela, Goytisolo también advierte los primeros resultados: «... este deslavazado primer plano de calles a medio trazar, de obras, de chalets aislados, de desoladas farolas, construcciones progresivamente concentradas, pueblo adentro, y una acumulación de volúmenes, hoteles, grandes bloques de apartamentos como telón de fondo, a todo lo largo de la orilla, tapando la vista del mar inmediato». Proyectos humanos, construcciones masivas, inmisericordes, que arrasarán en un soplo uno de los litorales más bellos del mundo. La extinción del viejo escenario produce en el héroe una intensa sensación de extrañeza; siempre atento a lo arquitectónico y lo urbanístico, ya no reconoce aquel pueblo que tanto le cautivó cuando era un muchacho. ¿Qué ha pasado? La España de los Veinticinco Años de Paz es también la España del turismo, de la especulación inmobiliaria, del abuso ciego y sistemático de los tesoros naturales... Una España dispuesta a borrar su antigua fisonomía, avergonzada se diría de un rostro tan milenario como sangriento.

CADAQUÉS

Si para Luis Goytisolo el pueblo de Rosas ilustra los cambios sufridos en el orden paisajístico, Cadaqués representará las transformaciones en el ámbito del comportamiento humano. Es probable que, como el personaje central de *Antagonía*, el propio novelista huyera monte arriba una mañana de resaca para contemplar Rosas en la distancia y, extrañado ante un paisaje cada vez más ajeno, ajeno también a sí mismo en la distancia confusa del alcohol, acabara preguntándose como él: «¿Qué coño hago yo en este pueblo de pescadores?» Pero la pregunta es un poco ambigua, porque Rosas ya no era sólo un pueblo de pescadores sino de veraneantes, y su vieja estampa se había alterado para siempre. Cadaqués, por el contrario, se conservaba como en los primeros viajes de su juventud.

La importancia de este lugar en la vida y obra del escritor es notable, ya que residió allí casi dos años a mediados de los sesenta. Al principio no fue una residencia permanente, pues varios asuntos le obligaban a bajar cada semana a Barcelona; pero en Cadaqués tenía su refugio habitual, en una casa que había alquilado con María Antonia y donde se dedicaba a escribir. Aunque su situación económica no era boyante, sobrevivía, según él, de algunos informes editoriales para Seix y Barral y de las herencias recibidas tras la muerte del padre y el abuelo. Pienso que eran fortunas más bien pequeñas, pero si las trasladamos a la época, daban para respirar con dignidad. Pensemos, por ejemplo, que el alquiler anual de una casa en Cadaqués era de treinta mil pesetas y los gastos medios de la pareja rondaban las diez mil pesetas mensuales. En la novela *Los verdes de mayo hasta el mar* el autor acaso refleje esta situación al describir la economía de la pareja Ricardo-Camila, que viven retirados en un pueblo de la costa:

> Ricardo vivía del producto de la venta de la finca paterna que su hermano y él habían heredado; las buenas familias en declive heredan tierras y propiedades inmobiliarias antes que valores bursátiles, lo primero, en general, que suele liquidarse cuando empieza ese declive. Caso muy diferente al de Camila, en el que más bien cabría contar con los dividendos de un paquete de diversas acciones (Eléctricas y Bancarias, sobre todo, aparte de cierto número de Telefónicas) que el padre puso a su nombre cuando ella alcanzó la mayoría de edad, si bien sólo pasaron a su libre disposición cuando contrajo matrimonio. Una última observación –eminentemente moral– podría aún destacar que, mientras los ingresos aportados por Camila eran constantes, dado su carácter de dividendos, los aportados por Ricardo consistían, de hecho, en una suicida liquidación del patrimonio, descapitalización pura y simple revestida de una liquidez mayor, tanto mayor cuanto más aprisa fluye.

Este párrafo apenas oculta un hecho que varios testigos asocian a la relación de Luis con María Antonia: la dependencia económica del escritor hacia su compañera. Dependencia que con los años iría en aumento y sería «cobrada» por ella con los previsibles intereses de tipo emocional. Pero Luis Goytisolo no pudo, no quiso o no supo cambiar a tiempo esta circunstancia. La suya era una economía de escasos ingresos, de hemorragia progresiva del legado familiar, tan característica de los señoritos crápulas como de los artistas de origen burgués. Exponente fiel de estos últimos, se había propuesto la escritura de una gran obra, un ciclo esbozado ya en sus líneas maestras en las celdas solitarias de Carabanchel. Y lo demás era secundario. Literariamente era un objetivo muy distinto al de su hermano Juan, que acaso se oculte en el personaje Adolfo de *Recuento*, de quien el narrador escribe:

... sombrío solsticio de Capricornio, tiempo de Adviento, anuncio de Navidad y augurio de Epifanía, curso inexorable de la buena estrella de Adolfo, que en la noche del día de Reyes iba a hacerle ganar el Nadal, oro, incienso y mirra para los Ángeles, una obra con suficientes atractivos, sin duda, para impresionar al jurado, juventud rebelde y técnica objetiva, corrección formal y crudeza temática, ingredientes convertidos en epítetos, epítetos hechos slogans, no promesa, revelación, no revelación, consagración...

En las antípodas de este triunfador nato, Raúl Ferrer persiste en su grisácea inmovilidad, incapaz de decirle a nadie «no que lo que estaba escribiendo era mejor que cuanto hubiera escrito o pudiera escribir Adolfo, sino incapaz incluso de insistir en el simple hecho de que también él escribía». Recoge así una impresión que el propio Luis pudo sentir antes del premio de *Las afueras*, pero también después, cuando su hermano Juan triunfaba en el extranjero y él seguía preparando una obra magna pero desconocida por todos. Por eso, Raúl opta por el trabajo callado: «Mejor no decirlo a nadie y aflorar un día repentina, inesperadamente, con una obra maestra, y pasar de golpe a primer plano, a la inversa que Adolfo, de quien todo el mundo hablaba como de un escritor, pero del que nadie había leído más que relatos o fragmentos de esa novela que nunca acababa de acabar.» ¿Era esa novela *Señas de identidad*, cuya redacción se estaba demorando en exceso? No importa. El proyecto de Raúl-Luis iba a ser más ambicioso que el de Adolfo-Juan: el ciclo *Antagonía*. Y una parte de él, *Recuento*, fue escrita precisamente en Cadaqués.

Analicemos un poco el escenario. Según testimonio posterior de García Márquez:

Cadaqués era uno de los pueblos más bellos de la Costa Brava, y también el mejor conservado. Esto se debía en parte a que la carretera de acceso era una cornisa estrecha y retorcida al borde de un abismo sin fondo, donde había que tener el alma muy bien puesta para conducir a más de cincuenta kilómetros por hora. Las casas de siempre eran blancas y bajas, con el estilo tradicional de las aldeas de pescadores del Mediterráneo. Las nuevas eran construidas por arquitectos de renombre que habían respetado la armonía original. En verano, cuando el calor parecía venir de los desiertos africanos de la acera de enfrente, Cadaqués se convertía en una Babel infernal, con turistas de toda Europa que durante tres meses les disputaban su paraíso a los nativos y a los forasteros que habían tenido la suerte de comprar una casa a buen precio cuando todavía era posible.

En lo humano, el colombiano habla con conocimiento de «Babel infernal». Sin embargo, resulta difícil imaginar el pueblo sin aludir a la joven burguesía barcelonesa que lo frecuentaba, así como a sus hábitos cada vez más europeos. A ellos dedicará Luis Goytisolo muchas horas de observación y de escritura, también de entrega licenciosa y exaltada. Era algo inevitable, si consideramos que Luis, como otros «señoritos» de su generación, adoptó muy pronto una actitud reticente hacia los compromisos tradicionales, es decir, frente a aspectos clave de la vida burguesa como el matrimonio y el trabajo; en general, no eran partidarios de fundar una familia ni de obtener un empleo, sino de llevar una vida de pareja al margen de las normas y lejos de un puesto laboral. Si aún hoy esto resulta bastante raro, representaba por aquel entonces una innovación absoluta en el terreno de las costumbres, si exceptuamos «el corto verano de la anarquía» de 1936. Claro que «los señoritos» no siempre eran capaces de mantener una existencia tan errática y a veces sucumbían a alguna crisis de identidad. Pero era su modo personal de entender la vida.

No exagera Luis Goytisolo al afirmar en *Estatua con palomas*: «Durante años creí que mis amigos y yo habíamos sido los primeros en romper esos distingos entre buenas y malas compañías, entre buenas y malas costumbres, revolucionarios en el terreno de la moral a la vez que en el de la política.» Pero el tiempo habría de descubrirle que la verdadera revolución la habían iniciado las mujeres. El novelista habla de ello en diferentes pasajes de la misma obra; primero en un plano genérico, utilísimo para entender la España de la época:

En torno a finales de los cincuenta y comienzos de los sesenta, se produjo un cambio en las costumbres de la sociedad española que repercutió muy especialmente en el comportamiento sexual tanto de los hombres como de las mujeres. Lo que pocos años antes aparecía como un caso aislado –mi caso– se convirtió rápidamente en regla. Las jóvenes –antes que los jóvenes, diría yo– acertaron, de buenas a primeras y en su conjunto, a descubrir el sexo, arrastrando con su ejemplo a mujeres, principalmente casadas, que por el simple hecho de ser algo mayores, se enteraban de pronto que habían desperdiciado un tiempo precioso.

Más adelante, aborda el plano particular, refiriéndose a algunas antiguas vecinas de Sarrià, aquellas *nenes* que habían sido las bellezas inalcanzables de su infancia y adolescencia:

> Con los años, a ritmo de goteo, la combinación de chismorreo y pacatería que distingue a la sociedad barcelonesa, permitió, no obstante, ir conociendo los detalles del escándalo personal provocado por la conducta de todas y cada una de las musas que, cuando chico, habían protagonizado mis deseos. Fugarse en un barco como polizonte, juntarse con hampones, unirse a una comunidad psicodélica, casarse con un carnicero o con sujetos socialmente indeseables, establecer récords adulterinos hasta forzar una separación conyugal, las mujeres se adelantaron ciertamente a los hombres en la tarea de hacer saltar la pátina moral impuesta por Franco a la sociedad española.

Como ningún otro pueblo español, Cadaqués se alzó en escenario alegórico de tal proceso, debido a que lo que ocurría allí no era más que el reflejo de lo que pasaba, en Barcelona, entre los miembros «progres» de la clase alta.

Durante dos años Luis Goytisolo vivió en ese ambiente, rico en aventuras y situaciones más propias de una costa liberada como la Riviera francesa. Recuerda historias de aquel Cadaqués de mediados de los sesenta, como aquella noche en que una combinación de alcohol y lo que él llama «vitalidad colectiva» propició multitud de adulterios y dos rupturas matrimoniales, un intento de suicidio y la caída de un coche al mar. En *La paradoja del ave migratoria* habla también de «una exhibición de tiro con carabina que a Gaspar bien pudo haberle costado la vida, ya que, contra lo que había supuesto al prestarse a jugar a hijo de Guillermo Tell, en la recámara todavía quedaba un proyectil». Luis se salvó esa noche de milagro, y si la casa sigue en pie aún tendrá unas cuantas balas alojadas en las vigas. Todo indica que eran fiestas excesivas, peligrosas, absurdas, orgías nocturnas cuyas convulsiones reflejaban la transformación radical que sufría la propia sociedad. Pero esa nueva sociedad, ¿era la misma por la que el escritor había luchado una década antes? Cuesta creerlo. Antes bien, seguían siendo un grupo elitista, con matrimonios más frívolos y ociosos que los de sus padres, e inmersos en un juego transgresor donde la mujer, al fin, tenía voz y voto carnal.

Cuando esto llegue posteriormente a la literatura de Luis Goytisolo, el resultado será un retrato demoledor de la joven burguesía. En *La cólera de Aquiles* el humor implacable de la heroína, Matilde Moret, transmite los vaivenes del entorno, esos cataclismos privados que acaban haciéndose *vox populi*. Desde el principio Matilde proclama su conocimiento del lugar. Cadaqués es para ella «un terreno que controlaba a la perfección, tanto por sus dimensiones –todo a mano– cuanto por mi conocimiento de sus habituales y asiduos, de sus hábitos, de sus debilidades, de sus horarios, de sus secretos más íntimos». Allí se entrega a la observación meticulosa de la fauna humana.

En otro pasaje, Matilde emplea los prismáticos para observar las embarcaciones y a sus tripulantes, que fondean en la bahía durante el verano. Acto seguido, establece sus categorías, reflejo justo de la sociedad de los sesenta: *a)* las élites, *b)* los veraneantes habituales, y *c)* el turismo barato. Este último visita el pueblo «atraído por las ideas preconcebidas que circulan sobre la vida en Cadaqués, llega en plan de Atila, dispuesto a entrar en la primera cama redonda que se le ofrezca», o sea, irrumpen con la curiosidad malsana que siempre despierta en el vulgo la menor sospecha de vicio. En el polo opuesto, las élites, con las que la protagonista comparte un sincero entusiasmo por el pueblo viejo. Pero el blanco de sus dardos suelen ser los veraneantes habituales, «ese sector de la burguesía de Barcelona especialmente snob que, cada verano, tiene muy a gala trasladar sus reales a la casa de Cadaqués, una casa que, pese a todos sus esfuerzos, tiene muy poco de típica casa de pescadores que quisieran que pareciese –exteriormente, claro– a fin de conservar el carácter, de no estropear el pueblo». Este detalle es útil porque descubre una burguesía contradictoria, llena de limitaciones y lacras. Quizá esos burgueses no arrasen el pueblo, como ha ocurrido en Rosas, porque Cadaqués «es monísimo»; pero piensan más en una bombonera a su medida que en el antiguo pueblo marinero. Por ello las casas sufren de puertas adentro una profunda transformación: las pétreas bodegas se convierten así en confortables *livings*, los húmedos *cellers*, en sofisticados espacios que saltarán luego a las modernas revistas de decoración. Los «habituales» son en realidad una burguesía de ingenio muy relativo, bastante cursi, y que ha marginado a personas como la protagonista de la novela.

Matilde Moret afirma conocer bien a sus detractores:

... orondos burgueses de Barcelona que sólo se desprenden de su exterior ogroide al pisar Cadaqués, llevados de un snobismo disfrazado apenas de higiene mental. Como conozco a sus esposas, esas damas de mediana edad que fueron castas cónyuges hasta recalar en Cadaqués, para convertirse, antes de que acabe el primer verano, en fervientes, apasionadas, desenfrenadas fornicadoras.

El proceso es descrito como una epidemia estival, algo que se repite invariablemente, paso a paso, entre las madres ejemplares, «novatas», que llegan al pueblo con sus hijos mientras el marido sigue «de Rodríguez» en la ciudad. Resignadas al principio, aprenden a no escandalizarse ante los excesos de las «veteranas» y dejan entender luego que, si no fuera por los hijos, se entregarían también al adulterio, pese a que no conciben aún la actividad sexual al margen del matrimonio. Los hijos son el escudo, la *ultima ratio* de su comedimiento; por ellos, escribe Matilde con doble ironía, «por ellos y no por el cerdo del marido, harían de putas si fuera preciso, dicen, poniendo tal énfasis en semejante extremo que, a todas luces, queda claro que no sólo estarán dispuestas sino que casi desean que llegue a producirse la traumática circunstancia, la contingencia que las ponga a prueba». Matilde Moret hace burla, pues, no sólo de las madres burguesas «habituales», ya desinhibidas, sino de esas otras mamás de criaturas de seis a siete años «que rondan por ahí al alcance del primer ser abyecto que se tropiecen».

Ajenos a la moral quebradiza de los forasteros, los antiguos moradores del pueblo son «gente espléndida, casi una raza aparte, altiva hasta la impertinencia gracias a su mismo aislamiento geográfico, a que durante siglos les fuese más sencillo irse a América que a la capital de la comarca.» Eso les hace ser indiferentes, casi desdeñosos ante los vaivenes locos de la sociedad moderna. Se diría que están curados de espanto y siguen con sus pequeños comercios, sus faenas de pesca, sus quehaceres centenarios.

Este Cadaqués eterno es precisamente el que conocerá Eulalia cuando Luis la invite a pasar unos días allí en junio de 1965; el motivo es celebrar la onomástica del novelista, san Luis, que ya nadie tiene el valor de festejar en la casa vacía de Tres Torres. Enseguida la idea se revela muy acertada: la vieja asistenta no sólo queda encantada con el pueblo sino que su visita propicia un sincero acercamiento a María Antonia Gil. El trato exquisito de ésta se suma hoy a la belleza del escenario, sus gentes y, por supuesto, el delicioso pescado, que también contribuye lo suyo a ablandar para siempre el corazón de aquella férrea aragonesa. Lejos de decorados propios como Viladrau, Torrentbó o Pablo Alcover, Julia Santolaria comprende al fin que la pareja tiene su vida, su rincón, su mundo... Y que en ese mundo María Antonia Gil es irreemplazable.

EN FAVOR DE VENUS

Pero ¿qué habría pensado Eulalia de conocer ciertos detalles sobre la vida de la pareja? Recapitulemos. Desde el inicio María Antonia Gil y Luis Goytisolo tuvieron una relación poco común: la mujer era bastante mayor que el hombre, su noviazgo incluía relaciones sexuales completas, no tenía por objetivo el matrimonio ni la institución familiar y se trataba además de una unión en la que sus miembros habían aceptado como norma las posibles infidelidades. Este planteamiento rupturista, anticonvencional, coincidía en su base con el de Juan-Monique, quienes acaso descubrieron a Luis las avanzadas pautas de comportamiento europeas. Como ellos también, el novelista había hecho uso de esa cláusula privada que le «unía» a María Antonia; pero la primera consecuencia fueron noches de sexo y de alcohol, despertares intolerables, recibiendo la luz del día hostigado por la resaca, junto al cuerpo desnudo de una extraña. El papel del alcohol en todo esto era considerable, porque, según Luis, «facilitaba como ninguna otra cosa el hecho de encontrarse en la cama con la mujer deseada y, en ocasiones, hasta con alguna no tan deseada». En un párrafo de *Estatua con palomas* vuelve sobre aquellos momentos de disipación:

> La cantidad de mujeres que pudiera llegar a seducir me importaba en el mismo sentido en que a un cazador le importa el número de piezas cobradas. Y me importaba también la calidad, tanto en lo que

se refiere a la persona elegida como a la relación en sí, a que esa relación terminase representando un triunfo para ambos. Es decir, que la mujer fuese –de nuevo en términos de caza– un ejemplar valioso y, en ese sentido, un trofeo digno de envidia; y en cuanto a la relación sexual, mi objetivo era que la mujer llegase al orgasmo al mismo tiempo que yo, y que esa coincidencia, lo más intensa posible, se repitiera el mayor número de veces en cada encuentro, hasta –también en lo posible– quedar ambos exhaustos.

Durante esos años alternó sexo y literatura con la misma entrega feraz, pero los tiempos trajeron una insólita paradoja erótica aún vigente en nuestros días: si durante una época Luis Goytisolo se había regido por el principio de aprovechar las oportunidades sexuales que se le presentaban, el exceso de oferta en Cadaqués le obligó a relaciones sexuales cada vez más selectivas. Empezó así a perder la obsesión juvenil por la caza, el ritual coleccionista del macho, quizá porque ese concepto estaba ahora en manos de las mujeres. Confiesa que no le hacía excesivamente feliz verse en el papel de cazador cazado, convertido a su vez en ejemplar valioso de la colección de cualquier seductora profesional.

Cadaqués le impuso de esta forma un sexo de calidad. Pero aquellas uniones con distintas mujeres ampliaron sus ideas sobre el universo sexual femenino, algo que haría de él un muy estimable autor, también en materia galante. De hecho, todo el ciclo *Antagonía* y buena parte de las obras siguientes contienen numerosas escenas eróticas de diverso signo. Sólo un investigador nato, con esa infinita curiosidad paterna hacia los fenómenos de la vida, pudo tomarse a Venus como materia de estudio, más allá de la clásica aceptación del Eros como vía de conocimiento... Pero ¿no había sido así desde el lejano día en que sustrajo del estudio de un pintor aquel álbum de anatomía? Por tanto, nadie escapa en sus novelas a su análisis empírico o al de sus protagonistas. Así, Matilde Moret, la heroína lesbiana de *La cólera de Aquiles* habla, por ejemplo, de «esas casadas que se desahogan con una, a sabiendas, sin duda, de que una tiene fama de lesbiana, a modo de instintiva coquetería: el marido, sus torpezas, su tacañería, su incapacidad de entenderlas, lo hartas que las tiene, el asco que sienten cuando las toca». Sólo es un desahogo verbal, pero muy elocuente. O cuando habla del conquistador de temporada, para más señas argentino, que conoce todos los trucos y atrezzos del seductor barato, y que bajo el disfraz esconde a «uno de esos donjuanes de verano que, cuando la temporada toca a su fin, se saca de la manga los problemas que le plantea la mujer y lo mucho que quiere a los chicos y demás coartadas por el estilo, tras las que inevitablemente se escudan los casados o semicasados cuando quieren dar por terminada una aventura.»

En otros momentos es el placer mismo objeto de comentario: «... una de esas mujeres lentas hasta la exasperación, de orgasmos difíciles y secreciones profundas, tal vez debido a la misma parsimonia con que son emitidas, como lava que se va enfriando». Incluso hay lugar para las fábulas, los tópicos, las teorías que la sexualidad empieza a poner en circulación, como el tema del clítoris: «Todas esas historias que inventan cuatro lesbianas camufladas de feministas, con el respaldo estadístico de algún que otro sociólogo, sexólogo o lo que sea, lo bastante bobo como para dejarse convencer, quién sabe si condicionado por la dimensión clitórica de su propio pene.» Párrafo doblemente incisivo en la medida en que Matilde Moret es lesbiana y como tal denuncia lo que ella cree ser «una verdadera campaña internacional destinada a desorientar o confundir a la mujer —al hombre ni falta que hace— en beneficio de cuatro viragos, cuatro aprovechadas que hacen su agosto gracias al descontento imperante. Lo que tales sociólogos o sicólogos o sexólogos, de mente no menos embotada que el sexo, denominan clítoris, es para mí el cuerpo entero, excitante y sensible centímetro a centímetro». Toda una declaración de intenciones más próxima a nuestros días.

Pero en general los juicios de Matilde Moret son consustanciales a su época, los sesenta, marcados por la definitiva liberalización de las costumbres e independencia sexual de la mujer. Nunca hasta entonces ésta había podido protegerse contra embarazos no deseados o copular a su antojo sin temor a enfermedades venéreas. Por desgracia, aquello iba a ser muy breve, porque comparado con la magnitud de la historia, ¿qué son esos veinte o treinta años, los que van del antibiótico al virus del sida? Una mota invisible, una estrella perdida en la negrura del tiempo. Y aun así, los hermanos Goytisolo conocieron esa estrella: pasaron en ella su juventud, su madurez, desarrollándose sexualmente en un lapso único que hoy se nos antoja en exceso fugaz. Sin embargo, ya antes del sida las aguas habían vuelto a su cauce, un surco, empero, forzosamente distinto al de los sesenta. El propio Luis habla de ello, resaltando las consecuencias que trajo la aceptación mansa de la cosa sexual:

... es probable que tal proceso de normalización en las relaciones sexuales no se haya desarrollado sin cierta merma en la imperiosidad del deseo, no menos en la mujer que en el hombre, y que, comparativamente, el sexo haya perdido el protagonismo que tuvo años atrás, actos que algunas personas parecen realizar como quien masca chicle o practica gimnasia, dos cuerpos unidos por la común voluntad de masturbarse.

Pero en los dos años que Luis y María Antonia vivieron en Cadaqués, el escritor llevó una vida sexual acorde con su código de pareja, planteamiento que halló en aquel pueblo un marco óptimo para desarrollarse. En este contexto debe inscribirse su sonado *affaire* con una de las musas de la *gauche divine* barcelonesa, dama persuasiva y seductora, de quien dijo el poeta Barral: «Es verdad que tenía hermosas piernas, ágiles y andariegas, y que las movía en sociedad con desparpajo de atleta.» Con anterioridad a ella, María Antonia ya había empezado a desentenderse de un juego que la sobrepasaba. No sabemos si renunció por autocontrol, restos de pudor convencional, miedo o elegancia; sabemos, eso sí, que Luis siguió haciendo uso de la cláusula «abierta» sin importarle demasiado la actitud de su compañera. Lamentablemente para ella, los tiempos tampoco le permitían mostrar sus verdaderas emociones, respuestas «a la clásica» que eran interpretadas por la colonia «progre» como reliquias de una moral caduca. Aunque sintiera una vez más el terrible fuego de los celos, no podía controlarlo ni liberarlo en Cadaqués, como era su costumbre. O al menos así fue hasta la aparición arrogante de la musa. Entonces María Antonia se liberó públicamente, llegando incluso a arrojar a la cara de su rival un vaso de whisky en presencia de todos. La situación llegó a este punto: María Antonia sabía de las aventuras de Luis, pero estaba adentrándose en un peligroso camino de combustión personal. En relación con ello, considero esclarecedor el párrafo que Matilde Moret dedica al personaje de Raúl Ferrer, héroe de *Antagonía*, y sus relaciones con Nuria:

> Me imagino que a él no le gustaría leer estas líneas, pero estoy íntimamente convencida de que si su vida erótica, como él mismo afirma, es más que accidentada, las aventuras que ha ido teniendo al margen de Nuria, salvo contadas excepciones, ni le han resultado tan satisfactorias ni han sido tantas como la gente cree. No quiero decir con ello, ni por asomo, que Raúl sea un pobre tipo de esos que

andan vanagloriándose de amores inexistentes, inventando conquistas. Lo que sí sucede es que Raúl engaña a Nuria acerca del resultado de la aventura, haciéndole creer que cada vez, con cada amante, todo ha sido mejor y más fácil de lo que realmente ha sido. Y eso por razones similares a las que le inducen, no sólo a asegurarle que no siente celos de los amantes que ella pueda tener, sino que la incita a tenerlos. Pues en ambos casos su actitud apunta a un mismo objetivo: que ella se convenza de que para él, a diferencia de lo que a ella le ocurre, de sus aventuras difíciles y decepcionantes, para él, esta clase de relaciones eróticas son tan afortunadas como, en razón de la misma normalidad de su desarrollo, intrascendentes.

De acuerdo. Las aventuras de Raúl quizá no sean tan abundantes ni satisfactorias como parece, pero las muy escasas de Nuria son en su mayoría difíciles y decepcionantes. ¿Por qué no habría de renunciar al juego? El resultado de esta inhibición es que Nuria se halla, como hemos visto, en situación de clara inferioridad y, sobre todo, de absoluta dependencia de Raúl... Lo cual la coloca en un sendero destructivo, de personalidad anulada, incapaz de controlar la relación de pareja. O dicho de otro modo, incapaz de tomar decisiones, ya sea para seguir el rumbo, variarlo o quemar las naves. Pese a que su vínculo fue «suscrito» en términos de igualdad, las inusuales cláusulas y la forma tan distinta de interpretarlas han acabado por poner a uno de los miembros en franca desventaja, fuera de combate. Tras dos años de vida en la costa, Luis y María Antonia comprendieron que aquello no tenía futuro. El novelista terminó renunciando al planteamiento inicial, porque, según me dijo, en estos asuntos «siempre hay uno que sufre más que el otro».

En *La paradoja del ave migratoria* el personaje Gaspar se encuentra en la Librería Francesa de Barcelona con una antigua adolescente que fue su vecina en Cadaqués a mediados de los sesenta. Ella le mira «con ojos duros, escrutadores, carentes de simpatía pero también de antipatía, inapelables las pupilas como las cifras finales de una calculadora». El protagonista siente un intenso desagrado ante aquel encuentro fortuito. Pero luego comprende que «se trataba, en definitiva, de una reacción de rechazo respecto a un período concreto de su propia vida, imágenes y más imágenes que en una fracción de instante había desencadenado el rostro impasible de aquella mujer a la que no veía desde hacía por lo menos veinte años».

TODOS Y UNO

Antes de que 1964 se convirtiera en *Annus Horribilis* para la familia, José Agustín Goytisolo marchó a Collioure con objeto de participar en los actos conmemorativos del vigésimo quinto aniversario de la muerte de Machado. El encuentro seguía la estela de actos anteriores que, habiéndose iniciado allí en 1959, tuvieron continuidad a lo largo de los primeros sesenta: el homenaje a Miguel Hernández en la Universidad de Barcelona, en 1961; el homenaje al pintor Françesc Todó ese mismo año, o el homenaje a Cuba, en 1962, tras la invasión de las tropas yanquis en Bahía Cochinos..., citas que contribuyeron a mantener viva la llama del compromiso generacional hasta ese nuevo viaje a Francia. En todas ellas los poetas de la Escuela de Barcelona cumplieron del modo que sabían: componiendo poemas que fueron leídos para la ocasión o publicados en diferentes revistas nacionales y extranjeras. Aún permanecía firme la cohesión primera del grupo, y más que nunca, los homenajes, lecturas, publicaciones o nuevas antologías —como *Un cuarto de siglo de poesía española*— evidenciaron que bajo el quehacer poético seguía latiendo una militancia simbólica en nombre de la libertad. José Agustín recuerda:

> Hubo una época en Barcelona, en la que Jaime Gil de Biedma, Carlos Barral y sobre todo yo, éramos constantemente empleados para soliviantar a los universitarios y agitar el ambiente enrarecido de aquellos años. Se nos llamaba a todas partes y en todas las facultades para lecturas de poemas, charlas, coloquios, homenajes a Machado, Lorca o al lucero del alba, y actuábamos siempre sin pedir permiso a la «autoridad competente». Como no había otra manera de expresar la repulsa al Régimen, (...) aquello terminaba siempre en un mitin en que la gente salía cantando y quemando banderas falangistas. Muchas veces entraba la policía, se repartían palos y había detenciones.

Inesperadamente, este período de actividad pública (1959-1964) iba a concluir con el segundo homenaje a Antonio Machado en Collioure. Es cierto que participaron en él importantes artistas e intelectuales españoles del momento, pero José Agustín ya no pudo tejerlo todo con los hilos de la conspiración y del misterio. Esta vez no descubrió a nadie sospechoso, y quizá tampoco les vigilaban agentes de paisano venidos de Madrid. El mismo desinterés policial les permitió constatar de forma irrevocable que el soñado cambio político se estaba produciendo de una manera muy poco gloriosa. Inercia, pura rutina. A las puertas de los Veinticinco Años de Paz, era obvio que no iba a ocurrir «algo definitivo y general», como soñaba Gil de Biedma. Así pues, con entusiasmo, pero también con nostalgia, los participantes repitieron mecánicamente actos y gestos del Collioure 59..., sólo que ahora se sentían actores de un *revival*, un poco dispersos, abocados de por vida a sendas cada vez más individuales.

Resulta irónico que fuera Collioure, tan rico en simbología, el lugar donde se detectó la primera fisura en la Escuela de Barcelona. El pueblecito encantador, que cinco años antes se había revelado clave en la «operación generacional», marcará el inicio de la etapa en solitario de sus miembros. La escritora Carmen Riera sitúa claramente allí el origen de la disgregación del grupo, «que a partir de 1965 deja de participar en actos conjuntos e incluso enfría sus relaciones, va espaciando su asistencia a las tertulias, deja de creer en el realismo social y se distancia de las directrices del Partido Comunista». Pero tampoco debe extrañarnos: en el fondo ya no se necesitan como núcleo poético; todos han publicado, son conocidos. ¿Por qué prolongar la ilusión del trío? Además, la poesía social no despierta el mismo interés ni fervor de antaño, y los mayores problemas se plantean a los autores en un plano personal.

PIEDRA Y POESÍA

En el caso de José Agustín Goytisolo los problemas son de índole familiar, pues en pocos meses ha de hacer frente a la muerte del padre y del abuelo, pérdidas a las que acabará sobreponiéndose gracias a nuevas ocupaciones. Porque fue entonces cuando Ricardo Bofill le propuso incorporarse al recién creado Taller de Arquitectura de Barcelona. El Taller era un colectivo ambicioso, inseparable de unos años en que la sociedad española mejoraba velozmente sus condiciones de vida. Las ciudades crecían y los hombres debían adaptarse a nuevos espacios: se necesitaban con urgencia ideas originales en relación al hábitat... Y así florecieron artistas como Ricardo Bofill. Durante los cincuenta Bofill se había distinguido por una activa militancia antifranquista y coincidía con los Goytisolo en el sueño de un mundo mejor, en su caso una sociedad simbolizada por una arquitectura moderna, rupturista, de líneas avanzadas; tal planteamiento exigía, según él, el esfuerzo común, la intervención de diferentes ámbitos creativos, entre ellos la Poesía. Recordando aquel encuentro, José Agustín escribirá en *Bajo tolerancia*:

> Nos hicimos amigos y muy pronto
> ya estabas explicándome tus primeros proyectos
> para cambiar la forma de calles y edificios
> y para ellos buscaste las manos más expertas
> contratando geómetras
> y dibujantes suaves como cisnes
> y me encargaste a mí
> que tradujera en signos mis sueños y obsesiones
> y te ilustrara sobre el arte antiguo.

No era una mala alianza. Bofill sabía que el poeta de Tres Torres había sentido desde niño fascinación por la arquitectura –el dragón del Parque Güell, las aulas del colegio de las teresianas–, y con el tiempo ese poeta había llegado a la certeza de que la ciudad «es fundamentalmente el conjunto de los hombres que la habitan, y no los edificios de ladrillo o cemento en los que vivimos o entre los que transitamos». Barcelona, Madrid, Londres, París, Roma o Milán le habían inspirado esa idea. Ahora bien: los ciudadanos tenían unas necesidades y gustos concretos, a menudo diferentes los unos de los otros, y el arquitecto debía plegarse a su voluntad. Goytisolo abogaba de este modo por una arquitectura humana, también por un urbanismo razonable. Como escritor, conocía bien las emociones del individuo solitario, perdido desde Baudelaire en la gran ciudad. Pero como sujeto sensible a las causas sociales, veía las exigencias colectivas, encarnadas en esa construcción acelerada de barrios o ciudades-dormitorio que alteraban de raíz un paisaje de siglos.

Por generación, los hermanos Goytisolo vivieron de cerca el paso de una España milenaria y rural a la España industrializada y urbana; este proceso, que en otros países duró casi un siglo, se produjo aquí en apenas veinte años –entre 1950 y 1970–, lapso constreñido, breve, vertiginoso. Víctimas del *shock* que produce el cambio de los viejos escenarios, los escritores manifestaron sus impresiones en distintos momentos de su obra... Pasajes dedicados a la arquitectura popular del Sur y los barrios más vivos de las ciudades árabes, europeas o americanas, en el caso de Juan; las viviendas burguesas, fincas rurales o construcciones de la costa, en el caso de Luis; los villorrios sudamericanos, los poblados tuareg o la propia Barcelona, en el de Pepe. Toda la obra goytisoliana tiene, pues, muy en cuenta el hábitat de los hombres; es más, se diría que a veces ese marco es el último reducto para su comprensión.

José Agustín Goytisolo entró a trabajar en el Taller de Arquitectura en 1965; allí formaba parte de un equipo compuesto por Ricardo y Ana Bofill, Salvador Clotas, Manolo Núñez Yanowsky, Serena Vergano, Ramón Collado y Peter Hodgkinson. Cada uno de ellos cumplía una función muy precisa, pero siempre desde los postulados del primero, quien renegaba de la condición obtusa de su oficio y creía que sólo desde la imaginación –así como desde el trabajo interdisciplinario– podía lograrse una arquitectura capaz de responder a las exigencias del hombre moderno. Visto a distancia, el propósito tenía mucho de utópico, y el estudio de Bofill se transformó en un refugio para idealistas que soñaban con la Ciudad del futuro. Hoy sabemos que en ese futuro el arquitecto iba a desempeñar un rol determinante, a veces polémico, aunque siempre con ansia innovadora. Quince años después, Luis Goytisolo sería muy crítico con el oficio en este pasaje de *Teoría del conocimiento:*

> Porque el núcleo central del problema es justamente éste: la pérdida de sentido de la arquitectura en el mundo de hoy, vacío como está del significado que antaño tuvo para los pueblos, el sentido al que respondían las pirámides, el Partenón o las catedrales góticas en sus respectivos contextos, cuando ni el Coliseo era simplemente un circo ni la Ciudad Prohibida era simplemente un palacio. ¿Qué clase de edificación puede tener hoy en día un significado equivalente? Y nada más inane que la contraposición de la arquitectura orgánica, por ejemplo, a la racionalista, o el lanzamiento al mercado de conceptos como el de espacio a manera de panacea, por no hablar ya de esos movimientos que propugnan la vuelta a una arquitectura popular y, más en general, a lo rústico y primitivo, denominaciones que no sé qué quieren decir, o mejor, que no quieren decir nada aunque quienes las utilizan ni siquiera lo sepan. El equívoco es siempre el mismo: abogar por una arquitectura social o, en palabras mayores, una arquitectura para el hombre, planteamiento que si bien justifica la producción en serie de apartamentos como si de coches se tratase, no por ello deja de ser una negación del concepto mismo de arquitectura...

Pero a mediados de los sesenta, Luis quizá fue el primero en aprobar la decisión de su hermano. Además el poeta parecía muy satisfecho con su nuevo trabajo: componer textos del taller, llevar una pequeña oficina de prensa, proponer imágenes, acumular libros e intervenir en la elaboración de anteproyectos destinados a mejorar el rostro de la urbe moderna. Era, en suma, el alma poética del grupo, un clan cuya osadía y pasión por el riesgo eran, como dice él, más propios de los fundadores de una antigua secta religiosa. Quién sabe si eso es lo que eran: «sacerdotes de un templo de piedra y poesía». Brujos del todo es posible, cuya ligera tendencia a la megalomanía quizá potenció en José Agustín su propensión natural a cambiar el orden de las cosas. En cualquier caso, no estaba allí por azar: era la culminación de una larga inquietud hacia el fenómeno arquitectónico. En una entrevista afirma:

> Todo lo que uno es en la vida, las sensaciones, emociones, todo lo que ha vivido, desde las habitaciones de trabajo hasta el nicho donde te van a enterrar, desde el paisaje que estás viendo, que si lo ves es porque una carretera te ha llevado hasta él, hasta las calles de la ciudad, los edificios, las gentes, los árboles, todo o casi todo forma parte del mundo construido, del dominio de la arquitectura y del urbanismo.

Pero esa idea es universal. A diferencia de otras épocas, el poeta del siglo XX se inspira casi siempre en las ciudades, y es lógico que los más inquietos incorporen lo urbano a la poesía. El viejo mundo rural, es decir, su imaginería de «olmo seco, hendido por el rayo» inspiraba aún la obra de muchos poetas españoles, fascinados por el paisaje de los autores del 98. La España de los sesenta, por el contrario, es un país cada vez más urbanizado, lejos de las estepas castellanas; si el poeta pretende ahora expresar sus emociones, éstas le remiten mayormente a la ciudad, que en palabras de Gil de Biedma es «el hábitat natural del hombre moderno». El cambio de sensibilidad poética será, por tanto, otra de las secuelas del abandono de la España agrícola, tal como refleja la obra de los miembros de *El grupo poético de los años 50*, en palabras de García Hortelano. Los poemas desprenden así un fuerte aroma a asfalto, pues éste es el escenario donde tiene lugar su experiencia cotidiana. En el prólogo a *Taller de Arquitectura*, José Agustín Goytisolo lo explica con estas palabras:

He nacido, vivo y trabajo en una ciudad que amo, que amo y que odio, que me fascina y engaña, que muda de rostro, crece y se vuelve irreal, sádica, rodea mis sueños y mi melancolía y me empuja a extraños lugares gratos, a reuniones incalificables. Y deseo continuar viviendo aquí, pues no creo en el llamado retorno idílico a la naturaleza, a eso que ahora dicen el campo, como no sea para ir de caza o a bañarme en una playa.

El pasaje es harto expresivo porque define la relación amor-odio que el poeta mantiene con Barcelona, una morbosa ambivalencia de la que no puede librarse; pero también introduce la idea, muy burguesa por cierto, del imposible retorno al medio natural. Goytisolo da por hecho que el futuro será cada vez más urbano, ya que el abandono del campo se le antoja irreversible. Esta realidad objetiva se ajusta de maravilla a los gustos del autor, interesado desde niño por lo que él llama «los lugares de cobijo». Si repasamos aquí su peripecia desde su primer *alter ego*, Pepito Temperamento, descubrimos una sucesión de lugares en los que halló refugio: rincones, cuevas, habitaciones, pasillos, edificios, calles, plazas, estaciones de metro y por último la ciudad entera. Es coherente con su afirmación «los mejores recuerdos de mi vida están asociados a buhardillas, a ciertas habitaciones de hotel, a las casas que habité, o en las que entré como invitado o como francotirador».

Pero esta obsesiva querencia de José Agustín por lugares protectores, ¿no oculta un deseo instintivo de ponerse a salvo? Más aún, su continua atracción por ámbitos benignos, ¿no es en última instancia una voluntad de regreso a algo similar a un útero? Refugio velado, secreto, ambarino, ajeno al viento helado de la vida, como cuando flotaba ingrávido en el vientre de la madre o después en esa otra matriz de felicidad que supuso para él el cariño de Julia. Únicamente quien recuerda las manos maternas «como copos de nieve enamorada» puede sentir tanta ansia de abrigo. Y es que desde 1938 sólo le queda el recuerdo, un recuerdo asociado a sensaciones térmicas de naturaleza afectiva. ¿Cómo no buscarlas donde sea, revivirlas a cualquier precio, cada vez que el hielo existencial le atenaza los huesos?

LA NOCHE DEL CAZADOR

Paseante solitario en las noches de invierno, imagino al poeta como esos héroes anónimos de Larkin; lo veo detenerse bajo ventanas altas soñando el sol de los amores ajenos: formas herederas del calor arrebatado en la infancia y parcialmente visibles en los modernos apartamentos donde acabará entrando como invitado o francotirador. Recobrar lo perdido, sí, quizá eso explique las muchas noches de alcohol, charla y captura erótica de su vida. Algunos testigos recuerdan a José Agustín como un invitado amigable, seductor, ingenioso, con una incurable tendencia a referir anécdotas o portentos que cautivaban al auditorio: un auditorio, supongo, mayormente femenino, ya que para los hombres –los maridos– este individuo debió de ser una cruz en todos los aspectos, el halcón que planeaba sobre la dulce paloma. Claro que, conociendo la época, bien pudo ser al revés: el poeta convertido en presa de mujeres-gavilanes, hartas de tanto esposo aburguesado, bobo, mezquino, sin ternura ni imaginación. Entonces José Agustín sufría el acoso de esposas liberadas o insatisfechas, una fiebre habitual en los sesenta que marcó de un modo u otro la experiencia de sus protagonistas. En el poema «Sobre la temporada en Barcelona» reproduce así aquel ambiente: «Algunas veces aterrizo en blandas casas / en donde me reciben con aparente sorpresa / y después de saludar a los anfitriones / tomo un vodka con hielo y comienzo a decir estupideces / a fin de aterrorizar a la concurrencia.» Y más adelante, la velada sube de tono:

> Lo peor son las reuniones en editoriales
> en las que siempre aparece un uruguayo con mirada de buey
> que acostumbra a emborracharse y a cantar tangos
> y acaba recordando a su querida mamacita.
> En estos casos yo ataco al imperialismo norteamericano
> me tomo varios martinis secos y firmo autógrafos
> y procuro esquivar a las ávidas matronas
> que me persiguen por los pasillos y lavabos.

Cuarenta años atrás, en 1926, tía Consuelito había escrito el poema «Temporada de París», donde el aire festivo también destila gotas de un *ennui* bastante *snob*. Dice: «Tomamos un asco de cocktails / que encontramos deliciosos.» En otro poema de su sobrino el sujeto poético repite:

> no te pongas nervioso podrías tropezar con cualquier cosa
> y derramar tu vaso en el escote
> de aquella espeluznante Sagitario chillona

de rostro sibilino y grandes tetas;
mucho gusto señor espléndida su fiesta debo irme
pues has visto a tu Piscis despedirse
y huyes tras ella no miras hacia atrás porque recuerdas
a la mujer de Lot esto es tremendo
pierdes whisky on the rocks y amigo y corres gritas
mi chica mi coneja espérame.

Aunque parcial, la lectura de ambos poemas aporta algunas pistas sobre José Agustín, oculto apenas bajo la máscara de poeta mundano: irrumpe en las casas, juega a provocar, bebe, se divierte, se harta, es acosado por las matronas o persigue a alguna ninfa. Publicados en fecha tardía, los poemas describen un comportamiento clásico de los sesenta que acabó influyendo en las costumbres de la sociedad que conocemos. Con leves diferencias –las matronas se han estilizado tras el *lifting*, las ninfas no existen y los autores noveles toman cocaína– el clima está tan cercano a las reuniones actuales como alejado de los años cuarenta... Provocación, charla, escarceo erótico, y sobre todo bebida: una amplia muestra que abarca –sólo en dos poemas– vodka con hielo, martini seco y whisky *on the rocks*. Las bebidas finas, los combinados han entrado en las casas españolas como parte del rito social, y el poeta, en cuanto personaje público, bebe con escasa moderación. Esta conducta no es privativa de José Agustín Goytisolo, antes bien, se inscribe en un noble acervo que adquiere aquí cualidades de sello generacional. ¿Acaso Carlos Barral, Jaime Gil de Biedma, Gabriel Ferrater o Ángel González no beben también como cosacos?

Se ha escrito tanto sobre la relación entre el Escritor y la Bebida que es inevitable incurrir en ciertos tópicos. Pero pueden explicarse, según André Le Vot, en clave psicológica: escribir es una forma de exhibicionismo, y el alcohol –al reducir inhibiciones– propicia ese exhibicionismo; al escribir hay que interesarse por la gente, y el alcohol aumenta la sociabilidad y convierte a la gente en tipos interesantes; escribir exige una buena dosis de fantasía, y el alcohol da alas a la imaginación; para escribir es preciso tener confianza en uno mismo, y el alcohol es un puntal de la confianza; escribir, por último, es un trabajo solitario que exige una gran concentración, y el alcohol mitiga esa soledad. Sólo que a un alto precio. Y los poetas de la Escuela de Barcelona no tardarán en pagarlo.

Aunque el homenaje a Machado en Collioure de 1964 supuso su «disolución» como grupo poético, la charla y el alcohol siguieron siendo su principal punto de encuentro, como prueba que en los años venideros sus miembros conversaran mil veces con el cetro de una copa en la mano. Pero como acertadamente escribe Carmen Riera: «Nostálgicos y a veces etílicos, observan los primeros arañazos del tiempo sobre sus rostros en el espejo del baño al regresar una noche a casa y caen en la primera gran crisis de madurez.» Cerca de los cuarenta, sienten que el tiempo ha pasado, experiencia que Gil de Biedma resumirá en frase memorable: «De casi todo hace veinte años...» Una impresión que queda incorporada a la poesía, tanto en *Figuración del tiempo* de Barral como en los *Poemas póstumos* del propio Gil de Biedma.

UNA TEMPORADA EN EL INFIERNO

Al principio José Agustín Goytisolo no registró este proceso en sus escritos, quizá porque desde 1959 hasta 1968 se abrió para él un largo paréntesis poético. El origen de ello es amplio, desde sus actividades en otros frentes —como el Taller de Arquitectura o sus trabajos de traductor— hasta severas crisis personales, tanto psicológicas como afectivas. Pero cuando lo haga, cristalizará en varios poemas conmovedores incluidos en el libro *Algo sucede*. Es el caso de «Mis habitaciones», donde el poeta, acosado por el insomnio, recuerda algunos cuartos donde estuvo y descubre allí que los objetos han cobrado vida propia: «También me observan / los espejos recordando mi rostro / cubierto de jabón: me saludan / y me encuentran más viejo.» Pero con mayor énfasis en «Carta a mi hermano», misiva poética en la que José Agustín informa a Juan de lo que le ocurre. El poema expresa sus dudas, sus bloqueos, sus preocupaciones: presenta a un hombre absorto ante el café del desayuno, tan quieto y paralizado como lo estuvo el propio Juan —o Álvaro Mendiola— en la mesa del jardín de su Torrentbó particular.

Es significativo que Pepe se sincere a su hermano tras la publicación de *Señas de identidad*, como si ese libro —o alguna carta o charla telefónica entre ellos— le hubiera hecho comprender que el Intruso había vivido su propia travesía del desierto y, en consecuencia, era un confidente digno de tenerse en consideración. Al fin y al cabo, hay entre ellos temas comunes: desde la propia familia, donde quedan asuntos por resolver, hasta una problemática afín o, mejor aún, una crisis de personalidad compartida en el tiempo que se manifiesta en el abuso del alcohol, la indiferencia ante la vida cotidiana o la incapacidad de creer en algo nuevo. El poema da además noticias de Luis, el hermano menor, que se encuentra mejor «después de todo el lío». ¿A qué lío se refiere exactamente José Agustín? ¿A alguno nacido en su propia imaginación calenturienta o a problemas concretos, derivados de la peculiar alianza de Luis con María Antonia? No lo sabemos. Pero el poeta parece entender que los tres Goytisolo se hallan en un doloroso punto de confluencia, una encrucijada vital borrascosa, de la que no logran evadirse.

Nunca, por ejemplo, habían bebido tanto, y sería interesante averiguar si el auge de esta vieja afición –iniciado tras la muerte del padre– es algo más que una circunstancia fortuita. También coinciden aproximadamente en sus crisis amorosas: aun admitiendo que las causas son distintas y también lo son las parejas, todos los personajes (José Agustín-Asunción, Juan-Monique, Luis-María Antonia) padecen el mal de la incomunicación. Es obvio que sus relaciones no han traído lo que se esperaba de ellas, y se abre en el horizonte un futuro incierto, cuando no sombrío. José Agustín lo expresa en la misma carta-poema con coloquial sencillez: «Si mi mujer me mira / yo no sé qué decirle», y en plena confusión acaba confesándole a Juan: «Estoy cansado hermano / me siento como un viejo / inútil que ya hizo / todo el mal que podía / y está de sobra aquí.» Hay, pues, una voluntad de abandonarse, una pulsión autodestructiva, similar a la que Juan Goytisolo –el destinatario– sintió durante sus crisis en París. Pero si en él cabía hablar de conflicto de tipo exógeno, producto de una inadaptación al escenario parisino que había elegido para vivir y al personaje que representaba, la crisis de Pepe sugiere un origen endógeno: tiene mucho de neurosis depresiva, enfermedad de raíces impenetrables, tanto para él como para quienes le rodean. Aunque volviera a creer en algo, o fuera capaz de comprender a su mujer, seguiría sin encontrarle sentido a la vida, siempre a merced de insomnios, angustias, pesadillas. En su círculo íntimo nadie sabe cómo el intrépido Coyote ha podido llegar a los parajes del ánimo desolado, pero está prisionero de ellos y no puede huir. ¿Cómo reprocharle que busque ansioso nuevos lugares de cobijo? ¿Cómo prohibirle que irrumpa en las casas y se comporte como el héroe de sus futuros poemas? Antes que cualquier otro en el *party*, José Agustín Goytisolo sabe perfectamente cuánta soledad negra le ha llevado hasta allí y cuánta amargura le espera en la noche insomne, haya escapado a las matronas o sucumbido a las ninfas.

Pero esta conducta que empieza a manifestarse por esos años incide de lleno en el entorno inmediato del poeta: el piso de Mariano Cubí. Y en él será Asunción Carandell, su esposa, quien lleve la parte más difícil. A decir verdad, su planteamiento de pareja fue desde el principio convencional, con boda religiosa y el propósito de fundar una familia; pero diez años más tarde esa familia está «gobernada» por una personalidad inestable, sometida a abruptas agujas ciclotímicas que sacuden el equilibrio doméstico. Las fases de entusiasmo, de expansión feliz se encadenan a otras de negrura y abatimiento... Y el principal sismógrafo son madre e hija. Asunción, además, se ve en el centro de esa corriente extrema, bifásica, y ha de mantener armónicamente su flujo. Ahora bien, ¿era «Ton» la persona más indicada para ello? Inicialmente no. Nacida en una familia numerosa y alegre, sabemos ya que nunca se adaptó al calor ostentoso de la gran casa de la calle Provenza, donde todo giraba al conjuro de una madre arrolladora; sabemos también que era la menos mundana de las hijas, la más próxima a sus raíces rurales tarraconinas, alguien que llevaba en lo más hondo –aun sin saberlo– un germen de criatura salvaje que sueña regresar a la tierra de sus antepasados.

Precisamente esta muchacha tuvo que plegarse a la rápida metamorfosis de su vida. Campesina de espíritu, se convirtió en la esposa de un poeta «industrial», urbano, que alternaba frecuentes períodos de ausencia en los cuales conoció a otras mujeres con encierros en el piso, donde apenas podía moverse de la silla. Prisionera como él, Asunción debía cuidar entonces de un hombre enfermo que era presa de enigmáticas dolencias del alma. Fue sólo el preludio de un infierno privado en el que la salud de José Agustín se erigió en tema principal. ¿Qué le pasaba? Tras diversas consultas a médicos y especialistas, el problema quedó sin respuesta, aunque todo apunta a que sufría un trastorno bipolar con fuertes crisis depresivas que aconsejaron inmediato tratamiento farmacológico. Dado que en ocasiones eso resultaba insuficiente, el poeta sucumbía a una maldición peor: horas en las que vagaba por el «dominio cárdeno», bella alusión a la angustia neurótica. Imposible salir, imposible entender, imposible encontrar la causa, a merced siempre de ese pájaro triste que extendía la sombra de sus alas sobre la cabeza del enfermo. Con el tiempo, empezará a hablar de ello en un poema de *Algo sucede*:

No existe sortilegio
que rompa las cadenas
sino antidepresivos

>   —¡ah horribles pastillitas!—
> que me sacan del hondo
> pozo nocturno en donde
> ¡oh amargura! me hundiste;
> y me hacen ver de nuevo
> el mundo iluminado;
> mi casa y desear
> ser hombre y estar vivo.

En otro poema, «Aporto nuevos síntomas», el sujeto poético describe una visita al médico psiquiatra en la que brinda más detalles sobre su estado anímico. Partiendo de un cuadro depresivo convencional, tales síntomas nos sugieren una fuerte crisis de angustia, cuyo centro ciclónico es la culpa, el remordimiento. A la luz del día el individuo parece estar a salvo, pero durante la noche el insomnio, la duermevela o los sueños —siempre pavorosos— le dejan a merced del miedo. Despierto o dormido, su memoria se aferra obsesivamente a sensaciones culpables que no le dejan respirar, que no le dejan dormir, que le arruinan la vida. En el caso de José Agustín, ¿son quizá consecuencia de «no ser» Antonio, el legendario primogénito muerto? ¿O el fruto de haber cometido en la niñez numerosos actos que, según su padre, habrían disgustado mucho a la madre? Parece claro que es una culpa anclada en los primeros años, y no por azar el poeta concede la categoría de «crímenes» e «ignominias» a algunas fechorías de su infancia: el puñetazo a un amigo, la muerte de un perro, el despanzurramiento de lagartijas... Treinta años después de Viladrau los excesos de El Coyote le están pasando factura; también podría incluir en el recuento las alusiones malévolas a su hermano Juan en Torrentbó, pero las calla. En realidad, sólo el retrato de boda amenazante «junto al lecho furtivo» sugiere una escena muy posterior, adulta, un posible episodio adulterino que le persigue luego hasta su propio lecho conyugal mientras oye la pausada respiración de su esposa.

En otra parte de *Algo sucede* recurre a distintas mujeres como destinatarias de sus mensajes o confesiones doloridas. Resulta elocuente «Piazza Sant'Alessandro, 6», título de otra carta-poema escrita a una amiga italiana, presumiblemente Carmen Gregotti. El poeta reflexiona sentado en un bar, donde ha leído en la prensa noticias sobre la guerra del Vietnam —iniciada en 1965— y sobre una huelga de estudiantes que bien pudo ser la huelga declarada ese mismo año en la Universidad de Madrid, que concluyó con la expulsión de los profesores Aranguren, Tierno Galván y García Calvo. Es lo de menos. Porque ni la guerra del Vietnam ni la protesta universitaria parecen importar demasiado al poeta, indiferente al contenido de los periódicos y más atento al sucio resbalar de la lluvia. La clave reside en su fatiga vital, su infinito cansancio: «... y bebo mi segundo / gin tónic de la tarde y me he tragado / dos librium –ya lo ves: llevo la cuenta– / y como te decía / ya no me importan nada las noticias / ni la gente que corre ni la vida». Nada le interesa, prisionero como está de su mal en «este trístísimo café de la puñeta». Sin embargo, más allá de la lluvia, piensa en Carmen, en sus pestañas y su abrigo, y desea regresar cuanto antes para escribirle la carta, para que ella sepa, para que beba un trago a su salud y luego le olvide.

Situaciones análogas se repiten en otros poemas de José Agustín Goytisolo desde finales de los sesenta: es el indicio de que continúa a merced del pájaro triste. No sabe aún que el sufrimiento va a prolongarse más de una década, con altibajos e intermitencias, leves mejorías y recaídas brutales. En ellas será sometido, a petición propia, a tratamiento de *electroshock:* una terapia hoy denostada pero que en la época se empleaba en casos de depresión profunda, de esquizofrenia o de psicosis maníaco-depresiva. Aunque el poeta se ha referido alguna vez a sus depresiones, ha aludido muy poco a este excepcional episodio de su vida clínica. Según su esposa, las sesiones le fueron administradas en un centro psiquiátrico del barrio de Las Corts, no lejos del antiguo hospital de San Juan de Dios, donde hoy se alza el pálido acantilado de la Illa Diagonal. Durante varias semanas el enfermo conoció por sí mismo una experiencia que habían vivido también autores como Sylvia Plath, Cabrera Infante o Ezra Pound. Indudablemente eso debió de afectarle, incluso de forma simbólica, ya que tardó años en incorporarlo a sus poemas. ¿Un último resto de pudor? ¿Un deseo de olvido? ¿O el pánico a la idea popular de que el *electroshock* se aplicaba a los locos furiosos? En 1988 incluyó este escalofriante testimonio en su libro *El rey mendigo:*

>Eran días crueles
>con golpes de febrero en el postigo
>y frío al respirar.
>   ¡Agudos
>son sus dardos ah doctor!
>
>Giraba un tiempo
>sin compasión y sin memoria

en su cabeza en blanco: las pastillas
una inyección que duerme y una goma
metida entre los dientes. Luego
las sacudidas del electrochoque.

Todo por no tomar algunas decisiones
en las que pensó siempre: cierta cuerda
y al aire; o el cañón pavonado
en la boca; o bien salirse
en una curva del acantilado.

El sobraba ¡gran dios! pero tenía
cosas que hacer y nadie reparó
en sus ojos como de niebla
en su chaqueta vacilante
o en un silencio que pedía ayuda.

Los días más crueles
dejaron de asediarle y él sanó
y regresó a la casa con su gente
y olvidó lo vivido.

Luego
pasaron muchos años y al final
el enfermo y los suyos –con memoria o sin ella–
murieron todos de su propia muerte.

INTERIOR DE UN CONVENTO

Como otros poetas de la historia, la vida de Goytisolo estaba regida por un principio dinámico exaltación-depresión. El José Agustín de los años sesenta y setenta fue presa fácil de crisis paralizantes, pero desarrolló también una actividad intensa, casi desmesurada. Parte de ella fue en el Taller de Arquitectura, donde seguía aportando ideas siempre desde la poesía; el entusiasmo inicial permanecía intacto y se concretaba en proyectos cada vez más ambiciosos. Si nos remitimos a los trabajos del estudio realizados durante el período 1966-1970, aparecen construcciones como el edificio de la calle Maestro Pérez Cabrero número 6, cerca del Turó Park barcelonés, donde pasó a vivir el poeta Gil de Biedma; el bloque de apartamentos El Xanadú, en Calpe, población que acogería luego La Muralla Roja y El acueducto.

Asimismo, se inicia en 1966 la construcción del Barrio Gaudí en Reus, que albergará dos mil quinientas viviendas de tipo social; y entre 1967 y 1968 se comienza la construcción de El castillo, en Sitges, o se concluye el anteproyecto de la Ciudad en el Espacio para Madrid. En 1969 se rueda el film *Schizo*, en 35 mm y color, con banda de sonido y textos de José Agustín Goytisolo; por último, en 1970 el poeta viaja a Chile a entrevistarse con miembros del gobierno de Salvador Allende, a quienes expone el proyecto de construcción de un barrio obrero en la capital, barrio cuyo nombre –Villa Lunaria– le fue sugerido por Pablo Neruda en París. El Taller de Arquitectura le permitirá viajar regularmente fuera de Europa, conocer a numerosos políticos, intelectuales y artistas de África y Latinoamérica.

Aunque el Goytisolo vital sigue colaborando en el Taller, no olvida la poesía y tampoco la libertad como causas personales; en este contexto cabe señalar su participación en la célebre «Capuchinada» de 1966. Pero ¿cómo explicar hoy uno de los episodios más emocionantes y estimulantes de la interminable lucha contra el franquismo? Recapitulemos. Durante dos décadas el SEU falangista había controlado las actividades universitarias del país, pero a principios de los sesenta se había debilitado y desprestigiado de tal modo que los estudiantes decidieron desvincularse del sindicato franquista y crear su sindicato propio. Esta lucha se prolongó varios años, marcada con frecuencia por protestas y detenciones que se practicaban al menor motivo. En 1962, por ejemplo, la policía irrumpió violentamente en la Universidad de Barcelona, donde los alumnos habían hecho de la canción *Asturias, patria querida* un verdadero *hit* de la resistencia tras la huelga minera del Norte; por culpa de otros estudiantes, delatores afines al Opus Dei, se detuvo a varios alumnos de Filosofía y Letras –entre ellos Salvador Clotas y Vázquez Montalbán– a quienes se les imputó por vía judicial haber entonado esa canción folclórica con fines contrarios al régimen de Franco. Esta anécdota ilustra a las claras el funcionamiento inflexible de la Dictadura: así había sido desde la guerra y así continuaba siendo en aquel marzo de 1966.

Para entonces las gestiones dirigidas a crear un sindicato de estudiantes democrático, forzosamente clandestino, estaban muy avanzadas, y con objeto de concluirlas un grupo de delegados de curso de todas las facultades barcelonesas se encerró en el convento de los padres capuchinos de Sarrià. Allí invitaron a varios profesores comprometidos, y junto a treinta y tres personajes de la oposición –artistas e intelectuales «de distinto pelaje», dirá Goytisolo–, redactaron los estatutos del Sindicato Democrático de Estudiantes de Barcelona. Aquel sindicato iba a ser el primero constituido abierta y públicamente en España durante la Dictadura. Como la reunión era ilegal, las fuerzas de policía rodearon el convento y mantuvieron el cerco durante tres largos días. Escuchemos el testimonio de uno de los sitiados:

> En un cierto momento –debió de ser al atardecer del segundo día–, cuando los vehículos de los sitiadores, los supuestos blindados de aquella policía disfrazada con los uniformes de la guardia zarista, encendieron sus luces y se veían relucir las armas, como antiguas, y se adivinaba el tránsito de sombras furtivas, igual que alrededor de una fortaleza asediada, pareció que comenzaban a la vez dos representaciones en un doble escenario. Allá fuera, en los callejones y junto a las tapias al pie del viejo Liceo Francés, la Gestapo o una guardia nacional bananera quizá desplegada para un asalto que no tendría lugar o cerrando el paso a las arriesgadas fugas nocturnas. Todo gris y azul humoso y con destellos en la tramoya. Adentro, una multitud, no de hambrientos sino de preocupados por el rito de comer, siguiendo como un rebaño a un fraile que portaba un huevo en cada mano y que parecía bendecir el último alimento. Todo marrón rojizo de cogulla, de gramalla, y de luz de candela. Entre una y otra escena paredes silenciosas y atentas.

José Agustín se encontraba entre los defensores de la iniciativa, compartiendo encierro con otros protagonistas de ese gran acto de desafío. Entretanto, algunas gentes de Barcelona expresaban su solidaridad y mantenían vivo su movimiento de apoyo a los encerrados; muy pronto, los corresponsales extranjeros informaron al mundo de aquel gesto de rebeldía estudiantil, insistiendo en que era seguido, entre otros, por personajes como Salvador Espriu, Antoni Tàpies, Pere Quart, Manolo Sacristán, Joaquín Marco, Carlos Barral o el propio Goytisolo. La repercusión internacional fue tan inmediata que la Capuchinada se convirtió en serio problema para el Régimen, cuya imagen exterior se veía dañada por enésima vez tras las ejecuciones de anarquistas en 1962, la represión de la huelga asturiana del mismo año y el fusilamiento del comunista Grimau en 1963. Tras largas jornadas de incertidumbre –tres días «espléndidos», «inolvidables», «tres días de solidaridad moral y material», «con las lógicas dificultades para comer y dormir, que los capuchinos resolvieron con imaginación y eficacia», según varios testigos–, el gobernador civil de

Barcelona ordenó a la policía que entrara en el convento, cosa que hizo con contundencia, «rompiendo puertas y empujando frailes». Allí se procedió a la detención de los treinta y tres «no alumnos» y a la retirada de la documentación de los delegados estudiantiles, que fueron luego represaliados.

José Agustín Goytisolo fue conducido con los demás a los sótanos mugrientos de la Dirección General de Seguridad en la Vía Layetana, donde permaneció tres días más y tuvo que hacer frente a un suave interrogatorio policial y a una sanción económica que, asegura, no pagó. En un poema de *Las horas quemadas* recrea la atmósfera de otros interrogatorios franquistas:

> Sí sabía con quién estaba hablando
> pero fingió sorpresa: no sirvió.
> También sabía dónde le llevaban
> y el ritual que seguía: foco en los ojos
> y los brazos atados a la espalda
> con la pregunta airada. ¿Organizaste
> el lío? No: él asistió invitado
> por unos estudiantes. ¿Quiénes eran?
> No sabía. Pero quiso ir con ellos
> a una reunión libre. ¿Dices libre?
> No estaba autorizada. No sabía.
> Pues abajo. En la celda la luz tenue
> invitaba a dormir. De nuevo arriba.
> Dinos por qué lo hiciste. No hizo nada.
> Más bajar y subir: siempre con sueño
> que ellos rompían para marearle
> y se contradijera. Mas pensaba:
> igual que siempre; setenta y dos horas.

Pero el poeta recuerda, sobre todo, dos escenas singulares: el comentario calumnioso de un policía que aseguraba haber visto a su esposa Asunción y al poeta José Ángel Valente amándose en un Seat 600 junto a la tapia de los capuchinos, y el rostro de otro poeta, Pere Quart, quien, al salir del calabozo, le dijo al siniestro comisario jefe: «*Creix, creix, però no et multipliquis!*»

Cuando al fin quedaron libres, «los intelectuales» salieron a una ciudad más hermosa y abierta, segura de su destino como en la temporada romántica de la huelga de tranvías. Si un año antes José Agustín había escrito que «no le importaba nada», la Capuchinada de marzo de 1966 le devolvió momentáneamente la esperanza perdida. Su experiencia en el convento de Sarrià habría de inspirarle más tarde el poema que da título al libro *Algo sucede*. Tras una dedicatoria a las compañeras y compañeros que compartieron aquel encierro, el poeta repasa una década de esfuerzos clandestinos en nombre de la libertad; parece, sin embargo, que «siguen las cosas como el primer día», como si continuaran prisioneros de un ambiente inmóvil y espeso. En tal caso, ¿cómo ignorar que millones de españoles están reflejados en estos versos, cuyas palabras son vivo retrato del ciudadano de la época?: «... hemos envejecido poco a poco / pasando de la calle a la oficina / del calabozo al fútbol / y de la espera a la melancolía».

De nuevo la esperanza es frágil, melancólica. Pero aunque se desprende en el poema una inequívoca fatiga, Goytisolo sabe que sus antagonistas, los del Régimen, también se han hecho viejos. Intuye que algo pasa, que algo sucede: el mundo libre camina, y los franquistas no lo soportan. Es el tributo al proceso de modernización: el creciente nerviosismo de la derecha ante un futuro que deberá compartir cuando llegue el mañana más abierto, solidario y clemente:

> ... ellos están cansados
> también están cansados
> gritan y cantan para no admitirlo
> mas sus camisas mudan de color
> y duermen mal
> y toman pastillitas
> ponen dinero en Berna o en Manila
> y no saben no saben que el peligro
> está cerca muy cerca
> no en Cuba ni en la URSS
> sino en su casa en medio de sus hijos
> en su despacho y hasta en las iglesias...

Es la España de las camisas civiles, de las fugas de capital, de la emigración a Europa; pero también de los hijos melenudos, de los curas obreros y los recitales de protesta... Nuestra versión carpetovetónica de la vertiginosa década de los sesenta.

GATO EN LA HABANA

En septiembre de aquel mismo año José Agustín Goytisolo realiza su primer viaje a Cuba. Intervendrá allí como jurado de poesía de los Premios Nacionales de Literatura, lo que le permite conocer, entre otros, a José Lezama Lima, Antón Arrufat, Miguel Barnet, Pablo Armando Fernández, Eliseo Diego y Haydée Santamaría, directora de la Casa de las Américas. Aún hoy el poeta evoca aquellos días en la tierra prodigiosa que acogió a sus antepasados: habla de las mañanas soleadas en el Malecón habanero, o las tardes en la UNEAC, tomando ron con otros escritores en los jardines frondosos de El Vedado. Al igual que su hermano Juan, Cuba entera parece envolverlo en su abrazo sensual y vivificante; aprovecha la estancia para recorrerla, vestido con la camisa verde olivo de los guerrilleros o bien con la guayabera, uniforme sentimental y civil del cubano. Dos años antes, en 1964, Carlos Barral había visitado la isla:

> La Revolución estaba entonces todavía en una fase sumamente convincente en la que el entusiasmo y la ingenuidad resultaban tan persuasivos que los evidentes errores de bulto, que no podían dejar de apreciarse, parecían menudos escollos. La clase revolucionaria era en gran medida una capa de la burguesía intelectual y universitaria que aún tenía fresco el sacrificio de sus antiguos privilegios y que yo creo que en el fondo tenía la sensación de que los había cambiado por otros. Las casadas de la Casa de las Américas –como las bautizaría más tarde José Agustín Goytisolo, quien afirmaba querer ser su gato– eran realmente jóvenes damas de buena familia al servicio de una revolución que presentaban, seguramente sin quererlo, como moderadamente aristocrática. Transmitían un entusiasmo refinado y una indulgencia generosa por todo lo que estaba aparentemente mal, fuera a causa de la brutalidad del bloqueo o de la inmadurez de la propia revolución.

Aunque en la Cuba de 1966 algunos de esos errores comienzan a ser endémicos, el poeta Goytisolo no puede o no quiere verlos, embriagado como está por el fervor del proceso revolucionario. En su descargo dirá siempre que aún no se había impuesto en el país el predominio absoluto del PCC y se respiraba un aire de entusiasmo y de libertad general. Sea como fuere, los cicerones oficiales se desviven por agasajarlo, mostrándole de paso los diversos logros de la Revolución en materia sanitaria y educativa. Aquel viaje le permite además visitar el ingenio San Agustín en la zona de Cienfuegos, y conocer a primos lejanos que eran descendientes directos de su bisabuelo o bien de las esclavas que tuvo a su servicio. Se repetía así la experiencia cienfueguera de su hermano, y se sellaba en un sorprendente abrazo con un altísimo negro –llamado Juan Goytisolo– más de un siglo de historia familiar a ambas orillas del Atlántico. Cuba dejará su huella en el delicioso poema «Quiero ser gato», dedicado a las jóvenes damas de la Casa de las Américas:

> En esta casa llena de muchachas
> yo quisiera ser gato diplomado
> de plantilla de oficio estar atento
> levantarme al oír la voz de Marcia
> frotar mi lomo contra su sillita
> salir cruzar pasillos ver a Ada
> ronronear de gusto en un sofá
> ante el aroma del café que bebe
> grabar después maullidos para Chiqui
> en una cinta que jamás funciona
> saludar respetuoso la presencia
> de Haydée solicitarle quedamente
> dando a mi cola un lento abaniqueo
> que me deje salir todas las noches
> para ver a mi gata a mi mulata
> y luego deslizarme hasta el dominio
> de Silvia y sus ficheros ayudarle
> a encontrar direcciones imposibles
> y andar majestuoso hasta la tibia
> biblioteca con Olga entre mil libros
> limpiar el polvo vigilar la sisa
> de lectores hipócritas non frères
> non semblables en fin hacer las cosas
> de un buen gato de ideas avanzadas
> integrado intrigado e intrigante
> en esta casa llena de muchachas
> de libros de canciones de trabajo
> casa de las américas mi chica
> que ya lo tiene todo menos gato.

ADIÓS A LA COSTA

Si en 1966 la agenda de José Agustín registra una gran actividad itinerante, la de su hermano Luis, por el contrario, apenas incluye desplazamientos por Cataluña. Tras pasar el último año en Cadaqués, el imprevisto embarazo de María Antonia aconseja volver a la ciudad, donde los Goytisolo-Gil se instalan en el piso de ella en la parte alta de la calle Balmes. Todo esto marca un cambio de actitud del novelista, quien intentará reservar a partir de ahora las mejores energías para su compañera. Aunque intelectualmente la pareja sigue rechazando la idea del matrimonio, el embarazo les impulsa a olvidar sus antiguos principios y deciden casarse; en realidad no es la reputación de María Antonia lo que les preocupa: es la del hijo, al que quieren dar unos padres legalmente reconocidos. En la novela *Teoría del conocimiento*, el personaje de Ricardo se confiesa así ante una grabadora: «Ni a Rosa ni a mí se nos pasó por la cabeza la idea de casarnos hasta que Camila estuvo en camino y, equivocados o no, echamos mano del matrimonio a modo de expediente administrativo, el más indicado para estos casos, el menos fastidioso para los futuros padres y para el futuro hijo cuando la futura madre opta por tenerlo.»

La boda tuvo lugar en la parroquia de Sarrià en enero de 1966. Fue una ceremonia sencilla, sin familias, amigos o parientes, opuesta en todo a los solemnes esponsales de José Agustín. El motivo no era tanto respetar la memoria de Eulalia, muerta poco antes, sino ceñirse al mero trámite legal; de hecho, sólo un par de amigos acudieron en calidad de testigos, y a la salida de la iglesia fueron a tomarse unos vinos de Jerez como única celebración. Parece obvio que Luis Goytisolo y María Antonia Gil difícilmente se hubieran casado de no mediar un hijo en el horizonte, y sin ese hijo y esa boda las cosas entre ellos habrían sido muy distintas o incluso habrían dejado de ser. Pero, conjeturas al margen, lo cierto es que tres meses después, el 5 de abril de 1966, nació un niño al que pusieron de nombre Gonzalo.

UN GOYTISOLO EN RUSIA

Ocho meses antes, un ciudadano español había ido a recoger a una francesa al aeropuerto de Moscú. Durante la última semana habían intercambiado mensajes donde se confesaban sus temores y esperanzas ante la posibilidad de una nueva vida. Como Juan Goytisolo escribirá después: «Mi renacimiento a los treinta y cuatro años sin identidad precisa, resuelto sólo a terminar con mi anterior oportunismo y mentira, me abocaba a una etapa de rupturas en serie, en la que el círculo de mis amistades se contraería gradualmente: la previsible soledad que me acechaba sería únicamente soportable, lo sabía, con el sostén y comprensión de Monique.» Era un proceso arduo que iba a necesitar bastante tiempo, pero la URSS supuso un entreacto para la pareja, que pudo reencontrarse en un escenario muy distinto al de las ciudades burguesas que les eran familiares. En sus circunstancias nada podía resultarles más exótico que ir a aquel país del futuro, «a ese bastión del socialismo científico, cuna de la gloriosa Revolución de Octubre, esperanza y alquibla de los explotados, la URSS tan temida, admirada y odiada, objeto de efímeras pesadillas juveniles y adhesiones adultas no menos fugaces, a un Moscú cuya simple mención hacía sobresaltar a mi padre».

La familia Goytisolo-Lange (Monique, Juan, Carole) se registró en el hotel Sovietskaya, reservado exclusivamente a invitados selectos, y comenzaron a llevar una regalada vida burguesa en la patria mundial del proletariado. Aunque la Rusia de la época seguía siendo el torvo Estado policial que empezó a crearse a finales de los años veinte, el tímido deshielo de la era Kruschev permitía aceptar la existencia de autores rusos depurados en la época estalinista, e incluso empezaban a editarse pequeñas selecciones de sus obras que se agotaban a las pocas horas. Este interés desmedido por el arte era, paradójicamente, producto de la férrea amenaza que pesaba sobre la libertad expresiva; porque más que en ningún otro lugar del mundo los lectores y escritores de la URSS conocían los riesgos de crear al margen del credo estatal y por ello otorgaban una alta consideración al hecho literario. Según Juan, se lo tomaban «totalmente en serio», sabedores de que la escritura era un juego peligrosísimo que podía acarrear el ostracismo y la muerte civil. Es normal que el público sintiera un respeto sacrosanto por los literatos o, al menos, por aquellos que habían defendido su independencia: Esenin, Maiakovski, Bábel, Bulgákov, Ajmátova... Como un lector más, Goytisolo comprendió en Rusia que la experiencia literaria podía y debía acompañarse de «un insobornable rigor moral».

Por lo demás, la URSS se les reveló extraordinaria en múltiples facetas. A diferencia de su hermano José Agustín, Juan hizo lo posible por escapar de las visitas organizadas a *koljoses* y fábricas-modelo en las que se deslumbraba a los visitantes. Como pretexto, el novelista confesó a Irina, camarada de la Unión de Escritores, su pasión por los monumentos históricos y en particular por las iglesias, dándose la circunstancia de que «nunca vi tantas imágenes religiosas, templos y capillas como durante mi estancia en aquel mundo supuestamente ateo». Esta curiosidad les llevará a diferentes rincones, como Vladímir, ciudad a la que llegan en tren y en cuya estación les aguarda un pintoresco grupo de representantes de la delegación provincial de la Unión de Escritores. Tras el caluroso recibimiento con ramos de flores y un banquete regado con una vodka que habría enloquecido al poeta Ferrater, la familia Goytisolo-Lange se pierde con el guía –un tal Vidas– por las calles de la ciudad. Recuerda el escritor que era domingo y las aceras estaban llenas de gente, pero su aspecto ensimismado y sombrío le trajo a la memoria las palabras de Jovellanos «sobre el aire de agobio, tristeza y desolación» de los pueblos de Castilla. Juan narrará aquello en presente:

> Los viandantes vagabundean a lo largo de la avenida principal y se aglomeran en torno a unos paneles gigantes en los que figuran el nombre y fotografía de los obreros más meritorios del mes. La contemplación de este cuadro tiene las trazas de ser el único entretenimiento de la ciudad y atrae sin cesar a nuevos grupos de mirones. Nadie ríe, bromea o se expresa en voz alta: el silencio es de rigor. De vez en cuando, la música de un transistor rompe de modo efímero la densidad casi física de aquel híbrido de alienación, torpor y monotonía.

A la mañana siguiente pueden rastrear los templos y monumentos de la región, y quedan sorprendidos por el brillo dorado de las cúpulas bizantinas que resalta purísimo en el cielo azul.

Fuera de Moscú viven otras experiencias, que Monique registrará minuciosamente en su cuaderno de viaje. Ante todo, perciben el atraso de los pueblos de la Rusia profunda, las condiciones de vida centenarias que parecen entresacadas de las páginas de Gógol o Turguénev. Apenas a dos horas de la capital el campesinado parece dormido, pobre, apático. ¿Qué queda del grandioso espíritu revolucionario? Y, sin embargo, es injusto culpar exclusivamente de ello al régimen soviético, porque como el novelista comprobará más tarde, las repúblicas del sur –como Uzbequistán y el Cáucaso– conocen un alto nivel de vida: los antiguos siervos viven ahora mejor que sus antiguos señores... Incluso reina allí una forma de felicidad general. Al bajar del avión en Tashkent, éstas serán sus primeras impresiones: «...ajetreo, dulzura, sensualidad, inmediatez de las relaciones humanas; mayor variedad de rostros, indumentarias, colores; brusco ascenso de la temperatura; vibrante estereofonía de voces». En efecto. Desde el chófer con birrete que va a recogerlos, hasta la radio que emite una melopea de aire turco, todo anuncia una forma muy distinta de entender la vida. La ciudad misma es diferente: cafés concurridos, grupos que toman el té o juegan a las damas al aire libre. La acción conjunta del islam y del sol disipa en el Sur el aura de tristeza que rodea las mareas humanas moscovitas. Aunque la ciudad se intuye moderna, con edificios funcionales, el carácter de sus gentes desprende un calor muy antiguo. Viven mejor que en la misma Moscú, visten con mayor fantasía, el ocio es parte esencial de sus existencias... Y Juan Goytisolo extrae de ello una conclusión política y a la vez étnica:

... esta cala en una nación de cultura islámica, anexionada a la fuerza por los zares e inserta después, contra su voluntad, en el conglomerado plurirracial de la URSS, me permitirá distinguir a la vuelta a Moscú, lo propiamente soviético de lo ruso y no reincidir en el error que cometí años atrás en La Habana, cuando atribuía equivocadamente a la Revolución unos rasgos y unos elementos de alegría, espontaneidad y relajo inherentes en realidad al pueblo cubano. El agobio, melancolía, silencio que sobrecogen al forastero en Tula o Vladimir no son achacables tan sólo, como pudiera creerse a primera vista, al hermetismo e inmovilidad del régimen sino también el resultado de una tradición y experiencia viejas de siglos: obra tanto de Iván, Pedro y Catalina como de Lenin y Stalin.

De la mano del guía los viajeros pasean por los parques de la ciudad: parejas, familias, jugadores de ajedrez, bañistas, «una difusa sensación de bienestar impregna la atmósfera y acaba por embebernos de una suave y liviana felicidad»... Una felicidad también física, pues el calor seco de la zona alivia de inmediato el reumatismo de Monique, que había empeorado tras sus baños invernales en Saint-Tropez. Desde Tashkent el grupo se desplaza luego a Samarcanda. Pese al estado ruinoso de sus mezquitas, el núcleo urbano es magnífico, lo cual refuerza los sentimientos de Juan hacia la vieja civilización musulmana. Recorren a pie los mercados, visitan una de las pocas mezquitas abiertas al culto y se pierden en uno de los palacios de Tamerlán, donde soportan las interminables explicaciones de una guía rusa que se empeña en contarles la vida del emperador mongol y sus cien concubinas, a cincuenta grados a la sombra. Un sol sahariano les acompañará también en su visita a Bujara, sólo que esta vez se zafan del yugo estatal de los guías de Inturist y se dejan llevar por el chófer uzbeco a una docena de mezquitas abandonadas, templos, como escribe Juan, «cuya belleza cenicienta y marchita no se borrará nunca de mi memoria: una emoción pura e intensa, que reviviré años después en El Cairo, en el simétrico, desolado esplendor de Ibn Tulun».

El programa de viaje les conduce más tarde a Crimea, donde tienen pensado pasar unos días en Yalta. Según Goytisolo: «Yalta ofrece todas las apariencias de una anticuada ciudad de la Riviera, con sus villas y palacetes edificados por aristócratas burgueses antes del estallido de la Revolución. El vehículo serpentea, cuesta arriba, una carretera flanqueada de jardines y bosques. En vez de alojarnos en un hotel, vamos a la residencia veraniega de la Unión de Escritores, magníficamente situada en medio de un parque en lo alto de una colina.» Como únicos extranjeros del lugar, no tardan en despertar la curiosidad de los otros huéspedes; pero no es fácil creer que esos huéspedes sean escritores. A simple vista, forman una fauna en exceso variopinta: matrimonios corpulentos en *shorts* y sandalias, un miliciano, un gigante con uniforme de atleta, un japonés diminuto en pijama, una pareja misteriosa con dos hijos, unos ancianos pensionistas que leen atentamente las sábanas de *Pravda* e *Izvéstia*. Todos pertenecen a la burocracia estatal y ocultan una historia que Juan tratará de desvelar con ayuda de Carole: una muchachita muy bella de trece años que «se encamina a la pubertad con una gracia turbadora».

Paralelamente, la afición de Monique al mar les mueve a ir a las playas del Mar Negro, pero el primer día topan con una normativa que impide a los hombres bañarse junto a las mujeres. Esta segregación rigurosa, «digna de nuestros obispos ultramontanos», no es privativa de Crimea: Juan la conoce ya de algunos hoteles de Moscú, en los que se prohíben los intercambios de visitas entre huéspedes de distinto sexo a fin de prevenir actos inmorales. ¿Qué debe pensar? ¿No es una medida similar a las de la Acción Católica española? ¡Qué locura! En la Yalta roja el novelista encuentra ecos de la Barcelona franquista de los cuarenta y, contrariado, ha de separarse de sus compañeras para ir a la playa masculina. Se trata de una orilla rocosa, poblada por docenas de bañistas desnudos; pero, como él mismo escribe: «Más que campo de concentración de nudistas, el lugar parece una colonia de pingüinos de vientre prominente, gafas chillonas, sandalias de caucho; el suelo accidentado, de peñas y guijarros, entorpece todavía más sus movimientos patosos; vergas y testículos cuelgan tristemente, fláccidos, inermes, desamparados.» Como homosexual en ciernes, Juan Goytisolo se pregunta: «¿Dónde están los jóvenes espigados, atletas nervudos, Tadjios de cuerpo glorioso inmortalizados por Thomas Mann? Al otro lado de la verja alambrada que separa las playas, descubro a Monique y Carole que, muertas de risa, se han acercado a consolarme.»

A los pocos días los viajeros empiezan a cansarse de las normas del socialismo soviético, donde todo está hecho con «la simetría estricta y puntillosa de ingenieros, ideólogos y geómetras». La estancia en la residencia se les hace monótona, difícil, a causa sobre todo del estricto horario de comidas, severo régimen dietético y prohibición de bebidas alcohólicas. Este ambiente anacrónico —un amable decorado de Chéjov con libreto de Kafka— cala hondo en el español, quien en 1988 lo incorporará a su novela *Las virtudes del pájaro solitario*, a su juicio la mejor de sus obras. Juan y Monique se las ingeniarán entonces para dar algunos paseos en automóvil por los alrededores y realizar una visita a Tomachevski, hijo del célebre maestro de la escuela «formalista» de Jakobson. Ese joven expansivo y vital veranea en una casa de las afueras: les recibe con un abrazo, les ofrece bebida y luego ríe a mandíbula batiente al enterarse de que se alojan en la residencia; todos son escritores, de acuerdo, pero salvo un traductor de Proust, les dice, ninguno de los huéspedes del establecimiento escribe otra cosa que informes burocráticos. ¿Qué perverso agente trotskista les ha mandado allí? Pasan la tarde bebiendo, charlando de literatura moderna... Svevo, Gadda, Platonov y Bulgákov surgen al fin más vivos que nunca. Tomachevski se revelará un compañero óptimo en aquellas últimas jornadas en el Sur. Alejado de la reserva de sus colegas oficiales, pertenece a una minoría «libre» que Juan Goytisolo ha ido encontrando a lo largo del viaje: A. Tvardovski, director de la revista *Novy-Mir*, en Moscú; o el profesor Pritkere y la traductora Zernova, en Leningrado, cicerones suyos en la antigua San Petersburgo, «bella y crepuscular como lo es a veces Venecia».

No obstante, ellos son sólo islas en aquella Unión Soviética aún marcada a fuego por Stalin y expectante tras la caída de Kruschev. El resto, los intelectuales oficiales, tienen poco que ofrecer a los extranjeros, y el novelista capta el drama de su verdadera situación: «obligados a callar lo esencial —su dependencia absoluta del sistema que los aloja, viste, alimenta, procura trabajo y, en caso de buena conducta, les concede el privilegio de la dacha, automóvil y permiso de viajar–, su diálogo con los occidentales es un continuo ejercicio de reservas, escamoteo y trivialidad». Están amordazados, reprimidos por la censura estatal y esa otra censura que se han impuesto a sí mismos para sobrevivir. Tal situación adquiere otras formas, como los viajeros descubrirán a su regreso a Moscú. Una mañana se aventuran hasta la calle Gorki, donde los vendedores clandestinos de libros suelen ofertar su mercancía; en ella un joven rubio ofrece en voz baja su producto más preciado: «Pasternak, Pasternak.» La calle entera, llena de individuos al acecho, parece más bien un lugar de ligue masculino al aire libre o de venta de drogas. Y Juan se queda estupefacto al descubrir que el título más solicitado y costoso es *La vida secreta de Salvador Dalí*.

La estancia en Rusia se acerca al final, y los Goytisolo-Lange reparten su tiempo entre la Unión de Escritores, encuentros con traductores e hispanistas, paseos con españoles como Agustín Manso, alguna compra de *souvenirs* o cenas con Sartre y Simone de Beauvoir, quienes se hallan en la URSS para asistir a las reuniones del Congreso Mundial de la Paz. Todo contribuye a que la pareja se sienta cada vez más cómoda en la capital moscovita; por ello, el viaje se salda muy positivamente en el plano afectivo. Escribe Juan: «Las cuatro semanas compartidas con Monique han suavizado poco a poco el golpe que le infligió la carta y, en los diversos escenarios y episodios del viaje, hemos reaprendido unos gestos que creímos muertos, recuperado la querencia comunicativa, alcanzado la intimidad física con la misma novedad turbadora de nuestro primer encuentro barcelonés.» Hay, pues, un renacimiento de la pasión, un nuevo brote de amor... Rusia supone una transición providencial entre la pareja del pasado y esa otra que el escritor pretende crear para el futuro. Durante aquel mes Monique se acerca a Juan, tratando de adaptarse con cautela –la maniobra es recíproca– a sus inquietudes. La lejanía de su decorado cotidiano, la excitación casi infantil de explorar aquel territorio inmenso de los libros escolares harán el resto. El propio Goytisolo reconoce que en París las cosas habrían sido bastante más arduas. A la vuelta, esbozará un primer balance de esa experiencia:

> La Unión Soviética –modelo y espantajo de tantos escritores– no nos ha causado entusiasmo pero tampoco horror. La estancia en ella ha sido incitativa, cordial y a veces simpática. En cualquier caso, los

atisbos y calas en la sociedad del futuro nos han inoculado un saludable escepticismo tocante a la programación estatal de la dicha y afinado, quizás involuntariamente, nuestro sentido del humor.

Aunque el novelista volvió a Rusia el verano siguiente, ya nada fue lo mismo. En 1986 escribirá este pasaje revelador:

He soñado varias veces en los últimos años que visito de nuevo la URSS: la trama onírica no es opresiva ni angustiosa y discurre en términos generales en una atmósfera amable y un tanto irreal. Vaga conciencia del retorno a un pasado muerto e irrepetible que me proyecta con frescura al recuerdo de mis viajes y, de modo subliminal e indirecto, al tardío descubrimiento de lo absurdamente feliz que allí fui.

TÁNGER

De regreso a Francia la pareja sigue pensando en una relación nueva que les libere de la hipocresía y sordidez de muchos matrimonios convencionales; si necesitaban un nuevo decálogo, la estancia en Rusia les ha indicado el camino. Pero en cierto modo el verano soviético es también un espejismo que se desvanece lentamente en la Rue Poissonnière. Aunque tengan un objetivo común, tanto Juan como Monique deciden continuar su vida por separado, al menos hasta que el escritor haya resuelto algunas cuestiones pendientes: ¿Qué hay de su relación con los árabes, por ejemplo, o con la política, o la literatura, o con España? El viaje familiar a la URSS exige un tiempo de meditación solitaria, así que aquel otoño de 1965 Monique Lange volverá al sur de Francia y Juan Goytisolo partirá a Marruecos. El propósito de ella es seguir fuera de París, donde aún perdura el recuerdo fúnebre de la madre, la presencia de un padre «aborrecible, vanidoso y egocéntrico» y una agenda repleta de compromisos. Pero ¿cuál es el propósito de Juan?

Pese a que algunos lugares de Marruecos –Tánger en particular– gozan de justa fama en los círculos homosexuales europeos, el viaje de Goytisolo no se inscribe en lo que hoy llamamos turismo sexual. Bien mirado, árabes de todo signo los hay en el mismo París, donde el novelista ha conseguido ya entrar en sus guetos y tener un amante llamado Ahmed. El plan de Juan es más complejo, aunque por ahora carezca de configuración; su correspondencia revela que no conoce exactamente sus objetivos, pero sabe muy bien lo que aborrece: pasar otro invierno en la Costa Azul. Nada más llegar a Tánger escribe a Monique: «Necesito estar aquí: no puedo permanecer en Saint-Tropez sin ideas ni ganas de escribir y presiento que en Tánger recobraré ambas. Eso es lo que me importa de verdad, no el sexo.» Todavía es necesario que Goytisolo le aclare este punto, que justifique su decisión en términos literarios, no eróticos, pues sabe que eso tranquilizará a Monique. Otras cartas de la época inciden en ello: «...es cierto que te echo de menos, pero temo regresar a Saint-Tropez y fastidiarme. Admito que es difícil vivir conmigo y has encajado muchas cosas desde Moscú; mas en Saint-Tropez, sin algo concreto entre manos, simplemente no existo». Con el tiempo será más explícito, aclarándole a su compañera los motivos que le llevan a prolongar la estancia en África: «Debes creerme cuando te digo que si me demoro aquí un poco ello no guarda ninguna relación contigo. Te añoro y el tiempo sin ti me parece largo; con todo, no quiero volver a Saint-Tropez para sentirme jodido, emborracharme y echarte luego las culpas. Prefiero que te cabrees conmigo a tenerte rencor.» Juan no desea culpabilizar a alguien que no es responsable del giro drástico que ha dado su existencia. Curiosamente, la literatura parece ocupar en este proceso un lugar axial: «Me muero de ganas de escribir, y no sé todavía sobre qué.»

Durante el otoño de 1965 y enero de 1966, Juan Goytisolo permanece en Marruecos, país que irá recorriendo por etapas desde su base en Tánger. Instalado en un apartamento cerca del puerto, en la Rue Molière, deja atrás más de treinta años vividos en familia, y la perspectiva de acampar entre muebles impersonales, es decir, sin historia, le llena por igual de incertidumbre, alivio y satisfacción. Él mismo parece un hombre sin historia, sin importancia colectiva, diría Céline, tocado de una austeridad casi genetiana. Todo lo que lleva – chaqueta, pantalones, ropa interior, camisas– cabe en una maleta de mediano tamaño; también le acompañan, como objetos sagrados, la pluma, el tintero, los libros, el papel. Pero ¿será capaz de escribir?

El nuevo escenario no se abre a los pulcros tejados rojizos de Saint-Tropez, si bien la parte trasera del apartamento tiene un balcón desde el que se vislumbra entre dos edificios una pequeña área del puerto, y a lo lejos, «como una cicatriz embrumada y blancuzca, la costa borrosa de su remoto y execrado país». Este dato es crucial porque será germen del Goytisolo nuevo, alguien que aún no tiene horarios ni planes de trabajo y podría confundirse con un turista cualquiera. En otros pasajes de las cartas a Monique le comenta: «... miro a España de lejos, lleno de excitación intelectual»; la diferencia con la Costa Azul es evidente, pues allí «no estoy en España ni frente a España ni puedo mirarla como aquí de una manera nueva». Esta necesidad de renovar su óptica, reajustando el *locus*, se anuncia ya como un revulsivo literario: «Mi idea de trabajo se funda en la visión de la costa española desde Tánger: quiero arrancar de esta imagen y escribir algo hermoso, que vaya más allá de cuanto he escrito hasta hoy.» Tras el arduo epílogo de *Señas de identidad*, parece ya tener otro plan; pero ese plan necesita tanto de la contemplación diaria de España como del conocimiento de la orilla africana desde donde la observa. Anclado a esa orilla, el novelista responde a este autorretrato en tercera persona de *En los reinos de taifa*:

> A primera vista, el nuevo inquilino es hombre de costumbres sobrias, esmerado y pulcro hasta la nimiedad: se levanta temprano, se ducha, se afeita e inmediatamente sale a estirar la piernas y adquirir por unos centavos algún desmirriado, esotérico diario local. Ha descubierto el café de un compatriota a cincuenta metros de su casa y decide aparroquiarlo de momento en espera de mejor solución.

En Tánger el extranjero lee la prensa, escribe cartas, pasea diez horas diarias, se pierde obsesivamente por el laberinto de callejas como si marchara tras los pasos de un desconocido que acaso sólo es el doble fantasmal de sí mismo. A veces se detiene en la terraza de algún café cercano a la estación e imita a los lugareños que beben té a la menta; otras, se introduce en los cafetines de los barrios más angostos y trata de asimilar los hábitos locales. Como en Barbès, Juan Goytisolo se impone satisfacer su insaciable curiosidad; pero primero tendrá que combatir su timidez crónica, ese resto de temblor burgués que le frena en el umbral de la aventura. Sobreponiéndose, entrará finalmente en los tugurios, será conocido por el dueño y los parroquianos, beberá infusiones aromáticas, fumará pipas de kif. Aunque ignora el idioma, siente hacia él la misma poderosa imantación: ha comprado un pequeño manual de frases y trata de identificar algunas palabras que recoge en las conversaciones de las terrazas y que anota sueltas en una cajetilla de Gitanes. Este rapto amoroso hacia una lengua extranjera contrasta con sus serias dudas acerca de la propia. Dice en carta a Monique: «Hace un rato, en un café moro, veía y escuchaba la televisión española que se capta aquí. Su cretinismo y la profanación de nuestra lengua me impresionaron de modo increíble.» No es la lengua lo que le irrita: es el pésimo uso que se hace de ella, la certeza de que la televisión está corrompiendo el lenguaje y con él la conciencia de sus compatriotas. Claro que, en el fondo, tampoco siente la menor simpatía hacia ellos, y ése es su mal: «El expatriado convalece de una dolencia cuyo nombre no figura en los diccionarios y contra la que no se receta medicina alguna. Su rechazo de cuanto le identificaba toma proporciones alérgicas: la cercanía de sus paisanos le irrita y, en lo posible, huye de su presencia.» Hará una excepción con el periodista Eduardo Haro Tecglen, entonces en el diario *España* de Tánger, pero sigue decidido a proseguir su aventura a solas. Salvo esporádicas incursiones en el barrio moderno para ir a la oficina de Correos, sus pasos le llevan tercos al casco antiguo de la medina. En aquellas semanas, pues, se verá a un nuevo extranjero en los cafés engastados en la muralla que da al mar, o en los locales altivos que dominan las azoteas y cúpulas tangerinas. Según él: «La novedad de cuanto ve, oye, tienta, gusta, respira, le basta. A diferencia de otros viajes que ha hecho, no busca la confirmación de teoría alguna ni la validación de sus propios conocimientos. El monolitismo ideológico en que vivía ha cedido paso a la feroz dispersión de las taifas.» Goytisolo trata, en realidad, de arrancarse la peor de las pieles, ese monolitismo ideológico en el que ha crecido como el resto de los españoles de su generación. Comprende así que «... sólo la apropiación mental de aquel mundo puede facilitarle el olvido de viejos errores y aprendizaje de errores nuevos, la operación de desprenderse de un pasado y experiencia opresores, el proyecto de extender a sí mismo la indagación predicada hasta entonces a los demás.» Si pudiera escribir todo eso...

Un día, en la terraza de un café del zoco, Juan se fija en un individuo que por su atuendo parece pescador; cuando el novelista vuelve a verlo cerca de Correos, el desconocido se le dirige en torpe castellano y le explica que ha trabajado varios años en el muelle. El árabe, a quien llamaré Hassan, posee una complexión recia, compacta, y por algún motivo –quizá la risa dentada bajo el mostacho– hace pensar a Goytisolo en Alfredo, el difunto masovero de Torrentbó. Una vez más, esa imagen viril, maciza, agreste reaparece en su vida, y una vez más también el alcohol cumplirá su papel desinhibitorio..., pero ahora con todas las consecuencias, pues los dos hombres coinciden a menudo dentro y fuera del apartamento de la Rue Moliére. Muy pronto, Hassan resulta ser algo más que un compañero: es su escolta en las incursiones habituales por la medina; juntos suben a los cafetines de la alcazaba, mezclan y fuman hierba e incluso toman *maaxun*. Protegido por el robusto árabe, el español fuerza «los antros más duros» y descubre el placer de fumar unas pipas en el jardín colgante de la Jafita, atalaya desde la que contempla –y acecha– el perfil de España, «la costa enemiga». Éste es el recorrido diurno, aunque, tras la cena, Hassan le conduce a la ciudad moderna donde sacian su sed en los bares ingleses. Bebedor de fondo como ellos, el árabe arrastra al escritor a la vida nocturna, y Juan siente con mayor vértigo la llamada de la sima. Será entonces cuando se produzca un episodio clave que tuvo lugar una noche cualquiera de diciembre de 1965 y comenzó así:

... idas y vueltas de la Alcazaba, pipas de compartido kif, cátedra televisiva de españoleo, rauda colación en Hammadi, nocturno ajetreo en un taxi, desembarco alegre con tu guarda y mentor en el circuito habitual de bureo : guaridas recatadas y muelles, fondo musical de Rolling Stones, sonrisitas cónnives, contoneos de reina africana, maricas remilgadas, acento oxoniano de noble tronado o jubilado lord : risueñas libaciones en la penumbra, sed jamás satisfecha...

Una velada tangerina como las otras. Pero el alcohol desata la lengua de Hassan; se muestra cada vez más afectuoso y confiesa al escritor el propósito de permanecer a su lado de por vida. Sí, será Hassan quien lave y guise para él, quien vaya al mercado, quien le proteja de molestias y peligros, a cambio de seguir frecuentando los bares, fumando y bebiendo en su compañía, a cambio también de alejarse de la gentuza de Tánger, de escapar algún día de allí y cumplir su viejo sueño de marchar a España. Ya en el apartamento, el árabe continúa con sus planes mientras van cayendo ropas y botellas de Bulauan. Luego, el discurso de Hassan se torna agrio: le cuenta sus quince años en el puerto, descargando cajas de naranjas de hasta ochenta kilos, de sol a sol, apechando con todo, para que luego «esos cabrones» cierren la empresa y le dejen «en la puta calle tirado como una colilla», sin indemnizaciones, con una miserable carta de recomendación y un finiquito insultante: un par de botas nuevas, veinte litros de aceite y un saco de harina. ¿Cómo va a sacar adelante a su madre y a sus hermanas? Entre risas y lágrimas se avecina la tormenta. Han tomado demasiado alcohol para que la confesión amarga concluya plácidamente, quizá por eso nadie logrará reconstruir lo que pasó después. Todo indica que en algún momento hubo una provocación del escritor, el deseo oscuro de sacar de sus casillas al otro, quién sabe si para obtener su más rudo abrazo, o para que Hassan coronara en su lugar esa guerra que Juan Goytisolo había emprendido contra el extraño que llevaba su nombre.

En *Reinos* aborda el episodio:

... opacidad interrumpida por el fucilazo esclarecedor de la violencia, vuestra fulgurante comunicación energética, contundencia del golpe, caída, penosa incorporación, orden brutal de tenderte en la cama, conciencia intermitentemente alumbrada, acorchamiento, pesadez, modorra mientras él recorre la habitación como fiera enjaulada, va a procurarse alcohol a la cocina, bebe a caño, profiere amenazas y acusaciones sordas contra ti, contra la ciudad, contra la perra vida, se planta sin quitarte la vista de encima sabueso y torvo como un cancerbero...

Con las luces del día el espectáculo es desolador: botellas vacías, cama deshecha, sillas volcadas, desorden total. Cuando Juan se mire en el espejo del baño descubrirá un rostro que no es el suyo, abotargado, hinchado por unos golpes que ocultará durante una semana bajo las gafas de sol. En vano trata de entender lo ocurrido. ¿Provocó él la furia aniquilatoria del otro en un resto de pulsión autodestructiva, o fue una pésima noche de borrachera? En todo caso el incidente le servirá de gran acicate. Pese a las disculpas de Hassan, que despierta tan resacoso y perplejo como su víctima, el español desea estar a solas, reflexionar sobre aquel arrebato virulento, poner tierra de por medio. A partir de ahí su plan literario comenzará a tomar cuerpo, y su estela vital –como la de un resucitado– hallará verdadero sentido. Está dispuesto a «transformar humillación en levadura, furia en apoderamiento : llegar a ese punto de fusión en que la guerra emprendida contra ti mismo simbólicamente trascienda, augure moral y literariamente una empresa, vindique la razón del percance, del cataclismo buscado y temido : recia imposición del destino cuyo premio será la escritura, el zaratán o la gracia de la creación». Ese mismo día Goytisolo toma un avión y huye a Marrakech.

EUREKA

Cuando aterriza en el aeropuerto de La Menara, ignora aún que aquella ciudad va a ser fundamental en su vida; en su primera visita allí no logra absorber la esencia de un lugar que con los años acabará concediéndole «el don magnificente de la palabra». Encerrado en el hotel, vive horas de soledad, exaltación, rabia. No deja de pensar en los acontecimientos de la víspera que han roto «la corteza de tu centro ardiente», descubriéndole al fin su vivencia peculiar del sexo. Pero hay un detalle fundamental... Quince años después de su confesión etílica a Lucho en Madrid, Juan Goytisolo comprueba que esta vez «el descalabro moral se ha convertido en una fuente vital de conocimiento», y decide aprovecharla. En adelante asumirá aquello con «desengañada lucidez y tranquila fatalidad». Sabe que más allá de la anécdota truculenta hay una energía desconocida que va a impulsar su nueva empresa literaria.

Es en Marrakech, precisamente, donde el escritor restaña sus heridas y reconduce ese fluido energético hacia la vandálica invasión que proyecta. A grandes rasgos, el invadido va a ser invasor, feliz artífice de un asalto narrativo que cristalizará en «esa obra no escrita aún en nuestra lengua, contra ella, a mayor gloria de ella, destrucción y homenaje, profanación y ofrenda, agresión alienada, onírica, esquizofrénica». Pero ¿cómo levantar con éxito esa mezcla verbal de imaginación y razón? La atmósfera marroquí le va susurrando las pautas: conocer la historia auténtica de España, sumergirse en lo que él llama «el baño lustral de sus clásicos», incorporar al texto el acervo humanístico de la época, llegar a las raíces de la muerte civil «que te ha tocado vivir» y, sobre todo, «sacar a la luz demonios y miedos agazapados en lo hondo de tu conciencia».

En Marrakech primero, en Tánger después, Juan Goytisolo pasará días enteros rumiando su cólera, alimentando la sed de venganza «contra esos molinos o gigantes llamados religión-patria-familia-pasado-niñez», lastres de plomo que aún le impiden consumar su ansiada metamorfosis. Es innegable que los golpes de Hassan han activado un mecanismo de reacción latente, han removido toda su hiel, abriendo de paso la espita a un jugo hasta entonces inútil y tóxico. Seguro de inaugurar un momento único, el novelista se reencuentra con Hassan y por un tiempo mantiene su relación con él en la creencia de que necesita aún de su cercanía revulsiva y estimulante.

Cuando luego escriba a Monique eludirá entrar en ciertos pormenores, recordándole, en cambio, que la estancia en Tánger le resulta indispensable «para esta lucha diaria con un tema todavía borroso». Pero hay algo cierto: ese tema exige un conocimiento profundo del propio idioma. A partir de ello Goytisolo alternará el torpe aprendizaje del árabe, idioma nuevo, con la inmersión bautismal en su idioma antiguo, el castellano, que se le abre en todo su esplendor gracias a un viejo volumen de las *Soledades* de Góngora. El verbo se convierte así en su refugio, confirmándole el adagio de que el idioma es la verdadera patria del escritor. Porque, en definitiva, ¿cómo puede llamar «patria» a España, país donde su obra ha sido prohibida desde 1963? Bajo el cielo caprichoso de Tánger el proscrito encuentra en Góngora un territorio bello, ignoto, vasto, incandescente. Aquellos versos enlazados como gemas, sus metáforas excelsas, irrumpen en el cerebro de Juan y le despiertan a media noche aflorando a los labios, como si el gran poeta barroco guiara sus sueños. El novelista habla entonces de «inmediatez, trasvase, impregnación de una escritura que suplanta ventajosamente el mundo, le sirve de punto de referencia y, como un faro, te dispensa sus señas en medio del caos».

Pero ni siquiera esa luz va a protegerle de algunas nuevas que llegan de la Península. A lo largo de 1965, las cartas de su hermano Luis le han ido informando del estado de Eulalia, la vieja asistenta, cuya agonía sigue a través del correo en angustiosa cuenta atrás. Sobre dicha agonía, José Agustín Goytisolo escribe: «Cuando enfermó y partía hacia la nada / dijo que deseaba que la vieran / vestida como jueves o domingo / y el pelo recubriéndole la frente.» Será su último gesto de vanidad femenina.

Aunque Eulalia muere el 28 de diciembre, Juan no recibe la noticia hasta principios del nuevo año en Fez. Pero cuando la sepa le afectará profundamente, según me dijo, «bastante más que la muerte de mi padre o del abuelo». Ello explicaría un párrafo de sus memorias que de otro modo puede sonar desmedido:

> Un día escueto y avaricioso de enero, recrudece el invierno, Eulalia ha muerto y el expatriado ha digerido a su modo la nueva, ha subido sin su cancerbero a uno de los cafetines de la Alcazaba, disuelto una buena dosis de maaxun en su vaso de hierbabuena, delirado, sollozado, gemido durante horas a culpa abierta, cumplido con el rito milenario, fúnebre y antropofágico, de la explicación final omitida.

En esta tesitura emocional se inscribe también la carta que por esas fechas envía a Monique: «Quizá haya sido mejor así pero, no obstante lo previsible del hecho, su noticia me ha causado un efecto terrible. Ni a Luis ni a mí nos queda nada detrás respecto al pasado y familia –ni tampoco delante– en lo que toca a la muerte. Cortado el cordón umbilical y en lista de espera.»

No importa que la estancia en Marruecos le está revelando la senda por la que transcurrirá su nueva vida. Esa senda aún resulta frágil e insegura cuando la muerte llama a la puerta... Nace así una sensación regresiva, de orfandad. Pese a que Eulalia nunca pudo reemplazar a la madre, se produce un súbito retorno al desvalimiento, quizá un miedo infantil, estimulado en parte por los excesos que el escritor comete, imprudente, para mitigar su dolor. Oculto en el apartamento, procura encajar la abrumadora noticia, reprimir los sentimientos de culpa que le invaden por no haber acudido junto al lecho de la enferma. Diez años antes, premonitoriamente, había escrito en su novela *Fiestas:* «El niño se acordó de las palabras del doctor y sintió un ramalazo de pánico. Le parecía horrible la idea de que Antonia, la bondadosa y gruñona Antonia, pudiese morir así, sin más, como un objeto viejo consumido por el uso.» Y en otro pasaje: «Estaba seguro de que nadie se atrevería a confesarle la verdad y el espectáculo de su miedo al conocerla sería insoportable. Habría que combatir su terror, acostumbrarla a la idea de morir. Decirle, como a la perra de los vecinos cuando comió un pedazo de carne envenenada: "Calma, calma, quieta, aguarda, aguarda".» Desde el miedo infantil Juan Goytisolo cedió siempre ese papel ingrato a los otros hermanos. Pero su *karma* ya estaba escrito. No pudo evitar la muerte de la madre en 1938, no quiso asistir a la muerte de Eulalia en 1965, y por una cruel ironía tampoco podrá estar presente cuando Monique Lange –el amor de su vida– caiga fulminada por un infarto en otoño de 1996.

Desolado, el joven novelista sube a la Alcazaba a consolarse con el hachís y una dosis endiablada de *maaxun.* Pasará horas tomándolos y, de nuevo en su cuarto, caerá en un profundo estado alucinatorio. Perdida la noción del tiempo, inmerso en las sábanas revueltas, yace en la cama. Es la noche más larga de su vida –veinte horas–, donde entre raptos, visiones y brumas recibirá la visita de los muertos: primero el padre; después el abuelo, viejísimo, leyendo el periódico bajo el castaño de Indias, y por último Eulalia, protagonista vivaz de unos episodios que se engarzan como escenas de un tríptico de muerte. El propio Juan describe así aquellos momentos de terrible semiinconsciencia:

... vueltas y más vueltas en la cama, negro, todo negro, pecho sobrecargado, cabeza ardiente, punzadas de dolor, presentimiento agorero, deseos frustrados de huida, síntomas de pánico, humedad involuntaria, tenaz aleteo del corazón, miembros paralizados, inminencia del rostro que temes, figura de Eulalia convocada por la desmesura de tu propio espanto, perceptible ya en la penumbra, cada vez más precisa y nítida, cabello, piel, ojos, labios, mejillas perfectamente exactos, esquiva, distante, muda, un gesto de reproche amargo, imagen, presencia, corporeidad que te fulminan, se adueñan de ti, rompen los diques del pudor, desbordan la culpabilidad acumulada en tu seno, minutos u horas de dolor, gemidos, lágrimas, extemporáneo e inútil arrepentimiento, recuerdo confuso de súplicas no oídas, protestas tardías de amor, jornada interminable en la cama sucia y manchada, como si hubieras echado raíces en ella, vaciando anchurosamente, sin trabas cuanto guardabas dentro, fantasmas, errores, deslealtades, cobardías, miedos, un curso completo de terapia freudiana por el precio de un vaso de maaxun.

¿Aparición real o viaje al confín de la mente? La experiencia supone una total purificación, algo que le obligará a interpretar a la luz del día aquel encuentro con los difuntos de Pablo Alcover.

Tras aquella larga noche, Juan Goytisolo envía unas líneas a Saint-Tropez anunciando su regreso; la última semana en Tánger la emplea en una actividad cada vez más contemplativa. Dicen que respeta sus hábitos: pasea, bebe té, fuma y lee a Góngora; pero permanece atento al ajetreo callejero —figuras envueltas en albornoces o jaiques que surgen de cualquier callejón— o contempla absorto las nubes que pasan. El aire salino del Estrecho le estimula y le produce a la vez un raro efecto sedante. La brisa además le trae voces, mensajes, música, tañidos artesanos y la llamada hipnótica del almuédano.

Una mañana cualquiera el expatriado se interna en el laberinto de la Alcazaba, cruza el reino verde del Marshan, atraviesa la plaza de la Maternidad y se dirige al mirador de la Aljafita. El sol amable de enero le permite sentarse en el jardín colgante para observar por enésima vez el horizonte marino, abierto al estrecho de Tarifa. De repente, todo cobra sentido: «... la aguerrida sucesión de olas que en lenta cabalgata suicida rompen y mueren entre espumas al pie del cantil: verificación reiterada de la distancia que le separa de la otra orilla, almendra de su ansiedad agresiva y vehemente afán de traición». Había tardado tanto en formar esa idea dentro de él que el enigma se resolvió entonces con increíble sencillez. Miraba la costa española, el libro de Góngora en las manos, cuando unas palabras misteriosas acudieron a su mente: «Adiós, Madrastra inmunda, país de siervos y señores

/ adiós, tricornios de charol, y tú, pueblo que los soportas.» Enseguida anota emocionado esos versos, intuye que son anuncio o germen de algo, y como un personaje de Durrell siente que el universo entero le da un abrazo. Sólo el tiempo transformará esa idea motriz en acabada literatura, las primeras líneas de *Reivindicación del conde don Julián:* «... tierra ingrata, entre todas espuria y mezquina, jamás volveré a ti».

La estancia en Tánger toca forzosamente a su fin, pero algo profundo ha cambiado en el ánimo del viajero: «El que ve y el que es visto forman uno en ti mismo, dice Mawlana; pero el expatriado del que ahora te despides es otro y cuando haga su maleta y desaparezca de la ciudad a la que discretamente llegó en el efímero dulzor otoñal podrá flaubertianamente exclamar en el fervor de su empresa, confundido del todo con el felón de la remota leyenda, don Julián c'est moi.»

FLOR ETERNA

Eulalia ha muerto... Y con ella morirá también la casa de Tres Torres. En ausencia de Juan, los Goytisolo se preparan para el inevitable adiós a Pablo Alcover. Según José Agustín, son momentos de tristeza y melancolía, de forzosa evocación de un pasado que aflora en cada gesto final: contemplar las estancias desiertas, recoger viejos objetos, cerrar puertas y ventanas, aspirar el olor de la cocina, oír los pasos íntimos en el corredor, salir al jardín, tomar apresuradamente una última foto en blanco y negro del caserón familiar. En ella los muros parecen devorados por las hojas y las ramas de los árboles: la naturaleza se cierne sombría sobre un edificio condenado a la demolición. Treinta años después, el poeta alteró en un poema el maléfico veredicto de los astros:

> Reinaba el limonero sobre el fondo
> del jardín y aunque nadie lo regaba
> debió beber la lluvia y el rocío
> pues era hermoso y fuerte. Cuando echaba
> la flor de azahar colmaba de lisura
> el aire. Y aún ahora en el recuerdo
> sigue ofreciendo frutos amarillos
> como hizo siempre que el jardín duró.

Después –en donde estuvo– un edificio
señala la ignominia. A ojos cerrados
el verde oscuro y terso de las hojas
sigue brillando sobre el tiempo ido.

CAMARADA GENET

Juan Goytisolo regresa a la Costa Azul en enero de 1966, libre ya de sus reticencias hacia Saint-Tropez. Desde que ha visto España en la distancia y ha sentido que esa contemplación le inspira sentimientos muy vivos, asume que la agresividad hacia ella puede tomar cuerpo literario. ¡Al fin tiene un plan! Y se pone manos a la obra. Pero al principio no se centra tanto en la escritura como en el conocimiento de nuestros clásicos, particularmente del Siglo de Oro, cuya ayuda intuye decisiva para la nueva empresa. Lectura, aprendizaje, notas, un proceso laborioso que le llevará el resto del año; Goytisolo lee también la prensa, repasa textos escolares, consulta enciclopedias, inmerso en una cala voraz marcada por la pluralidad y la heterodoxia. Esta etapa de ebullición creadora no altera, sin embargo, su vida junto a Monique. A la postre ambos son escritores, y ella está ultimando a su vez un nuevo libro, *Une drôle de voix*, donde revive –con ese pudor tan suyo– la enfermedad y muerte de la madre; volver sobre aquella agonía equivale a un recuerdo de su relación con la enferma, prolongando en la escritura un doloroso proceso liberador. Curiosamente, Juan Goytisolo se enfrenta por esas fechas a su propia catarsis, entendida tanto en la primera acepción del término, es decir, «purificación ritual de personas o cosas afectadas de alguna impureza», como de la quinta, «eliminación de recuerdos que perturban la conciencia o el equilibrio nervioso». Pero antes de esa ceremonia de olvido hay que recordarlo todo. La pareja Goytisolo-Lange pasará aquel invierno acercándose, también recordando en soledad. Es la primera fase hacia la autocuración.

Regularmente, Monique marcha a París a resolver algunos compromisos y en uno de los viajes se encuentra con Genet. El dramaturgo parece recuperado ya de su drama íntimo, que le llevó en poco tiempo a cometer dos intentos de suicidio. Durante la charla, la escritora le comunica los cambios surgidos en su relación sentimental; le cuenta que la «pasión árabe» –algo muy genetiano, por cierto– ha irrumpido en la vida de su compañero, pero se confiesa incapaz de entenderla. Mientras conversa con Genet, intenta acercarse a esa zona extraña y secreta del novelista que la aguarda en Saint-Tropez; Genet, por su parte, trata de clarificar las ideas y sentimientos de aquella amiga a la que tanto debe. Finalmente el encuentro será muy beneficioso para ella, y la reafirmará en su idea de seguir con Juan. El dramaturgo, además, parece bastante «encantado» con la evolución del escritor español. Según éste, «mi homosexualidad le satisface enormemente y desea verme». Cuando al fin se reúnan, el autor de *Las criadas* le tratará de un modo «cordial, irónico, incisivo»: es el estilo Genet, aunque ahora intervenga un nuevo elemento de afinidad. A la postre, «el hidalgo» Goytisolo ha sucumbido a amores «ilícitos»... ¡Y con árabes! Ya no son esas «experiencias» de tipo anglosajón, de las que hiciera burla aquella lejana primera noche en la Rue Poissonière. Genet sabe como nadie lo que significan y lo que pueden representar para el futuro del compañero de Monique. Por eso habla, calla, sonríe. ¿Cree acaso que Juan aspira a emularle, seguir su estela con idea de convertirse en «el Genet español»? ¿O piensa que es mera coincidencia y que sólo busca su propia pureza? Un hombre como Genet no tiene dudas.

EL BUEN TRAIDOR

En repetidas ocasiones Juan Goytisolo ha declarado que abomina de toda su obra anterior a *Don Julián*, o sea, que sólo a partir de *Reivindicación del conde don Julián* asume totalmente la autoría de sus escritos. Ello obedece a una convicción muy íntima, intransferible, casi irracional. Pero conviene recordar que esta novela –según los expertos– supuso una ruptura no sólo en su trayectoria literaria sino en la narrativa española del siglo XX. Por las cartas del autor a Monique sabemos que éste tuvo una idea precoz de lo que quería: invasión, destrucción, también consagración; pero le faltaba una máscara para llevarla a cabo, un sujeto que blandiera la espada del idioma para acometer su gran empresa-felonía. Cuando al fin la encuentre, abandonará Tánger proclamando como hemos visto *«Don Julián c'est moi»*.

En *Crónicas sarracinas*, el novelista escribe sobre el propósito del libro:

> En mi novela *Reivindicación del conde don Julián*, me propuse una tarea de sicoanálisis nacional a través de la lectura del discurso

colectivo tradicional sobre el Islam en nuestra literatura y en nuestra historia. *Don Julián* no es, como el título pudiera indicar, una novela histórica en la acepción que el término ha tomado entre nosotros. El narrador es un ser anónimo que, desde Tánger, contempla la costa española y se identifica con el conde don Julián, gobernador visigodo del lugar, el Gran Traidor que, según la leyenda, abrió las puertas de la Península a los musulmanes. Dicho narrador –fugitivo, no hay que olvidarlo, de los cuarenta años de orden franquista– sueña en una nueva invasión de su patria, cuyos efectos duren también ocho siglos. Esto es, la destrucción de las instituciones y símbolos sobre los que se han construido la personalidad española en contraposición y rechazo a la amenaza y tentación del Islam.

Para Goytisolo nuestra personalidad colectiva se ha forjado durante varios siglos contra algo, una amenaza externa y, más concretamente, la amenaza de la Media Luna. Eso que Américo Castro definió como «la esencia hispánica a prueba de milenios», el destino español, único, sagrado, ¿qué es sino una condena eterna a ser caballeros medievales, a combatir hasta la muerte para salvaguardar los valores de la civilización y de la fe cristianas? Sin embargo, aunque se hable siempre de España, no fue España entera la que combatió la invasión árabe. Andalucía supo adaptarse plenamente a la cultura islámica, igual que la costa del Mediterráneo o las tierras meridionales del centro, más abiertas que la Castilla profunda. Pero será esa Castilla profunda, bendecida por los aires guerreros de Covadonga, la que construya su identidad marchando contra el Islam y arrastrando a todos los cristianos a una porfiada aventura redentora que desdichadamente se coronó con éxito.

Al margen de valoraciones sobre la Reconquista, hay algo de verdad en ello: la mayor tragedia histórica española se produjo en el 711 con la invasión sarracena, invasión que fue posible gracias a las malas artes del traidor Julián. No obstante, don Julián tenía una razón poderosa: vengar el honor de su hija, que había sido arrebatado por don Rodrigo, el último rey visigodo. En primera y última instancia, pues, un delito sexual iba a dar origen a la tragedia. No es extraño que desde el siglo XI *(Crónica Pseudo Isidoriana)* hasta el siglo XIX (Rivas, Espronceda, Zorrilla) haya una larga tradición en nuestra cultura, compuesta por centenares de crónicas, relatos, poemas y dramas que interpretan el hundimiento de la monarquía visigoda mediante una referencia hostil y condenatoria a la sexualidad. Como explica Goytisolo: «La satisfacción de los apetitos carnales de don Rodrigo es la causa directa de un castigo –la conquista islámica– que afrentará a España por espacio de ochocientos años.»

Durante todo este período la Península sufrió «un castigo divino» por el delito de don Rodrigo, pero también por los excesos de una corte visigoda en decadencia y los de unos súbditos sumidos muy probablemente en el pecado. Ahora bien, ¿quiénes personificaron ese castigo? Los moros invasores: ellos fueron el instrumento involuntario de la ira de Dios. Si España había pecado, individual y colectivamente, iba a ser castigada individual y colectivamente por hordas de salvajes feroces y lujuriosos que llegarían de África.

A partir de ese momento la leyenda que atribuye «la caída» de España al «pecado» de sus habitantes caló en el inconsciente popular. En lógica, enseguida surgió otro mito «salvador» erigido para poner remedio, esto es, para combatir al invasor, vencerlo y crear una nación nueva sin vicios ni debilidades. Aunque la elaboración literaria de este segundo mito se interrumpe a las puertas del siglo XX, conocerá un brusco renacimiento real en 1936. Después de todo las tropas «nacionales» de África, con terribles moros en sus filas, ¿no fueron un nuevo «castigo divino» sobre la España corrompida, roja, republicana, culpable de tantos libertinajes y excesos? Su caudillo, al menos, proclamaba serlo «por la gracia de Dios». Es más, el hecho de que los generales facciosos eligieran Burgos –la gótica, la germánica– como capital durante la guerra, ¿no obedecía expresamente al deseo de entroncar su cruzada con aquella otra magna cruzada contra el Islam? ¿No era un modo de legitimarse en la gran historia de los visigodos, los verdaderos españoles, los puros? Preguntas que el tiempo dotaría de una pavorosa vigencia.

Volvamos al centro. Juan Goytisolo conoce la historia, los mitos y demonios nacionales; conoce asimismo la política, el psicoanálisis, los propios fantasmas. Su planeada invasión literaria tiene muy en cuenta todo ello, de ahí que recupere la leyenda de don Julián –con su fuerte carga sexual– antes de coger la pluma. Imperativamente su novela será agresiva y violenta, y expresará el profundo odio del autor por su tierra natal. Resulta llamativo, con todo, que nada visible justifique el odio del protagonista: no hay móvil, ya que, como Juan, es un individuo que se limita a contemplar la costa desde la otra orilla; como Juan también, el narrador se cree libre por completo de ataduras de toda especie. Escribe: «... la patria no es la tierra, el hombre no es el árbol : ayúdame a vivir sin suelo y sin raíces».

Es sorprendente la peripecia de este aprendiz de traidor, este nuevo Julián que empieza siendo un observador atento del litoral andaluz, para terminar de vigilante en una construcción. Aunque su trabajo sea proteger la obra e informar a la policía de posibles irregularidades, él mismo las cometerá luego con total impunidad. No tiene, pues, respeto por la propiedad ajena, como tampoco va a tenerlo hacia Alvarito, un joven escolar al que traiciona y pervierte violándolo; para ello el felón se servirá del engaño y la astucia, elementos vitales para consumar la «destrucción de España». Esta idea de destruir el país preside el libro y adopta muy variadas formas, pero nos remite abiertamente a una amplia tradición española de recelo, duda y cautela hacia la madre patria. Por eso el narrador sostiene que «la patria es la madre de todos los vicios : y lo más expeditivo y eficaz para curarse de ella consiste en venderla, en traicionarla». Pienso que es un consejo muy oportuno, sobre todo ahora, en 1966, cuando el régimen de «El Ubicuo» (Franco) sigue usurpando las libertades en nombre de un orden oscuro, siniestro, de religiosidad fanática y retórica triunfal.

Pero a lo largo de los Veinticinco Años de Paz la paradoja es que el Régimen también «se ha vendido» y ha vendido al país, o lo está vendiendo por una suma espiritualmente deleznable. ¿Qué fue de aquellos héroes del santoral franquista, don Pelayo, Guzmán el Bueno, Rodrigo Díaz de Vivar? Para Goytisolo, «el deslumbrante progreso industrial, la mirífica sociedad de consumo han desvirtuado los rancios valores : Agustina sirve hot-dogs en un climatizado parador de turismo : el tambor del Bruch masca chicle y fuma Benson and Hedges». Y concluye:

> ... a fuerza de mantener el brazo en alto y extendido adelante, con la mano abierta y la palma hacia arriba, los huesos se nos han vuelto de plomo y lamentablemente han caído conforme a la ley de la gravedad Alto de los Leones, epopeya del Alcázar, sitio de Oviedo, crucero Baleares, cárceles rojas, tercios de Montejurra se han esfumado para siempre tras un decorado muy urbano de estaciones de servicio, snacks, Bancos, anuncios, cafeterías : de chatas y débiles ideas políticas : de actitudes blandas, prudentes, insustanciales los aguerridos y escandalosos gallos de marzo que anunciaran la gentil primavera de las Españas han muerto : en nuestro paraíso fácil y muelle, los ángeles que velaban con espadas junto a las jambas de la puerta digieren ahora penosamente su última juerga flamenca de whisky y de manzanilla...

El traidor Julián tiene buenas razones. Los traidores están en la otra orilla.

HACIA «ANTAGONÍA»

Comparativamente la apuesta novelística de Luis Goytisolo no era tan radical, al menos en lo tocante a acabar con los mitos o valores de la cultura española. Aunque detestaba a Franco y había combatido contra la Dictadura hasta dar con sus huesos en la cárcel, se fue adaptando al devenir de la sociedad de los sesenta. Por ello, en caso de derribar algo o abrirlo en canal, su víctima iba a ser precisamente el estamento que conocía: un grupo joven, elitista, de costumbres licenciosas y aire europeo, que en parte hizo posible la España contemporánea. Pero, para escribir sobre él, era preciso adentrarse tanto en la memoria de generaciones anteriores, como en las distintas capas sociales del país. Y eso era un empeño titánico.

Desde su estancia en Carabanchel Luis venía madurando el proyecto. Allí tuvo la primera idea, tomó algunas notas e incluso estructuró la obra en cuatro partes diferenciadas; luego, entre mayo de 1960 y enero de 1963, esa idea maduró en su cabeza hasta que se puso a escribir las líneas iniciales de *Recuento*, primera parte del ciclo *Antagonía*. Desde aquel lejano primero de enero de 1963 hasta el 16 de junio de 1980 –fecha de su santo– Luis Goytisolo compondrá esforzadamente un gran ciclo narrativo, ciclo que le va a llevar casi dos décadas de escritura, desde el germen hasta la coronación. En el mismo plazo su hermano Juan emprende y concluye la «Trilogía de Álvaro Mendiola», formada por las novelas *Señas de identidad, Reivindicación del conde don Julián* y *Juan sin Tierra;* también escribe otra novela clave en su trayectoria: *Makbara,* así como numerosos artículos de corte político y ensayos literarios, reunidos puntualmente en *El furgón de cola, Disidencias, Libertad, libertad, libertad* o *El problema del Sáhara,* sin olvidar esa rara joya que es el prólogo a la *Obra inglesa de Blanco White.* Pese a que buena parte de todos estos textos fueron prohibidos en España, los círculos culturales hispanos supieron de su existencia. Es obvio que Juan Goytisolo estaba vivo: viajaba, escribía, acudía a simposios, firmaba manifiestos en defensa de las libertades... Su hermano Luis, por el contrario, permanecía recluido, redactando *Antagonía,* sin proyección de ninguna especie. A efectos públicos había muerto y, en palabras de un crítico: «Jorge Herralde era su único contacto con el mundo de los vivos.»

Pero esas «defunciones» suelen ser prueba inequívoca de una entrega total a la literatura, y en el caso de Luis esa entrega apuntaba hacia una propuesta estética excepcional. Ya antes de abordar el primer volumen, sabía perfectamente que la obra iba a tener un carácter unitario y podía explicarse en términos de lo que el autor no deseaba hacer: primero, su ciclo *Antagonía* no iba a ser, pese a ciertas apariencias, una novela-río, cuyo curso depende tanto del caudal aportado como de la naturaleza del terreno por el que discurre; segundo, aunque *Antagonía* estuviera formada por cuatro volúmenes publicados con un intervalo de varios años, tampoco guardaba similitud con el célebre *Cuarteto de Alejandría* de Durrell, centrado en la diversidad de visiones; tercero, tampoco aspiraba a la recuperación de un mundo «a lo Proust», aunque el paso del tiempo juegue en ella un papel determinante, y menos aún, pretendía seguir la estela de los delirios verbales de Joyce. Sabemos, eso sí, que Luis Goytisolo tenía en alta estima a dichos autores o que siempre manifestó su admiración por Musil. Pero tales datos poseen escasa trascendencia cuando el resultado acaba siendo un artefacto sencillamente único... Y a la larga, una obra de arte sin parangón con nada de lo que se hubiera escrito en Cataluña desde la guerra civil española ni con nada de lo que se haya escrito después.

A casi cuarenta años de su gestación en Carabanchel, estamos en condiciones de avanzar algunos comentarios sobre *Antagonía*. El principal, que buena parte de la obra es esa gran novela «sobre Barcelona», o «de Barcelona» que tantos críticos y lectores han buscado infructuosa y ciegamente en el último decenio. Con mucha antelación a ellos, Luis Goytisolo alerta en *Recuento* acerca de una ciudad barcelonesa, con sus «calles y plazas que a diferencia de las calles y plazas del Londres de Dickens o del París de Balzac y, apurando mucho, hasta del Madrid de Galdós, no habían encontrado y tal vez no encontrarían jamás un fiel cronista de sus grandezas y sus miserias, de sus dramas anónimos y cotidianos». No es un juicio literario, es más bien un aviso para navegantes, un guiño del propio novelista, quien parece susurrarle al lector que él se ha propuesto saldar esa deuda, más aún, que lo está haciendo ya ante sus ojos con una amplitud y minuciosidad de exposición balzaquianas. Aunque Barcelona llegue tarde a la cita, Luis Goytisolo cumplirá holgadamente con el reto. En palabras del hispanista Ricardo Gullón:

Recuento es, entre otras cosas, una tentativa de colmar ese vacío, y de colmarlo, como lo hicieron los grandes novelistas del XIX, integrando en el espacio novelesco una construcción en que por vía de mímesis se crea un espacio geográfico-histórico que, dicho con el vocabulario del pasado, aspira a tener «alma», a declarar en el ser y en el existir características que afirman su personalidad: ambiente, atmósfera, luz, tradición, ruidos, olores, acentos... Goytisolo ha dedicado un número de páginas considerable, tal vez excesivo, y por excesivo abierto a reiteraciones innecesarias, a describir Barcelona, y no solamente el físico de la ciudad: calles, plazas, suburbios, rincones diurnos, pasajes nocturnos, y cuantos fenómenos podían hacer posible una lectura correcta del complicado sistema de signos en que se revela el espíritu de la ciudad. Se imponía dar cabida en el texto a una problemática políticosocial, a la historia de Barcelona, que es la de quienes la hicieron y fueron a la vez hechos por ella, forjadores y forjados. La burguesía barcelonesa, grande y pequeña, entra en la novela, parte fundamental de una crónica ofrecida como representación y parodia de la Historia.

¿No está Goytisolo allanando el camino a libros un poco «a la carta» como *La ciudad de los prodigios*?

«ANTAGONÍA», MODO DE EMPLEO

Ante la imposibilidad de reproducir aquí las dimensiones del ámbito de *Antagonía*, brindaré algunas pautas que los estudiosos juzgan esenciales:
a) El ciclo está formado por cuatro volúmenes: *Recuento, Los verdes de mayo hasta el mar, La cólera de Aquiles* y *Teoría del conocimiento*, que suman en la primera edición de Seix y Barral un total de mil seiscientas veinticuatro páginas.
b) Cronológicamente el ciclo abarca unos cuarenta años, los mismos que van de la guerra civil española hasta el tardofranquismo, centrándose, pues, en la Dictadura.
c) La acción transcurre casi por completo en Cataluña o, para ser más exactos, en la Cataluña Vieja, con especial presencia de Barcelona y diversos lugares de la costa norte como Rosas, Cadaqués o algunas poblaciones del Maresme. A excepción de algún breve interludio parisino, el escenario es relativamente pequeño y abarca poco más de un centenar de kilómetros.

d) La obra cuenta ante todo la vida de un hombre, Raúl Ferrer Gaminde, y su relación con la familia, los amigos, las mujeres, la política, los lugares, la escritura, el paso del tiempo y la muerte. Éste es el esquema del ciclo, su estructura básica y a la vez su superficie, tal como las tramó el autor. Pero bajo dicha superficie la obra se extiende en sinuosidades y galerías de profundidad variable que nos remiten en última instancia al acto mismo de la Creación. Sobre el hecho de dividir la obra en cuatro bloques, Luis Goytisolo ha insistido en que cada uno forma parte de un todo, y suele recurrir a algunas metáforas sobre su importancia en el conjunto: «Es como comparar el ábside de una catedral con el claustro, dos partes distintas pero imprescindibles de una misma cosa.» En otra entrevista el ciclo es descrito así: «En esquema, es como el lanzamiento de una nave espacial con destino a otro planeta. Hay un cohete determinado que la sustrae del espacio terrestre, otro que la transporta, otro que la sitúa en la nueva órbita y un cuarto que la hace posarse en ese planeta.» Imagen muy eficaz y también oportuna, nacida en aquellos años que conocieron el auge de la carrera del espacio.

Siguiendo con la metáfora, echaremos un vistazo a esa nave que viaja, insisto, hacia el planeta mismo de la Creación. El primer cohete, *Recuento*, narra el nacimiento y forja de un artista, un escritor, Raúl Ferrer Gaminde, cuya infancia transcurre en Cataluña al final de la Guerra Civil. En la novela vemos el pueblo de Vallfosca donde veranea, conocemos a los paisanos, la familia, los compañeros de juego, los vencedores. Ya en Barcelona, Raúl acude a un colegio religioso, donde amplía su educación y deja de ser niño. En la adolescencia descubre la ciudad: bares, fiestas, verbenas, sexo, literatura, experiencias que en la universidad se completarán con el bautismo político, el marxismo, el Partido y la lucha antifranquista. En esta fase Raúl Ferrer tiene dos frentes vitales: el Partido Comunista y su novia, Nuria Rivas. Posteriormente Raúl va quedando atrapado entre esas dos fuerzas en las que ya no cree, y sólo cuando se libere de ellas podrá ser él mismo; es decir, podrá crear, convertirse en escritor, aunque para ello deba antes pasar por la cárcel.

El segundo cohete, *Los verdes de mayo hasta el mar*, nos ofrece, en palabras del novelista, «la vida cotidiana de ese hombre que ya escribe, mezclada a sus notas, a sus recuerdos, a sus sueños, a sus textos». Pese a que la estructura y el estilo son poco convencionales, el eje de la acción podría ser esa semana de encierro que el narrador, Raúl, pasa en el pueblo de Rosas en compañía de su mujer. En realidad ha ido allí para escribir, y el lector asiste al proceso de gestación de la novela que el protagonista tiene *in mente*. No por azar todo ocurrirá en el plazo de seis días, que es el plazo de la Creación. El tercer cohete, *La cólera de Aquiles*, convierte a Raúl en un personaje más. Ya no es narrador-protagonista, porque esa función le corresponde a Matilde Moret, una prima lejana suya que se ha refugiado en Cadaqués junto con otra mujer que es su amante. Matilde ha vivido experiencias similares a las de su primo: infancia en la posguerra, lucha antifranquista, mayo del 68..., pero con el tiempo el desencanto político-sexual, la duda y el tedio la han arrojado a aquel pueblo «babilónico» de la costa. Allí vive, observa, pero también recapitula sobre su vida, especialmente a partir de la relectura de un texto —*El edicto de Milán*— que ella escribió en su juventud. El *Aquiles* no es, por tanto, un libro sobre la Escritura, como el anterior, sino sobre la Lectura, centrada no sólo en *El edicto* mismo sino en las cartas, mensajes y notas que va escribiendo y enviando la autora. Luis Goytisolo habla de este volumen como de una obra «dedicada a Raúl», en la medida en que nos da la imagen del mundo de Raúl Ferrer Gaminde desde una óptica cercana e imprescindible para comprenderle. Vendría a ser la visión de la tierra desde la luna.

El cuarto cohete, *Teoría del conocimiento*, es la obra definitiva del héroe, una obra escrita ya por Raúl, que asume así los volúmenes previos: las experiencias vitales de *Recuento*, sus esbozos literarios de *Los verdes* y los elementos incorporados durante este proceso a través de la relación que su prima Matilde evoca en *Aquiles*. La reelaboración de todo ello dará como fruto *Teoría del conocimiento*. En este volumen final el asidero temático es prácticamente nulo: no hay, por asi decir, historia, y todo el texto viene a ser una reflexión sobre el hecho literario. Sin embargo, hay que señalar que está circunscrito a los últimos días del franquismo y está contado a través de tres narradores diferentes: *a)* Carlos, un muchacho que lleva un diario íntimo, *b)* Ricardo, un arquitecto que transcribe unas cintas magnetofónicas grabadas en su madurez, y *c)* el Viejo, un cacique rural que recoge el material de los anteriores y graba a su vez unas casetes poco antes de morir. Los tres son narradores ficticios «en segundo grado», que redactan o dictan sus textos en distintos momentos cruciales —como en aquel cuadro femenino de Klimt— de sus vidas: adolescencia, plenitud, vejez. Dichos momentos expresan y condicionan su actitud existencial: el joven Carlos se proyecta hacia el futuro, el maduro Ricardo intenta recuperar el pasado y el

Viejo contempla su pasado con serenidad y desprecio, también con la prepotencia de los dioses.

Aunque sin argumento, el tema de *Teoría del conocimiento* es comparable al estremecedor retrato de Esopo de Velázquez. A simple vista es un hombre viejo, sobrio, sabio, aunque con aspecto de mendigo, y esa misma mezcla de decadencia, sobriedad y sabiduría aparecen en el texto. *Teoría* es el final del ciclo, el producto resuelto, donde los escenarios de Raúl se han deteriorado o perdido y los personajes mueren. Si los anteriores volúmenes proponían una sucesión de narradores, con distinta presencia del lector, esta última etapa del viaje –la llegada a otro planeta– se cierra con el descubrimiento del demiurgo, el dios creador, quien mueve los hilos de la función definitiva. Pero este dios, el Viejo cacique rural –último *alter ego* de Raúl–, intuye, como Esopo, que una vez finalizada la obra la Creación va a escapársele de las manos, o sea, va a independizarse dejándole más cansado y escéptico que nunca, a solas con su impotencia, su sabiduría y una amarga lucidez ante la muerte. Por eso grabará en las cintas un cínico y apocalíptico mensaje para el futuro, porque sabe que hasta los dioses mueren, o más bien dan paso a otros dioses, a otros creadores. El fin del ciclo, la muerte del creador, puede dar pie al nacimiento de otro nuevo.

La figura anciana del Esopo velazqueño, como la del Viejo de *Antagonía*, parece ajustarse a esta impresión del propio Luis Goytisolo, rescatada de una vieja entrevista: «El retrato de un dios que ha perdido sus antiguos poderes, un dios que ya no es el único, omnipresente y omnipotente, que fue iracundo y despótico como un niño; un dios al que ya no le queda más que sabiduría, un viejo. Para los dioses, al igual que para los hombres, la creación es la solución de un problema personal.»

ABRAN PASO A LA «GAUCHE DIVINE»

En primavera de 1967, el empresario catalán Oriol Regás inauguró un local llamado Bocaccio en la parte alta de Barcelona. Testigos como García Márquez hablan de él como «el cabaret de moda», rara expresión que dice poco o quizá mucho de sus interiores sofisticados y de su atmósfera decadente a lo *fin de siècle* francés. Bocaccio abrió sus puertas para reunir a un grupo de noctámbulos barceloneses cuyo rasgo común era la pertenencia a una élite –la joven burguesía ilustrada– que abominaba del régimen de Franco. Cuentan que fue Joan de Sagarra quien dio en llamarles *gauche divine;* es decir, gentes de izquierda, y por tanto de la *gauche*, pero miembros también del *gratin*, del *upper crost* social, de ahí lo de *divine*. En todo caso, su militancia bocacciana era la prolongación de las antiguas veladas estudiantiles politizadas de los años cincuenta, sólo que ahora los señoritos ya no frecuentaban los bares portuarios ni necesitaban recluirse misteriosamente para conspirar en los caserones de familia. Al fin podían hacerlo en un reducto a su medida, en un ambiente refinado y confortable –con un toque narcisista–, donde escuchaban música, charlaban y bebían hasta que los ecos de la última canción se extinguían en el tocadiscos. Luego se apagaban las luces y salían a la desapacible noche de las calles de Franco.

Sobre la *gauche divine* dice Román Gubern: «No se trató de un movimiento, ni de una consigna, ni de una escuela estructurada, sino de un estado de espíritu, alejado de vertebraciones jerárquicas o programáticas.» Eso explicaría a su vez la definición del editor Herralde: «Un grupo de gente inquieta, con ganas de hacer cosas, y un estilo de vida que nada tenía que ver con el estilo de vida puritano y encorsetado de la gente que militaba, por ejemplo, en el Moviment Socialista de Catalunya o similares: ni Pasqual Maragall ni Raimon Obiols pusieron jamás los pies en un lugar como Bocaccio.» Lo cierto es que había en aquella hermandad elitista una rara mezcla de inquietudes, cultura, dinero y ansia democrática, como en ningún otro grupo español. Claro que observadores como Mario Vargas Llosa asocian este fenómeno al hormigueante *underground* intelectual y político que sacudió Barcelona hasta bien entrados los años setenta, una Barcelona donde

> ... diez, veinte, treinta grupos diversos, sin contacto entre sí, sacaban revistas, planeaban películas, experimentaban con la arquitectura, la pintura o la música, revisaban el marxismo, redefinían el teatro o el sexo y querían revolucionar las costumbres, mientras otros, más *snobs* o menos pobres pero igual de inquietos, se preparaban también, tomando copas en Boccaccio, para lo que parecía el gran cambio social y cultural inminente.

Bocaccio era el símbolo. Desde la inauguración en 1967 hasta después de la muerte del Caudillo, el local iba a ser ciudadela y refugio de escritores, editores, diseñadores, arquitectos, fotógrafos, actrices, modelos, cantautores, cineastas..., gentes de cuya unión espontánea surgirían múltiples proyectos, de preferencia literarios, editoriales y cinematográficos. No es extraño que Barral hable de las dificultades de resistir la tentación de «acabar la velada en ese local de imitación modernista que quiso ser garaje de las madrugadas intelectuales, entre cortinillas de cuentas y vapores de música chirriante y humos tornasolados». Porque era ésa la cultura de la *gauche divine*.

Aunque algunos personajes de la burguesía tradicional barcelonesa –retrógrada y de tenue imaginación– se referían a los de Bocaccio como la *gauche crétine*, aquel núcleo progresista influyó decisivamente en la nueva cultura española. Remitiéndonos sólo al ámbito editorial, los primeros tiempos de Bocaccio vieron la proyección definitiva de Lumen o Seix y Barral, así como la creación de editoriales –Anagrama o Tusquets– fundadas precisamente por miembros relevantes de la *gauche*. Gracias a ella hubo un auge editorial en España, con iniciativas de calidad que normalizaron el esfuerzo heroico y solitario de decenios anteriores. Por otra parte, el papel de las damas en la partitura bocacciana fue a todas luces solista, tal como recuerda Terenci Moix: «... esas mujeres magníficas que darían a la Barcelona de los *sixties* su tono más elevado: una raza de barcelonesas europeizadas que culminaría en una serie de amazonas inscritas con letras de oro en mi devocionario particular: Rosa Regás, Beatriz de Moura, Esther Tusquets o Serena Vergano, por citar unas pocas». La ciudad condal estaba cada vez más cerca de París.

PRIMAVERA DE LAS LITURGIAS LIBERTARIAS

La fecha de 1968 nos remite a un año convulso y de intensa agitación social. Pero esa llama no brotó espontáneamente, pues a lo largo de la década las ideas y costumbres de los países avanzados habían ido cambiando hasta que la semilla del inconformismo logró germinar en la juventud. Desde Oriente a California aquellos jóvenes surgidos del *baby-boom* de la posguerra negaban ahora el modelo de vida de sus mayores y decidieron enfrentarse a él en nombre de un sueño utópico. Al parecer no sólo abominaban del viejo sistema burgués sino de la izquierda establecida y los partidos comunistas, responsables como el primero de un mundo caduco. Aunque sus reivindicaciones tomaron en cada caso una forma particular –Berlín, Primavera de Praga, Mayo Francés, California...–, en la base anidaba un mismo deseo de rebeldía y transformación. Esta actitud contestataria influyó además en la vida privada de los adolescentes, que alcanzaría unos grados de tolerancia tan insólitos como ofensivos para la comunidad. Los términos «LSD», «píldora», *«hippy»*, «amor libre», «contracultura» o «revolución» se incorporaron al vocabulario común como conceptos inseparables del último tramo de los sesenta.

Para los Goytisolo tuvo singular relevancia el mítico Mayo Francés: un movimiento de protesta iniciado por estudiantes y personajes del mundo de la cultura y de la universidad que, al extenderse fugazmente al ámbito obrero, desencadenó un terremoto sin precedentes en la Francia de nuestro siglo. En palabras de Juan Goytisolo, «aquello fue una fiesta para todo el mundo», un mundo, se entiende, progresista. Recuerda que él y Monique siguieron esa fiesta en compañía de Genet, repuesto ya de sus antiguas crisis y muy exaltado ante el curso tumultuoso de los acontecimientos. Según Juan, aquellos momentos le devolvieron su vieja combatividad y energía... Y esa energía se manifestaba en cien formas, desde arrojar por la ventana una sopera de la vajilla de Monique al paso de una manifestación de los ultraderechistas de la Action Française, hasta intervenir en un encuentro de estudiantes en la Sorbona, donde los jóvenes ansiaban beber la palabra de sus gurús.

Durante varios días, la proximidad del domicilio de Monique respecto al antiguo edifico de *L'Humanité* les permite presenciar nuevas manifestaciones callejeras, tanto de los «gauchistas» contrarios a la política prudente adoptada por el Partido Comunista como de la derecha que agita banderas nacionales y clama contra Moscú. En ninguna de ellas el autor de *Señas de identidad* va a traicionar su papel de testigo; pero contagiado pasajeramente por la fiebre revolucionaria acudirá una tarde al Colegio de España para evaluar con «sus» paisanos el calibre de los hechos. Tras una sesión ruidosa donde estudiantes y obreros españoles se disputan el derecho prioritario a disponer de una residencia propia en París, Juan Goytisolo abandona contrariado el local. Bajo el cielo parisino le resulta inevitable pensar en el desorden que presidió tantas reuniones republicanas de los años treinta. Y de nuevo la paradoja se impone: España no cambia ni en el exilio. Aquella misma tarde, cerca de la Avenue de l'Opéra, se topará con un grupo de compatriotas que acuden presurosos al Banco de España para cambiar sus ahorros, convencidos de que el franco, tras la tormenta, va a perder su valor. Esa escena de pánico más propia de Wall Street, protagonizada por nuestro humilde proletariado, le trae

505

a la mente una frase de Valle-Inclán: «España es un reflejo grotesco de la civilización europea.»
 Pero ¿cómo se vivió todo aquello en nuestro país? En realidad, los estudiantes no plantearon aquí un objetivo utópico ni creo que persiguieran la desintegración de la familia burguesa; tampoco pretendieron, como en el extranjero, acabar con la izquierda oficial en nombre de postulados radicales más próximos al viejo anarquismo e incluso al ideario maoísta. El objetivo era más sencillo y modesto: alcanzar la mayoría de edad. El propio Juan Goytisolo ha sostenido siempre que el Régimen impuso a los españoles una infancia o adolescencia eternas, convirtiéndoles en individuos incapaces de sacudirse el yugo familiar del padre Franco. Y en este sentido los agitados sucesos del 68 le dieron la razón. La misma idea parece defender algún lúcido testigo barcelonés al afirmar que en España el movimiento estudiantil fue «una explosión cabreada contra una dictadura que nos obligaba a ser adolescentes perpetuos bajo severo control paterno. De alguna forma, los estudiantes franceses reivindicaban inconscientemente el derecho a ser Peter Pan, mientras que en España se reivindicaba el derecho a ser adultos». Pese a que en ambos casos podría resumirse el 68 en la frase de Cortázar «la juventud contra la Gran Polilla», difícilmente se habrían dado en la Península los inolvidables *graffiti* que alegraron los muros de las ciudades francesas: «Prohibido prohibir», «Mis deseos son la realidad», «Sed realistas: pedid lo imposible», «El alcohol mata. Toma LSD», «Amaos los unos encima de los otros», «Imaginación al poder», «Soy marxista del sector Groucho» o «Inventad nuevas perversiones sexuales (¡No puedo más!)». Ante consignas de semejante naturaleza, el político Georges Pompidou dio en el clavo al decir: «*Au fond, tout ça c'était Breton.*»
 Entretanto, muchos españoles seguían los acontecimientos franceses a través de Radio París, emisora que escuchaban con emocionada expectación. Incluso el propio Luis Goytisolo, ante la anarquía galopante, volvió a sentir la vieja llama revolucionaria, un destello fugaz hacia esa revuelta generalizada y en algún caso fuera de control. Pero en el fondo la fiesta del 68 le llegaba un poco tarde: no iba ya a participar en ella, embarcado como estaba en la redacción agotadora de *Antagonía* y con un segundo hijo en camino. Al fin y al cabo, él y sus amigos habían vivido ya su pequeño «mayo francés» a finales de los cincuenta, y ahora se esforzaban por mantener estable su propio ámbito familiar donde las consignas subversivas no tenían cabida.

En cuanto a José Agustín, el Mayo Francés le sorprendió en Cuba, isla a la que había ido para ultimar la antología poética *Nueva poesía cubana*. No obstante, la publicación de su nuevo libro *Algo sucede* se sumó impremeditadamente a este período de la historia que el poeta había intuido en algunos de sus versos. La obra recogía poemas escritos a lo largo de la llamada Década Prodigiosa, y su temática era tan diversa como la propia peripecia del autor: un poeta inquieto por el oficio, generoso con sus maestros, solidario con las gentes, enemigo de tiranías y guardián de un mundo personal que era afín al de tantos otros contemporáneos. Si su hermano Luis discrepaba de esa voluntad suya de transformarse en un hombre de la calle, José Agustín Goytisolo había conseguido con los años su objetivo, hasta que esta segunda naturaleza había dado un fruto literario que iba a ser rasgo señero de su poesía.

Claro que contribuyó a ello algún azar afortunado. Dos años antes del 68, por ejemplo, apareció por casa del poeta un curioso personaje, armado con una guitarra y vestido de negro. Recuerda José Agustín que ese tipo noble, tímido, con cara de perro bueno, se sentó a tomar orujo en la sala de Mariano Cubí y al poco rato se puso a cantar poemas de Lorca, Quevedo o Góngora. El impacto en la familia fue enorme: allí estaba la voz de los clásicos, y también el hombre que se había atrevido a cantar a escondidas en conventos, fábricas y facultades hasta convertirse en símbolo de la resistencia popular. Era Paco Ibáñez. Dice Goytisolo que Paco sonreía, bebía otro sorbo, se secaba el sudor y «tomaba con mimo y firmeza su pulida guitarra». De pronto, sin aviso, cantó tres poemas que Pepe, Asunción y Julita conocían bien: «Me lo decía mi abuelito», «El lobito bueno» y «Palabras para Julia».

Inicialmente, su autor se asustó porque le parecían «poemas de otra persona escritos como para ser cantados expresamente, cosa que no eran»; pero luego se impuso la belleza de la voz y la música, como algo hermoso e inseparable de las palabras. José Agustín Goytisolo comprendió entonces que sus poemas, cantados por Paco, tenían sabor intemporal: podían ser medievales, renacentistas o contemporáneos, pero siempre «interpretados por un auténtico juglar». Para un autor como él, trovador de corazón, el encuentro con un juglar iba a ser decisivo. A decir verdad, el propio José Agustín respondía al perfil de los «halladores» provenzales del siglo XII. Como ellos, era un creador culto, alegre, satírico, que se expresaba en el idioma del ciudadano común; pero la letra de sus canciones reclamaba la bella voz de los juglares, que las cantaban acompañándose de sus instrumentos. Y ahí entró en escena Paco Ibáñez. Esta conexión entre ellos y sus antepasados no era gratuita, pues todos tenían poder sobre las gentes y alegraban y encendían su ánimo contagiándoles el anhelo de libertad. Varios siglos después del Concilio de Letrán, que les definió como gente disoluta y libertina, nada había sucedido: estos nuevos trovadores y juglares –poetas como Goytisolo o Celaya, cantautores como Ibáñez o Raimon– seguían representando una amenaza para el poder. Por eso no renunciaron a su voz: en Francia, en rincones de España, en Latinoamérica expresarían su oposición a las dictaduras mediante versos cargados de pólvora y ternura.

A la incertidumbre política, a la grisura reinante el tándem Goytisolo-Ibáñez alzará algo más que una simbiosis creativa ocasional: serán la voz alerta, en perpetua vigilancia, a través de discos y recitales multitudinarios que marcaron bellos hitos en el camino hacia la democracia. Aunque Paco Ibáñez fue el primero, otros cantantes como Joan Manuel Serrat, Rosa León, Mercedes Sosa, Luis Pastor, Nacha Guevara o Amancio Prada se sintieron atraídos por los versos goytisolianos. De este modo, títulos como *Palabras para Julia*, *El lobito bueno*, *Me lo decía mi abuelito* o *Mala cabeza* han entrado en la memoria popular española e iberoamericana. El viejo sueño del poeta de pervivir en el recuerdo de las gentes es hoy un hecho incuestionable, deudor en parte de esos juglares contemporáneos a quienes llama «gastados luchadores» que quemaron su juventud en el combate.

LENGUA MATERNA

José Agustín Goytisolo recuerda asimismo que en 1968 dio a la imprenta su antología *Poetas catalanes contemporáneos*. Ya en 1963 había traducido al castellano *La pell de brau*, obra central de Salvador Espriu, que fue editada en la parisina Ruedo Ibérico con ilustraciones de Antoni Tàpies. Pero sería en el 68 cuando pudo publicar al fin esta antología, donde los principales poetas en lengua catalana –Riba, Espriu, Carner, Vinyoli o Ferrater– pasaron por su alambique. Aquel volumen no podía ser más oportuno, porque tras dos decenios de precaria subsistencia bajo «la lengua del Imperio», el catalán comenzaba a abandonar sus refugios. De hecho, incluso era protagonista de un vigoroso movimiento cultural, la *nova cançó*, con jóvenes cantautores como Raimon, Serrat o Maria del Mar Bonet. Muy pronto, su aureola de creadores comprometidos llamó la atención no sólo de los franquistas –con los resultados de persecución y boicot que cabe imaginar– sino de los demócratas, que vieron en la *nova cançó* un óptimo instrumento contra la Dictadura. José Agustín sostiene que las canciones catalanas trajeron en aquella época un soplo de esperanza a todo el país, fueron la espoleta que activaría un interés muy vivo hacia la cultura y lengua de Cataluña. En este contexto, su antología vino a colmar un lamentable vacío de años, a excepción de otras valiosas contribuciones como las del poeta Badosa.

El camino hacia la normalización lingüística iba a ser largo, e intuyendo las dificultades, Goytisolo trabajó en lo literario y se pronunció en lo público. Tiempo después, ya en los setenta, se manifestaría contra la futura Ley de Educación que no contemplaba la enseñanza de la lengua catalana. El que uno de los poetas más populares en castellano aceptara el bilingüismo como fenómeno incontrovertible –Gil de Biedma hizo otro tanto– supuso un gesto de gran carga simbólica que facilitó a su modo la posterior oficialización. Cuando, al calor de los Juegos Olímpicos de 1992, José Agustín componga en catalán *Oda a Barcelona*, sellará una unión sentimental presidida por la coherencia, porque siempre insistió en que «el idioma amenazado por la desaparición es el catalán, que está en minoría, y no el castellano, como tantos oportunistas y neofranquistas se empeñan en decir». También ha sido muy crítico con los excesos cometidos desde Barcelona, donde una defensa ciega de la lengua vernácula «amenaza con conducir el asunto a un callejón sin salida». En cuanto al idioma materno, su postura es ecuánime, fraterna, y regularmente ha disipado en Cataluña y fuera de ella los nubarrones del equívoco y la intolerancia.

Tal parece ser también la actitud de su hermano Luis. O al menos la de uno de sus personajes, que en *Recuento* medita sobre la desfavorable coyuntura en que se desenvolvió la literatura catalana antes de la democracia: su reducida base humana, la creciente dificultad de asimilar unas clases populares en su mayoría foráneas, la falta de apoyo –cuando no desdén– en el seno de la propia sociedad barcelonesa, también de sus clases dirigentes y personalidades públicas, hipotecadas en lo político al poder central... Factores que alimentaron un enfermizo círculo vicioso que sólo pudo romperse con una incansable lucha por la supervivencia del idioma. En otros pasajes, en cambio, Luis Goytisolo despliega su ironía contra fenómenos tan sacrosantos como *La Renaixença*, los poetas catalanes de la posguerra o *la nit de Santa Llúcia:*

Lotería literaria otorgada en los cenáculos del Hotel Colón, avenida de la Catedral 7, mediante un paciente mecanismo alternante o rotativo, no tanto –como pudiera juzgarse ligera y malintencionadamente– para que los jurados y ganadores de los diferentes premios se revelen de manera tan juiciosa como moralmente inadmisible, cuanto porque materialmente el resultado no puede ser otro, en razón de la misma abundancia y variedad de premios para un número limitado de cultivadores de una lengua de público numéricamente modesto, modesto hasta el punto de que uno cualquiera de sus mandarines –autor, lector, jurado, premio, prologuista, antólogo– al comprobar la vigilante asistencia del policía secreta de cada año, orgulloso, en el fondo, de la relativa inquietud que tales actos parecían inspirar a las autoridades y orgulloso, sobre todo, de la unánime y reiterada entereza, así como de la puntual regularidad con que, cada año, los asistentes al acto desafiaban relativamente a esas autoridades, orgulloso, feliz casi, pudo llegar a decir: si ahora estallase una bomba, se acababa Cataluña...

Aún más cáustico, su hermano Juan da por imposible el sueño de que los españoles respeten, acepten o lleguen a aprender el idioma de sus paisanos periféricos. En una escena de la novela *Paisajes después de la batalla* el protagonista se siente perdido entre la multitud parisina tras una huelga apocalíptica. Y zanja el asunto de un plumazo:

Cerca de ti, escurriéndose entre los residuos aún humeantes de los incendios y las barricadas solitarias, desfilan individuos de origen incierto, con brazaletes y emblemas de imposible identificación. Observarás que algunos comunican entre sí con ademanes y gestos en su alfabeto próximo al de los sordomudos; otros, se sirven de esa especie de largas modulaciones agudas, que los indígenas guanches usaban quizá desde antes de la llegada de los conquistadores y que, a fin de liquidar de una vez para siempre las viejas y absurdas querellas lingüísticas de tus compatriotas, debería ser proclamada solemnemente el idioma oficial de la fatídica e incorregible Península: el silbo gomero.

DIARIO PALESTINO

Juan Goytisolo pasó parte de 1968 en el Oriente Medio. Las revueltas estudiantiles estaban tocando a su fin, y el novelista aprovechó aquel otoño para visitar Turquía, Siria, Líbano, Jordania y Egipto. Llevaba en la maleta el manuscrito de su nueva obra, *Reivindicación del conde don Julián*, texto que forzosa y felizmente absorbió el dorado polvo del islam. El autor no pudo, sin embargo, visitar Jerusalén, ciudad que deseaba conocer desde sus primerísimos viajes a los países árabes; aún estaba muy vivo el recuerdo de la guerra de los Seis Días, en 1967, que permitió a Israel la ocupación de la zona este, y Goytisolo era firme partidario de la causa palestina. Sostiene que le repugnaba tanto la idea de recorrer como un turista el escenario de la tragedia que resolvió no poner los pies en aquella ciudad mientras Israel no se retirara a las fronteras del armisticio de 1948.

De nuevo, su fidelidad a unos principios, o si se quiere a unas afinidades de cuerpo y alma, le impulsa a mantenerse al margen de un lugar que le había subyugado desde niño a través de viejas reproducciones ilustradas o fotografías. Como en Tánger, Juan verá entonces la «costa» desde lejos, en la otra orilla, la orilla occidental del Jordán, observando los movimientos del usurpador que ha sometido un territorio por la salvaje vía de la fuerza. Durante varias semanas permanece «al otro lado», entrevistándose con grupos de palestinos refugiados en el Líbano, Siria y Jordania, conviviendo incluso con los guerilleros de Al-Fatah. La política de implantación israelí en Jerusalén y los territorios ocupados, el acoso tenaz a los palestinos, refuerzan sus convicciones: no irá a Jerusalén. Pero sabe que esa renuncia es apenas un minúsculo e inútil repudio moral; pese a su «insignificancia», el escritor sabrá mantenerlo desde la guerra de los Seis Días de 1967 hasta la *intifada*, la célebre revuelta palestina de finales de los ochenta. Precisamente en verano de 1988 el repudio goytisoliano toma una forma más operativa: viaja a Oriente Próximo como miembro del equipo de filmación de la serie televisiva «Alquibla», dedicada al islam. Las impresiones de viaje le inspiraron a su vuelta «Diario palestino», pieza que recoge los hitos de su estancia en Tierra Santa y el drama de sus gentes.

Instalado en el hotel American Colony, en el antiguo sector jordano de Jerusalén, Juan Goytisolo sale cada mañana en furgoneta con otros componentes del equipo y se lanza a la aventura de filmar el desarrollo de la *intifada*. Habla de «jornadas saturadas de violencia y tensión», y lo cierto es que en su afán reportero corre no pocos peligros: su vehículo sufrirá a menudo la lapidación espontánea de los muchachos palestinos, así como las amenazas y severos controles del ejército fronterizo israelí. He dicho «ejército fronterizo» pero lo correcto es llamarlo «ejército de ocupación», porque lo primero que advierte el escritor es una tierra ocupada, sometida al yugo de una milicia moderna y bien pertrechada que impone su ley a culatazos. A lo largo de muchos días el equipo se acercará a las poblaciones y los campamentos de los palestinos, recogiendo el testimonio de las víctimas: niños, mujeres, jóvenes, ancianos hablan de una represión sistemática y brutal a la que responden con piedras o con huelgas y otras formas de resistencia y desobediencia civil. Veamos este pasaje sobre Kafr Malik:

El 28 de febrero, los militares cortaron el acceso por la carretera principal, impidiendo la entrada de carburantes y gasolina. Dos meses más tarde, centenares de soldados y colonos armados invadieron el núcleo urbano mientras un avión sobrevolaba su espacio aéreo. Los habitantes se defendieron a pedradas y botellazos; un padre de siete hijos murió de un balazo en el cuello y hubo numerosos heridos, algunos de ellos detenidos en los mismos hospitales. Los invasores allanaban moradas en plena noche, se ensañaban a golpes con jóvenes y hasta chiquillos, destrozaron las vitrinas de la mezquita y se llevaron los altavoces del alminar. Los choques siguieron al día siguiente: los israelíes empleaban granadas lacrimógenas, arrojaron una de ellas por gusto en el interior de un comercio de verduras. Como las manifestaciones de protesta seguían, requisaron la escuela de niñas contigua a la carretera e impusieron el toque de queda: dos semanas durante las cuales la población permaneció sin agua ni electricidad ni teléfono.

En otra ocasión el equipo visita el campo de refugiados de Al Chatti, cuyas calles están cortadas con muros de cemento y barriles de petróleo vacíos. Con el material de rodaje a cuestas, se internan en el campo y empiezan a filmar; enseguida, una pequeña multitud les rodea, curiosa, pero ellos avanzan y se pierden en aquel escenario de pobreza intolerable que, inesperadamente, recuerda a Goytisolo las chabolas barcelonesas de su juventud. Por un momento se siente como el joven que se aventuraba entre las barracas de Montjuïc filmando el polémico documental *Notes sur l'émigration*. En el fondo, nada ha cambiado en el ojo que ve ni en aquella miseria absoluta que se extiende a su alrededor como una epidemia; tampoco es nueva la sensación de peligro que le invade al preguntar y pedir testimonio, burlando los controles israelíes, como en su día tuvo que burlar a los guardias civiles de Franco. Es más, aunque el equipo español proviene de Israel y todos portan credenciales de periodistas, saben que no inspiran confianza en las tropas ocupantes: tienen la certeza de ser vigilados de lejos, reconocen el fulgor gemelo de los prismáticos en lo alto de la colina.

El viaje por Palestina en verano de 1988 permite a Juan Goytisolo un conocimiento en carne viva de la realidad: el problema no es tanto reivindicar derechos de antigüedad sobre el suelo sino la actitud excluyente que ambos bandos –árabe y judío– defienden a muerte. El viaje le lleva también a reflexionar sobre el papel de los europeos ante el conflicto de Oriente Medio. ¿Sabemos, por ejemplo, que los vencedores de la guerra de los Seis Días demolieron barrios árabes en Jerusalén, incluidos cementerios, mausoleos y mezquitas centenarias? ¿Qué pensamos sobre la profanación sistemática de los santos lugares del islam? A este respecto el autor de *Don Julián* evoca en su diario una anécdota vivida en el Monte de los Olivos, al acercarse a un grupo de turistas franceses: «La guía les explica que el cementerio judío adjunto fue profanado por los jordanos pero, al apuntar al Domo y la Ciudad Vieja, no hace la menor referencia a la destrucción de barrios y monumentos de indudable valor histórico ni a la expulsión de centenares de familias palestinas de sus viviendas conforme a los planes israelíes de "saneamiento" y judaización de la ciudad.»
Conclusión:

... la realidad de la imposición del Estado de Israel por la fuerza y el desalojo de setecientos mil palestinos ha sido objeto de un escamoteo histórico contra el que los expulsados hace treinta años luchan a brazo partido con las únicas armas de que disponen: evidencia y recuerdo. Sobre las ruinas de los pueblos arrasados por los buldócers, los israelíes han creado florecientes colonias de inmigrados que probablemente ignoran la dramática verdad en la que asientan su sueño.

Por ética, Juan Goytisolo renunció a visitar Jerusalén en 1968, tras la ocupación israelí de Jerusalén-Este, Cisjordania y Gaza. Veinte años después vencería su repudio para dar cuenta de que la *intifada* de 1987-1988 supuso *de facto* un retorno a la guerra, transformada para entonces en un juego mortal entre las medidas represivas del invasor y la estrategia móvil de los ocupados. Desgraciadamente, la herida sigue abierta mientras concluyo este capítulo.

DESENCANTO

La presencia de Cuba en la obra de Luis Goytisolo es llamativamente escasa. A diferencia de sus hermanos, no ha dejado testimonio escrito en relación con ella, salvo la obligada alusión al bisabuelo Agustín como fundador de la dinastía. Pero en 1968 se le presentó la ocasión de viajar a la isla y quiso aprovecharla. Según él, la idea le resultaba estimulante no tanto por lo que Cuba había sido, es decir, la «Cuba goytisoliana» del XIX, sino por lo que era desde 1959: un paraíso revolucionario que deslumbraba a numerosos artistas e intelectuales europeos. Sin embargo, la estancia del novelista allí no fue alentadora debido a un cúmulo de episodios adversos. Nada más llegar se extravió su maleta, que le fue devuelta a la mañana siguiente con un brazo metálico roto y señales de que «la habían registrado con una torpeza increíble»; tampoco ayudó que le asignaran un «intérprete» que le seguía a todas partes, obligando al escritor a desarrollar varias estratagemas para escapar a su vigilancia... Todo lo cual le predispuso en términos desfavorables.

Paradójicamente, el menor de los Goytisolo había dejado Barcelona con muy buena disposición de ánimo, en compañía del cantante Raimon y el matrimonio Castellet; luego, ya en La Habana, se habían reunido con Gabriel Celaya, José Ángel Valente, Juan Antonio Bardem, Julio Cortázar y varios personajes italianos, entre ellos los editores Einaudi y Feltrinelli. Pero ni siquiera las cenas en común, los encuentros o las visitas programadas fuera de la capital disiparon su malestar y reticencia: es obvio que eran controlados y vigilados, amén de dirigidos con un descaro impúdico hacia el lado triunfal de la Revolución. Si estaba en Cuba en calidad de huésped del gobierno, se preguntaba, ¿a qué venía esa absoluta falta de confianza? Más aún, si deseaban seguir sus movimientos, ¿por qué no hacerlo con un mínimo de discreción y cautela? Goytisolo recuerda que en Cojímar su guía –en aquella jornada el poeta Padilla– recibió una dura reprimenda del chófer por haber permitido que los otros pasajeros del automóvil –Javier Pradera y el director de Ruedo Ibérico– se acercaran al deslumbrante puerto hemingwaiano para hablar con los pescadores. Comprendió entonces que el chófer era un policía de paisano.

Días después el autor de *Recuento* se sumó a una excursión colectiva en autocar a Cienfuegos, ciudad que por causas sentimentales figuraba en su agenda de viaje. Tras varias horas de camino, bien poco pudo hacer allí: le habría gustado visitar el ingenio del bisabuelo, reconvertido en un poblado agrícola, u obtener *de visu* nuevos indicios sobre el pasado familiar; en cambio, tuvo que conformarse con saber que la cocinera negra del hotel se llamaba Cristina Goytisolo, o descubrir que quedaban cientos de Goytisolo –o Goytizolo– repartidos por la ciudad y los alrededores de la bahía caribeña. Ciertamente no era un gran hallazgo, de modo que volvió a La Habana decepcionado y tomó la decisión de regresar cuanto antes a Europa.

Coloquialmente me dijo que «estaba hasta las narices de lo que veía» y del trato receloso que se le dispensaba: no es raro que sintiera sobre el Atlántico una profunda liberación. El resultado es que Luis Goytisolo fue el primero de los hermanos en abandonar Cuba con enojo, tristeza y desencanto, algo bastante insólito entre los extranjeros en primera visita a la isla, que hacían gala de un talante absolutamente acrítico con el sistema. La pérdida por azar de una maleta le había puesto en guardia el primer día, y desde ese momento se le había hecho evidente el estado policial que imperaba en una tierra cuya gloriosa Revolución empezaba a dar signos de resquebrajamiento. Harto de dictaduras, Luis Goytisolo ya no volvió. La patria adoptiva de sus antepasados ha dejado de interesarle.

«CALIFORNIA DREAMING»

Mientras José Agustín Goytisolo viajaba por varios países de Latinoamérica, su hermano Juan acudió en otoño de 1969 a California como profesor visitante de la Universidad de La Jolla. Una vez más, llegaba al lugar exacto en el momento oportuno, pues en los Estados Unidos sobrevivía incólume el mágico espíritu del 68. Poco antes se había celebrado el Festival de Woodstock, en el que cuatrocientos mil jóvenes se reunieron durante tres días para alabar a sus nuevos ídolos: Jimi Hendrix, Janis Joplin, Grateful Dead... Woodstock trajo así la consolidación de la llamada «nueva cultura» o «contracultura», un movimiento que defendía valores radicalmente opuestos a los de la sociedad tradicional. Como en el caso de París, era un movimiento juvenil nacido en el seno de un estado poderoso y que germinó en el ámbito de las universidades. Enseguida Juan Goytisolo pudo percibir aquel clima tonificante en los campus californianos: lo veía en la indumentaria de los alumnos, en su modo de hablar, en su música; también en sus intereses, que iban de las drogas psicodélicas al misticismo oriental o los experimentos comunitarios. De la mano de gurús como Allen Ginsberg y otros *beats* de los cincuenta, los jóvenes leyeron poesía, descubrieron el poder de la imaginación, se enfrentaron a los principios burgueses, convencidos de que la industrialización galopante constituía una seria amenaza para el planeta, como se demostró después. Las canciones de protesta de Bob Dylan o Joan Baez, los textos de Aldous Huxley, Alan Watts o Roszak y el consumo de marihuana o LSD potenciaron su capacidad de maravillarse, hasta que el objetivo único de la vida fue la vida misma, la acumulación de experiencias, el ejercicio sin trabas de la libertad.

El centro de aquella fiesta era Berkeley, la universidad de San Francisco, con sus modernísimas dependencias y su maravilloso campus. En comparación a ella, la Universidad de La Jolla era pequeña, casi provinciana, pero reproducía en tono menor la sísmica marea anti-*establishment* que llegaba de Berkeley. ¡Qué vertiginoso giro de la historia! Un cuarto de siglo después de su experiencia académica en Barcelona, el novelista español observaba a los estudiantes –besándose a plena luz, charlando sobre la hierba o tocando la guitarra–, y se le hacía inevitable sentir atracción por lo que defendían y cuestionaban en voz alta. Para ellos California suponía el final, el crepúsculo de las civilizaciones, el *Finis Terrae*, y desde su última orilla estaba surgiendo el sueño de una Nueva Era. En esa era los hombres serían amos de su cuerpo y de su mente, adquirirían conciencia individual y a la vez colectiva: serían solidarios, pacifistas, amantes de otros pueblos, guardianes en suma del planeta tierra.

Pero Juan Goytisolo no se engañaba. Los fines de semana solía viajar a Tijuana, en México, con algunos colegas y alumnos... Y allí se le ofrecían muy otros motivos de reflexión. A escasos kilómetros de California, aquella ciudad fronteriza albergaba:

> Por un lado, oficinas de divorcio instantáneo, dudosas entidades bancarias, asesorías de evasión fiscal, suntuosas villas de traficantes conchabados con las autoridades locales y la policía de ambos lados de la frontera; por otro, frontones de pelota vasca, tugurios de un peso por pieza musical bailable, mariachis, burdeles extravagantes, mendigos buscavidas y hasta una plaza de toros que acogió al Cordobés y a centenares de admiradoras suyas con abanicos, peinetas y mantillas, venidas en sus limusinas desde los barrios selectos de Los Ángeles.

Pese a que esa mezcla heteróclita de elementos modernos y tradicionales siempre le había atraído, se preguntaba si el sueño californiano podría hacerse realidad a este lado de la frontera; o sea, si no sería, como en París, otro lujo de niños ricos e intelectuales de izquierda obsesionados con imponer al mundo un modelo absolutamente inexportable. De hecho, la sociedad bienpensante de los países occidentales sólo veía en ese sueño un proceso disparatado, utópico, que alcanzó tintes de provocación antiamericana al encarnarse en el movimiento *hippy*, cuyo credo proclamaba el amor libre, el retorno a la naturaleza y el abandono absoluto de la civilización industrial.

El tiempo ha acabado demostrando el valor de opciones como aquéllas, como prueba la misma ciudad de Tijuana, que es hoy fiel reflejo de cuanto sucede, por desgracia, en el mundo «civilizado». Al contrario de lo que Juan Goytisolo conoció en 1969, la Tijuana actual aparece así: «En torno al núcleo de la ciudad propiamente dicha se extiende un océano de chabolas miserables en las que se hacinan decenas de millares de personas al acecho de la ocasión de saltar la valla y penetrar en el Eldorado visible al otro lado de la verja.» Aunque un sinuoso Tratado de Libre Comercio permita a México recibir mercancías y productos estadounidenses, niega ese mismo derecho de paso a las personas, los miles de mexicanos atraídos por el trabajo clandestino que sueñan hallar en California. Como añade Goytisolo:

> La tradicional práctica mexicana del soborno ha facilitado así el desarrollo de las mafias de la droga y la inmigración ilegal, la proliferación de empresas maquiladoras, la explotación sin escrúpulos de una mano de obra indefensa, la prostitución juvenil en los dos lados de la frontera y el crimen organizado del que son víctimas los funcionarios íntegros y los periodistas demasiado curiosos.

A treinta años de La Jolla 69, el mundo se divide entre el planeta de los ricos y el de los miserables. Razón de más para rescatar aquel «sueño californiano» basado en la libertad y la tolerancia. Al margen de que el «sesentayochismo» sea hoy una frontera histórica bastante difusa y un mito de cristal, su mensaje ha tomado entre nosotros algunas formas útiles: ecología, aceptación de culturas y religiones orientales, terapias alternativas, protección de minorías étnicas y sociales, organizaciones no gubernamentales... Son el fruto a nuestro alcance de aquel magnífico árbol de campus que Goytisolo vio brotar en California al final de una década, *malgré tout*, legendaria.

WALDEN-7

Cuenta el poeta Goytisolo que en los cinco años anteriores a la muerte de Franco viajó mucho, escribió más bien poco y repartió sus esfuerzos en antologías de poetas modernos y el Taller de Arquitectura. A principios de los setenta el Taller conocería sus horas doradas, iniciándose el proyecto Walden-7 para un conjunto de tres mil viviendas de tipo social a edificar en Sant Just Desvern, localidad cercana a Barcelona. El símbolo de este proyecto fue el edificio Walden, una construcción algo desconcertante que provocaba diversos comentarios entre los automovilistas que salían de la ciudad. Recuerdo que para mi padre era como una pequeña *polis* del futuro, mientras que mi madre creía ver en él una antigua fábrica de cerámica o una gran colmena de ladrillo. Pero el Walden tenía su sentido, su intención, su idea; en realidad, tomaba nombre de la gran obra de H. D. Thoreau (1817-1862), el americano indómito que abandonó Boston y se refugió en los bosques de Massachusetts para vivir solo en una cabaña. Aquel gesto de rebeldía individual había ejercido gran influencia a lo largo de cien años, inspirando de paso obras científicas como el *Walden-2,* texto capital del psicólogo B. Skinner. Es normal que las tesis de este último, llamado «el padre del behaviorismo», también estuvieran próximas a las del Taller de Arquitectura, donde creían que la conducta humana era simplemente resultado del medio y, en consecuencia, podía orientarse a partir de determinados estímulos. El edificio Walden recogía, además, otra parte de la herencia skinneriana, su afán por una sociedad utópica de personas felices sin la noción de propiedad privada.

En el poema «Walden», José Agustín Goytisolo explica sus propósitos: «Quisieron construir / un lugar muy diverso de los ya conocidos / un refugio en el aire / contra la indiferencia y la vulgaridad.» Pero el sueño quedará fatalmente incompleto porque las fuerzas más oscuras, es decir, las ordenanzas de la administración franquista, «mutilaron los planos y borraron la luz». La España oficial no pensaba en utopías, porque la utopía era sinónimo de caos, de supresión del orden establecido, una consigna aberrante del Mayo Francés. En otro poema Goytisolo adopta con ironía la voz de un «carca» horrorizado ante los modernos logros del Taller: «Ahora ya es tarde para lamentarse y ahí quedan / escaleras absurdas parterres en los áticos pasillos increíbles / chimeneas pintadas de colores dios mío qué ventanas / dónde está el ascensor los niños y las viejas saltan por los terrados.» En ese mundo que se le antoja babilónico los adúlteros contemplan el desorden y se

besan, mientras los guardias se cansan buscando y preguntando por las llaves. La conclusión del «carca» es: «No hay portales no hay calles la gente pierde el tiempo / charlan al sol y luego protestan se insolentan nadie paga / cuántos gatos y gritos qué musica el infierno / los pobres han cambiado todos toman el fresco qué desgracia.»
QUÉ DESGRACIA, lo que equivale a «no podemos permitirlo», «es intolerable», «adónde iremos a parar»..., expresiones que empezaron a aflorar entonces a los labios de los adeptos al régimen franquista, que intuían ya el fin del Caudillo y el vendaval de libertades que amenazaba con borrar luego su legado. En la novela *Teoría del conocimiento*, Luis Goytisolo deja un espléndido retrato de esos tipos que durante décadas fueron los amos del país:

> ... sus principios, sus símbolos, sus héroes, hoy calvicie y dentadura postiza, mejillas flojas y boca glotona, donde hubo músculo y nervio, la fidelidad al bigote —ya blanco— y a las gafas de sol —que siempre contribuyen a mantener la impasibilidad del ademán— a manera de reliquia cuidadosamente preservada; una generación forjada en la guerra y aposentada en la posguerra, sin ceder no obstante en su alerta, en su disponibilidad para volver en cualquier momento a las andadas...

¿Cómo podían esos franquistas crepusculares aceptar los excesos de la «secta» de Bofill? Pues al orden de la arquitectura oficial el Taller opone la desobediencia, la libertad imaginativa, el sueño de una nueva sociedad. Claro que, como todas las utopías, está condenada al fracaso, y de este fracaso no serán los burócratas del Régimen los únicos responsables: también los propios soñadores, seres de barro, cometerán excesos, mudarán con los años de piel... Incluido el propio Bofill, quien según José Agustín «se dedicaba a promotor más que a la Arquitectura». Pero este cambio quizá no justifique —intuyo mar de fondo— que Goytisolo le dedicara en 1977 estos durísimos versos:

> Ahora ya han transcurrido varios años
> trabajas duramente duermes mal
> estás siempre nervioso y hostigándonos
> gritas como una perra
> te sofocas lo mismo que un esclavo
> tienes prisa y temor de estar envejeciendo
> porque ansías más gloria y más poder...

Pero, entretanto, sus obras seguían suscitando tanto desdén en círculos españoles como elogio y admiración fuera del país. Desde que en marzo de 1971 la TRF emitió el programa «Urbanismo y desarrollo», promotores y administradores franceses recurrieron al Taller de Arquitectura para encargar proyectos. Así, las Villes Nouvelles de Evry, cerca de París, la Petite Cathédrale, en Cergy-Pontoise, la Citadelle, en Trappe, o el eje La Défense-Champs Élysées: un trazado a gran escala para la remodelación y prolongación de la avenida parisina. José Agustín recuerda otros: el Forum Blanc, también en La Défense, y, sobre todo, el plan de remodelación de Les Halles, el antiguo mercado central de París, que sería elegido en 1975 por el presidente Valéry Giscard d'Estaing. Aunque algunos de esos proyectos escaparon finalmente a la órbita del estudio, Goytisolo tuvo destacada participación en ellos, aportó su ciencia poética y su inquietud creciente por una sociedad más justa. Lástima que, como sugiere Luis, «las relaciones de dependencia [de Pepe con respecto a Ricardo] suelen acabar mal en razón de su misma unilateralidad».

SÁHARA

La conexión del Taller con la administración francesa permitió a José Agustín asimismo viajar a países africanos del área francófona. Para su literatura, el viaje decisivo tuvo lugar en 1972, cuando se desplazó con un equipo de técnicos al Sáhara argelino, cerca ya de Mali y Níger; el motivo era planificar el crecimiento de Tamanraset, ciudad que requería normas urbanísticas especiales por hallarse en pleno desierto junto a un enorme palmeral y el *draa*, el río. Durante semanas Pepe Goytisolo permaneció en palmerales frondosos habitados por algunas familias tuareg que le invitaron a compartir su reino de piedra y arena. Descubrió así la cultura nómada, antiquísima, donde los hombres eran guerreros de rostro cubierto con el *xex* azul, mientras las mujeres mostraban sus caras y gobernaban la casa. De inmediato se sintió atraído poderosamente por unas gentes cuya idea básica de libertad era la libertad de movimientos; dicha idea se le reveló muy afín a su propia sensibilidad: «... el trashumante siempre me ha atraído mucho, porque permanece en un lugar hasta que se cansa o no le conviene a su ganado, y entonces busca otro». Este movimiento continuo, sin fronteras, bajo el gran cielo protector, coincidía simbólicamente con sus ansias de ser libre: ¿cuándo tendría

España horizontes abiertos? En 1972 era una ilusión cada vez más próxima.

Aunque el interés de José Agustín por los países árabes no sea comparable al de su hermano Juan, visitó en otras ocasiones el norte de África en la década de los ochenta. Es importante el viaje de 1987 a la República Democrática Saharaui, tras el cual se adentrará de nuevo en el Sáhara argelino. En las proximidades de Tamanraset, el poeta se reencuentra con los tuareg y decide profundizar en sus costumbres; vuelve a oír su lengua, se fija una vez más en su alfabeto –el *tifinagh*–, basado en la combinación de tres signos: el punto, la raya y el círculo; al caer la noche escucha sus historias: algunas son muy viejas, otras, demasiado recientes, y le hablan de las profundas transformaciones de la vida en el desierto. Goytisolo suele contar que «un día, en una conversación con un jefe tuareg, le dije que no podía quejarse del gobierno argelino, pues vivía muy bien: tenía varios *jeeps*, aparatos de aire acondicionado, dinero; en fin, que vivía como un rey; y él me contestó que sí, como un rey, pero como un rey mendigo, pues había perdido su libertad».

Esta anécdota se remonta en realidad a su primer viaje a Tamanraset, en 1972, lo que explicaría por qué el concepto «rey mendigo» comienza a aparecer en su poesía en los primeros setenta; sin embargo, no liberó toda su carga lírica hasta mucho después, cuando el autor de *Algo sucede* comprendió que incluso en el desierto la libertad del hombre estaba amenazada. Durante esos quince años había vuelto a pensar a menudo en las palabras del jefe... Y ahora veía clara la relación como el limpio lecho de un río. Después de todo, él mismo se había sentido siempre un rey mendigo, desde aquella mañana aciaga en que unos malnacidos acabaron con su madre y le convirtieron en huérfano, o como él dice al damasiano modo, en «hijo de la ira». Al igual que los tuareg, antaño reyes orgullosos, hoy mendigos, también el niño-rey Goytisolo perdió su pequeño reino afortunado. Pero ¿acaso esta vivencia no era común a tantísimos hombres? Cierto. Por eso la frase del tuareg iba a resultar altamente inspiradora para el poeta, quien empezó a componer nuevos versos presididos por ese sentimiento íntimo y a la vez universal de pérdida.

Cuando en 1988 publique *El rey mendigo*, incluirá ejemplos históricos o literarios (Marcial, Salvador Allende, Ezra Pound) que recuerdan al lector la amarga lección de que la vida siempre se rebela y trata de borrar nuestros mejores pasos. Comenta José Agustín: «... todo el mundo ha sido alguna vez rey y muchas veces mendigo;

por ejemplo: Marilyn Monroe, ¿cuántos días fue feliz?». Interiormente es su modo de decirse: «Yo mismo, ¿cuántas veces he sido feliz?» Dado su historial médico, la pregunta es harto legítima; tampoco sorprende que el autor indague en estos poemas sobre la cruel, paradójica y emocionante condición humana, o que el libro esté presidido por el recuerdo, la decadencia y la muerte. En «Casa que no existe» escribe:

> Si dicen que le enferma la nostalgia
> él piensa: ¿La nostalgia de qué?
> ¿De una vida partida en dos pedazos?
> ¿De un jardín que hoy no tiene? ¿De unos
> años terribles? ¿De un par de pantalones color rata?
> Solamente de niño vivió algo así como una
> fiesta muy breve aunque él ahora en sueños
> quiera alargarla...

Vidas rotas, jardines perdidos o abandonados. En otro poema este sentimiento se agudiza, el lector intuye un canto elegíaco a la casa de Pablo Alcover, vacía tras la muerte de Eulalia, luego vendida, derribada y reemplazada por un lujoso bloque de apartamentos, acerca de cuya estética, como dice su hermano Luis, mejor no hablar: «Yo tenía una casa con jardín / con geranios con un castaño de Indias / un limonero y muchas buganvillas / que envolvían mi primer coche mi primer juguete. / No quiero beber más ni vivir más: / reparaciones pido.»

Desde la fatiga vital José Agustín Goytisolo pide reparaciones, exige ser resarcido, reclama apoyo para levantar su ánimo tras la dura batalla con la vida. Aunque este sentir sea, como hemos dicho, tan viejo como el hombre, el poeta barcelonés ha encontrado en la figura del «rey mendigo» una máscara convincente, un rostro que se funde con el suyo como una fina membrana de cera. Si su hermano Juan supo recrear el mito de don Julián para verter su rabia y un odio fecundo contra España, él recurre al rey mendigo para expresar su tristeza, su fatiga, la melancolía que le invade ante tanta desposesión. Bien mirado, ¿qué ha sido su existencia sino una lenta ceremonia de adiós, un separarse de personas y lugares que quiso con toda el alma? Por ello se le seguirá viendo perdido en la ciudad, acosado por el frío de su noche, mientras busca las luces familiares de una casa que sólo existe en el recuerdo.

Resulta llamativo que tanto *Reivindicación del conde don Julián* como *El rey mendigo* deban su inspiración a tierras norteafricanas. Inmersos en otras culturas, los dos hermanos Goytisolo hallan allí vínculos insospechados y, sobre todo, motivo de meditación personal y estética. Que las máscaras sean radicalmente distintas constituye la mejor prueba de que los actores que las emplean también lo son, pues cada uno ha perseguido una identidad específica, el rostro literario en el que desea proyectarse para seguir avanzando. A partir de ahí lo adoptan sin reservas, seguros de su carga moral, de su íntima validez.

En su mitomanía particular, Juan Goytisolo elegirá un personaje legendario –don Julián–, el supremo traidor del santoral hispano, aquél que provoca iras y denuestos, y sobre quien ha llovido el oprobio durante generaciones; como él, su *alter ego* quedará en la memoria de las gentes, pero por infame. Parece entender que hay una emoción superior a despertar el amor de sus compatriotas: despertar el odio... Y, una vez adoptada esa máscara, el propio Juan recurrirá a ella con frecuencia a lo largo de los años venideros. Es *grosso modo* una postura cercana a la de Genet, cuya vida despertó reprobación pública, pero mantuvo intacta su pureza secreta. Es la misma pureza del *malamatí* islámico, un ser que se libra de la obligación de ser virtuoso en comunidad renunciando de este modo al respeto ajeno; porque el respeto de los otros, la admiración, despierta el orgullo, sentimiento de consecuencias esencialmente impuras. ¿Explicaría ese concepto de Ibn Arabí, la *malama*, algunas actuaciones públicas de Juan Goytisolo? Desde la cultura occidental difícilmente aceptaremos que un «provocador» pueda pertenecer a «la categoría superior de los santos». Pero es obvio que todos aquellos que han manifestado su desprecio hacia el autor de *Señas de identidad* no han hecho sino entregarle lo que más deseaba: la libertad insobornable del *malamatí*.

Para José Agustín, por el contrario, nada más gratificante que el cariño de las gentes, el calor de los paisanos. Como buen Aries, su espíritu le impide sentir simpatía por los traidores; es más, de haber buscado un mito con nombre propio para expresar su melancolía habría recurrido a alguna figura amada por el pueblo. Pero ante todo le domina la idea de disolverse en la multitud, y la imagen del rey mendigo le cae como un traje de diario. Ha sido rey, es cierto, pero acto seguido aclara que «todo el mundo ha sido rey alguna vez». Por tanto, su mito es popular, democrático, colectivo. Incluso va más lejos: «Hay quien lee y quien canta poemas que yo hice / y quien piensa que soy un escritor notable. / Prefiero que recuerden algunos de mis versos / y que olviden mi nombre. Los poemas son mi orgullo.»

A igual distancia de estos dos *alter ego*, Luis destaca por la ausencia de un personaje-portavoz que lo identifique ante los lectores. Su Raúl Ferrer, protagonista de *Antagonía*, se adapta al autor como un guante de cirujano, que le permite conservar toda su sensibilidad pero lo aísla del mundo de fuera. El novelista no desea ser asociado con alguien distinto, un ente de ficción que asuma sus anhelos o sus convicciones. Por eso, Luis Goytisolo viene a ser el retrato en hueco, cóncavo, frente a los altorrelieves que Pepe y Juan han forjado de sí mismos hasta el extremo de perder parcialmente su identidad. Él no busca un héroe, tampoco una máscara: la discreción que gobierna su vida se ha adueñado de su reino literario.

NO ÉRAMOS LIBRES

A lo largo de los sesenta el régimen de Franco había iniciado una política más abierta que, aunque lastrada por principios autárquicos, transmitía una leve sensación de libertad; era no obstante un proceso de *libertas interrupta*, donde los ansiados caminos hacia la luz alternaban con bruscos virajes hacia la tiniebla. La tímida «apertura» iniciada en 1966 a raíz de la célebre Ley de Prensa del ministro Fraga, por ejemplo, acabó diluyéndose años después con el ministro Sánchez Bella, al frente de la misma cartera de Información y Turismo. Fue precisamente este ministro el principal responsable de acelerar el proceso involucionista, anulando los escasos avances y grandes expectativas en el campo de la expresión. Muchos creadores españoles vieron así abortar su despegue, y la euforia fugaz de los últimos sesenta fue sustituida por un clima político y cultural muy tenso, casi irrespirable. Si José Agustín Goytisolo había expresado sus esperanzas en el libro *Algo sucede*, ahora descubría con disgusto que poco o nada había ocurrido y que episodios siniestros podían volver a suceder.

Una mirada a la prensa de la época arroja algunas noticias descorazonadoras: entre enero de 1969 y enero de 1971 el gobierno proclamó durante dos meses el estado de excepción, consideró seriamente instaurar el estado de guerra para reprimir la oposición obrera, estudiantil y nacionalista de las regiones del norte y endureció la política censora. Incluso se clausuraron en Barcelona los teatros de variedades como El Molino y languidecieron los cines de arte y ensayo. El acoso se extendió asimismo al campo editorial y periodístico, dejando una interminable estela de secuestros, expedientes, sanciones, condenas y cierres temporales o definitivos. Pero nada de eso pudo aplacar las crecientes protestas sociales que, en la medida en que resucitaban el terrible fantasma de la horda roja, irritaban a las capas conservadoras. En este contexto comenzaron a circular rumores sobre un inminente golpe militar de la extrema derecha, como si la mano siempre firme de Franco resultara dócil para seguir llevando el timón del país. ¿Qué estaba sucediendo? Según los historiadores, la vida nacional se había crispado extraordinariamente como fruto del desfase entre su desarrollo socioeconómico y el inmovilismo político. Así pues, los prósperos y optimistas años sesenta no habían traído una nueva España: eran más bien la excepción a la regla, un interludio festivo en la inmensidad del erial.

De nuevo en él, los setenta pusieron de manifiesto la descomposición del sistema político, lo que hizo de la vida pública un escenario cada vez más tempestuoso. La salud de Franco daba muestras de claro deterioro, origen de una hipertrofia de rumores que le acompañaría ya hasta el final. Durante años había gobernado en solitario, sin sucesor, y si el nombramiento de uno a finales de los sesenta supuso la operación política más trascendental del Régimen, planteaba en cambio numerosos interrogantes. Ahora había un príncipe –Juan Carlos de Borbón–, designado por el viejo dictador para llevar las futuras riendas de España, pero paralelamente el recio aparato franquista gozaba de buena salud. Aunque Franco fuera un anciano, su espíritu se había perpetuado peligrosamente en el almirante Carrero Blanco, quien se convirtió en jefe del Gobierno en 1973.

Militar célebre por su mojigatería, Carrero había hallado en los tecnócratas del Opus Dei la solución a los problemas de España. En parte no le faltaba razón, ya que esta organización de élites pías estaba contribuyendo con sus ministros cualificados al avance económico del país. Si España lograba entrar al fin en el Mercado Común Europeo, lo haría con la ayuda inestimable de sus miembros. Ahora bien, cualquier espectador atento podía ver que el Opus era una sociedad con escaso espíritu democrático, con algunos tics de las actuales sectas y, sobre todo, con un insoportable tufillo a cristianismo de guante blanco. Así los describe Román Gubern, tal como aparecieron ya a finales de los cincuenta:

> En contraste con los militarotes de la vieja guardia, como el ministro de la Gobernación Camilo Alonso Vega (a quien llamábamos

don Camulo), los tecnócratas del Opus Dei tenían un aspecto pulcro y aséptico, parecían siempre recién afeitados y otorgaban su preferencia al traje gris marengo y a los modales suaves, de escuela vaticanista. Y con su estilo discreto, muy clerical, pasaron a sustituir al viejo funcionariado de extracción falangista o castrense. El tríptico de esta tecnocracia estaba basado en la despolitización, el bienestar económico y la buenaventura celestial.

Con el tiempo esos beatos de traje gris se harían más altivos, sinuosos, levemente iluminados, siempre optimistas, seguros, sin fisuras ni tentaciones, investidos de una templada prepotencia que el cineasta Berlanga supo retratar en *La escopeta nacional.* España entera estaba en sus manos.

Como tantos otros españoles los hermanos Goytisolo pudieron captar una realidad más castiza y compleja: Franco envejecía, el rey aguardaba y la oposición había iniciado su propia cuenta atrás mientras la juventud exigía la llegada de libertades. Pero en escena quedaban grandes obstáculos: Carrero, la gente del Opus, los franquistas, los grupos de Falange y las organizaciones de extrema derecha; por último, siempre atento a los destinos de España, el glorioso ejército de 1936.

Esta presencia castrense en los asuntos de Estado no era fenómeno exclusivo de la Piel de Toro. Al contrario. A lo largo del decenio varios países latinoamericanos soportaron algo más que la tutela vigilante del ejército y padecieron dictaduras infames que dejarían un rastro de horror en la memoria colectiva. Es sabido que las dictaduras latinoamericanas nacieron como respuesta al avance de los movimientos obreros, las masivas protestas populares, y para acabar con las organizaciones guerrilleras de extrema izquierda surgidas al calor radical del 68. Pero detrás de las fuerzas armadas siempre estuvo la oligarquía, la derecha descontenta que, fiel a su tradición, recurría a los tanques para salvaguardar sus privilegios. El propio José Agustín Goytisolo conoció este fenómeno: en 1969 fue expulsado de Argentina tras ser detenido en la Facultad de Arquitectura de Buenos Aires, donde participaba en un congreso que acabó en protesta estudiantil contra el presidente Onganía. Poco después cobrarían especial valor estos versos suyos: «En este mismo instante / hay un hombre que sufre / un hombre torturado / tan sólo por amar / la libertad.» Casos como el de Chile y Argentina acabarían siendo paradigmáticos y abrieron un debate que dividió a escritores e intelectuales de todo el mundo.

BORGES Y LO DEMÁS

Pese a que José Agustín Goytisolo y Jorge Luis Borges quizá habrían defendido posiciones distintas en ese debate, el primero viajó en verano de 1971 a Buenos Aires acompañado de su mujer para entrevistarse con el maestro. Dos años antes se había sumergido ya en el universo de la metrópoli rioplatense: elegantes *quartiers* de inspiración europea, barrios populares de casas coloreadas, parques majestuosos, eternas avenidas, el muelle gris y esos suburbios de casas de hojalata y madera que anuncian la pampa... Ahora mostraba ese escenario a Asunción Carandell. Durante varios días, además, el matrimonio acudió al apartamento de la calle Maipú, esquina con Alvear, donde el español sostuvo fértiles charlas con el hacedor de *Ficciones*. Lo que le interesaba era la poesía borgiana porque, según él, «la compleja personalidad del argentino se expresa mejor en los poemas», idea por entonces novedosa, cuando la fama europea de Borges era aún deudora exclusiva del cuento. Dado que esa idea coincidía con la del propio Borges, éste aceptó de buen grado colaborar en la antología poética sobre su obra que José Agustín estaba preparando. El escritor aún recuerda la mañana que pasó con Borges en la Biblioteca Nacional, en la calle México, y las tardes en el salón de su casa, conversando o leyendo en voz alta para él algunos poemas seleccionados, cuya lectura aprobaba el poeta ciego con la cabeza «como si mostrase su satisfacción por un texto que acabase de descubrir». Fruto de tales encuentros iba a nacer el libro *Poemas escogidos*, que con sus cincuenta poemas supuso la primera antología importante del autor de *Elogio de la sombra*.

Concluido el trabajo, el matrimonio Goytisolo viajará a Chile. En Santiago se entrevistan con «el compañero Salvador Allende» y se reúnen a menudo con el poeta Nicanor Parra. La felicidad de aquellos días inflama la pasión de los viajeros. En su relato «Amor con María en Chile», José Agustín expresa así el deseo irrefrenable hacia su esposa:

> Nos dieron la mejor suite del Hotel Carrera, de todas las estrellas del lujo, que creo que son cinco. El apartamento era tan enorme, que, en los entreactos, jugábamos al escondite. Vivíamos de beber vino blanco chileno –excelente– y mariscos: ostras, almejas, almejas machas –enormes–, loco, erizos... Eso debía ser afrodisíaco, pues todavía hoy no puedo comprender cómo no nos matamos de gusto por ensayar todas las posturas del *Kama-Sutra* y muchas más...

Días después el español visitó en solitario el Perú. De su estancia en la capital peruana quedó el poema «Salida de la bella horrible Lima», que refleja no sólo el ambiente de delirio caótico que reina en algunas ciudades del Cono Sur sino ese tono de ironía trepidante y a la vez melancólica que gobernaba por entonces el ánimo del poeta. Destacaré estos versos:

> La ciudad se borraba velozmente
> detrás del empañado cristal del autobús
> y mis días limeños se juntaron
> en sucesión de imágenes y olores despiadados
> como en una sesión con mucha hierba:
> el Padre Urraca huía perseguido
> por una hermosa diabla con las tetas al aire
> alguien me preguntaba por mi hermano
> una tanqueta de la policía barría a manguerazos
> a grupos de estudiantes en las calles del centro
> mientras todo eran gritos y coca en la gallera
> y el olor de anchoveta subía de El Callao
> amparado en la niebla del condenado río.

Un análisis del poema completo puede arrojar luz sobre los hábitos del poeta así como sobre las situaciones en las que solía encontrarse, sin Asunción, durante sus viajes transoceánicos. Y es que Pepe mantenía muy vivas las viejas amistades latinoamericanas, quienes le arrastraban por el deslizamiento febril de la fiesta. Pero ¿podemos concederle a un poema la entidad de espejo? Al menos en éste, el sujeto poético deja tras de sí una estela de vasos vacíos de pisco –el letal aguardiente andino–, habla de una sesión con mucha hierba, de burguesas adúlteras que ansían aprender en la cama qué es el compromiso político, y habla incluso de diablas *seni al vento* que persiguen como locas a los incautos. Quizá no sea una experiencia estrictamente individual: pertenece a otros, pero el viajero ha estado allí, en medio de la francachela erótico-etílico-política... A partir de lo cual cabe suponer que la situación debió de repetirse con frecuencia en la América de aquellos años.

Analicemos ahora estos versos que inician el poema «Qué linda es Pepa», escrito al alimón con Paco Ibáñez: «Yo deseo morir / en Cuba entre las piernas / de una mulata que / le dicen Pepa.» Aquí el temor premonitorio de Vallejo a morir en París con aguacero es reemplazado por el sueño de plenitud de Ovidio que en *Amores* proclama: «... y cuando muera desárrmeme en plena jodienda, / y que la gente al derramar lágrimas en mi funeral diga: / "Tu muerte ha sido coherente con tu vida"». Devoto de los latinos, José Agustín Goytisolo —su voz— pide a los dioses que el combate con Venus sea la causa de su muerte: una Venus cubana, claro, profunda, misteriosa y ardiente, pero también cariñosa y jovial. Es la imagen opuesta a lo que le aguarda en París: un cuarto de hotel, la rencorosa Michelle y su arsenal de cuchillos, que ella es capaz de hundirle en el pecho a la menor ocasión. ¿Qué encarna en realidad Michelle, el símbolo de la blanca neurótica y posesiva? No lo sabemos. Pero mejor morir en Cuba, en brazos morenos, antes que regresar a la grisura europea, representada aquí por una Ville Lumière ajena a los asombrosos laberintos cortazarianos.

No es París el destino del poeta, pero la Barcelona de los setenta vuelve a ser un escenario desapacible, debido como sabemos al incierto clima político. En lo privado, no ha habido tampoco cambios sustanciales; aunque no le espera Michelle ni sus besos de arma blanca, está la ciudad misma, con las cosas de siempre: el tedio, los vasos vacíos, las noches en vela, las colillas, los problemas familiares, los versos fugitivos y esos pozos de negrura que le siguen acechando a la vuelta de la esquina. Si siempre quiso ser uno más, este Goytisolo ha resultado al fin ser un hombre como cualquier otro. ¿Acaso su vida no es idéntica a la de sus conciudadanos? Lo parece, pero no nos engañemos: el oficio de poeta, los continuos viajes al extranjero, su proyección pública, su inquietud social, el acoso tenaz de sus fantasmas no son honradamente los del hombre de la calle. A estas alturas de la obra José Agustín podría hacer suyas las palabras que Pavese refleja en *El oficio de vivir*:

> Aún no sé si soy un poeta o un sentimental, pero lo cierto es que estos meses atroces constituyen una prueba decisiva. Si, como espero, hasta los más grandes descubridores han tenido meses semejantes, digamos que la alegría de componer se hace pagar cara... La vida se venga —y está bien— si uno le roba el oficio. No es nada la preocupación de componer —el famoso tormento— frente a la de haber creado algo, y no saber luego qué hacer.

En su caso, además, no son meses atroces, a veces se trata de años, un infierno que se prolongará hasta descubrirse el verdadero origen de sus brutales caídas de ánimo, cuando el doctor Vidal Teixidor le diagnostique una carencia de litio en la sangre. Pero, a diferencia de Pavese, José Agustín Goytisolo tiene esposa, una hija, su legión de amigos. En este período amargo no es casual que estreche lazos con Paco Ibáñez, cuya hija Alicia conoce tormentos parejos. A ella, a «mi bonita cerilla», Pepe dedicará un poema cuyo eje se resume así: «Cuando todo es oscuro / de pronto una luz brilla: / es amor a la vida.» La idea coincide con la del célebre poema «Palabras para Julia», dedicado a su propia hija. Elijo este terceto: «Nunca te entregues ni te apartes / junto al camino nunca digas / no puedo más y aquí me quedo.»

DON JULIÁN Y MR. BLANCO

Juan Goytisolo inicia el decenio de los setenta repartiendo su tiempo entre París, Norteamérica y los países árabes. La redacción de la novela *Reivindicación del conde don Julián* ha tocado a su fin; pero como su literatura sigue prohibida en España realiza gestiones con la editorial Joaquín Mortiz para que el libro sea publicado en México. La naturaleza antiespañola de *Don Julián* provocaría a buen seguro el furor de los censores, para quienes aquel *enfant terrible* es algo más que una golondrina de verano. Tras un despegue fulgurante auspiciado por «los enemigos seculares de España», ha seguido escribiendo contra viento y marea hasta encumbrarse como un autor que despierta la curiosidad de los eruditos. Goytisolo parece sentirse cada vez más cómodo en su papel: tras las dudas, las crisis, los miedos iniciales, ha aprendido a sobrevivir en el extranjero, a enderezar allí su trayectoria literaria y, sobre todo, a componer su propio mito de combate. Poseído por la fuerza destructiva y a la vez regeneradora de «don Julián», acometerá nuevas empresas, pero siempre desde esa posición periférica, *ad extra*, que le permite lanzar a distancia los golpes más certeros sobre la Península.

No por azar el final de *Don Julián* coincide con otro proyecto innovador: el prólogo a la *Obra inglesa de Blanco White*. En este brillante ensayo el novelista barcelonés dedica casi un centenar de páginas a glosar la figura de un autor clave del XIX español: el enigmático José María Blanco White, que abandonó nuestro país en busca de los cielos de Inglaterra. Sabe que Blanco encarna como nadie la peripecia de aquellos a los que la situación política de la época obligó a dejar España, unas gentes que renacieron en otra tierra y se alzaron como símbolo tangencial entre dos religiones, dos naciones, dos culturas. Porque la de Blanco no es una experiencia solitaria, y el lector intuye que esa peripecia se ha repetido periódicamente a lo largo de nuestra historia. Si Blanco White tuvo que exiliarse a principios del XIX, otro sevillano, Luis Cernuda, hizo lo mismo en 1938, trazando un camino individual por el que habría de transitar, entre otros, el propio Juan Goytisolo dos décadas después.

El estudio aborda tanto las circunstancias histórico-personales de Blanco White como las inquietudes del autor de *Señas de identidad*, quien se había ganado ya sobradamente la vitola de exiliado. Éste suele recordar que los dos autores españoles que más le influyeron entonces fueron esos dos sevillanos que gastaron la segunda mitad de su vida fuera de la patria. Porque para él los modelos nacionales de su juventud –Lorca o Machado– le resultaban ya insuficientes. Más aún, en la medida en que ni Lorca ni Machado habían conocido una ausencia prolongada en el exilio le parecían casi lejanos... Tan lejanos, por otros motivos, como sus propios «camaradas» de la *intelligentsia* de izquierdas, cuyos mitos y tabúes había logrado por fin apartar de sí mismo. A causa de ello, el aislamiento de Juan Goytisolo se agudizó desde finales de los sesenta: no sólo vivía separado físicamente de su tierra natal sino que los criterios, valores y juicios de la gente más próxima le resultaban cada vez más extravagantes. En una larga entrevista con Julio Ortega, el novelista explica la situación:

> A medida que entraba en posesión de mi verdad y me esforzaba en cernerla, me sentía más ajeno a la que profesaban o decían profesar mis compañeros. Mi exilio no era sólo físico, y motivado exclusivamente por razones políticas: era un exilio moral, social, ideológico, sexual. Y cada día transcurrido abría más la brecha, acentuaba la distancia. En tal situación, el descubrimiento de que mi experiencia no era única, de que otros intelectuales habían pasado por un proceso idéntico era muy importante para mí. Cuando comencé a penetrar en la obra de Blanco White tuve la impresión de releer algo que había escrito yo mismo. Mi familiaridad con ella fue instantánea. También en él la fuerza centrífuga había vencido a la ley de la gravedad nacional.

Pero tal conexión no obedece tanto a su deseo de unirse a una estirpe de exiliados ilustres como al hecho de que una serie de elementos de la vida española operaban aún del mismo modo que en tiempos de Blanco White y, en consecuencia, su parentesco con él era posible porque su relación con España era a la postre idéntica.

Por esas fechas, la voz del sevillano completa su propio discurso y se relaciona tan íntimamente con la suya como, de otra manera, la de don Julián. Pese a que los registros son distintos, tanto Mr. Blanco como el conde traidor le permiten expresar sus convicciones en torno al tema de España. ¿Qué importa que uno sea un autor real y el otro una figura legendaria, que él convierte en personaje de ficción? En ambos casos Goytisolo recoge sus hechos, se adueña de sus voces, los funde en su propio mito personal. Cuando su hermano José Agustín dice: «... cada vez que leo a Juan no sé si estoy leyendo a Cernuda, a Alí-Bey, a Américo Castro, a Larra o a Blanco White...», expresa con bala la perplejidad de algunos lectores ante la tendencia de Juan a personalizar en su discurso los rasgos que le brindan diversas figuras literarias o históricas. Parece ignorar, en cambio, que para su hermano tales comentarios son un grandísimo elogio... Y no tanto porque esa semejanza le incluye en la única estirpe a la que de corazón desea pertenecer, sino porque como último vástago de ella tiene ya su lugar propio, su voz individual, que habrá de servir en el futuro como punto de partida para viajar al pasado, es decir, para conocer a esos autores que le precedieron y que, presumiblemente, el siglo XXI arrinconará en un reino de sombras. Creo que si hasta hace poco Juan Goytisolo no podía entenderse sin esa línea de heterodoxos y apátridas que le amamantaron, en el futuro serán éstos los que deban ser comprendidos desde la experiencia iluminadora del autor de *Don Julián*. En la cultura algunos hijos acaban convirtiéndose en progenitores.

Sea como fuere, esa relación goytisoliana con el pasado cultural español, unida al interés por otras lenguas, es una virtud que le acerca a la nueva narrativa hispanoamericana. El propio Goytisolo ha manifestado que una obra como *Reivindicación del conde don Julián* no habría sido posible sin la actitud abierta, «este nomadismo intelectual o trashumancia de ideas», que distingue la literatura hispanoamericana –Borges al frente– de la española. Podemos considerarlo, pues, como un autor tan próximo al Nuevo Continente como a la tradición literaria nacional y, en todo caso, bastante alejado de la obra de sus contemporáneos españoles. Esta relación con ultramar no era sólo literaria: se basaba en vínculos afectivos con escritores como Carlos Fuentes, Octavio Paz, Severo Sarduy, García Márquez, Vargas Llosa o Julio Cortázar... Una relación de respeto y camaradería, también de afinidad intelectual y de inquietud por la condición del hombre.

A PROPÓSITO DE «LIBRE»

En la primavera de 1970 una periodista telefoneó a Juan Goytisolo para comunicarle que una amiga suya estaba dispuesta a financiar una revista político-cultural destinada al público de habla hispana. Tras fijar una cita, se personaron en una elegante residencia de la Rue de Bac donde vivía la inesperada mecenas, que resultó ser una nieta de Patiño, el famoso «rey del estaño» boliviano. Recién llegada de un viaje por Sudamérica, esta millonaria llamada Albina de Boisrouvray había comprendido la necesidad de crear un medio de expresión donde artistas e intelectuales *engagés* pudieran denunciar la opresión brutal, injusticia y atraso del Cono Sur. Con esa idea, adelantó generosamente a Juan Goytisolo la suma de cien mil francos, no sin antes comprometerse a respetar la independencia de la nueva revista.

Desde ese momento el español se hizo responsable del proyecto y elaboró una lista de posibles colaboradores –Cortázar, Fuentes, Semprún, García Márquez, Donoso, Vargas Llosa, Sarduy, etc.– a quienes comunicó de viva voz o por carta aquella iniciativa surgida al calor del encuentro con Albina. Como quiera que los escritores vivían alejados, acordaron reunirse durante el verano en la Provenza, donde iba a estrenarse una obra teatral de Carlos Fuentes en el Festival de Aviñón. Tras la *première*, el grupo fue a casa de Cortázar, en el pueblecito de Saignon, y allí Goytisolo expuso detalladamente el plan. En teoría, sus directrices eran compartidas por todos, incluido el tema de Cuba. Pues, como escribe el propio Juan:

> La radicalización de la revolución cubana y el recrudecimiento de los conflictos sociales y políticos en Latinoamérica tendían a instaurar una atmósfera de guerra fría en el campo de las letras hispánicas (...). Una revista como la que nos proponíamos, resuelta a prestar desde afuera un apoyo crítico al régimen de La Habana, no sólo contribuiría a evitar el aislamiento cultural de éste sino que reforzaría la posición de los intelectuales que, en el interior del mismo, luchaban, como Padilla, por la libertad de expresión y una auténtica democracia.

Desgraciadamente la vida cultural habanera era un avispero. Ya en verano de 1967 el poeta Heberto Padilla había defendido la novela *Tres tristes tigres*, de Guillermo Cabrera Infante, y esa defensa había provocado un gran escándalo y el posterior ataque de *Verde Olivo* –órgano de las fuerzas armadas cubanas–, que le acusó de dilapidar alegremente los fondos públicos y de haberse dejado arrastrar por las modas capitalistas. Este ataque había generado en su día el lógico malestar entre los escritores que luego se reunirían en Saignon, y en solidaridad con el poeta cubano habían enviado un telegrama a Haydée Santamaría en el que se declaraban consternados por las acusaciones calumniosas contra Padilla, pero mantenían su apoyo «a toda acción emprendida por Casa de las Américas en defensa de la libertad intelectual». Forzada por Castro, Haydée tuvo entonces que enviarles esta respuesta: «Inexplicable desde tan lejos puedan saber si es calumniosa o no una acusación contra Padilla. La línea cultural de la Casa de las Américas es la línea de nuestra revolución, la Revolución Cubana, y la directora de Casa de las Américas estará siempre como quiso el Che: con los fusiles preparados y tirando cañonazos a la redonda.»

Hacía dos años de todo aquello, pero ninguno de los escritores reunidos en Saignon ignoraba los riesgos de la futura empresa: sabían que Fidel había aprobado la invasión soviética de Checoslovaquia en el 68, o que existían razones para creer en la implantación de una política cada vez más dura y sectaria. Aun así, la idea de tender un puente entre el régimen castrista y la izquierda no comunista europea y latinoamericana a través de la revista *Libre* se les antojaba tentadora y oportuna. Claro que no iba a serles fácil ponerla en práctica: la primera contrariedad surgió ya en casa de Cortázar, cuando el anfitrión, inesperadamente, puso el veto a la presencia de Cabrera Infante en la nueva revista, declarando con firmeza que «si Guillermo entra por una puerta, yo me salgo por la otra». La ceguera ingenua de Julio, unida a los lazos muy estrechos que mantenía con Cuba, le llevó a prohibir a un autor contrario a la Revolución. Según Goytisolo, era tan grande la necesidad de apoyar a los autores críticos con el sistema que aún quedaban en la isla, como Padilla, que ese apoyo se negociaba con el sacrificio de los exiliados como Cabrera Infante. Ahora bien, al aceptar el veto de Cortázar se equivocaron y, como reconoció Juan después, «el proyecto de nuestra publicación debería haber muerto allí». Pero lo cierto es que nació, y aunque lo hizo «fruto del cabildeo y compromiso», los promotores brindaron satisfechos por el éxito de la iniciativa.

Volvería a hablarse de ella a finales de aquel mismo año, en Barcelona, ciudad donde José Donoso detectó las primeras fisuras entre los latinoamericanos. En su *Historia personal del «boom»* escribe:

Y para mí el *boom* termina como unidad, si es que la tuvo alguna vez más allá de la imaginación y si en realidad ha terminado, la Noche Vieja de 1970, en una fiesta en casa de Luis Goytisolo en Barcelona, presidida por María Antonia, que, bailando ataviada con bombachas de terciopelo multicolor hasta la rodilla, botas negras, y cargada de alhajas bárbaras y lujosas, sugería un figurín de Léon Bakst para *Schérèzade* o *Petrouchka*. Cortázar, aderezado con su flamante barba de matices rojizos, bailó algo muy movido con Ugné; los Vargas Llosa, ante los invitados que les hicieron rueda, bailaron un valsecito peruano, y luego, a la misma rueda que los premió con aplausos, entraron los García Márquez para bailar un merengue tropical. Mientras tanto, nuestra agente literaria, Carmen Balcells, reclinada sobre los pulposos cojines de un diván, se relamía revolviendo los ingredientes de este sabroso guiso literario, alimentando, con la ayuda de Fernando Tola, Jorge Herralde y Sergio Pitol, a los hambrientos peces fantásticos que en sus peceras iluminadas decoraban los muros de la habitación: Carmen Balcells parecía tener en sus manos las cuerdas que nos hacían bailar a todos como a marionetas, y nos contemplaba, quizá con admiración, quizá con hambre, quizá con una mezcla de ambas cosas, mientras contemplaba también a los peces danzando en sus peceras.

Nunca estuvieron tan cerca ni lo estarían de nuevo.

Tras pasar el otoño de 1970 en Boston, Juan Goytisolo regresa a París y se dedica a dar vida a la publicación. Gracias al consejo de García Márquez encuentra un jefe de redacción ideal en Plinio Apuleyo Mendoza, y juntos alquilan un pequeño local en los bajos del 26 de la Rue de Bièvre. Recuerda el escritor que la que iba a ser, algo pomposamente, «oficina de información de *Libre* en Francia» era en el fondo un simpático cuchitril, con una habitación que daba directamente a la calle, un lavabo y una trastienda. Allí se ultimaron los objetivos y orientación de *Libre*, que Juan resume así: «...apoyo a la experiencia socialista de Allende y movimientos de liberación de América Latina; sostén crítico a la revolución cubana; lucha contra el régimen franquista y demás dicaduras militares; defensa de la libertad de expresión donde quiera que fuese amenazada; denuncia del imperialismo americano en Vietnam y soviético en Checoslovaquia...».

Pese a que esta declaración garantizaba la línea de sus colaboradores, pronto llegaron noticias sorprendentes desde La Habana. Aquellos artistas cubanos por los que había rodado la cabeza de Cabrera

Infante no parecían ahora dispuestos a comprometerse o intervenir. Perplejos, los de *Libre* decidieron redactar una nota para el primer número:

Las circunstancias existentes en América latina y en España reclaman con urgencia la creación de un órgano de expresión común a todos aquellos intelectuales que se plantean de modo crítico la exigencia revolucionaria. *Libre*, publicación trimestral de financiación absolutamente independiente, dará la palabra a los escritores que luchan por una emancipación real de nuestros pueblos, emancipación no sólo política y económica sino también artística, moral, religiosa, sexual.

Era justo. Porque el propósito de Marx de cambiar el mundo se unía así al de Rimbaud de cambiar la vida.

El problema clave, no obstante, era la financiación de la revista que, viniendo como venía de una nieta de Patiño, se consideraba dinero sucio por los puristas revolucionarios. ¿Acaso Albina de Boisrouvray no estaba marcada con el pecado original de sus antepasados? En efecto. Y aunque tales acusaciones habían prescrito con creces, colocaron a los miembros de *Libre* en estado de permanente sospecha. Durante el invierno de 1971 las inquietudes goytisolianas crecieron y sólo se disiparon cuando el primer número empezó a tomar forma. Con las colaboraciones de Octavio Paz, Mario Vargas Llosa, Julio Cortázar, Carlos Fuentes, José Donoso o Luis Goytisolo, *Libre* parecía responder a las expectativas. El pequeño despacho de la Rue de Bièvre desbordaba de vida y actividad.

DE VERDADES Y AMISTADES

Este ambiente de optimismo fue roto en marzo de 1971 por la brusca noticia de la detención de Padilla. Aquel mismo día el teléfono de la oficina de *Libre* no dejó de sonar: amigos del poeta cubano llamaban de todo el mundo preguntando por su suerte y ofreciendo ayuda. Desbordado, Juan Goytisolo se puso en contacto con Cortázar para preparar un escrito de protesta a Fidel en el que solicitaba su intervención: el texto se conocería luego como «primera carta a Fidel Castro». Escrita en términos muy respetuosos, la carta proclamaba la solidaridad de los firmantes con los principios de la Revolución, si bien expresaba su inquietud por el uso de métodos represivos contra intelectuales que ejercían el derecho de crítica dentro de ella, e insistía en que tales procedimientos iban a tener repercusiones negativas entre los escritores y artistas del mundo entero, «para quienes la revolución cubana es un símbolo y una bandera». Junto a los colaboradores de *Libre* firmaron Jean-Paul Sartre, Simone de Beauvoir, Italo Calvino, Susan Sontag... Sensatamente los redactores decidieron que la misiva sería privada, evitando así el ruidoso eco de los medios de comunicación occidentales. Pero si pasado un plazo prudencial no recibían respuesta de La Habana, acordaron entregar una copia a la prensa francesa.

Recuerda Goytisolo que no tuvieron que aguardar mucho, porque a los pocos días el escritor chileno Jorge Edwards –que regresaba de una misión diplomática en Cuba– informó a los promotores de la carta de la amarga realidad. A su juicio, el caso Padilla no era un hecho solitario destinado a acallar una voz discordante del interior: era producto de la política personal de Castro, quien había decidido reprimir el menor asomo de heterodoxia. En lo sucesivo no iba a aceptar, como antes, algunas observaciones o ligeras críticas al sistema: iba a imponer una política de repliegue y endurecimiento que, bajo el lema «Contra la revolución nada», negaba entre otras cosas el derecho a la creación pura. A partir de ahora no habría más literatura que la de uso político: escritores y pensadores serían íntimamente espiados y sujetos a vigilancia. En esta tesitura la carta de las gentes de *Libre* llegó en mala hora, y el romance con los intelectuales europeos –según Fidel, «los únicos y verdaderos amigos de Cuba»– se deslizó hacia aguas turbulentas. De nada iba a servirles a éstos haber aceptado con indulgencia algunas contradicciones del proceso cubano, ya que su líder estaba dispuesto a mantener el nuevo rumbo hasta la muerte. En poco tiempo, el peso de su ira cayó por igual sobre aquellos «turistas revolucionarios» que habían visitado la isla a cuerpo de rey como sobre los propios autores isleños. Es lógico que la primera víctima fuera Heberto Padilla, el más incómodo, el más temerario, el más sarcástico ante la jerarquía cultural de su país.

A falta de respuesta, la carta al Líder Máximo salió a la luz pública. Para entonces Juan Goytisolo se encontraba de viaje en el norte de África: allí leería días después una sorprendente nota en el *Herald Tribune* sobre la retractación pública de Padilla en la UNEAC, la Unión de Escritores y Artistas Cubanos. Aunque breve, el texto le llenó de «sorpresa, sonrojo e indignación». Tras hablar por teléfono con la oficina de *Libre* decidió hacer escala en Barcelona para entrevistarse con Vargas Llosa, que residía en la ciudad condal. Al llegar al piso de Mario en la Vía Augusta, encontró a otros escritores afines a la causa revolucionaria: Carlos Barral, José María Castellet, Hans Magnus Enzensberger... Juntos pudieron leer con detenimiento el texto íntegro de la confesión de Padilla. Si había proclamado todo eso ante sus compañeros, el asunto era muy grave.

Como escribe el autor de *Don Julián*: «El acto entero constituía una sangrienta burla de los principios de libertad, dignidad y justicia que la revolución pretendía defender y que sin duda había defendido en sus comienzos.» Pero diez años más tarde, el *mea culpa* de Padilla tenía todo el aire de una confesión trotskista en la era de las grandes purgas estalinianas. Lo malo es que su desgarradora confesión fue sólo un preámbulo, ya que el propio Padilla extendió sus acusaciones a la plana mayor de los escritores cubanos: Lezama Lima, Miguel Barnet, Norberto Fuentes, Rodríguez Feo, Pablo Armando Fernández, quienes aparecieron de pronto como contrarrevolucionarios y colaboradores de la CIA. El autoinculpado dejó así una estela de nuevos «culpables» a los que se forzó a admitir los hechos –Lezama y Fuentes se negaron– en un posterior acto público de autocrítica. Estaba claro que el sueño revolucionario se había desvanecido en manos del régimen caudillista soviético de Castro; prueba de ello eran la omnipresencia policial, los estragos de la censura y autocensura, las purgas, las redadas, las delaciones, la persecución de disidentes y la apertura de los siniestros campos de la UMAP, donde se hacinaron hasta ochenta mil homosexuales presos. La confesión de Heberto Padilla, pues, fue un eslabón más de una cadena de acoso a las libertades, y sus consecuencias durarían mucho tiempo. Tal como reconoce Juan:

> El ritual chocante y ridículo de la célebre velada en la UNEAC es sin duda uno de los mayores desatinos de la revolución cubana: cuantos participaron en él, ya fuera en calidad de jueces, reos o simples testigos, salieron inevitablemente manchados y las salpicaduras alcanzaron asimismo a quienes, tras leer la transcripción de la agencia oficial castrista, nos creímos obligados a reaccionar.
>
> La primera mácula les llegó directamente de Castro, que en un violento discurso pronunciado en el Congreso Nacional de Educación y Cultura atacó a «los seudoizquierdistas descarados que quieren

ganar laureles viviendo en París, Londres, Roma (...) en vez de estar en la trinchera de combate». De esta forma, las alarmantes noticias de Jorge Edwards sobre el trasfondo del «asunto Padilla» se confirmaron, y los reunidos en casa de Vargas Llosa, «basuras», «ratas intelectuales», «agentillos del colonialismo» comprobaron al fin que los modos de Castro —defensa a muerte del «monolitismo ideológico» y deseo de saneamiento moral— entroncaban en espíritu con los de cualquier otra dictadura, al margen del color. El respeto y cautela de la primera carta a Castro no les había evitado una réplica incendiaria y monumental, así que esa misma noche redactaron en Barcelona una carta menos comedida. Fuera por el calor del momento o por su honda preocupación por la suerte de sus colegas, los firmantes no respondieron cabalmente al desafío. Al centrar su texto en el tenebroso esperpento de la UNEAC, renunciaron a analizar algo fundamental: el proceso de regresión galopante que había hecho de la revolución cubana un sistema totalitario. Sólo la lucidez de H. M. Enzensberger les llevó a incluir este párrafo *in extremis*, que debía haber sido el núcleo de la reflexión: «El desprecio a la dignidad humana que supone forzar a un hombre a acusarse ridículamente de las peores traiciones y vilezas no nos alarma por tratarse de un escritor, sino porque cualquier compañero cubano —campesino, obrero, técnico o intelectual— puedan ser también víctimas de una violencia y una humillación parecidas.» Seguros de que la nueva protesta iba a caer en el vacío, acordaron reunir el mayor número de firmas y mandar el texto al diario *Le Monde*.

Para cuando Juan Goytisolo llegó a París, la redacción de *Libre* era un hervidero: el timbre sonaba, los teléfonos bullían y los escritores y corresponsales latinoamericanos deseaban conocer personalmente la posición oficial de la revista. Era un empeño inútil, pues el criterio diverso de sus colaboradores impedía dar una respuesta unitaria; pero al menos la mayoría de los firmantes de la primera carta a Castro rubricaron el contenido de la segunda —se unieron Pasolini, Resnais o Rulfo—, mientras otros como Cortázar o Barral se desentendieron. En cualquier caso la carta apareció poco después en la prensa francesa, mientras Goytisolo se hallaba esta vez en Siria participando en un debate sobre la lucha de los palestinos. No podía imaginar aún que la segunda carta a Castro había desatado un furioso vendaval en la mayoría de países de habla hispana. Desde Cuba hasta Argentina se alzaron numerosas voces de escritores contrarios al texto de *Le Monde*, que azuzaron el fuego del infundio. La decisión de Fidel de colocar en la picota a los firmantes de la primera carta había levantado la veda, y como quiera que entre ellos figuraban importantes autores de Europa e Iberoamérica, se desató también una oleada de envidias y rencores que, bajo el barniz de la pureza revolucionaria, disimulaba, según Juan, el más vulgar y rastrero ajuste de cuentas. Entre aquel alud de críticas se reactivaron las sospechas sobre el origen de *Libre:* ¿Quién la editaba en realidad? ¿Cuáles eran sus verdaderos objetivos? Preguntas capciosas que pretendían ocultar el centro de la cuestión: la palpable metamorfosis de la joven república antillana. Recuerda Goytisolo, por ejemplo, que cuando ciertos periodistas se personaban en el local de *Libre* en busca de un lujoso palacete, descubrían atónitos una pequeña oficina con muebles de segunda mano. ¿Y allí se hacía la peligrosa «publicación imperialista» de Patiño? Todo era absurdo, disparatado, pero refleja aquel período de los primeros setenta en que la única opción viable para las sangrientas dictaduras militares era la Revolución. Así lo expresa el chileno Jorge Edwards:

> En los años que siguieron, parecía que las circunstancias, en virtud de no sé qué perversidad de la historia, nos condenaban a la siguiente conclusión férrea: si el pinochetismo tortura y hace desaparecer a la gente, quiere decir que la única alternativa para América Latina es el castrismo. Era una lógica superficial, perfectamente falaz, pero aquellos que tenían la obligación de conocer mejor el pensamiento lógico –los intelectuales, el mundo de la edición y del periodismo literario– incurrían siempre, o casi siempre, en esta falacia, y lo hacían con una buena conciencia sólida, con una especie de impecable seguridad, con un dogmatismo que desembocaba a menudo en la franca histeria.

Los ataques de estos «defensores de la libertad» acabaron por crear un denso clima de paranoia. Según Juan, por aquellas fechas «Simone de Beauvoir me refirió muy indignada que Sartre y ella habían tropezado en el Boulevard Raspail con Alejo Carpentier y éste, desconcertado y temeroso de comprometerse por el mero hecho de saludarles, les volvió bruscamente la espalda y pegó la nariz contra un escaparate». Al parecer, en Cuba se había propagado el rumor –por completo delirante– de que el pensador francés era un agente de la CIA. En tales circunstancias, se produjeron episodios grotescos en torno a *Libre:* visita de un enigmático profesor yanqui que era, en efecto, un agente estadounidense; damas glamurosas que ofrecían sus servicios desinteresados a la revista; hurto de manuscritos que aparecían luego en poder del embajador cubano... Como concluye el escritor, «nuestro bello proyecto de revista cultural, revolucionaria y vanguardista se había convertido insensiblemente en un mediocre, archisabido argumento de novela barata».

El estallido del «caso Padilla» coincidió en el tiempo con la teórica aparición del primer número de *Libre;* pero ante el cariz que iban tomando los hechos, los responsables de la publicación decidieron aplazar su salida hasta otoño mientras preparaban un *dossier* especial en torno al *affaire*. Se pretendía recoger documentos –texto íntegro de la autocrítica de la UNEAC, discurso de Castro, carta de Mario Vargas Llosa donde renunciaba a la Casa de las Américas–, así como opiniones, declaraciones y apostillas de distintos autores europeos y sudamericanos. En calidad de revista crítica, *Libre* juzgaba muy útil una discusión sobre lo acontecido en Cuba, ya que remitía a problemas candentes como el socialismo y sus orientaciones, la creación artística en las nuevas sociedades y, en especial, el compromiso de los intelectuales frente a los procesos revolucionarios. El debate no podía ser más apasionante y oportuno. Pero lamentablemente supuso el principio de nuevas disensiones, esta vez en el seno de la revista misma.

La lectura a distancia del *dossier* resulta reveladora y depara desagradables sorpresas para quienes, como yo, vimos en el *boom* latinoamericano la hermandad ética y estética de nuestra adolescencia. Autores luego conservadores como Vargas Llosa u Octavio Paz adoptaron una posición lúcida y valiente; otros, como García Márquez, navegaron con esa habilidad que con los años sería proverbial, y alguno, como Cortázar, optó por una posición que por lealtad de cronopio sólo tildaré de errónea. Su texto «Policrítica en la hora de los chacales» era, como ya se dijo entonces, «un tango con letra de Vichynsky», una pieza tosca y ramplona que rezumaba lirismo a la soviética, incluidas alabanzas al Mañana Luminoso que nos espera. Por si fuera poco, Cortázar vertía comentarios ofensivos contra los «liberales a la violeta (...) firmantes de textos virtuosos»... Unos liberales que, por cierto, eran sus amigos y solían visitarle en su casa provenzal de Saignon.

Es normal que el texto cayera en *Libre* como una bomba, sembrando la incredulidad y el desconcierto; sin embargo, la misma naturaleza plural de la revista aconsejó mantener a cualquier precio las relaciones entre todos sus miembros. Enseguida ese precio se hizo demasiado gravoso, obligando a Juan Goytisolo a una serie de concesiones que le resultaban insoportables. Hubo un nuevo enfrentamiento con Julio en el segundo número de *Libre*, hasta que el entusiasmo del novelista se enfrió por completo. La lejanía de París a causa de sus estancias en Marruecos así como los compromisos con universidades norteamericanas fueron determinantes; la distancia física se unió a la distancia moral, el desapego a un proyecto cada vez más confuso cuya esencia se había traicionado. El español renunció entonces a coordinar *Libre*, y aunque aparecieron nuevos números, a cargo de Semprún o Vargas Llosa, la aventura no prosperó. A finales de 1972 la peripecia de la revista llegó a su fin tras dos años de esfuerzos, tensiones y vanas esperanzas.

Años después Juan Goytisolo reconocería el antiguo local de *Libre*, totalmente transformado, al entrar por azar en un nuevo *restaurant* magrebí. Mientras saboreaba un alcuzcuz, le fue imposible no evocar aquellos tiempos en que la revista que debía haberles unido se convirtió en origen de su enfrentamiento y, a la larga, de su enemistad. Pero ¿debía derramar lágrimas por ello? Al fin y al cabo, el conflicto interno de *Libre* fue fruto del diverso papel que los intelectuales de izquierda occidentales han mantenido frente a las causas revolucionarias de nuestro siglo. Según Juan:

> Muchos de los simpatizantes de la revolución cubana, que habían creído ver en ella el modelo de sociedad del futuro, conocían la triste trayectoria de los Barbusse, Romain Rolland, Éluard, Aragon, Alberti o Neruda, todos éstos testigos directos de la cruda verdad del sistema soviético, y la deportación, asesinato o amordazamiento de sus compañeros escritores que habían guardado silencio, cuando no aplaudido, a la parodia de los procesos.

Pese a conocer esa triste realidad, habían repetido sus errores, seguían defendiendo el régimen de Castro y viajaban regularmente a La Habana. Con todo, sospecho que la singladura fallida de *Libre* debió de resultar amarga para sus colaboradores, más allá de consideraciones morales o su posicionamiento político en el tema de Cuba. Habían vivido muchas horas en aquel cuartucho, activos siempre entre mesas, butacas, archivos y teléfonos, luchando por defender un sueño común. Por ello cobra mayor sentido el canto fúnebre de García Márquez, quien, al recordar las reducidas dimensiones de la oficina y el final abrupto de tantas amistades, sentenció: «Aquel espacio tan chico no daba más que para joder.»

UN EXPATRIADO EN EE. UU.

Coincidiendo con la etapa final de la revista, Juan Goytisolo intensificó su labor en los Estados Unidos. Generalmente iba allí en otoño y permanecía hasta Navidad, época en que regresaba a París o recibía a Monique en Nueva York; en otras ocasiones se quedaba en América hasta bien entrado el nuevo año. Un repaso fugaz a su agenda –o al diario perdido de Monique– nos informaría de que el novelista estuvo en la Boston University en otoño de 1970; en Nueva York en 1971; en Canadá en 1972, otra vez en Nueva York en 1973, 1974, y así hasta la muerte de Franco. Iba en calidad de profesor visitante, invitado por el departamento de español de algunas universidades que incorporaban figuras de prestigio para sus cursos académicos. Sabemos que en otoño de 1971 Goytisolo participó en el seminario «Novela española del siglo XX», y en 1973, en «Estructura de la novela»; en este último su tema fue «Erotismo y represión en la literatura española», que nos informa por igual de una epidemia de nuestra cultura y de las inquietudes de Juan en el último tramo del franquismo.

Estas inquietudes, sin embargo, no siempre eran compartidas por los miembros del departamento de turno. España vivía aún en dictadura, y los Goytisolo se habían posicionado abiertamente contra ella; por eso la experiencia en las universidades norteamericanas llegó a ser a veces insatisfactoria, tal como le ocurrió a Juan en la McGill University de Canadá. Recuerda que salvo el profesor Solomon Lipp, que le había invitado, el resto del departamento era «una caterva de fascistas terrible», formada por profesores franquistas y cubanos reaccionarios para quienes su sola presencia era un ultraje. Así las cosas, se limitó a dar los cursillos y luego desapareció. Pero en términos generales la vivencia norteamericana puede considerarse placentera. El escritor evoca con especial cariño las temporadas en Nueva York, al frente de un núcleo de estudiantes muy preparados a los que impartía charlas sobre literatura y con los que pasó momentos felices. Una de sus alumnas, hoy hispanista, Linda Gould Levine, evoca con el mismo calor el paso del autor barcelonés por las aulas: «Asistir a aquellos seminarios fue una aventura literaria estimulante y provocadora. Años antes de que la Academia estadounidense introdujera formalmente en sus cursos de estudio la teoría literaria contemporánea, Juan había ofrecido al estudiantado un cuerpo de información e interpretación inapreciable.»

Junto a conferencias y comentarios fieles al programa de estudios, Goytisolo supo crear también un espacio de análisis donde, como autor, profundizaba en el proceso creativo de novelas como *Don Julián*. Los estudiantes conocieron de este modo una experiencia desgarradora y apasionada en boca del propio protagonista; esta sinceridad goytisoliana agradaba a los alumnos casi tanto como su sencillez y pronto dejaron de llamarle «profesor Goytisolo». Según Levine, «... el señor sentado detrás de la mesa, al frente de la clase, con la sonrisa tímida, la mirada despierta y los apuntes preparados meticulosamente era simplemente Juan». Al acabar, seguía conversando con los alumnos en su despacho, donde «con paciencia de santo» disipaba las dudas de los más inquietos. Como concluye Gould Levine: «Jamás ningún estudiante tuvo un consejero tan solidario, y me enseñó mucho de lo que sé hoy y me adiestró en el arte difícil de cómo leer una novela.»

Aquellas charlas, además, se prolongaban fuera de su oficina de la Quinta Avenida: seguían en los cafés nocturnos de Washington Square, en cuyas mesas afloraban nuevos temas de conversación al calor del café, la cerveza o el vino. Juan Goytisolo descubrió así los placeres de una docencia basada en el intercambio fructífero con los alumnos. Pero, al igual que en California, ¿cómo no evocar con agria melancolía su propio aprendizaje en la España de los últimos años cuarenta?

La experiencia norteamericana le puso en contacto asimismo con los fenómenos y formas de vida estadounidenses, que él juzga absolutamente fascinantes en su horror y ferocidad. Eso le hizo ver que toda Europa estaba deslumbrada por el *American way of life*. Ya no era sólo España, la pobre patria: los países occidentales imitaban a los Estados Unidos, porque, en su opinión: «Tal vez Europa entera ha perdido para siempre su estímulo y atractivo. No es vanguardia, no sirve ya de referencia a las aberraciones, cada vez más suicidas, del "progreso"...» Fiel a esa idea, el novelista consideró anodino cualquier retorno a Roma, Venecia o París, ciudades a su juicio sin encanto ni poder regenerador. A la electricidad neoyorquina sólo podía oponer ahora el silencio emocionante del Sáhara o el bullicio de las ágoras al sol. Desde entonces su sensibilidad se orientaría hacia estos dos polos: urbes verticales, espacios inmensos. ¿Había hecho suya la frase de André Gide «Los extremos *me* tocan»?

RECUERDO DE JOELLE

Sobre su experiencia en universidades yanquis, Juan Goytisolo me comentó que «con el grupo de estudiantes graduados que tenía allí podía haberse instituido un departamento de español que habría funcionado mejor que los que había». Quizá por eso mantuvo lazos con sus alumnos hasta tiempo después, un grupo entre el que destacaba una francesa llamada Joelle Auerbach. Afirma el escritor que Joelle «era una mujer muy interesante, inteligentísima, con un gusto literario enorme», palabras que en su boca adquieren doble valor. Pese a que otras estudiantes como Linda Gould se convertirían luego en prestigiosas analistas de su obra, parece cierto que Joelle Auerbach fue su mejor alumna en Norteamérica. Pero si comparece aquí, ahora, se debe a que no sólo ocupó un lugar único en la vida docente de Juan sino también en el corazón de su hermano Luis.

Por aquellas fechas Luis Goytisolo había concluido *Recuento*, el totémico primer volumen de *Antagonía*, tras una década muy dura de empeño literario; antes de completar el ciclo quiso darse un descanso, y con el dinero del anticipo de la editorial Seix y Barral decidió visitar a Juan en Nueva York. No podía imaginar entonces que el amor le aguardaba en aquella ciudad desconocida. Porque su relación con María Antonia Gil parecía estabilizada: los devaneos eróticos eran un resto del pasado; el matrimonio tenía ahora dos hijos pequeños, proyectos familiares comunes, así como un compromiso férreo con la literatura, compromiso que María Antonia asumía a diario como asunto personal. Una amiga de la pareja, Barbara Probst, describe una visita al piso de la calle Balmes, efectuada en los setenta:

> Antes de irme paso por el apartamento de Luis y María Antonia Goytisolo. (...) Luis no está. Siento mucho cariño por María Antonia porque siempre se las arregla para conseguir que me sienta a gusto. Tiene una voz musical y ademanes majestuosos. Lleva el pelo recogido con un pañuelo; dice que cuando se va Luis aprovecha para arreglar el apartamento. Pero es tan elegante que me cuesta imaginármela sacando el polvo. Aunque sea a su modo armonioso y soñador, se interesa por las cosas cotidianas. Abre sus grandes ojos negros, señala su nariz ligeramente aguileña, y dice con delicadeza:
> —¿A ti no te gusta más que todo el mundo se haya ido el día que te decides a atacar tu casa?
> Estoy de acuerdo con ella.

Dice María Antonia que los hombres que escriben novelas no suelen estar muy curtidos.
–Aunque alardeen mucho, en realidad son muy vulnerables, ¿no crees?

Por una ironía del destino, ese escritor «vulnerable» iba a ser puesto a prueba, capturado por una emoción que le cogió totalmente por sorpresa. Sabemos que en el Cadaqués de los sesenta Luis Goytisolo se había impuesto el juego de tener aventuras con otras mujeres: era algo de tipo racional, basado en la normativa laxa de un tiempo libertino y de escasa pureza romántica. El caso de Joelle, por el contrario, le cogió desprevenido precisamente porque no decidió él ni los gustos más o menos decadentes de una cierta burguesía: fue el amor, un amor que iba a surgir de una atracción inexplicable. El propio Luis Goytisolo lo ha descrito en *Estatua con palomas*, libro donde Joelle Auerbach toma otro nombre: «Lo último que me esperaba era encontrarme con una mujer como Irene, con la que se estableció un entendimiento instantáneo, anterior incluso a las primeras palabras que cruzamos. Más que de entendimiento habría que hablar de reconocimiento, el reconocimiento mutuo de dos seres que son idénticos.» La misma atracción se expresa en este párrafo de *La paradoja del ave migratoria*: «... el entendimiento inmediato, el reconocimiento de unos ojos en otros ojos, la sensación, experimentada por ambos simultáneamente, de estarse contemplando en un espejo. Una identificación que incluía el ámbito sexual, que tal vez partía de lo sexual, pero que llegaba mucho más allá de lo sexual». Ambos pasajes encierran implícitamente un hecho amargo: Luis y María Antonia no eran así; según un testigo muy próximo, su matrimonio tampoco podía definirse como la unión de dos personas complementarias. Pero si María Antonia no era un alma gemela de Luis, como Joelle, ni su media naranja, sólo le quedaba un gris rol «suplementario».

Desde 1973 hasta después de la muerte de Franco, el escritor vivirá una hermosa, intensa y a la larga trágica historia de amor con Joelle Auerbach. Tras el encuentro «iniciático» en Nueva York, la pareja continuó viéndose secretamente en París y en Cadaqués; eran encuentros fugaces, por fuerza explosivos, que dejaban una sensación de afinidad absoluta pero también de desasosiego. Con los meses, acoplar esas citas a las rutinas personales –él en Barcelona, ella en París– comenzó a resultarles agotador. Es probable que Luis acariciara la idea de mantener abiertos los dos frentes... Y durante casi tres años vivió en Barcelona con María Antonia sin dejar de reunirse en otros lugares con su amante. Pero la crisis estaba a punto de estallar: María Antonia supo del *affaire* y tuvo que enfrentarse a lo más temido: Luis amaba a otra. A la postre, de poco le había servido la experiencia cadaquesina, o sea, la aceptación entre resignada y colérica de las aventuras de su compañero; porque contra aquella aventura, peor aún, contra aquel amor ni él ni ella podían luchar.

Nunca hasta entonces María Antonia Gil se había enfrentado a un problema sentimental de ese calibre, y dicho problema no hacía sino colmar una vieja copa de celos, frustraciones y cansancio. En soledad debió de preguntarse mil veces si había acertado convirtiéndose en la sombra de su marido, protegiéndolo, alentando y financiando su vocación literaria a cambio de su propia realización personal y artística. Pero en este punto surgía nítida una imagen en su memoria: la noche lejana en que, paseando por el Barrio Chino, Luis había perdido el conocimiento debido al alcohol, y ella lo había tomado en sus brazos sin sospechar que estaba enamorándose de aquel rostro de ángel caído... El mismo rostro que cautivaría también a Pasolini, quien trató en vano de convencer al escritor para que interpretara el papel del apóstol Juan en su película *El Evangelio según san Mateo*. Sí. María Antonia veía siempre ese rostro. Era su destino. En la novela *La cólera de Aquiles*, Luis Goytisolo pone en voz de Matilde Moret este párrafo revelador sobre la relación entre Raúl y Nuria, que acaso sea un retrato fiel de su propio matrimonio:

> Pues Nuria es una chica de muchas cualidades que, si alguna desgracia tuvo, fue la de conocer a Raúl, de poner en él todo su amor; en tales condiciones, cuantos esfuerzos se hagan luego para encontrar una salida, no sirven de nada. No es posible hacer girar la propia vida en torno a otra persona, como ella ha hecho, sin irse marginando, vaciándose, reduciéndose, eclipsándose más y más. Y eso con tanto mayor motivo cuanto que, como suele suceder en estos casos, si él la quiso, ya no la quiere. Más aún: le fastidia, le agobia, le harta –y es normal– tener una persona pendiente de él todo el tiempo, dando vueltas a su alrededor como si de un satélite se tratara. Estoy convencida, no obstante, de que, para Raúl, esta relación tan conflictiva, susceptible así de generar energía como de consumirla, ha sido de signo positivo, estimulante como experiencia, creadora. No una relación en la que cada parte se beneficia de algo, quiero decir. Al contrario: una relación en la que una parte se crece y gana en la misma

medida en que la otra desmerece y pierde. De ahí la Nuria de hoy, debilitada no ya desde un punto de vista moral sino hasta meramente físico, hecha una alcohólica temerosa y desamparada, ella que, con otra clase de hombre, hubiera podido ser perfectamente feliz.

En la vida real, también, la mujer del héroe tuvo que refugiarse en el alcohol. En todo caso, Luis habla del asunto Joelle como «la crisis más grave que tuvimos», una crisis que estuvo a punto de romper su matrimonio, pero que finalmente no condujo al divorcio. En el fondo, ninguna de las dos mujeres le deseaba en esa insoportable condición de «marido compartido», y él, atrapado entre dos fuegos, tampoco supo reaccionar. ¿Le atenazó de nuevo el gen de la «cobardía» Gay? Algún hermano admite tal posibilidad. Finalmente iba a ser la francesa quien decidiera por todos, aunque su gesto la transformó en primera víctima. Como cuenta el novelista en *Estatua con palomas:* «Una relación entre dos personalidades coincidentes es sin duda más fácil que entre dos personalidades complementarias. Y también más tajante. En la medida en que su mecanismo mental era idéntico al mío, supo formular lo que yo me resistía a formular: la imposibilidad, dados nuestros respectivos contextos personales, de seguir adelante con nuestra relación.»

Quizá la figura de Joelle Auerbach se oculte también en algún personaje femenino de *Estela del fuego que se aleja,* la extraordinaria novela que siguió al ciclo *Antagonía.* Creo verla en escenas como ésta, donde unos amantes pasean junto al mar de Cadaqués:

> El cielo había vuelto a nublarse y ella decía que le gustaba la brisa fresca de la mañana, y más aún cuando traía llovizna y le mojaba la cara y el cabello. Y, en otoño, pasear pisando las hojas mojadas. Y en verano, en las playas de Bretaña, andar descalza; y también andar descalza por el campo, sobre la hierba, y comer la fruta un punto verde cogida directamente de los árboles.

«LA CUARENTENA»

Aunque el idilio concluyó en 1976, Joelle Auerbach no perdió el rastro de Luis Goytisolo y mantuvo con él alguna clase de vínculo –telefónico o epistolar– hasta 1989, año en que cayó fulminada de un ataque al corazón. Su muerte sacudió terriblemente a los dos hermanos: Luis apenas habla de ello y ha renunciado a escribir sobre sus emociones; Juan, en cambio, hizo de la muerte de la parisina el punto de partida de la novela *La cuarentena*. Según él, quiso reanudar en el papel su delicada relación con aquella alumna, una relación de amistad intelectual, complicidad y camaradería literaria cuya rareza puede recordar en algún aspecto la que tenía con Monique.

Dañado por la muerte, Juan Goytisolo se reencuentra con Joelle en un ámbito imaginario, en el espacio de la escritura, dispuesto a restituirle la voz, que es el modo en que los escritores pueden devolver la vida. Para ello el autor sufre en el libro una suerte de deceso que le llevará a ese reino intermedio —el *barzaj* de la tradición musulmana— donde los difuntos continúan en posesión de sus cuerpos y aguardan durante cuarenta días la resolución definitiva. En este largo viaje el español y la francesa se reúnen, hablan, asisten a escenas del Más Allá, en la más pura tradición del Dante y, especialmente, de autores anteriores y posteriores a él, como Homero, Virgilio, el sufí Ibn Arabí o el teólogo Miguel de Molinos, que eran del agrado de ambos. *La cuarentena*, pues, se plantea como un viaje por el mundo medianero donde residen las almas que vagan a la espera.

El novelista hace coincidir este plazo con el tiempo exacto de la guerra del Golfo, en 1991, y su viaje resulta tan placentero como aterrador. En ese periplo Joelle será a la vez Virgilio y Beatriz, guía e ideal de pureza, compañera de erranza en el sueño de la muerte. A lo largo del trayecto Juan consigue verla como antes, el cabello fino, los ojos zarcos, su atuendo de jersey y tejanos, la cadenilla de oro en el cuello: es la imagen de aquella estudiante tímida que acudía a su despacho en Nueva York para hablar de *La Celestina*, la que bebía con él algún trago en los bares de Washington Square y que fumaba sin tregua cigarrillos Gauloises Bleues. JOELLE, la misma que luego sería su nueva traductora al francés y con la que ahora reanudaba la comunicación bruscamente interrumpida, justo para decir lo que no pudo decirle, lo que quedó pendiente en el breve mundo de los vivos.

En este vagabundeo de almas, Goytisolo se reencuentra además con viejos conocidos. Al igual que en *La Divina Comedia*, inventa espacios infernales, grados o círculos donde su imaginación ubica a seres que frecuentó en la superficie terrena y sobre los que descarga su imaginación irónica, fértil, vengativa. ¿Cómo no reconocer, por ejemplo, a Carlos Barral cuando escribe: «Otras figurillas inconsistentes se agitan en los despachos de una casa oscura disfrazados de lobos de mar»? ¿O a Ugné Karvelis, compañera de Cortázar, en «la obesa y alcohólica walkiria lituana»? Estas condenas rencorosas de Juan, su resentimiento a veces injusto y desmesurado provocan las burlas de Joelle, quien le acusa de ser tan mezquino y maniático como el propio Dante. Otros círculos acogen a difuntos más queridos, amigos como Jaime Gil de Biedma, Manuel Puig o Reynaldo Arenas, cuyas muertes le han llenado de frustración y nostalgia. Muy viva surge la imagen dedicada al autor de *Poemas póstumos:* «¿No has soñado acaso con Jaime, un Jaime escoltado por una muchacha de amansada belleza de leopardo que subía la escalera de un Grand Hotel o palazzo y, al cruzarse contigo, te abrazaba sin rencor alguno, los rasgos afinados por la enfermedad que le consumía y ese empaque aún juvenil de niño bien que siempre reprobaste?» Reencuentro venturoso, ya que los dos amigos se habían distanciado a raíz de un severo artículo del novelista sobre la obra poética de Gil de Biedma.

Especial relieve cobran también los personajes familiares, fantasmas de la niñez goytisoliana: la madre disuelta en la nada, el padre perdido y a veces recobrado, los abuelos, sujetos para siempre en su memoria «a imágenes de iglesias con un Dios de piedra, Cristos llagados y quiméricos, Dolorosas sangrantes, ceremonias baldías, comuniones estériles, sentimientos muertos». Inquietando sus cenizas, removiendo sus huesos, surgen traidores recuerdos de paz, de amor, de dicha maternal. Pero ¿es que Juan no había expiado eso ya en su apartamento tangerino al conjuro vertiginoso del *maaxun?* Quizá no lo suficiente, pues la muerte de Joelle Auerbach activa todo de nuevo, rescatando las figuras más queridas de entre la masa amorfa de los espectros. Así la madre, eterna en su juventud, fotografiada de perfil en la villa de Pedralbes; o el padre en los últimos tiempos, «envejecido y anulado por su viudez, enfermedad, gravitación de sus empresas científicas dolorosamente abortadas».

El hombre que nos habla difiere del autor de sus primeras obras, llenas de asfixia familiar, también del narrador de *Coto vedado,* libro de memorias ajeno aún a la ceremonia del perdón. Y es que, en el *barzaj,* Goytisolo se ha dulcificado, ha aceptado, ha comprendido. En relación con los abuelos maternos, parece arrepentirse de la imagen que dio en el recuento anterior; de hecho, la abuela no es aquí la pobre loca de *Coto vedado* sino una mujer dulcemente extraviada: quizá haya perdido el juicio en virtud de una teofanía –al modo de Ibn Arabí– y por eso es «una criatura razonable, pero sin razón». Su esposo, don Ricardo, tampoco responde al retrato del compulsivo pederasta de Pablo Alcover, y ahora permanece en el jardín, absorto para siempre en la lectura de un diario con fecha de la batalla de Stalingrado. Pero ninguno de los dos echa en cara al nieto que haya hurgado en sus huesos y expuesto a las miradas ajenas «lo que debía permanecer secreto hasta la Misericordia final». En su viaje, el novelista intuye que han sufrido angustias indecibles al salir de su refugio en respuesta a su llamada. Y se pregunta: «¿Hay un reproche mudo en sus ojos o un agradecimiento tácito a tus anhelos de un ya imposible diálogo mientras se desvanecen en la neblina y retornan a sus lechos paralelos del remoto panteón familiar?»

En otros momentos, el encuentro con personajes familiares adquiere claros tintes de pesadilla. Es el caso de la nueva aparición de Julia Gay, cuya evocación siempre había sido tierna, nostálgica, pudorosa. Pero en el *barzaj* aquella muerte surge en todo su aplazado horror:

> Avanzas temblando, no obstante el ardor de la bruma y fetidez de los cuerpos, hacia la silueta caída de bruces de una mujer bien vestida, arrebujada en una elegante piel de zorro y tocada con un sombrero de moda en los años treinta. Un aura luminosa, cuya irradiación se difunde y atenúa a medida que se aleja de ella, la distingue a simple vista de su entorno y parece emitir un mensaje expresamente destinado a ti. La premonición galvaniza tus fuerzas, descarta admoniciones y advertencias, se afinca en tu ánimo con fatalismo e incredulidad. ¿Quién es? ¿Qué hace aquí? ¿Por qué no osas darle la vuelta y descubrir su cara? ¿Temes no reconocerla después de tanto tiempo pese a las fotografías que de ella conservas? ¿O que te ciegue con la belleza y plenitud de su rostro, hecho de llama viva? Reteniendo el aliento, te inclinarás al bolso que todavía sujeta y verificarás, más allá del pavor, la punzante exactitud del recuerdo; todos vuestros regalos permanecen indemnes. ¿Es la madre de seres concretos, con articulaciones, nervios, sangre, médula y huesos o el símbolo y encarnación de todas las madres, sorprendidas igualmente de compras, en los bombardeos de Barcelona, Basora o Bagdad? El lapso de una vida, ¿no ha conjurado su espectro?

NO. Como en el caso de los otros hermanos, una vida entera no ha ahuyentado su fantasma. En cierto sentido los Goytisolo permanecen allí, junto a la madre, en los pisos inferiores del Hades, observando aquella imagen cercana y quieta, el corazón rasgado por una herida de cicatrización imposible. En su reciente poemario *Final de un adiós*, José Agustín escribe:

Triste es el territorio de la ausencia.

Sus horas son engaño
          desfiguran
ruidos olores y contornos
y en sus fronteras deben entenderse
las cosas al revés.

          Así el sonido
del timbre de la entrada significa
que no vas a llegar
    una luz olvidada
en el piso de arriba es símbolo de muerte
de vacío en tu estancia
    rumor de pasos
cuentan que te fuiste
                  y el olor a violetas
declara el abandono del jardín.

    Y en ese mundo ¿qué debí hacer yo
príncipe derrotado
          rey mendigo
sino forzar mis ojos para que retuvieran
aquel inexpresable color miel
suave y cambiante de tus cabellos?

Incluso Luis, que no conserva ni un solo gesto materno, pondrá en labios de un personaje este pasaje a todas luces autobiográfico:

    Y soñar aún que uno es visitado por su madre, una desconocida, una persona de la que uno no guarda el más mínimo recuerdo, de la que, igual que el caso de tía Magda, únicamente sabe que está muerta. El lugar es el mismo: la galería de Santa Cecilia; o tal vez el jardín, ante la galería, y hay otras personas presentes, los caballeros de oscuro, en traje como de boda. Una mujer muy hermosa aunque algo fría, o más bien severa, casi cruel en las distancias que mantiene. Sé que te portas mal, dice; que eres un chico terrible. Y él, inerme frente a ella, sin osar no ya abrazarla sino ni tan siquiera aproximarse, llorando también ahora (¿usted, un hombre hecho y derecho?), llorando desenfrenadamente, inmóvil, los brazos como cargados de arena, intentando disculparse, excusarse, decirle que no lo dejara por eso, a pesar de todo, que no lo dejara...

Por eso no hay perdón, no puede haberlo para los Salvadores, los Guías, los Padres de la Patria... Y menos aún, para aquellos que arrojan bombas desde el ancho y venturoso cielo. En el infierno de Juan Goytisolo, unos y otros sufrirán un tormento infinito:

¡El de pilotar *ad vitam aeternam* uno de esos aviones invisibles indetectables por radar y apuntar al objetivo aséptico, impersonal y lejano ordenado por el Alto Mando sin advertir que la carga mortífera se dirige nada menos que a su propia casa: sí, a la de la querida familia cuya foto llevan en la cartera o pegan sobre el cuadro de mandos del aparato, a esos rostros risueños y dulces de sus hijos y medias naranjas! ¡El de contemplar con desesperación e impotencia sus caras demudadas de terror, miembros convulsos, boca abierta en emisión de un inútil aullido antes de que su arma puntual y perfecta los destroce y machaque! ¡Una escena de segundos, pero de segundos interminables que se reproducirá trillones de veces hasta el Juicio Final!

La venganza literaria está aquí totalmente justificada, porque aquellos que sembraron la muerte con indiferencia de Parcas no merecen descansar en paz.

A partir del encuentro con Joelle se percibe en *La cuarentena* una necesidad de ajustar cuentas, de volver sobre los fantasmas y obsesiones más íntimas, esta vez desde un espacio ultraterreno donde todo será renovado. Cuando acabe el viaje, Juan Goytisolo regresará al mundo de los vivos. Pero su experiencia en el reino de las sombras habrá de inspirarle un nuevo libro, precisamente éste, *La cuarentena*, una de las obras más bellas y escalofriantes de la narrativa contemporánea en castellano.

ALGUNOS FRUTOS

Entre 1973 y 1974, Luis Goytisolo pudo comprobar satisfecho que su obra *Recuento* obtenía inmejorables críticas. Los elogios le llegaban principalmente de autores señalados que entendieron de inmediato la magnitud y logro del ciclo *Antagonía*. «Un libro magnífico desde cualquier punto de vista» (Juan García Hortelano, *Cambio16*); «... una de las novelas más importantes de la literatura castellana de las ultimas épocas» (Pedro Gimferrer, *Plural*, México); «... la mejor novela escrita en España, casi iba a decir en español, en mucho tiempo» (G. Cabrera Infante, *Informaciones*). Esta nómina incluye también a Joaquín Marco, José Ángel Valente o Salvador Clotas, jueces que con idéntica autoridad vertieron comentarios entusiastas sobre la obra, en aquel período anterior al uso abusivo de los términos «mejor» y «últimas décadas» que tanto desprestigiaría luego la crítica de mi tiempo. En entrevista a Julio Ortega, por su parte, Juan Goytisolo dijo de *Recuento:* «... es una de las novelas capitales de la posguerra». Una década de empeño solitario se saldaba así con el reconocimiento mayoritario de otros escritores, entre los que Juan ocupaba un lugar muy especial. Quince años después de *Las afueras*, las comparaciones entre ellos no tenían ningún sentido: tampoco había ya, si es que lo hubo, un Goytisolo «bueno» y uno «malo». Sólo una verdad sorprendente e irrefutable: en una misma familia barcelonesa habían nacido dos novelistas capaces de escribir *Recuento* y *Reivindicación del conde don Julián*.

Los primeros setenta fueron también un período fecundo para José Agustín, ya que tras casi seis años de silencio poético publicó en 1974 *Bajo tolerancia*. Formado por una veintena de poemas, el libro recoge piezas escritas a principios del decenio que presentan varios alicientes respecto a su obra anterior. Hallamos en él innovaciones de estilo y un regreso al poema satírico y a las composiciones narrativas; en *Bajo tolerancia* hay asimismo renovación en los temas y una nueva mirada a los viejos argumentos. Fresco aún su encuentro con Borges, el autor tiene muy en cuenta los conceptos de «tiempo» y «olvido», lo que redunda en una poesía más íntima y personal, a veces desde la ironía. En «Si todo vuelve a comenzar» exclama: «...soy fuerte como un roble / pero me ando muriendo a cada rato / comprendo las cuestiones más difíciles / y no sé resolver lo que en verdad me importa».

Abiertamente ya, sin pudores, se autodefine como el clásico maníaco-depresivo, un tipo «todavía peor de lo que muchos creen». De este modo, el libro nos habla del poeta y los poetas con una sinceridad inusual, a veces sombría. Rebasados los cuarenta años, José Agustín Goytisolo continúa padeciendo las ofensas del tiempo. Los recientes suicidios de dos amigos, Alfonso Costafreda y Gabriel Ferrater, le producen un gran impacto y contribuyen a agudizar esa primera gran crisis de madurez que compartía ya con otros compañeros de generación. Según numerosos testigos, Barral o Gil de Biedma tampoco se libran entonces de amargas sorpresas existenciales. Prisioneros de Cronos, se sumergen en una luminosa vida social, donde se les verá en mil noches de guerra con el vaso de whisky en la mano. Todavía son jóvenes, brillantes, seductores; pero saben que la cuenta atrás es un hecho y se vuelven cada vez más nostálgicos. Este sentimiento queda bellamente expresado en un poema de *Bajo tolerancia* dirigido a Jaime Gil de Biedma:

> A ti te ocurre algo
> yo entiendo de estas cosas
> hablas a cada rato
> de gente ya olvidada
> de calles lejanísimas
> con farolas a gas
> de amaneceres húmedos
> de huelgas de tranvías
> cantas horriblemente
> no dejas de beber
> y al poco estás peleando
> por cualquier tontería
> yo que tú ya arrancaba
> a que me viera el médico
> pues si no un día de estos
> en un lugar absurdo
> en un parque en un bar
> o entre las frías sábanas
> de una cama que odies
> te pondrás a pensar
> a pensar a pensar
> y eso no es bueno nunca
> porque sin darte cuenta
> te irás sintiendo solo
> igual que un perro viejo
> sin dueño y sin collar.

Para José Agustín los momentos de euforia siguen alternándose con jornadas de desasosiego en las que queda inutilizado; como en los sesenta, atravesará en esos años fases sumamente oscuras y otras de vigorosa creatividad. Según recuerda el poeta con pesadumbre, tales oscilaciones le perjudicaron a él y a su familia, especialmente a su mujer, a su hija y a sus hermanos. Esta impresión tomaría más tarde cuerpo poético; en un poema de *Las horas quemadas* habla de aquel largo período, quince años, «perjudicando a todos los que amaba /

pues gastó su dinero y el ajeno / en alcohol en viajes y en delirios». En otro poema se lamenta por los suyos, que tuvieron que amoldarse a ese trastorno mental que le retuvo en una cueva «igual que un topo», para librarle luego «como caballo desbocado». Alguno de sus íntimos ha insistido en que «... lo peor de José Agustín no es cuando está deprimido sino cuando está eufórico», fase de estragos sísmicos. Y él ratifica el veredicto con estos versos: «Porque si sus caídas angustiaron / su galope arrolló a los que le amaban / con furor que no pudo dominar: / no era consciente de su doble vida.»

ADIÓS AL MARESME

Esos años terribles bajo «el dominio cárdeno» coinciden con el episodio de la pérdida de Torrentbó, donde la actuación de José Agustín habría sido indudablemente más lúcida y honesta de haber atravesado un estado vital armónico. La pérdida de la Masía Gualba es aún hoy *affaire* vidrioso, asunto innombrable por el que todos los hermanos circulan de puntillas, sabedores de su propia parcela de responsabilidad y de su impotencia final para conservar el último símbolo de la grandeza goytisoliana. Por eso, resulta demasiado sencillo atribuir al poeta el protagonismo exclusivo de la catástrofe. Como reconoce su hermano Luis: «... no es que José Agustín no advirtiera el valor de símbolo que la finca tenía para toda la familia: lo advirtió con toda claridad y, en la medida en que lo juzgaba anacrónico, intentó a su manera ponerlo al día». No le faltaban razones, porque la idea original del abuelo Antonio había variado con el tiempo, tanto como la misma sociedad española que a lo largo del siglo XX fue abandonando el campo en busca de las ciudades.

Paulatinamente aquel delicioso escenario –la casa, las plantaciones, el bosque y las dependencias agrícolas– se había convertido en una hacienda donde los aspectos residenciales primaban sobre los agropecuarios, cada vez menos productivos. Pero la decadencia de Torrentbó se remontaba en realidad a la década de los veinte, cuando los hijos de don Antonio –padre y tíos de los escritores– renunciaron a ocuparse personalmente de la propiedad; su explotación quedó así en manos de masoveros y aparceros que fueron relevándose durante años, aunque cada vez con menor apego a las tierras. En la Guerra Civil, además, se perdieron áreas de cultivo, y ni siquiera el impulso reformista de don José María Goytisolo a principios de los cuarenta logró interrumpir un proceso de galopante deterioro. De manera que para cuando José Agustín cogió las riendas, la Masía Gualba necesitaba una profunda remodelación. Pero ¿tenía el poeta condiciones para emprenderla? Quizá el error estuvo, como apunta Luis, en que su hermano creyó que el mal radicaba en el planteamiento del abuelo, y no en el abandono u olvido de ese planteamiento que había dado al principio óptimos resultados. Pero Luis subestima aquí el rol de Pepe como poeta industrial, urbano, miembro del Taller de Arquitectura de Barcelona, e inmerso como Bofill en empresas utópicas y revitalizadoras cercanas a la megalomanía. Con todo, urbanizar las áreas más o menos próximas a las ciudades era fenómeno muy extendido, cuyas secuelas estamos pagando hoy ante la magnitud del error y la conciencia del caos. Pero entonces resultaba completamente normal, y es probable que Pepe creyera que urbanizando una finca rústica como Torrentbó detendría el declive del patrimonio de los Goytisolo. Sólo así se entiende que se embarcara en un negocio *a priori* próspero: negocio que primero supuso trocear el paisaje, dividiendo las tierras en parcelas urbanizables; luego, abandonar los campos, a semejanza de lo que ocurría en toda la zona, y, por último, remodelar la casa, en un intento de adaptarla al gusto moderno.

Pero aquello fue el tiro de gracia; porque según su hermano Luis, «las reformas de José Agustín la convirtieron en una especie de conglomerado de apartamentos de medio pelo, como si el impulso constructor de la familia, que había reaparecido en cada generación a partir del bisabuelo, hubiera terminado por convertirse en su propia parodia». En la novela *Teoría del conocimiento* se habla de las reformas emprendidas por el personaje Joaquín en la finca Santa Cecilia: «... su intento de modernizar y hacer confortable lo que no era moderno ni confortable, no podía dar mejor resultado que si lo hubiese aplicado a los interiores vaticanos». Y en otro pasaje: «Y es que una reforma interior no es sólo una reforma del interior de una casa, la creación de unos nuevos espacios en los que la memoria no sabrá encontrar su sitio, sino algo que también afecta al contexto, a la relación que guardan entre sí las diversas partes de un conjunto, a dependencias y cultivos abandonados, al propio jardín, cuyo papel acaba por ser olvidado.» Ahora bien, ¿acaso dicha reforma no era coherente con el gusto del propio José Agustín? Siempre había querido ser un hombre de la calle, ¿no?, un ente perdido entre la multitud. Pues entonces, para alguien así, el modernizar la Masía Gualba era un reto,

un modo de restituirle el viejo esplendor en clave de futuro... Un mañana que habría de ser colectivo, sin siervos ni señores, sin masoveros ni amos de grandes propiedades agrícolas. El mundo ya no funcionaba como en la época del zar. ¿O no lo veían?
De acuerdo. Pero, aun compartiendo idénticas ansias democráticas, Luis Goytisolo predijo con mucho adelanto que el plan de José Agustín iba a llevarles al desastre. Amigo de los signos, quién sabe si tuvo esa intuición cuando el grandioso *pi avi* –el enorme pino de la casa– murió un invierno de manera inexplicable. Aquello fue la primera señal de lo que vino después. Porque, en síntesis, Pepe quiso formar y formó con sus hermanos una sociedad anónima –Els tres turons–, destinada a construir en la finca. Pero lo que había planeado con entusiasmo fue perdiéndose lamentablemente en parte a causa de sus propias actuaciones, alguna de ellas claramente irregular. El mismo arrojo de El Coyote para irrumpir en las villas abandonadas de Viladrau se reproducía ahora de forma nefasta en la gran casa familiar. ¿Qué debemos pensar si no de esos versos donde el poeta reconoce que ha perjudicado a todos los que amaba, en los que admite abiertamente que gastó su dinero y el ajeno en alcohol, en viajes y delirios? ¿No es una clara confesión de culpa? El peor rostro de su enfermedad, la euforia ciega, había asomado en el peor de los momentos.

La urbanización Els tres turons no funcionó, y para saldar las deudas contraídas hubo que vender la finca. En esta última y más traumática fase Luis se hizo cargo de las gestiones, avanzando en lo que él llama «el avispero creado por José Agustín». No era precisamente una bicoca para alguien que odia los trámites jurídico-administrativos, y de esa época data el prematuro encanecimiento de su cabello, algo que aun siendo rasgo goytisoliano se adelantaría en Luis más de lo habitual. En este clima viciado la venta de Torrentbó en 1983 supuso una liberación, el fin de un período lleno de amargura, ansiedades e incertidumbre que afectó a los cuatro hermanos y acabó enrareciendo mucho sus relaciones. En apariencia, Marta era «la víctima»; Juan, «el apasionado distante»; Pepe, «el culpable», y Luis, «el salvador». Pero en relación con este último, el propio Luis Goytisolo pone en boca de un personaje suyo este retrato novelesco de sí mismo. En él habla de esa tendencia de L. G.

... a supervisarlo todo, a pensar que lo que él hace bien cualquier otra persona puede hacerlo mal. Me refiero al párrafo en el que afirma textualmente «... he tenido que hacer de padre de mi padre, de padre de mi abuelo, de padre de Eulalia y, en ocasiones no precisamente gratas, hasta de padre del resto de la familia...». Más interesante aún. ¿Habría que escribir Padre con mayúscula? Pues este tipo de afirmaciones no hace sino completar el cuadro clínico de una figura familiar al psicoanálisis desde los tiempos de Freud, lo que vulgarmente ha dado en llamarse *complejo de Jehová*. Personas que se sienten no ya providenciales, sino, me atrevería a decir, omniscientes y hasta omnipotentes.

Veredicto que «el culpable» José Agustín suscribiría sin pestañear.

En todo caso, la pérdida de Torrentbó habría de prolongarse durante el decenio de los setenta, un ciclo nefasto, según Luis, «en el que hallé Torrentbó en la UCI, tuve que asistir a su muerte y practicarle la autopsia». Así pues, «el salvador» no pudo hacer nada, pese a las ventajas de su «complejo de Jehová». Sin embargo esa muerte era tan dolorosamente necesaria como la de un enfermo terminal, condenado a extender su drama a los suyos en medio de una atmósfera cada vez más tóxica. Los vecinos, los amigos, los socios, los veraneantes, los lugareños e incluso los codiciosos que anhelaban caer sobre aquel gran animal agónico, todos deseaban a su modo el final de aquella historia triste.

Con toda justicia, la Masía Gualba de Torrentbó aparece en los escritos de Luis Goytisolo bajo otros nombres y distintas estructuras. Ya en *Las afueras* el señorito Víctor regresaba a La Mata, la vieja finca familiar que había perdido su antiguo esplendor. En *Recuento* esa finca acaso se llame Vallfosca, y en los sucesivos volúmenes de *Antagonía* circulan varios personajes propietarios de una casa en el campo, que los contratiempos han obligado a vender. Tal sucede con Aiguaviva, la casa pairal de los Moret, que representa para Matilde, la heroína, la imagen misma del paraíso perdido; habitada por su familia en los veranos de posguerra, Matilde escribirá en relación a ella: «El recuerdo que guardo de la enorme casa y sus dependencias, del frondoso jardín, del radiante paisaje que la circunda, constituye el único buen recuerdo de aquellos años.» No es el caso de Luis, quien tuvo fuera de Torrentbó otros momentos felices de su infancia. Pero reconocemos, eso sí, la misma nostalgia, el mismo dolor por la decadencia y la pérdida.

Rastrear las diferentes fincas que habitan la narrativa goytisoliana, así como el profundo lazo que sus moradores sienten hacia ellas, pone de manifiesto la vinculación tan particular del autor por los lugares que se perdieron, pero también los cambios producidos en una sociedad opulenta cuyos últimos vástagos no supieron conservar los escenarios amados. La peripecia de Torrentbó no es, pues, excepcional, sino en muchos aspectos paradigmática; porque desde la guerra civil española, y muy singularmente en los tres últimos decenios, se pueden contabilizar fenómenos parecidos en todo el país. Al margen de rasgos particulares, el proceso de pérdida acataba siempre una misma ley irrevocable. Nobles, antiguos terratenientes, grandes propietarios o comerciantes prósperos... En algún momento la historia parecía confabularse contra sus intereses, abría una brecha en la economía privada hasta que la hemorragia era total. Múltiples causas, idénticos efectos: años de vida, legiones de sueños o recuerdos que quedaban incompletos por esa forma de muerte que es la quiebra. Las propiedades desaparecían o cambiaban de mano. Pero rara vez hubo un Goytisolo para seguir con su pluma la estela de las horas quemadas.

Durante la fase final de Torrentbó, Juan se mantuvo como siempre lejos de España. Informado puntualmente por su hermano menor, siguió a distancia el deterioro y privación de un espacio lleno de connotaciones afectivas. A pesar de ello, la distancia tampoco iba a traerle ni calma ni sosiego. De hecho, él afrontó el mal trago de comunicarle por carta al último masovero de Torrentbó que la finca se había vendido, pues ninguno de sus hermanos tuvo el valor de hacerlo. Es lógico que, en esa época, muchas fueran las noches en que la Masía Gualba se erigía en escenario de sueños descorazonadores. Lo curioso no es que los sueños se repitieran con ligeras variantes formales, sino que coincidiesen con los de su hermano Luis en una suerte de telepatía del inconsciente. Según me comentó Juan veinte años después, «... todavía sueño que voy de noche a Torrentbó pero todo ha cambiado: no encuentro nada. De repente la casa es distinta. Está llena de gente extraña y yo me siento como un intruso». Es una sensación similar a la de su hermano menor: «Sueño que llego de noche, siempre de noche, y sé con certeza que la casa no es mía; pero entro furtivamente y encuentro personas extrañas. A veces esas personas me reciben con amabilidad y me invitan a quedarme o me dejan curiosear en las habitaciones.» Resultan útiles las coincidencias, centradas en el símbolo fijo de la noche y en la constatación cruel de que la casa ya no es suya, elementos que un psicoanalista interpretaría en tono mayor. En *Estatua con palomas* Luis Goytisolo vuelve sobre esa escena de alto contenido onírico:

La pérdida de Torrentbó me afectó en grado no menor que la de un familiar muy próximo cuyo certificado de defunción hubiera tenido que firmar con mi propia mano. Especialmente la casa, ambientación actual de mis sueños; aún ahora suelo soñar que la recorro, generalmente de noche, comprobando las modificaciones realizadas por sus nuevos dueños, gente amable que, pese a haberme colado yo como a hurtadillas, sin haberles pedido ninguna clase de permiso, parecen comprender mi presencia y me aseguran que cuidan de todo como es debido.

Es elocuente que los nuevos propietarios cumplan aquí el papel de guardeses, de masoveros. Por eso, en las escasas veces en que el novelista sueña que la finca pertenece aún a los Goytisolo el escenario no corresponde al actual: surge nítido e intacto, con el aura que tenía en los cuarenta en su última era de esplendor. Estos sueños en que el decorado se alza anterior a toda reforma revela su fijación respecto a hechos y personas que vivían por esos años en la Masía Gualba. En *Teoría del conocimiento*, un personaje confiesa:

... cuando pienso en Santa Cecilia nunca lo hago asociándola a Joaquín. Santa Cecilia, para mí, es la Santa Cecilia de antes, el lugar en que de niño pasaba los veranos, un lugar y un tiempo cuyo peso, en lo que a mi formación se refiere, supera con mucho el de los cursos escolares intercalados. Y en ese vasto veraneo constituido por la difusa adición de todos los veranos Joaquín no aparece más que como alguien que llega o que se va, que se mueve por la casa como lo haría un invitado, de paso hasta mentalmente, con su gente y sus problemas en otra parte. Una Santa Cecilia habitada por papá, por tía Pepita, por tío Rodrigo, y después de comer, aprovechando la escampada general, yo me voy abajo, donde los mozos hacen la siesta a la sombra del pino...

Imposible obviar que la Masía Gualba pertenece a un pueblo cuyo nombre completo es Santa Cecilia de Torrentbó; imposible, asimismo, no caer en la similitud fonética entre los nombres José Agustín y Joaquín. Aparte de esto, el inconsciente nunca elige su escenario por azar: sabe que en Torrentbó brillan las últimas luces del paraíso perdido. ¿Debo añadir que nunca me he atrevido a preguntarle al poeta si él también sueña con la vieja finca del Maresme?

YA ESTÁ SABIDO EL MISTERIO

En los primeros setenta el autor de *Señas de identidad* se plantea una nueva novela, pero escribir algo novedoso tras una obra como *Don Julián* comporta numerosas dificultades. Algunos críticos habían señalado en su día que Juan Goytisolo se acercaba al final del trayecto, es decir, a un punto que iba a condenarle narrativamente al callejón de ninguna parte. Sin embargo, el escritor se siente capaz de ir más lejos en su andadura personal-literaria y decide dar un paso audaz en la disolución del lenguaje y de las formas narrativas tradicionales. Porque, pese a sus hallazgos innovadores, *Reivindicación del conde don Julián* era una obra indivisa, circular, hermética: había una unidad de lugar (Tánger), de tiempo (un día) e incluso de personaje (el camaleónico traidor). ¿Cómo se atrevían los críticos a negarle el derecho a buscar nuevos caminos?

Al igual que otras obras, este texto nacerá de sus circunstancias personales, y en aquella época Juan Goytisolo vivía sentimental, cultural y sexualmente cada vez más próximo al islam. Si hasta *Don Julián* alguna de esas opciones era materia reservada, la publicación del libro en 1970 resultó desconcertante y hasta provocadora, ganándole de paso el favor de la juventud. Parodiando a Auden, la novela venía a confirmar que hay siempre una clave privada, un secreto perverso; pero dicho secreto no fue del agrado de algunos familiares, entre ellos su hermano José Agustín. Aunque ambos escritores se habían acercado a mitad de los años sesenta –coincidiendo con sus respectivas crisis existenciales–, el hallazgo y proclamación de la nueva identidad de uno reavivó las objeciones hostiles del otro. Sólo que ahora no era un episodio más de la vieja rivalidad en el Mah-jong o un comentario sangriento acerca del título de alguna novela: confirmaba de forma palmaria sus diferencias insalvables ante la vida.

Pienso que el poeta no podía comprender ni aceptar las nuevas preferencias de Juan, algo que en dura jerga franquista se cifraba en términos de «moros y maricones»; más aún, le dolía mucho que tal asunto fuese ya del dominio general. Cegado por prejuicios educacionales, era incapaz de asumir la cuestión en clave ético-literaria, esto es, como parte esencial de un proceso de ruptura creador. Para alguien como él, que no había convertido en materia poética su experiencia con los *electroshocks*, por ejemplo, la confesión de *Don Julián* no era más que una bravuconada impúdica de su hermano, dirigida a llamar la atención o a provocar el rechazo de todos. Exhibicionismo y masoquismo a partes iguales. Ése era el gran problema de Juan. De modo que las cosas estaban así: si en los años cincuenta José Agustín se había burlado cruelmente de sus primeros escritos, los reproches actuales rebasaban lo literario e invadían la esfera privada. Ahora bien, ello era consecuencia de la propia postura de Juan, que había transmutado su aventura privada en materia literaria y, por tanto, pública. Tiempo después, José Agustín Goytisolo debió de preguntarse qué hacía Juan viviendo y paseando por Marrakech, rodeado de árabes a los que protegía con munificencia colonial. ¿Acaso no estaba reinando de nuevo, como había reinado en la casa de Tres Torres? Sí, sólo que esta vez sin obstáculo alguno: repartía dádivas como un sultán, brillaba altivo sobre la miseria... Era definitivamente el rey. Esta idea constituía el núcleo doloroso de sus consideraciones, también de sus juicios condenatorios hacia el antiguo Intruso así como de la estela de «lamentos» y «disculpas» por el comportamiento erótico de su hermano que dejó por esas fechas en distintos lugares de Barcelona.

Claro que a la hora de escribir el nuevo libro, a Juan todo eso le trajo sin cuidado; pero sabía perfectamente que Pepe abominaba de aquella pasión por el islam y renegaba de su amor a los moros, tal como el propio poeta le censuró a menudo con manifiesta y deplorable hostilidad. Pero un cuarto de siglo más tarde José Agustín pudo escribir el epigrama «No toques a Juan Goytisolo», que expresa un meritorio cambio de actitud así como los sinsabores de haber tenido que pechar con ciertos secretos de familia para los que, en esta España nuestra, nadie nace lo suficientemente preparado: «Si estando yo delante porfías en tus gracias / te romperé la cara cuando hieras u ofendas / a Juan: porque no sólo por hermano le admiro / sino por escritor; por su pluma insumisa.»

En cuanto a la pasión por los hombres, incluyo este pasaje de *La paradoja del ave migratoria*, donde Luis busca una raíz más honda a las tendencias de Andrés, un personaje con algún perfil de su hermano Juan:

> Le gustaba exhibirlos, que pusieran de manifiesto su inteligencia natural en tal o cual terreno. Si el padre y el abuelo habían construido Boada y Cía., base de la fortuna de la familia, a costa del pueblo, es decir, a su costa, nada más lógico ahora que el nieto se dejara explotar por ellos, listos, tramposos, pero con un firme sentido de la fidelidad y el reconocimiento. Las antípodas de ese mundo de locas, afeminados, travestis y demás víctimas de los despreciables maricas burgueses,

respecto a los cuales, llevado de su natural maniqueísmo, se mostraba siempre implacable: el vigor de un hombre del pueblo era delicuescencia aberrante en un hijo de la burguesía.

Similar idea había expresado su cuñada Monique en *Las casetas de baño:* «Él, hijo de ricos españoles, sólo había podido llegar al fondo del amor –o de lo que se puede considerar amor– uniéndose a hombres que tenían las manos destrozadas por la sociedad de la que él procedía. A ella, eso le dolió enormemente y, luego, le pareció grandioso y conforme a la moral de ambos.» Y concluye:

Lo que ella no ha podido darle se lo han dado ellos. Ahora él tiene esa paz, esa paz relativa de quienes escriben, pero cuando se conocieron estaba sujeto al vértigo de la muerte. Quería morir porque no se había encontrado. Ella no pudo hacer nada contra su dolor. En la época en que De Gaulle liberaba a los pueblos africanos, los árabes liberaban a su marido. Ella había vivido una situación histórica paralela a la de su país.

LA TIERRA DE DON JUAN

La situación literaria de Juan Goytisolo había cambiado de raíz. Atrás quedaba la época dorada de los últimos cincuenta, cuando escribía un libro al año y era traducido inmediatamente a diez lenguas. A lo largo de los sesenta, en cambio, se propuso abandonar esa condición de fenómeno editorial, y su deseo de figurar en el mundo de la edición se vio reemplazado en los setenta por un giro hacia la creación pura. Gracias al trabajo académico en Estados Unidos y a los derechos de autor pudo plantearse con calma componer *Juan sin Tierra*. Evidentemente la elección del título no fue casual, pues tuvo lugar mientras el novelista traducía la obra inglesa de Blanco White, quien había adoptado el seudónimo «Juan sin Tierra» para publicar sus crónicas políticas en el exilio. Es un dato a tener muy en cuenta, como lo es también el proceso que conduce de *Señas* a *Don Julián* y de éste a esa nueva novela que va a cerrar la «Trilogía de Álvaro Mendiola», llamada por otros críticos «Trilogía de la identidad». Como explica el propio novelista: «No se trata, desde luego, de la prolongación de un mundo novelesco con personajes, sucesos, acciones, ambientes, etcétera, sino de un discurso que en cada uno de los tres libros opera sobre estratos lingüísticos diferentes...», y además, «... el Álvaro que se expresaba en *Señas de identidad* se metamorfoseó luego en el mítico don Julián, y ahora vagabundea por el tiempo y el espacio igual que un alma en pena, como el Judío Errante de la leyenda».

Desde esta condición errante, el narrador no será un héroe al uso: se transformará en un personaje lingüístico, que muda de voz y cambia de piel con una facilidad fuera de lo común. Es difícil adjudicarle un tiempo o un espacio concretos, pese a que algunos estudiosos inciden en el hecho de que el narrador —desdoblado siempre en el «yo/tú»— habita en un espacio angosto, un cubil: escritorio-cocina-fregadero-retrete, que no necesita abandonar. Prisionero de su celda, esa nueva identidad de Álvaro Mendiola —hoy diríamos «mutación»— sueña, escribe, multiplica sus disfraces: puede ser un cura esclavista de la Cuba del XIX como el padre Vosk, a quien ya conocemos, o bien transformarse en King Kong o en Lawrence de Arabia. Con idéntico desparpajo salta de Cuba a Estambul, de Nueva York al Sáhara, y con la misma desfachatez viaja también en el tiempo: pasado, presente y futuro, tanto de la realidad como de la ficción.

Por todo ello, el libro es una obra abierta: se despliega en múltiples direcciones como las ramas de una palmera o, para ser más precisos, como un móvil de Calder donde el orden lógico y temporal es abolido y la estructura se desarrolla en un plano espacial. Esta libertad infinita para crear piezas metálico-verbales que danzan en el aire es fruto de la esclavitud que el narrador sufre gozoso en su cubículo, un ser limitado en lo físico pero poderosísimo en su autonomía mental. En su soledad, la soledad del creador de fondo, el narrador conoce algo así como la omnipotencia de la impotencia: fijo de cuerpo, libre de mente. En su caso, parece cobrar valor alguna idea de Laing expresada en el polémico *El yo dividido*: «Vio que su vida se había convertido en un intento sistemático de destruir su propia identidad y de convertirse en nadie.» Y luego: «... intentó reducirse a sí misma hasta un punto en el que habría de desvanecerse, no haciendo nunca nada específico, simulando no estar nunca en un lugar o un espacio particulares». Abolidas las coordenadas al uso, es natural que el narrador de la novela de Goytisolo proclame: «... eres el rey de tu propio mundo y tu soberanía se extiende a todos los confines del desierto».

Un mundo creativo, por supuesto, el arenal vasto de imágenes o palabras que brotan de su pluma fálica; por ese arenal circulará ubérrimo el narrador, fiel aún a sus viejas obsesiones. Pero algo ha cambiado: ya no es España el único objeto de su crítica, es el Occidente entero, lo cual expresa el estado del propio Juan, seguro ya de que el capitalismo occidental y el marxismo han dejado de ser su escenario. Este rechazo a los dos grandes sistemas le orienta hacia el islam, hacia sus parias, hacia ese territorio sin límites donde puede vagar como individuo y donde puede liberar también su cuerpo y su imaginación. De alguna manera, el nuevo texto completa el proceso, clausura el ciclo de su búsqueda, certificando un desarraigo total. Si *Señas de identidad* se desplegaba «en la tierra» (España) y *Don Julián*, «contra la tierra» (España), *Juan sin Tierra* incluye ya en el título su propio omega. Es sintomático que el narrador proclame al final que su cuerpo nunca abonará el suelo español. En el fondo era una vieja determinación suya, tomada en la posguerra ante el panteón grandioso del bisabuelo Agustín. Pero ahora, además, ¿quién iba a reclamar sus restos? Escribe: «... evitándole la obscena simbiosis con la tierra nefasta los dejarás reposar en la calma de un makbara musulmán: entre la multitud de piedras anónimas erosionadas por el soplo insaciable del viento».

Y aún va más lejos. Juan Goytisolo sabe que ni siquiera el castellano, su lengua, es un territorio en el que pueda permanecer mucho tiempo. Tras la escritura del libro, esa lengua ya no es la misma: la ha revuelto, transformado, infringido; nada en ella volverá a ser igual tras *Juan sin Tierra*, como ocurrió después de las novelas mayores de Guillermo Cabrera Infante, Carlos Fuentes, José Lezama Lima y más tarde Julián Ríos. Pero en la suya subyace un malévolo orgullo, porque desde la conciencia neta de que el mal está hecho, el narrador admite que su sublevación ideológica, narrativa, semántica «proseguirá independientemente su labor de zapa por los siglos de los siglos». Por eso en el último párrafo de la novela se produce una renuncia al idioma, una descomposición similar al borrado de aquellas figuras nazis cuyos rostros se licúan en la escena cumbre de *En busca del arca perdida*. Es el paso de la transcripción fonética del castellano hacia el árabe hispanizado (los ojos fuera de las órbitas, los tendones y músculos desgarrados), del árabe hispanizado al árabe en transliteración romance (la carne se ablanda y descompone), y del alfabeto romano a los símbolos arábigos (el cráneo surge al fin, mondo y esencial). Así, las últimas palabras de *Juan sin Tierra* son pronunciadas en árabe.

Mientras componía la novela Juan Goytisolo declaró en una entrevista: «... concibo *Juan sin Tierra* como una obra última, el *finis terrae* de mi propia escritura en términos de comunicación, de coloquio (...). Trabajo en ella como si en adelante no hubiera de volver a escribir más, dinamitando detrás todos los puentes y cortándome todos los caminos de retirada». Es plenamente consciente de los peligros, acepta el reto y no se detendrá en el avance hacia la subversión del idioma. Pero *Juan sin Tierra* no supuso el final de su trayectoria, ese *hara kiri* que aguarda al creador intrépido en el confín de tantas experiencias más o menos de vanguardia. El libro acabó siendo manantial de aguas nuevas como *Makbara*: un asombroso *collage* en la más pura tradición oral del islam.

TRAS LA OPERACIÓN OGRO

El 20 de diciembre de 1973 el automóvil en el que viajaba el jefe del Gobierno español fue destruido por una potentísima carga explosiva; poco después la organización terrorista vasca ETA reivindicó el atentado, que causó dolor y regocijo a partes iguales. De un lado, los franquistas vieron cercenada brutalmente la línea sucesoria del Régimen, al menos en lo ideológico; del otro, los demócratas consideraron providencial aquella explosión que acabó con la vida del almirante Carrero Blanco, cuya figura habría entorpecido probablemente los movimientos del futuro rey. Fue la llamada «Operación Ogro».

¿Cómo vivieron los hermanos Goytisolo el magnicidio? José Agustín recuerda que ese día acababa de cruzar Portbou junto a su familia, pues pensaba pasar en Francia las vacaciones de Navidad. Al llegar a París, se enteró por Paco Ibáñez del suceso: supo así del cierre de fronteras, de la confusión y ansiedad que se vivía en España, también el miedo... Y es que desde el 18 de julio de 1936 no se había producido en el país un hecho tan trascendental. Reunidos en La Coupole, el poeta y un grupo de exiliados se preguntaban qué iba a ocurrir: ¿una involución drástica de tipo militar o una apertura renovadora? La sombra de la incertidumbre planeaba de nuevo sobre territorio español. A Juan Goytisolo, por su parte, la muerte del almirante franquista le produjo gran satisfacción. Según él, se enteró de la noticia por la prensa, y comenta haber reído en plena calle mientras la leía; por primera vez, dice, los terroristas habían acertado en todo: el momento histórico oportuno, el objetivo exacto, la detonación milimétrica al paso del vehículo, «que hizo del trayecto trayectoria»... Risa satisfecha la suya, esperanzada, porque el golpe de ETA –qué solitaria excepción– allanaba el camino hacia la democracia. En cuanto a Luis, comenta que supo la noticia en Londres y recuerda que ese mismo día encontró una escultura erótica en Portobello –una figura un tanto *pompier* de una pareja desnuda besándose– y renunció a comprarla por temor a que le fuera requisada en la aduana española.

Sea como fuere, la desaparición del almirante Carrero Blanco iniciaría un proceso de cambio en la historia del Régimen, proceso que iba a ser tan arduo como inestable y complejo. En enero de 1974 Franco nombró presidente del Gobierno a don Carlos Arias Navarro, individuo de oscura memoria, ya que había sido temible fiscal militar en la posguerra y director general de Seguridad cuando Luis estuvo en la cárcel. Pero el 12 de febrero de aquel mismo año Arias pronunció un discurso en las Cortes que sorprendió favorablemente por su contenido abierto y conciliador. Durante unos meses «el espíritu del doce de febrero», la llamada «apertura», fueron términos familiares para una sociedad que veía cada vez más próxima la transformación. Las esperanzas, sin embargo, se frustraron ante el asedio continuo de quienes deseaban conservar sus prerrogativas: la extrema derecha, cierta clase política, las abejas obreras y los zánganos del aparato estatal, los nostálgicos, las llamadas «gentes de orden», el ejército... Recluidos en su tenebroso búnker, lograron frenar el proceso de cambio hasta que los sueños de una democracia a corto plazo nuevamente se desvanecieron.

Pero en el verano de 1974 la repentina enfermedad de Franco reavivó las frustradas expectativas. Por esas mismas fechas, Juan Goytisolo se halla en Madrid junto a la escritora Barbara Probst Solomon, quien ha ido allí para preparar un reportaje sobre la agonía del franquismo. De creer el testimonio que la neoyorquina aporta en *Vuelos cortos*, su amistad se remontaba al invierno de ese año, pero en Madrid se consolidan los afectos: los amigos pasean por el casco viejo, cenan marisco, beben vino de Rioja y son amantes... Juan Goytisolo no niega este *affaire* sentimental que mantuvo con Barbara entre 1974 y parte de 1978, y cuyas coordenadas espaciales fueron Norteamérica, España, Francia, Holanda, Bélgica y el Norte de África; pero considera, eso sí, que la evocación del romance en el libro de Barbara es en exceso novelesca, magnificada por la fantasía de una mujer cuya vida había tenido ya bastantes episodios de tipo romántico. Es probable que tal relación se originara debido a las largas y solitarias estancias neoyorquinas de Juan, también a su alejamiento de París, donde aún mantenía el pacto con Monique, pero cuyos frutos –al menos en lo tocante a sus vínculos con magrebíes– cobraban alto precio al español, abocándole a una situación personal enrevesada... Y es que desde 1966 Goytisolo tiene siempre presentes estas palabras de su compañera: «Una pasión femenina sería para mí más dura e insoportable. Lo que existe entre nosotros es precioso y raro: en ningún matrimonio "normal" hay esta verdad y comprensión que, a pesar de los pesares, tenemos que preservar con mutuo respeto y tacto.» Barbara Probst no puede entenderlo, pero hará lo posible para ser feliz con Juan en Madrid.

Aquel verano de 1974 Franco acabó sanando milagrosamente de su «flebitis» y la escritora regresó a Nueva York. Siempre según ella, volvieron a verse aquel otoño en París, riñeron a causa de los celos del amigo marroquí del español y luego se separaron. A principios de 1975 Juan Goytisolo se encuentra en Nueva York, impartiendo uno de sus seminarios de literatura; también aprovecha para reconciliarse con Barbara, con la que incluso viaja por el este del país, tras lo cual vuelve a Europa. A finales de agosto ella recibe una carta del novelista redactada con tintes apesadumbrados. En *Vuelos cortos* la resume así: «... escribe diciendo que está convencido de que no puede vivir con nadie. Ahmed tiene un humor terrible y sólo siente interés por su familia; Juan está desesperado y probablemente no regrese a Estados Unidos». Pasada la alarma inicial Barbara Probst decide no creer una palabra, y añade esta aguda observación:

Juan es muy profesional. Muy frío en su oficio. Sea cual sea la crisis emocional que ahora le afecta, sé que el quince de septiembre estará dando su primera clase en Pittsburgh. A Juan le pagarán una magnífica suma por dar clases este trimestre, y no fallará. Ahmed es Ahmed, un beréber temperamental para el que la familia es siempre lo primero; ¿consecuencias? Ahmed y Juan ya estaban hartos el uno del otro mucho antes de que yo apareciese en escena; de otro modo, ¿cómo hubiera podido yo hacer semejante incursión? No, el problema no está en Ahmed ni en mí. Traducción: Juan es incapaz de dejar verdaderamente a su mujer, y no sabe qué explicación dar.

Enterada en septiembre de que Goytisolo, en efecto, ha vuelto a Nueva York pero no la ha llamado, coge el resto de sus pertenencias –zapatillas, papeles, libros, medicinas– que guardaba en su piso, los amontona en una gran bolsa de plástico y en un rapto de genio la hace llegar al departamento de románicas de la universidad. Disputas al margen, tanto Juan como Barbara atraviesan horas difíciles, sobre todo ella, que se enfrenta por esas mismas fechas a la agonía del padre. Cuando al fin fallezca, se sobrepondrá al dolor para seguir de cerca otra enfermedad que parece afectarle casi por igual: la del general

Franco. En su caso no es una obsesión enfermiza. Porque Barbara Probst Solomon lleva luchando contra la Dictadura desde los años cuarenta: liberó audazmente a presos políticos de los campos de concentración franquistas, creó publicaciones clandestinas como *Península*, tuvo gran amistad con los exiliados españoles en Francia y sigue defendiendo a los opositores encarcelados del Régimen desde Amnistía Internacional. Ante la noticia de que el dictador ha condenado a muerte a un grupo de dieciséis personas, resuelve redactar el siguiente telegrama: «NOS UNIMOS A LA PROTESTA DE LOS GOBIERNOS DE LOS PAÍSES DE EUROPA OCCIDENTAL, DEL VATICANO, DE LOS OBISPOS ESPAÑOLES, Y DE LOS INTELECTUALES COMPROMETIDOS DE TODO EL MUNDO EN CONTRA DE LA BARBARIE DE CONDENAR A GARROTE VIL A ONCE JÓVENES ESPAÑOLES. EN NOMBRE DE LOS SENTIMIENTOS DE HUMANIDAD EXIGIMOS LA CONMUTACIÓN DE SUS SENTENCIAS DE MUERTE.» Lo firmarán Juan Goytisolo y Barbara Probst Solomon, también norteamericanos ilustres como Saul Bellow, Norman Mailer, Philip Roth, Lillian Hellman o Kenneth Galbraith.

El telegrama se sumó a la oleada condenatoria que sacudiría el mundo en otoño de 1975: es el rechazo general de los países modernos a una dictadura que se había ungido con sangre, se había alimentado con sangre y deseaba despedirse con sangre. Justo es señalar, no obstante, cierto matiz que acaso agrave o suavice la cuestión: España ya no estaba en guerra como en 1936, pero desde el asesinato de Carrero Blanco vivía sobresaltada por la marea terrorista y sus temibles derivaciones: atentados, estado de excepción, nuevos atentados, dura Ley Antiterrorismo, etc. Si cinco años antes, en diciembre de 1970, el general Franco había indultado a cinco terroristas condenados a muerte en el consejo de guerra de Burgos, ahora nuevas víctimas del terrorismo pesaban sobre su ánimo, incluida la de su querido jefe del Gobierno. Esta vez el anciano dictador no iba a perdonar.

Cinco de aquellas sentencias se cumplieron, desatando una nueva protesta internacional a la que siguió una multitudinaria adhesión al Caudillo en la plaza de Oriente madrileña. Frágil y tembloroso, se despedía de su pueblo, que le vitoreaba bajo el sol benigno de octubre... Y poco después cayó enfermo de muerte. Comenzó así una lentísima agonía en lo que José Agustín define como «un lecho de horror»: postrado en cama, semiinconsciente y reducido al tamaño de un simio mediano al que una treintena de facultativos luchaba con denuedo por alargar la vida. Para entonces el padre de Barbara Probst llevaba ya dos semanas muerto, y Juan Goytisolo la acompaña a

Connecticut a arrojar sus cenizas al mar. De regreso, ella se tiende en la cama mientras el novelista enciende la televisión. Al oír las noticias sobre la salud de Franco, él le comenta: «Se ha bebido la sangre de los estudiantes que ha asesinado. Su sangre le mantiene con vida... Parece que vaya a vivir eternamente.»

«SIC SEMPER TYRANNI»

Franco agonizaba en Madrid, y su penosa agonía tuvo especial significación para gentes como los Goytisolo. Cuando se supo después que el Caudillo había exclamado: «¡Dios mío, cuánto cuesta morir!», algunos pensaron que quizá por primera vez Franco estaba envidiando la suerte de los muchos miles a los que había mandado liquidar bajo las ráfagas breves del pelotón de fusilamiento. Se confirmaba a cada momento la profecía de Luis, que ya en los cincuenta vaticinó que el dictador moriría en la cama. Pero desde que éste ingresó en una clínica madrileña hasta su muerte real se abrió un angustioso plazo de espera que paralizó a toda la nación. José Agustín Goytisolo recuerda aún el rostro de los españoles, unidos para la cita en un formidable coro dramático. Porque, en esencia, no era otra cosa. Millones de personas frente al televisor, atentos al parte médico, pendientes a todas horas del inevitable «hecho biológico» –la palabra muerte era tabú–, que cerraría eso que Juan define como «innoble y ejemplar agonía». Interiormente, muchos de esos españoles habían asumido el papel de verdugos, de ejecutores de una sana venganza, como si fueran ellos los responsables de una muerte demorada y querida. Así describe un poeta amigo de José Agustín aquella suerte de ritual antropofágico:

> Participábamos en aquel último episodio con entusiasmo, acompañando al viejo lentamente con público y notorio regocijo hacia su muerte atroz, imponiendo el ritmo de su agonía miserable. Brindábamos continuamente y en todas partes, con conocidos y desconocidos, por su peor pasar y por su próximo fin, y nos reuníamos en cenas sagradas, en banquetes funerarios y de fiesta tribal, de verdadero canibalismo, para celebrar juntos los últimos minutos en las incidencias que parecían las realmente finales.

Pero cuando Franco expire, el autor de *Algo sucede* renunciará a alzar su copa como tantos otros porque, según él, «... que un viejo se muera en la cama no es una victoria para nadie. Sólo habría brindado con champagne si hubiéramos conseguido derrocarlo cuando estaba vivo».

Aquel anhelado y temido 20 de noviembre Juan Goytisolo seguía en Pittsburgh con sus cursos de literatura, de modo que no pudo asistir a la fiesta improvisada que organizaron los íntimos de Barbara Probst en Nueva York; sólo después consiguieron celebrarlo juntos, tal como ambos deseaban. En realidad, la suya fue una más de las muchas celebraciones que tuvieron lugar tanto en España como en el extranjero. Pero no es menos cierto que la muerte de Franco hizo derramar también miles de lágrimas hondas y sinceras, destellos de dolor de quienes le amaban. Las tétricas imágenes de su velatorio, las infinitas colas en el frío otoño madrileño, protagonizadas por un pueblo triste que acudió a despedirse «procedente de todos los rincones de España» fueron reales: tan reales como habían sido las imágenes de otro pueblo, también español, pero derrotado, que en 1939 tuvo que huir del país camino del exilio. Por cada uno de los españoles que ahora lloraban a Franco ante su féretro había en la balanza, al menos, otro español que había llorado y mucho por su causa desde el final de la Guerra Civil. En esta balanza no faltaban tampoco las lágrimas de unos niños refugiados en Viladrau, un lejano invierno de 1938.

La muerte del Caudillo puso término a un largo túnel de cuarenta años. Apenas dos días más tarde, el príncipe Juan Carlos fue proclamado rey en las Cortes españolas; su discurso trajo el sosiego indispensable, la serenidad para afrontar un período que luego resultó largo, emocionante y en ocasiones turbulento. A la ceremonia de su coronación asistieron el presidente de la República Francesa, Giscard d'Estaing, y el presidente de la República Alemana, Walter Schell, el príncipe Felipe de Edimburgo, en representación de la Corona británica, y Nelson Rockefeller como vicepresidente de los Estados Unidos. Todos confiaban en el joven monarca: intuían que era el personaje clave de la nueva historia española, aunque sólo fuera, como dijo el poeta Gil de Biedma, porque su familia «había tenido muchas horas de vacaciones y recreos para analizar los errores del abuelo». Tenía razón: un nieto de Alfonso XIII condujo al pueblo desde la Dictadura a la democracia, devolviéndonos la fe en el porvenir.

Pero los Goytisolo sabían que el desmantelamiento del franquismo iba a ser un proceso sumamente espinoso, en la medida en que agarrotaba aún a muchos cuerpos y órganos de la anatomía social. Aunque el drama del 36 no iba a repetirse, seguían existiendo dos Españas, y el fantasma de la Guerra Civil planeó con frecuencia en aquellos tiempos según José Agustín «de alegría y pánico», «de confusión y espera». La voluntad de cambio cristalizó al fin en la nueva Constitución y en las primeras elecciones libres, en primavera de 1977. Las anteriores habían sido en invierno de 1936, cuando los cuatro hermanos Goytisolo vivían aún en el barrio de Tres Torres.

Históricamente se acepta que la España de hoy nació del discurso real del 22 de noviembre de 1975: un discurso que indujo a muchos ciudadanos a aceptar el reto de la gran lección democrática. Pero, a miles de kilómetros de Madrid, otro español llamado Juan Goytisolo tomó la palabra esa misma semana en la Biblioteca del Congreso de Washington para leer el impresionante texto «In Memoriam F. F. B.»: un discurso que, como el del rey, fue seguido con gran expectación. Si el primero era la bienvenida de un español al futuro, el segundo era el adiós de un español «sin ganas», que se despedía de un tirano y de su época. A partir de entonces, el adiós a ésta tomará diversas formas en la obra goytisoliana; pero quizá nada las resuma mejor que el final de «Ser de Sansueña», uno de los mejores *sketches* de la novela *Paisajes después de la batalla*. En él se narra la amistad entre un *alter ego* de Juan Goytisolo, «el amanuense», y un músico español exiliado en París, que decidió en 1939 dejar de componer hasta la muerte de Franco. Irónicamente, el músico cae enfermo por las mismas fechas que éste, y su agonía coincide con la del dictador. Alertado por su inminente final, el amanuense «Goytisolo» acompañará al amigo músico en su lecho de muerte. Luego escribe:

> Al morir, en la misma hora y minuto en que los partes médicos oficiales anunciaban en Madrid el tránsito de su grotesco paisano, nuestro amanuense regresó cabizbajo y ceñudo a su casa. Llevaba siempre consigo una pequeña agenda en donde anotaba las direcciones y teléfonos de sus colegas y amigos y, en vez de tachar escuetamente, como solía, el nombre, número y señas del desaparecido, procedió a un verdadero auto de fe: la desencuadernó tras un forcejeo enérgico y, página tras página, en riguroso orden alfabético, consumó el holocausto. Las presencias más o menos familiares del pasado fueron reducidas a trizas. Había vuelto al núcleo original de su soledad: en adelante, el intercambio de notas con su mujer le bastaba. Cuando el contenido de la agenda fue sólo hojarasca, arrojó la totalidad de sus recuerdos, sin rémora alguna, a la taza del excusado.

El Terreno, 1994-Llucalcari, 1998

EPÍLOGO

Había imaginado un final para mi libro, aprovechando que la Masía Gualba ha vuelto hace poco a la órbita goytisoliana. En ese final Marta Goytisolo se asomaba al gran ventanal de la casa familiar, como en aquel retrato que le hicieron a principios de los años cuarenta cuando era una adolescente. La mirada de Marta se perdía entonces en el breve infinito del valle de Torrentbó. Era un encuadre romántico: la muchacha miraba a lo lejos, hacia la costa o el camino por el que acudiría a buscarla algún príncipe. Medio siglo después hubiera sido un retrato literario más bien melancólico: una abuela, también junto al ventanal, jugando a confundir en el horizonte de la memoria aquello en lo que soñaba y aquello que finalmente tuvo. Y en ese juego sus hermanos quizá no habrían aparecido como lo que fueron: personajes a quienes quiso mucho, a quienes no siempre entendió y a los que, pese a su buena voluntad, no pudo volver a reunir en esa casa.

Pero la reciente desaparición de José Agustín añade tonos sombríos al final de la historia. En lo que a mí respecta, viene a confirmar esa idea suya de que en las fronteras de la ausencia deben entenderse las cosas al revés. Así, un sobre en el buzón va a significar a partir de ahora que ya no me escribe más, y el sonido del teléfono indicará sin margen de error que hay una voz menos, muy querida, al otro lado del hilo. Eso por no hablar de lo nuestro, los libros. En casos como éste, uno daría su reino por el caballo de Auden y poder despedir al amigo con los célebres versos de «Stop all the clocks».

Luego hay otro asunto. En un mundo tan poco poético como el que vivimos, con una guerra infame en el corazón de Europa, quizá no sea ocioso repetir que la alegría de crear, como gozo y atributo de los dioses, los humanos estamos condenados a pagarla muy cara.

¿Nace de ahí nuestra tendencia patológica a la destrucción y el caos? Hablando de la novela *El tambor de hojalata*, el escritor Günter Grass confesó que había gastado varios años de su vida en reconstruir la Danzig de su niñez, porque los militares se la habían destruido en unas pocas horas. Ante el estremecedor veredicto de las bombas, apenas se interpone el arrojo espartano de algunos artistas, gentes como los Goytisolo, capaces de luchar por un orden donde el hombre ya no sea ese terrible *homini lupus* sino la fiera mansa y buena del poema de José Agustín, un animal que ha aprendido a tratar a los demás como si fueran sus cachorros.

M. D.
Primavera, 1999

AGRADECIMIENTOS

La presente obra ha sido realizada con la participación cómplice, póstuma o involuntaria de:

Neus Aguado, Emilio Alarcos Llorach, José Manuel Azcona, Carlos Barral, Antoni Batista, Simone de Beauvoir, Jerome S. Bernstein, Gerald Brennan, G. G. Brown, Gloria Bulbena, José Manuel Caballero Bonald, Gabriel Cardona, Elena Castro, Salvador Clotas, Luisa Cotoner, Julio Cortázar, Roque Dalton, José Donoso, Jorge Edwards, Hans Magnus Enzensberger, Juan Eslava Galán, Joaquim Ferrer, Sigmund Freud, Gabriel García Márquez, «Gaziel», Jean Genet, Jaime Gil de Biedma, Pere Gimferrer, Linda Gould Levine, Javier Gozalo Vaquero, Román Gubern, Ricardo Gullón, Eduardo Jordá, Marianne Krüll, R. D. Laing, Jean Lamore, Monique Lange, M.ª Luisa Laviana Cuetos, Mariano José de Larra, André Le Vot, Juan Carlos Losada, Juan Marsé, José Martí, José Martí Gómez, Carmen Martín Gaite, Leví Marrero, Juan Ramón Masoliver, Eduardo Mendoza, Ana María Moix, Terenci Moix, Gregorio Morán, Manuel Moreno Fraginals, Alberto Oliart, Marcos Ordóñez, Julio Ortega, George Orwell, Antonio Padilla Bolívar, Javier Paniagua, Salvador Pániker, Cesare Pavese, Lluís Permanyer, Ramón Pérez de Ayala, Benito Pérez Galdós, Barbara Probst Solomon, María José Ragué Arias, Otto Rank, Esteve Riambau, Alessandra Riccio, Carme Riera, Ignasi Riera, Fanny Rubio, Manuel Ruiz Lagos, Josep Maria de Sagarra, Alfred Sargatal, «Sempronio», Jorge Semprún, Miguel Ángel Serrano, Enzo Siciliano, Gonzalo Sobejano, Robert C. Spires, Hugh Thomas, Mirito Torreiro, Manuel Tuñón de Lara, Javier Tusell, Manuel Vázquez Montalbán, Horacio Vázquez Rial, Enrique Vila-Matas, Joan Vilarroya, Jordi Virallonga, Bozena Wislocka y Stefan Zweig.

Asimismo, deseo agradecer de forma especial la colaboración de Abdelhadi, Gracia Barrera, Milena Busquets, Luis Carandell, María Asunción Carandell, José María Castellet, Mariano Castells Plandiura, Miguel Delibes, Antonio Gálvez, Eugeni Gay Montalvo, Marta Goytisolo, José Agustín Goytisolo, Juan Goytisolo, Luis Goytisolo, Jorge Herralde, Elvira Huelbes, Mario Lacruz, Silvia Lluis, Ana María Matute, Toni Munné, Marta Navarro, Mossèn Joan Pellissa, Padre Rafael Queralt, Joan Reventós, Marco Spinazzola, Antonio Vallet Goytisolo, la Fundación Luis Goytisolo de El Puerto de Santa María, las archivos de la Diputación de Barcelona, *El País* y *La Vanguardia*, la Enciclopedia Catalana, la hemeroteca de Barcelona, la revista *Bitzoc* y algunas otras fuentes que han preferido permanecer en la sombra.

Por último, este libro no existiría sin Eva Acosta, quien me ayudó diariamente a creer en él. El libro le debe mucho también a mi familia, al notario Pere Pineda, a *Herr Professor* Amador Vega, al *chef* Fermí Puig, a mallorquines adoptivos como los Pallarés y los Oistrach y a mis charlas dominicales con el poeta José Carlos Llop. *Last but not least*, mi agradecimiento al félido Byron Apujami, que durante estos años marcó el inicio de mi jornada con las primeras luces del alba. Y a Mr. Henry Purcell.

ÍNDICE ONOMÁSTICO

Abdallah, 355
Abd-el Krim, 62
Aguirre y Lecube, José Antonio, 95
Ahmed, 481, 569
Ajmátova, Ana, 475
Alberti, Rafael, 389, 390, 426, 542
Alcalá Zamora, Niceto, 86
Aleixandre, Vicente, 317, 348, 349
Alfonso XIII, 41, 72, 85, 572
Alfredo, masovero, 158, 484
Alí-Bey, 532
Allende, Salvador, 468, 521, 527, 535
Almudena, 217, 218
Alonso, dueño del Varadero, 283
Alonso, Dámaso, 317, 348
Alonso Vega, Camilo, 387, 525
Altolaguirre, Manuel, 348
Álvarez del Vayo, Julio, 372
Amadeus, asiduo del Varadero, 283
Andreas-Salomé, Lou, 293
Ángel, don, veterinario, 152
Anouilh, Jean, 224

Antonio, santo, 150, 158
Aragon, Louis, 344, 542
Arana, las, 209
Aranda, Vicente, 337, 369, 380, 390
Aranguren, *véase* López Aranguren, José Luis
Arbó, Sebastián Juan, 234
Arderiu, Clementina, 348
Arenas, Reynaldo, 550
Arias Navarro, Carlos, 358, 568
Arias Salgado, Gabriel, 278, 290
Arroyo, Vicente, 353
Arrufat, Antón, 472
Artaud, Antonin, 275
Ascaso, Francisco, 422
Asunción, *véase* Carandell, María Asunción
Aub, Max, 358, 415, 416, 428
Auden, Wystan Hugh, 562, 575
Auerbach, Joelle, 545, 546, 548, 549, 550, 553
Azaña, Manuel, 85, 86, 89, 137
Azcárate y Flórez, Pablo de, 344
Aznar, José María, 373
Aznar, Manuel, 373

Azúa, Félix de, 191

Bábel, Isaak, 358, 475
Bach, Johann S., 156
Badosa, Enrique, 262, 263, 293, 509
Baez, Joan, 516
Bakst, Léon, 535
Balaguer, Isidoro, 352, 355
Bakunin, Mijaíl, 23
Balcells, Carmen
Balcells, los, 102, 133
Balzac, Honoré de, 157
Banús, General, 52
Barbusse, Henri, 542
Bardem, Juan Antonio, 319, 514
Barnet, Miguel, 472, 538
Baroja, Pío, 157, 425
Barral, Carlos, 194, 197, 204, 232, 234, 262, 273, 280, 281, 292, 293, 294, 311, 312, 316, 317, 321, 325, 344, 345, 346, 347, 349, 355, 367, 378, 430, 442, 452, 454, 461, 462, 469, 472, 504, 538, 539, 549, 554
Barral, Yvonne, 311
Barthes, Roland, 318
Bartók, Béla, 274
Bataille, Georges, 275, 282
Baudelaire, Charles, 226
Beauvoir, Simone de, 262, 263, 336, 337, 344, 410, 428, 480, 537, 540
Beckett, Samuel, 276, 308, 431
Bécquer, Gustavo Adolfo, 104, 107
Beethoven, Ludwig van, 156
Bellow, Saul, 570
Beltrán, Enrique, 222

Benjamin, Walter, 273
Benlliure, Mariano, 94
Berchmans Vallet, Juan, 219, 257, 358, 363, 364, 375
Bergson, Henri, 222
Berlanga *véase* García Berlanga, Luis
Berlinguer, Enrico, 410
Bertollucci, Bernardo, 30
Bertrand, los, 76
Biosca, los, 107
Bioy Casares, Adolfo, 226
Bizet, Georges, 196
Blanca, novia de Luis, 265
Blancafort, Alberto, 265, 266, 273, 274, 275
Blanchot, 308
Blanco White, José María, 374, 530, 531, 532, 564
Blasco Ibáñez, Vicente, 333
Bloy, Léon, 226
Boada, Enrique, 222
Bofill, Ana, 457
Bofill, Ricardo, 342, 351, 354, 367, 371, 380, 390, 455, 456, 519, 520, 557
Bohí, María, 93, 97, 98, 129, 158
Boisrouvray, Albina de, 533, 536
Bonati, Francisqueta, 80
Bonati, los, 82, 107
Bonati, señor, 80
Bonet, Blai, 348
Bonet, Maria del Mar, 508
Borges, Jorge Luis, 11, 226, 527, 532
Borja de Riquer, 49
Borrell, Eusebio, 96, 105, 106
Borrell, farmacéutico, 96
Bousoño, Carlos, 348
Brangulí, fotógrafo, 176

Brassens, Georges, 264, 302
Breton, André, 275, 506
Brunatto, Paolo, 371
Buero Vallejo, Antonio, 360
Buigas, Carles, 68
Bulgákov, Mijaíl A., 475, 479
Caballero Bonald, José, Manuel, 217, 219, 220, 344
Cabrera Infante, Guillermo, 428, 466, 533, 534, 535-36, 554, 566
Calder, Alexander, 565
Calsamigilia, Domingo, 52, 54, 55, 56, 120
Calsamiglia, Eugenia, 106, 109
Calsamiglia, familia, 168
Calvino, Italo, 537
Campesino, el, 275
Campmany, Jaime, 376
Camus, Albert, 224
Cánovas del Castillo, Antonio, 33, 35
Capote, Truman, 252, 328
Carandell, los, 259, 260
Carandell, Luis, 174, 181, 191, 195, 205, 233, 235, 236, 250, 370
Carandell, María Asunción, 259, 260, 294, 296, 378, 419, 438, 463, 464, 470, 507, 527
Cardenal, Ernesto, 220
Carlos, infante, 15
Carmeta, 80
Carné, Marcel, 291
Carner, Josep, 508
Carnicer, Ramón, 293
Carole, hija de Monique Lange, 308, 320, 380, 394, 432, 433, 434, 435, 475, 478, 479

Carpentier, Alejo, 34, 540
Carrasco y Formiguera, Manuel, 197
Carrero Blanco, Luis, 525, 526, 567, 568, 570
Carrillo, Santiago, 344, 352, 365, 408, 409
Carroll, Lewis, *véase* Dogson, Charles
Casanova, Giovanni Giacomo, 358
Castellet, José María, 262, 263, 264, 273, 277, 279, 280, 281, 293, 295, 299, 303, 304, 305, 347, 350, 377, 514, 538
Castells, los, 225, 226, 243, 244
Castells Plandiura, Mariano, 222, 223, 224, 225, 226, 227, 228, 229, 230, 233, 235, 236, 242, 243, 244, 245, 246, 250, 253, 257
Castro, Américo, 374, 494, 532
Castro, Fidel, 314, 385, 534, 536, 537, 538, 539
Catalina, zarina, 477
Cauchon, Pierre, obispo, 190
Cela, Camilo José, 347, 348, 358
Celaya, Gabriel, 363, 508, 514
Celia, 218, 219
Céline, Louis-Ferdinand, 482
Cerdà, Ildefonso, 21
Cernuda, Luis, 221, 232, 346, 348, 374, 396, 425, 426, 428, 532
Cerón, Julio, 281, 342
Cervantes, Miguel de, 36, 358
Céspedes, Carlos Manuel de, 20
Chaplin, Charlie, 107
Char, René, 308

Che, el, *véase* Guevara, Ernesto
Chéjov, Antón, 479
Chesterton, Gilbert K., 157, 226
Chomsky, Noam, 95
Christie, Agathe, 79
Churchill, Winston, 117
Ciano, conde, 148, 149
Cirlot, Juan Eduardo, 293
Ciscu, 75, 76, 78, 142
Clariana, el, 94
Claudel, Paul, 231
Claudín, Fernando, 406, 408, 409
Clavaguera, Josefina, 122, 123
Clotas, Salvador, 457, 468, 554
Cocteau, Jean, 226
Coindreau, Maurice, 304, 306, 307
Coloma, padre, 190
Coll, Remedios, 45
Collado, Ramón, 457
Companys, Lluís, 87, 89
Conchita, asistenta, 96
Conrad, Joseph, 157, 261
Corachán, doctor, 99, 101
Cordobés, el (Manuel Benítez), 516
Coronel Utrecho, José, 220
Correa Véglisson, gobernador, 177
Cortázar, Julio, 506, 514, 532, 533, 534, 535, 536, 539, 541, 542, 549
Cortés, Carlos, 227, 242, 243, 253
Cortizo, María, 101, 122, 125, 127, 129, 134, 135
Costa, Joaquín, 72
Costafreda, Alfonso, 232, 272, 344, 554
Couffon, Claude, 344
Creix, Antonio Juan, 302, 321, 356, 470
Cristina, amiga de Blanca, 266
Croce, Benedetto, 222

Cubí, Mariano, 48
Curta, futbolista, 178

Dalí, Salvador, 48
Dalmau Ciria, Miguel, 229, 230, 231
D'Annunzio, Gabriele, 224
Dante Alighieri, 549, 550
Darío, Rubén, 177
Dato, Eduardo, 62, 63
Daudet, Léon, 293
Debord, Guy, 291
Delfina, madre, 73
Delibes, Miguel, 333, 428
Díaz-Plaja, Guillermo, 190
Diego, Eliseo, 472
Diego, Gerardo, 346, 348
Dietrich, Marlene, 161
Digat e Irarramendi, Estanisláa, 18, 19, 21, 22, 23
Dogson, Charles, 171
Donoso, José, 533, 534, 536
D'Ors, Eugenio, 243
Dos Passos, John, 221, 252
Dostoievski, Fiódor, 358
Durán y Bas, Manuel, 49
Duras, Marguerite, 308, 318, 319, 337, 358, 428
Durrell, Lawrence, 491, 498
Durruti, Buenaventura, 129, 422
Dylan, Bob, 516

Edwards, Jorge, 537, 539, 540
Einaudi, Giulio, 514
Eliot, Thomas S., 262
Éluard, Paul, 430, 542
Éluard, viuda de, 430
Enzensberger, Hans Magnus, 59, 100, 538, 539
Esenin, Serguéi, 475

Esopo, 502
Espriu, Salvador, 29, 59, 391, 469, 508
Espronceda, 494
Estapé, Fabián, 222, 223, 233, 242
Esteban, María, 45, 103
Ester, señorita, 78
Esteva, Jacinto, 371
Esteve, Federico, 45
Eulalia, *véase* Santolaria, Julia
Evtuschenko, Evgueni, 395

Faulkner, William, 221, 230, 252, 258, 305, 308
Fedro, 156
Felipe de Edimburgo, 572
Felipe II, 15, 35
Fellini, Federico, 197, 389
Feltrinelli, Giangiacomo, 371, 514
Fernández, Pablo Armando, 472, 538
Fernando VII, 15
Ferrán, Jaime,197, 232, 262
Ferrater, Gabriel, 281, 293, 317, 320, 321, 430, 461, 476, 508, 554
Ferrater, hermanos, 262
Ferré, Leo, 280
Ferreiro, Celso Emilio, 348
Ferrer Guardia, Françesc, 41, 422
Fitzgerald, Francis Scott, 328, 339, 368
Fitzgerald, Zelda, 106, 400
Foix, Josep V., 145
Folch, Jorge, 197, 232
Forrellad, Luisa, 277
Fraga Iribarne, Manuel, 388, 524
France, Anatole, 222
Francisco, santo, 158
Franco, Francisco, 39, 62, 72, 87, 100, 109, 113, 121, 129, 130, 138, 144, 146, 148, 174, 177, 197, 217, 223, 242, 247, 260, 262, 270, 275, 276, 278, 291, 295, 303, 304, 314, 318, 320, 322, 341, 342, 351, 358, 374, 388, 400, 406, 407, 409, 410, 423, 426, 446, 468, 496, 503, 506, 513, 524, 525, 526, 543, 568, 570, 571
Frank, Waldo, 372
Freud, Sigmund, 170, 188, 287, 559
Fuentes, Carlos, 358, 428, 532, 533, 536, 566
Fuentes, Norberto, 538

Gadda, Carlo Emilio, 479
Galbraith, Kenneth, 570
Galdós, *véase* Pérez Galdós, Benito
Gamboa, Ángel, 191
García Berlanga, Luis, 526
García Calvo, Agustín, 466
García de Haro, Ramón, 45, 116, 121, 137, 139
García Hortelano, Juan, 458, 553
García Lorca, Federico, 117, 221, 232, 360, 426, 507, 531
García Márquez, Gabriel, 444, 502, 532, 533, 535, 541, 542
García Nieto, José, 295
Garcilaso de la Vega, 263
Garí, familia, 163
Gaudí, Antoni, 73, 76
Gay, Alexandre, 412
Gay de Àger, 47
Gay de Montellá, 47, 49, 413
Gay i Beyà, Narcís, 48

Gay i Muns, Ramón, 48
Gay i Thomas, José María, 49
Gay i Thomas, Ramón Manuel, 49
Gay i Vinyes, Narcís, 48, 414
Gay Llopart, Laureano, 49
Gay Llopart, Ricardo (abuelo), 47, 49, 50, 52, 54, 55, 63, 106, 108, 109, 112, 116, 140, 150, 156, 167, 168, 169, 171, 173, 201, 246, 250, 251, 255, 272, 277, 326, 327, 331, 332, 355, 362, 366, 412, 413, 414, 415, 416, 417, 439, 455, 488, 550
Gay Llopart, Víctor, 49
Gay Vives, Consuelo, 55, 62, 70, 96, 104, 105, 106, 107, 109, 112, 140, 149, 156, 173, 274, 331, 368, 460
Gay Vives, Julia (madre), 55, 56, 57, 59, 61, 62, 64, 65, 66, 70, 71, 73, 74, 75, 77, 78, 79, 80, 81, 82, 83, 84, 93, 94, 95, 96, 97, 98, 99, 101, 102, 103, 104, 106, 107, 108, 109, 110, 111, 112, 114, 115, 116, 117, 118, 119, 120, 121, 122, 128, 142, 150, 151, 156, 163, 168, 179, 198, 213, 214, 223, 224, 237, 240, 244, 259, 292, 296, 329, 330, 331, 332, 355, 376, 393, 416, 422, 459, 550, 551
«Gaziel», 40
Genara, sirvienta de tía Catalina, 157, 158

Genet, Jean, 276, 282, 306, 307, 308, 309, 310, 313, 317, 340, 341, 355, 358, 367, 389, 436, 437, 482, 492, 493, 523
Gide, André, 224, 226, 230, 231, 233, 264, 333, 544
Gil de Biedma, Jaime, 69, 81, 85, 141, 232, 233, 262, 264, 273, 281, 292, 293, 311, 312, 313, 317, 320, 321, 322, 338, 344, 346, 347, 348, 349, 367, 388, 396, 404, 405, 406, 430, 454, 455, 458, 461, 462, 467, 509, 550, 554, 555, 572
Gil Moreno de Mora, Bel, 289
Gil Moreno de Mora, los, 103, 273, 289
Gil Moreno de Mora, María Antonia, 289, 290, 310, 314, 324, 325, 338, 340, 351, 356, 359, 362, 364, 367, 384, 413, 434, 437, 438, 439, 440, 443, 449, 452, 453, 463, 474, 535, 545, 546, 547
Gil Robles, Jose M.ª, 86
Gimferrer, Pedro, 553
Ginsberg, Allen, 516
Girotti, Massimo, 182
Giscard d'Estaing, Valéry, 520, 572
Gógol, Nicolái V., 476
Gómez, Máximo, 33
Góngora y Argote, Luis de, 346, 488, 490, 507
González, Ángel, 461
González, Francisco, 353
Gould Levine, Linda, 543, 544

Goytisolo, Agustín (tatarabuelo), 14
Goytisolo, Cristina, 515
Goytisolo, Juan, 473
Goytisolo Carandell, Julia, 268, 296, 378, 507
Goytisolo Digat, Agustín Fabián, 19, 21, 23, 25, 26, 41, 42, 60,
Goytisolo Digat, Antonio (abuelo), 19, 21, 22, 25, 26, 28, 29, 32, 33, 35, 37, 38, 39, 41, 42, 43, 44, 45, 57, 65, 159, 162, 241, 326, 489, 556
Goytisolo Digat, familia, 22
Goytisolo Digat, Fermina, 22, 23
Goytisolo Digat, Flora, 17, 19
Goytisolo Digat, María Josefa, 23
Goytisolo Digat, María Luisa, 23
Goytisolo Digat, Trinidad (Trina), 19, 22, 23, 38, 39, 42
Goytisolo Gay, Antonio, 28, 37, 59, 61, 64, 65, 66, 69, 70, 71, 76, 78, 81, 84, 103, 152, 155, 169, 189, 238, 296, 315, 327, 368, 369
Goytisolo Gay, José Agustín, 14, 25, 29, 32, 36, 46, 47, 53, 54, 66, 68, 70, 71, 72, 73, 74, 75, 76, 77, 78, 80, 81, 82, 83, 84, 88, 89, 96, 97, 102, 103, 107, 108, 112, 116, 118, 121, 123, 125, 126, 127, 130, 131, 132, 133, 134, 136, 137, 139, 140, 141, 143, 144, 147, 148, 155, 156, 158, 160, 161, 162, 163, 164, 165, 166, 167, 168, 170, 171, 174, 175, 178, 180, 182, 183, 186, 188, 190, 191, 192, 193, 194, 195, 196, 197, 198, 199, 200, 201, 202, 203, 204, 205, 207, 209, 213, 214, 215, 216, 217, 218, 219, 220, 221, 227, 231, 232, 233, 234, 235, 236, 238, 239, 240, 246, 249, 250, 252, 253, 258, 259, 260, 262, 263, 271, 272, 273, 276, 279, 281, 286, 287, 289, 290, 292, 293, 294, 295, 296, 297, 300, 317, 321, 322, 327, 328, 329, 330, 334, 344, 345, 346, 347, 348, 349, 350, 359, 362, 366, 367, 373, 376, 377, 378, 384, 389, 390, 410, 411, 412, 413, 419, 422, 430, 438, 454, 455, 456, 457, 458, 459, 460, 461, 462, 463, 465, 466, 467, 468, 469, 470, 471, 472, 474, 475, 478, 491, 507, 508, 509, 515, 518, 519, 520, 521, 522, 523, 524, 526, 527, 528, 529, 530, 532, 551, 554, 555, 556, 557, 558, 559, 561, 563, 567, 570, 571, 573, 575, 576
Goytisolo Gay, Juan, 16, 18, 19, 21, 25, 26,, 27, 29, 33, 36, 37, 38, 42, 43, 44, 46, 47, 49, 53, 54, 55, 57, 61, 62, 66, 71, 72, 73, 75, 76, 77, 79, 81, 82, 83, 84, 87, 88, 89, 90, 91, 92, 94, 95, 97, 102, 104, 105, 106, 107,

108, 110, 111, 112, 116, 117, 120, 121, 122, 124, 126, 127, 136, 137, 138, 139, 140, 143, 144, 145, 146, 149, 150, 151, 152, 153, 155, 157, 158, 160, 161, 162, 163, 165, 166, 167, 168, 169, 170, 171, 172, 174, 175, 178, 179, 180, 181, 183, 184, 185, 186, 187, 188, 189, 190, 191, 192, 198, 199, 200, 201, 202, 203, 205, 207, 208, 209, 210, 211, 222, 223, 224, 225, 226, 228, 229, 230, 231, 232, 233, 234, 235, 236, 242, 243, 244, 245, 246, 247, 248, 249, 250, 251, 252, 253, 254, 255, 256, 257, 258, 261, 262, 263, 264, 265, 267, 270, 272, 273, 274, 276, 277, 278, 279, 280, 281, 282, 283, 284, 285, 286, 287, 288, 289, 290, 291, 293, 299, 301, 302, 303, 304, 305, 306, 307, 308, 309, 310, 311, 312, 313, 314, 315, 316, 317, 318, 319, 320, 322, 323, 324, 327, 328, 329, 330, 331, 333, 334, 335, 336, 337, 338, 339, 340, 341, 342, 343, 344, 355, 357, 358, 359, 360, 361, 362, 363, 364, 366, 367, 368, 369, 371, 372, 373, 374, 375, 376, 380, 381, 382, 383, 384, 385, 386, 387, 388, 389, 390, 391, 392, 393, 394, 395, 396, 397, 398, 400, 401, 402, 403, 404, 406, 407, 408, 409, 410, 411, 412, 415, 416, 417, 419, 420, 421, 422, 423, 425, 426, 427, 428, 429, 430, 431, 432, 433, 434, 435, 436, 437, 438, 439, 440, 444, 449, 456, 462, 463, 465, 472, 474, 475, 476, 477, 478, 479, 480, 481, 482, 483, 484, 485, 486, 487, 488, 489, 490, 491, 492, 493, 494, 495, 497, 498, 505, 506, 510, 511, 512, 515, 516, 517, 521, 522, 523, 524, 530, 531, 532, 533, 534, 535, 536, 537, 538, 539, 540, 541, 542, 543, 544, 545, 548, 549, 550, 551, 553, 558, 560, 562, 563, 564, 565, 566, 567, 568, 569, 570, 571, 572, 573

Goytisolo Gay, Luis, 19, 22, 25, 27, 29, 30, 41, 42, 43, 44, 46, 47, 51, 54, 59, 63, 66, 69, 71, 76, 77, 78, 79, 80, 83, 89, 104, 105, 106, 107, 112, 117, 118, 119, 121, 124, 130, 132, 133, 134, 135, 139, 140, 141, 142, 143, 144, 147, 149, 150, 151, 152, 153, 155, 156, 158, 159, 160, 161, 162, 163, 166, 167, 168, 169, 170, 171, 172, 173, 173, 174, 175, 176, 178, 179, 183, 184, 185, 186, 188, 190, 191, 192, 196,

199, 200, 203, 207, 208, 209, 210, 211, 212, 213, 214, 237, 242, 246, 249, 258, 260, 261, 265, 266, 267, 268, 269, 270, 279, 280, 286, 287, 289, 296, 299, 300, 302, 310, 314, 323, 325, 326, 327, 328, 329, 330, 332, 338, 340, 341, 342, 343, 344, 351, 352, 353, 354, 355, 356, 357, 358, 359, 360, 361, 362, 363, 364, 365, 366, 367, 368, 369, 373, 376, 377, 379, 381, 384, 385, 404, 411, 412, 413, 414, 416, 417, 419, 420, 434, 437, 438, 439, 440, 441, 442, 443, 444, 445, 446, 447, 449, 450, 452, 453, 457, 458, 463, 474, 488, 497, 498, 499, 500, 501, 502, 506, 507, 509, 514, 515, 519, 520, 522, 524, 535, 536, 545, 546, 547, 548, 551, 552, 553, 556, 557, 558, 559, 560, 567, 568, 571

Goytisolo Gay, Marta, 46, 63, 66, 68, 74, 75, 76, 77, 79, 80, 83, 89, 104, 107, 108, 112, 114, 116, 120, 121, 122, 123, 126, 129, 130, 135, 139, 144, 154, 156, 179, 182, 183, 209, 224, 246, 250, 258, 261, 359, 366, 417, 558

Goytisolo Gil, Gonzalo, 38, 474, 575

Goytisolo Lizarzaburu, Agustín (bisabuelo), 14, 15, 16, 17, 18, 19, 20, 21, 22, 23, 24, 25, 26, 47, 103, 125, 162, 187, 188, 241, 306, 332, 385, 386, 398, 421, 514, 515, 566

Goytisolo Taltavull, Catalina, 45, 64, 157, 159, 163, 556

Goytisolo Taltavull, Ignacio, 37, 45, 88, 93, 139, 148, 556

Goytisolo Taltavull, Joaquín, 45, 103, 124, 556

Goytisolo Taltavull, José María (padre), 13, 14, 27, 28, 31, 44, 46, 47, 56, 57, 59, 61, 62, 63, 64, 65, 69, 70, 71, 72, 75, 76, 77, 78, 80, 81, 83, 84, 85, 86, 88, 89, 91, 94, 98, 99, 101, 102, 103, 106, 112, 113, 116, 120, 122, 123, 129, 130, 133, 134, 146, 151, 152, 153, 154, 155, 156, 158, 162, 166, 168, 169, 170, 173, 174, 185, 188, 197, 200, 204, 210, 215, 224, 241, 250, 251, 275, 277, 283, 289, 296, 300, 301, 314, 323, 324, 326, 327, 331, 332, 355, 358, 359, 362, 366, 376, 377, 384, 396, 412, 414, 416, 417, 419, 420, 437, 439, 455, 488, 489, 550, 556

Goytisolo Taltavull, Leopoldo, 14, 37, 38, 39, 42, 45, 98, 113, 148, 156, 157, 158, 159, 160, 186, 188, 201, 251, 261, 265, 296, 300, 363, 368, 556

Goytisolo Taltavull, Luis, 45, 98, 113, 116, 120, 148, 156, 157, 186, 209, 363, 556
Goytisolo Taltavull, Magdalena, 45-46, 113, 134
Goytisolo Taltavull, María, 37, 45, 98, 113, 134, 136, 219, 363
Goytisolo Taltavull, Mercedes, 37
Goytisolo Taltavull, Monserrat, 45, 113
Goytisolo Taltavull, Rosario, 45, 101, 102, 113, 116, 120, 121, 139
Gramsci, Antonio, 333, 334
Grass, Günter, 576
Graves, Robert, 348
Greene, Graham, 230
Gregotti, Carmen, 465, 466
Grimau, Julián, 400, 469
Gubern, Román, 147, 503, 525
Guevara, Ernesto, 534
Guevara, Nacha, 508
Guillén, Nicolás, 221, 232
Gullón, Ricardo, 498
Gutiérrez, Fernando, 245, 249
Gutiérrez Solana, José, 335

Haro Tecglen, Eduardo, 319, 484
Hassan, 484, 485, 486, 487
Hearst, William Randolph, 35
Heidegger, Martin, 262
Hellman, Lillian, 570
Hemingway, Ernest, 230, 252
Hendrix, Jimi, 515
Heredia, José María, 348
Heriz, Enrique, 45
Hernández, Miguel, 263, 360, 426, 454

Herralde, Jorge, 191, 242, 266, 280, 354, 498, 503, 535
Hesse, Hermann, 233
Hierro, José, 348
Hitler, Adolf, 36, 148
Hodgkinson, Peter, 457
Homero, 549
Honorio, 217, 219, 253, 254
Huidobro, Vicente, 262
Huxley, Aldous, 516
Huysmans, Joris-Karl, 226

Ibánez, Alicia, 530
Ibánez, Paco, 507, 508, 528, 530, 567
Ibárruri, Dolores, 109, 342, 353
Ibn Arabí, 549, 550
Ibsen, Henrik, 224
Inés, santa, 97
Ionesco, Eugène, 276
Irina, traductora rusa, 476
Irurita, obispo, 177
Isabel I, la Católica, 177
Isabel II, de Borbón, 22, 49, 50
Isbert, Pepe, 82
Isern, abogado, 81
Isern, capitán, 110, 11
Isern, los, 80
Iván, zar, 477

Jakobson, Roman, 479
Janés, José, 245
Jaspers, Karl, 222, 262
Jaume, el, 94, 95, 383
Jayyam, Omar, 53
Jesusín, don, 217
Jiménez, Juan Ramón, 37
Joplin, Janis, 515
José, hijo de Eulalia, 214, 215
José, santo, 158

Jovellanos, Gaspar Melchor de, 476
Joyce, James, 226, 262, 498
Juan Carlos I, 204, 525, 572
Juan de la Cruz, santo, 358
Juan III, 204
Juana de Arco, 190

Kafka, Franz, 224, 479
Karvelis, Ugné, 535, 549
Kavafis, Kostandinos, 400
Kennedy, John F., 395
Kerrigan, Anthony, 348
Keynes, John Mainard, 222
Kierkegaard, Sören, 222
Kipling, Rudyard, 226
Klein, las, 209
Klimt, Gustav, 501
Kreisler, Fritz, 104
Kruschev, Nikita, 352, 395, 475, 479

Lacruz, Mario, 191, 205, 233, 235
Laing, Ronald, 565
Lamarr, Hedy, 267
Lange, Monique, 30, 305, 306, 307, 308, 309, 310, 311, 312, 313, 314, 315, 316, 317, 318, 319, 320, 323, 325, 333, 334, 335, 336, 337, 338, 339, 341, 355, 358, 362, 363, 367, 380, 386, 394, 395, 396, 398, 400, 401, 402, 414, 428, 429, 430, 432, 433, 434, 435, 436, 438, 449, 463, 475, 476, 477, 478, 479, 480, 481, 482, 483, 487, 488, 489, 492, 493, 505, 543, 549, 564, 568

Lara Hernández, José Manuel, 279
Largo Caballero, Francisco, 87
Larkin, Philip A., 459
Larra, Mariano José de, 374, 425, 532
Lartigue, Jacques Henri, 56
Le Vot, André, 461
Lenin, 477
León, Rosa, 508
León Felipe, 348
León XIII, papa, 39
Lerroux, Alejandro, 86
Levi, Carlo, 358
Levine, *véase* Gould Levine, Linda
Lezama Lima, José, 472, 538, 566
Lihn, Enrique, 220
Lipp, Solomon, 543
Líster, Enrique, 352
Lizarzaburu, María Magdalena, 14
Lledó, Emilio, 219, 220
Lluís, mosén, 163
López Aranguren, José Luis, 466
Louys, Pierre, 243
Luca de Tena y García de Torres, Juan Ignacio, 303
Lucho, 254, 256, 398, 487
Lucienne, madre de Monique, 398, 399, 428, 429, 430, 481
Luis, Hermano, 193
Luis Gonzaga, santo, 158
Luisa, novia de Mariano, 257
Lupiani, señor, 133, 136

Maceo, Antonio, 33
Machado, Antonio, 273, 344, 345, 346, 349, 350, 360, 411, 426, 454, 461, 531
Macià, Francesc, 72
MacKinley, William, 35

Maeterlinck, Maurice, 224
Maetzu, Ramiro de, 376
Magny, Claude-Edmonde, 263
Maiakovski, Vladímir, 475
Mailer, Norman, 570
Maisterrra, los, 80
Maisterra, Pascual, 81
Mallarme, Stéphane, 293
Mallol, los, 98
Malraux, André, 224, 363
Malraux, Florence, 308, 363, 380
Manet, Albert, 202
Manso, Agustín, 480
Mañé y Flaquer, Juan, 52
Maquiavelo, Nicolás, 223
Maragall, Joan, 53
Maragall, Pasqual, 503
Marcial, 521
Marco, Joaquín, 469, 554
María, ama de cría de Luis, 142
María, asistenta, 96
Marín, Paquita, 83, 84
Marsé, Juan, 195
Martí, José, 25, 33
Martín Gaite, Carmen, 265
Martín Santos, Luis, 333
Martínez Anido, Severiano, 62, 69
Martínez Campos, Arsenio, 33
Martínez Rivas, Carlos, 220
Mary, 268
Marx, Karl, 222, 536
Marx, Groucho, 506
Mascolo, Dionys, 281, 305, 306, 308, 318
Masoliver, Juan Ramón, 47
Matías, chófer, 142
Matute, Ana María, 234-235, 250, 333, 377, 428
Maupassant, Guy de, 226
Maura, Antonio, 40, 300

Mauriac, François, 344, 358
Mejía Sánchez, Ernesto, 220
Melville, Herman, 157
Mendoza, Eduardo, 31, 46, 50, 61, 68
Mendoza, María, 51, 52
Mendoza, Plinio Apuleyo, 535
Menéndez Pidal, Ramón, 358
Menotti, Gian Carlo, 272
Meouchi, Edmundo, 220
Michèle, compañera de Guy Debord, 291
Milhaud, Darius, 274
Millán Astray, José, 62
Mira, Juan José, 304
Miravitlles, Luis, 231
Modrego, obispo, 176, 414
Mohamed, 402, 403, 429, 433, 434
Moix, Terenci, 504
Mola, Emilio, 62
Molinos, Miguel de, 549
Monroe, Marilyn, 522
Montand, Yves, 280
Morán, Gregorio, 353, 364, 365
Morand, Paul, 201, 226
Moravia, Alberto, 358
Morera, J. E., 222
Moura, Altamir de, 213
Moura, Beatriz de, 504
Mozart, Wolfgang A., 156
Múgica, Enrique, 314
Muñoz Alonso, Adolfo, 375, 376
Muñoz Grandes, Agustín, 62
Musil, Robert von, 498
Mussolini, Benito, 113, 246

Napoleón Bonaparte, 31, 50
Nasser, Gamal Abdel, 318
Navarro, Isabel, 266, 267

Navarro, las, 209
Navarro, Marta, 267
Navarro Luna, Manuel, 397
Neruda, Pablo, 221, 232, 468
Nietzsche, Friedrich W., 36
niña Trina, la, *véase* Goytisolo Digat, Trinidad
noi del Sucre, el, 422
Nonell, Isidro, 225
Núñez Yanowsky, Manolo, 457

Obiols, Raimon, 503
Ocampo, Silvina, 226
O'Donnell, Leopoldo, 17
Oliart, Alberto, 197, 204, 233, 234, 262
Onganía, Juan Carlos, 526
Ordóñez, Marcos, 236
Orgaz, Luis, 212
Ortega, Julio, 531, 554
Ortega y Gasset, José, 222
Orwell, George, 100, 109
Ossorio y Gallardo, Ángel, 40
Otero, Blas de, 293, 344
Ovidio, 528

Padilla, Heberto, 514, 533, 536, 537, 538, 541
Paganini, Niccolò, 104
Palau i Fabre, Josep, 275
Palazuelos, Joaquín, 355
Panero, Leopoldo, 221, 295
Pániker, Salvador, 164, 165, 190
Papini, Giovanni, 226
Papon, Maurice, 382, 383
Paquita, modista, 142
Parra, Nicanor, 527
Pasionaria, *véase* Ibárruri, Dolores
Pasolini, Pier Paolo, 358, 389, 539, 547

Pasternak, Borís L., 480
Pastor, familia, 52
Pastor, Luis, 508
Patiño, Simón, 533, 536, 540
Pavese, Cesare, 529
Paz, Octavio, 358, 532, 536, 541
Pedro, hermano, 200
Pedro, zar, 477
Pellissa, Octavio, 323, 357
Pérez Galdós, Benito, 32, 157, 219
Permanyer, Lluís, 191
Petiteta, 82, 83
Piaf, Edith, 264
Picasso, Pablo, 275, 344, 358
Pieyre de Mandiargues, André, 268
Pinochet, Augusto, 540
Pío XII, papa, 176, 202
Piovene, Guido, 263
Pitol, Sergio, 535
Pla, Josep, 68, 442
Plandiura, col. de arte, 225
Plath, Sylvia, 466
Platonov (Andréi Plátonovich Klímentov), 479
Plaza, editor, 213
Poe, Edgard Allan, 226
Pompidor, familia, 47
Pompidou, George, 506
Porta, hermano de Pablo, 203
Porta, Pablo, 203
Poulenc, Francis, 274
Pound, Ezra, 348, 466, 521
Prada, Amancio, 508
Pradera, Javier, 314, 514
Prévert, Jacques, 103, 291
Prieto, Indalecio, 72, 87
Primo de Rivera, José Antonio, 63, 67, 68, 72, 202

Pritkere, profesor, 479
Probst Solomon, Barbara, 545, 568, 569, 570, 572
Proust, Marcel, 224, 265, 479
Puig, Manuel, 550

Quart, Pere, 469, 470
Queneau, Raymond, 344
Quevedo y Villegas, Francisco, 507
Quincey, Thomas de, 226
Quintana, Madame, 345

Racionero, Luis, 191
Raimon, 508, 514
Raimundo, 283, 284, 285, 310, 313, 335, 338, 383, 402, 433
Rank, Otto, 287
Rata, masovero, 158
Ravel, Maurice, 104, 183
Regás, Oriol, 502
Regás, Rosa, 504
Resnais, Alain, 539
Reventós, Joan, 165, 166, 193, 205
Riba, Carles, 348, 508
Ridruejo, Dionisio, 278, 279, 314, 388
Riera, Carmen, 262, 272, 280, 293, 347, 348, 349, 455, 462
Rilke, Rainer Maria, 262
Rimbaud, Arthur, 536
Ríos, Julián, 566
Rius y Taulet, alcalde, 31, 33
Rivas, Ángel de Saavedra, duque de, 494
Robbe-Grillet, Alain, 262, 358
Robespierre, Maximilien de, 190
Rockefeller, Nelson, 572
Rodin, Auguste, 335
Rodoreda, Mercè, 428
Rodríguez Feo, Julio, 538

Rojas, Román, 204
Rolland, Romain, 542
Romero, Emilio, 333, 360, 372
Rosales, Luis, 221, 295
Roset, doctor, 154
Rosi, señorita, 283
Rossanda, Rosana, 410
Roszak, Theodore, 516
Roth, Philip, 570
Rovira, mosén, 137
Rulfo, Juan, 539
Rusiñol, Santiago, 55

Sacristán Luzón, Manuel, 203, 204, 262, 289, 293, 299, 301, 321, 323, 469
Sade, marqués de, 358
Sagarra, Joan de, 503
Sagarra, Josep Maria, 68, 234
Sagasta, Práxedes M., 35
Sagrario, señora, 216, 219, 252, 274
Saint George, Bertha, 53
Saint-John Perse (Alexis Léger), 103
Saki, 226
Salazar, António de Oliveira, 341
Salgari, Emilio, 157, 185
Salinas, Jaime, 314, 347
Salinas, Pedro, 221, 232, 321
Sánchez, Federico, *véase* Semprún, Jorge, 344
Sánchez Bella, ministro, 524
Sánchez Ferlosio, Rafael, 333, 428
Sanjurjo, José, 62, 86
Santamaría, Haydée, 472, 534
Santolaria, Julia (Eulalia), 136, 145, 147, 150, 158, 172, 173, 179, 183, 184, 213, 214, 215, 250, 259, 268, 277, 300, 326, 334,

355, 362, 366, 412, 416, 419, 423, 437, 438, 439, 440, 449, 474, 488, 489, 491, 522, 559
Santos Torroella, Rafael, 317, 348
Sarduy, Severo, 532, 533
Sarraute, Nathalie, 358
Sartre, Jean-Paul, 224, 262, 263, 264, 336, 344, 358, 410, 410, 428, 480, 537, 540
Sastre, Alfonso, 319, 336
Satie, Erik, 274
Sautet, Claude, 337, 369
Schell, Walter, 572
Schönberg, Arnold, 276
Schopenhauer, Arthur, 36
Schroder, Juan Germán, 234, 235, 236, 246, 255
Schubert, Franz, 156
Scott, Walter, 51, 157
Semprún, Jorge, 344, 388, 406, 408, 409, 428, 533, 542
Sender, Ramón J., 426
Senillosa, Antonio de, 204, 320, 344
Sennacheribbo, José, 191
Serrat, Joan Manuel, 508
Shakespeare, William, 149
Shelley, Percy B., 232
Signoret, Simone, 428
Simon, Claude, 358
Skinner, B., 518
Solana, *véase* Gutiérrez Solana, José
Solana, hermanos, 363
Solé Tura, Jordi, 352
Soler, Lolita, 107, 116, 120, 122, 129
Soler Roig, doctor, 76
Somoza, Luis, 341
Sontag, Susan, 537
Soriano, Antonio, 319

Sosa, Mercedes, 508
Souchère, Elena de, 291, 302, 306, 344
Spender, Stephen, 396
Spengler, Oswald, 186
Stalin, 477, 479, 538
Steinbeck, John, 221
Stendhal, 265
Stevenson, Robert, L., 157
Svevo, Italo, 479
Swinburne, Algernon Ch., 11

Tacón, gobernador de Cuba, 16
Taltavull, José, 27
Taltavull, los, 27, 237
Taltavull Victory, Catalina, 27, 28, 37, 38, 45, 66, 210, 236, 297, 332
Taltavull Victory, Juan, 28, 33, 42
Tàpies, Antoni, 469, 508
Tarsicio, santo, 97
Tedeschini, monseñor, 249
Teilhard de Chardin, Pierre, 417
Thomas, Dylan M., 328
Thoreau, Henry D., 518
Tierno Galván, Enrique, 466
Todó, Françesc, 454
Togliatti, Palmiro, 410
Tola, Fernando, 535
Tolstói, Leo, 25
Tomachevski, 479
Ton, *véase* Carandell, María Asunción
Toni, 268
Toulouse-Lautrec, Henri de, 267-68
Trotski, 479, 538
Trujillo, Rafael, 341
Tuñón de Lara, Manuel, 319, 344
Turguénev, Iván S., 476

593

Tusquets, Esther, 504
Tvardovski, Aleksandr, 479
Twain, Mark, 157
Tzara, Tristan, 344

Unamuno, Miguel de, 36, 425
Ungaretti, Giuseppe, 348

Valabrega, Jean Paul, 406
Valencia, Hernando, 252
Valente, José Ángel, 220, 317, 344, 470, 514, 554
Valle-Inclán, Ramón María del, 36, 219, 425, 428, 506
Vallejo, César, 221, 232, 528
Vallet, Antonio, 65
Vallet, José María, 45, 113
Valverde, José María, 293
Vargas Llosa, Mario, 503, 532, 533, 535, 536, 538, 539, 541, 542
Vázquez Montalbán, Manuel, 32, 67, 117, 468
Velázquez, Diego, 502
Vergano, Serena, 368, 457, 504
Verne, Julio, 157, 185
Vicens, Francesc, 344
Vicens Vives, Jaume, 202
Vicenta, 334
Vidal Teixidor, doctor, 529
Vidas, 476
Vignes, G., 105
Vilanova, Antonio, 292
Vilar, Pierre, 90
Vilarasau, José, 200, 230
Vinyoli, Joan, 508
Virgilio, 549

Vitto, Mlle. de, 274, 276
Vittorini, Elio, 280, 358, 410
Vivanco, Luis Felipe, 221, 295
Vives, Alejandro, 411
Vives, notario, *véase* Vives Mendoza, José María
Vives de Perpiñán, 51
Vives Mendoza, familia, 52,
Vives Mendoza, José María, 23, 24, 47, 50, 52, 55, 225
Vives Mendoza, María, 52
Vives Pastor, Eugenia, 52
Vives Pastor, Marta (abuela), 50, 52, 55, 106, 108, 109, 112, 116, 139, 149, 150, 168, 172, 173, 183, 184, 185, 331
Vives Pastor, Ramón, 52, 53, 54, 55, 56, 65, 70, 104, 169, 275, 431
Vosk, padre, 19, 20

Watts, Alan, 516
Weil, Simone, 92
Wells, H. G., 226
Weyler y Nicolau, Valeriano, 34, 35
Wilde, Oscar, 200, 358

Xirau, los, 80

«Yayá», 49
Yagüe, Juan, 62
Yupanqui, Atahualpa, 280

Zernova, traductora, 479
Zorrilla, José, 494
Zweig, Stefan, 105, 361

ÍNDICE

Prólogo 11

VIAJE AL ORIGEN (1812-1918)
   Lugar y nombre 13
   La gran bonanza de las Antillas 15
   Visita a la ciudad de los prodigios 21
   Las dos orillas 25
   Indianos en Barcelona 26
   Primera visita a Torrentbó 28
   Breve apunte de una gran fiesta 31
   ¿Qué pasa en Cuba? 32
   De tragedias nacionales 35
   Rezos privados 37
   Verano sangriento 39
   El indiano va a morir 41
   Los diez hermanos 44
   La desconocida entra en escena 46
   Los Gay 47
   El joven Ricardo 50
   Otro enigma de sangre 51
   El primer poeta 53
   Retrato de boda 55

EL REINO AFORTUNADO (1918-1939)
   ¿Felices veinte? 59
   El malogrado 64
   Segunda gran cita 67
   Entre dos príncipes 69
   Todo era fiesta 72

Adiós a la calzada romana	77
Nuevos datos sobre la desconocida	78
Verano añil	80
Problemas para el elegido	82
La ocasión pérdida o breve «flash» republicano	85
Algo en el aire	87
El temporal se acerca	90
Cambio de aires	95
«Els fets de maig»	98
Viladrau	101
La trágica historia de Consuelito Gay	104
Silencios de guerra	107
Breve encuentro de la dama y el soldado	110
En busca de noticias	115
Honor a los mártires	117
Hacia las sombras	120
La nueva madre	121
Manual de supervivencia	123
El frente se acerca	129
Éxodo	130
Armisticio	132
Adiós al Montseny	136

AÑOS IMPUROS (1939-1949)

La ciudad gris	141
Aulas como cárceles	144
La nueva España	146
El séptimo mandamiento	149
El padre vuelve a la vida	151
Germen de cultura	156
Dos tíos de novela	157
Ocio en la Masía Gualba	160
El coyote «versus» la Compañía	164
Juegos de noche	166
Mi impresión sobre el asunto	170
La gran víctima	172
Memoria escolar	174
Una educación ejemplar	178
Chicos de posguerra	182
«In memoriam» M. V. P.	183

Evasiones 185
Mentiras arriesgadas 186
Afilando la pluma 188
Segunda memoria escolar 191
El paraíso del balompié 193
Entre aulas y burdeles 196
El aprendiz de esnob 198
Un Goytisolo en apuros 203

ENCANTO DE LA VIDA (1949-1955)
   Crecer en sabiduría y bondad 207
   Pequeños misterios 212
   Vivir en Madrid 215
   Leer, aparentar, escribir 222
   Marcando el paso 227
   La montaña perdida 228
   ¿Quién escribe aquí? 232
   Río revuelto 234
   En la Tierra de los Taltavull 236
   La huelga 239
   La ciudad baja 242
   El maestro y la carne 245
   Cáliz y bandera 247
   Síntomas de asfixia 249
   Aquel Madrid 252
   Un abogado «sui generis» 258
   A propósito de «Laye» 262
   Entre Castellet y «la chanson» 263
   Un ángel en el burdel 265
   Tres pasiones 269
   Planes y paseos 270
   París, postal del cielo 273
   Doña Censura entra en escena 278
   Tertulianos 279
   El Varadero 282
   Todos escriben 286
   Marxismo «on the rocks» 288
   Segundo viaje a París 290
   San Elías 292
   «He is just an ordinary man» 294

EL NIDO VIEJO (1955-1964)

Grados de compromiso 299
«Lil Al Qâder» 304
Una francesa en la ciudad condal 309
¿Por qué se acepta a Monique? 314
Norte-Sur 315
Rojos de la orilla izquierda 318
La conjura 320
El cerco 322
Un escritor de talento 325
Todos escriben (II) 329
El secreto del aduanero 333
Con «P» de protesta 340
Ese mar de la infancia 344
Formentor 347
Claridad 349
El Partido siempre llama dos veces 351
La epidemia 355
Cerrar filas 357
El prisionero 361
La España nueva 369
Incidente en Milán 371
En la boca del lobo 375
Nuevo en el barrio 377
Arte y patología 379
Volar por miedo a volar 380
De ratones y bestias 382
Vuelta al paraíso 385
El silencio cargado 387
«Viaggio in Italia» 389
El crimen fue en todas partes 390
Dulce hogar 394
Rapto siciliano 395
Alarma doble 397
«Alien» 398
Una vuelta por Barbès 401
¿Lucha final o final del juego? 404
Doña Censura sigue sin moverse 406
El bozal de don Santiago 408
El poeta se compromete 410

El Salvador	412
Castillo de naipes	417
Monte de los judíos	420

SOLEDAD DE FONDO (1964-1975)

El precio era alto	425
Invierno en la Costa Azul	429
El secreto	432
Esperando a la esfinge	437
Rosas	440
Cadaqués	442
En favor de Venus	449
Todos y uno	454
Piedra y poesía	455
La noche del cazador	459
Una temporada en el infierno	462
Interior de un convento	467
Gato en La Habana	472
Adiós a la costa	474
Un Goytisolo en Rusia	474
Tánger	481
Eureka	486
Flor eterna	491
Camarada Genet	492
El buen traidor	493
Hacia «Antagonía»	497
«Antagonía», modo de empleo	499
Abran paso a la «Gauche divine»	502
Primavera de las liturgias libertarias	504
Lengua materna	508
Diario palestino	510
Desencanto	514
«California dreaming»	515
Walden-7	518
Sáhara	520
No éramos libres	524
Borges y lo demás	527
Don Julián y Mr. Blanco	530
A propósito de «Libre»	533
De verdades y amistades	536

Un expatriado en EE. UU.	543
Recuerdo de Joelle	545
«La cuarentena»	548
Algunos frutos	553
Adiós al Maresme	556
Ya está sabido el misterio	562
La tierra de don Juan	564
Tras la Operación Ogro	567
«Sic semper tyranni»	571
Epílogo	575
Agradecimientos	577
Índice onomástico	579